L'exploitant de banque et le droit au Tchad

Collection Etudes Eurafricaines

Dirigée par André Julien Mbem

Le Sahara et la Méditerranée, frontières entre l'Afrique et l'Europe, sont aussi des passerelles par lesquelles, depuis des siècles, au-delà des tragédies et des drames, se rapprochent et se remodèlent ces deux ensembles géographiques et leurs civilisations. La collection ***Etudes Eurafricaines*** *encourage la diffusion d'études historiques et prospectives sur les symbioses dont cette partie du monde est l'antique théâtre.*

Déjà paru

Fodié Tandjigora, *L'immigration des diplomés maliens de France. Fuite des cerveaux ou quête de promotion sociale ?*, 2018.
Jean-Alexis Mfoutou, *La langue de l'école au Congo-Brazzaville*, 2010.
Yves-Marie LAULAN, *L'Europe face à l'Afrique : du choc démographique au choc des civilisations ?*, 2010.
Jean-Alexis Mfoutou, *La langue de l'amour et de la sexualité au Congo-Brazzaville*, 2010.
Patrice Moundounga Mouity, *La société gabonaise de cour*, 2010.
Christelle Gaborieau, *Deux ans au cœur du Tchad*, 2009.
Jean-Alexis Mfoutou, *La langue française et le fait divers en Afrique noire francophone*, 2009.
Roland Willay Adams, *Expériences initiatiques en terre africaine*, 2009.
Jean-Alexis Mfoutou, *La langue de la nourriture, des aliments et de l'art culinaire au Congo-Brazzaville*, 2009.
Philippe Milon, *Rendons le pouvoir à l'Afrique ! Cri de révolte d'un bénévole de terrain*, 2009.
André Julien Mbem, *Nicolas Sarkozy à Dakar. Débats et enjeux autour d'un discours*, 2007.

Thomas DINGAMGOTO

L'exploitant de banque et le droit au Tchad

L'Harmattan

DEDICACE

A feu, mon grand-frère BAIMIAN MBAILASSEM BITRUS qui aurait pu tirer satisfaction de ce travail.

A feu, Maître JOSEPH DIONMADJI BEHIDI, à qui je dois ma carrière d'avocat.

A Monsieur PHILIPPE ALEZINA, ancien chef de département de gestion et techniques économiques de l'université du Tchad qui m'a encouragé à reprendre les études alors que j'étais déjà dans la vie active.

A Maître ROGER VINCENT CALATAYUD, avocat au barreau de Tarbes, qui m'a accueilli comme stagiaire dans son cabinet puis m'a fait ouvrir les portes de l'université des sciences sociales de Toulouse.

5-7, rue de l'École-Polytechnique, 75005 Paris

http://www.editions-harmattan.fr

ISBN : 978-2-343-16034-4
EAN : 9782343160344

Le fichier originel du présent ouvrage est une thèse de doctorat en droit privé soutenue par l'auteur à l'Université de Toulouse en 2016

REMERCIEMENTS

Ce travail n'aurait pu aboutir sans l'attention particulière et les précieux conseils de Monsieur le Recteur, le Professeur Bernard BEIGNIER qui, malgré ses multiples et lourdes responsabilités, a toujours pu se rendre disponible pour moi. Je lui exprime ma très profonde gratitude et mes sincères et chaleureux remerciements.

Je remercie très sincèrement M. Moussa THIOYE, maître de conférences HDR à l'université de Toulouse 1, pour ses conseils avisés.

Mes remerciements vont également à mes compatriotes et amis, Abdoulaye MBOTAINGAR, Roger KOUDE et Casimir ben NGASSORO, maîtres de conférences respectivement à l'université d'Orléans, à l'université catholique de Lyon et à l'université de N'Djaména pour leurs conseils, remarques, soutiens et encouragements durant le travail de recherche

J'exprime mes déférences et remerciements aux éminents membres du jury, d'avoir accepté de prendre sur leur précieux temps, pour me lire et venir échanger avec moi.

Enfin, je pense à tous ceux, nombreux, en France, au Tchad, et ailleurs, que je ne pourrai tous citer, qui de près ou de loin m'ont témoigné de leur assistance, leur attention ou prodigué des conseils pendant les durs moments de la recherche. Qu'ils trouvent ici l'expression de mes profonds remerciements.

LISTE DES PRINCIPALES ABREVIATIONS

AEF : Afrique Equatoriale Française

AMGI : Agence Multilatérale de Garantie des Investissements.

ANIE : Agence Nationale des Investissements et des Exportations

ANIF : Agence Nationale d'Investigation Financière

APB : Association Professionnelle des Banques

APEC : Association Professionnelle des Etablissements de Crédit

Art. Article

AU : Acte Uniforme

BAC : Banque Agricole et Commerciale

BAD : Banque Africaine de Développement

BAMREL : Bureau Africain et Mauricien de Recherches et d'Etudes Législatives

BCC : Banque Commerciale du Chari

BCEAEC : Banque Centrale des Etats de l'Afrique Equatoriale et du Cameroun

BDT : Banque de Développement du Tchad

BEAC : Banque des Etats de l'Afrique Centrale

BIAO : Banque Internationale pour l'Afrique Occidentale

BIAT : Banque Internationale pour l'Afrique au Tchad

BICIT : Banque Internationale pour le Commerce et l'Industrie au Tchad

BM : Banque Mondiale

BMBT : Banque Méridien BIAO Tchad

BNCI : Banque Nationale pour le Commerce et l'Industrie

BOAD : Banque Ouest Africaine de Développement

BRI : Banque des Règlements Internationaux

BSIC : Banque Sahélo-Saharienne pour l'Investissement et le Commerce

BTCD : Banque Tchadienne de Crédit et de Dépôt

CCFAN : Conseil de Commandement des Forces Armées du Nord

CCI : Chambre de Commerce Internationale

CCJA : Cour Commune de Justice et d'Arbitrage d'Abidjan

CDMT : Cadre des Dépenses à Moyen Terme

CEA : Communauté Economique Africaine

CEAO : Communauté des Etats de l'Afrique de l'Ouest

CELIAF : Cellule de Liaison et d'Information des Associations Féminines

CEMAC : Communauté Economique et Monétaire de l'Afrique Centrale

CER : Communautés Economiques Régionales

CFA : Franc de la Communauté Financière Africaine

CIARGA : Carte Internationale d'Assurance de Responsabilité Civile Automobile

CILONG : Cellule de Liaison et d'Information des Organisations non Gouvernementales

CIMA : Conférence Interafricaine des Marchés d'Assurance

CIPRES : Conférence Interafricaine des Marchés d'Assurance

CIRDI : Centre International pour le Règlement des Différends relatifs aux Investissements

CNC : Conseil National du Crédit

CNEP : Comptoir National d'Escompte de Paris

COBAC : Commission Bancaire de l'Afrique Centrale

COFIPA : Compagnie de Financements et de Participations

COMESA : Communauté des Etats Sahélo-Sahariens

CORENOFI : Comité Régional de Normalisation Financière

DAB : Distributeur Automatique de Billets

ENAM : Ecole Nationale d'Administration et de Magistrature

ENM : Ecole Nationale de la Magistrature

ERSUMA : Ecole Régionale Supérieure de la Magistrature

FMI : Fonds Monétaire International

FOGADAC : Fonds de Garantie des Dépôts en Afrique Centrale

FROLINAT : Front de Libération National du Tchad

GAB : Guichet Automatique de Billets

GABAC : Groupe d'Action contre le blanchiment d'Argent en Afrique Centrale

IATA : International Air Transport Association

IGCE : Inspection Générale et contrôle d'Etat

MIBL : Méridien International Bank Limited

NEPAD : Nouveau Partenariat pour le Développement en Afrique

OAMDI : l'Office Africain et Malgache de la Propriété Industrielle

OANET : Organisation des Acteurs non Etatiques

OAPI : Organisation Africaine de la Propriété Intellectuelle

OCAM : Organisation Commune Africaine et Malgache

OHADA : Organisation pour l'Harmonisation en Afrique du Droit des Affaires

OIT : Organisation Internationale du Travail

OMC : Organisation Mondiale du Commerce

OMD : Objectifs du Millénaire pour le Développement

OTRT : Office Tchadien de Régulations des Télécommunications

OUA : Organisation de l'Unité Africaine

PAL : Plan d'Action de Lagos

PAMFIP : Programme de Modernisation des Finances Publiques

PME : Petites et Moyennes Entreprises

PMI : Petites et Moyennes Industries

PNUD : Programme des Nations-Unies pour le Développement

PPTE : Pays Pauvres Très Endettés

PPTRDA : Parti Progressiste Tchadien – Rassemblement Démocratique Africain

PROPARCO : Société de Promotion et de Participation pour la Coopération Economique

RCCM : Registre du Commerce et du Crédit Mobilier

SFI : Société Financière Internationale

SGBC : Société Générale de Banque du Cameroun

SGT : Société Général Tchad

SGTB : Société Générale Tchadienne de Banque

SNBG : Stratégie Nationale de la Bonne Gouvernance

SNRP : Stratégie Nationale de Réduction de la Pauvreté

SYSCOA : Système Comptable Ouest Africain

TCA : Taxe sur les Chiffres d'Affaires

TEC : Taxe Extérieur Commun

TEG : Taux Effectif Global

TPG : Tarif Préférentiel Généralisé

UAM : Union Africaine et Mauricienne

UBA : United Bank of Africa

UDEAC : Union Douanière et Economique de l'Afrique Centrale

UEAC : Union Economique de l'Afrique Centrale

UEMOA : Union Economique et Monétaire Ouest Africaine

UMAC : Union Monétaire de l'Afrique Centrale

UMOA : Union Monétaire de l'Afrique de l'Ouest

UNOPS : United Nations Office Project Service

ZLE : Zone de Libre Echange.

INTRODUCTION GENERALE

Les activités économiques à l'instar de toute œuvre humaine ont besoin d'une réglementation, *a fortiori* les entreprises qui jouent un rôle majeur et crucial dans la vie économique et sociale d'un pays, d'une région, d'un continent. En effet, les actionnaires ou associés de ces entreprises en tirent des dividendes, les salariés des revenus, les prêteurs des intérêts sur les crédits consentis, l'Etat des impôts et la création d'emplois. Les usagers et clients, quant à eux, bénéficient de ses services. Cette réglementation peut couvrir divers domaines. Outre la réglementation générale, les sociétés ont besoin d'une réglementation spécifique par rapport à leurs activités : les sociétés minières sont soumises au [1]code minier, les sociétés pétrolières au [2]code pétrolier ou des hydrocarbures, les compagnies aériennes au droit de transport aérien dont la [3]Convention de Varsovie et la [4]Convention de Montréal, les sociétés de transport terrestre au code de la route et au droit du transport par route, les entreprises de bâtiment au code de l'urbanisme et au code de la construction, etc…

Comme toute entreprise, la banque elle aussi a besoin d'une réglementation. Celle-ci est également générale et spécifique. Outre les avantages généraux suscités que peut faire procurer une entreprise, la banque fait circuler l'argent en mettant à la disposition des agents économiques des moyens de paiement, par les crédits qu'elle consent. Elle participe à l'émission monétaire, considérée comme un privilège régalien. C'est pourquoi les Etats entendent contrôler la création de la monnaie, contrôle qu'ils exercent eux-mêmes ou par l'intermédiaire de la Banque Centrale. Par conséquent, la banque fait l'objet d'un contrôle public strict, indispensable pour protéger les intérêts des déposants ainsi que pour assurer une circulation rapide et sûre de la monnaie.

---

[1] Au Tchad, les sociétés minières sont régies par la loi n°011/95 du 20 octobre 1995 portant code minier.

[2] Il s'agit de l'ordonnance n°7/PC/TP/MH du 3 février 1962 relative à la recherche, à l'exploitation, au transport par canalisations des hydrocarbures et au régime fiscal de ces activités sur le territoire de la République du Tchad, de la loi n°006/PR/2007 du 20 avril 2007 relative aux hydrocarbures et de l'ordonnance n°001/PR/2010 portant approbation du contrat type de partage de production pour la recherche et l'exploitation des hydrocarbures liquides ou gazeux.

[3] La Convention de Varsovie du 12 octobre 1929 amendé par le Protocole de la Haye de 1955 a été ratifiée par le Tchad par ordonnance n°7/PR/TP du 13 juin 1964.

[4] La Convention de Montréal du 28 mai 1999 dite « Convention pour l'unification de certaines règles relatives au transport aérien international », s'inspire des « Accords de IATA » (International Air Transport Association) du 31 octobre 1995 qui améliorent sensiblement les conditions d'indemnisation dans les cas d'accidents aériens internationaux.

La mise sous administration provisoire de la [5]Banque Internationale pour l'Afrique au Tchad (BIAT) pendant plusieurs années en est une illustration.

En effet en 1991, un homme d'affaires de nationalité zambienne et chypriote, a voulu sauver la BIAO de la déconfiture et en faire le réseau bancaire le plus dense du continent. M. Andrew Sardanis crée donc le 7 mars 1991 la Méridien BIAO SA au Luxembourg comme chef de file du nouveau groupe bancaire Méridien BIAO avec comme partenaires la [6]Banque Africaine de Développement (BAD) et la [7]Banque Ouest africaine de Développement (BOAD). Le groupe possède alors une vingtaine de banques en Afrique, dont huit dans la zone franc, après la fusion entre la Méridien Bank de Sardanis et le réseau BIAO de la zone franc. Il crée aux Bahamas une holding dénommée Méridien International Bank Limited (MIBL) qui contrôle le groupe Méridien BIAO SA. Il obligeait les filiales à effectuer leurs transactions via la MIBL, laquelle siège dans le paradis fiscal des Bahamas. Les membres de la chaîne Méridien BIAO SA étaient en outre obligés de déposer une partie de leurs liquidités auprès de cette holding et lui prêtaient même de l'argent. L'encours ne cessait de grimper. Puis la dévaluation du [8]franc CFA le 11 janvier 1994 a réduit ses actifs et diminué ses fonds propres à cause d'une accumulation de pertes.

---

[5] La Banque Internationale pour l'Afrique Occidentale (BIAO) créée avant l'indépendance du Tchad a changé plusieurs fois de dénomination : à sa réouverture en 1982 après la guerre civile elle s'appelait BIAT (Banque International pour l'Afrique au Tchad), puis en 1993 avec le rachat de ses actions par le groupe Méridien, elle prend le nom de BMBT (Banque Méridien BIAO Tchad). Mais en 1996 avec la déconfiture de la maison-mère, la Méridien BIAO SA, elle reprend l'ancien sigle BIAT et enfin récemment avec l'entrée du groupe Ecobank dans son capital, elle prend la dénomination de « Ecobank Tchad ».

[6] La Banque Africaine de Développement (BAD) a été créée le 4 août 1963 et son siège est à Abidjan en Côte d'Ivoire. Tous les Etats africains indépendants sont membres de la BAD, laquelle selon ses statuts doit contribuer au développement économique et social de ces Etats, par la mobilisation des ressources, la promotion des investissements publics et privés et par la fourniture de l'assistance technique.

[7] A l'instar de la Banque de Développement des Etats de l'Afrique Centrale (BDEAC), la Banque Ouest africaine de Développement (BOAD) a pour mission de promouvoir le développement économique et social des huit pays de l'Afrique occidentale (Bénin, Burkina Faso, Côte d'Ivoire, Guinée Bissau, Mali, Niger, Sénégal et Togo).

[8] C'est le franc de la Communauté Financière Africaine qui a cours légal dans 14 pays de l'Afrique Centrale et Occidentale (Gabon, Cameroun, Congo-Brazzaville, Centrafrique, Guinée Equatoriale, Tchad, Côte d'Ivoire, Niger, Bénin, Burkina Faso, Sénégal, Mali, Togo, Guinée Bissau). A ce jour un euro vaut 655, 957 CFA. Il avait le même sigle avant l'indépendance mais s'appelait franc des colonies d'Afrique. Avec cette dévaluation, la parité entre le franc français et le franc CFA est passé de 50 à 100 F CFA.

Sur plainte de la Banque Centrale du Swaziland qui réclame 7,3 millions de dollars de placements et de crédits appartenant à la Méridien Swaziland Bank Limited, la Haute Cour des Bahamas a prononcé l'insolvabilité de la MIBL qui ne pouvait payer et a nommé un liquidateur. La liquidation de la MIBL maison-mère de la BIAO prononcée le 24 avril 1995 risquait de faire perdre aux nombreuses filiales de la BIAO en Afrique leurs placements et crédits en faveur de la MIBL. Pour écarter tout risque de faillite, les banques centrales ont transformé les avoirs des filiales BIAO auprès de la MIBL en prêts. C'était pour eux une façon de tranquilliser les milliers de déposants, particuliers et entreprises, en attendant les décisions sur le sort des filiales que devra prendre le conseil d'administration.

Suite donc à cette décision de liquidation de la holding et à la démission du Président, la [9]COBAC nomme pour la Banque Méridien BIAO Tchad (BMBT) un administrateur provisoire. C'est donc l'incontournable Mahamat Farris, ancien Directeur Général de la BTCD (Banque Tchadienne de Crédit et de Dépôt) qui fut nommé administrateur provisoire par décision COBAC D-95/08 du 2 mai 1995. La mission de cet administrateur consistait à stabiliser la situation financière de la banque et, en collaboration avec l'Autorité Monétaire et l'appui technique du Secrétariat Général de la COBAC, rechercher de nouveaux investisseurs et proposer toutes voies et solutions de sauvetage de la banque. Car au moment de la survenance de la crise du Groupe Méridien, la situation de la BMBT était caractérisée, entres autres, par un portefeuille fortement dégradé, une très faible rentabilité et des besoins en fonds propres très importants. De plus, la fermeture de la maison mère avait eu pour effet d'accroître la défiance de la clientèle.

Une réglementation adéquate de l'activité bancaire et surtout l'existence d'une norme en matière de traitement des difficultés des établissements de crédit permettrait de résoudre en amont cette situation.

La réglementation bancaire couvre deux aspects. Elle est d'abord l'œuvre des autorités étatiques et communautaires. En effet, la banque appartient à un secteur réglementé. La stabilité des intermédiaires financiers étant indispensable au bon fonctionnement de l'économie, la réglementation bancaire est omniprésente et couvre de très nombreux aspects de la gestion des établissements de crédit. C'est ainsi que la réglementation sur la solvabilité a des répercussions sur la stratégie, sur l'accomplissement des opérations et la mise en place de procédures de contrôle. Dans un premier

[9] La COBAC ou Commission Bancaire de L'Afrique Centrale, créée par la Convention du 16 octobre 1990, exerce trois fonctions principales : compétences réglementaires et pouvoirs d'autorisation préalable, supervision des établissements de crédit et juridiction de premier degré en matière disciplinaire

temps, le Tchad, par le biais du [10]décret du 4 février 1965 a organisé la profession bancaire en créant les organismes de contrôle que sont l'Association professionnelle des banques, le Conseil national du crédit et la Commission de contrôle des banques. Par la suite les institutions communautaires que sont la [11]BEAC et la COBAC ont mis en place des organes et des normes, lesquels ont presque supplanté ceux créés par les autorités locales.

Le deuxième aspect de la réglementation concerne les règles juridiques qui s'appliquent à la banque non seulement en tant qu'intermédiaire financier mais aussi comme toute entreprise fonctionnant dans une économie libérale. Sur ce plan, la réglementation s'avère insuffisante. En effet, selon le principe de la permanence législative, le Tchad a adopté lors de son accession à l'indépendance en 1960, à l'instar des autres pays sous domination coloniale française, la législation alors en vigueur en métropole. Il s'agit du Code civil ainsi que des autres législations alors en vigueur à cette date. Mais l'incertitude demeure quant à l'application de ces normes car cette permanence législative se voit retoquée par un autre principe qui est celui de la spécialité législative. Avant l'avènement du droit [12]OHADA, les règles gouvernant le fonctionnement des sociétés sont celles de la loi française du 24 juillet 1867 et le Code de commerce utilisable est celui de 1807. A noter aussi l'absence des règles du consumérisme. L'OHADA, qui prétendait au début remédier au vide juridique en matière de droit des affaires en général et en droit bancaire en particulier, s'en est dessaisie en 2010 au profit des institutions bancaires sous-régionales. Il y a donc un vide juridique, lui-même prélude à l'insécurité juridique préjudiciable à l'activité bancaire. C'est donc cet imbroglio qui justifie le choix de notre sujet de recherche « L'exploitant

---

[10] Avant ce décret, les banques tchadiennes étaient régies par les deux lois françaises des 13 et 14 juin 1941 portant respectivement réglementation et organisation de la profession bancaire et réglementation et organisation des professions se rattachant à la profession de banquier.

[11] La Banque des Etats de l'Afrique Centrale dénommée BEAC, objet de l'Accord de 1959 entre les pays de l'Afrique Equatoriale Française et la France est non seulement un Institut d'émission monétaire mais est également chargée de la politique monétaire à l'instar de la Banque de France.

[12] L'Organisation pour l'Harmonisation en Afrique du Droit des Affaires (OHADA) objet du Traité de Port-Louis (Comores) du 17 octobre 1993 révisé le 17 octobre 2008 au Québec (Canada) et qui regroupe aujourd'hui 17 pays africains a pour ambition de garantir la sécurité juridique aux agents économiques régionaux et étrangers, en offrant à un vaste espace économique, un droit des affaires commun, dont l'interprétation ultime est confiée à une seule instance juridictionnelle dotée par ailleurs du pouvoir exceptionnel d'évoquer, après cassation, le fonds des affaires qui lui sont soumises.

de banque et le droit au Tchad ». Mais, avant de l'aborder, il faut remonter à l'historique et aux sources du droit de l'exploitant de banque.

Le métier de la banque a été pratiqué depuis [13]l'antiquité. [14]La présence des banquiers est attestée chez les peuples de la Méditerranée tels que les Babyloniens, les Grecs, les Phéniciens, les Egyptiens et aussi chez les Romains. Malgré l'interdiction du prêt à usure par l'Eglise, le métier de la banque connut un grand essor au Moyen Age chez les Juifs et les Lombards, même si avec les invasions barbares, on a assisté à un déclin de l'activité bancaire compte tenu du recul de l'activité économique. Certains interdits religieux ne favorisaient pas le métier de la banque. Le prêt à intérêt a été interdit entre les membres du clergé en l'an 325 par le Concile de Nicée ; le Concile de Trèves a interdit la rémunération des dépôts en l'an 1227 ; le Concile de Latran de 1215 a prohibé le prêt à intérêts. Cependant, vers le XIème siècle, réapparaît l'activité bancaire avec la reprise de la vie économique dans les villes de l'Italie du Nord ainsi que dans les villes du Nord de l'Europe avec les foires de Champagne et de Flandres. Les grandes places bancaires furent Londres, Amsterdam et Rome.

Avec l'accroissement des besoins économiques et la réapparition du droit bancaire, de nouvelles techniques se mettent en place. La technique de lettre de change permet d'effectuer des paiements à distance, évitant ainsi les risques à emporter de l'argent avec soi. Les foires se tenaient tous les trois mois. On voit apparaître l'usage entre commerçants de consentir des délais de paiement à court terme. C'est ainsi que les traites sont encore payables aujourd'hui à 90 jours. En raison de la diversité des monnaies, les banques pratiquaient régulièrement le négoce de lettres de change qui nécessitait la réalisation d'opérations de change. Et pour contourner cette interdiction de percevoir des intérêts, les banquiers se firent rémunérer pour ces opérations de change.

A partir de la renaissance, les banques connaissent un développement certain. La réforme assouplit la prohibition du taux à intérêt et donc même les protestants exercèrent le commerce de banque. Les grandes découvertes apportèrent également de grandes quantités de métaux précieux. Apparaissent alors des banques privées comme Jacques Cœur en France, les Médicis à Florence et les Fugger à Augsbourg, lesquelles consentirent régulièrement des prêts aux princes en échange de privilèges. C'est ainsi que la banque Jacques Cœur finança Charles VIII, les Fugger ont contribué à l'élection de Charles

---

[13] Deloume, *Les manieurs d'argent à Rome*, 1889.

[14] J. Carbonnier, *Les biens (monnaie, immeubles, meubles)*, Droit civil, Tome 3, Puf, 1995, pp. 40-42 ; S. Neuville, *Droit de la banque et des marchés financiers*, Puf Droit, 2005, pp. 22-24 ; Voir aussi *La monnaie*, Dictionnaire de droit (II), 2è Edition, 1966, pp. 175-176.

Quint, les Médicis prêtèrent d'importantes sommes aux papes, aux rois de France et aux ducs de Bourgogne. Les banques qui exerçaient alors sous forme de simples établissements prirent la forme de sociétés à partir du XVIIe siècle : la Banque d'Amsterdam est créée en 1689 avec pour monnaie le florin et la banque d'Angleterre en 1694. La circulation monétaire s'y développa grâce à l'apparition des billets. En France, il y avait la Banque de Law mais qui connut une déconfiture en 1720. En 1656, Palmstruch Johan créa la Banque de Stockholm, laquelle paya les lettres de change non pas avec des pièces mais avec des titres de papier non producteurs d'intérêts. Mais, avec la révolution française, sonna la faillite des assignats et la ruine du système monétaire et bancaire en France.

Ce n'est qu'au début du XIXème siècle qu'un système bancaire moderne se met en place. Cette période se caractérise par une absence de réglementation en matière bancaire. Même le Code de commerce de 1807 ne renferme aucune disposition spécifique sur la banque. L'Etat n'intervient presque pas et s'il le fait, c'est pour la protection des particuliers. La Banque de France est créée par les banquiers Lecouteulx et Perrigueux en 1799, avec l'accord du Premier Consul. Elle prend modèle sur la Banque d'Angleterre avant d'être réglementée par la Loi du 24 Germinal an XI et puis par la Loi du 22 avril 1806. Elle a le privilège d'émettre des billets mais seulement pour la ville de Paris. A la même époque, se créent de nombreuses banques privées telles que Neuflize, Schlumberger et Compagnie, Rothschild Frères, Vernes et Compagnies. Le Second Empire, marqué par une politique particulièrement libérale, voit naître de grandes banques privées de dépôts, comme le Comptoir National d'Escompte de Paris en 1860, le Crédit Lyonnais en 1863, la Société Générale en 1864 pour favoriser le développement du commerce et de l'industrie. Des banques régionales à l'instar de la Société Marseillaise de Crédit et le Comptoir d'Escompte de Lille, laquelle deviendra le Crédit du Nord, sont créées respectivement en 1865 et en 1867. Pendant cette période, les banques commerciales négligèrent l'artisanat et l'agriculture au profit des chemins de fer et de l'industrie.

Les banques d'affaires telles que la Banque de Paris et des Pays Bas et la Banque de l'Union parisienne naissent avec la 3ème République et participent au lancement de grandes entreprises. Furent également créées de nouvelles banques de dépôts telles que le [15]Crédit Commercial de France en 1894 et la Banque Nationale de Crédit en 1912 qui deviendra en 1930 la[16]B.N.C.I. Ces banques ont développé des implantations à l'étranger avec la création de multiples succursales. Mais à la suite de la Première Guerre Mondiale, de la

---

[15] Le Crédit commercial de France s'appelle aujourd'hui HSBC.

[16] C'est la Banque Nationale pour le Commerce et l'industrie (BNCI) qui a créé au Tchad la Banque internationale pour le commerce et l'industrie au Tchad (BICIT).

révolution russe et de la crise entre la Turquie et la Grèce, ces banques perdirent une grande partie de leurs investissements étrangers. Le Crédit Agricole est créé en 1894. Les banques coopératives comme les sociétés de caution mutuelle et les banques populaires naissent en 1917.

Une période de dirigisme, caractérisé par un fort interventionnisme étatique, s'ouvre à partir de 1930. Certaines banques frappées par la crise économique bénéficient de l'aide de l'Etat. En 1930, l'Etat réorganise la Banque Nationale de Crédit sous la forme d'une société d'économie mixte, après avoir désintéressé ses créanciers. L'année 1936 voit la réforme de la Banque de France. Elle conserve sa forme de société par actions [17]mais elle est dirigée désormais par un conseil général désigné par décret. Le système monétaire va être partiellement modifié pendant cette période. De nombreuses monnaies seront dévaluées : la livre sterling en 1931, le dollar en 1934 et le franc en 1938.

A partir de la Deuxième Guerre Mondiale, une organisation professionnelle ou corporative des banques est mise en place pour surveiller ou diriger la distribution du crédit pour en faire bénéficier les activités qui sont les plus utiles à l'économie nationale en période de pénurie. Deux lois, datant respectivement des 13 et 14 juin 1941, réglementent la profession bancaire ainsi que les professions annexes. Les banques sont désormais contrôlées par des organismes professionnels, lesquels adoptent une réglementation préconisant des peines disciplinaires. Composent ces organismes professionnels, le Comité permanent d'organisation professionnelle des banques, la Commission de contrôle des banques et l'Association professionnelle des banques. A compter de 1945, débute une période de nationalisation du crédit. Pour des raisons de reconstruction, l'Etat continue à assurer la direction du crédit pour orienter l'économie vers les activités jugées primordiales et surtout à partir de 1947 pour réaliser une politique de planification. C'est ainsi qu'interviennent la Loi du 2 décembre 1945 relative à la nationalisation et à l'organisation du crédit, suivie de la Loi du 17 mai 1946 et des décrets du 28 mai 1946, lesquels vont modifier les deux lois des 13 et 14 juin 1941 précitées sans toutefois les abroger. Durant la même période, la Banque de France est nationalisée. Puis vint le tour de quatre banques de dépôts dont le Crédit Lyonnais, la Société Générale, la Banque Nationale pour le Commerce et l'Industrie et le Comptoir national d'Escompte de Paris (C.N.E.P.). Se voient aussi contrôlées par l'Etat par l'entremise du Commissaire du Gouvernement, la Banque de l'Union Parisienne et la Banque de Paris et des Pays Bas. Même les banques sont surveillées et demeurent soumises à des organismes de contrôle.

[17] Ce qui peut apparaître comme une mesure de nationalisation.

L'histoire du droit bancaire tchadien est intimement liée à celle du droit bancaire français. En effet, avant l'indépendance, le Crédit Lyonnais et la Banque Nationale pour le Commerce et l'Industrie ont ouvert des succursales au Tchad dénommées la Banque Tchadienne de Crédit et de Dépôts (B.T.C.D.) et la Banque Internationale pour le Commerce et l'Industrie (B.I.C.I.T.). Ce sont donc les lois françaises des 13 et 14 juin 1941, la Loi du 2 décembre 1945, la loi du 17 mai 1946 et les deux décrets du 28 mai 1946 qui s'appliquaient à ces succursales. A l'aube des indépendances, l'activité bancaire dans les anciennes colonies françaises, dont le Tchad, était régie par des textes nationaux fortement inspirés par les lois de la métropole en vigueur dans les années 1960. C'est ainsi que le décret n°20/PR-ET du 4 février 1965 qui fixait les conditions d'exercice de la profession bancaire, introduisait les distinctions entre les banques de dépôt, banques d'affaires, banques de crédit à long et à moyen terme, et désignait les organismes destinés à assurer l'étude et la mise en œuvre de la politique de crédit ainsi que l'organisation et le contrôle de la profession bancaire. La Banque de Développement du Tchad (B.D.T.) fut créée par ordonnance du 13 juin 1962 « *pour promouvoir le développement économique et social du Tchad ». La Banque Tchado-Arabe Libyenne, quant à elle, est ouverte le 27 août 1962 pour « entreprendre à l'intérieur et à l'extérieur de la République du Tchad toutes les opérations bancaires faites habituellement par les banques commerciales y compris les opérations financières relatives aux projets de développement économique et commercial* ».

Mais dès 1972, c'est dans le cadre communautaire avec la signature de la Convention de coopération monétaire au niveau de la zone franc qu'évolua le dispositif normatif en matière bancaire au Tchad. En effet, les Etats de l'Afrique Centrale avaient perçu très tôt la nécessité de contrôler l'activité bancaire et ont pris les dispositions appropriées à travers notamment la création de Conseils Nationaux de Crédit et de Commissions Nationales de Contrôle des Banques et établissements financiers. Cependant, aucun dispositif opérationnel n'avait pu être mis sur pied pour veiller au respect des règles ainsi édictées et sanctionner les dérives constatées. Avec les [18]Accords de Brazzaville de 1972, l'harmonisation des politiques relatives à l'exercice de la profession bancaire, au contrôle des établissements financiers ainsi qu'à

---

[18] Deux accords sont signés les 22 et 23 novembre 1972 à Brazzaville (Congo) entre la France et le Cameroun, le Gabon, le Congo, la République centrafricaine et le Tchad ; le premier crée un Institut d'émission appelé la BEAC, la deuxième consacre la liberté des transfert en zone franc, les parités fixes entre les différentes monnaies de cette zone, la garantie du Trésor français à la monnaie émise par la BEAC, la convertibilité illimitée entre ces différentes monnaies, l'harmonisation des changes et enfin la centralisation des réserves de change dans un compte spécial appelé « Compte d'opérations » ouvert par la BEAC auprès du trésor français.

la distribution et au contrôle du crédit avait fourni l'occasion de corriger les lacunes constatées dans le système en vigueur, à travers les attributions confiées à l'Institut d'émission monétaire commun qu'est la Banque des Etats de l'Afrique Centrale (B.E.A.C.). En effet, les premiers statuts de la BEAC annexés à la première Convention du 22 novembre 1972 avaient conféré d'assez larges compétences à la BEAC en ce domaine car celle-ci s'est vue attribuer un pouvoir réglementaire autonome. L'article 25 de ces statuts habilitait la BEAC à prendre, à l'initiative de son conseil d'administration, toutes dispositions pour imposer aux banques et établissements financiers, d'une part le respect d'un rapport entre les divers éléments de leurs ressources et emplois, et d'autre part, le respect de plafonds ou de minima pour le montant de certains de leurs emplois. Les Etats conservaient toutefois l'entière maîtrise du contrôle de leur système bancaire car l'initiative des enquêtes sur place appartenait aux pouvoirs publics, sur proposition, le cas échéant, du Gouverneur de la BEAC. Si le Gouverneur était habilité à enjoindre des redressements et à adresser des recommandations aux établissements vérifiés, sous forme de lettres de suite, l'ouverture de procédures disciplinaires restait à l'entière discrétion des autorités de tutelle nationale pour le compte desquelles la BEAC intervenait, à savoir les commissions de contrôle nationales et le Ministère des Finances. L'article 26 y adjoignait une mission d'assistance technique en autorisant la BEAC à enquêter sur le respect des prescriptions édictées par les organismes en charge de l'organisation de la profession bancaire et de la politique du crédit pour en faire rapport à ces organismes. Ainsi, la Banque Centrale, avec son rôle purement technique, avait une mission d'auxiliaire des autorités nationales. Les Conseils Nationaux du Crédit s'étaient vus confier des compétences générales en matière de réglementation bancaire et de contrôle, notamment le pouvoir de délivrance d'agrément et du contrôle sur documents.

Le système de contrôle sur documents organisé à l'échelon local ayant rapidement révélé ses limites et démontré la nécessité de l'étayer par des enquêtes périodiques dans les établissements de crédit, la BEAC constitua en 1979 une Cellule de Contrôle des Banques, laquelle effectua ses premières missions l'année suivante. L'expérience s'étant avérée concluante, le Conseil d'Administration de la BEAC décida, le 14 avril 1981, de l'institutionnaliser en créant la Direction de la Réglementation et du Contrôle des Banques, en remplacement de la cellule initiale. Entre 1980 et 1988, une trentaine d'enquêtes avaient pu être conduites par la BEAC dans la plupart des banques de la zone. Elles avaient permis d'alerter en temps utile les autorités sur les carences de gestion et les risques de défaillance décelés. L'efficacité du système supposait que les constats dressés par la BEAC fussent relayés au niveau des Etats mais tel ne fut pas le cas. Les avertissements ne rencontrèrent pas d'écho, faute d'une prise de conscience suffisante de la gravité des difficultés signalées et de l'urgence des solutions à y apporter par les instances compétentes. Les commissions de contrôle ne siégèrent donc pas.

Cette défaillance de l'organisation du contrôle prudentiel avait provoqué un énorme gâchis. Au début des années 1990, le système bancaire de la zone était dans une situation très critique qui avait profondément perturbé le fonctionnement de l'économie. En effet, sur les quarante banques que comptait cette zone, neuf avaient cessé leurs activités et sur celles restant en activité, une seule respectait l'ensemble des normes réglementaires en vigueur ; quatorze avaient des équilibres précaires et seize étaient totalement insolvables. En définitive, vingt et une banques furent liquidées. Elles totalisaient 746 milliards de passif dont 253 milliards de refinancement de la BEAC qui furent consolidés par les Etats[19]. Si la conjoncture économique fut la cause déterminante des difficultés enregistrées par les banques, nul doute que l'ampleur de la crise et son coût, résultèrent aussi de la division des tâches entre la Banque Centrale et les autorités nationales souvent impuissantes. C'est ce constat qui avait justifié l'engagement simultané des processus de restructuration des systèmes bancaires de la zone et de la réforme du dispositif de surveillance des établissements de crédit. C'est de ce processus dans lequel la BEAC, gardienne de la monnaie, joue un rôle central qu'est issu le dispositif de contrôle bancaire tout à fait original. Le Conseil d'Administration de la BEAC arrêta le principe en novembre 1989 de la réforme du système juridique existant dont la création d'un organe de supervision commun de l'activité bancaire doté de pouvoirs conséquents avec une cohérence de la réglementation bancaire dans les six Etats de la zone.

La Convention du 16 octobre 1990 portant création d'une Commission Bancaire de l'Afrique Centrale et celle du 17 janvier 1992 portant harmonisation de la Réglementation Bancaire dans les Etats de l'Afrique Centrale ont créé un corpus réglementaire unique pour l'activité bancaire. Ces deux conventions, ainsi que leurs annexes, organisent un mécanisme cohérent et complet de régulation du secteur bancaire notamment, en définissant l'activité, en désignant les différents acteurs, en précisant les modalités d'accès à la profession, d'exercice de l'activité et de son contrôle et en instaurant un superviseur unique, la C0BAC. Ce cadre juridique régissant l'organisation de l'activité bancaire a été réformé par le [20]Traité du 16 mars

[19] Rapport d'activité de la Banque Centrale, 1989.

[20] La Communauté économique et monétaire de l'Afrique centrale (CEMAC) qui a succédé à l'Union douanière et économique de l'Afrique centrale (UDEAC) lui-même objet du Traité de Brazzaville du 8 décembre 1964, est créée le 16 mars 1994 à NDjaména (Tchad). Elle a pour mission de promouvoir l'intégration économique des six Etats membres (Gabon, Cameroun, Centrafrique, Congo, Guinée Equatoriale et Tchad) par une harmonisation accrue des politiques et des législations. Cette

1994 instituant la CEMAC, son additif en date du 5 juillet 1996 et les Conventions régissant l'UMAC et la Cour de Justice de la CEMAC. Cette réforme comporte, entre autres amendements, l'entrée en lice du Comité Ministériel de l'UMAC qui édicte des dispositions législatives et réglementaires relatives à l'activité bancaire et financière et de la Cour de Justice de la CEMAC, laquelle, outre le contrôle juridictionnel des activités de la CEMAC, connaît des recours en dernier ressort contre les décisions de la COBAC.

Le pouvoir normatif du Comité Ministériel de l'UMAC est important. L'instrument juridique auquel il est fait le plus souvent recours pour réaliser l'harmonisation de la réglementation bancaire est le « règlement » car il est obligatoire dans tous ses éléments et directement applicable dans tout Etat membre. Le 29 avril 2000, est adopté le Règlement portant harmonisation de la réglementation des changes. Le 27 novembre de la même année, est adopté le texte portant institution de l'agrément unique des établissements de crédit. Le 4 avril 2003, est également adopté le Règlement relatif à la prévention et à la répression du blanchiment des capitaux et du financement du terrorisme. A compter de cette date, plusieurs Règlements furent adoptés notamment celui relatif aux systèmes, moyens et incidents de paiement, le Règlement relatif à la création d'un Fonds de Garantie des Dépôts, le Règlement relatif au gouvernement d'entreprise dans les établissements de crédit ainsi que les Règlements sur le taux effectif global, l'usure et la normalisation bancaire. Bien entendu, ces divers textes s'inspirent largement des décisions du [21]Comité de Bâle.

Au plan national, seule la loi du 19 mai 1995 laquelle réglemente le secret professionnel bancaire, suit le décret du 4 février 1965 portant réglementation de la profession bancaire et création des organismes destinés à assurer le contrôle de cette profession tombée presque en désuétude. L'article 41 de ce décret dispose que la législation et la réglementation en matière d'opérations bancaires resteront en vigueur jusqu'à l'intervention des dispositions qui seront prises sur proposition du Conseil National du Crédit. Malheureusement, aucune norme nouvelle n'a été adoptée après ces deux textes si bien qu'il subsiste en la matière un vide juridique frappant. Le système bancaire tchadien

harmonisation passe par la réglementation de l'activité économique dont l'activité bancaire. Elle est composée de quatre institutions dont deux de contrôle (le Parlement communautaire et la Cour de justice de la CEMAC) et deux d'action (l'Union économique de l'Afrique centrale en abrégé UEAC et l'Union monétaire de l'Afrique centrale en abrégé UMAC. Elle comprend aussi huit organes dont certains existaient avant sa création tels que la BDEAC, la BEAC et la COBAC.

[21] Le Comité de Bâle est un organisme international qui formule des recommandations sur le contrôle prudentiel des établissements de crédit.

compte aujourd'hui huit banques dont les banques commerciales, agricoles, de développement, et d'investissements. Toutes les banques sont membres de l'Association Professionnelle des Etablissements de Crédit, laquelle a pour objet, notamment, la représentation des intérêts collectifs de ses membres, l'information de ses adhérents et du public et l'étude de toutes questions relatives à la profession.

Avant d'aborder le cœur du sujet et la problématique, une définition des termes est nécessaire. Il s'agit tout d'abord de définir le droit en tant que norme en général avant d'aborder la définition du droit de la banque.

Le droit est un ensemble de règles de conduite socialement édictées et sanctionnées, qui s'imposent aux membres de la société[22]. Le mot droit désigne encore, soit l'ensemble des règles juridiques applicables aux actes et aux faits accomplis par les hommes (droit objectif), soit une faculté accordée à une personne de faire un acte déterminé (droit subjectif). Le droit objectif est donc l'ensemble des règles régissant la vie en société. Quant au droit subjectif, ce sont les prérogatives reconnues à un individu dans son intérêt, lui permettant de jouir d'une chose, d'une valeur ou exiger d'autrui une prestation. En gros, le droit est donc l'ensemble des règles visant la régulation amiable de la vie en société. Les règles de droit se distinguent des règles morales qui s'imposent à la conscience mais ne comportent pas de sanction de l'autorité publique.

Les sources du droit sont déterminées par la constitution, la loi, la coutume et la jurisprudence. Le droit naturel dérivant de la nature s'impose en théorie à tous alors que le droit positif est établi par chaque Etat dans les limites de sa souveraineté. Les situations de droit objectif sont défendues en justice par le moyen du recours pour excès de pouvoir. La situation de droit subjectif est une situation légale et réglementaire définie par un acte juridique particulier, tel qu'un contrat ou une décision unilatérale de l'administration. Cette situation revêt une stabilité relative si l'acte subjectif considéré est un contrat, mais s'il est une décision administrative, la situation demeure non seulement instable mais également révocable.

Le droit se distingue en deux principales branches différentes l'une de l'autre : le droit public et le droit privé. Le droit public est l'ensemble des règles régissant l'organisation et le fonctionnement de l'Etat et ses démembrements ainsi que les relations entre l'Etat et les particuliers. En général, il s'agit du droit constitutionnel, lequel a pour objet la forme, la structure et l'organisation de l'Etat et de ses organes supérieurs (parlement et pouvoir exécutif) ; il règle

---

[22] Définition du vocabulaire juridique de l'Association Henri Capitant, Puf, 4è Edition, Paris, 1994, p. 290.

en outre la participation des citoyens au gouvernement. Il y a encore le droit administratif qui groupe les règles définissant l'organisation des pouvoirs publics (autres que les organes politiques ou judiciaires) et les conditions dans lesquelles ces pouvoirs possèdent des droits et imposent des obligations aux administrés. La législation financière détermine les dépenses de fonctionnement des services publics (budget) et les moyens d'y faire face (impôt ou emprunt). Quant au droit privé, c'est l'ensemble des règles régissant les rapports entre particuliers et les relations entre les personnes publiques et les particuliers, lorsqu'exceptionnellement la loi le prévoit ou lorsque l'administration agit comme un particulier[23]. Il comprend le droit civil, la procédure civile, le droit pénal et la procédure pénale, le droit commercial. D'autres branches du droit privé sont déterminées d'après leur objet : droit du travail, droit rural, industriel, forestier, minier, aérien, des transports, des assurances, etc...

Toutes les branches du droit intéressent l'exploitant de banque. Lui sont appliquées des règles d'origine et de nature diverses : règles de droit privé pour l'essentiel mais aussi des règles de droit public. Il n'est pas contesté que les normes applicables à l'exploitant de banque sont du domaine du droit privé et le droit bancaire même est considéré comme une branche du droit commercial. En effet, selon l'article 632 du Code de commerce, les opérations de banque sont des actes de commerce, et les personnes physiques ou morales qui accomplissent lesdits actes à titre professionnel ont la qualité de commerçant.

Le droit de l'Organisation pour l'Harmonisation du droit des affaires en Afrique (OHADA) ainsi que les normes sécrétées par les institutions sous-régionales en matière de droit commercial trouveront à s'appliquer. Le droit civil s'applique à l'exploitant de banque, notamment le droit des obligations, le droit des sûretés, parce qu'il constitue la base même du droit privé. En outre, l'importance du rôle économique des banques a conduit l'Etat à une intervention non moins importante. L'exploitant de banque est soumis à l'autorité du Conseil national du crédit et de la Commission bancaire, lesquels sont de véritables services étatiques. Les décisions qu'ils prennent sont bien des décisions administratives de caractère général ou individuel.

Quant au droit bancaire proprement dit, il faut noter que l'article 1er du décret du 4 février 1965 réglementant la profession bancaire définit la banque par son activité[24]. Ainsi, sont considérées comme banques les entreprises ou

---

[23] J. Gatsi, *Nouveau dictionnaire juridique*, Presses universitaires libres, Douala-Cameroun, 2è Edition, 2010, p. 121.

[24] A l'instar du Code monétaire et financier français et de l'Annexe à la Convention du 17 janvier 1992 portant harmonisation de la réglementation bancaire dans les Etats

établissements qui font profession habituelle de recevoir du public, sous forme de dépôt ou autrement, des fonds qu'ils emploient pour leur propre compte en opérations d'escompte, en opérations de crédit ou en opérations financières. [25]Le Code monétaire et financier et la règlementation CEMAC emploient le terme « établissement de crédit ».

Ainsi, aux termes de l'article L.511-1 du Code monétaire et financier, les établissements de crédit sont des personnes morales qui effectuent à titre de profession habituelle des opérations de banque. Et, selon l'article L.311-1 de ce même Code, les opérations de banque comprennent la réception de fonds du public, les opérations de crédit, ainsi que la mise à la disposition de la clientèle ou la gestion de moyens de moyens de paiement.

Quant à la réglementation CEMAC, l'article 4 de l'Annexe à la Convention portant harmonisation de la réglementation bancaire dans les Etats de l'Afrique Centrale définit les établissements de crédit comme des organismes qui effectuent à titre habituel des opérations de banque, lesquelles comprennent la réception de fonds du public, l'octroi de crédit, la délivrance de garanties en faveur d'autres établissements de crédit, la mise à la disposition de la clientèle et la gestion de moyens de paiement.

Puis, en se fondant sur la nouvelle réglementation en zone UEMOA, l'on retiendra de l'article 3 qu'une banque est une structure habilitée à effectuer « toutes les opérations de banque ».

C'est l'alinéa 2 de l'article 2 qui donne une liste des opérations de banque que sont : « la réception de fonds du public », qui concerne la fonction de collecte de ressources, « les opérations de crédit », lesquelles ont trait au remploi des ressources ainsi collectées et « la mise à disposition de la clientèle et la gestion des moyens de paiement » par lesquels se réalisent sur les comptes de la clientèle les opérations initiées par cette dernière elle-même.

Aussi, pour recevoir les fonds du public par leur collecte au moyen des comptes ouverts à la clientèle, financer l'économie au moyen des crédits accordés aux agents économiques, mettre à la disposition du public et gérer les moyens de paiement, une banque a-t-elle besoin de mettre en place des moyens financiers, matériels et humains, bref toute une organisation administrative qui peut être différente d'une banque à l'autre, mais remplissant à peu près les mêmes fonctions.

---

de l'Afrique centrale.

[25] Il s'agit bien entendu du Code monétaire et financier français.

Les définitions ci-dessus empruntées à la législation française et aux réglementations CEMAC et [26]UEMOA amènent à dégager les caractéristiques fondamentales d'une banque à savoir :

- La réception de fonds en comptes dont il peut être disposé par chèques ou virements ; ce qui donne à la banque la qualité de teneur de comptes ;
- L'emploi de ces fonds pour son propre compte ou pour le compte d'autrui, en opérations de crédit ou de placement, ce qui fait du dépôt bancaire un dépôt spécial qui autorise le dépositaire qu'est la banque à utiliser la chose déposée pour son propre compte, à charge toutefois de la restituer, souvent à tout moment, c'est-à-dire à vue, et à exercer cette activité de collecte et de recyclage des dépôts à titre professionnel ; ce qui permet à la banque d'en tirer l'essentiel de ses revenus ;
- Enfin, la mise à disposition de la clientèle des moyens de paiement.

Les fonds reçus du public sont les dépôts émanant des différents déposants ou clients de la banque. Le contrat de dépôt sous l'angle du Code civil est un contrat par lequel le déposant confie le bien objet du dépôt entre les mains d'un dépositaire qui assure la garde sans toutefois avoir la possibilité de l'utiliser et avec l'obligation de restitution dès que le déposant manifestera le besoin. C'est le principe de restitution à première demande. Mais le dépôt bancaire est un dépôt particulier car le banquier dépositaire a la possibilité d'utiliser le bien qui est l'argent épargné ou le placement effectué, objet du dépôt. Comme le dépôt de droit commun, le banquier dépositaire a une obligation de restitution à première demande. L'activité de réception de fonds du public postule la collecte de ressources au niveau du public. Ces ressources collectées, indispensables à l'exercice d'une activité bancaire, prennent le plus souvent la forme de dépôts, à vue ou à terme, voués à la fois à être recyclées, mais également à être restituées à leurs déposants selon des modalités précisées d'accord parties au moment de la formalisation de la convention de dépôt. Ces ressources s'entendent des ressources financières, plus précisément d'avoirs monétaires détenus par les agents économiques et provenant en principe de leurs activités professionnelles, génératrices de revenus salariaux, commerciaux ou non commerciaux.

---

[26] L'Union économique et monétaire ouest africaine (UEMOA), objet du Traité du 10 janvier 1994 regroupe les huit pays de l'Afrique occidentale qui sont le Bénin, le Burkina Faso, la Côte d'Ivoire, la Guinée Bissau, le Mali, le Niger, le Sénégal et le Togo. Son objectif principal est la création d'un marché commun fondé sur la libre circulation des personnes, des biens et des capitaux. Elle a également pour ambition, à l'instar de la CEMAC, d'harmoniser la législation des Etats membres.

Le support de la relation entre la banque et son client est le compte bancaire. Cette relation se traduit au plan juridique par la conclusion d'une convention d'ouverture de compte, à l'effet de loger dans le compte ouvert, les avoirs monétaires qui y seront déposés par les clients. Les avantages liés à l'ouverture d'un compte sont nombreux, notamment la sécurité, la rentabilité et la liquidité des fonds. En effet, jusqu'à preuve contraire, les coffres sécurisés des banques, garantis par des polices d'assurance, sont plus sûrs que les [27]modes traditionnels et informels de conservation de ressources. Les auteurs de ces pratiques archaïques et informelles considèrent que personne ne peut, mieux qu'eux-mêmes, garder leurs propres ressources[28]. Pourtant, le triste spectacle des cantines entières de billets calcinés lors des incendies survenus dans les marchés a montré que cette forme de sécurité n'est pas la meilleure.

Un autre avantage lié à l'ouverture d'un compte bancaire est la liquidité. Les pratiques informelles et archaïques sus évoquées et leurs conséquences négatives pour les victimes mais aussi pour l'économie nationale, du fait d'une importante thésaurisation, semblent également être justifiées par un critère d'accessibilité et de disponibilité immédiate de l'épargne constituée[29]. Mais il existe un autre moyen sûr, « les comptes ou les dépôts à vue » caractérisé par la disponibilité immédiate des fonds, c'est-à-dire que dès que le banquier reçoit l'ordre de paiement du client, il l'exécute. En plus de la sécurité et de la liquidité qui s'attachent au compte bancaire, il y a la rentabilité générée par les dépôts, qu'il s'agisse des dépôts à terme, des dépôts en compte d'épargne, ou même des dépôts à vue, puisque les conditions de banque libéralisées peuvent se négocier à l'ouverture, se traduisant périodiquement par le paiement d'intérêts créditeurs. C'est ainsi que l'article 10 du Règlement n°02/03/CEMAC/UMAC/CM du 4 avril 2003 relatif aux systèmes, moyens et incidents de paiement décide que toute ouverture de compte donne lieu à la conclusion d'une convention de compte écrite entre l'établissement assujetti et son client.

La deuxième caractéristique de l'activité bancaire, après celle de la collecte de dépôts du public, a trait à l'emploi de ces fonds collectés. Cette caractéristique se manifeste par des crédits alloués aux entreprises et

---

[27] En France, à une époque lointaine, ce sont les « bras de laine » qui servaient de « tire lire » ou de « coffres ». En Afrique, et particulièrement au Tchad, ce sont des sacs de joute mis sous terre, des cantines cachés dans les boutiques ou des matelas sur les lits qui font office de coffre-fort.

[28] . Un dicton africain dit d'ailleurs ceci : « *le bien d'un singe, ne se trouve-t-il pas mieux dans sa bouche qu'ailleurs* ».

[29] La thésaurisation appelée encore « épargne stérile » est une forme d'épargne, constituée en dehors des circuits officiels de circulation monétaire.

particuliers en vue du financement de leurs multiples besoins de fonctionnement, d'investissement et de consommation. Cette activité, la banque la réalise à partir « d'actes de commerce », effectués pour son « propre compte », c'est-à-dire professionnellement, pour en tirer l'essentiel de ses revenus. Ceci confère à l'activité de crédit en général, bancaire en particulier, sa commercialité au sens des articles 2 et 3 de l'acte uniforme OHADA[30] relatif au droit commercial général. En effet, l'article 2 précité définit le commerçant comme « *celui qui accomplit les actes de commerce et en fait sa profession habituelle* » d'où il tire l'essentiel de ses revenus, alors que l'article 3 du même texte, dans son énumération des actes qui sont qualifiés « actes de commerce », cite expressément « les opérations de banque », à côté des opérations de bourse, de change, de courtage, d'assurance et de transit.

L'opération de crédit c'est [31]« *tout acte par lequel une personne, agissant à titre onéreux met ou promet de mettre des fonds à la disposition d'une autre personne ou prend, dans l'intérêt de celle-ci, un engagement par signature tel qu'un aval, un cautionnement ou une garantie* ». C'est un acte à titre onéreux. Le banquier pourvoyeur de fonds accorde le crédit sous condition d'application des taux d'intérêt qui lui sont favorables. C'est la mise en œuvre des différents taux d'intérêt qui lui permet de rentabiliser l'opération de crédit qu'il réalise en faveur des différents bénéficiaires. Le crédit peut être à court terme, c'est-à-dire que sa durée n'excède pas deux ans. Ce genre de crédit est très utilisé en matière de crédit à la consommation. Le crédit à moyen terme est celui dont la durée est comprise entre deux et sept ans et pour le crédit à long terme la durée est supérieure à sept ans. Le crédit à long terme est très utilisé pour les financements immobiliers.

L'opération de crédit n'est pas envisageable sans garanties. Il y a les garanties classiques et nouvelles. Concernant les garanties classiques, le banquier prêteur de fonds au client exige de ce dernier les garanties soit réelles soit personnelles. Les garanties réelles portent sur les biens mobiliers ou immobiliers qu'un débiteur met à la disposition de la banque en garantie du recouvrement de la créance de cette dernière. En revanche, les garanties personnelles portent sur l'engagement d'une autre personne à l'égard du banquier prêteur de deniers pour le compte du débiteur. En cas de défaillance du débiteur, le banquier peut mettre en œuvre la garantie personnelle dont il bénéficie. Pour les garanties réelles, le banquier exige du client la remise d'un bien. Cette remise se fait par la constitution d'un gage, d'un nantissement ou d'une hypothèque. Le gage est une garantie avec dépossession à travers laquelle un débiteur met un bien meuble, généralement de nature corporelle,

---

[30] C'est le premier Acte uniforme adopté en 1997 mais qui a été révisé en 2010.

[31] Article 6 alinéa 1 de l'Annexe à la Convention portant règlementation bancaire en zone CEMAC.

au profit de son banquier, lequel pourra réaliser à son profit ce bien en cas de non-paiement à l'échéance par le client débiteur. Quant au nantissement, c'est une garantie sans dépossession qui porte sur un bien meuble de nature incorporelle. Le débiteur, tout en assurant l'administration ou l'exploitation du bien dont il ne s'est jamais matériellement dépossédé, ne peut aliéner le bien. L'hypothèque est une garantie qui porte sur un bien immobilier. Le client débiteur donne sous forme d'hypothèque au banquier prêteur de deniers un bien immobilier bâti ou non bâti en garantie du recouvrement de sa créance à l'échéance. En ce qui concerne les garanties personnelles, la banque peut exiger soit une caution dans le cadre d'un cautionnement bancaire qui peut être simple ou solidaire, soit un aval avec un donneur d'aval. Par ailleurs, si le client demandeur est une personne morale, le banquier demande à cette dernière, une garantie autonome ou une contre-garantie autonome. Au titre de garanties nouvelles, le banquier peut exiger de son client salarié du secteur public ou privé une domiciliation bancaire du salaire ou une attestation irrévocable du virement de son salaire.

Quant à la mise à disposition et la gestion des moyens de paiement, le règlement CEMAC du 4 avril 2003 précité donne une définition des « moyens de paiement » en son article 2, à l'alinéa 1er : ce sont « *tous les instruments qui permettent à une personne de transférer des fonds, quels que soient le support ou le procédé technique utilisé* ». Puis l'alinéa 2 énumère les moyens de paiement en vigueur dans la zone considérée. Ce sont : le chèque, la carte de paiement, la lettre de change, le billet à ordre, le porte-monnaie électronique, le virement et le prélèvement. Il faut observer que la monnaie fiduciaire, exclusivement composée de billets de banque et de [32]pièces, est exclue de cette énumération, contrairement à [33]la monnaie scripturale que cherche à promouvoir la réforme dans les zones et qui, comme son nom l'indique, désigne l'ensemble des avoirs inscrits dans les comptes bancaires et susceptibles de circuler au moyen de l'utilisation des instruments ci-dessus énumérés. Les moyens de paiement sont les instruments par lesquels se nouent et se dénouent les transactions entre les différents acteurs économiques, les instruments par lesquels la banque réalise les opérations, en exécution des ordres des clients dont elle détient les comptes. Ces opérations se résument en deux grandes catégories que sont les encaissements qui se traduisent par le crédit des comptes des clients bénéficiaires et les paiements qui se traduisent par le débit des comptes des clients initiateurs[34]. Ainsi, l'émission s'agissant d'un chèque, l'acceptation s'agissant d'une lettre de change, la souscription

---

[32] Les pièces sont appelées monnaie divisionnaire.

[33] La monnaie scripturale ajoutée à la monnaie fiduciaire forme ce que l'on appelle la masse monétaire, c'est-à-dire la quantité de monnaie disponible dans une économie et destinée à régler les transactions des agents économiques entre eux.

[34] Ce sont les deux seuls sens créditeur et débiteur qui existent sur le compte.

s'agissant d'un billet à ordre ou la manipulation s'agissant de la carte bancaire, apparaissent comme des modes très simplifiés de dénouement des transactions, comme des modes de circulation de la monnaie en complément du mode de circulation originel réalisé par la traditionnelle monnaie fiduciaire matérialisée par les billets et les pièces.

Il faut noter que les moyens de paiement énumérés concernent quasiment les moyens de paiement modernes. Ce qui témoigne de la volonté du législateur communautaire d'arrimer le système de paiement de la zone aux standards internationaux. En effet, la réforme des systèmes de paiement dans la Communauté Economique et Monétaire de l'Afrique Centrale a mis l'accent sur la vulgarisation des instruments modernes de paiement comme les cartes bancaires, les virements et les transferts électroniques. Le monde des affaires est désormais dominé par les enjeux de célérité et de sécurité. Les moyens de paiement modernes ou scripturaux ont l'avantage de combiner ces deux intérêts pour le bien de tous les utilisateurs.

Outre ces opérations principales, les banques peuvent accomplir des opérations connexes. Celles-ci, selon la règlementation CEMAC, doivent être accomplies sur autorisation. Elles viennent compléter les opérations de banque que les établissements de crédit accomplissent à titre principal. Ce sont le change manuel ou scriptural, les transactions sur or et autres métaux précieux. Elles peuvent aussi concerner le conseil, l'assistance, l'intermédiation, le placement et même la location de coffre-fort. Ces opérations qui sont résiduelles dans l'activité des banques tchadiennes ne sont pas couvertes par notre étude.

Il ressort de ces définitions que l'exploitant de banque est soumis à deux droits : un droit fondamental et général et un droit spécifique. Mais ces deux droits sont insuffisants pour réglementer l'activité bancaire dans son ensemble. Les règles du droit civil héritées de la colonisation sont insuffisantes. Aucun effort significatif n'a été fait par les autorités étatiques pour suppléer au vide juridique après l'accession du pays à l'indépendance. Le décret du 4 février 1965, premier texte pris en matière bancaire, lequel n'est qu'une copie des deux lois françaises des 13 et 14 juin 1941 n'a qu'un caractère organisationnel car, après avoir défini « les banques », il indique la forme selon laquelle elles devraient être constituées, fixe leurs catégories, leurs obligations administratives ainsi que les conditions de nomination des dirigeants et met en place des organismes destinés à assurer l'étude et la mise en œuvre de la politique de crédit ainsi que l'organisation et le contrôle de la profession bancaire. Ensuite, la loi du 19 mai 1995 relatif au secret professionnel bancaire définit ce qu'est le secret professionnel bancaire, détermine les personnes concernées ou non par ce secret et les sanctions. Cette loi a également défini le blanchiment mais sans prévoir des sanctions.

Or, nul ne peut contester l'importance de la réglementation du secteur bancaire pourtant vital pour le développement économique d'un pays. L'absence ou l'insuffisance de cette réglementation porte un coup aux droits du consommateur, du client de la banque et aux banques elles-mêmes. En effet, le consommateur a besoin d'être informé et protégé tant lors de l'ouverture que du fonctionnement et de la clôture de son compte. Ces informations et protections deviennent encore plus importantes quand il a besoin du crédit pour les biens de consommation courante. A l'instar du consommateur, le client de la banque, à défaut d'information et de conseil, peut subir de nombreux préjudices. Les banques, quant à elles, outre l'absence d'outil de gestion subissent de lourdes condamnations quand elles sont attraites devant les instances judiciaires. Et, quand elles sont requérantes, elles sont parfois déboutées de leurs demandes et même si leurs actions prospèrent, les décisions qu'elles obtiennent ne sont pas exécutées. Le dysfonctionnement d'une banque dû au déficit de cette réglementation peut décourager les investisseurs dont l'intervention dans un pays à économie exsangue n'est pas à négliger. Elle est la cause des interférences abusives et intempestives des autorités administratives et politiques dans le fonctionnement des banques.

Il n'est pas exagéré de dire que cette faiblesse de réglementation est source d'insécurité judiciaire. Mais cette situation est liée à un contexte. Le Tchad, en tant qu'Etat indépendant, n'existe que depuis 1960. Trois ans seulement après cette indépendance, des troubles socio-politiques éclatent dans le pays et, depuis, le Tchad ne jouit que d'une stabilité relative. Dans ces conditions, les besoins sécuritaires prennent le pas sur les besoins de réglementation de la vie économique en général et de l'activité bancaire en particulier. Ensuite, à défaut de structures adéquates de formation, se pose un problème crucial de ressources humaines. Le manque de compétences formées et surtout de spécialistes en matière bancaire constitue également un obstacle à l'édification véritable d'un droit bancaire tchadien. Pourtant, outre l'importance de la banque pour les acteurs précités, il faut souligner le rôle de la réglementation à l'heure actuelle où il y a une forte attractivité du Tchad à cause du pétrole qu'il exploite depuis 2003. La croissance économique est à 5% quand elle n'atteint pas deux chiffres. Les investisseurs se bousculent à la porte du pays et les infrastructures se construisent à coup de milliards. Le secteur bancaire nécessite une réglementation pour être compétitif, surtout dans le contexte actuel d'intégration régionale et même de mondialisation de l'économie.

De ce qui précède, la présente étude revêt un double intérêt tant théorique que pratique. D'abord au plan théorique, elle permet de faire l'état des lieux des diverses normes applicables à l'activité bancaire, de définir les divers acteurs du système bancaire ainsi que l'impact de leurs principales interventions et confronter les différentes décisions judiciaires rendues ces derniers temps en matière bancaire. A cet effet, il faut rappeler que les normes applicables à l'exploitant de banque sont disparates, parcellaires et fragmentaires, donc sont loin de couvrir l'activité bancaire dans son ensemble. La réglementation initiale, adoptée selon le principe de la permanence législative, est incomplète et même obsolète. Cette norme est encore écornée par le principe de la spécialité législative car toutes les normes applicables à la métropole n'étaient pas *ipso facto* applicables au Tchad malgré que celui-ci faisait partie de l'empire colonial français d'abord puis de la Communauté. Ensuite les autorités nationales n'ont pu assurer le relais ni combler le vide car deux textes seulement ont été pris pour organiser l'activité bancaire puis pour réglementer le secret professionnel bancaire. L'étude met également en exergue les difficultés que vit l'exploitant de banque à cause de l'inefficacité et de la défaillance des institutions judiciaires et de la généralisation de la mauvaise gouvernance.

Les acteurs locaux, quant à eux, ont en revanche accompli un effort appréciable. Ces acteurs locaux que sont les banques et les autorités monétaires ont accompli un effort louable en matière de gestion et de coordination si bien que deux banques seulement ont été admises sous administration provisoire et ce, pour quelques années contrairement aux banques camerounaises. Les acteurs sous-régionaux que sont la BEAC et la COBAC qui sont non seulement gendarmes de l'activité bancaire mais également productrices de normes ont insufflé un dynamisme appréciable dans le domaine bancaire malgré l'insuffisance de l'intervention. En effet, grâce à elles, la banque est bien gérée et la monnaie stable. [35]Les instruments modernes de paiement et de crédit ont vu le jour, ainsi que les mesures relatives à la prévention, la centralisation et la répression des incidents de paiement mises en place. La prévention et la répression du blanchiment et du financement du terrorisme ont été instaurées. Les travaux de normalisation financière et bancaire ont été effectifs si bien que les banques tchadiennes fonctionnent en réseaux comme les autres banques africaines et internationales. Un fonds de garantie des dépôts a également été institué et le gouvernement d'entreprise dans les établissements de crédit instauré. Le traitement des banques en difficulté a fait l'objet d'un Règlement ainsi que le taux effectif global et le taux d'usure définis. Cependant, ces deux acteurs n'ont pu à ce jour asseoir un droit bancaire tel que ressortant du Code monétaire et financier français.

L'insuffisance de la réglementation fait encourir aux banques de lourdes condamnations. Les récentes procédures impliquant les banques ces dernières années en matière pénale et civile comprennent notamment l'usure, l'escroquerie, l'abus de confiance, le faux et l'usage de faux, le chèque sans

[35] Ce sont en plus des chèques, lettres de change, billets à ordre et virement, les prélèvements automatiques, les cartes de paiement et la monnaie électronique.

provision, la responsabilité du fait des préposés et des dirigeants, les défauts d'information et de diligence, l'imprudence, les devoirs de renseignements, la gestion ordinaire des comptes ainsi que les incidents relatifs aux opérations de crédit. En matière pénale, [36]le Code pénal de 1967 ne définit pas les infractions telles que l'abus de biens sociaux, le blanchiment, l'usure ou encore les infractions découlant du droit pénal des affaires et des entreprises. Quant au Code civil de 1958 rendu applicable au Tchad, les dispositions qui intéressaient la matière ne comprenaient que les biens, les contrats et les obligations en général, la vente, l'échange, le prêt, le dépôt, le mandat, la société, la transaction, les prescriptions et les sûretés. Or, depuis 1958, tant le Code civil que le Code de commerce ont évolué. Non seulement ces diverses dispositions ont été relues mais des normes modernes sont nées. Les juges, évoquant la « raison écrite », appliquent ces normes quand ils sont confrontés à des vides juridiques dans les litiges qui leur sont soumis. Ces vides juridiques combinés avec l'imprévisibilité des tribunaux font encourir aux banques de lourdes condamnations. C'est pourquoi, le comblement du vide juridique est un gage de sécurité juridique et judiciaire pour l'exploitant de banque.

Sur le plan pratique, la présente étude va intéresser non seulement la doctrine et le domaine scientifique en général mais aussi les praticiens du droit que sont les avocats, les notaires, les magistrats ainsi que les banquiers eux-mêmes. En effet, il ressort tant des législations nationales, sous-régionales que régionales que la matière n'a pas fait l'objet de réglementation suffisante ni d'études. Selon l'article 41 du décret n°20/PR-ET du 4 février 1965, portant réglementation de la profession bancaire au Tchad, la législation et la réglementation en matière d'opérations bancaires resteront en vigueur jusqu'à l'intervention des dispositions qui seront prises sur proposition du Conseil national du crédit. Au niveau sous-régional, l'article 31 des statuts de la BEAC à sa création en 1973 stipule que les opérations de banque sont exécutées et comptabilisées conformément aux règles et usages commerciaux et bancaires[37]. Or, ces « législation et réglementation » ou « règles et usages bancaires commerciaux et bancaires » n'ont pas été définies. Il ne peut s'agir que des normes en vigueur en France en 1965 et 1973. Puis au niveau régional, l'OHADA, qui prévoyait à ses débuts réglementer en matière bancaire, s'en est déchargée en 2010 au profit des institutions sous-régionales. Les colloques et autres séminaires consacrés à la matière sont inexistants. C'est pourquoi cette étude consistera aussi à interpeller ces différentes autorités et institutions ainsi que les scientifiques à s'intéresser à la matière.

---

[36] Il s'agit de l'ordonnance n°12-67-PR-MJ portant promulgation du Code pénal en remplacement du Code pénal du 28 septembre 1897 applicable en Afrique Equatoriale Française (AEF).

[37] Actuellement, il s'agit de l'article 67 des statuts révisés du 23 septembre 2007.

Quant aux praticiens du droit, l'étude revêt encore un caractère majeur et même primordial. Les magistrats et les avocats, en cas de mise à jour de la réglementation, auront à portée de main une règle juridique appropriée à appliquer au litige. Ils ne recourront plus à la technique de la « raison écrite » ou de droit comparé pour trancher les différends qui leur seront soumis ou pour défendre leurs clients. Il en sera de même pour les notaires qui n'auront plus de difficultés à rédiger les contrats bancaires. L'exploitant de banque, quant à lui, outre l'éviction des lourdes condamnations, sera à l'abri du risque juridique lequel sera prévenu et maîtrisé. En effet, le risque juridique est tout le temps présent dans l'activité bancaire : risque contractuel par suite de contrats mal sécurisés, risque de litige, risque de mise en cause de sa responsabilité, risque de pertes d'intérêts pour défaut de respect de certaines normes protectrices des consommateurs, risque pénal si ne sont pas respectées les dispositions relatives par exemple à l'absence de publicité ou de publicité mensongère, etc. En un mot, la sécurité juridique et judiciaire du banquier sera préservée.

En définitive, l'exploitant de banque, dans l'exercice de son activité, est confronté à de multiples difficultés dont la cause principale est la persistance du vide juridique tant en matière de droit fondamental que du droit bancaire. Les normes fondamentales issues du Code civil et du Code de commerce sont insuffisantes et même obsolètes compte tenu de leur ancienneté. A défaut de normes adéquates, il se sert des règles récentes issues des législations françaises à titre de « raison écrite », de droit comparé ou même d'usages. Et la réglementation au niveau sous-régional connaît des limites car celle-ci ne touche pas les règles ordinaires de gestion bancaire faisant encourir à l'exploitant de banque un important risque juridique : interférence des autorités politiques et administratives dans la gestion des banques, violation du secret professionnel tant par les autorités étatiques que par le personnel des banques mêmes, non-respect des droits des consommateurs, condamnations abusives par les juridictions, procédures illégales et intempestives initiées tant par les autorités policières, administratives que judiciaires, etc. Ce vide juridique est la cause principale de l'insécurité judiciaire, laquelle se trouve aggravée par l'inefficacité des règles procédurales, la défaillance des institutions judiciaires, le foisonnement des justices parallèles et la persistance de la mauvaise gouvernance. C'est pourquoi, le remède consistera, en plus du comblement du vide juridique, d'agir aussi sur les procédures et institutions judiciaires ainsi que sur la gouvernance tant au niveau des banques mêmes qu'au niveau des autorités étatiques.

L'ambition de la recherche étant de mettre en exergue la faiblesse de la réglementation et les conséquences qui en découlent, la démarche consistera d'abord à faire l'état des lieux des normes, tant nationales que sous-régionales ainsi que celui des décisions judiciaires, à décrire les institutions judiciaires et évoquer la problématique de la gouvernance, puis l'intervention des acteurs de l'activité bancaire et enfin l'impact du droit communautaire qu'est l'OHADA dans le fonctionnement de l'activité bancaire au Tchad. Il s'agira, concrètement, de démontrer et de décrire comment la norme a été reçue et comment elle a été appliquée. Ensuite, il sera question, pour bien appréhender l'insécurité judiciaire due à cette faiblesse normative, de démontrer que celle-ci est aussi le fait des procédures judiciaires inadéquates, de la défaillance et de l'incompétence des acteurs judiciaires en général des problèmes de la gouvernance et ce, malgré l'existence des institutions censées la promouvoir, et les stratégies et solutions envisagées. Bien entendu, la participation des acteurs tant locaux que sous-régionaux n'est pas à négliger car ceux-ci exercent des fonctions administratives, normatives et même judiciaires importantes. L'apport de la norme OHADA est significatif car elle remédie en partie au vide juridique en matière de droit des affaires en général et elle aurait pu même mettre un frein à l'insécurité judiciaire si elle avait pu légiférer en matière bancaire. Malheureusement, cette matière sera retranchée plusieurs années après de la liste des matières à harmoniser. Or, on connaît le laxisme des autorités, surtout nationales, en matière d'édiction des normes. Et ce ne sont pas les institutions sous-régionales qui existent depuis 1973 qui vont légiférer en ce sens. Le vide juridique va perdurer en matière bancaire et l'exploitant de banque en subira encore pour longtemps les conséquences si le défi n'est pas relevé rapidement. Nous en déduisons qu'aussi bien au niveau local, sous-régional que régional, le vide juridique, prélude à l'insécurité judiciaire du banquier est présent. C'est pourquoi nous exposons dans une première partie de notre étude, l'exploitant de banque et le droit national et sous-régional et, dans une seconde partie, l'exploitant de banque et le droit régional.

PREMIERE PARTIE

L'EXPLOITANT DE BANQUE ET LE DROIT NATIONAL ET SOUS-REGIONAL

L'exploitant de banque comme tout opérateur économique, pour bien exercer son activité, a besoin d'un cadre juridique et judiciaire approprié : un droit idoine et des institutions judiciaires performantes et transparentes.

A son accession à l'indépendance le 11 août 1960, le Tchad a adopté, par mimétisme à l'instar des autres pays africains sous domination coloniale française, la législation métropolitaine existante. En effet, conformément au principe de continuité, il a reconduit l'ordre juridique colonial selon lequel la législation et la réglementation en vigueur restent applicables sauf intervention des textes nouveaux. [38]Il s'agit du Code civil, du Code de commerce ainsi que d'autres lois dans leur rédaction d'avant la date de l'indépendance précitée. En matière bancaire, les lois françaises des 13 et 14 juin 1941 qui ont été étendues à l'Afrique Equatoriale Française (AEF) à laquelle fut rattaché le Tchad et qui régissaient l'activité bancaire sont aujourd'hui obsolètes. Depuis lors, un seul texte est intervenu en 1965 pour organiser l'activité bancaire et un autre en 1995 pour régir le secret professionnel bancaire.

Au niveau sous-régional, les institutions de la CEMAC succédant à l'UDEAC, ont édicté des règles en la matière mais celles-ci fragmentaires et parcellaires ne peuvent convenablement régir l'activité bancaire dans son ensemble. Il subsiste en conséquence un vide juridique, lui-même prélude à l'insécurité juridique et judiciaire. Cette situation se trouve aggravée par le fonctionnement défectueux des institutions judiciaires, dans un environnement dominé par la mauvaise gouvernance.

[38] Le droit commercial applicable était le Code de commerce de 1807 et les textes subséquents, le régime général des sociétés par le Code civil de 1804, les sociétés anonymes et les SARL étaient régies respectivement par les lois françaises des 24 juillet 1867 et du 7 mars 1925. En matière civile, en plus du Code civil dans sa rédaction antérieure à 1960, d'autres textes ont été élaborés pour préciser ou adapter les textes de base devant être appliqués dans les colonies.

TITRE I

LE CORPUS JURIDIQUE EN MATIERE BANCAIRE

Si, en vertu du principe de continuité précité, le banquier tchadien se voit appliquer la législation française en vigueur à la date de l'indépendance, il n'en demeure pas moins que cette législation est insuffisante et ne peut couvrir toute l'activité bancaire. Déjà en 1960, le Code civil en vigueur datait de 1958. Les dispositions de ce code à cette date sont loin de régir l'activité bancaire car le droit bancaire n'a été récemment étoffé qu'avec la naissance et l'évolution [39]du droit de la consommation postérieurement à cette date. En plus de ces difficultés, il faut noter que cette législation existante n'est pas automatiquement applicable. En effet, si en vertu du principe de la permanence législative, corollaire du principe de la continuité, les lois de la métropole entraient dans l'architecture normative du pays, celles-ci ne pouvaient s'appliquer que si elles ont été déclarées applicables par un texte spécial et ce selon un autre principe, celui de la spécialité législative. Comme dans bon nombre de domaines de l'activité économique, le nouvel Etat indépendant n'a pas fait d'effort en matière de réglementation, et en dépit d'une panoplie de textes initiés par les autorités sous-régionales, le vide juridique en matière bancaire est patent ; ce qui est source d'insécurité judiciaire pour l'exploitant de banque.

---

[39] Au Tchad l'unique texte qui évoque le droit de la consommation est la loi du 28 décembre 1968 relative aux prix car elle régit l'intervention économique de l'Etat et réprime des infractions économiques.

CHAPITRE I

UN VIDE JURIDIQUE ACCENTUE

La législation applicable à la banque est constituée du droit commun en général (droit civil, droit administratif, droit pénal,...) et d'un droit spécifique à la matière dénommé droit bancaire. En matière civile, on sait que la loi applicable est la loi française à l'aube de l'indépendance selon le principe de la permanence législative mais celle-ci est déjà bien effritée par le principe de la spécialité législative. Ce sont surtout le droit des contrats et des obligations, le droit de la responsabilité, le prêt, le dépôt, le mandat, le cautionnement,... On sait que le droit administratif et le droit des contrats sont par essence jurisprudentiels et donc le vide peut être pallié par les tribunaux. Mais pour le droit pénal et les autres droits applicables, un effort de réglementation est recommandé.

En matière spécifiquement bancaire, la législation nationale, insuffisante, est palliée par la réglementation sous-régionale. Concernant les moyens de paiement, les décrets-lois de 1935 ont réglementé le chèque, le billet à ordre et la lettre de change. Puis le décret de 1965 a organisé l'activité bancaire et la loi de 1995 le secret professionnel. Sur le plan sous-régional, outre l'adoption des textes organisationnels, un effort notable a été accompli en matière de gestion ordinaire des banques.

En effet, le droit des instruments de paiement naguère cantonné aux moyens usuels tels les chèques, les lettres de change et les billets à ordre a été élargi. La lutte contre le blanchiment et le financement du terrorisme renforcée. La réglementation des changes issue de la convention de 1972 entre la France et les six Etats de l'Afrique Centrale dont le Tchad a été largement développée en 2000. Un droit de la bourse est né. Nonobstant cet effort, le vide juridique subsiste car les règles du consumérisme sont presque ignorées.

Section 1. Un droit communautaire parcellaire

Il s'agit du droit hérité de l'ancienne métropole. Cette réception du droit a été consacrée par la Constitution dont une des dispositions transitoires prévoit expressément la reconduction de l'ordre juridique colonial. Elle est aussi le fait des traités car les conventions adoptées par la France avant l'indépendance saisissent également le nouvel Etat. Bien entendu ces droits méritaient une adaptation.

§ 1. Le droit commun général

Le Tchad membre de la [40]Communauté à l'instar des pays africains d'expression française au sud du Sahara s'est doté d'une Constitution consacrant le principe de la continuité législative. Cette communauté maintenait en effet entre ses membres [41]un lien institutionnel. Or son accession à la souveraineté internationale l'autorisait à accepter ou à rejeter ce lien institutionnel. Très vite, on a pu se rendre compte que le pays à l'instar d'autres Etats africains, n'avait nullement l'intention de modifier l'ordre juridique antérieur.

D'ailleurs, nulle part en Afrique, les droits européens n'ont purement et simplement été abrogés d'un trait de plume. Bien au contraire, tous les Etats nouveaux ont proclamé le principe de la continuité en matière juridique. Il n'y a donc pas eu de rupture brutale entre l'ordre juridique colonial et l'ordre juridique de l'Etat nouveau.

C'est donc naturellement que les tribunaux tchadiens ont continué et continuent encore aujourd'hui à appliquer la législation d'origine coloniale. Celle-ci a été adoptée par le canal de la Constitution, acte fondamental de droit interne et de la Convention, acte de droit international.

---

[40] L'article 1er de la Constitution du 4 octobre 1958 (journal officiel de l'Afrique Equatoriale Française du 7 octobre 1958) ne définit pas la Communauté mais énonce simplement que la République et les peuples des Territoires d'Outre-Mer qui, par un acte de libre détermination, adoptent la présente Constitution instituent une Communauté et que celle-ci est fondée sur l'égalité et la solidarité des peuples qui la composent. Ce n'est que dans la Loi Constitutionnelle de 1995 que le mot Communauté disparaît de la Constitution française.

[41] Déjà en 1946 et selon le Préambule de la Constitution du 27 octobre, un des articles disposait que la France forme avec les peuples d'outre-mer une Union fondée sur l'égalité des droits et des devoirs, sans distinction de race ni de religion. Cette Union, selon l'article suivant, est composée de nations et de peuples qui mettent en commun ou coordonnent leurs ressources et leurs efforts pour développer leurs civilisations respectives, accroître leur bien-être et assurer leur sécurité. Puis l'article 1er de la Constitution du 4 octobre 1958 institue la Communauté laquelle comprend la République française et les peuples des territoires d'outre-mer.

A. L'adoption et l'adaptation de la législation par l'Etat nouveau

Grâce aux accords signés la veille de l'indépendance entre la France et les autorités transitoires de l'Etat naissant et aussi aux principes de continuité et de la permanence législative, le pays bénéficia de la législation existante en métropole. Mais celle-ci s'avèrera insuffisante du fait du principe de la spécialité législative.

1. L'adoption de la législation

a. L'adoption de la législation par la Constitution

1°. De l'Union française[42] à la Communauté

Excepté le cas du Sénégal[43], l'évolution politique et constitutionnelle des possessions françaises d'Afrique noire date de la fin de la Seconde Guerre Mondiale. Alors que les armes venaient de se taire sur certaines parties de la métropole, le Général De Gaulle et M. Pleven Commissaire aux colonies du Comité français de libération nationale tenaient [44]une conférence administrative des gouverneurs du 30 janvier au 8 février 1944. Cette conférence impériale recommanda l'octroi aux colonies des libertés démocratiques. Mais elle écartait toute possibilité d'évolution hors du bloc français contrairement à la politique britannique de « self-government ». Une année après, il fut décidé d'envoyer des représentants de l'Afrique noire à l'Assemblée constituante française[45]. Cette même année fut reconnu le statut de « citoyen » aux ressortissants des colonies. En effet, jusqu'en 1945, dans leur écrasante majorité, les « indigènes » des colonies, sujets français de plein

---

[42] Selon le Préambule de la Constitution de 1946, l'Union française est composée de nations et de peuples qui mettent en commun ou coordonnent leurs ressources et leurs efforts pour développer leurs civilisations respectives, accroître leur bien-être et assurer leur sécurité.

[43] En effet le Sénégal était régi par le décret du 15 juin 1791, rédigé en 250 articles et qui concernait toutes les colonies françaises.

[44] Cette conférence se tenait à Brazzaville capitale de l'actuelle République du Congo. Elle était la capitale de l'Afrique Equatoriale Française (A.E.F.).

[45] Il s'agit de l'Assemblée constituante du 21 octobre 1945.

exercice à l'exception de ceux nés dans les quatre communes du Sénégal (Dakar, Saint-Louis, Rufisque et Gorée) et leurs descendants, possédaient la nationalité, mais non la citoyenneté française. Ils ne pouvaient donc pas exercer leurs droits électoraux. Même pour les libertés publiques et individuelles, ceux-ci étaient assujettis au régime de l'indigénat. Ce n'est que par la loi du 7 mai 1946 dite Loi Lamine Gueye que tous les ressortissants d'outre-mer vont acquérir la qualité de « citoyen français ».

L'évolution politique et constitutionnelle des pays francophones dont le Tchad prit un tournant décisif et irréversible à partir de 1956. Elle se traduisait, d'une part, par l'adoption par le parlement français de [46]la loi-cadre du 23 juin 1956 lequel opéra une large décentralisation administrative et préconisa, au niveau du gouvernement, la possibilité pour les Africains d'accéder à la gestion des affaires locales ; d'autre part, par le régime d'autonomie interne grâce auquel les « Etats membres de la Communauté » se dotent d'une Constitution dont le modèle fut la Constitution française de 1958. Par cette loi, l'Assemblée nationale autorisait le gouvernement français « à mettre en œuvre et à prendre les mesures propres à assurer l'évolution politique des territoires relevant du Ministère de la France d'Outre-Mer. Les décrets 57-459 et 57-460 du 4 avril 1957 fixèrent : l'un, les conditions de formation et de fonctionnement des conseils de gouvernement dans les territoires de l'Afrique occidentale et de l'Afrique équatoriale françaises ; l'autre, les attributions des chefs de territoire, des Conseils de gouvernement et des Assemblées territoriales. Aux termes de ces décrets, à la tête de chaque territoire se trouvait toujours un gouverneur, lequel représentait le gouvernement français. Il demeurait le chef de l'administration, mais il devait désormais, es qualité, présider le Conseil de gouvernement formé de ministres locaux, élus par l'Assemblée territoriale.

En matière de compétence, le décret du 22 juillet 1957 déterminait les matières relevant de la compétence du Conseil de gouvernement puis les décrets précités du 4 avril 1957 distinguaient les services publics d'Etat des services publics locaux. Ainsi relevaient de la compétence de l'Etat, donc du représentant du pouvoir central, les services chargés des intérêts généraux de la République, à savoir : les services assurant la représentation du pouvoir central, les relations extérieures, notamment la diplomatie, le commerce extérieur et le change, les services de sécurité générale, les forces armées, la gendarmerie, la police, les douanes, les services judiciaires et les télécommunications. Etaient classés services d'intérêt commun le trésor, le contrôle financier, le plan, l'enseignement supérieur, la radio, le développement économique et social et la législation sociale. Tous les autres services étaient territoriaux. L'Assemblée territoriale et le Conseil de gouvernement réglementaient les questions relatives au domaine public et

[46] Dite loi Gaston Déferre.

privé, à l'agriculture, aux forêts et chasses, au commerce extérieur ; ils organisaient la fonction publique territoriale, fixaient les conditions des marchés publics locaux. Ils avaient pleine compétence en ce qui concerne les coutumes, leur constatation, leur évolution et même leur application par les tribunaux de droit local. Sur le plan du « gouvernement » et pour les matières relevant de la compétence du Conseil du gouvernement, le gouverneur n'intervenait que sur la décision du conseil et seulement en sa qualité de président. Le vice-président était élu parmi les autochtones ministres. Mais avec le référendum du 28 septembre 1958 et en vertu de l'article 76 de la Constitution, les Assemblées territoriales optèrent pour le statut d'Etat membre de la Communauté. Cet article laissait en effet aux Assemblées territoriales, une fois émis le vote favorable à la Constitution de la Cinquième République, le choix entre trois statuts : celui de territoire d'Outre-Mer, celui de département d'Outre-Mer et celui d'Etat membre de la Communauté. Ce dernier statut correspondant à celui de l'autonomie interne à l'exclusion de la souveraineté internationale, tous les pays d'Afrique noire dont le Tchad choisirent le statut d'Etat de droit interne.

2°. De la Communauté à l'indépendance

C'est donc dans la Communauté que les Assemblées territoriales proclamèrent, à tour de rôle, l'Etat naissant, une République. Celle-ci proclamée, chaque Assemblée territoriale s'érigea en Assemblée législative constituante et ses membres prirent le titre de député. Le Conseil de gouvernement en fonction au moment de l'adoption du statut d'Etat membre de la Communauté se transforma en gouvernement provisoire de la République et prit le titre de Conseil des ministres tandis que le Président du Conseil de gouvernement devenait le Premier ministre. Selon l'article 76 de la Constitution, « dans la Communauté instituée par la présente Constitution, les Etats jouissent de l'autonomie, ils s'administrent eux-mêmes et gèrent démocratiquement et librement leurs propres affaires. – Il n'existe qu'une citoyenneté de la Communauté. – Tous les citoyens sont égaux en droit, quelles que soient leur origine, leur race et leur religion. Ils ont les mêmes devoirs ». Se fondant sur cette disposition, les nouveaux Etats se dotèrent d'une Constitution alors qu'ils étaient encore dans la Communauté. C'est ainsi que le Tchad a vu sa première Constitution adoptée le 31 mars 1959. Celle-ci restera en vigueur malgré l'indépendance octroyée le 11 août 1960. En effet, ce n'est que le 28 novembre 1960 et par la loi constitutionnelle n° 18/60 que le Tchad indépendant adoptera sa première Constitution.

Il est indéniable que c'est par le canal de la Constitution qu'un certain nombre de normes d'origine coloniale sont appliquées ou sont applicables au Tchad. En effet, selon les dispositions transitoires de cette première Constitution, la législation en vigueur au moment de l'indépendance demeure applicable. Ces règles issues de la législation coloniale sont également, par la voie des accords conclus avec la France, applicables au Tchad, de sorte que la législation d'origine coloniale se trouve avoir, dans son applicabilité, un double fondement : un fondement constitutionnel et un fondement conventionnel.

b. L'adoption de la législation par la convention

1°. Les accords préalables à l'indépendance

Le 12 juillet 1960 fut signé entre [47]le gouvernement de la République française et celui de la République du Tchad une convention dite « [48] accord particulier portant transfert à la République du Tchad des compétences de la Communauté ». Selon l'article 1er de cet accord, la République du Tchad accède, en plein accord et amitié avec la République française, à la souveraineté internationale et à l'indépendance par le transfert des compétences de la Communauté.

Ainsi, selon l'article 2 suivant, toutes les compétences instituées par [49]l'article 78 de la constitution du 4 octobre 1958 sont transférées à la République du Tchad. Pour la mise en vigueur dudit accord, chacune des parties contractantes va notifier à l'autre l'accomplissement des procédures requises par sa Constitution. Cet accord particulier fut suivi le même jour de trois accords

---

[47] Les deux chefs de gouvernement signataires de ces accords étaient Michel DEBRE et François TOMBALABYE, devenu NGARTA TOMBALBAYE avec la révolution culturelle de 1972.

[48] Cet accord entré en vigueur le 10 août 1960 est toujours resté en vigueur au 1er octobre 1992, d'après la liste des traités et accords de la France (Edition du mois d'avril 1993 publiée par le Ministère des Affaires Etrangères.

[49] Le domaine de compétence de la Communauté comprend la politique étrangère, la défense, la monnaie, la politique économique et financière commune ainsi que la politique des matières premières stratégiques. Il comprend en outre, sauf accord particulier, le contrôle de la justice, l'enseignement supérieur, l'organisation générale des transports extérieurs et communs et des télécommunications. Des accords particuliers peuvent créer d'autres compétences communes ou régler tout transfert de compétence de la Communauté à l'un de ses membres.

dont l'un, relatif aux dispositions transitoires applicables jusqu'à l'entrée en vigueur des accords de coopération entre les deux Républiques, l'autre relatif aux dispositions transitoires en matière de justice et le troisième concernait la participation de la République du Tchad à la Communauté. Selon le premier accord lequel semble le plus important, jusqu'à l'entrée en vigueur des accords de coopération intervenus en chaque matière, la République française continuera d'assurer la protection diplomatique des ressortissants tchadiens à l'étranger.

Les forces armées françaises continueront d'assurer les missions qui leur sont actuellement assignées selon les règles et procédures applicables à la date d'entrée en vigueur du présent accord. Les modalités de coopération au sein de la zone franc, les régimes des changes, de l'émission monétaire, de l'organisation générale des transports maritimes et aériens et des télécommunications ainsi que le statut du Domaine actuellement en vigueur continueront d'être appliqués.

Quant à l'accord relatif aux dispositions transitoires en matière de justice, il stipule en son article 1er que jusqu' à l'installation par la République du Tchad de juridictions de cassation compétentes pour connaître des recours formés contre les décisions rendues par les juridictions tchadiennes de l'ordre administratif et de l'ordre judiciaire, ces recours continueront d'être portés devant les formations ordinaires du Conseil d'Etat et de la Cour de cassation siégeant à Paris, lesquelles statueront en outre sur les recours formés à la date d'entrée en vigueur du présent accord. En cas de cassation, l'affaire sera renvoyée devant une juridiction de la République du Tchad.

Si la juridiction de renvoi est celle dont la décision est annulée, elle devra être autrement composée. La juridiction de renvoi sera tenue de se conformer, sur le point de droit jugé, à la décision de cassation. L'article 2 évoque l'exécution des décisions rendues dans les deux Républiques laquelle se fera selon la procédure appliquée lors de l'entrée en vigueur de l'accord particulier portant transfert des compétences. Selon l'article 3, à la fin de la période transitoire prévue à l'article 1er précité, [50]un accord déterminera les conditions dans lesquelles seront réglées les instances pendantes devant ces juridictions de cassation.

La transmission et la remise des actes judiciaires et extrajudiciaires, la transmission et l'exécution des commissions rogatoires, la comparution des témoins en matière pénale, les formalités relatives à l'inscription au casier judiciaire et à la demande des extraits de casier judiciaire, les inscriptions et

---

[50] Ce fameux accord ne sera pas conclu car il n'y a pas de trace d'un tel accord selon nos recherches.

les formalités relatives à l'état civil, les dispenses de légalisation seront réglées, jusqu'à la signature d'un accord entre les parties, selon la procédure en vigueur avant le transfert des compétences de la Communauté.

Enfin l'accord sur la participation de la République du Tchad à la Communauté rédigée juste en deux articles stipule (article 1er) que la République du Tchad est membre de la Communauté à laquelle elle participe dans les conditions définies par des accords de coopération. Selon le dernier article (article 2), chacune des parties contractantes notifiera à l'autre l'accomplissement des procédures constitutionnellement requises pour la mise en vigueur du présent accord qui prendra effet à la date de la dernière notification.

Le même jour également, les gouvernements des deux Républiques échangeaient les lettres portant transfert des compétences de la Communauté. Il y est question des procédures constitutionnelles nécessaires aux mises en vigueur des divers accords à la date d'acquisition de l'indépendance. Il y a en outre l'engagement des deux parties à la signature des accords de coopération, de l'accord particulier sur les conditions de participation de la République du Tchad à la Communauté et de la Convention d'établissement. Enfin dans la même lettre et à la demande du gouvernement de la République française, la République du Tchad promet d'engager, dès la proclamation de l'indépendance, les procédures nécessaires pour permettre son adhésion à la Convention sur la Conciliation et la Cour d'arbitrage et à l'Accord multilatéral sur les droits fondamentaux des nationaux des Etats de la Communauté.

2°. Les controverses de la dualité législative

Les accords de coopération conclus entre la France et les Etats africains tiennent lieu en plusieurs domaines d'«accords de dévolution successorale». Ils règlent le sort des droits et obligations engendrés par l'ordre interne de l'Etat prédécesseur. Ces accords de coopération conclus en même temps ou peu après que furent adoptés les accords de transfert de compétence, contiennent des clauses de reconduction de la législation existant antérieurement à l'indépendance. Certains de ces accords précisent que sont applicables la législation et la réglementation en vigueur au moment de la conclusion des accords.

Ces accords apparaissent ainsi comme des traités-types modelant les relations entre la France et les Etats africains francophones et partant, la législation de ceux-ci.

Introduite dans l'ordre interne par le biais d'une disposition conventionnelle, cette législation conserve les caractères qui s'attachent à un traité. Toute modification ou adaptation de cette réglementation aux conditions et circonstances locales relèvent de la commune volonté, c'est-à-dire du commun accord de la France et de l'Etat africain concerné.

Cette situation introduit une dualité dans le régime de la législation coloniale applicable, l'un se réalisant sur la base du « droit naturalisé » par le canal de la Constitution, l'autre sur la base de la législation adoptée par la voie conventionnelle.

Dans un cas, la législation coloniale, reçue par la voie constitutionnelle, relève de l'entière souveraineté de l'Etat nouveau. Mais dans l'autre cas, la législation coloniale, introduite par la voie conventionnelle, relève de la double souveraineté de l'Etat ancien (colonisateur) et de l'Etat nouveau (territoire décolonisé).

La naturalisation n'est pas ici complète dans ses effets, en ce que la législation relève dans sa modification, dans son application, d'un accord commun, alors que par la naturalisation, la législation reçue ne devrait relever que de la seule volonté, du seul consentement de l'Etat nouveau.

2. Les règles de la spécialité et de la permanence législatives

Il n'est pas contesté que la législation coloniale est l'œuvre de la métropole. Et du fait de l'unité territoriale et juridique de la colonie et de la métropole, on pourrait penser que tous les textes (lois, décrets et règlements) édictés par l'Etat colonisateur s'appliquent de plein droit à la métropole comme à la colonie de sorte que toute la législation existant au moment de l'indépendance serait *ipso facto* applicable à l'Etat nouveau.

Mais l'examen de la pratique révèle une application sélective de ces lois et autres règlements. Ainsi pour savoir quelles normes coloniales se trouvent reconduites sur le territoire du nouvel Etat, il faut savoir si telle ou telle norme était applicable au territoire au moment de son accession à l'indépendance. C'est, malgré le principe de la permanence législative laquelle fait suite à celui de la continuité proclamée, le principe de la spécialité législative.

a. La règle de la spécialité législative

1°. Le principe

La règle de la spécialité législative est « un principe bien assuré » suivant lequel les lois ne saisissent les territoires d'outre-mer que si elles ont été faites précisément en vue de les régir ou si elles leur ont été étendues par une disposition spéciale contenue soit dans la loi elle-même, soit dans un décret.

La règle de la spécialité législative qui s'oppose à l'application automatique de la législation édictée par l'Etat colonisateur au territoire colonisé a été consacrée par divers textes constitutionnels et législatifs.[51]Elle a été réaffirmée par la jurisprudence française à l'occasion d'une affaire soulevant la question de l'application des dispositions de la loi française, ne faisant pas l'objet d'une extension au Cameroun. La réglementation ne s'applique au territoire colonisé que si elle est déclarée applicable ou reconnue applicable ; faute de quoi elle n'aura d'effet qu'à l'égard de la seule métropole. Cependant une loi déclarée applicable dans une colonie cesse de l'être, dès lors que modifiée, elle n'est pas assortie d'une disposition expresse en reconnaissant l'applicabilité au territoire dépendant. La loi modifiée n'entre en vigueur dans la colonie que si un texte la promulgue et la publie dans sa version modifiée. Si une telle formalité n'a pas été accomplie, cette réglementation perd toute sa validité et toute effectivité sur le territoire retenu.

Le champ de la législation coloniale, repris par le nouvel Etat, s'étend du fait que la règle de la spécialité législative ne s'applique pas sans exception ; il est ainsi reconnu que certaines lois, en raison de leur objet, sont d'application immédiate et donc de manière automatique aux colonies. Cette applicabilité immédiate d'un certain nombre de lois coloniales crée une certaine incertitude, [52]car il n'est pas aisé de préciser la nature et l'objet des lois qui sont d'application automatique. En principe, l'extension législative est précisée dans le texte même de la loi. [53]Elle est parfois précisée dans un acte ultérieur et concerne un ensemble de colonies ou un territoire déterminé. La législation française postérieure à l'indépendance comme l'interprétation qui

---

[51] La loi française, lorsqu'elle ne renferme aucune disposition la déclarant applicable audit territoire, ne peut y être exécutoire que par un acte spécial de promulgation. Cass. 29 avril 1959, Bull. Civ. 1959, n°4, P. 3.

[52] Sans doute quand cette loi est signée par le Ministre des Colonies.

[53] Il en est ainsi du Code de commerce de 1807 qui était rendu applicable en Afrique occidentale française par un décret du 6 août 1907 et en Afrique Equatoriale Française par un décret du 10 janvier 1910.

en est fournie par les juridictions françaises n'est recevable et applicable dans l'Etat africain qu'en présence d'une manifestation expresse de sa volonté, de son consentement.

2°. Les discordances

La règle de la spécialité pourtant claire perd sa netteté dans la législation de certains Etats africains. Ainsi la loi ivoirienne n° 62.232 du 29 juin 1962 relative à la profession d'assurance énonce que « les contrats d'assurance restent soumis aux dispositions de la loi du 13 juillet 1930 et des textes subséquents jusqu'à intervention d'une loi ivoirienne ». La portée de cette loi est discutable en ce qu'elle est susceptible de donner lieu à des interprétations différentes, voire divergentes. En effet, intervenant en 1962 et rendant applicables les textes subséquents à la loi de 1930 jusqu'à intervention d'une loi nationale, cette loi pourrait conduire à penser que les textes français édictés en la matière, postérieurement à l'indépendance, sont applicables à la Côte d'Ivoire. On est autorisé à dire que seuls les textes subséquents à 1930 jusqu'à l'indépendance de la Côte d'Ivoire, c'est-à-dire antérieurs à l'accession du pays à la souveraineté, sont rendus applicables par l'effet de cette loi de 1962. Mais cette interprétation ne ferme pas la porte à d'autres interprétations, connaissant la volonté d'assimilation et d'alignement des autorités de l'époque. On peut penser que la législation française postérieure à l'indépendance de la Côte d'Ivoire est rendue applicable, par l'effet de cette loi, tant que n'auront pas été édictés d'autres textes régissant la matière des assurances. Il est contestable que la législation française postérieure à l'indépendance puisse être rendue applicable par l'effet de cette loi même si les lois annoncées n'ont pas été adoptées. Il est vrai qu'on relève dans la pratique de nombreuses références faites par les juridictions africaines aux textes français et donc au droit français à l'appui d'une argumentation juridique, sans doute à titre de « raison écrite ».

La Cour fédérale du Cameroun reprend les termes d'un célèbre arrêt du Conseil d'Etat français, [54]l'arrêt Véron-Reville du 27 mai 1944 : « la réintégration d'un fonctionnaire irrégulièrement sanctionné doit être accompagnée de la reconstitution fictive et rétroactive de sa carrière ; l'arrêté le révoquant, annulé pour excès de pouvoir, étant réputé n'être jamais intervenu ». Cette Cour s'est expressément référée dans d'autres espèces aux textes de base qui ont consacré en France le principe de la séparation des autorités administratives et judiciaires. Mais cette pratique peut-elle justifier

[54] C.E. 27 mai 1944, Véron-Réville.

en droit l'application automatique de la législation française aux Etats africains après leur accession à l'indépendance ?

Ces remarques pour le Cameroun valent en tous points pour la quasi-totalité des Etats africains. Ainsi, la jurisprudence de la chambre administrative de la Côte d'Ivoire fourmille de références au droit français, aux principes généraux du droit dégagés par le juge français. Dans l'affaire « Sociétés des centaures routiers contre l'Etat de Côte d'Ivoire » ou dans l'arrêt rendu dans l'affaire du bac de Moossou, la chambre administrative reprend mot pour mot les termes de [55]l'arrêt Blanco. La reproduction ou l'adoption de la législation coloniale exprime le souci de l'unité et de la continuité du droit devant sans doute soutenir et renforcer une coopération franco-africaine jugée indispensable et spécifique.

b. La règle de la permanence législative

1°. Du principe de la continuité à celui de la permanence législative

L'introduction de la législation coloniale dans l'ordre interne aurait pu se réaliser de manière ponctuelle, au fur et mesure de la manifestation des besoins, en vertu du principe général de succession. Mais pour échapper aux incertitudes inhérentes à cette opération, le Tchad a adopté la voie constitutionnelle du principe de la continuité législative, consacré par la Constitution, acte suprême de l'ordre interne. En effet dans les Etats africains de tradition française, les premières constitutions contenaient généralement une clause qui maintenait en vigueur les lois et règlements antérieurement applicables au territoire, dans la mesure où ils n'étaient pas contraires à la Constitution et au droit de la Communauté. Une ordonnance du mois d'octobre 1958 n'avait-elle pas disposé que le droit en vigueur au moment de l'accession d'un nouvel Etat à l'autonomie resterait en vigueur tant qu'il n'aurait pas été modifié par les autorités qui recevaient désormais compétence pour le modifier. Jacques Foyer n'avait-il pas écrit « qu'il y a lieu de penser que par la force de l'habitude, une grande partie du droit français demeurera

[55] Cet arrêt a posé le principe de la compétence des juridictions administratives pour les dommages causés aux particuliers par le fait des personnes que l'Etat emploie dans le service public et a aussi affirmé l'autonomie du droit administratif de la responsabilité par rapport aux règles posées dans le code civil.

en vigueur dans ces pays, de même que nous avons traîné pendant des siècles des vestiges du droit romain…».

C'est, continuant cette tradition créée par la colonisation, prolongée par la Communauté et dans la Communauté, que les Etats africains francophones dont le Tchad ont repris dans leurs Constitutions, élaborées au lendemain de l'indépendance, cette clause de continuité législative. C'est ainsi que l'article 77 de la loi constitutionnelle n° 18/60 du 28 novembre 1960 dispose que : «la législation et la réglementation actuellement en vigueur au Tchad restent applicables, sauf intervention des textes nouveaux, en ce qu'elles ne sont pas contraires à la présente Constitution».

Ce principe a été reconduit avec des nuances diverses dans les différentes lois fondamentales par les divers régimes qui se sont succédé dans l'histoire tumultueuse du pays. Applicable par l'effet d'une disposition constitutionnelle, la législation antérieure devient une législation nationale, du moins formellement. L'idée dominante consiste en ceci que la continuité législative consacrée par la Constitution ne doit pas être contraire à la Constitution. Cette législation reconduite peut être modifiée, abrogée par l'effet des textes nouveaux ; en son principe, la reconduction de la législation antérieure revêt un caractère provisoire et transitoire.

Mais quoique garantie par la Constitution, la continuité législative est exposée aux aléas de l'instabilité constitutionnelle consécutive à la multiplicité des coups d'Etat. Une telle règle a-t-elle acquis une valeur coutumière ou a-t-elle accédé au rang des «principes fondamentaux du droit» pour échapper aux conséquences de ces coups d'Etat ?

Devant l'incertitude d'une telle situation et portées par la volonté de ne pas briser la continuité de l'ordre juridique, les autorités politiques, issues de ces mouvements, ont chaque fois, par proclamation ou par un acte juridique d'une autre nature, confirmé la règle de la survivance de la législation antérieure.

2°. La survivance du principe de la permanence législative

Jusqu'à nos jours et malgré de récents efforts de réglementation de l'activité économique par les autorités du pays, la législation est complexe et disparate. La structure dualiste, c'est-à-dire la coexistence d'un droit écrit d'inspiration française et d'un droit oral issu de la tradition y caractérise toujours le système juridique. En matière de droit écrit, le Tchad comme bon nombre de pays africains sous ancienne domination coloniale française a fait sien le principe de la permanence législative. [56] Selon ce principe, le dispositif mis en place avant l'indépendance doit être maintenu en vigueur jusqu'à l'intervention de textes nouveaux. Toute norme qui n'est pas contraire aux nouveaux textes à valeur constitutionnelle se doit donc d'être appliquée.

C'est à ce titre que jusqu'à ce jour, le Code civil dans sa version en vigueur à la date de l'indépendance est toujours appliqué.[57]Une importante partie du Code de commerce français a été ainsi rendue applicable dans certains anciens territoires d'Outre-Mer, puis à l'ensemble de l'Afrique Occidentale Française (AOF) et de l'Afrique Equatoriale Française (AEF) par un décret du 6 août 1907 en AOF et un décret du 15 janvier 1910 en AEF. Ce droit légué par la métropole mérite d'être adapté. De plus, il doit côtoyer les droits traditionnels lesquels ont notablement subi l'influence de la colonisation.

B. L'incidence des droits traditionnels et l'adaptation de la législation coloniale[58]

La législation coloniale déjà insuffisante pour régir la vie économique moderne méritait d'être adaptée. A une adaptation de pure forme il faut également concevoir cette législation dans l'optique d'un développement économique. Mais cette législation devant coexister avec les droits traditionnels, il faut au préalable examiner ceux-ci même s'ils ont subi l'impact de la colonisation.

---

[56] De l'indépendance à ce jour il y a en tout huit grands changements constitutionnels : le principe de la permanence législative a été réitéré dans la loi constitutionnelle n° 2/62 du 16 avril 1962 (article 87), l'ordonnance n° 4/PR-CSM-SGG du 5 juin 1975 déterminant les règles de la légalité générale (article 2), l'Acte fondamental de la république du 18 octobre 1982 (article 36), la Charte Nationale du 28 février 1991 (article 49), la Charte de la Transition du 5 avril 1993 (article 113). Cependant la Charte Fondamentale du 25 août 1978, la Constitution de la République du Tchad du 10 décembre 1989, la Constitution du 16 avril 1996 n'en font pas expressément référence. Toutefois, on lit toujours dans les articles relatifs aux dispositions transitoires et finale la formule « les autres institutions établies continuent d'exercer leurs fonctions et attributions conformément aux lois et règlements jusqu'à l'adoption et la mise en place des nouvelles institutions ».

[57] Encyclopédie Juridique de l'Afrique Noire, Nouvelles Editions Africaines, 1982.

[58] Cette étude nous paraît aussi importante car les autorités traditionnelles et coutumières que sont les sultans, les chefs de canton et de tribu, les chefs de groupement, les chefs de village et de ferrick et qui selon la loi organique n°13/PR/2010 du 25 août 2010 sont les collaboratrices de l'administration s'érigent en de véritables autorités judiciaires (CF : Les justices parallèles, p. 262).

1. Les droits traditionnels

Les droits traditionnels sont constitués de deux sortes de normes différentes : le droit musulman constitué des règles écrites et les autres droits traditionnels constitués de règles non écrites.

a. Les droits non écrits

Contrairement au droit musulman dont les sources proviennent d'un écrit, la plupart des droits des pays d'Afrique Noire étaient caractérisés par leur oralité. Il s'agit le plus souvent de la coutume même si on pouvait évoquer l'existence d'un droit législatif et d'un droit jurisprudentiel.

1°. Caractères des droits non écrits

Le processus de formation de la coutume est connu. [59]La caractéristique de cette source du droit, c'est sa popularité et son impersonnalité, c'est-à-dire que personne en particulier n'est chargé de créer la règle coutumière. Elle est l'œuvre de tout le monde, des particuliers comme des gouvernants. C'est la source naturelle au sens plein du mot, faite de précédents, d'imitations, de comportements héréditaires, sauf que ces précédents doivent aller dans le même sens. Mais encore faut-il que la pratique ait acquis force obligatoire et soit par la suite assortie de sanctions pour que la règle coutumière soit formée. La règle naît de la réaction du milieu social qui la reconnaît, l'accepte et la sanctionne. A défaut on est en présence d'usages et non de coutumes. Le problème délicat est de distinguer les uns des autres. En outre, dans les

---

[59] M. Gonidec distingue cinq caractères des droits africains : les droits africains ont un caractère agraire en ce que les sociétés africaines sont à large prédominance agricole ; ils ont un caractère collectiviste ou communautaire en ce qu'en Afrique, l'individu et le groupe sont complémentaires l'un de l'autre et en ce que le principe de l'autonomie de la volonté fait défaut ; les droits africains ont un caractère inégalitaire en ce que les sociétés africaines sont très hiérarchisées (sexes, castes, âges,…) ; ils sont imprégnés de religions ; enfin les droits africains sont caractérisés par leur oralité. (cf. P. F. Gonidec, les droits africains : évolutions et sources, LGDJ, Paris, 1968.

sociétés africaines imprégnées de religion, il est difficile de savoir ce qui relève de la religion et ce qui relève du droit, d'où les difficultés de connaître les coutumes africaines.

L'avantage de la coutume est non seulement sa parfaite adaptation au milieu social, mais aussi sa souplesse, sa faculté d'adaptation et sa malléabilité. Contrairement à la sharia, le droit coutumier une fois formé, n'est pas un *corpus juris* immuable, intangible, figé. La coutume est une création continue. Seul le consensus matérialisé par des actes d'application la maintient en vie. Si elle n'est pas appliquée, elle disparaît par désuétude. Mais elle peut aussi bien être modifiée par des précédents ou des comportements différents.

2°. Les droits non écrits et l'influence coloniale

La colonisation va apporter des modifications importantes à ces procédés traditionnels de création du droit. Ces procédés fonctionnent désormais dans un contexte nouveau qui réagit inévitablement sur l'évolution des droits traditionnels, en dehors de toute action volontaire des autorités coloniales. La colonisation est en effet à l'origine de transformations économiques, sociales, culturelles et religieuses qui contraignent les droits traditionnels à évoluer dans un sens déterminé qui est celui du modernisme. La sclérose des structures socio-économiques précoloniales et le culte des ancêtres qui avaient précédemment déterminé une cristallisation des droits traditionnels sont remis en cause. Ces droits se mettent donc à bouger.

Dans le domaine économique, les sociétés africaines cessent d'être des sociétés purement agricoles. L'industrie et le commerce font leur apparition et l'agriculture traditionnelle se transforme. A côté de l'économie de subsistance apparaît l'économie de traite caractérisée par sa technologie perfectionnée et la production pour l'échange. Par voie de conséquence, ces transformations économiques déclenchent des transformations des structures sociales traditionnelles. L'introduction d'une économie moderne, fondée sur l'échange et le profit, met en cause le collectivisme traditionnel. On note l'apparition de l'individualisme, de la propriété privée, le déclin de l'autorité des chefs de famille et des chefs traditionnels, des religions et l'inadaptation des anciens droits patrimoniaux.

L'introduction des systèmes d'éducation européens va dans le même sens. Alors que l'Islam s'accommode de la tradition africaine, le christianisme la bouscule en s'attaquant au principe collectif et clanique de la philosophie africaine, en affirmant les droits de la personne humaine. Il en résulte une action profonde sur la conception du mariage qui, de polygamique devient monogamique, sur la place des enfants dans la famille, sur la condition de la femme. On voit même apparaître de nouvelles coutumes fondées sur le christianisme. Parallèlement, l'enseignement public contribue à laïciser les droits traditionnels en mettant en cause leurs fondements grâce à la notion d'individualisme et aux idées de liberté et d'égalité qui sont à la base de la philosophie occidentale.

L'écriture elle-même réagit sur les droits traditionnels. Ainsi le système des preuves en Afrique était en partie explicable par l'absence d'écriture. Lorsque celle-ci apparaît, les anciens modes de preuve tendent à tomber en désuétude. De façon générale, la colonisation provoque au sein des sociétés africaines une série de contradictions, génératrices de tensions : opposition des jeunes et des anciens ou conflit de générations, impatience des femmes devant un système familial qui consacre la supériorité des hommes, opposition des élites nouvelles et des anciennes élites, apparition des classes sociales. Autant de tensions qui réagissent inévitablement sur les droits traditionnels en dehors de toute action volontaire des autorités coloniales.

Mais ces droits ont été volontairement modifiés grâce à l'action du législateur et des tribunaux. Une des conséquences de la colonisation fut de transférer le pouvoir de législation aux autorités coloniales. Pour le droit musulman, il y a eu le principe de son maintien. Pour les autres coutumes locales, les textes relatifs à l'organisation judiciaire préconisaient aussi leur application. Mais si la valeur des droits traditionnels était ainsi reconnue, le législateur colonial ne s'est cependant pas privé d'intervenir dans ce domaine. Le principe du respect des droits africains était en effet assorti d'une réserve, à savoir le respect de l'ordre public colonial. L'action des juges fut également primordiale. La conséquence du maintien des droits traditionnels fut partout la coexistence des tribunaux de droit moderne et ceux de droit local. Mais ces derniers étaient loin de fonctionner d'une manière indépendante. Presque partout ils étaient placés sous le contrôle de l'autorité coloniale, soit parce qu'ils comprenaient des représentants (magistrats ou administrateurs) de cette autorité, soit parce que leurs décisions relevaient en dernière instance d'organismes composés en majorité par des représentants du pouvoir colonial. Il en résulte que ces derniers ont été en mesure d'influencer la jurisprudence relative au droit traditionnel. Cette action déformatrice était d'autant plus facile que les droits traditionnels n'étaient applicables que sous réserve de l'ordre public tel qu'il est défini par le juge. En outre le magistrat pouvait appliquer la législation coloniale à titre de « raison écrite » ou de principe d'équité lorsqu'il y avait une lacune du droit traditionnel.

b. Le droit musulman

C'est un droit religieux et intimement lié aux prescriptions de l'Islam mais qui n'a pas cessé de subir l'influence du colonisateur. On examinera les sources de ce droit d'après la tradition des « docteurs de la loi », avant de voir quelles sont les modifications introduites par la pratique, notamment pendant la période coloniale.

1°. Sources et caractères du droit musulman

D'après la doctrine de l'Islam, les sources du droit musulman sont par ordre d'importance le Coran, la tradition ou *sunna*, l'*idjmâ* ou accord unanime des docteurs de la loi, l'analogie ou *qiyâs*. Le Coran se compose des révélations de Dieu appelé *Allâh*, transmises à l'humanité par l'intermédiaire de son envoyé, le prophète Mohammed, né à la Mecque vers 570 et mort en 632. Rédigé après la mort du prophète, il est composé de 114 chapitres et 6211 versets. [60]Selon les spécialistes de ce droit, le Coran n'est en aucune façon un code juridique. En effet, sur les 6211 versets, 500 seulement ont pu être utilisés pour élaborer la science de la loi qu'on appelle le *fiqh*. Il s'agit en outre le plus souvent de cas d'espèces et donc des règles particulières. C'est pourquoi quoique sacré, le Coran à l'origine du droit musulman ne peut se suffire à lui-même. C'est la raison pour laquelle le juge n'a pas à fonder sa décision sur le Coran en l'interprétant à sa façon. Il peut seulement le citer mais la solution ne dérive pas directement de ce texte. Son exploitation est considérée comme une entreprise trop délicate pour être confiée à n'importe qui. L'interprète doit posséder un certain nombre de qualités à l'instar des docteurs de la loi, véritables détenteurs du pouvoir spirituel.

A la différence du Coran, la *Sunna* ne résulte pas de révélations divines. *La sunna* c'est la conduite du prophète, manifestée par la parole, par l'action, les gestes et même le silence. Lorsqu'elle se manifeste par la parole, la *sunna* prend le nom de *hadith*. Cependant pratiquement, on considère comme hadith toutes les manifestations de la conduite du prophète, de sorte que la sunna comprend les *hadith* par parole ou *qaoul*, les hadith par action ou *fial* et les hadith par silence ou *soukout*. Les hadith furent recueillis par les compagnons

---

[60] G. H. Bousquet, Le droit musulman, Edition Armand Colin, 1963 et R. Charles, Droit musulman, Collection « Que sais-je ? ».

de Mohammed puis par leurs successeurs, d'où la construction des *hadith* qui se composent de deux parties : le texte et, précédent le texte, les noms des personnes qui l'ont recueilli l'une de l'autre. Il y eut en fait après la mort du prophète des dizaines voire des centaines de milliers de *hadith*, de sorte qu'on éprouva le besoin de rechercher les *hadith* vraiment authentiques. Des recueils furent donc constitués par les savants musulmans dont le plus réputé est celui d'El-Bokhâri lequel vient immédiatement à côté du Coran comme source du *fiqh*.

Quant à l'*idjmâ*, c'est l'accord unanime des docteurs de la loi. Sa valeur est fondée sur le dogme de l'infaillibilité de la communauté musulmane lorsqu'elle est unanime. Ce dogme a permis de reconnaître pleine autorité à des solutions qui ne se trouvent ni dans le Coran ni dans la *sunna*. Il explique également que le juge ne soit pas qualifié pour interpréter ces deux sortes de textes : l'*idjma* le lui interdit et donc il se doit de le respecter. Mais depuis le début du IVème siècle de [61]l'Hégire, l'effort doctrinal est terminé. On dit que la « porte de l'effort » est fermée pour les générations futures. La loi divine étant dès lors élaborée, le devoir des croyants est le conformisme juridique, c'est-à-dire que ceux-ci doivent s'incliner devant l'autorité des docteurs des générations passées. Le système du *fiqh* s'est figé et les auteurs n'ajoutent plus rien de nouveau au système juridique antérieurement constitué. Depuis des siècles, les mêmes ouvrages servent à l'enseignement du droit musulman devenu immuable. Le rôle de la doctrine se limite à l'exégèse, au commentaire et à l'explication des solutions dégagées par les jurisconsultes du passé.

Enfin, les théoriciens du droit musulman mentionnent parmi les sources du droit le *qiyâs* qui veut dire au sens large, le raisonnement par analogie utilisé par les jurisconsultes en vue d'élaborer le droit positif. C'est un moyen utilisé en l'absence de textes probants. Il se fonde sur les similitudes qui peuvent exister entre deux cas. Il n'engendre pas la certitude mais la probabilité que le législateur, c'est-à-dire Dieu, a voulu la même solution pour les deux cas. C'est donc un raisonnement à deux termes qui va du singulier au singulier, ramenant un cas nouveau à un cas ancien déjà connu. Le cas connu doit déjà figurer dans le Coran, la *sunna* ou l'*idjma*. Le travail du jurisconsulte est alors de découvrir des liens de connexion entre le cas connu et le cas nouveau. Il en déduira ensuite la solution d'espèce.

En dehors de ces quatre sources, les jurisconsultes refusent tout autre procédé de création du droit. C'est ainsi que la jurisprudence appelée encore *amal* ou pratique des tribunaux n'est pas considérée comme source du droit. De même, la coutume n'est pas admise comme source du droit. Mais celle-ci a eu

[61]. L'hégire appelé encore émigration ou exode part du 16 juillet 622, date de départ du prophète Mahomet de la Mecque.

historiquement un rôle important. Certaines coutumes préislamiques se sont introduites dans le droit musulman par l'intermédiaire des sources officielles. Quant aux coutumes postérieures à la formation du droit musulman, des solutions divergent : certains théoriciens admettent que les coutumes doivent être respectées si elles ne sont pas contraires à la loi divine, les autres plus restrictifs exigent que la loi divine y renvoie expressément. De même enfin, selon la pure doctrine, les actes législatifs ne peuvent être considérés comme de véritables sources du droit musulman.

2°. Le droit musulman et la pratique

Il ressort de ce qui précède que le droit musulman possède des traits originaux. [62]Il est d'abord difficile de séparer le droit de la religion. Ainsi les actions humaines dont parle le *fiqh* sont classées en cinq catégories légales : obligatoires, recommandées, permises, blâmables ou interdites. Or cette classification intéresse aussi bien le rituel que le droit. En outre les sanctions sont le plus souvent d'ordre religieux. Deuxièmement, le droit musulman se présente comme un droit figé depuis plus d'un millénaire. En effet depuis que la « porte de l'effort » a été fermée, la *charia* est devenue définitive. Elle représente la volonté immuable d'Allâh. Il en résulte que toute innovation est en principe contraire à la loi divine. Il en résulte également un problème d'adaptation du droit aux nécessités des temps modernes, un conflit entre le traditionalisme et le modernisme. Enfin, le droit musulman est en grande partie un droit d'origine doctrinale, en ce sens que les docteurs de la loi ont joué un rôle capital dans l'élaboration du droit.

Mais l'examen de la pratique autorise à apporter quelques retouches à ces sources telles qu'elles sont admises par les docteurs de la loi. Il faut noter que la coutume joue un rôle primordial. En fait, le droit musulman était quasi-inexistant au premier siècle de l'Hégire. Les premiers khalifes (mandataires du prophète) firent appliquer en général le droit coutumier arabe. Le principe du maintien des institutions juridiques existantes fut même parfois expressément reconnu. Lorsque l'effort doctrinal se manifeste, la *sunna* et l'*idjma* seront influencées par le droit coutumier. En outre, même lorsque le droit musulman sera formé, certains pays ou régions conserveront leurs coutumes antérieures à l'islamisation. En théorie, la position légale est la domination de la *sharia* modifiée par la coutume locale lorsqu'elle n'est pas en conflit avec cette loi divine. En fait, le droit musulman coexiste avec le

[62] . Selon C-H Bousquet, le fiqh n'est pas du droit aux yeux de l'Islam mais une déontologie, un catéchisme, op. cit.

droit coutumier ou non écrit et les juges, guidés par la réalité sociale, fondent leurs décisions sur la coutume même contraire à la *sharia* lorsque la coutume est trop forte pour qu'ils puissent y résister.

A côté de la coutume, la jurisprudence était aussi à l'origine un des facteurs importants de constitution du droit musulman. Avant l'apparition des écoles juridiques, lorsque les khalifes de Médine furent chassés par ceux de Damas, ceux-ci prirent l'initiative de nommer des juges musulmans. L'institution judiciaire arabe appelée *hakam* ou arbitre fut remplacée par le *qâdi*, en fait secrétaire juridique. Ces *qâdis* fonctionnaires de l'administration, posèrent par leurs décisions les premières assises de ce qui devait devenir le droit musulman. Les premiers *qâdis* jugeaient selon la raison ou « la saine opinion » appelée *ray* en se fondant sur la pratique coutumière et les règlements administratifs et en tenant compte, dans la mesure qu'ils estimaient convenables, de la lettre et de l'esprit du Coran.

Le rôle de la jurisprudence réapparaît au cours de la période coloniale. Car le principe fut le maintien des institutions juridiques existantes. Le plus souvent, le législateur colonial intervient pour consacrer de façon expresse le principe énoncé. Le droit musulman est maintenu mais avec une réserve importante. Les textes relatifs à l'organisation judiciaire disposaient que « les juridictions indigènes appliquent la loi et les coutumes locales en tout ce qu'elles n'ont pas de contraire aux principes de la civilisation française ». C'est ce qu'on appela l'ordre public colonial. Le rôle du juge a été considérable car compte tenu de l'interférence de la coutume avec la *sharia*, il lui appartenait de décider souverainement s'il convenait d'appliquer l'un ou l'autre droit.

Enfin la législation est devenue de fait une source du droit musulman. Or d'après la théorie du droit musulman, les autorités temporelles qui sont le parlement ou l'exécutif n'ont pas le pouvoir de légiférer. La doctrine de l'immutabilité du droit musulman n'a pas pu résister devant l'évolution des sociétés africaines, surtout à partir du moment où celles-ci subissent le choc de la colonisation. Le législateur colonial a même dû intervenir dans les matières qui traditionnellement sont le domaine privilégié de la *sharia*. En outre, l'unification des juridictions constitue un facteur décisif dans le sens de la laïcisation du droit. En fait, la législation est venue concurrencer la *sharia*. Le législateur (colonial et même musulman) s'est arrogé le droit de légiférer dans un domaine qui avait fait l'objet des prescriptions d'Allâh, sur l'intégrité desquelles les docteurs de la loi étaient chargés de veiller.

En conclusion, les sources du droit musulman sont beaucoup plus complexes qu'il n'apparaît au premier abord. Il y a un droit idéal qui trouve son origine dans les quatre sources reconnues par la doctrine orthodoxe de l'Islam. Puis il y a le droit positif qui résulte à la fois de ces sources et de sources différentes (coutume, jurisprudence, législation) qui ne concordent pas toujours avec les quatre sources officielles.

2. L'adaptation de la législation coloniale

a. L'adaptation purement formelle du droit

La législation coloniale, élaborée à une certaine époque pour répondre à certains besoins, demande à être adaptée aux exigences nouvelles nées de la décolonisation. L'œuvre d'adaptation peut être purement formelle ; elle peut être profonde et donner lieu à une législation renouvelée dans sa substance. Le législateur colonial, dans le souci d'assimilation et de faire prévaloir son droit avait été conduit à négliger le droit traditionnel ou coutumier ou même « à l'inférioriser ». En effet, politiquement et quelle que soit la formule utilisée (annexion, protectorat, mandat ou tutelle internationale), les pays africains étaient placés en situation de dépendance par rapport à l'autorité coloniale. Il en résulte que les droits africains cessent d'être autonomes, évoluant selon des nécessités purement africaines. Le pouvoir de créer le droit est de fait transféré au colonisateur. Ce dernier est d'ailleurs convaincu de la supériorité de son système juridique et de ses valeurs de civilisation. Par la suite, et tout en proclamant sa volonté de respecter les droits existants, il les considère avec une certaine défaveur, laquelle se traduit dans l'utilisation de la fameuse notion d'ordre public colonial. Les Etats africains, même les plus attachés au principe de la permanence législative, ne peuvent, à certains égards, échapper à cette exigence d'adaptation ou de réforme de la législation coloniale.

La réforme va d'abord consister en une adaptation des dispositions de la législation coloniale aux faits nouveaux par la suppression de toute référence aux autorités coloniales, le texte de la loi gardant sa substance. Les dénominations changent de signification ; ainsi le franc CFA (franc des Colonies Françaises d'Afrique) devient celui de la Communauté Financière Africaine ; l'IFAN (Institut Français d'Afrique Noire) devient au Sénégal l'Institut Fondamental d'Afrique Noire, etc.

Mais aux exigences d'une adaptation de forme s'ajoutent parfois celles d'une adaptation de fond, commandée par la nouvelle situation. La législation coloniale, dans son mouvement d'assimilation, teintée d'hégémonisme, avait relégué au second rang, quand elle ne les écartait pas, les droits coutumiers ou la législation locale en vigueur antérieurement à la transformation du territoire en colonie. L'accession à l'indépendance du territoire a conduit, dans un certain nombre d'Etats africains, à la revalorisation de ces droits. Certains Etats, tels que la Côte d'Ivoire, reconnaissant et conférant à la « législation moderne» une mission d'unification nationale, de modernisation et de développement économique et social, lui ont assigné pour objectif final d'occuper, à l'exclusion de tout droit traditionnel, tout le champ de la législation étatique. Cependant le souci demeure, dans un certain nombre d'Etats, de faire sa place à la législation traditionnelle. C'est ainsi que l'ordonnance du 3 septembre 1960 au Sénégal, la loi du 15 juillet 1961 au Niger, la loi du 15 novembre 1961 en République Centrafricaine, la loi du 30 janvier 1962 au Congo et celle du 29 novembre 1962 au Gabon organisant le recours en cassation devant la Cour Suprême énoncent que les pourvois sont formés « pour violation de la loi ou de la coutume ». C'est reconnaître à la coutume, « droit traditionnel », et à la loi formellement définie la même valeur et la même force juridique. Quant à la loi malgache du 19 juillet 1961, elle précise que «la violation des coutumes est assimilée à la violation de la loi ». Au Cameroun, dans le silence des textes, la violation de la loi doit s'entendre comme désignant toutes les règles de droit en vigueur et non pas les seuls textes émanant de l'autorité législative. [63]C'est ce que décide de manière constante la Cour Suprême du Cameroun.

Mais la revalorisation de la coutume et du droit traditionnel ne consiste pas à tirer de l'oubli purement et simplement la législation antérieure. Elle s'accompagne d'une certaine adaptation à raison du changement des circonstances lui ayant donné naissance. Ainsi l'article 11 de l'ordonnance du 14 novembre 1960 édictée par les autorités sénégalaises dispose que l'application de la coutume doit se réaliser « sous réserve des règles fondamentales touchant à l'ordre public et à la liberté des personnes ».

b. L'adaptation du droit en vue du développement

L'idée avait été amorcée par le congrès de la Commission Internationale des Juristes tenu à New Delhi en Inde en 1959. Selon le compte-rendu de ce congrès,[64] « la primauté du droit est un principe dynamique et il appartient avant tout aux juristes d'en assurer la mise en œuvre et le plein épanouissement, non seulement pour sauvegarder et promouvoir les droits

[63] La cour suprême du Cameroun dans une espèce avait visé comme moyen unique de cassation la violation de la loi qui dans la cause était une coutume « douala » : arrêt n°19, Bulletin des arrêts de la Cour suprême, n°7, p.376.

[64] Déclaration de M. Henri RAHARJAONA, Actes du colloque de la Sorbonne, Economica, Paris, 1980, p. 64.

civils et politiques de l'individu dans une société libre, mais aussi pour établir les conditions économiques, sociales et culturelles lui permettant de réaliser ses aspirations légitimes et de préserver sa dignité ». Il faut en déduire que, franchissant la frontière traditionnellement assignée au droit dans la protection des prérogatives de l'individu, ces juristes ont ouvert une voie nouvelle, celle du développement. Le droit constitue, à n'en point douter, un cadre pour la vie économique.

Pour les pays africains dont le Tchad, dans la recherche des solutions au sous-développement, le droit avait paru être non seulement un cadre commode, mais également un instrument de promotion et d'incitation. En raison de l'urgence des solutions et de leur grande complexité, la tentation était grande de puiser dans les techniques juridiques les moyens de mettre en place des schémas nouveaux de développement, de modifier les structures, de procéder à des réformes fondamentales et de combattre notamment à l'aide du droit pénal les comportements ou les mentalités anti-économiques. On a alors rapidement constaté que les systèmes juridiques hérités du droit occidental, conçus pour des structures données et des situations particulières étaient inadéquats dans les pays en voie de développement. Dans ces pays, il faut distinguer deux conceptions différentes du droit du développement selon les options et les choix de société exercés par le législateur.

Pour les pays ayant réellement opté pour une voie socialiste et révolutionnaire, le droit du développement doit être un instrument commode entièrement mis au service de la révolution et un moyen pour atteindre les objectifs que fixent les textes fondamentaux que sont la Charte et la Déclaration solennelle ou Constitution. Il peut ainsi devenir un instrument de combat contre le néo-impérialisme, assurer la primauté de la révolution socialiste sur les droits de l'individu, définir des rapports originaux entre la société et les membres qui la composent et cela, sans nécessairement se référer à des modèles extérieurs d'où qu'ils viennent ou à des doctrines préétablies.

En revanche, pour les pays ayant opté pour une économie de type libéral, encore que partiellement dirigée, et pour une primauté de l'individu sur la société, le droit du développement doit permettre la mise en place de structures, d'institutions et de mécanismes propres à promouvoir l'activité économique de la société. Il doit permettre l'orientation des activités industrielles vers des secteurs prioritaires préalablement choisis par le plan, faciliter l'attraction des capitaux et assurer leur sécurité et favoriser l'essor des entreprises. Une législation de promotion devrait, sans toutefois rompre brutalement avec les traditions, libérer l'individu de toute pesanteur ancestrale et le rendre disponible pour le développement. Il doit assurer l'épanouissement de l'individu dans le respect de ses droits fondamentaux. Une telle législation peut réserver à l'Etat un rôle prépondérant, mais en aménageant pour son intervention le cadre juridique le plus approprié et le plus souple possible.

Dans un cas comme dans l'autre, il faut souligner l'influence déterminante exercée sur les législateurs africains par les déclarations solennelles et les conventions internationales adoptées récemment au sein des instances internationales, notamment la Déclaration de l'Assemblée Générale des Nations Unies sur le nouvel ordre économique international et la Charte des droits et des devoirs économiques des Etats. Ces principes énoncés, il va falloir maintenant examiner le droit commun applicable à l'exploitant de banque.

§2. Le droit commun applicable à la banque

A. En matière pénale

Le banquier comme toute personne peut commettre des délits généraux, des délits boursiers et même des délits bancaires. Le délit boursier n'existe pas au Tchad du fait du vide juridique en la matière et de l'inexistence même des sociétés de bourse. Les délits bancaires à savoir la banqueroute, l'usure et le blanchiment des capitaux bien que prévus par la loi n'ont pas fait l'objet de poursuites devant les tribunaux. Ce sont des délits pourtant fréquemment commis et rapportés par la presse. Mais ce sont surtout les délits généraux comme l'escroquerie, le faux et l'usage de faux, l'abus de confiance, le recel de fonds et l'atteinte au secret professionnel qui sont parfois évoqués devant les institutions judiciaires mais très souvent ce sont l'abus de confiance et le faux et l'usage de faux qui ont fait l'objet des poursuites.

1. La poursuite des personnes morales

Il est vrai que bon nombre d'infractions pénales pourtant commises n'ont pas fait l'objet de poursuites devant les juridictions répressives. En effet l'imputabilité des faits devant faire l'objet de poursuite se heurte à l'identification du prévenu d'une part et d'autre part au vide juridique relatif à la poursuite pénale des personnes morales. Il n'en demeure pas moins que les agents de banque surtout ceux des guichets et ceux responsables d'ouverture des comptes ont fait l'objet des poursuites. Les délits de recel de fonds, de blanchiment de l'argent sale, d'usure, de banqueroute peuvent être commis par les banques. Or la poursuite de celle-ci s'est toujours heurtée au principe de la responsabilité pénale des personnes morales. En effet la responsabilité pénale des personnes morales n'a été consacrée récemment en France que par [65]l'art. 121-2 du code pénal car dans le code pénal de 1810, on ne peut trouver de principe général consacrant cette responsabilité. Là encore il ne s'agit pas d'une responsabilité pénale générale.

Ne pourront être poursuivies que certaines infractions expressément prévues par la loi ou le règlement. Peuvent être concernées les sociétés civiles et commerciales, les groupements, les associations, les syndicats, les partis politiques, les institutions de représentation du personnel. Il faut de plus que l'infraction soit réalisée pour le compte de la personne morale par ses organes ou représentants car celle-ci ne peut voir sa responsabilité engagée lorsque l'infraction aura été commise par un dirigeant dans son intérêt personnel.

Quant aux peines infligées, elles sont différentes de celles appliquées aux personnes physiques. La banque n'encourt comme peine principale que l'amende et comme peines spécifiques, la dissolution de la personne morale, l'interdiction de faire appel public à l'épargne pour cinq ans au plus, l'exclusion des marchés publics, le placement sous surveillance judiciaire par la nomination d'un mandataire de justice, la fermeture de l'établissement qui a servi à commettre l'infraction, l'interdiction d'exercer une ou plusieurs activités professionnelles ou sociales et la confiscation spéciale et l'affichage ou la diffusion de la décision. A défaut d'évolution législative depuis la promulgation du code pénal en 1967, ce principe de poursuite des personnes morales n'a reçu la moindre application.

2. La poursuite des personnes physiques

A l'occasion de l'exercice de sa profession, le banquier peut encourir des sanctions pénales s'il commet les infractions réprimées par le Code pénal. En effet, comme tout individu, l'agent de banque peut se rendre coupable des délits prévus et réprimés par le droit pénal général. Mais généralement le banquier est poursuivi comme complice de son client et non comme auteur principal. Outre les délits principaux précités, le banquier peut être poursuivi pour les délits d'usure, d'acceptation en connaissance de cause de chèques

---

[65]. Selon cette disposition introduite en France le 1er mars 1994, les personnes morales ne peuvent être déclarées pénalement responsables que s'il est établi qu'une infraction a été commise, pour leur compte, par leurs organes ou représentants.

sans provision, de complicité dans l'émission de chèques sans provision, de complicité de banqueroute, etc…

a. L'usure

Selon l'article L.313-3 du Code français de la consommation, *constitue un prêt usuraire, tout prêt conventionnel consenti à un taux effectif global qui excède, au moment où il est consenti, de plus du tiers, le taux effectif moyen pratiqué au cours du trimestre précédent par les établissements de crédit pour des opérations de même nature comportant des risques analogues tels que définies par l'autorité administrative après avis du Conseil National du Crédit.*

Quant au Code pénal tchadien, il est resté muet sur la répression de cette infraction. Pourtant le phénomène existe et fait même des ravages. Le système bancaire tchadien reste peu développé avec seulement cinq banques commerciales, une banque d'investissement, une banque de développement et une banque agricole qui n'ont d'agences que dans quelques villes. Cette situation engendre une faible mobilisation de l'épargne intérieure et des difficultés de financement des investissements. A cela s'ajoutent les difficultés d'ouverture de compte pour les faibles bourses, le niveau élevé des montants exigés pour les dépôts à terme et le durcissement des conditions d'octroi de crédit compte tenu d'un environnement juridique et judiciaire peu favorable. Ce qui amène les agents économiques et surtout les fonctionnaires à s'endetter auprès des usuriers dont les principaux sont les coopératives d'épargne et de crédit et les commerçants. Les taux pratiqués par ces derniers vont de 25 à 75% et le délai de remboursement ne dépasse guère un ou deux mois. Le phénomène inquiète et interpelle les autorités qui n'ont pas jugé nécessaire de réagir. Non seulement le délit n'est pas légalement consacré mais les autorités administratives ne prennent aucune mesure conservatoire si minime soit-elle pour le juguler.

b. La fausse monnaie

Le code pénal tchadien réprime en ses articles 175 et suivants la fausse monnaie. Selon cet article 175, *quiconque aura contrefait ou altéré soit des monnaies ayant cours légal au Tchad soit des billets de banque autorisés par la loi ou des billets de même nature émis par le trésor, soit des effets émis par le trésor avec son timbre ou sa marque, quiconque aura fait usage de ces monnaies, billets ou effets contrefaits ou altérés, quiconque aura participé à leur émission ou introduction sur le territoire sera puni des travaux forcés à perpétuité.*

Cette définition n'est pas la même que celle du Code pénal français et la sanction infligée diffère tant sur la peine que l'amende. Effet selon l'article 442-1 de ce code, la contrefaçon ou la falsification de monnaie ou des billets de banque ayant cours légal en France ou émis par les institutions étrangères ou internationales habilitées à cette fin est punie de trente ans de réclusion criminelle et de 450 000 EUR d'amende. Et le deuxième alinéa de ce texte d'ajouter que « est punie des mêmes peines la fabrication des pièces de monnaie et des billets de banque mentionnés à l'alinéa précédent réalisée à l'aide d'installations ou de matériels autorisés destinés à cette fin, lorsqu'elle est effectuée en violation des conditions fixées par les institutions habilitées à émettre ces signes monétaires et sans l'accord de ces institutions».

En revanche et selon l'article 176 du code pénal tchadien, la contrefaçon ou l'altération de monnaies étrangères, d'effets de trésors étrangers, de billets de banque étrangers, l'émission, l'introduction dans un pays quelconque ou l'usage de telles monnaies, de tels effets ou billets contrefaits ou altérés seront punis comme s'il s'agissait de monnaies tchadiennes, d'effets du trésor ou de billets de banque tchadiens. L'auteur de la coloration des monnaies ayant cours légal au Tchad ou des monnaies étrangères dans le but de tromper sur la nature du métal, ou les aura émises ou introduites sur le territoire tchadien sera puni d'un emprisonnement de six mois à trois ans et la même peine est encourue par celui qui aura participé à l'émission ou à l'introduction de ces monnaies colorées (article 177). La peine est toutefois moins lourde (15 jours à 6 mois d'emprisonnement) pour celui qui, ayant reçu de bonne foi des monnaies contrefaites, altérées ou colorées ou des effets ou billets contrefaits ou altérés, en aura fait usage après les avoir vérifiées ou fait vérifier. La tentative est punie des mêmes peines mais l'amende est égale à la somme représentée par les pièces ainsi mises en circulation (article 178).

c. Le blanchiment des capitaux

Cette infraction n'a pas été spécifiquement réprimée. Ce n'est que plus tard par le biais de la loi n°009/PR/95 du 19 mai 1995 portant réglementation du secret professionnel bancaire que les autorités ont tenté de sanctionner un phénomène qui a gangrené l'économie nationale fort longtemps. Aux termes de l'article 11 de cette loi, le banquier est soumis à l'obligation de déclaration des sommes inscrites dans ses livres lorsqu'elles lui paraissent provenir du trafic de stupéfiants ; lorsqu'il soupçonne que ces fonds n'ont pas de justification économique ou d'objet illicite. Selon le dernier alinéa de cette disposition, la déclaration doit être faite au ministère de tutelle qui désignera une commission à cet effet.

Mais la disposition rédigée de manière lapidaire n'a pas du tout été appliquée. La Commission prévue n'a jamais été mise en place à défaut de décret d'application de la loi même. Il a fallu attendre plus de dix ans après pour que les autorités communautaires songent à suppléer à ce vide en créant un organe de lutte contre le blanchiment des capitaux dénommé GABAC.

A travers la présentation faite par cet organe communautaire, on remarque que le blanchiment des capitaux est un processus qui consiste, par l'entremise de divers agissements commis intentionnellement, à dissimuler ou à déguiser l'origine des fonds générés par une activité illégale afin de les insérer dans des circuits licites et d'en user au grand jour sans compromettre leurs auteurs. Le blanchiment d'argent est donc le prolongement du crime organisé et plus généralement des activités illégales qui procurent des profits illicites. Il peut ainsi résulter d'activités criminelles non exhaustives allant du trafic des stupéfiants à celui des armes, des pierres précieuses, à la prostitution, au crime organisé, à la corruption, au détournement des deniers publics, à la fraude informatique, etc. Au niveau de l'Union européenne, la matière a fait l'objet d'une directive datée du 25 octobre 2005. Celle-ci a été transposée en droit interne français par une ordonnance du 30 janvier 2009 et d'un décret du 16 juillet 2009, lesquels ont fait l'objet d'une circulaire d'application en date du 14 janvier 2010.

Quant au Code pénal français (art. 324-1 résultant de la loi du 13 mai 1996), il définit le blanchiment comme le fait de faciliter, par tout moyen, la justification mensongère de l'origine des biens ou des revenus de l'auteur d'un crime ou d'un délit ayant procuré à celui-ci un profit direct ou indirect. Le fait d'apporter un concours à une opération de placement, de dissimulation ou de conversion de ce produit constitue également un blanchiment. Les peines appliquées sont de cinq ans d'emprisonnement et de 375 000 EUR d'amende. Le Code monétaire et financier renferme également plusieurs dispositions relatives au blanchiment. L'art. L. 561-1 de ce code impose aux personnes autres que celles mentionnées à l'art. L. 561-2 qui, dans l'exercice de leur fonction, réalisent, contrôlent ou conseillent des opérations entraînant des mouvements de capitaux, de déclarer au procureur de la République les opérations dont elles ont connaissance et qui portent sur des sommes qu'elles savent provenir de l'une des infractions mentionnées à l'article L. 561-15. D'autre part, l'article L. 561-2 fait état de quinze catégories de personnes astreintes aux obligations de lutte contre des capitaux et le financement du terrorisme.

d. Le recel des fonds

Il fait l'objet des articles 333 et 334 du Code pénal. Selon l'article 333, les personnes qui auront sciemment recelé des choses enlevées, détournées ou obtenues à l'aide d'un crime ou d'un délit, seront punies de six mois à cinq ans d'emprisonnement et en outre d'une amende qui pourra même être élevée jusqu'à la moitié de la valeur des objets recelés.

Il peut être infligé de lourdes peines en cas de complicité de crime conformément aux articles 45 et 46 dudit code. Quant à l'article 334, dans le cas où une peine criminelle est applicable au fait qui a procuré les choses recelées, le receleur sera puni de la peine attachée par la loi au crime et aux circonstances du crime dont il aura connaissance au temps du recelé. Cependant la peine de mort sera remplacée à l'égard des receleurs par celle des travaux forcés à perpétuité.

Contrairement au Code pénal français, le Code pénal tchadien ne définit pas l'infraction de recel. Il ne la définit que par rapport aux peines infligées. En effet, selon l'article 321-1 du Code pénal français, le recel est le fait de dissimuler, de détenir ou de transmettre une chose, ou de faire office d'intermédiaire afin de la transmettre, en sachant que cette chose provient d'un crime ou d'un délit. Il y a également recel si une personne bénéficie en connaissance de cause et par tout moyen du produit d'un crime ou d'un délit. Cet article punit l'infraction de cinq ans d'emprisonnement et de 375 000 EUR d'amende.

Le recel est en outre puni de dix ans d'emprisonnement et de 750 000 EUR d'amende lorsqu'il est commis en bande organisée et lorsqu'il est commis de façon habituelle ou en utilisant les facilités que procure l'exercice d'une activité professionnelle. Comme le prévoit le Code pénal tchadien, les peines d'amende ci-dessus prévues peuvent être élevées jusqu'à la moitié de la valeur des biens recelés.

Cependant ce code n'a pas prévu des dispositions relatives aux infractions assimilées au recel telles que « le défaut de justification du train de vie ou de l'origine d'un bien » et le « non-respect de certaines obligations par les professionnels de la vente ou d'échange d'objets mobiliers » prévues aux articles 321-6 à 321-8 du Code pénal français.

e. La banqueroute

Cette infraction prévue aux articles 313 et 314 du Code pénal renvoie au Code de commerce. Ils ne définissent pas la banqueroute mais énoncent que les coupables de banqueroute frauduleuse seront punis d'un emprisonnement de cinq à dix ans et les banqueroutiers simples seront punis d'un emprisonnement d'un mois à deux ans. Les complices de banqueroute, simple ou frauduleuse, encourent les mêmes peines même s'ils n'ont pas la qualité de commerçant. Toutefois la loi n'a pas prévu les peines d'amende. Il faut noter que le banquier ne peut être poursuivi que pour complicité de banqueroute.

Pourtant, il y a un intérêt certain à définir tant l'infraction que les conditions de sa mise en œuvre comme le font les articles L.654- 1 et L.654- 2 du Code de commerce français. La condition préalable est l'ouverture d'une procédure collective. En effet, la loi subordonne la répression de la banqueroute à l'ouverture d'une procédure de redressement ou de liquidation judiciaire. L'article L.654-1 cite les personnes susceptibles d'être poursuivies pour banqueroute :

- Toute personne exerçant une activité commerciale ou artisanale, tout agriculteur et toute personne physique exerçant une activité professionnelle indépendante, y compris une profession libérale soumise à un statut législatif ou réglementaire ou dont le titre est protégé ;

- Toute personne qui a, directement ou indirectement, en droit ou en fait, dirigé ou liquidé une personne morale de droit privé ;

- Les personnes physiques représentants permanents de personnes morales dirigeants des personnes morales telles que ci-dessus définies.

La condition préalable ressort expressément dans les premières énonciations de l'article L. 654-2 du Code de commerce, lequel article définit l'infraction de banqueroute. Ainsi au terme de ce texte, en cas d'ouverture d'une procédure de redressement judiciaire ou de liquidation judiciaire, sont coupables de banqueroute les personnes ci-dessus citées (article L. 654-1) contre lesquelles a été relevé l'un des faits suivants :

- Avoir, dans l'intention d'éviter ou de retarder l'ouverture de la procédure de redressement judiciaire ou de liquidation judiciaire, soit fait des achats en vue d'une revente au-dessous du cours, soit employé des moyens ruineux pour se procurer des fonds ;

- Avoir détourné ou dissimulé tout ou partie de l'actif du débiteur ;

- Avoir frauduleusement augmenté le passif du débiteur ;

-Avoir tenu une comptabilité fictive ou fait disparaître des documents comptables de l'entreprise ou de la personne morale ou s'être abstenu de tenir toute comptabilité lorsque les textes applicables en font obligation ;

- Avoir tenu une comptabilité manifestement incomplète ou irrégulière au regard des dispositions légales.

f. Le vol

C'est le fait d'appréhender une chose à l'insu et contre le gré de son légitime détenteur. La tentative de vol est punie comme le vol lui-même, s'il y a eu commencement d'exécution. Selon l'article 297 du code pénal, quiconque a soustrait frauduleusement une chose qui ne lui appartient pas est coupable de vol. Même si cette définition fait apparaître comme en droit français (article 311-1 du Code pénal) les quatre éléments de l'infraction que sont la soustraction, la chose soustraite, la propriété d'autrui et la fraude, elle n'est pas strictement la même.

En effet, le Code pénal français emploie l'expression «la chose d'autrui alors que le Code Pénal tchadien utilise la formule « une chose qui ne lui appartient pas ». La peine est de six mois à cinq ans d'emprisonnement en cas de vol simple (article 299 du code pénal). L'article 300 définit les cas de vol avec circonstances aggravantes dont la peine est de cinq à dix ans d'emprisonnement :

-Vol commis la nuit ;

-Vol en réunion de deux ou plusieurs personnes ;

-vol commis avec escalade ou effraction dans un lieu habité ou servant à l'habitation ;

-Vol commis à l'aide d'un véhicule motorisé ;

-Vol commis par un domestique ou employé ;

- vol commis par un hôtelier, un transporteur ou le préposé de ceux-ci pour des choses qui leur étaient confiées en cette qualité ;

- Vol commis par une personne qui a pris le titre de fonctionnaire civil ou militaire ou s'est revêtue de l'uniforme ou du costume du fonctionnaire.

La peine est celle des travaux forcés à temps si le vol a été commis avec deux ou plusieurs des circonstances sus-énoncées, si les coupables ou l'un d'eux était porteur d'une arme apparente ou cachée ou si le vol a été commis avec violences ou menaces. L'immunité familiale est consacrée par l'article 298 du code pénal. Selon cet article, ne pourront donner lieu qu'à des réparations civiles, les soustractions commises :

-Par l'un des époux au préjudice de l'autre ou par un veuf ou une veuve quant aux choses qui avaient appartenu à l'époux décédé ;

-Par des enfants ou autres descendants au préjudice de leur père ou mère ou autres ascendants et vice versa ;

-Par des alliés aux mêmes degrés mais à condition que les soustractions soient commises pendant la durée du mariage et en dehors d'une période pendant laquelle les époux sont autorisés à vivre séparément. Contrairement à cette disposition qui ressemble fort à l'ancien article 380 du Code pénal français, l'article 311-12 de ce code réduit le domaine de l'immunité familiale aux vols commis par une personne au préjudice de son ascendant ou descendant ou au préjudice de son conjoint, sauf lorsque les époux sont séparés de corps ou autorisés à résider séparément. En revanche, le Code pénal tchadien ne punit le vol que de peine d'emprisonnement et non également d'amende comme le fait le Code pénal français.

g. Le faux et l'usage de faux

Le faux en écriture est l'altération frauduleuse de la vérité dans un écrit de nature à porter préjudice à autrui. Le faux est selon le cas un crime ou un délit. Il y a des faux en écriture authentique ou publique et des faux en écritures privées de commerce ou de banque. Les actes dont l'écriture est considérée comme authentique et publique sont :

- Les actes politiques émanant des pouvoirs constitués tels les lois, décrets, les traités internationaux, etc…

- Les actes judiciaires, tels les jugements, les procès-verbaux des officiers de police judiciaire, les rapports d'experts, les expéditions des greffes, etc…

- Les actes administratifs émanant des autorités qualifiées, par exemple, les arrêtés ministériels, préfectoraux ou municipaux, les actes d'état civil et leurs expéditions, les registres des conservateurs des hypothèques, etc…

- Les actes authentiques d'intérêt privé, par exemple, les actes notariés, d'huissier, de commissaires-priseurs ou d'agents de change.

Le Code pénal tchadien ne définit pas les faux et usage de faux mais plutôt la répression. Selon l'article 189 dudit code, tout fonctionnaire ou officier public qui, dans l'exercice de ses fonctions, aura commis un faux par fausse signature, par altération des actes, écritures ou signature, par supposition de personnes, par des écritures faites ou intercalées sur des registres ou d'autres actes publics, depuis leur confection ou clôture, sera puni des travaux forcés à temps. Et puis selon l'article 192, le coupable de l'usage de faux sera puni de la même peine prévue pour le faussaire. L'usage de faux se définit comme une infraction instantanée qui se renouvelle à chaque emploi de la pièce falsifiée et qui se prescrit du jour où ledit emploi est réalisé.

Quant aux faux en écritures privées de commerce ou de banque, ce sont des écritures ayant pour objet de constater une opération constituant un acte de commerce (effets de commerce, livres de commerce et écrits relatifs au commerce). Les écritures privées sont toutes celles qui ne sont ni publiques ni authentiques ni commerciales telles que les contrats, obligations, reçus et quittances passés entre non-commerçants, les testaments, les lettres-missives, les papiers de famille et tous autres écrits. Il est réprimé par l'article 194 du Code pénal. Selon ce texte, quiconque aura, de l'une des manières exprimées en l'article 191, commis ou tenté de commettre un faux en écritures privées, de commerce ou de banque, sera puni d'un emprisonnement de un à cinq ans et d'une amende de 5 000 à 1 000 000 de francs. Les manières prévues à l'article 191 sont la contrefaçon ou l'altération des écritures ou signatures, la fabrication des conventions, dispositions, obligations ou décharges, ou leur insertion après coup sur ces actes, l'addition ou l'altération de clauses de déclarations ou de faits que ces actes avaient pour objet de recevoir et de constater.

h. L'escroquerie

C'est un délit qui consiste à porter préjudice à autrui en obtenant d'une personne physique ou morale la remise volontaire d'un bien (chose, argent, documents de valeur vénale ou juridique), un engagement, une décharge ou la fourniture d'un service par une tromperie caractérisée laquelle peut résulter de la prise d'un faux nom ou d'une fausse qualité, de l'abus d'une qualité vraie ou de l'emploi de manœuvres frauduleuses.

Cette infraction implique donc trois éléments : l'emploi de moyens frauduleux déterminés, la remise de valeurs obtenues par ces moyens et l'intention criminelle. Selon l'article 308 du Code pénal, est coupable d'escroquerie, quiconque, soit en faisant usage de faux noms ou de fausses qualités, soit en employant des manœuvres frauduleuses pour persuader l'existence de fausses entreprises, d'un pouvoir imaginaire ou pour faire croire à l'espérance ou la crainte d'un succès, d'un accident ou d'autre événement chimérique, se sera fait remettre ou délivrer, ou aura tenté de se faire remettre ou délivrer des biens ou des titres de quelque nature qu'ils soient et aura, par un de ces moyens, escroqué ou tenté d'escroquer tout ou partie de la fortune d'autrui.

Les peines sont de 50 000 à 2 000 000 de francs d'amende et d'un emprisonnement de six mois à cinq ans. Selon le dernier alinéa de cet article, si le délit a été commis par une personne ayant fait appel au public en vue de l'émission d'actions, obligations, bons, parts ou titres quelconques, soit d'une société, soit d'une entreprise commerciale ou industrielle, l'emprisonnement pourra être porté à dix années et l'amende à 10 000 000 de francs.

La définition du Code pénal français est un peu concise mais fait apparaître les éléments déterminants que sont les procédés de tromperie, le but poursuivi, la remise déterminée par la tromperie et l'élément intentionnel.

En effet selon l'article 313-1 du Code pénal français, l'escroquerie est le fait, soit par l'usage d'un faux nom ou d'une fausse qualité, soit par l'abus d'une qualité vraie, soit par l'emploi de manœuvres frauduleuses, de tromper une personne physique ou morale et de la déterminer ainsi, à son préjudice ou au préjudice d'un tiers, à remettre des fonds, des valeurs ou un bien quelconque, à fournir un service ou à consentir un acte opérant obligation ou décharge. La peine prévue à cet article est de cinq ans d'emprisonnement et de 375 000 € d'amende.

L'article 310 du Code pénal tchadien punit des peines de l'escroquerie quiconque dans l'intention de faire fraude aux droits de ses créanciers, aura, depuis l'échéance de la date, la sommation de payer ou l'introduction de l'instance judiciaire, dissimulé, détourné ou dissipé, par quelque moyen que ce soit, tout ou partie de son patrimoine. Mais cette disposition précise que la poursuite ne pourra être exercée que sur la plainte de l'intéressé et sera arrêtée par le paiement de la dette ou l'exécution de l'obligation par le débiteur lui-même ou par tout autre à son profit.

i. L'abus de confiance

L'abus de confiance est un délit consistant pour un mandataire, un dépositaire, un emprunteur, un locataire et plus généralement tout détenteur précaire à détourner ou dissiper les objets, les fonds ou les valeurs qui lui avaient été confiés. Le prévenu doit avoir commis un fait matériel de détournement ou de dissipation de nature à l'empêcher de remplir son obligation de rendre, de reprendre ou d'employer à l'usage convenu la chose qui lui a été remise. Le détournement doit être frauduleux, l'agent ayant su qu'il ne possédait pas à titre de propriétaire et qu'il se mettait dans l'impossibilité au moins éventuelle de restituer la chose, en accomplissant un acte susceptible de causer un véritable préjudice au propriétaire. Et pour que le délit soit constitué, il suffit qu'il soit prouvé que la propriété de la somme détournée reposait sur une personne autre que celle de l'auteur du détournement. Mais certains détournements donnent lieu à des sanctions particulières, tels les détournements des deniers publics par les dépositaires ou les comptables publics. L'article 318 du Code pénal tchadien définit le coupable d'abus de confiance comme celui qui aura détourné ou dissipé des choses qui lui avaient été confiées seulement à charge de les rendre ou représenter, ou d'en faire un usage ou un emploi déterminé. La peine est d'une amende de 50 000 à 2 000 000 de francs et d'un emprisonnement de six mois à cinq ans. Selon la même disposition, si le délit a été commis par une personne faisant appel au public pour obtenir soit pour son propre compte, soit comme directeur, administrateur ou agent d'une société ou d'une entreprise commerciale ou industrielle, la remise de fonds, valeurs, à titre de dépôt, de mandat ou de nantissement, la durée de l'emprisonnement pourra être portée à dix ans et l'amende à 10 000 000 de francs.

L'alinéa 2 de cet article mentionne que le défaut de remboursement d'un prêt de choses ou d'argent destinés à être consommés, n'est pas constitutif d'abus de confiance. Toutefois l'article 319 dispose que sera puni des peines d'abus de confiance, tout bénéficiaire d'un prêt consenti par une collectivité ou un établissement public ou par un organisme couvert par la garantie des pouvoirs publics qui aura utilisé les sommes prêtées à des fins ou dans des conditions autres que celles qui auront été stipulées.

En droit français, cette infraction fait l'objet des articles 314-1 à 314-4 du Code pénal et ces dispositions ne diffèrent pas fondamentalement de la législation tchadienne. L'abus de confiance est donc défini comme le fait par une personne de détourner, au préjudice d'autrui, des fonds, des valeurs ou un bien quelconque qui lui ont été remis et qu'elle a acceptés à charge de les rendre, de les représenter ou d'en faire un usage déterminé. La peine est de trois ans d'emprisonnement et de 375 000 € d'amende. Les articles 314-2 et

314-3 concernent les peines qui sont très élevées (sept à dix ans d'emprisonnement et 750 000 à 1 500 000 € d'amende) en fonction de la qualité du délinquant. L'article 314-4 évoque l'immunité familiale à l'instar des infractions de vol et d'escroquerie.

j. L'acceptation ou l'émission de chèque sans provision

Celui qui, de mauvaise foi, émet un chèque sans provision préalable et disponible ou avec une provision inférieure au montant du chèque, commet le délit d'émission de chèque sans provision et encourt ainsi les peines de l'escroquerie. Il importe peu que le chèque soit irrégulier en la forme ou au fond. Sont assimilés à l'émission de chèque sans provision, le retrait ou le blocage de la provision. La mauvaise foi de l'auteur de l'émission consiste dans la connaissance, lors de l'émission, du défaut, de l'insuffisance ou de l'indisponibilité de la provision. Il importe peu qu'il y ait intention de nuire, mais la preuve de cette mauvaise foi incombe au ministère public.

La personne qui, en connaissance de cause, a accepté de recevoir un chèque sans provision ou dont celle-ci est insuffisante, est coupable du délit d'acceptation de chèque sans provision et est punie des mêmes peines que le tireur. D'autre part, il peut y avoir complicité d'émission de chèque sans provision notamment lorsqu'un tiers endosse un chèque qu'il sait sans provision. Le bénéficiaire du chèque qui a ignoré l'absence de provision et s'est constitué partie civile à l'audience du tribunal correctionnel peut demander une somme égale au montant du chèque, sans préjudice, le cas échéant, de dommages-intérêts.

Les délits d'émission et d'acceptation de chèque sans provision sont définis et réprimés par l'article 311 du code pénal en ses alinéas 1 et 2. Selon ce texte, est passible des peines de l'escroquerie, celui qui, de mauvaise foi, a émis un chèque sans provision suffisante, préalable et disponible ou a retiré, après l'émission, tout ou partie de la provision ou a fait défense au tiré de payer ; et celui qui, en connaissance de cause, a accepté de recevoir un chèque émis dans les conditions précitées.

k. Les autres infractions

Dans la vie des affaires, de nombreuses infractions voisines de celles-ci-dessus décrites telles l'organisation frauduleuse de l'insolvabilité, le détournement de gage ou d'objet saisi, les filouteries et l'entrave à la liberté des enchères ne sont pas moins importantes dans l'étude de la responsabilité pénale du banquier.

A l'instar de l'article 314-5 du Code pénal français, l'article 321 du Code pénal tchadien punit des peines de l'escroquerie[66], le saisi qui aura détruit, détourné ou tenté de détruire ou de détourner des objets saisis sur lui et confiés à sa garde ou à celle d'un tiers. Encourt les mêmes peines, tout débiteur, emprunteur ou tiers donneur de gage qui aura détruit, détourné ou tenté de détruire ou de détourner les objets par lui donnés à titre de gages.

En revanche, l'organisation frauduleuse de l'insolvabilité[67], objet de la loi française du 8 juillet 1983 et destinée à renforcer la protection des victimes d'infractions est inconnue par le droit pénal tchadien. Ce délit consiste à mettre sciemment en œuvre certains procédés pour se soustraire à l'exécution d'une condamnation de nature patrimoniale. Cette infraction est sévèrement réprimée car le coupable débiteur lui-même ou le dirigeant de droit ou de fait d'un débiteur personne morale encourt les peines de trois ans d'emprisonnement et 45 000 € d'amende auxquelles s'ajoutent les peines complémentaires de l'article 314-11, c'est-à-dire la confiscation et l'affichage ou la diffusion de la décision prononcée. Les personnes morales peuvent être déclarées pénalement responsables de cette infraction et pourront subir la peine d'amende ainsi que la confiscation et l'affichage ou la diffusion de la décision (article 314-13).

Selon l'article 312 du Code pénal tchadien, quiconque, sachant qu'il est dans l'impossibilité de payer se sera fait servir des boissons ou des aliments et les aura consommés, ou aura effectivement occupé une ou plusieurs chambres dans un hôtel ou aura utilisé une voiture de place ou aura fait garnir de carburant ou de lubrifiant le réservoir d'un véhicule, sera puni d'un emprisonnement de trois mois à deux ans. De son côté, l'article 313-5 du Code pénal français incrimine sous la qualification de filouteries divers actes délictueux dont certains sont appelés grivèleries. Le délit de filouterie consiste à obtenir la fourniture de certains biens ou services en se sachant dans l'impossibilité absolue de les payer ou en étant déterminé à ne pas les payer.

La liberté des enchères, objet de l'article 313-6 du Code pénal français n'est pas réglementée par le droit pénal tchadien. Cet article définit plusieurs séries d'agissements frauduleux lesquels concernent les adjudications. Ce sont les dons, promesses, ententes ou tout autre moyen pour écarter un enchérisseur

---

[66] Six mois à cinq ans d'emprisonnement et 50 000 à 2 000 000 de francs d'amende ou dans certains cas dix ans d'emprisonnement et 10 000 000 de francs d'amende.
[67] Art. 314-7 du Code pénal.

ou limiter les enchères ou les soumissions. Il ne diffère pas moins de la corruption. Les peines encourues sont de six mois d'emprisonnement et 22 500 € d'amende. Le coupable encourt également les peines complémentaires de l'article 313-7 ainsi que l'exclusion des marchés publics pour une durée de cinq ans (article 313-8).

B. En matière civile et commerciale

Il faut rappeler qu'en vertu du principe de la permanence législative, la législation applicable en matière civile et commerciale à l'accession du Tchad à l'indépendance est composée du Code civil et du Code de commerce dans leur rédaction datant d'avant le 11 août 1960. Mais il faut aussi noter que selon le principe de la spécialité législative, cette législation n'est pas *ipso facto* applicable. Or depuis l'indépendance, la législation a rapidement évolué en France et avec le progrès de la jurisprudence, plusieurs articles de ces codes ont été relus ou réécrits. Il en est ainsi du droit des biens, des contrats et de celui de la responsabilité civile.

1. Le droit des biens et des contrats

Si le droit des contrats en général, tel que consacré par le Code civil de 1804 n'a pas sensiblement évolué, il n'en est pas de même de celui des contrats spéciaux tels que la vente, l'échange, le prêt à usage et le prêt de consommation, le mandat, le dépôt, et notamment le prêt d'argent. Or l'exploitant de banque doit avoir à sa disposition un droit moderne dans un secteur en perpétuelle mutation. Quant aux biens immeubles et meubles dont la monnaie, ils constituent la raison d'être même de l'activité bancaire.

a. Le droit des biens

S'il est un droit que ne peut méconnaître l'activité bancaire, c'est le droit des biens constitué des meubles et immeubles. Par définition, les choses deviennent des biens lorsqu'elles ont une valeur pécuniaire et sont susceptibles d'appropriation. Le mot bien ne désigne pas seulement des choses, ni le droit de propriété que l'on a sur elles et qui se confond avec elles, mais il s'étend aussi à tous les autres droits portant sur une chose (usufruit, servitudes…) ou non (nom commercial, droits de l'auteur sur une œuvre, etc…). Les immeubles et les meubles sont au centre de l'activité bancaire en ce qu'ils constituent le support du crédit en l'espèce les sûretés. Quant à la monnaie, elle est même la raison d'être de l'activité bancaire. Si le droit des meubles et des immeubles n'a pas fondamentalement évolué depuis le Code civil, il n'en est pas de même de la monnaie comprise dans la catégorie des biens meubles.

La monnaie est le bien dont la remise assure le paiement, c'est-à-dire l'extinction d'une obligation et dont l'acceptation est obligatoire pour le créancier. La monnaie a cours légal, c'est-à-dire qu'elle ne peut être refusée par le créancier. La monnaie est un mécanisme d'Etat ; l'Etat a le pouvoir absolu et exclusif d'émettre et de retirer les monnaies comme d'en régler les cours. La monnaie est donc un bien en échange duquel on peut acquérir indifféremment toutes sortes de biens. Elle possède des caractères juridiques propres à elles : la fongibilité qui lui permet de remplacer toutes choses dans les paiements, la parfaite neutralité car elle ne peut jamais être illicite ou immorale par elle-même et la liquidité car elle n'a pas besoin d'une évaluation.[68]Il y a deux sortes d'instruments monétaires : [69]les instruments monétaires proprement dits constitués de billets de banque et de pièces métalliques et la monnaie scripturale constituée de moyens de paiement consistant en des jeux d'écritures, sans déplacement d'instruments monétaires matériels. Ce sont pour cette catégorie de monnaies le chèque, les ordres de virement et les cartes de paiement ou de crédit.

La monnaie remplit trois fonctions juridiques : elle est à la fois, un moyen de paiement, un instrument d'évaluation et un objet de propriété. Les obligations de sommes d'argent doivent être payées en monnaie. C'est donc l'effet du cours légal des instruments monétaires, en ce que le créancier ne peut refuser cette monnaie offerte en paiement.

L'évaluation est une expression pécuniaire donnée aux biens qui n'en ont pas tels que les biens en nature et les créances de sommes d'argent. Il en est ainsi souvent de la fixation des dommages et intérêts laquelle requiert une évaluation du dommage. Comme objet de propriété, il faut noter que les instruments monétaires constituent un droit réel donc qui peuvent faire l'objet d'un droit de propriété. Ce sont des biens meubles corporels, consomptibles par le premier usage et fongibles entre eux. Les règles d'usage de la monnaie ont évolué rapidement ces dernières années. L'indexation automatique des

---

[68] Cependant Françoise Dekeuwer-Defossez en distingue : la monnaie fiduciaire, la monnaie scripturale et la monnaie électronique (Voir F. Dekewer-Défossez et S. Moreil, Droit bancaire, Mémentos Dalloz, 10è Edition, 2010.

[69] On emploie aussi le terme de monnaie fiduciaire, à comprendre comme monnaie de confiance, de confiance faite à l'Etat.

prix de biens ou de services est interdite. [70]Le pouvoir libératoire de la monnaie a évolué avec l'ordonnance du 6 mai 2005.[71]Certaines créances dont le montant excède 1000 EUR ne peuvent être réglées que par chèque barré, virement ou carte de paiement. Le salaire doit être payé en monnaie métallique ou fiduciaire ayant cours légal ou par chèque barré ou par virement à un compte bancaire ou postal, nonobstant toute stipulation contraire à peine de nullité. Les règles relatives aux instruments de la monnaie scripturale que sont les chèques, les lettres de change, le billet à ordre, les virements, les cartes de paiements, [72]les monnaies électroniques ont sensiblement évolué. Pourtant l'exploitant de banque tchadien met ces divers instruments sur le marché sans que pour certains aucune norme ne les réglemente.

b. Le droit des contrats

1°. La vente

La vente[73] est un contrat par lequel une personne, le vendeur, transfère un droit, qui est normalement la propriété sur une chose, à une autre personne, l'acheteur qui s'oblige à lui en payer la valeur en argent. Contrat synallagmatique, elle fait naître des obligations à la charge des deux parties ; elle est parfaite par le seul consentement des parties ; elle n'est soumise à aucune forme particulière à l'exception des ventes des navires et d'aéronefs qui doivent être passées par écrit. Lorsqu'un écrit est rédigé en vue de la preuve, dans les autres cas, il peut être authentique ou sous-seing privé et reste soumis aux règles ordinaires concernant les actes écrits en matière civile. Cette preuve peut résulter du versement d'un acompte, de l'envoi du règlement de propriété au mandataire de l'acquéreur. La vente[74] est parfaite entre les parties et la propriété est acquise de droit à l'acquéreur à l'égard du vendeur dès qu'on est convenu de la chose et du prix, quoique la chose n'ait pas encore été livrée ni le prix payé. Mais le transfert de propriété peut être retardé par la convention des parties ou lorsque les conditions de la vente ne

---

[70] En cas de paiement en billets et pièces, il appartient au débiteur de faire l'appoint.

[71] Article L. 112-6. I du Code monétaire et financier.

[72] La monnaie électronique objet du Règlement n°2002-13 du CRBF du 21 novembre 2002 homologué par arrêté ministériel du 10 janvier 2003 est un mode paiement reposant sur la mise en œuvre des moyens électroniques, c'est-à-dire des procédés de télépaiement et du « porte-monnaie électronique ».

[73] Art. 1582 du Code civil.

[74] Article 1583 du Code civil.

sont pas réunies. Il est également retardé lorsque la chose n'existe pas encore ou n'est pas déterminée. Le transfert peut n'être opposable aux tiers que si certaines formalités sont accomplies.

La vente est soumise aux règles générales qui gouvernent les contrats synallagmatiques dont la capacité et le consentement des parties, l'objet qui doit être licite.[75]La vente de la chose d'autrui est nulle et cette nullité s'applique tant aux ventes civiles que commerciales. [76]La vente entre époux est également nulle sauf dans trois cas. L'obligation principale de l'acheteur est de payer le prix. Il doit aussi, sauf convention contraire, payer les frais du contrat. Le vendeur quant à lui, a deux obligations principales : celle de délivrer et celle de garantir la chose qu'il vend.

Les rédacteurs du Code civil ont consacré à la vente plusieurs articles allant de l'article 1582 à l'article 1720. La plupart de ces articles comportent des règles supplétives telles que les délais de livraison, l'époque de paiement et les garanties dues par le vendeur. Or les règles supplétives sont destinées à compléter la volonté des parties. Elles ne s'imposent qu'à défaut de volonté contraire des parties. Elles sont aujourd'hui souvent écartées par les « conditions générales de vente ou d'achat ».

Ces conditions générales dont l'importance est considérable de nos jours sont rédigées par des professionnels et imposent à l'autre partie des clauses résultant d'un abus de puissance économique avec des avantages excessifs, ce qui déséquilibre le contrat.

C'est pourquoi le législateur s'est vu obligé d'intervenir pour tenter d'éliminer les clauses abusives de ces conditions générales des modèles de contrat proposés par des professionnels à des non-professionnels ou à des consommateurs. Une autre évolution du droit de la vente est aussi marquée par la multiplication des règles d'ordre public dont l'ordre public de direction et l'ordre public de protection. Toutes ces nouvelles règles sont inconnues du droit tchadien de la vente.

---

[75] Article 1599 du Code civil.

[76] Selon l'ancien article 1595 du Code civil abrogé par la loi n°85-1372 du 23 décembre 1985, la loi permet la vente entre époux lorsque après séparation de biens judiciaire, l'un des époux cède des biens à l'autre en paiement de ses droits, lorsque la cession que le mari fait à sa femme, même non séparée, a une cause légitime (remploi), enfin lorsque la femme cède des biens à son mari en paiement d'une somme qu'elle lui aurait promise en dot, lorsqu'il y a exclusion de la communauté.

2°. L'échange

A l'instar de la vente, [77]l'échange est un contrat synallagmatique et à titre onéreux par lequel les parties se donnent respectivement une chose pour une autre. Il s'opère par le seul consentement des parties qui restent libres de subordonner la perfection du contrat à la rédaction d'un écrit. La plupart des règles de la vente s'appliquent à l'échange. Le coéchangiste n'est pas tenu de livrer la chose promise s'il ne reçoit pas en échange celle qui doit lui être livrée. Il peut opposer l'exception *non adimpleti contractus.* Si l'une des choses est d'une valeur supérieure à l'autre, les parties peuvent convenir du paiement d'une soulte.

Quant à ses effets, l'échange fait passer le bien cédé, avec tous ses accessoires, sur la tête de celui auquel il est échangé. S'il s'agit de choses non individualisées, le contrat rend les coéchangistes créanciers l'un de l'autre. L'échange d'immeubles doit être publié et l'échange d'une créance comporte les formes d'une cession de créance. L'échange est nul si la translation ne peut s'opérer. Si l'un des coéchangistes n'est pas propriétaire de la chose, il n'est tenu qu'à la restituer, non à livrer l'objet qu'il a promis. Relativement aux choses qui peuvent faire l'objet d'un échange, il faut noter que tout ce qui peut être vendu peut être échangé. L'échange de la chose d'autrui est nul sauf ratification du véritable propriétaire. Entre époux, l'échange est également nul.

Comme on le voit, le domaine de l'échange est résiduel par rapport à la vente. Cependant il apparaît aujourd'hui sous diverses formes chaque fois que des situations économiques particulières en justifient l'opportunité. Ainsi en est-il des « swaps » qui sont soumises depuis 1987 aux Conditions Générales de l'Association Française des Banques. Le « swap » est un échange de monnaies scripturales.

Ce contrat est défini, selon l'article 1 des conditions générales, comme « l'opération par laquelle les parties s'échangent selon un échéancier déterminé des paiements dans une même devise, dont les montants sont soit définis à l'origine, soit calculés par application de taux fixes ou de taux variables ». Cette opération très pratique dans la profession bancaire permet à l'entreprise de modifier son exposition au risque de taux d'intérêt relatif à un emprunt, en échangeant un intérêt à taux fixe contre un intérêt à taux variable ou vice-versa. Ainsi en est-il également au plan international, des échanges de

[77] Article 1702 du code civil.

produits alimentaires ou de biens d'équipement contre de livraison de pétrole. Toutes ces évolutions sont inconnues du droit positif tchadien.

3°. Le prêt à usage et le prêt de consommation

Le prêt, objet des articles 1874 à 1914, est un contrat par lequel une personne, le prêteur, permet momentanément à une autre, l'emprunteur, d'user d'une chose à sa place. Le prêt est un contrat réel car il se forme par la remise de la chose prêtée. On distingue deux sortes de prêts suivant la nature et l'objet sur lequel il porte. Si l'objet est tel que l'emprunteur puisse l'utiliser sans le détruire, le prêt est nommé prêt à usage. Si au contraire la chose prêtée est telle que l'emprunteur ne puisse s'en servir sans la consommer, le prêt est qualifié prêt de consommation.

Le prêt à usage est ainsi défini lorsque le prêteur livre à l'emprunteur une chose corporelle pour s'en servir, à charge de la restituer après s'en être servie. C'est un contrat essentiellement gratuit. Il diffère du prêt de consommation en ce que le prêteur conserve la propriété de la chose prêtée, donc le droit de la revendiquer, à condition de respecter le droit consenti à l'emprunteur d'en user. Quant aux droits et obligations, l'emprunteur doit se borner à l'usage expressément ou tacitement convenu, il doit veiller à la bonne garde et à la conservation de la chose en bon père de famille ; il doit la restituer à l'expiration du prêt. Le prêteur quant à lui n'a pas d'obligations particulières, sauf à rembourser à l'emprunteur des dépenses extraordinaires, nécessaires et urgentes faites pour la conservation de la chose, ou à l'indemniser pour les dommages causés par la chose en raison de vices cachés qu'il n'ignorait pas et qu'il lui a cachés.

A propos du prêt de consommation, la propriété de la chose prêtée est ici transférée à l'emprunteur qui après l'avoir aliénée ou consommée, se libère par la prestation d'une chose de même nature. Ce prêt peut être civil ou commercial. Pour l'emprunteur, le contrat est civil, même s'il est commerçant et s'il a été fait pour des obligations civiles ; il est commercial au cas contraire. Pour le prêteur, le prêt est commercial s'il constitue l'accessoire d'opérations commerciales ou un acte de sa profession commerciale, ou quelle que soit sa profession s'il est destiné à des opérations commerciales. Le prêt de consommation ne s'opère que par la délivrance de la chose, qui en transmet la propriété à l'emprunteur et met la chose à ses risques. Le prêteur n'est tenu qu'à transférer la propriété de la chose prêtée et à garantir les vices cachés. Il ne peut demander le remboursement de la chose avant l'arrivée du terme. Quant à l'emprunteur, il doit au prêteur, à l'échéance, des choses de même espèce, quantité et qualité que celles reçues. En cas d'impossibilité, il pourrait se libérer en argent. Le prêt de consommation a connu en France ces dernières années une évolution remarquable avec des normes plus protectrices des droits du consommateur.

4°. Le prêt d'argent

Le prêt[78] d'argent ou prêt à intérêt est peu réglementé par le Code civil. Il tire sa réglementation principalement des usages, de la jurisprudence, de la pratique et des prescriptions bancaires. Il y a prêt à intérêt lorsque l'emprunteur d'une somme d'argent s'engage, outre la restitution, à payer chaque année au prêteur un intérêt fixé en pourcentage du capital et calculé d'après la durée du prêt. Le prêt est à long terme si le remboursement ne doit pas intervenir avant deux ans, à court terme au cas contraire. C'est une modalité du prêt de consommation. Les intérêts doivent faire l'objet d'une stipulation expresse, même en matière commerciale (sauf pour le compte courant). Cette stipulation peut être orale, mais le taux de l'intérêt doit être fixé par écrit, ceci étant une condition de validité du prêt et non une simple règle de preuve.

Mais le taux de l'intérêt conventionnel est libre, en matière commerciale et civile. L'intérêt légal excessif stipulé par le créancier entraîne la réduction des engagements de l'emprunteur, et constitue [79]le délit d'usure. Tous les modes de preuve sont admis pour démontrer l'usure. La limitation du taux ne vise que le prêt d'argent, mais ne joue pas dans les contrats aléatoires. L'usure consiste à exiger un taux dépassant de plus de moitié le taux moyen pratiqué par les prêteurs de bonne foi pour les opérations de crédit comportant les mêmes risques. Les sommes excessives perçues doivent être imputées sur les intérêts, voire même sur le capital de la dette. La convention d'anatocisme par laquelle il est convenu que les intérêts eux-mêmes produiront des intérêts est valable à condition que les intérêts soient échus pour une année entière. Mais la pratique des banques méconnaît cette interdiction, capitalisant les intérêts à chaque arrêté de compte, soit trimestriellement, soit même mensuellement. Cette pratique est validée par la Cour de cassation française pour le [80]compte courant mais pas pour les [81]comptes de dépôt. Les intérêts courent du jour du

[78] Seuls 4 articles (art. 1905 à 1908).
[79] Le délit d'usure a fait objet de la loi française du 28 décembre 1966 abrogée par la loi de juillet 1993 créant le Code de la consommation.
[80] Com. 11 janv. 1984, Bull. Civ. n°15.
[81] Civ. 1re, 4 déc. 1990, JCP, éd. E, 1992. II. Note B. Belloir-Caux.

versement au jour du remboursement du capital. Ils cessent de courir à cette date et jusqu'à la sommation de payer, lequel fait courir les intérêts légaux. Le défaut de paiement des intérêts peut entraîner la résiliation du prêt.

Faiblement réglementé par le Code civil dont les quelques articles sont applicables au Tchad, le prêt d'argent à l'instar des autres contrats spéciaux a connu une évolution remarquable, laquelle évolution est aussi bien l'œuvre des usages que de la pratique et des prescriptions bancaires. Or les textes applicables au Tchad antérieurs à 1960 étaient conçus dans l'intérêt du prêteur exposé aux risques d'insolvabilité du client. Depuis en France, est apparu un mouvement de protection des consommateurs car ceux-ci couraient des risques et étaient exposés à des abus. De nombreux textes ont ainsi réglementé le démarchage financier, la publicité financière ou encore le montant ou la durée du crédit. Le crédit à la consommation a fait l'objet de la loi du 10 janvier 1978 en matière mobilière et du 13 juillet 1979 en matière immobilière. Ces deux lois ont été modifiées par les lois du 23 juin et 31 décembre 1989 ainsi que par de nombreux textes particuliers dont l'ordonnance du 23 mars 2006 sur les sûretés instituant le prêt viager hypothécaire. Aujourd'hui la protection du consommateur est édictée aux articles L.311-1 et suivants du Code de la consommation.

5°. Le mandat

Le mandat[82] est un acte par lequel une personne appelée mandant donne à une autre appelée mandataire le pouvoir de faire pour elle un ou plusieurs actes juridiques. Le mandat comporte, en principe, le pouvoir donné au mandataire d'agir au nom du mandant et de le représenter juridiquement. Le mandat est gratuit s'il n'y a convention contraire. Il ne se forme que par l'acceptation du mandataire, laquelle peut être tacite. L'exécution même partielle du mandat emporte acceptation. Le mandataire doit accomplir exactement sa mission, à moins toutefois de résiliation de sa part ou de révocation de la part du mandant. Au cours du mandat, le mandataire doit tenir le mandant au courant des opérations par lui faites. Le mandataire répond, non seulement de son dol, mais encore de ses fautes de gestion, que le mandat soit salarié ou gratuit, sauf dans ce dernier cas pour le tribunal à modérer la pénalité. A moins de dispense expresse ou tacite, l'obligation de rendre compte incombe à tout mandataire. Quant au mandant, il doit, même en cas d'insuccès du mandat, rembourser au mandataire les frais et avances qu'il a exposés pour l'exécution du mandat et lui payer ses salaires s'il en est dû. La fin du mandat est justifiée par la

[82] Article 1984 du Code civil.

survenance d'une impossibilité d'exécuter, par l'arrivée d'un terme ou la réalisation d'une condition résolutoire, par la consommation de l'affaire. Quant à la révocation du mandat, elle peut être expresse ou tacite. Le droit du mandat intéresse le banquier à plus d'un titre car quand celui-ci encaisse un chèque, exécute un ordre de virement ou assiste le client dans le montage de son dossier de crédit, il le fait à titre de mandataire.

6°. Le dépôt

Le dépôt est un contrat par lequel une des parties, le déposant, remet à l'autre, le dépositaire, une chose mobilière à garder, le dépositaire s'engageant à la rendre à première réquisition. Le dépôt est caractérisé par l'obligation de garde qu'assume le dépositaire sur la chose qui lui a été confiée.

Il est traditionnellement considéré comme un contrat gratuit. La stipulation d'un salaire au profit du dépositaire est possible. Il ne peut porter que sur des choses mobilières et corporelles. Il se forme par le consentement réciproque des parties. L'acceptation du dépositaire est nécessaire pour la formation du contrat ; elle peut être tacite.

Le dépositaire doit conserver la chose et la restituer à première réquisition. Cette restitution doit être faite dès que le déposant réclame la chose, à peine de dommages-intérêts après mise en demeure, même si le contrat a fixé un délai. Le déposant doit rembourser au dépositaire les dépenses faites pour la conservation de la chose et les pertes que cette conservation lui a occasionnées. Un salaire est dû s'il a été stipulé.

Le « dépôt irrégulier » est une des variétés de dépôt qui intéressent le banquier. C'est un dépôt dans lequel le dépositaire n'est tenu de rendre que des choses identiques à la chose déposée, en même quantité. C'est donc le dépôt de fonds en banque qui constitue la principale activité bancaire. La banque qui accepte les fonds n'est pas tenue de les garder mais les utiliser. Mais pour le client la restitution des fonds est essentielle.

En effet, l'obligation de restitution à tout moment se manifeste dans la libre disponibilité de fonds au profit du client. Selon l'article 1936 du Code civil, si le dépôt est à vue, le banquier doit pouvoir restituer les sommes à tout moment et à leur valeur initiale. Cette obligation de restitution est, à l'instar du dépôt ordinaire, une obligation de résultat.

2. Le droit de la responsabilité civile

La responsabilité civile peut être définie comme un mécanisme qui vise à rétablir par compensation en nature ou en dommages et intérêts l'atteinte portée à une valeur patrimoniale ou extra patrimoniale d'autrui. Elle n'est pas à confondre avec la responsabilité pénale en ce qu'elle est essentiellement protectrice des intérêts de la victime alors que la sanction pénale est édictée dans l'intérêt de la société.

La responsabilité civile du banquier est comprise généralement comme une responsabilité pour faute prouvée. C'est celle dont la mise en jeu est subordonnée à l'existence d'un fait fautif à l'encontre de la personne poursuivie. C'est donc essentiellement la responsabilité du fait personnel et la responsabilité du fait d'autrui. La spécificité de l'activité bancaire implique que les banques soient soumises à des obligations particulières.

a. La responsabilité du fait personnel

C'est donc la responsabilité pour faute prouvée qui incombe à l'auteur même du fait dommageable pour le préjudice causé par sa faute même si celle-ci est non intentionnelle, que ce soit par imprudence ou par négligence. Elle peut être contractuelle ou délictuelle.

1°. Les responsabilités civiles contractuelle et délictuelle

Pour avoir la qualification de contractuelle, la responsabilité doit obéir à trois conditions : l'existence d'un contrat, l'inexécution est à reprocher à une partie au contrat et le préjudice doit avoir été causé à une partie au contrat. La subordination de la mise en jeu de la responsabilité des règles de la responsabilité contractuelle à l'existence d'un contrat servant de cadre à l'obligation inexécutée est une évidence. C'est ainsi que dès lors que la norme violée ne revêt pas un caractère contractuel, la responsabilité subséquente ne peut être que délictuelle. Cette qualification vaut non seulement à l'endroit des normes objectives de conduites telles que les règlements, les usages et les règles de prudence et de diligence, mais aussi pour les obligations liant des personnes déterminées, par exemple les obligations familiales (obligations entre époux, entre parents, devoirs de famille et de tutelle).

La deuxième condition, est aussi simple que la première mais elle peut être difficile à mettre en œuvre en cas de complicité d'un tiers à la mise en échec de l'obligation et lorsque le débiteur confie à un tiers l'exécution de l'obligation souscrite. En effet, il arrive souvent que l'inexécution d'un contrat soit favorisée par le concours d'un tiers. La victime est fondée à agir, non seulement contre le débiteur, mais aussi contre le tiers complice. Ce dernier étant étranger au contrat, l'action dirigée à son encontre revêt un caractère délictuel. Concernant le recours à un tiers pour l'exécution de l'obligation, le principe est qu'il n'existe pas un système général de responsabilité contractuelle du fait d'autrui. Et en l'absence d'un lien contractuel entre la victime et l'auteur du fait dommageable, la responsabilité ainsi encourue ne peut être que délictuelle.

Sur la troisième condition, il faut noter que l'action contractuelle n'est ouverte qu'aux parties au contrat. Il faut assimiler à celles-ci leurs ayants cause universels lesquels ne sont que les continuateurs de leur personne. Les ayants cause particuliers sont exclus de cette extension. Il en sera autrement si ceux-ci succèdent à la situation contractuelle. Il faut ajouter l'hypothèse où il est admis une stipulation pour autrui au profit des tiers. Le bénéficiaire qui accepte la stipulation devient partie au contrat et donc peut faire valoir les règles de la responsabilité contractuelle. En tout état de cause, à défaut de lien juridique avec l'un ou l'autre des contractants, la personne qui se plaint de l'inexécution du contrat ne peut fonder son action que sur le terrain délictuel.

La mise en jeu de la responsabilité contractuelle des banques suppose que celles-ci ont manqué à l'une des obligations qu'elles devraient assumer. Elles prennent l'habitude de stipuler les clauses de non responsabilité mais ces clauses ne peuvent les exonérer que pour des fautes légères et seulement si elles prouvent que le client les a acceptées. Cette acceptation peut toutefois résulter par exemple de la signature apposée par le client au bas de la clause au moment de la délivrance du carnet de chèques.

2°. Les similitudes et les écarts

Il faut aussi noter la distinction entre la faute contractuelle et la faute délictuelle qui est l'une des caractéristiques du droit de la responsabilité civile : la responsabilité contractuelle et la responsabilité extra contractuelle. Il y a certes entre ces deux régimes de responsabilité des analogies. Dans les deux cas, le droit à réparation n'est acquis que si trois conditions sont réunies : un préjudice, un fait illicite et le rapport de causalité entre ces deux éléments. Et à bien des égards, le préjudice est conçu de la même manière dans les deux régimes de la responsabilité. Il peut être aussi bien patrimonial qu'extra patrimonial. Il doit être certain et direct. Le même rapprochement peut être fait au niveau de la faute. En effet, le type de comparaison qui doit servir à l'appréciation du comportement illicite est le même tant pour la faute contractuelle que pour la faute délictuelle. Et l'approche du lien de causalité fait apparaître les mêmes similitudes.

Cependant la distinction entre les deux ordres de responsabilité existe. Elle a même été consacrée par le Code civil et se traduit par une série de conséquences. La preuve de la faute contractuelle est plus facile que celle de la faute délictuelle. En effet, par hypothèse, la première suppose le manquement à une obligation envers un créancier. Par le seul fait que cette obligation n'a pas été remplie, le débiteur est donc présumé en faute ; et c'est à lui, s'il veut s'exonérer à démontrer qu'il n'en a pas commis. Au contraire, celui auquel on impute une faute délictuelle, n'ayant pas été le débiteur de la victime, c'est à celle-ci de prouver qu'il a commis une faute. Dans le cas de la responsabilité contractuelle, d'ailleurs, le demandeur n'est dispensé de prouver la faute du défendeur que dans les contrats créant à la charge du débiteur une obligation de résultat, tel le contrat de transport onéreux qui oblige le transporteur à mener le voyageur sain et sauf à destination. Au contraire, si le débiteur n'est tenu que d'une obligation de moyens, le créancier doit prouver que son débiteur n'a pas employé à l'exécution du contrat les moyens appropriés. L'exemple type du contrat n'imposant au débiteur qu'une obligation de moyens est le contrat intervenu entre le médecin et le malade. Le médecin n'est pas tenu de guérir, mais d'employer les moyens de son art pour essayer de faire guérir son client.

3°. Les intérêts pratiques de la distinction

Il y a encore d'autres intérêts pratiques à distinguer la faute délictuelle et la faute contractuelle. Ils concernent la preuve de la faute, la détermination du préjudice réparable, le régime juridique de la réparation et l'exercice de l'action.

Le régime de la preuve de la faute entre la responsabilité contractuelle et la responsabilité délictuelle fait apparaître les différences tenant à la fois à la charge et aux modes de preuve. Il incombe à la personne qui se prévaut d'un fait ou d'un acte juridique d'en rapporter la preuve. Cette exigence vaut pour les deux régimes de responsabilité. On constate cependant que si cette exigence est entière pour la faute délictuelle, elle est en revanche assouplie pour ce qui a trait à la faute contractuelle découlant de l'inexécution des obligations de résultat. Et la distinction entre les obligations de moyens et les obligations de résultat est une technique de preuve propre à la responsabilité contractuelle et constitue un fait distinctif de la faute contractuelle et de la faute délictuelle. Le fait constitutif de l'illicéité délictuelle étant par définition exempt de tout lien de droit entre la victime et le responsable, il peut être prouvé par tous moyens. Il en va autrement pour l'illicéité résultant de l'inexécution d'une obligation contractuelle. La liberté de preuve caractéristique de la faute délictuelle comporte des limites en matière contractuelle.

Aux termes de l'article 1150 du Code civil, le préjudice résultant de l'inexécution d'une obligation n'est réparable que dans la mesure où il est entré dans le champ de prévision des parties au contrat. Il suffit qu'il soit prévisible. Cette limitation est exclue en matière délictuelle. De par son libellé, l'article 1382 du Code civil oblige l'auteur d'une faute à réparer toutes les conséquences qui en découlent sans qu'il y ait lieu de rechercher si l'agent était ou non en mesure de les prévoir. Le lien causal suffit à lui seul. Il n'est point besoin d'y ajouter la prévisibilité du préjudice.

Quant au régime de la réparation, les différences se notent sur trois points, à savoir, la date de naissance du droit à réparation, le montant de la réparation et les modalités de la réparation. Aux termes de l'article 1146 du Code civil, les dommages-intérêts ne sont dus que lorsque le débiteur est en demeure de remplir son obligation. La créance de réparation ne naît donc en matière contractuelle qu'à compter de la mise en demeure. Et il est admis que la formalité de mise en demeure n'est applicable qu'en matière contractuelle et que la personne qui se prévaut d'un préjudice d'origine délictuelle a droit à réparation dès le moment où ledit préjudice a été subi. Cette différence qui disparaît au cas où l'obligation inexécutée n'est susceptible d'une exécution forcée reprend sa portée lorsqu'il s'agit d'une obligation de payer une somme d'argent. Elle se manifeste essentiellement en matière de détermination du point de départ des intérêts moratoires des dommages-intérêts compensatoires. En effet, les dommages et intérêts réparant les conséquences d'une faute contractuelle ne produisent d'intérêts moratoires qu'à dater de la mise en demeure ou de l'assignation en justice valant mise en demeure.

L'évaluation du montant de la créance de réparation comporte des nuances suivant que l'on est en matière contractuelle ou en matière délictuelle. Il y a d'abord la limitation des dommages-intérêts contractuels aux seuls préjudices qui constitue une entorse au principe de la réparation intégrale qui régit la responsabilité délictuelle. Par ailleurs, en matière contractuelle, le principe de l'autonomie de volonté ainsi que l'article 1150 du Code civil autorisent sous certaines réserves les parties à une convention à aménager librement les dommages-intérêts d'être dus en cas d'inexécution. Il convient de noter enfin qu'aux termes de l'article 1153 du Code civil, en matière contractuelle, les dommages-intérêts sanctionnant le défaut de paiement d'une somme d'argent sont forfaitairement fixés au taux d'intérêt légal. Les dommages-intérêts délictuels ne sont en revanche pas soumis à ce forfait. Au cas où la victime serait en mesure d'établir le montant réel de son préjudice, la réparation doit être fixée en conséquence.

Sur les modalités de la réparation, il est admis la légalité de la réparation en nature en matière délictuelle. Il s'agit là d'une conséquence de la généralité des termes de l'article 1382 du Code civil. La licéité de la mesure est en revanche controversée en matière contractuelle. Car le terme dommages-intérêts contenu dans l'article 1147 du Code civil incline à admettre que la réparation ne peut s'opérer ici que sous une forme pécuniaire.

Les différences entre les deux régimes de responsabilité se manifestent au plan de l'exercice de l'action à trois égards :

- en matière contractuelle et du point de vue de la compétence territoriale, il peut être dérogé aux règles ordinaires de compétence territoriale par des clauses attributives de compétence alors que ces clauses sont inconcevables en matière délictuelle ;

- l'action en responsabilité contractuelle est enfermée dans le délai de prescription qui régit l'obligation inexécutée alors que l'action en responsabilité délictuelle est soumise au délai de prescription ordinaire ;

- en cas de conflit de lois, la loi applicable à l'action en responsabilité civile contractuelle est la loi qui régit le contrat, tandis que la responsabilité délictuelle est soumise à la loi de survenance du délit ou du quasi-délit.

Pour la banque, la mise en jeu de sa responsabilité en matière délictuelle et quasi délictuelle suppose, bien sûr, l'existence d'une faute à l'origine du préjudice. Et la réparation doit, conformément au principe, être intégrale.

b. La responsabilité du fait d'autrui

L'article 1384 du Code civil, alinéa 1er, pose le principe suivant lequel, on est responsable non seulement du dommage que l'on cause par son propre fait, mais encore de celui qui est causé par le fait des personnes dont on répond. Les alinéas 4, 5 et 6 de cet article déterminent les personnes dont on doit répondre des faits dommageables et celles qui doivent en répondre. Il s'agit des parents pour les faits dommageables de leurs enfants, des commettants pour les faits de leurs préposés et des instituteurs et artisans du fait de leurs élèves et apprentis. Pour la banque, il ne peut s'agir que de sa responsabilité pour le fait de son préposé.

L'article 1384 alinéa 5 du Code civil énonce que « les maîtres et les commettants répondent du dommage causé par leurs domestiques et préposés dans les fonctions auxquelles ils les ont employés ». Les banques étant presque toujours des personnes morales, leur responsabilité peut être engagée par le fait de leurs préposés et représentants sur le fondement de la disposition précitée.

En effet, le banquier commettant est responsable du dommage causé par son préposé dans les fonctions auxquels il est employé. Trois conditions sont nécessaires pour que la responsabilité du commettant puisse être engagée : l'existence d'un lien de préposition, la commission par le préposé d'actes dommageables pouvant entraîner sa responsabilité et une relation entre les fonctions du préposé et ces actes dommageables.

1°. Nécessite d'un lien de préposition

Le lien de préposition doit exister dans les rapports entre le commettant banquier et son agent le préposé. Ce lien se définit comme une relation de subordination entre ces derniers. Il s'agit bien entendu d'une subordination juridique laquelle se définit comme le droit et le pouvoir que détient une personne de donner des ordres ou des instructions à une personne dans l'exercice des fonctions qui lui sont confiées. Cette subordination implique un rapport d'autorité exclusive de toute idée d'indépendance ; cela a pour conséquence que dans les cas où des personnes jouissent dans leurs rapports réciproques d'une indépendance dans la conduite de leurs activités, il n'y a pas de lien de préposition. La définition n'implique en outre ni la nécessité de la fourniture par le commettant d'une contrepartie au préposé, ni l'existence d'un contrat, ni encore un pouvoir continu. En effet, le pouvoir du commettant peut être un pouvoir de fait ; le pouvoir de donner des ordres peut être occasionnel notamment en cas de transfert de ce pouvoir.

2°. La commission d'actes dommageables

Concernant la commission par le préposé d'actes dommageables pouvant entraîner sa responsabilité, l'article 1384 al. 5 n'évoque pas la commission d'une faute par le préposé pour que la responsabilité de son commettant soit engagée. Pourtant la jurisprudence est unanime à décider que la faute du préposé est nécessaire pour la mise en jeu de la responsabilité du commettant.

3°. Liens entres les actes dommageables et les fonctions du préposé

Le rattachement de l'acte dommageable du préposé à l'exercice de ses fonctions est une condition essentielle exigée par l'article 1384 du Code civil en son alinéa 5. Le commettant ne peut être tenu de tous les actes de son préposé, il faut que ces actes soient en rapport avec ses fonctions. Mais cette condition est difficile à mettre en œuvre. Il est certain que le commettant doit répondre des dommages causés par son préposé dans l'exercice de ses fonctions lorsque l'activité dommageable s'est faite aux temps et lieu de travail et qu'elle était effectuée avec les moyens fournis par le commettant dans le but que ce dernier s'était fixé. Ensuite, il est tout aussi incontestable que le commettant ne puisse engager sa responsabilité quand l'acte dommageable était tout à fait étranger à l'exercice des fonctions du préposé. Il en est ainsi lorsque l'acte a été accompli en dehors du temps et du lieu de travail. Toutefois, cette affirmation mérite d'être nuancée car il est possible que l'acte puisse avoir un rapport avec les fonctions du préposé, ne serait-ce que parce qu'il a été commis avec un moyen fourni par le commettant. Nous sommes dans l'hypothèse de l'abus de fonction qui peut dans certaines conditions engager la responsabilité du commettant. L'acte abusif de fonctions se situe entre l'acte étranger aux fonctions, c'est-à-dire accompli en dehors du temps et du lieu de travail avec les moyens propres du préposé, et l'acte accompli dans l'exercice des fonctions, c'est-à-dire accompli aux temps et lieu de travail avec les moyens fournis par le commettant.

Ces droits s'avèrent toutefois parcellaires car ils sont loin de couvrir toute l'activité bancaire. Mais même en matière spécifiquement bancaire, les règles édictées par les autorités nationales et sous-régionales elles aussi fragmentaires ne peuvent convenablement régir toute l'activité bancaire.

Section 2. Un droit de la banque frangmentaire

Il convient d'analyser la législation nationale avant d'évoquer celle adoptée dans la sous-région sous l'égide de la CEMAC. Au plan national, les autorités ne se sont pas souciées d'édicter des normes devant régir l'activité bancaire.

La législation s'est cantonnée aux aspects organisationnels. C'est donc au niveau sous-régional que des textes tenant tant à l'organisation et au fonctionnement de l'activité bancaire ont été élaborés.

§1. La réglementation de l'activité bancaire

Au plan national, il s'agissait d'organiser la profession en définissant les notions de banques, de définir les missions de celles-ci et de mettre en place les organismes destinés à en assurer le contrôle. Il était en outre question de réglementer le secret professionnel bancaire. Au niveau sous-régional, c'est notamment l'adoption des textes relatifs aux moyens de paiement, à la lutte contre le blanchiment et le financement du terrorisme, à l'institution d'un agrément unique des établissements de crédit et à la normalisation bancaire et financière.

A. La réglementation nationale de l'activité bancaire

La législation nationale n'est constituée que de deux textes hérités de la colonisation, d'un décret organisant la profession et d'une loi réglementant le secret professionnel bancaire.

1. La loi du 14 juin 1865

Cette loi qui a introduit le chèque en France a été promulguée le 20 juin 1865. Elle a été juste rédigée en sept articles. Nous n'avons pas selon nos recherches les références de l'extension de cette législation au Tchad mais pensons qu'il s'agit de l'extension en 1910 des législations de la métropole en Afrique Equatoriale Française. L'article 1er définit le chèque comme un écrit qui, sous la forme d'un mandat de paiement, sert au tireur à effectuer le retrait, à son profit ou au profit d'un tiers, de tout ou partie de fonds portés au crédit de son compte chez le tiré et disponible. Il est signé par le tireur et porte la date du jour où il est tiré. C'est un instrument de paiement à vue qui peut être souscrit au porteur ou au profit d'une personne dénommée. Il peut être souscrit à ordre et transmis même par voie d'endossement en blanc.

Les articles 2, 3 et 4 évoquent la provision et la présentation du chèque, son émission, laquelle ne constitue pas par sa nature même un acte de commerce. Selon l'article 5 de la loi, le porteur d'un chèque doit en réclamer le paiement dans le délai de cinq jours, si le chèque est tiré de la place sur laquelle il est payable, et dans le délai de huit jours, s'il est tiré d'un autre lieu. Ce porteur perd son recours contre les endosseurs ; il perd son recours contre le tireur si la provision a péri par le fait du tiré, après lesdits délais. L'article 6 punit d'une amende égale à 6% de la somme pour laquelle le chèque est tiré la personne qui émet un chèque sans date ou qui le revêt d'une fausse date. La même peine est appliquée au coupable d'émission d'un chèque sans provision préalable et ce sans préjudice de l'application des lois pénales, s'il y a lieu. L'article 7 exempte le chèque de tout droit de timbre pendant une période de dix ans.

1. Les décrets lois de 1935

Consécutivement à la convention de Genève de 1930, deux décrets lois furent signés en 1935, l'un unifiant le droit en matière de lettre de change et de billet à ordre et l'autre unifiant le droit en matière de chèque.

a. Le droit uniforme sur la lettre de change et le billet à ordre

Aux termes de la Convention signée à Genève le 7 juin 1930 par 26 Etats dont la France et portant loi uniforme sur la lettre de change et le billet à ordre, chacun des Etats contractants devait introduire dans son dispositif législatif l'annexe de ladite convention. C'est pourquoi la France a adopté cette loi uniforme par décret-loi du 30 octobre 1935. C'est l'objet du titre VIII du livre Ier du Code de commerce (articles 110 à 189). Cette législation sur les deux instruments de paiement et de crédit n'a pratiquement pas été remaniée.

b. Le droit uniforme sur le chèque

C'est par la Convention du 19 mars 1931 que 26 Etats dont la France ont adopté le droit uniforme en matière de chèque. Le décret-loi du 30 octobre 1935 unifiant le droit en matière de chèque est appelé à se substituer à la loi du 14 juin 1865 précitée. Sa rédaction semble plus étoffée (66 articles). La loi uniforme ne définit pas le chèque mais traite de sa création et de sa forme (article 1er), de sa transmission et de sa présentation en paiement (articles 13 et 28), de l'aval (article 25), de son barrement (article 37). Les articles 40, 49, 51, 52 et 54 réglementent respectivement les recours pour faute de paiement, la pluralité d'exemplaires, les altérations, la prescription et les protêts. Les derniers articles (58 à 66) traitent des délais de présentation et de protêt, du chèque sans provision et d'autres incriminations pénales.

3. Le décret de 1965[83]

C'est le premier texte pris par les autorités du nouvel Etat indépendant. Il s'agit précisément du décret n° 20/PR-ET du 4 février 1965 qui réglemente la profession bancaire et crée des organismes destinés à assurer le contrôle de celle-ci. Il définit le terme de banque, fixe ses obligations et indique ses formes et les modalités de sa constitution.

Il classe les banques en trois catégories tout en excluant de celles-ci la Banque de Développement du Tchad : ce sont les banques de dépôt, les banques d'affaires et les banques de crédit à long et à moyen terme. Il définit également les obligations et incompatibilités pour tout dirigeant de banque ainsi que les obligations auxquelles sont soumises le personnel et les autres collaborateurs. Enfin le décret définit et fixe les attributions des organismes destinés à assurer l'étude et la mise en œuvre de la politique de crédit ainsi que l'organisation et le contrôle de la profession bancaire.

Ces organismes de contrôle sont : le Conseil national du crédit, la Commission de contrôle de banque et l'Association professionnelle des banques. A titre de dispositions transitoires, le décret précise que [84]la législation et la réglementation en matière d'opérations bancaires resteront en vigueur jusqu'à l'intervention des dispositions qui seront prises sur proposition du Conseil national du crédit.

4. La loi de 1995 règlementant le secret professionnel bancaire

L'exercice de la profession de banquier impose l'observation d'un certain nombre d'obligations ou de devoirs. Le plus connu d'entre eux est le secret bancaire ou secret professionnel du banquier. Au Tchad, la loi n° 009/PR/95

[83] Nous n'entendons pas nous appesantir sur ce texte car il a été presque entièrement supplanté par la législation communautaire.

[84] Il faut noter que ce Conseil national du crédit pas plus que les autres autorités monétaires n'ont pris aucune disposition en matière de réglementation des opérations bancaires.

du 19 août 1995 a réglementé le secret professionnel bancaire mais plus de dix ans d'application n'ont rien changé au respect de ce principe.

a. La définition du secret bancaire et les personnes concernées

1°. La définition du secret bancaire

La loi précitée définit dans ses articles 1 et 2 le secret bancaire et les personnes concernées dans son article 3. Selon l'article 1er de cette loi, le secret professionnel bancaire englobe toutes les informations à caractère confidentiel que le banquier a connues dans l'exercice de sa fonction. Quant aux informations confidentielles, elles font l'objet d'une définition précise par l'article 2. Sont ainsi considérées comme informations confidentielles, celles qui portent sur des données précises touchant à l'intimité des affaires, de la fortune ou de la vie de la personne concernée : données précises telles que celles portant sur des chiffres, sur l'existence d'un compte, son solde, son mouvement ou le détail des écritures, le contenu des documents comptables, le versement périodique fait par un client à une tierce personne, les opérations de crédit, de souscription ou de garantie au profit de la banque.

Selon le deuxième alinéa de cet article, doivent également être considérées comme confidentielles des informations qui sont de par la loi, couvertes par le secret professionnel. En revanche précise le dernier alinéa, échappent à la confidentialité et à la rigueur du secret, les informations constitutives d'appréciation d'ensemble ou d'indication générale sur la situation d'un client tel que "paiement régulier, échéances difficiles, protêts, chèques impayés" et les renseignements centralisés par la Banque Centrale.

Ce sont donc les renseignements d'ordre général en se faisant les échos, selon l'expression couramment employée de "l'opinion commune de la place". Reste que pour admises qu'elles soient, de telles informations doivent être données avec réserve et objectivité.[85]Si l'article 2 précité ne cite pas expressément les informations confidentielles, la doctrine a toujours reconnu que présentent un tel caractère et ne peuvent être communiqués, les

[85] Ce sont notamment le solde des comptes, les montants des prêts consentis à un client, le nombre et numéro des comptes, les natures et fréquences des opérations réalisées sur les comptes, la révélation de compte ouvert au nom d'une tierce personne ainsi que l'identité des mandataires, des cautions ou des partenaires.

renseignements chiffrés ou précis et qui sont de nature à porter atteinte au secret des affaires ou aux secrets de la vie privée. Mais l'information doit être reçue à titre professionnel ; c'est ce que précise l'article 1er de la loi. En effet, le secret bancaire ne joue que s'il s'agit d'un élément parvenu à la connaissance du banquier au titre de sa profession, mais non pas à titre personnel. Cependant les critères de distinction demeurent subtils : il paraît difficile de déterminer à quel titre une confidence est faite à un employé de la banque, à titre personnel ou au titre de sa profession.

2°. Des personnes concernées et de l'inopposabilité du secret bancaire

L'article 3 cite les personnes soumises au secret bancaire : tout membre d'un conseil d'administration, et selon le cas, d'un conseil de surveillance et toute personne qui, à un titre quelconque participe à la direction ou à la gestion d'un établissement de crédit ou qui est employé par celui-ci. Quant aux personnes et organismes auxquels le secret professionnel est inopposable, l'intérêt public exige parfois que les banques communiquent à certaines institutions étatiques les renseignements qu'elles détiennent.

Cette obligation se fonde sur le fait qu'il existe un intérêt supérieur à celui des particuliers, qui le plus souvent n'est que d'ordre pécuniaire. De ce fait, certains services publics peuvent exiger des banques des renseignements qui en temps normal seraient couverts par le secret professionnel. La plupart du temps, les agents de ces services sont eux-mêmes liés par le secret professionnel. Il n'empêche que dans certaines circonstances, certaines personnes privées peuvent aussi obtenir la communication de ces informations à caractère confidentiel.

Selon les articles 6 et 7 de la loi, le secret professionnel n'est pas opposable à la Commission bancaire, à la Banque des Etats de l'Afrique Centrale, à la Commission des Opérations de Bourse, à l'Administration fiscale, l'Administration des Douanes et à la Cour des Comptes. A l'égard des personnes privées, et selon l'article 5 de la loi, le banquier peut être relevé du secret bancaire à l'égard :

-Du mandataire de son client pour tout ce qui a trait à l'exécution du mandat ;

-D'un autre établissement de crédit pour l'exécution de certaines opérations au profit de son client ;

-Des héritiers ou légataires universels ;

-Des représentants légaux, statutaires ou judiciaires des personnes morales ;

-Du collège des membres du Conseil d'Administration ou du Conseil de surveillance d'une société.

Dans le cadre d'une procédure pénale, le banquier est libéré du secret à l'égard de l'autorité judiciaire dès lors qu'elle agit dans le cadre d'une procédure. Il ne peut refuser de témoigner ni de fournir au juge d'instruction les documents qu'il détient. Il doit encore collaboration même dans la phase de l'enquête préliminaire sauf à obtenir des agents ou officiers de police judiciaire qui ne sont eux, des autorités judiciaires, un écrit sur lequel seront indiquées leurs qualités et par lequel ils attesteront agir sur les instructions du procureur de la république.

Pour ce dernier cas, le banquier doit exiger une réquisition écrite précisant le nom de l'intéressé, sa qualité d'officier ou d'agent de police judiciaire, le cadre légal dans lequel il agit et les articles du Code de procédure pénale invoqués. C'est ce qui ressort expressément de l'article 8 de la loi. Cet article précise même que le banquier doit diligemment collaborer avec un expert désigné par une juridiction pénale et agissant dans les limites de sa mission.

Dans le cadre d'une procédure civile, le secret bancaire est en principe opposable au juge civil. Le secret professionnel constitue en effet "un empêchement légitime" et sauf exceptions prévues par les textes, la banque ne peut témoigner ou communiquer des documents concernant le compte d'un client qu'avec le consentement de ce dernier.

Il n'en irait autrement que si la banque était elle-même partie à l'instance et dans la mesure où la communication serait nécessaire à sa défense ou à la preuve de sa faute.

Selon l'article 10 de la loi, le banquier partie au procès peut produire les documents, révéler les informations dans la mesure nécessaire à la défense de ses intérêts alors que le principe d'opposabilité du secret professionnel aux juridictions civiles est consacré par la loi en son article 9. Mais c'est l'alinéa 2 de cet article qui cite les cas dans lesquels le secret bancaire peut être levé :

- Procédure de divorce ou de séparation de corps pour la liquidation du régime matrimonial ;

- Procédure collective d'apurement du passif ;

- Saisie-attribution sur le compte du client ;

- Procédure de paiement direct de pension alimentaire ou des amendes ;

- Procédure contre les dirigeants fautifs.

b. Sanctions et applications

Selon l'article 14 de la loi, la révélation d'une information à caractère confidentiel par une personne qui en est dépositaire, soit par état ou profession, soit en raison d'une fonction ou d'une mission temporaire, est punie d'un emprisonnement d'un à cinq ans et/ou d'une amende de 50 000 francs CFA à 8 000 000 de francs CFA. En plus et conformément à l'article 15, en dehors des dérogations prévues, toute autorité publique qui aurait contraint un banquier à violer le secret professionnel bancaire ou à causer dommages aux clients d'une banque, sera punie des peines citées à l'article 14 ci-dessus et condamnée à la réparation du préjudice ainsi causé.

Avant cette loi, la répression du secret professionnel était prévue par le Code Pénal. L'article 237 de ce code dispose que "*toutes personnes qui soit, par état ou profession, ou par fonctions temporaires ou permanentes, dépositaires des secrets qu'on leur confie et qui, hors le cas où la loi les oblige ou les autorise à se porter dénonciatrices, auront révélé ces secrets seront punies d'un emprisonnement de un à six mois et d'une amende de 5 000 à 500 000 francs CFA.*" Pour remédier à ce vide juridique, les banques inséraient dans leur Règlement Intérieur une stipulation relative au secret professionnel ainsi que sa sanction. C'est ainsi qu'on peut lire dans l'article 6 du Règlement Intérieur de la BIAT consacrée aux "Obligations du Personnel" et à l'alinéa d ce qui suit : "*le personnel est tenu d'observer une discrétion absolue sur tout ce qui a trait aux opérations effectuées par l'établissement quelle que soit la nature de ces opérations. Toute infraction au secret professionnel est constitutive de faute lourde*". Et l'article 7 qui cite les cas de licenciement sans préavis fait mention de la violation du secret professionnel comme une faute lourde commise par l'agent de la banque.

Les cas de violation du secret professionnel se sont sans doute produits dans les banques et ont été sanctionnés mais nous n'avons reçu aucun écho de tels cas. Au niveau des juridictions non plus, nous n'avons retrouvé aucune décision judiciaire statuant sur ce genre de contentieux.

Un seul cas a été évoqué devant le tribunal civil de N'Djaména mais a été par la suite radié pour défaut de diligences du demandeur, ce dernier craignant peut-être pour sa sécurité compte tenu des implications politiques du dossier. Le requérant soutenait en effet avoir ouvert un compte qu'il avait alimenté par divers versements dont le solde était créditeur de 1 180 000 francs CFA. Avec la prise de pouvoir par les [86]FAN de Monsieur Hissein Habré, le montant de ce compte à l'instar de ceux d'autres opposants politiques a été viré au compte du Trésor Public tchadien sur instructions du Gouvernement d'alors. Mais selon lui et d'après ses investigations, le montant de la somme ainsi virée n'a pas servi au Trésor Public mais a atterri par la suite dans les caisses du [87]C.C.F.A.N. Pour faire retenir la responsabilité de la banque, il exposait que "*le rôle d'une banque de dépôt est de recevoir les avoirs des clients et de protéger ces derniers contre les abus des pouvoirs publics; qu'il était lié par un contrat de dépôt à la banque; que celle-ci dépositaire ne se libérera de ses obligations que quand elle aura remis la chose déposée à son auteur et que si les FAN ont été informés du montant créditeur de son compte pour ensuite en disposer, c'est par la faute de la banque qui a violé le secret professionnel.*"

Lors de nos recherches, nous avons noté que le dossier a été examiné en conciliation aux audiences successives des 14 juin, 19 juillet et 2 août 1993 avant d'être définitivement radié du rôle le 6 septembre 1993 pour inertie du demandeur. Ce cas s'il avait été jugé aurait marqué un pas important dans la mise en jeu de la responsabilité des banques pour violation du secret professionnel.

Pourtant le secret professionnel est quotidiennement mis à mal tant par les pouvoirs publics que par les banquiers eux-mêmes. En effet, s'il est permis à l'administration fiscale et aux autorités monétaires de se faire communiquer par les banques les renseignements concernant leurs clients, il n'en est pas de même des autres autorités.

Pourtant, ministres, préfets et sous- préfets, maires, directeurs et chefs de services obtiennent très facilement des informations sur les comptes bancaires. Des informations non moins importantes telles que la position des comptes, les incidents de paiement, l'identité du titulaire d'un compte,... se communiquent facilement et même téléphoniquement.

De telles violations du secret professionnel pouvaient voir engager les responsabilités des banques mais les victimes aiment se plaindre verbalement devant tel responsable désigné ou faire de simples remontrances que de saisir le juge répressif aux fins de poursuite.

---

[86]C'est le sigle des Forces Armées du Nord, l'une des 11 tendances politico-militaires qui après avoir été chassées de N'Djaména par les forces libyennes en décembre 1980 a repris par la force le pouvoir en juin 1982.

[87]C'est l'organe dirigeant des FAN appelé Conseil de Commandement des Forces Armées du Nord.

A. La réglementation sous-régionale de l'activité bancaire

Le Traité créant la Communauté Economique et Monétaire de l'Afrique Centrale, en abrégé CEMAC à N'Djaména au Tchad en 1994, entré en vigueur en 1998 et dont l'objet principal est la création d'un marché commun dans les six pays a, par l'entremise de ses institutions, l'Union Monétaire de l'Afrique Centrale (UMAC), l'Union Economique de l'Afrique Centrale(UEAC), la Banque des Etats de l'Afrique Centrale (BEAC) et la Commission Bancaire de l'Afrique Centrale (COBAC), adopté une multitude de textes pour régir l'activité bancaire.

En plus de la réglementation des changes et d'une législation organisant un marché boursier sur lesquelles nous n'entendons pas nous appesantir, elle a adopté plusieurs textes dont les systèmes, moyens et incidents de paiement, la lutte contre le blanchiment des capitaux, l'institution d'un agrément unique et la normalisation bancaire et financière.

1. Systèmes, moyens et incidents de paiement

Le Règlement CEMAC n°02/03 relatif aux systèmes, moyens et incidents de paiement est entré en vigueur le 1er juillet 2004 dans l'ensemble des six Etats membres de cette organisation sous-régionale. Le principe d'une réforme des moyens de paiement dans ces Etats fut approuvé dès 1998 par le Comité ministériel de l'UMAC dans le cadre du programme de redressement économique et financier initié par cette instance communautaire. La conception du Règlement a été l'œuvre de la BEAC qui a travaillé en concertation avec des structures nationales mais essentiellement bancaires.

Ce texte communautaire vient réformer, voire uniformiser le droit des moyens, systèmes et incidents de paiement dans la zone CEMAC. Il s'applique aux établissements de crédit, aux services de chèques postaux, au trésor public, à la BEAC sous réserve des spécificités liées à son statut et aux autres établissements de crédit qui émettent des moyens de paiement.

Les systèmes de paiement en fonction dans les Etats membres de la CEMAC ne sont pas adaptés aux contraintes d'efficacité, de rapidité et de sécurité inhérentes à la participation à « un système mondial, ouvert et globalisé ». Le taux de bancarisation des populations des Etats membres est faible.

Le public même est défiant vis-à-vis des moyens scripturaux de paiement, en particulier à l'égard du chèque, si bien qu'il en résulte des inconvénients pour tous les partenaires économiques concernés. Il paraît donc nécessaire d'édicter des règles fondamentales destinées à promouvoir, à encadrer l'usage et l'essor de moyens modernes de paiements scripturaux, notamment le virement, le prélèvement, les cartes de paiement et la monnaie électronique ; de mettre en place les bases juridiques harmonisées et organisationnelles nécessaires :

- A la mise en place et au fonctionnement des systèmes de paiement modernes, efficaces, rapides et sécurisés conformes aux normes et standard internationaux ;

- A la promotion et à la sécurisation des moyens de paiement ;

- A la prévention, à la centralisation et à la répression des incidents de paiement.

La réforme CEMAC tente ainsi de satisfaire à une double exigence, d'abord une exigence de modernisation des moyens de paiement et ensuite une exigence de réorganisation du système bancaire.

a. La modernisation des moyens de paiement

Cette modernisation s'est réalisée d'une part par une diversification des moyens de paiement proposés au public et par un renforcement de la sécurité de ces moyens d'autre part.

1°. La diversification des moyens de paiement

A la lecture du texte on se rend compte que le législateur CEMAC s'est efforcé d'encadrer les différents moyens de paiement. Restant fidèle à la tradition du droit cambiaire, il a repris la conception classique des moyens de paiement matérialisés par un titre négociable. Mais il a aussi tiré les leçons de la faiblesse de ces instruments exclusivement matériels en consacrant l'utilisation des nouveaux moyens de paiement dématérialisés et non cambiaires déjà introduits dans la pratique bancaire.

i. Les moyens matérialisés par un titre négociable

Cette catégorie regroupe le chèque, la lettre de change et le billet à ordre c'est-à-dire des titres matérialisés dans des supports papiers représentatifs de droits de créances appelés à circuler par tradition manuelle ou par endossement. La validité du chèque, comme celle de la lettre de change et du billet à ordre demeure subordonnée au respect d'un nombre de mentions, lesquelles doivent obligatoirement figurer sur le titre.

La législation communautaire n'a guère bouleversé le droit de ces moyens de paiement. En effet, elle reconduit, pour l'essentiel, toutes les règles classiques du droit cambiaire qui assurent une protection efficace au porteur d'un chèque ou d'un effet de commerce *stricto sensus.* Mais on peut regretter cependant que les promoteurs n'aient pas profité de cette réforme pour consacrer des effets totalement ou partiellement dématérialisés, c'est-à-dire adaptés sur des supports informatiques. Mais même si cette dématérialisation partielle ou totale n'a pas été expressément autorisée, elle n'a pas non plus été formellement interdite. D'ailleurs, dans sa volonté de modernisation des moyens de paiement, le législateur CEMAC consacre les instruments monétiques et électroniques.

ii. Les moyens monétiques et électroniques

Dans de nombreux Etats membres de la CEMAC, la pratique bancaire avait mis au point des moyens de paiement non cambiaires destinés à se substituer aux moyens classiques pour assurer un paiement ou réaliser une opération de crédit. C'est cette évolution que s'approprie et tente d'encadrer le législateur communautaire en donnant un cadre légal à la vieille technique du virement bancaire, laquelle a permis l'émergence des cartes de paiement et de crédit, prélude à la généralisation de la monnaie électronique.

Il y a d'abord la carte bancaire dont l'utilisation a été vulgarisée par de nombreuses banques de la sous-région bien avant l'entrée en vigueur du Règlement CEMAC. Mais il existe une diversité de cartes bancaires qui appellent une clarification car toutes ne remplissent pas les mêmes fonctions malgré le terme générique de cartes de paiement utilisé par le législateur communautaire :

- Les cartes de paiement proprement, encore appelée carte de débit (Articles166 alinéa 1). Elles permettent à leur titulaire de régler au profit des commerçants ou de leurs fournisseurs leurs achats ou les prestations de services accomplies ;
- La carte de crédit est définie par l'article 166 alinéa 2 comme toute carte de paiement, qui en vertu d'une stipulation expresse du contrat conclu entre l'émetteur et le titulaire de la carte, donne lieu notamment à un débit différé du compte du titulaire ou à toute autre forme de crédit ;
- La carte de retrait est définie par l'article 166 alinéa 3 : elle ne confère à son titulaire que la possibilité de retirer des espèces dans les distributeurs automatiques de billets(DAB) ou les guichets automatiques de billets(GAB) ou auprès de l'organisme émetteur.

Quant aux parties concernées, le système de paiement par carte repose généralement sur deux conventions mettant en présence trois parties (article 167) : la convention unissant l'émetteur et le fournisseur de biens et services, lequel accepte le paiement par carte et celle liant l'émetteur à son client, titulaire de la carte. Le Règlement précise seulement au dernier alinéa de l'art. 167 que l'émetteur s'engage à honorer le règlement des achats effectués par son client avec la carte de paiement après s'être assuré de la validité de l'ordre de paiement et de l'absence d'opposition au paiement. Il met en outre à la charge du fournisseur deux obligations précises. Celui-ci doit porter à la connaissance de la clientèle qu'il accepte le paiement par carte en indiquant la dénomination de celle-ci (obligation d'information, article 176, alinéa 1). Ensuite, le fournisseur doit, avant tout paiement, vérifier que le règlement effectué est régulier (contrôler la conformité des signatures apposées sur la carte et celle de la pièce d'identité du porteur par exemple) et que la carte n'a pas fait l'objet d'une opposition. Il s'agit d'une obligation de vérification définie à l'article 176, alinéa 2. Comme en droit classique, le caractère irrévocable de l'ordre de paiement donné par carte est affirmé (article 170).

Ensuite vient la monnaie électronique. Aux termes de l'article 193 du Règlement, elle désigne une valeur monétaire représentant une créance sur l'émetteur qui est stockée sur un support électronique tel qu'une carte à puce ou une mémoire d'ordinateur, émise contre une remise de fonds et acceptée comme telle pour effectuer un paiement libératoire. Ce que l'on appelle le porte-monnaie électronique est avant tout une carte de paiement chargée en francs électroniques. Il fonctionne selon le système de pré-paiement c'est-à-dire que la carte est préalablement chargée en monnaie électronique. Ainsi le porteur d'un porte-monnaie électronique serait dans la position d'un créancier, puisqu'il aurait déjà payé un bien potentiel avant de l'avoir consommé.

Mais l'on se rend compte que le Règlement n'a pas vraiment traité du cadre juridique de l'émission et de l'utilisation de la monnaie électronique. Peut-être qu'il reviendra sans doute à la BEAC ou à la COBAC d'édicter la réglementation y afférente.

2°. La sécurité des moyens de paiement

Elle est assurée par trois innovations majeures introduites par le Règlement CEMAC dans le sillage de la loi française du 30 décembre 1991. Il y a d'abord l'aménagement du régime juridique de l'opposition au paiement d'un chèque ou d'une carte bancaire ; viennent ensuite l'attribution d'un pouvoir de police aux établissements bancaires et la multiplication des infractions pénales afin de mieux réprimer et donc dissuader l'utilisation abusive ou frauduleux des moyens de paiement.

i. Le régime juridique de l'opposition

Le Règlement CEMAC innove spécialement en aménageant un nouveau régime de l'opposition au paiement d'un chèque qui diffère sensiblement de celui de l'article 32 du décret-loi de 1935. L'article 46, alinéa 2 du texte communautaire commence d'abord par énoncer les causes légitimes d'opposition à savoir la perte, le vol, l'utilisation frauduleuse et l'ouverture d'une procédure collective de redressement judiciaire ou de liquidation des biens à l'égard du porteur.

Ce sont les mêmes motifs qui sont retenus (article 170) pour l'opposition régulière au paiement ou à l'utilisation d'une carte bancaire. En cas de perte ou de vol, le titulaire de la carte de paiement supporte la perte subie avant la mise en opposition dans la limite d'un plafond fixé par l'autorité monétaire (article 172). Mais le titulaire de la carte perd le bénéfice de ce plafond dans un certain nombre d'hypothèses précisées par les textes CEMAC (alinéa 2 de l'article 172 précité). Le texte communautaire précise ensuite la forme de l'opposition : celle-ci peut être verbale mais doit être confirmée dans un écrit quelconque qui en indique le motif. Le banquier tiré n'est pas pour autant juge de la validité ou de l'opportunité de l'opposition. Il doit, en tant que mandataire de son client tireur du chèque, respecter ses instructions en refusant de payer le chèque frappé d'opposition. Il appartient au porteur du chèque, objet d'une opposition irrégulière ou illégale de solliciter de la juridiction des référés la mainlevée de ladite opposition. Mais le banquier doit bloquer la provision correspondant au chèque litigieux puisqu'il est désormais avisé de son émission.

ii. la police bancaire

Elle consiste en une interdiction d'émettre qui remplit une double fonction dissuasive et incitative. Le Règlement met l'accent sur l'interdiction bancaire mais il existe aussi une interdiction judiciaire d'émettre. Le mécanisme de l'interdiction bancaire est le suivant :

-L'injonction : selon l'article 197 du Règlement, en cas de refus par un banquier de procéder au paiement d'un chèque pour défaut de provision suffisante, celui-ci doit enjoindre au titulaire du compte de restituer à tous les établissements dont il est le client les formules de chèques ainsi que les cartes de paiement en sa possession et en celle de ses mandataires. Il lui est également enjoint de ne plus émettre de chèques et de ne plus utiliser les cartes de paiement autres que ceux permettant le retrait de fonds ou la certification ;

-La faculté de régularisation et ses conséquences : l'interdiction bancaire qui résulte de l'injonction adressée par le banquier cesse si le titulaire du compte règle le montant du chèque impayé et paie une pénalité libératoire qui n'est cependant pas due dans certaines hypothèses selon les énonciations de l'article 200. Si le client ne procède pas à la régularisation de l'incident, il ne recouvre la faculté d'émettre les chèques qu'à l'issue d'un délai de cinq ans qui court à compter du jour de l'enregistrement de l'incident (article 197, alinéa 2).

iii. la multiplication des infractions pénales

Le législateur CEMAC maintient l'incrimination d'émission de chèque sans provision. Il se démarque ainsi du législateur français qui par la loi du 30 décembre 1991 a presque totalement dépénalisé l'émission de chèque sans provision. Mais, selon l'article 237 dudit Règlement, l'élément intentionnel dudit délit est enfermé dans des limites strictement définies, car pour que l'infraction soit constituée, il faut que l'émetteur du chèque dépourvu de provision ait agi avec l'intention de porter atteinte aux droits d'autrui. Il crée de nouvelles incriminations dont une dizaine en matière de chèque et sept en matière de carte bancaire[88]. Cette multiplication d'infractions pénales traduit incontestablement une volonté manifeste de répression de l'ensemble des fraudes qui affectent les moyens de paiement. Contrairement au Traité OHADA, le Règlement CEMAC ne se contente pas seulement de prévoir les infractions. Il fixe en outre les pénalités dans un souci sans doute d'uniformisation des sanctions applicables dans l'ensemble des Etats membres. Ce qui est une atteinte à la souveraineté des Etats qui implique de leur laisser le soin de déterminer leur politique pénale. En effet, le droit OHADA renvoie sur ce point aux dispositions du droit pénal en vigueur dans chaque Etat-partie[89].

b. La réorganisation du système bancaire

Cette réorganisation se distingue d'une part par la définition des droits et obligations des acteurs traditionnels du système bancaire et d'autre part, par la réglementation des systèmes de paiement.

1°. La définition des droits et obligations des acteurs

Elle intervient aussi bien dans les rapports classiques entre les établissements de crédit et leurs clients que dans ceux qu'entretiennent ces établissements avec la Banque Centrale.

i. Les rapports entre le client et sa banque

Sur ce plan, le législateur communautaire innove en précisant les droits et obligations du client et de l'établissement de crédit en matière de compte et met à la charge du client une obligation légale de payer par moyen scriptural.

Le principe du droit au compte est réaffirmé. Il est précisé par l'article 7 du Règlement aux termes duquel toute personne physique ou morale domiciliée dans l'un des Etats membres de la CEMAC et dépourvue d'un compte de dépôt a droit à l'ouverture d'un compte de dépôt dans l'établissement de crédit

---

88 Art. 237 et suivants du Règlement.

89 Art. 5, alinéa 2 du Traité portant harmonisation du droit des affaires en Afrique.

de son choix. Il en résulte que toute personne dotée de la personnalité juridique bénéficie d'un accès libre aux comptes bancaires y compris les interdits bancaires ou judiciaires. En cas de refus d'au moins trois établissements choisis, le demandeur doit alors saisir la Banque Centrale afin qu'elle lui désigne soit un établissement de crédit, soit les services financiers de la poste, soit ceux du Trésor ou de tout autre établissement agréé au sens de l'article 2 du Règlement. L'établissement sollicité peut refuser l'ouverture du compte sans qu'il soit tenu de motiver son refus. Il doit néanmoins adresser au postulant un avis de refus par lettre avec avis de réception[90].

Le droit au compte suppose que le client puisse accéder à un service bancaire minimal sur ce compte. Ce qui signifie qu'il puisse bénéficier au moins de formules de retrait au guichet[91]. Mais la banque peut valablement limiter l'accès aux autres services tels que la délivrance de chéquiers, des cartes de paiement ou tout autre moyen de paiement[92]. Elle est en outre soumise à l'obligation de contrôle avant l'ouverture du compte. En effet, selon l'article 226 du Règlement CEMAC, l'ouverture d'un compte par un établissement de crédit impose le contrôle par ce dernier de l'identité et de l'adresse du client sur présentation d'un document officiel en cours de validité. Enfin selon l'article 10 du Règlement, l'ouverture d'un compte doit donner lieu à la conclusion d'une convention de compte écrite entre l'établissement de crédit et son client. Le même texte précise que la convention fixe les obligations réciproques de chacune des parties. Et à la clôture du compte, le Règlement prévoit désormais les modalités de résiliation de la convention de compte[93].

L'obligation de payer par moyen scriptural est affirmée par l'article 3 du Règlement. Cette disposition impose aux clients d'utiliser des chèques ou les cartes bancaires pour effectuer certains paiements. Il s'agit donc d'une mesure visant à favoriser la bancarisation de la population et de l'économie. L'inexécution de cette obligation est sanctionnée. Elle consiste en une amende civile de 5% des sommes indûment réglées en numéraires (article 5). Curieusement, le Règlement n'indique pas qui peut requérir la sanction, qui doit la prononcer après l'avoir constatée et enfin qui sera le bénéficiaire des sommes payées au titre de l'amende.

---

[90] Art. 9 du Règlement.

[91] Art. 7, alinéas 2 et 11 du Règlement.

[92] Art. 11 alinéa 2

[93] En effet, selon l'avant dernier alinéa de l'art. 7 précité, toute décision de clôture d'un compte sur l'initiative du teneur ne peut produire d'effet moins de 60 jours calendaires après communication par celui-ci d'une notification écrite et motivée de la décision adressée au client et à la BEAC pour information.

ii. Les rapports entre les établissements de crédit et la Banque Centrale

Le règlement prévoit la création de quatre fichiers nationaux et d'un fichier régional[94]. Il s'agit du fichier des comptes bancaires, du fichier des incidents de paiement sur chèques et des retraits de cartes de paiement, du fichier des effets impayés, du fichier des chèques et cartes irréguliers et du fichier régional géré par le siège de la Banque Centrale. Les modalités de fonctionnement de ces fichiers sont déterminées par instructions du Gouverneur de la Banque Centrale. En outre, les établissements bancaires sont assujettis au respect de trois séries d'obligations dans le cadre de la prévention et du traitement des incidents de paiement et ce sous peine de sanctions civiles et pénales prévues par les articles 250 à 252 :

- Une obligation de déclaration lors de l'ouverture du compte (article 226) ;

- Une obligation de consultation des fichiers gérés par la Banque Centrale (par exemple celui des incidents de paiement, article 228) ;

- Une obligation d'information de la Banque Centrale (articles 231à 234).

2°. La réglementation des systèmes de paiement

Certes, avant la réforme CEMAC, les banques échangeaient des valeurs, participaient à un système de compensation et aux opérations de politique monétaire organisées par la BEAC, mais il était difficile de parler de véritables systèmes de paiement interbancaire réalisant une interconnexion entre les différents établissements assujettis. La réforme CEMAC des systèmes de paiement devrait permettre selon ses promoteurs de :

- Sécuriser et d'assurer la rapidité des transactions interbancaires ;

- Prévenir et de réduire les risques de règlement et, notamment les risques systémiques ;

- Promouvoir l'instauration d'un véritable marché interbancaire dans la sous-région.

---

[94] Art. 10.

Sur le fond, la réforme CEMAC a emprunté trois directions : une clarification des concepts et des fonctionnalités, une volonté réelle de sécurisation et l'instauration de la pension livrée en tant que garantie interbancaire.

i. La clarification des concepts et des fonctionnalités

Le système de paiement est institué selon deux modalités :

- Par décision de la BEAC, laquelle fixe les règles de fonctionnement ;

- Par une convention-cadre conclue entre les participants mais seulement après avis conforme de la BEAC, convention qui fixe les règles de fonctionnement du système.

Tout participant à un système de paiement interbancaire doit ouvrir un compte courant dénommé « compte de règlement » auprès de la BEAC ou d'un intermédiaire habilité. Ce compte est spécialement affecté au règlement des opérations du participant dans le système de paiements interbancaires.

ii. La volonté de sécurisation

La fiabilité et la sécurité des systèmes de paiement reposent sur deux principes et un ensemble de règles qui dérogent au droit des procédures collectives.

L'article 265 du Règlement affirme le principe de l'insaisissabilité du compte de règlement du participant au système de paiement. Mais ce principe ne paraît pas fondamentalement déroger à l'acte uniforme OHADA portant organisation des voies d'exécution. L'article 51 dudit acte uniforme réserve aux Etats Parties le soin de déterminer les biens et droits insaisissables. Il n'est donc pas exclu qu'un ensemble d'Etats Parties, réunis dans une organisation sous-régionale adopte le principe de l'insaisissabilité d'un bien précis, en l'occurrence, du compte de règlement dans un système de paiement. En outre selon l'article 263 du Règlement, il existe une solidarité passive entre les participants au système de paiement interbancaire.

Quant à la dérogation au droit des procédures collectives, elle repose, selon l'article 266 du Règlement, sur l'irrévocabilité et l'opposabilité des ordres de transfert introduits dans un système de paiement au plus tard le jour de l'ouverture de la procédure collective affectant le participant.

En effet, l'acte uniforme portant organisation des procédures collectives d'apurement du passif ne prévoit pas le moment précis à partir duquel la procédure collective est considérée comme ouverte. Dans le silence des textes et par analogie avec le droit français, on peut admettre que le jugement qui ouvre la procédure collective prend effet à compter de sa date et non de son prononcé : il prend donc effet à zéro heure le jour où il est rendu et donc rétroagit de quelques heures. En principe, dès le jugement d'ouverture, le débiteur ne peut plus valablement accomplir seul certains actes puisqu'il est soit assisté du syndic (redressement judiciaire), soit dessaisi et représenté par le syndic (liquidation des biens). Les actes accomplis par le débiteur en violation des règles de dessaisissement partielle ou totale peuvent être rendus inopposables à la masse des créanciers.

ii. l'instauration de la pension livrée en tant que garantie interbancaire

Elle est instituée par l'article 269 du Règlement CEMAC. C'est une opération par laquelle un établissement de crédit ou un organisme assimilé obtient de la BEAC une avance de fonds moyennant la remise d'effets privés, notamment les effets de commerce ou publics tels les bons du trésor, de valeurs mobilières ou de titres de créances négociables qui doivent être restitués lors du remboursement de celle-ci.

2. La lutte contre le blanchiment des capitaux

[95]Le blanchiment des capitaux est un processus qui consiste, à travers divers agissements commis intentionnellement, à dissimuler ou à déguiser l'origine des fonds générés par une activité illégale afin de les réinsérer dans des circuits licites et d'en user au grand jour sans compromettre leurs auteurs. Le produit de tout crime ou délit peut donner lieu à blanchiment. Il s'attache à des actes délictuels bien définis tels que le trafic des stupéfiants, le proxénétisme, la corruption ou le détournement des deniers publics, le trafic des armes et des pierres précieuses, la fraude informatique, l'évasion fiscale, etc.

[95] Définition donnée par le Programme des Nations Unies pour le Contrôle International des Drogues.

Le GABAC est né de la volonté commune des chefs d'Etats de tout mettre en œuvre pour lutter contre le blanchiment d'argent dans les Etats membres de la CEMAC, laquelle volonté s'est traduite par l'adoption d'une législation communautaire harmonisée et la mise en place progressive de structures spécialisées dans ce domaine. Il a été créé par acte additionnel de la Conférence des Chefs d'Etat le 14 décembre 2000 à N'Djaména. Appelé à animer, coordonner et dynamiser les actions entreprises par les Etats membres, le GABAC voit sa raison d'être intimement liée au fonctionnement harmonieux des Agences Nationales d'Investigation Financière (ANIF), véritables chevilles ouvrières de cette lutte.

a. Prévention du blanchiment et du financement du terrorisme

1°. Au niveau du blanchiment

Le blanchiment des capitaux mettant d'importantes sommes d'argent en jeu, les criminels sont généralement amenés à s'appuyer sur les assujettis (Trésor public, BEAC, organismes financiers, changeurs manuels, responsables de casinos, notaires et autres professions juridiques, agents immobiliers, etc...) pour parvenir à leurs fins. C'est pourquoi les comportements attendus des organismes financiers sont les suivants :

- Identifier et connaître son client en définissant son profil ainsi que celui du fonctionnement de son compte, faire ressortir les activités les plus exposées au risque de blanchiment ;

- Identifier l'ayant droit économique lorsqu'il apparaît que les personnes qui demandent l'ouverture du compte ou réalisent l'opération pourraient ne pas agir pour leur propre compte ;

- Surveiller particulièrement certaines opérations notamment celles qui font intervenir d'importantes sommes d'argent ou celles qui se présentent dans des conditions inhabituelles de complexité et ne paraissent pas avoir de justification économique ou d'objet licite ;

- Conservation des documents : les organismes financiers doivent conserver les documents relatifs à l'identité des clients habituels ou occasionnels ou opérations effectuées par ceux-ci pendant cinq ans au moins à compter de la clôture des comptes, de la cessation des relations avec le client ou de l'exécution de l'opération ;

- Dans leur organisation interne, les organismes financiers doivent élaborer chacun en son sein des programmes de prévention du blanchiment des capitaux comprenant notamment, la formation continue des employés, la centralisation des informations sur l'identité des clients, donneurs d'ordre, titulaires ou bénéficiaires de procuration, mandataires et sur les transactions suspectes ainsi que l'adoption d'un dispositif de contrôle interne de l'application et de l'efficacité des mesures ainsi adoptées ;

- Communication de documents et pièces : les documents relatifs à l'ensemble des transactions sus-évoquées ne peuvent être communiqués qu'aux ANIF aux fins d'enquête ou d'information des services analogues des autres Etats, à l'autorité judiciaire ou aux fonctionnaires chargés de la détection et de la répression des infractions liées au blanchiment, agissant dans le cadre d'une procédure pénale et enfin à l'autorité de contrôle de la profession. En aucun cas lesdites informations ne sauraient être communiquées à des personnes tant physiques que morales autres que celles-ci-dessus énumérées ;

- Obligation de déclaration de soupçon : les organismes financiers et les autres personnes assujettis sont tenus de déclarer à l'ANIF toute transaction atypique décelée à leur niveau. Les faits visés dans la déclaration de soupçon sont destinés à l'ANIF qui après enquête en réfère au Procureur de la République près la juridiction compétente à qui elle transmet un rapport sur les faits comportant son avis.

2°. Au niveau du financement du terrorisme

Les organismes financiers et les autres personnes assujetties doivent, lorsqu'ils ont des motifs raisonnables de suspecter que des fonds ou mouvements de fonds sont liés, associés ou destinés à être utilisés pour le financement du terrorisme, déclarer immédiatement leurs soupçons à l'ANIF.

Pour ce faire, un Comité des Sanctions établit une liste des personnes physiques ou morales et des organisations devant faire l'objet des mesures restrictives comme étant terroristes ou liées à des organisations terroristes ou qui en financent les activités. Le Comité Ministériel en arrête la liste conformément à celle établie par le Comité des Sanctions et aux informations recueillies dans les Etats membres.

Les organismes financiers et autres personnes assujettis sont tenus de déclarer à l'ANIF, les opérations, sommes, avoirs ou autres biens des personnes ainsi listés. Dans le même sens, ils examinent de façon particulière les fonds des organisations à but caritatif, culturel ou social. Les fonds appartenant directement ou non à des personnes reconnues coupables de financement du terrorisme ou celles figurant sur la liste du Comité des Sanctions sont gelés. Afin de protéger les intérêts de la Communauté et de ses ressortissants, lesdits fonds peuvent être dégelés à l'initiative du Comité Ministériel, de l'Etat membre, du Secrétaire Exécutif de la CEMAC, du Gouverneur de la BEAC ou du Secrétaire Général de la COBAC et en cas d'urgence, du Ministère des Finances de l'Etat membre.

b. Répression du blanchiment et du financement du terrorisme

Le Règlement a édicté des mesures coercitives et des sanctions pénales.

1°. Les mesures coercitives

Dans le cadre de la répression des infractions liées au blanchiment et au financement du terrorisme, l'autorité judiciaire compétente peut, d'office ou sur requête du ministère public ou d'une administration compétente, saisir les biens en relation avec l'infraction objet de l'enquête ainsi que tous éléments de nature à permettre de les identifier et ordonner aux frais de l'Etat, des mesures y compris le gel des capitaux et des opérations financières sur des biens quelle qu'en soit la nature, susceptibles d'être saisis. La mainlevée de ces mesures peut être ordonnée à tout moment à la demande de l'administration compétente ou du propriétaire.

Les biens des personnes figurant sur la liste du Comité Ministériel ou sur celle établie par le Comité des Sanctions sont présumés servir au financement du terrorisme et peuvent également faire l'objet de saisie dans les mêmes conditions.

Il est aussi prévu dans les cas de grave défaut de vigilance ou de carence dans l'organisation des procédures internes de contrôle, qu'un organisme financier ou tout autre assujetti soit sanctionné disciplinairement conformément aux textes en vigueur par la COBAC, autorité de contrôle.

L'Etat membre quant à lui exerce ce contrôle sur les services financiers de la Poste ainsi que sur les changeurs manuels.

2°. Les sanctions pénales

Est puni d'un emprisonnement de 5 à 10 ans et d'une amende pouvant aller jusqu'à cinq fois le montant des sommes blanchies sans être inférieur à 10 000 000 de francs CFA celui qui aura été convaincu de blanchiment. La tentative d'un fait de blanchiment ou la complicité par aide, conseil ou incitation sont punies des mêmes peines. Il en est de même pour la participation à une association ou entente en vue de la commission des faits de blanchiment. Les personnes morales autres que l'Etat sont quant à elles punies d'une amende d'un taux égal au quintuple des amendes spécifiées pour les personnes physiques sans préjudice de la condamnation de ces dernières comme auteurs ou complices de l'infraction. L'infraction de blanchiment connaît des circonstances aggravantes et les peines initialement prévues sont doublées lorsque :

-Le blanchiment des capitaux est commis de façon habituelle ou en utilisant les facilités que procure l'exercice d'une activité professionnelle ;

-L'infraction est commise en bande organisée ;

-Lorsque les circonstances prévues par le régime général des circonstances aggravantes de la législation pénale applicable dans l'Etat membre sont établies.

En ce qui concerne le financement du terrorisme, l'auteur de ladite infraction est puni d'un emprisonnement de 10 ans au moins et d'une amende pouvant aller jusqu'à dix fois le montant des sommes en cause sans être inférieure à 10 000 000 de francs CFA.

Dans le cas de condamnation, la juridiction compétente peut en outre ordonner la confiscation :

-Des biens objet de l'infraction, y compris les revenus et autres avantages qui en ont été tirés à moins que leur propriétaire n'établisse qu'il les a acquis en versant effectivement le juste prix ou en échange de prestations correspondant à leur valeur ou à tout autre titre licite et qu'il en ignorait l'origine illicite ;

-Des biens appartenant, directement ou indirectement à une personne condamnée pour fait de financement du terrorisme ou ses proches (conjoint ou enfants) à moins que les intéressés n'en établissent l'origine licite ou l'absence de lien entre ces biens et l'infraction.

La décision ordonnant une confiscation désigne les biens concernés et comporte les précisions nécessaires à leur identification et leur localisation. Les ressources ou les biens confisqués sont dévolus à l'Etat qui peut les affecter à un fonds de lutte contre le crime organisé, le trafic de drogues, le blanchiment ou le financement du terrorisme. Ils demeurent grevés ou à concurrence de leur valeur des droits réels licitement constitués au profit de tiers. En cas de confiscation prononcée par défaut, les biens confisqués sont dévolus à l'Etat.

3. La normalisation bancaire et financière

Par règlement n° 03/02/CEMAC/UMAC/CM du 14 avril 2002, le Comité ministériel de l'Union Monétaire de l'Afrique Centrale a homologué l'accord constitutif du Comité Régional de Normalisation Financière, en abrégé CORENOFI. Cet accord a été conclu le 8 janvier 2002 entre la BEAC, la COBAC, la Fédération des associations professionnelles des établissements de crédit (Fédération des APEC) et les Associations professionnelles des établissements de Crédit des six pays de la CEMAC.

La nécessité d'assurer un niveau de sûreté et de sécurité élevé de leurs échanges, notamment dans le cadre du projet de réforme des systèmes de paiement et de règlement de la CEMAC, le désir de collaborer à l'harmonisation des conditions d'émission, de circulation et de traitement des instruments de paiement sont les buts principaux poursuivis par l'accord.

Le comité ainsi constitué est chargé d'élaborer des normes applicables à l'activité bancaire et financière et portant notamment sur la nature, le contenu et le format des messages d'information échangés entre eux. Les participants se sont engagés à mettre en œuvre ledit accord de la façon la plus étendue possible. En plus des neuf membres précités, un représentant du comité de normalisation comptable de la CEMAC participe aux réunions en qualité d'observateur et avec voix consultative. Il est présidé par le Gouverneur de la BEAC ou son représentant lequel fixe l'ordre du jour des réunions et dirige les débats. Il est assisté d'un Secrétaire, le Président en exercice de la Fédération des APEC, chargé de rédiger les procès-verbaux des séances et de diriger le secrétariat permanent du CORENOFI. Ce Secrétaire réside au siège du Secrétariat Permanent des APEC à Yaoundé au Cameroun.

Le comité prend toutes ses décisions et notamment élabore et adopte les projets de normes bancaires, par voie de consensus, constaté dans un procès-verbal de séance signé par l'ensemble des membres, sauf le représentant du

Comité de normalisation comptable de la CEMAC qui participe aux débats avec voix consultative. Ces projets de normes sont transmis par son Président en vue de leur homologation par voie de Règlement du Comité ministériel de l'UMAC. Les normes ainsi homologuées sont directement applicables dans l'ensemble de la CEMAC. Elles sont opposables aux tiers à compter de l'entrée en vigueur du Règlement pris pour son homologation, soit à la date fixée dans ledit Règlement ou, à défaut, le vingtième jour suivant sa publication au Bulletin officiel de la CEMAC.

Le CORENOFI peut créer des groupes de travail chargés de la rédaction technique des normes qu'il adopte et de l'étude de tout autre projet qu'il jugera opportun de leur confier. Chaque participant peut désigner un représentant dans chacun des groupes créés. Il fixe auxdits groupes leur programme et leur calendrier de travail. Trois groupes permanents de travail sont créés à la date de l'accord pour intervenir dans les domaines suivants :

- La normalisation des virements interbancaires;

- La normalisation de la dématérialisation des instruments de paiement à la disposition des clients et des agents financiers dont les chèques ;

- La normalisation des instruments de monétique.

Les trois groupes de travail ci-dessus cités s'intéresseront notamment aux questions suivantes :

- L'identification des banques et des guichets au sein de la CEMAC ;

- Les normalisations des numéros de compte client ;

-L'échange de ces identifications et les informations complémentaires nécessitées par le fonctionnement des systèmes de paiement (nature de l'opération, identifiant de l'émetteur et du destinataire, du donneur d'ordre et du bénéficiaire);

- Les typologies de moyens de paiement ;

- Les dates de valeur associées à chaque typologie d'instrument de paiement ;

- Les conditions de rejet ;

- Les formats des chèques ;

- Les échanges d'éléments commerciaux (pieds de facture,...);

- Les critères de constitution des remises interbancaires ;

- Les références des opérations interbancaires et les règles d'archivage ;

- Les règles interbancaires de retrait et de paiement par carte.

Le Comité peut modifier les présentes règles par décision prise par voie de consensus, conformément aux modalités d'élaboration et d'adoption des projets de normes bancaires.

4. L' institution d'un agrément unique des établissements de crédit

Par Règlement n° 01/00/CEMAC/UMAC/COBAC signé à Yaoundé le 27 novembre 2000, il a été institué un agrément unique des établissements de crédit dans la Communauté Economique et Monétaire de l'Afrique Centrale. Selon l'article 1er de ce Règlement, l'agrément emporte, pour les banques et établissements financiers, l'élimination de toutes les dispositions nationales restrictives afférentes à la forme juridique des établissements de crédit ainsi qu'à la composition de leur capital et à la procédure de nomination des dirigeants. L'agrément unique confère à une banque ou un établissement financier ayant obtenu l'autorisation d'exercer son activité dans un Etat membre de la Communauté, le droit, s'il le souhaite, de l'étendre à un autre Etat membre, d'y implanter une filiale, une succursale ou une agence, sans être astreint à l'accomplissement des formalités administratives relatives à l'agrément dans ledit pays.

Une banque ou un établissement financier dont le siège est situé dans un Etat membre de la Communauté peut offrir en libre prestation des services bancaires ou financiers dans toute la Communauté ou s'y installer. La liberté de prestation de services bancaires ou financiers consiste pour une banque ou un établissement financier agréé dans un Etat membre en la possibilité d'offrir dans toute la Communauté, les mêmes services pour lesquels il a reçu l'agrément.

L'article 3 fixe les conditions préalables pour bénéficier des dispositions sur l'agrément unique. Ainsi seules peuvent bénéficier de ces dispositions les banques et établissements financiers qui justifient, depuis plus de deux ans d'un agrément initial conformément aux dispositions de la Convention portant harmonisation de la réglementation bancaire du 17 janvier 1992. Ces institutions financières doivent en outre disposer d'une assise financière qui leur permette de respecter l'ensemble des normes prudentielles édictées par la

COBAC et l'aptitude à réaliser leurs objectifs de développement dans les conditions que requiert la sécurité des déposants.

La procédure d'agrément à l'occasion de la première installation d'un établissement de crédit reste celle prévue par les dispositions actuelles, notamment par les articles 12 à 17 de la Convention portant harmonisation de la réglementation bancaire. En revanche, toute demande d'implantation d'une filiale ou d'une succursale hors du pays ayant accordé l'agrément initial est soumise à l'autorisation préalable de la COBAC. La demande est formée auprès du Ministre des finances du pays de la nouvelle implantation, lequel saisit la COBAC pour autorisation préalable. Le dossier est déposé contre récépissé et en double exemplaire, simultanément auprès dudit Ministre des finances et de la COBAC.

Saisi de cette demande d'autorisation préalable, le Secrétariat Général de la COBAC procède à l'instruction du dossier. Toutefois, l'examen au fond de la demande reste subordonné à un avis formel du Ministre des finances du pays d'accueil. Cette instruction concerne notamment la conformité du projet d'implantation avec l'agrément accordé à la maison-mère ainsi que la compatibilité de cette demande d'implantation avec le bon fonctionnement du système bancaire du pays d'accueil et la sécurité des déposants du pays ayant accordé l'agrément initial. Le Secrétaire Général adresse une note de présentation à la Commission Bancaire pour autorisation. En cas d'urgence, le Président de la COBAC peut procéder par voie de consultation à domicile ou sur habilitation spéciale de la COBAC, à la délivrance de l'autorisation préalable. L'autorisation ou le refus d'implantation est notifié dans un délai de trois mois à compter de la réception par le Secrétariat Général de la COBAC du dossier complet de demande de l'établissement. Les contestations portant sur la décision de la COBAC sont soumises en dernier ressort à la Cour de Justice de la CEMAC.

Les dispositions légales et réglementaires relatives aux banques et établissements financiers, en particulier les règles prudentielles, sont applicables sur une base individuelle à l'établissement requérant et à ses filiales ou succursales. Dans le pays d'accueil, la nouvelle implantation doit tenir une comptabilité autonome permettant d'obtenir la situation de l'établissement concerné et de satisfaire à toutes les obligations légales, réglementaires et fiscales qui lui incombent. La maison-mère est tenue d'établir une situation consolidée de l'ensemble de son réseau à adresser à la COBAC. Le retrait de l'autorisation d'installation est prononcé dans les mêmes conditions que celles relatives au retrait d'agrément prévues par les conventions portant création de la COBAC et portant harmonisation de la réglementation bancaire dans les Etats de l'Afrique Centrale.

En plus de ces règlements adoptés sous l'égide de l'UMAC, plusieurs textes adoptés par la COBAC régissent spécifiquement la profession bancaire.

§2. L'organisation de la profession bancaire

La réglementation et la coordination de l'activité bancaire sont assurées au niveau sous-régional par la BEAC et la COBAC, lesquelles, quoique nées avant la CEMAC, font partie des institutions de celle-ci. Cette dernière créée par la Convention du 16 octobre 1990, est chargée de veiller au respect par les établissements de crédit des dispositions législatives et réglementaires édictées par les autorités monétaires dont elle-même, et de sanctionner les manquements constatés. En plus des conventions des 16 octobre 1990 et 17 janvier 1992, les six Etats membres de l'UDEAC, aujourd'hui CEMAC ont adopté en annexe deux conventions dont celle portant harmonisation de la réglementation bancaire dans les Etats de l'Afrique Centrale. Celle-ci supplante les réglementations nationales en matière bancaire.

Ces institutions ont en outre adopté une multitude de textes mais principalement sur le plan organisationnel, économique et comptable. En effet, l'étude minutieuse de ces diverses textes appelés « règlements » montre qu'à l'instar des autorités nationales, les autorités sous-régionales ne se sont guère souciées d'édicter des normes en matière bancaire. Pourtant l'article 67 des statuts de la Banque Centrale stipule que ses opérations sont exécutées conformément aux règles et usages bancaires.

A. L'organisation principale de la profession bancaire

Issue de la Convention du 17 janvier 1992 précitée, l'Annexe définit les établissements de crédit, fixe les conditions de leur agrément ainsi que de celui des dirigeants et des commissaires aux comptes, arrête les règles d'organisation de la profession, de contrôle et le régime des sanctions et des interdictions.

1. Définition et attributions des établissements de crédit

Selon l'article 4 de la Convention, les établissements de crédit sont les organismes qui effectuent à titre habituel des opérations de banque. Celles-ci comprennent la réception de fonds du public, l'octroi de crédits, la délivrance de garanties en faveur d'autres établissements de crédit, la mise à la disposition de la clientèle et la gestion de moyens de paiement.

Cette définition reprend minutieusement les attributs du banquier aux articles 5 à 9. Les fonds reçus du public sont les fonds qu'une personne recueille d'un tiers, notamment sous forme de dépôts, avec le droit d'en disposer pour son propre compte, mais à charge pour elle de les restituer. Une opération de crédit est tout acte par lequel une personne agissant à titre onéreux met ou promet de mettre des fonds à la disposition d'une autre personne ou prend, dans l'intérêt de celle-ci, un engagement par signature tel qu'un aval, un cautionnement ou une garantie. Le crédit-bail, et, de manière générale, toute opération de location assortie d'une option d'achat sont assimilés à des opérations de crédit. Quant aux moyens de paiement, ils sont définis comme tous les instruments qui, quels que soient le support ou le procédé technique utilisés, permettent à toute personne de transférer des fonds. L'article 8 énumère les opérations connexes à l'activité que peuvent effectuer les établissements de crédit :
- Les opérations de change ;

- Les opérations sur or, métaux précieux et pièces ;

- La location de compartiments de coffres-forts ;

- Le placement, la souscription, l'achat, la gestion, la garde et la vente de valeurs mobilières et de tout autre produit financier ;

- Le conseil et l'assistance en matière de gestion de patrimoine ou financière, l'ingénierie financière, et d'une manière générale tous les services destinés à faciliter la création et le développement des entreprises, sous réserve des dispositions législatives relatives à l'exercice illégal de certaines professions;

- Les opérations de location simple de biens mobiliers ou immobiliers pour les établissements habilités à effectuer des opérations de crédit-bail.

2. Agrément des établissements de crédit

Les articles 12 et suivants déterminent les conditions de constitution et d'exercice. L'exercice, par des organismes de droit local et par des succursales d'établissements ayant leur siège à l'étranger, de l'activité bancaire est subordonné à l'agrément de l'Autorité Monétaire, prononcé sur avis conforme de la Commission Bancaire. La COBAC dispose d'un délai de six mois pour donner son avis, à compter de la réception du dossier. L'absence de décision à l'expiration de ce délai vaut avis conforme. Les établissements de crédit sont obligatoirement constitués sous forme de personne morale à l'exception des succursales d'établissements de crédit ayant leur siège à l'étranger. Ils doivent disposer d'un capital libéré ou d'une dotation versée dont le minimum est fixé par décret. Les actions ou parts sociales des établissements ayant leur siège social dans les Etats signataires doivent revêtir la forme nominative. Le capital ou la dotation doivent être représentés en permanence par un excédent au moins équivalent des actifs au regard du passif à l'égard des tiers.

Le retrait d'agrément est prononcé par l'Autorité Monétaire, soit à la demande de l'établissement de crédit, soit d'office lorsque l'établissement ne remplit plus les conditions auxquels l'agrément est subordonné, lorsqu'il n'a pas fait usage de son agrément dans un délai de douze mois ou lorsqu'il n'exerce plus son activité depuis au moins six mois. Il peut aussi être prononcé à titre de sanction disciplinaire par la COBAC conformément aux dispositions de l'article 13 de la Convention du 16 octobre 1990.

Tout établissement de crédit dont l'agrément a été retiré entre en liquidation, laquelle est prononcée d'office par les instances judiciaires compétentes sur saisine soit de l'Autorité Monétaire, soit du liquidateur nommé par la COBAC en vertu de l'article 15 de la Convention précitée. Pendant la durée de la liquidation, l'entreprise demeure soumise au contrôle de la Commission Bancaire. Elle ne peut effectuer que des opérations strictement nécessaires à l'apurement de sa situation. Elle ne peut faire état de sa qualité d'établissement de crédit qu'en précisant qu'elle est en liquidation. Le liquidateur désigné par la COBAC est responsable de la liquidation du fonds de commerce de la banque. Les syndics ou liquidateurs judiciaires assurent la liquidation des autres éléments du patrimoine de la personne morale.

3. Agrément des dirigeants et des commissaires aux comptes

Selon les articles 18 et 19 de la Convention, les établissements de crédit doivent être dirigés et contrôlés au moins respectivement par deux directeurs généraux et deux commissaires aux comptes. En application de l'article 20, leur agrément est prononcé par arrêté pris par l'Autorité Monétaire sur avis conforme de la COBAC et publié au journal officiel de l'Etat concerné.

Le retrait d'agrément des dirigeants et des commissaires aux comptes des établissements de crédit est prononcé par l'Autorité Monétaire soit d'office lorsque les personnes visées ne remplissent plus les conditions de leur agrément, soit à la demande de l'établissement de crédit intéressé. Il peut aussi être prononcé à titre de sanction disciplinaire par la COBAC conformément aux dispositions de l'article 13 de la Convention du 16 octobre 1990. Les décisions portant retrait d'agrément doivent être motivées et notifiées à l'intéressé ; elles sont publiées au Journal Officiel de l'Etat concerné et dans au moins un des principaux organes de la presse nationale.

4. Les interdictions

Le régime des interdictions fait l'objet des articles 24 à 28 de la Convention. Il est interdit à toute personne autre qu'un établissement de crédit d'effectuer des opérations de banque à titre habituel. Cette interdiction ne vise pas les entreprises d'assurance, les agents de change et les personnes et services visés à l'article 11.

L'interdiction relative aux opérations de crédit ne s'applique pas :

- Aux organismes sans but lucratif qui, dans le cadre de leur mission et pour des motifs d'ordre social, accordent, sur leurs ressources propres, des prêts à conditions préférentielles à certains de leurs ressortissants ;

- Aux organismes qui, exclusivement à titre accessoire à leur activité de constructeur ou de prestataire de service, consentent aux personnes physiques accédant à la propriété le paiement différé du prix des logements acquis ou souscrits par elles ;

- Aux entreprises qui consentent à leurs salariés pour des motifs d'ordre social des avances sur salaires ou des prêts de caractère exceptionnel.

Les interdictions relatives aux dirigeants et membres du conseil d'administration font l'objet de l'article 27. Ainsi nul ne peut être membre du Conseil d'Administration d'un établissement de crédit, ni directement ou par personne interposée, administrer, diriger, ou gérer un établissement de crédit, ni disposer du pouvoir de signer pour le compte d'un tel établissement :

- S'il a fait l'objet d'une condamnation pour crime, atteinte à la sécurité ou au crédit de l'Etat, tentative ou complicité de ces infractions ou pour vol, abus de confiance, escroquerie, émission de chèque sans provision, infraction à la réglementation des changes et des transferts ;

- S'il a été déclaré en faillite, sauf réhabilitation en sa faveur ;

- S'il a été condamné en tant que gérant ou dirigeant d'une société en vertu des législations sur la faillite ou la banqueroute, sauf réhabilitation intervenue en sa faveur ;

- S'il a fait l'objet d'une mesure de destitution de fonctions d'officier ministériel ;

- Si le système bancaire et financier des Etats signataires porte des créances douteuses, au sens défini par les règlements de la COBAC, sur sa signature, ou, à l'appréciation de la Commission Bancaire, sur celles d'entreprises placées sous son contrôle ou sa direction.

5. Organisation de la profession

Selon l'article 29 de la Convention, tout établissement de crédit est tenu d'adhérer à l'Association professionnelle des établissements de crédit dans chacun des six Etats membres. Cette association a pour objet la représentation des intérêts collectifs des établissements de crédit, notamment auprès des pouvoirs publics, l'information de ses adhérents et du public, l'étude de toute question d'intérêt commun et l'élaboration des recommandations s'y rapportant en vue, le cas échéant, de favoriser la coopération entre réseaux, ainsi que l'organisation et la gestion de services d'intérêt commun. Les statuts de l'association sont soumis à l'approbation de l'Autorité Monétaire. Elle est tenue d'adhérer à une fédération professionnelle commune aux établissements de crédit de l'Afrique Centrale, chargée de poursuivre le même objet auprès des institutions à caractère sous-régional.

L'article 30 définit les Conseils Nationaux de Crédit comme des organismes consultatifs à compétence nationale, chargée d'émettre des avis sur l'orientation de la politique monétaire et du crédit ainsi que sur la réglementation bancaire. Ils sont placés auprès de l'Autorité Monétaire. Leur composition, leur organisation et leurs modalités de fonctionnement sont fixées par décret. Ils étudient les conditions de fonctionnement des établissements de crédit, notamment dans leurs relations avec la clientèle, et proposent toutes mesures qu'ils jugent appropriées. Les Conseils Nationaux du Crédit reçoivent de tous les établissements de crédit, suivant une périodicité et selon les modalités déterminées par l'Autorité Monétaire, des renseignements relatifs à leur activité et notamment à leurs ressources et à leurs emplois. Ils établissent tous les ans un rapport relatif à la monnaie, au crédit et au fonctionnement du système bancaire et financier. Ce rapport est adressé au Président de la République de l'Etat dont ils relèvent.

6. Réglementation et contrôle

a. Réglementation

Conformément à l'article 10 de la Convention du 16 octobre 1990 instituant la COBAC, c'est à cette institution que revient la charge du contrôle des établissements de crédit.

Les établissements concernés, les commissaires aux comptes et toutes autres personnes ou tous organismes dont le concours peut être requis sont tenus de satisfaire aux demandes qui leur sont adressées dans le cadre de ces contrôles. Elle est habilitée à adresser des injonctions ou des mises en garde aux établissements assujettis, à prononcer à leur encontre comme à celle de leurs dirigeants ou de leurs commissaires aux comptes des sanctions disciplinaires, à leur nommer un administrateur provisoire ou un liquidateur. Au titre de la réglementation, elle fixe les règles relatives :

- Aux conditions de prise ou d'extension de participations directes ou indirectes dans ces établissements, définies en liaison avec l'Autorité Monétaire ;

- Aux normes de gestion que ces établissements doivent respecter en vue notamment de garantir leur liquidité, leur solvabilité et l'équilibre de leur situation financière ;

- Au plan comptable, aux règles de consolidation des comptes et à la publication des documents comptables et autres informations destinées tant aux autorités compétentes qu'au public ;

- Aux conditions dans lesquelles ces établissements peuvent prendre des participations et accorder des crédits à leurs actionnaires, administrateurs et dirigeants.

L'Autorité Monétaire prend, sur avis du Conseil National du Crédit ou de la BEAC le cas échéant les décisions relatives:

- Au capital minimum des établissements de crédit ;

- Aux conditions d'implantation des réseaux ;

- Aux conditions des opérations que peuvent effectuer les établissements de crédit, en particulier dans leurs relations avec la clientèle ;

- A l'organisation de services communs ;

- A toutes questions concernant l'organisation et le fonctionnement des établissements de crédit autres que celles relevant des compétences de la COBAC et du Comité Monétaire National.

Les établissements de crédit sont tenus de transmettre à l'Autorité Monétaire, à la Banque Centrale et à la Commission Bancaire, dans les formes et selon la périodicité prescrite par celles-ci, les informations, renseignements, éclaircissements et justifications utiles à l'exercice de la mission dévolue à ces autorités. Selon l'article 37, tout établissement de crédit doit publier ses comptes dans les conditions fixées par l'Autorité Monétaire après avis du Conseil National du Crédit. La COBAC s'assure que ces publications sont régulièrement effectuées. L'Autorité Monétaire, la Banque Centrale et la Commission Bancaire peuvent ordonner aux établissements concernés de publier des rectificatifs dans le cas où des inexactitudes ou omissions altérant la sincérité des informations en cause auraient été relevées. Elles peuvent porter à la connaissance du public toutes les informations qu'elles estiment nécessaires.

b. Le contrôle des établissements de crédit

Le contrôle des établissements de crédit est bien entendu exercé par la Commission Bancaire dans les conditions prévues à l'article 10 de la Convention du 16 octobre 1990 instituant cette Commission. Les établissements de crédit, les commissaires aux comptes et toutes autres personnes ou tous organismes dont le concours peut être requis sont tenus de satisfaire aux demandes qui leur sont adressées dans le cadre de ces contrôles. La Commission Bancaire est habilitée à adresser des injonctions ou des mises en garde aux établissements assujettis, à prononcer à leur encontre comme à l'encontre de leurs dirigeants ou de leurs commissaires aux comptes des sanctions disciplinaires, à leur nommer un administrateur provisoire ou un liquidateur.

7. Difficultés d'exercice, secret professionnel et intermédiaires

L'exercice, à titre principal ou accessoire, de la profession d'intermédiaire en opération de banque par toute personne autre qu'un établissement de crédit est subordonné à l'autorisation préalable de l'Autorité Monétaire. L'autorisation est délivrée, dans des formes précisées par décret, sur avis conforme de la Commission Bancaire.

L'intermédiaire en opération de banque c'est quiconque, à titre de profession habituelle, met en rapport, sans se porter ducroire, les parties intéressées à une opération de banque dont l'une au moins est un établissement de crédit. L'alinéa 2 de l'article 43 précise que n'entrent pas dans cette catégorie les notaires et l'activité de conseil et d'assistance en matière financière. L'exercice de cette profession est interdit à toute personne qui tombe sous le coup des interdictions de l'article 27 précité. Les intermédiaires en opérations de banque exercent leur activité en vertu d'un mandat délivré par un établissement de crédit, lequel mandat mentionne la nature et les conditions des opérations que l'intermédiaire est habilité à accomplir. Tout intermédiaire en opérations de banque, qui, même à titre occasionnel, se voit confier des fonds en tant que mandataire des parties, est tenu à tout moment de justifier d'une garantie financière spécialement affectée au remboursement de ces fonds. Cette garantie ne peut résulter que d'un engagement de caution pris par un établissement de crédit. La Commission Bancaire est habilitée à contrôler le respect par lesdits intermédiaires des conditions régissant leur activité et propose le cas échéant à l'Autorité Monétaire le retrait de l'autorisation.

L'article 42 vise le secret professionnel. Tout membre du Conseil d'Administration ou du Conseil de Surveillance d'un établissement de crédit, toute personne qui à un titre quelconque participe à la direction ou à la gestion d'un tel établissement ou est employé par celui-ci est tenue au secret professionnel dans les conditions et sous les peines prévues à cet égard par le Code pénal de l'Etat d'implantation. Ce secret ne peut être opposé à la Commission Bancaire, conformément à l'article 11 de la Convention du 16 octobre 1990 régissant celle-ci.

Les articles 40 et 41 régissent la situation d'une banque en cas de difficulté économique et de poursuite judiciaire. Lorsque la situation d'un établissement le justifie, le Président de la Commission Bancaire invite les actionnaires ou sociétaires de cet établissement à rechercher les solutions que la situation de celui-ci commande. Il peut également demander à l'Association professionnelle des établissements de crédit concernée d'examiner et de lui soumettre les conditions dans lesquelles ses autres adhérents pourraient concourir au redressement d'un établissement en difficulté. Les autorités judiciaires, par la voix du Ministre de la Justice, sont tenues d'aviser la Commission Bancaire de toutes poursuites engagées en application des dispositions de la présente Convention. La Commission Bancaire est habilitée à se constituer partie civile dans le cadre de ces poursuites. En tant que de besoin, un représentant de la COBAC peut être entendu à titre d'expert par les autorités judiciaires compétentes.

7. Les sanctions

Selon l'article 45, sans préjudice des sanctions que pourra prendre, du même chef, la Commission Bancaire, sera puni d'un emprisonnement de 3 mois à 2 ans et d'une amende de 500 000 francs CFA à 25 millions de francs CFA, ou seulement de l'une de ces peines, quiconque, agissant soit pour son compte, soit pour le compte d'une personne morale, aura contrevenu aux dispositions et aux textes d'application des articles suivants du présent acte :

- 12, pour défaut d'agrément pour l'exercice de l'activité d'établissement de crédit;

- 17 al. 4, pour poursuite des activités d'établissement de crédit après retrait d'agrément ;

- 18 al. 3, pour défaut d'agrément pour l'exercice des fonctions de dirigeant d'établissement de crédit;

- 24, pour réalisation illégale d'opérations de banque à titre habituel ;

- 27 et 28, pour violation des interdictions énoncées auxdits articles.

Dans l'article 46, il est indiqué que sans préjudice des sanctions énoncées à l'article 39, sera puni d'un emprisonnement d'un mois à un an et d'une amende de 100 000 à 5 000 000 de francs, ou de l'une de ces peines seulement, quiconque aura sciemment :

- Mis obstacle aux contrôles de la Commission Bancaire ou des commissaires aux comptes d'un établissement de crédit ainsi qu'à l'accomplissement de la mission impartie par la Commission Bancaire à l'Administrateur provisoire ou au liquidateur qu'elle aura désigné au titre de l'article 39 ;

- Donné, certifié ou transmis des renseignements inexacts au titre des dispositions et textes d'application des articles 14, 21, 31,36, 37 et 38 ;

- Contrevenu aux dispositions et textes d'application des articles 9, 16, 18 alinéas 1 et 2, 28, 32, 34.

En application de l'article 47, est passible des peines stipulées à l'article 46 quiconque aura contrevenu aux dispositions et aux textes d'application des articles :

- 13, pour ouverture sans agrément de bureau de représentation, d'information ou de liaison au nom d'un établissement de crédit ayant son siège à l'étranger;

- 19, pour non désignation de commissaire aux comptes ou absence d'agrément préalable de ceux-ci;

- 43 et 44, pour exercice illégal de l'activité d'intermédiaire en opérations de banque.

L'article 48 concerne les sanctions prononcées par la Commission Bancaire. Ainsi, les établissements de crédit qui n'auront pas satisfait dans les délais impartis aux obligations prescrites au titre des articles 31, 36 et 37 ou aux injonctions de la Commission Bancaire encourent les astreintes suivantes par jour de retard et par omission :

- 50 000 francs pour les quinze premiers jours ;

- 100 000 francs pour les quinze jours suivants ;

- 300 000 francs au-delà.

B. Les autres règles d'organisation de la profession bancaire

Comme ci-haut exposé, les autorités monétaires ne se sont pas souciées d'édicter des textes en matière de gestion ordinaire des banques mais se sont appesanties sur la mise en place des dispositions d'ordre purement organisationnel et comptable, s'inspirant semble-t-il de « l'Accord du Comité de Bâle » sur le contrôle bancaire. Ainsi après avoir défini le cadre général de la supervision bancaire, elles ont conçu des textes relatifs aux conditions d'exercice de l'activité bancaire.

1. Le contrôle interne des établissements de crédit

Il fait l'objet du Règlement COBAC R-2001/07 du 7 décembre 2001 lequel a abrogé le Règlement COBAC R-93/08. L'article 1er du texte stipule que les établissements de crédit doivent se doter d'un système de contrôle interne. Et en application de l'article 3 dudit Règlement, les établissements de crédit veillent à mettre en place un système de contrôle interne efficace en adaptant l'ensemble des dispositifs prévus à la nature et au volume de leurs activités, à leur taille, à leurs implantations et aux risques de différentes natures auxquels ils sont exposés. Le système de contrôle interne est défini comme l'ensemble des dispositions décidées par l'organe délibérant et mises en œuvre par l'organe exécutif et l'ensemble du personnel d'un établissement de crédit en vue de s'assurer que ses activités sont convenablement maîtrisées à tous les niveaux pour lui permettre d'atteindre ses objectifs. Il est constitué d'un contrôle permanent de premier niveau dit contrôle opérationnel subdivisé, s'il y a lieu, en plusieurs échelons et d'un contrôle de second niveau constitué par la fonction d'audit interne. Celle-ci est définie par le Règlement comme une activité indépendante des unités opérationnelles qui donne à la banque une assurance sur le degré de maîtrise de ses opérations, lui apporte ses conseils pour les améliorer et contribue à créer de la valeur ajoutée. L'audit interne aide la banque à atteindre ses objectifs en évaluant, par une approche systématique et méthodique, ses processus de management des risques, de contrôle et de gouvernement d'entreprise et en faisant des propositions pour renforcer leur efficacité.

L'article 2 du Règlement définit les organes exécutifs et délibérants. L'organe exécutif est l'ensemble des personnes qui assurent la direction générale conformément à l'article 18 de l'Annexe à la Convention du 17 janvier 1992. L'organe délibérant est composé du conseil d'administration, du conseil de surveillance ou de tout organisme similaire chargé de la surveillance, pour le compte des apporteurs de capitaux, de la situation et de la gestion de la banque. Quant au comité d'audit, il est défini comme une émanation de l'organe délibérant, lequel doit s'assurer de la fiabilité et de la clarté des informations financières préparées par l'organe exécutif et les auditeurs externes et porter une appréciation sur la pertinence et la permanence des méthodes comptables adoptées pour l'établissement des comptes. Il doit porter une appréciation sur la qualité du contrôle interne, notamment la cohérence des systèmes de mesure, de surveillance et de maîtrise des risques et proposer autant que de besoin, des actions complémentaires à ce titre. Selon le dernier alinéa de cet article, la mise en place d'un Comité d'audit est obligatoire pour les établissements de crédit dont le montant du bilan excède 50 milliards de francs CFA. Le texte précise en outre que les membres de l'organe exécutif, le responsable de l'audit interne et les commissaires aux comptes de l'établissement ne peuvent être membres du Comité d'audit.

Les articles 4 et 5 définissent les responsabilités des organes délibérant et exécutif, lesquels doivent, selon l'article 6, promouvoir à l'intérieur de la banque une culture qui mette en valeur le contrôle interne auprès de tous les niveaux de personnel et chaque agent de la banque doit comprendre son rôle dans le dispositif du contrôle interne et y être totalement impliqué. L'organe exécutif met en œuvre les stratégies et politiques approuvées par l'organe délibérant, développe les processus qui permettent d'identifier, de mesurer, de suivre et de contrôler les risques encourus par la banque, maintient une structure organisationnelle qui assigne clairement des relations de reporting, d'autorité et de responsabilité, s'assure que les responsabilités déléguées sont effectivement exercées, met en place les politiques de contrôle interne appropriées et enfin suit l'adéquation et l'efficacité du système de contrôle interne. Quant à l'organe délibérant, il définit et revoit périodiquement l'ensemble des stratégies commerciales et des politiques de la banque, appréhende les risques principaux encourus par la banque, met des limites acceptables pour ces risques et s'assure que l'organe exécutif prend les mesures nécessaires pour identifier, mesurer, suivre et contrôler ces risques, approuve la structure organisationnelle et vérifie que cet organe s'assure de l'efficacité du système de contrôle interne.

L'article 49 du Règlement stipule qu'en cas de non-respect de ces dispositions, la COBAC peut adresser une injonction, à l'effet, notamment, de prendre dans un délai déterminé, toutes mesures correctrices de nature à mettre l'établissement en conformité avec lesdites dispositions. Si un établissement de crédit n'a pas déféré à une injonction ou n'a pas tenu compte d'une mise en garde ou a enfreint gravement la réglementation, la COBAC peut prononcer une ou plusieurs sanctions disciplinaires prévues à l'article 15 de l'Annexe à la Convention du 16 octobre 1990.

2. Les modifications de la situation des banques

Les établissements de crédit doivent soumettre à la Commission bancaire les modifications de leur situation juridique, les conditions de prise ou d'extension de participation dans leur capital et la cessation des fonctions de leur dirigeant et de leur commissaire aux comptes.

La modification de la situation juridique est soumise à deux régimes : l'autorisation préalable et la déclaration. Sont soumises à autorisation préalable de la Commission Bancaire les modifications de la situation d'un établissement portant sur la forme juridique, le type d'activité pour lequel il est agréé, la composition du collège des associés dans une société en nom collectif, l'identité du ou des commandités dans une société en commandite et le montant du capital des sociétés à capital fixe. En revanche, les modifications relatives aux règles de calcul des droits de vote, à la composition des conseils d'administration ou de surveillance, à l'adresse du siège social et à la dénomination sociale et commerciale doivent simplement être déclarées à cette Commission dans le délai d'un mois à compter de la décision desdites modifications. Cependant, les succursales des établissements de crédit ayant leur siège social à l'extérieur de la zone de l'Afrique Centrale doivent saisir la COBAC pour autorisation préalable des projets de réduction de leur dotation et déclarer à celle-ci le montant de leur dotation en cas d'augmentation et les dénominations sociales et commerciales ainsi que les adresses du siège social de l'établissement de crédit étranger et du principal centre d'exploitation de la succursale locale.

Sur la prise ou l'extension de participation, les personnes ou groupes de personnes agissant ensemble doivent obtenir l'autorisation préalable de la COBAC pour toute opération de prise ou de cession de participation dans un établissement de crédit ayant pour effet direct ou indirect pour ces personnes, l'acquisition ou la perte du pouvoir effectif de contrôle sur la gestion de l'établissement et l'acquisition ou la perte de la moitié, du tiers ou du cinquième des droits de vote. En outre, toute transaction ayant pour résultat de permettre à une personne ou à plusieurs personnes agissant ensemble d'acquérir le dixième des droits de vote dans une banque doit être notifiée à la COBAC au plus tard un mois avant sa réalisation.

Quant à la cessation des fonctions, il est fait obligation aux établissements de crédit de déclarer immédiatement à la Commission bancaire la cessation de fonction de leurs dirigeants agréés et de leurs commissaires aux comptes. Le non-respect de ces diverses prescriptions peut entraîner des sanctions pécuniaires (astreinte) et disciplinaires.

3. La convocation et l'audition des dirigeants

Lorsque la Commission bancaire décide de statuer en matière disciplinaire, le Président convoque le dirigeant de l'établissement en cause ainsi que le cas échéant tout autre responsable que la Commission aura jugé nécessaire d'entendre. La convocation notifiée par lettre recommandée avec accusé de réception ou par lettre portée avec décharge sur registre ou bordereau de transmission doit parvenir aux intéressés 15 jours au moins avant la date fixée pour l'audition et comporter l'exposé des faits motivant cette procédure. Les personnes convoquées peuvent requérir l'assistance d'un représentant, membre de leur association professionnelle, lors de leur audition. Elles ont également à cet effet la possibilité de consulter le dossier les concernant détenu par le Secrétariat Général de la Commission. Elles doivent déférer en personne à la convocation sauf empêchement dûment motivé, auquel cas ils sont tenus de transmettre leurs observations par écrit au Président de la Commission avant la date fixée pour leur audition, faute de quoi, celle-ci pourra statuer par défaut. Les sanctions prononcées doivent être motivées. Elles sont exécutoires dès leur notification, hormis pour le retrait d'agrément, lequel ne devient effectif qu'à l'expiration d'un délai d'un mois à compter de la communication, par lettre recommandée avec accusé de réception ou par lettre portée contre décharge, de la décision de la COBAC à l'Autorité Monétaire Nationale concernée.

4. L'exercice d'autres activités

Contrairement à l'article 9 de l'annexe à la convention portant harmonisation de la réglementation bancaire, la Commission Bancaire, par Règlement n°93/12 du 19 avril 1993, a autorisé les banques à exercer d'autres activités. Elles peuvent ainsi participer au capital d'autres entreprises, gérer en propriété un patrimoine immobilier non affecté à leur exploitation et exercer toute activité de mandataire, courtier ou commissionnaire pour le compte des filiales dans le prolongement des autres activités autorisées. Elles peuvent en outre offrir des prestations de services qui constituent l'utilisation accessoire de moyens principalement affectés à l'exploitation bancaire et apporter à leur clientèle des services qui, tout en n'étant pas connexes à leur activité, constituent néanmoins le prolongement d'opérations bancaires. Mais l'article 3 du Règlement précise que le montant annuel de l'ensemble des produits provenant de ces activités ne doit pas excéder 10% du produit net bancaire, défini comme la différence entre les produits et les frais bancaires, lesquels doivent figurer en comptabilité dans des rubriques particulières.

5. Le régime général des conditions de banque

Ce n'est que le 19 mars 1997 que le Conseil d'Administration de la BEAC, lors de sa séance ordinaire tenue à Brazzaville, a décidé que les établissements de crédit affichent dorénavant à leurs guichets le barème des conditions maximales et minimales applicables aux opérations avec la clientèle. Cette décision de la BEAC se justifie amplement par le fait que la libéralisation des conditions de banque en vigueur dans la zone d'émission doit se traduire par la mise à la disposition du public de la plus large information possible sur les conditions de placement et sur le coût des prestations offertes par les établissements de crédit. La mesure qui est entrée en vigueur à compter du 1er janvier 1998 a donc pour objectif de promouvoir un cadre concurrentiel et sain de la profession bancaire. Il est donc fait obligation à tous les établissements de crédit opérant dans la zone d'émission de la BEAC, de tenir dans un document unique et exploitable, leurs conditions d'intervention sur toute la sphère de leur activité. La Commission Bancaire est donc invitée à veiller au respect de cette disposition et d'appliquer les sanctions disciplinaires à l'égard des établissements de crédit en infraction. La BEAC a demandé à ceux-ci d'établir un barème des conditions débitrices et créditrices applicables aux opérations avec la clientèle. Le barème doit être affiché bien en évidence aux guichets. L'élaboration de ce document devra tenir compte des prescriptions suivantes :

- Les conditions débitrices applicables aux opérations de crédit à la clientèle sont libres et fixées d'accord parties, sous réserve qu'elles n'excèdent pas, tous frais, commissions et rémunérations de toutes natures compris, le « taux débiteur maximum ». Elles ne peuvent être majorées que des taxes ou des impôts payés à l'occasion de la conclusion ou de l'exécution des contrats de prêt (frais hypothécaires ou d'établissement des actes notariés) ;
- Les conditions créditrices sont également libres et fixées par voie de négociation entre les parties, sous réserve de respecter le « taux créditeur minimum » qui vise à protéger les petits épargnants. Les banques doivent communiquer à tous leurs clients, préalablement à l'ouverture d'un compte d'épargne ou de dépôt, ou à la souscription aux bons de caisse émis, les modalités de calcul des intérêts créditeurs et des prélèvements divers au profit de l'Etat, ainsi que la périodicité des versements des intérêts.

Chaque établissement de crédit est tenu de déterminer son taux de base bancaire pour la facturation des crédits à la clientèle. Aux différents segments de cette clientèle seront appliquées des marges bancaires différentes, en fonction de l'appréciation faite du risque encouru, de la solvabilité de chaque client, de la nature mobilisable ou non de l'opération, etc…

A la lettre circulaire et à la Directive, la BEAC a joint un exemplaire du barème standard des conditions de banque.

6. La participation des banques dans le capital des entreprises

Les établissements de crédit peuvent prendre et détenir des participations dans le capital d'une entreprise. Le Règlement définit les participations comme les titres qui confèrent au moins 10% du capital ou des droits de vote dans une entreprise ou qui permettent d'exercer, directement ou indirectement, une influence tangible sur la gestion et la politique financière d'une entreprise. Ces participations doivent respecter l'une et l'autre des limites suivantes :

- Chaque participation ne pourra excéder 15% des fonds propres nets de l'établissement assujetti ;
- L'ensemble des participations ne pourra excéder 75% des fonds propres nets dudit établissement.

Cependant ne sont pas soumises aux limites ci-dessus :

- Les participations détenues dans des établissements de crédit assujettis ;
- Les participations dans des entreprises dont l'activité constitue un prolongement de l'activité de l'établissement détenteur ou consiste soit en la détention d'immobilisations affectées à l'exploitation de l'établissement, soit en la fourniture de services nécessaires à l'exploitation de l'établissement ;
- Les titres détenus pour compte de tiers en vertu d'un accord formel ou faisant l'objet d'un engagement irrévocable d'achat reçu d'un tiers, à concurrence des fonds reçus des tiers par l'établissement en couverture de l'opération.

7. Les diligences des commissaires aux comptes

Les commissaires aux comptes visés sont ceux agréés dans le respect de la Convention du 17 janvier 1992 et qui exercent leurs activités dans les conditions fixées par les textes en vigueur, notamment l'acte additionnel n°5/82-UDEAC-324 du 18 décembre 1982 relatif aux commissariats aux comptes et l'expertise judiciaire en comptabilité et l'acte uniforme OHADA relatif aux sociétés commerciales et au groupement d'intérêt économique.

Lorsqu'il est fait obligation à un établissement de crédit de désigner deux commissaires aux comptes titulaires, ceux-ci ne peuvent représenter ou appartenir à un même cabinet, une même société de commissaires aux comptes ou même un réseau.

A l'occasion de l'arrêté des comptes annuels, les commissaires aux comptes sont tenus de s'assurer que les données transmises à la Commission bancaire permettent d'établir des situations comptables qui donnent une image fidèle du résultat de la période, de la situation financière et du patrimoine de l'établissement de crédit.

Ils veillent, en particulier, au respect des dispositions du Règlement COBAC R-98/03 relatif à la comptabilisation et provisionnement des créances en souffrance et des engagements par signature douteux. Ils s'assurent de la pertinence de l'évaluation des garanties reçues. Ils sont tenus d'alerter, sans délai, le secrétariat Général de la COBAC dès qu'ils constatent à l'occasion de l'exercice de leur mission :

- Tout fait de nature à influencer de manière significative la situation de l'établissement de crédit sur le plan financier ou sous l'angle de son organisation administrative et comptable ou de son contrôle interne ;

- Tout fait qui peut constituer une violation des lois et règlements de nature à mettre en cause gravement la responsabilité de l'établissement ou de ses dirigeants ;

- Tout fait qui est de nature à entraîner le refus ou des réserves graves en matière de certification des comptes ;

- Tout fait qui est de nature à compromettre la continuité de l'exploitation de l'établissement de crédit.

Par ailleurs, les commissaires aux comptes informent le Secrétariat Général de la COBAC lorsqu'ils déclenchent une procédure d'alerte en vertu des articles 150 à 156 de l'acte uniforme OHADA relatif au droit des sociétés commerciales. Ils communiquent à celui-ci tout rapport adressé aux organes exécutifs ou délibérants de l'établissement de crédit dont ils assurent la certification des comptes.

Leur responsabilité ne peut être engagée pour les informations et les divulgations de faits auxquelles ils procèdent en exécution de leurs diligences ci-haut décrites.

En cas de non-respect des dispositions du présent Règlement par un commissaire aux comptes, la COBAC peut lui infliger les sanctions prévues par l'article [96]15 (ancien article13) de l'annexe à la Convention du 16 octobre 1990 portant création d'une Commission Bancaire en Afrique Centrale.

---

[96] Si un établissement de crédit n'a pas déféré à une injonction ou n'a pas tenu compte d'une mise en garde, ou a enfreint gravement la règlementation, la Commission Bancaire peut prononcer une ou plusieurs des sanctions disciplinaires suivantes : l'avertissement, le blâme, l'interdiction d'effectuer certaines opérations ou toutes autres limitations dans l'exercice de ses activités, la révocation du ou des commissaires aux comptes, la suspension ou la démission d'office du ou des dirigeants responsables et enfin le retrait d'agrément.

8. Les attributions des PCA et des DG des établissements de crédit

Des dysfonctionnements affectent très souvent la gestion de certains établissements de crédit, en raison d'une confusion dans les attributions respectives du Président du Conseil d'Administration et du Directeur Général. En effet, des conflits de compétence apparaissent fréquemment dans ces établissements entre ces deux responsables ou d'une émanation de l'organe délibérant au sens de l'article 2 du Règlement COBAC R-2001/07 relatif au contrôle interne des établissements de crédit. L'examen de ces situations a montré que ces genres de dissensions sont générés par une immixtion dans la gestion courante de l'établissement, soit du PCA, soit de l'entité mandatée pour assumer une des prérogatives dudit organe délibérant. Par ailleurs, pour justifier des actes de gestion qui se traduisent par une infraction aux lois et règlements en vigueur tant en matière bancaire qu'au regard du droit commun des sociétés commerciales, certains dirigeants pourtant agréés évoquent les instructions reçues du PCA ou l'approbation par celui-ci des actes en cause.

Cette situation a amené le Président de la COBAC à réagir. C'est ainsi que par circulaire référencé LC-COB/04 du 1er avril 2003, il a rappelé les attributions du Conseil d'Administration et de son Président, d'une part, et celles du Directeur Général, d'autre part, lesquelles sont clairement fixées par l'Acte Uniforme OHADA relatif au droit des sociétés commerciales et du groupement d'intérêt économique. En effet, l'organisation et le fonctionnement du conseil d'administration sont régis par les articles 416 à 461 de l'acte uniforme précité. Poursuivant, il a réitéré les dispositions des articles [97]435 et[98] 487 dudit acte uniforme relatifs aux pouvoirs respectifs du conseil d'administration et du directeur général.

Au regard de ces dispositions et selon les précisions de l'article 480 dudit acte uniforme, le PCA préside les réunions du conseil d'administration et les assemblées générales. Il doit veiller à ce que le conseil d'administration assume le contrôle de la gestion confiée au DG. A toute époque de l'année, le

---

[97] Selon cette disposition, le conseil d'administration précise les objectifs de la société et l'orientation qui doit être donnée à son administration ; exerce un contrôle de la gestion assurée selon le mode de direction retenu, par le Président directeur général ou par le directeur général ; arrête les comptes de chaque exercice.

[98] Selon l'article 487 de cet acte uniforme, le directeur général assure la direction générale de la société. Il la représente dans ses rapports avec les tiers. Pour l'exercice de ses fonctions, il est investi des pouvoirs les plus étendus qu'il exercice dans la limité de l'objet social et sous réserve de ceux expressément réservés au conseil d'administration par des dispositions légales ou statutaires.

PCA opère les vérifications qu'il juge opportunes et peut se faire communiquer tous les documents qu'il estime utiles à l'accomplissement de sa mission. Dans ce contexte, tout PCA désirant assurer personnellement la direction générale de son établissement ou intervenir dans la gestion courante devrait obtenir, d'une part, sa nomination par le conseil d'administration aux fonctions de président directeur général et, d'autre part l'agrément prescrit par l'article 21 de la Convention du 17 janvier 1992 portant harmonisation de la réglementation bancaire dans les Etats de l'Afrique Centrale

Pour conclure ce chapitre, relevons que la législation est globalement insuffisante pour régir l'activité bancaire lors de l'accession du Tchad à la souveraineté internationale. La législation coloniale appliquée selon les principes respectifs de continuité puis de la permanence législative est effritée par un autre principe, celui de la spécialité législative. Par la suite les nouvelles autorités n'ont pas correctement assuré le relais. Jusqu'à ce jour, ce sont toujours le Code civil et le Code de commerce français dans leur rédaction de 1958 qui sont appliqués alors que ceux-ci contenaient peu de dispositions en matière de droit des activités économiques. Plus tard en 1995 et sans doute sous la pression des banques, une loi prise le 19 mai règlemente le secret professionnel bancaire. Le Code pénal et les autres codes de procédure qui datent de 1967 n'ont presque pas été modifiés.

En matière spécifiquement bancaire, seul un acte réglementaire a été pris en 1965 pour organiser la profession et instituer des organismes de contrôle. Ce texte qui définit la notion de banque et les différentes catégories d'établissements financiers n'édicte aucune règle en matière de gestion bancaire. C'est donc au niveau sous-régional que la législation bancaire a été plus ou moins étoffée. En effet, sous la houlette de [99]l'UDEAC d'abord puis de la CEMAC, toute une panoplie de textes a été adoptée : législations sur les chèques et les autres instruments de paiement, la normalisation bancaire, lutte contre les blanchiments des capitaux, les fonds de garantie, l'activité boursière, les changes,... Toutefois ces législations tiennent plus aux règles organisationnelles et prudentielles. Comme en droit local, elles sont très frileuses en matière de normes relatives à la gestion ordinaire des banques.

La législation applicable aux banques tant sur le point du droit commun que du droit spécifiquement bancaire est insuffisante. Il y a un vide juridique, lequel est source d'insécurité judiciaire pour la profession bancaire.

[99] . Voir infra, les acteurs sous-régionaux.

CHAPITRE II

PRELUDE A L'INSECURITE JUDICIAIRE

Alors que dans le domaine proprement bancaire l'absence de textes devrait être source d'insécurité totale pour le banquier, celui-ci voit sa responsabilité plutôt accentuée en droit commun qu'en droit bancaire. Tant en matière civile qu'en matière pénale, les banques ont été lourdement condamnées à des dommages et intérêts ainsi qu'elles ont été déboutées de leurs demandes. En revanche, les actions engagées contre les banques pour manquements à leurs devoirs professionnels se sont presque soldées par des échecs.

C'est en matière de droit commun et devant les juridictions répressives que les banques subissent des condamnations, généralement pour le fait de leurs préposés. En droit pénal général, les infractions régulièrement poursuivies sont les délits de vol, d'abus de confiance de faux et d'usage de faux. Quant aux délits spéciaux tels que l'usure, la violation du secret professionnel, la banqueroute et le chèque sans provision, ils sont rarement évoqués devant les tribunaux alors que l'usure se pratique à grande échelle et les chèques rejetés pour défaut de provision suffisante se comptent par centaines.

En matière civile, les instances concernent la responsabilité civile délictuelle et très souvent la responsabilité civile contractuelle. Les reproches faits aux banques sont par exemple le fait d'avoir permis à un gérant d'ouvrir un compte parallèle, lequel a facilité le détournement d'une importante somme d'argent, la violation des obligations contractuelles telles que la communication de la situation des comptes bancaires aux autorités politiques, les paiements des chèques irréguliers, l'imprudence, les défauts d'information et de conseil du client et de la caution et les défauts de diligence notamment. On notera que les services de caisse, la gestion ordinaire des comptes et l'octroi et la gestion des crédits qui génèrent des contentieux importants ne font pas souvent l'objet d'instances et quand c'est le cas, la banque échappe généralement aux condamnations. Quant aux services annexes tels que la location du coffre-fort, les valeurs mobilières et les renseignements commerciaux, ils sont très rarement pratiqués et ne peuvent par conséquent faire l'objet de procédure devant les juridictions.

Section 1. Les poursuites de droit commun

La banque peut être poursuivie en matière pénale pour banqueroute frauduleuse ou pour pratique des taux usuraires. Elle peut également répondre comme civilement responsable du fait de ses préposés passibles d'infraction. Mais le plus souvent, sa responsabilité a été retenue sur le terrain de la responsabilité civile de droit commun.

§1. Devant les juridictions répressives

Devant les juridictions répressives, les poursuites concernent le vol, l'abus de confiance, le faux et l'usage de faux, l'escroquerie et aussi les délits spéciaux tels que l'usure, le chèque sans provision, la banqueroute et la violation du secret professionnel

A. Selon le droit pénal général

Les instances relatives aux vols, au faux et usage de faux et à l'escroquerie mettent en cause les banques mais du fait de leurs préposés ; celles relatives à l'abus de confiance concernent parfois les dirigeants.

1. Le vol

Les services de caisse des banques sont celles qui génèrent habituellement d'abondants contentieux compte tenu de leur nombre, de leur fréquence et des niveaux de formation des agents employés. Dans les opérations de caisse, le banquier agit à la fois en qualité de mandataire et de dépositaire. Il effectue des paiements pour le compte de son client au vu des mandats à lui confiés ; il exécute ainsi son obligation de restitution des fonds qu'il avait en dépôt. Il est responsable en cas de mauvaise exécution de l'ordre reçu du client notamment en payant des chèques irréguliers. Dans une espèce qui a fait l'objet de plusieurs instances tant pénales que civiles, la responsabilité du banquier a été recherchée en tant que civilement responsable de son préposé. Il a en effet été reproché à ce dernier la complicité de vol, faux et usage de faux et escroquerie pour le préjudice subi par suite de paiement d'un chèque.

Le préposé d'un gérant de SARL avait subtilisé en 1995 trois volets de chèques du carnet de chèques appartenant à ce dernier et a réussi à se faire payer au guichet de la banque un chèque de 900 000 francs CFA. Or pour se faire payer, il a présenté une pièce d'état civil en l'occurrence une carte d'identité nationale d'un de ses collègues qu'il a pu dérober trois mois au par avant. Malgré la non-conformité de la signature et la fausse identité, le guichetier a néanmoins honoré le chèque. Le titulaire du compte dépose plainte contre la banque et son préposé pour complicité de vol, faux et usage de faux et escroquerie en sollicitant leur condamnation à lui payer outre la somme indûment perçue soit 900 000 francs CFA et des dommages et intérêts de 18 millions de francs CFA.

Le préposé de la banque avait bien relevé et inscrit sur le verso des chèques les informations relatives au véritable propriétaire de la pièce d'identité mais ne s'est nullement gêné de vérifier la conformité des identités du présentateur du chèque et du titulaire de la pièce dérobée. La banque pour sa défense soutient d'une part que la signature apposée sur le chèque incriminé est apparemment conforme à celle figurant sur le spécimen et d'autre part reproche au client d'avoir mal gardé son chéquier.

Après plusieurs semaines d'instruction contradictoire du dossier, le tribunal correctionnel de N'Djaména en son audience du 17 octobre 1995 a déclaré le préposé de la banque non coupable des délits de complicité de vol, d'escroquerie, de faux et d'usage de faux et l'a relaxé des fins de poursuite et a par conséquent mis hors de cause la banque. Ce jugement sera par la suite confirmé en toutes ses dispositions par la chambre correctionnelle de la Cour d'Appel en son audience du 19.11.1996.

Pourtant une obligation de vérification de l'identité du remettant pèse sur le banquier. En effet, lors du paiement du chèque, le banquier est tenu de prendre des précautions pour éviter d'honorer des chèques irréguliers. Toute personne qui remet un chèque doit justifier de son identité au moyen d'un document officiel portant sa photographie[100].

En d'autres termes, aucun paiement par chèque ne peut être fait sans justification d'identité. Commettrait donc une faute susceptible d'engager sa responsabilité le banquier qui faillirait à cette obligation. Il ne fait de doute que l'action du gérant de la SARL aurait prospéré sur le terrain civil. Car difficile semble la caractérisation du délit de complicité de vol, de faux et d'usage de faux et d'escroquerie reproché au guichetier. En effet, si les éléments légaux et matériels de ces infractions sont établis, l'élément moral fait défaut. En l'occurrence, sa négligence de n'avoir pu vérifier l'identité du

[100] Article 12-2 du décret-loi du 30 octobre 1935 unifiant le droit en matière de chèque.

remettant du chèque avec la photographie figurant sur la carte dérobée est caractéristique d'une faute professionnelle ainsi que d'une infraction.

2. L'abus de confiance

Le Code pénal tchadien réprime l'abus de confiance en ces termes: « *quiconque aura détourné ou dissipé des choses qui lui avaient été confiées seulement à charge de les rendre ou représenter, ou d'en faire un usage ou un emploi déterminé, sera puni de six mois à cinq ans d'emprisonnement et de 50 000 à 2 000 000 de francs CFA d'amende* »[101].L'abus de confiance est donc le détournement d'une chose au préjudice d'autrui. De plus, l'auteur du détournement doit avoir l'intention de disposer d'une chose qui ne lui avait été remise qu'à titre précaire.

L'agent de banque peut causer de préjudices à son propre employeur en dissipant à son profit des sommes qui lui avaient été remises en sa qualité de caissier ou d'agent de change. Il peut détourner des valeurs et autres objets précieux en sa qualité de dépositaire. Il peut causer des préjudices aux clients de la banque en détournant des sommes qui avaient été remises par ceux-ci en apurement de leur dette.

a. Le cas d'un dirigeant

Le chef d'agence d'une banque notable de la place chargé du recouvrement d'une partie des créances de la banque, était poursuivi du chef des délits d'abus de confiance, d'escroquerie et de « détournements de deniers privés », délits prévus et réprimés par les articles 308, 318 et 322 du code pénal. En effet deux clients de la banque avaient contracté un prêt dont les encours en 1996 sont de 7 926 000 et 3 000 000 de francs CFA. Le premier avait signé un contrat de délégation de loyers au profit de la banque et le second devait revendre sa propriété dont le produit lui servirait à rembourser intégralement sa dette. Ce chef d'agence entre les mains desquelles étaient reversées ces sommes au lieu de les remettre à la banque en créditant le compte des intéressés les a purement et simplement détournées. Sur plainte d'une des parties civiles, le Tribunal correctionnel de N'Djaména a poursuivi ledit chef d'agence du chef des délits d'abus de confiance, d'escroquerie et de

[101] Article 308 du Code pénal.

« détournements de deniers privés ou publics[102] ». Mais les qualifications retenues par le jugement définitif sont l'abus de confiance, l'escroquerie, le faux et l'usage de faux. La banque s'est constituée partie civile d'une part pour les préjudices causés à ses clients et d'autre part pour les préjudices moraux causés à son institution. Elle soutenait en outre que son chef d'agence avait agi dans son intérêt personnel aux motifs d'une part que la vente de la propriété d'une des parties civiles était organisée de son propre chef sans l'avis favorable du comité de crédit et que les loyers versés par l'autre partie civile en remboursement de sa dette l'ont été à titre d'amis.

Dans ses réquisitions du 31 mars 1998, le Ministère Public exposait *qu'il résulte de l'information des charges suffisantes contre le prévenu, d'avoir...:*

- détourné des sommes qui lui avaient été confiées à charge pour lui de les reverser dans les comptes des bénéficiaires...

- dans les mêmes circonstances de temps et de lieu, fait usage de fausses qualités en employant des manœuvres frauduleuses pour s'être fait remettre des sommes d'argent et d'avoir par ces moyens, escroqué tout ou partie de la fortune des intéressés, faits prévus et punis par les articles 318 et 308 du Code pénal.

Finalement la banque n'a pas été suivie en ses moyens de défense. Par jugement en date du 24 septembre 1998, le Tribunal correctionnel de N'Djaména a déclaré le chef d'agence coupable des faits qui lui sont reprochés et l'a condamné à un an d'emprisonnement avec sursis et 100 000 francs d'amende ferme. Il l'a en outre condamné à payer à l'une des parties civiles la somme de 8 442 830 francs à titre de dommages et intérêts et a déclaré la banque civilement responsable[103].

La banque relevait appel du jugement à titre principal. Mais par arrêt en date du 8 juin 1999, la Cour d'Appel en sa chambre correctionnelle confirmait le jugement querellé en toutes ses dispositions[104]. Pour déclarer la banque civilement responsable, la Cour a laconiquement motivé que « le prévenu est un employé de la banque et de ce fait il a agi dans l'exercice de ses fonctions, il y a donc lieu de la déclarer civilement responsable ». Elle n'a pas répondu aux moyens soutenus par la banque selon lesquels « la vente de la propriété

[102] En droit positif tchadien, « le détournement » n'est imputable qu'aux agents publics et leurs complices et fait l'objet de procédures soit devant les juridictions ordinaires, soit devant les juridictions spéciales telles que la Cour spéciale de justice.
[103] Il s'agit du jugement n° 3178/98 du 24 septembre 1998 du tribunal correctionnel de NDjaména non publié.
[104] Arrêt n°220/99 du 8 juin 1999 de la Cour d'appel de NDjaména (chambre correctionnelle) non publié.

de la partie civile par le prévenu non seulement violait ses procédures internes dont la non soumission du dossier au comité de crédit mais également relevait d'une transaction entre amis ». A défaut d'une Cour suprême[105], elle ne pouvait exercer un pourvoi pour voir casser ou annuler la décision incriminée et s'est vu contrainte de l'exécuter.

b. Le cas d'un préposé

Il est fréquent que les préposés des banques soient poursuivis pour complicité d'abus de confiance pour des préjudices subis par les clients en rapport avec l'ouverture des comptes. En effet, les vérifications préalables à opérer avant l'ouverture des comptes à un client si elles ne l'ont pas été, peuvent causer des dommages non seulement aux clients mais également aux tiers.

Les banques sollicitées pour répondre de la faute de leur préposé n'ont pour moyens de défense que le défaut de causalité entre la faute et le dommage et les pouvoirs des responsables des sociétés tels qu'ils ressortent des statuts. Le cas d'espèce ci-dessus rapporté a fait l'objet de plusieurs instances tant en référé qu'au pénal et au civil.

Courant 1990, trois hommes d'affaires dont un de nationalité togolaise ont décidé de créer une société de construction de bâtiments sous la forme d'une société à responsabilité limitée. Pour le fonctionnement de ladite société, ils ont ouvert un compte dans une banque notable de la place. Celle-ci leur a exigé entre autres les statuts et le procès-verbal de délibération de l'Assemblée Générale.

Deux signatures furent déposées sur le spécimen à l'ouverture du compte, celles du Directeur Administratif et du gérant statutaire[106]. Le compte est donc ouvert au nom de la société et dénommée Travaux 2000. Quelques mois plus tard et à la faveur de l'adjudication d'un marché par le FED, le gérant revient à la banque ouvrir un autre compte qu'il dénomme “Travaux 2000, Réalisations Travaux FED”. En 1991, suite au règlement d'une facture de la société effectuée par le FED, le gérant procède au retrait d'une somme de 22 955 117 francs CFA qu'il parvint à convertir en *travellers cheque* et s'enfuit

---

[105] En effet, la cour suprême, objet de la loi n° 006/PR/98 du 7 août 1998 n'a effectivement commencé à fonctionner que vers la fin de l'année 1999 après la nomination du Président et des conseillers.

[106] Ceci dénote d'une simple prudence des associés nationaux compte tenu de la nationalité du gérant (Togolais) car selon l'article 1849 du Code civil, le gérant d'une société à responsabilité limité dispose des pouvoirs étendus pour engager la société.

du pays. Pour parvenir à ses fins, il utilisa les services d'un ami travaillant dans une autre banque située non loin de la première et dans laquelle Travaux 2000 a également ouvert un autre compte.

Sur plainte avec constitution de partie civile du directeur administratif, le Parquet d'instance fit ouvrir une information en désignant le juge d'instruction du premier cabinet du Tribunal de Première Instance de N'Djaména.

Le gérant fut inculpé du chef des délits d'abus des biens sociaux[107] et de faux et d'usage de faux. Le préposé de la banque par l'entremise duquel il a pu se faire délivrer les *travellers cheque* fut inculpé de complicité de faux et d'usage de faux et d'abus de biens sociaux. L'instruction ayant révélé que le compte intitulé "Réalisations Travaux FED" a été ouvert sans vérification idoine préalable, le juge a ordonné la comparution et l'audition de l'agent de la banque qui a ouvert ce second compte.

Rendant sa décision[108]le 1er septembre 1994, le tribunal correctionnel de N'Djaména a déclaré le gérant coupable du délit de détournement de fonds sociaux, de faux et d'usage de faux et l'a condamné à cinq ans d'emprisonnement ferme et 10 millions de francs d'amende ferme.

Les préposés des deux banques ont été déclarés complices de détournement de fonds et condamnés à 12 mois d'emprisonnement avec sursis et à payer chacun 50 000 francs d'amende ferme.

Quant aux intérêts civils, les trois prévenus ont été condamnés solidairement à payer la somme de 40 823 500 francs de dommages et intérêts à la partie civile. Les deux banques ont été déclarées civilement.responsables du fait de leurs préposés respectifs en tant que commettants.

Le délit d'abus de biens sociaux n'est défini nulle part dans le Code pénal tchadien. Seul l'abus de confiance reçoit application aux articles 318 à 321 dudit code. Le délit de détournement de biens est régi aux articles 322 et suivants du Code pénal. Les auteurs d'infractions relevées sont tous des personnes de droit privé et donc ne peut leur être reproché que le délit d'abus de confiance. Le réquisitoire introductif du procureur de la république n'a visé que le prévenu principal à savoir le gérant. Le prétendu complice a été entendu à l'instruction et lors des débats d'audience en qualité de simple témoin. Il en est de même de l'agent ayant ouvert le compte qui a comparu une seule fois pour être entendu en audience publique en qualité de témoin. Leurs noms

---

[107] Cette qualification du parquet d'instance est fausse. Il ne peut s'agir que d'abus de confiance car le « délit d'abus de biens sociaux » n'est pas encore légalement consacré au Tchad.

[108] Il s'agit du jugement répertorié 1068/94.

n'apparaissent nulle part dans le réquisitoire définitif du parquet d'instance et surtout dans l'ordonnance de renvoi du juge d'instruction.

Toutes les parties y compris le ministère public sauf le gérant en fuite ont relevé appel. Il est surtout reproché au premier juge d'avoir retenu les deux préposés dans les liens de la prévention alors que ceux-ci n'ont fait l'objet d'aucune poursuite préalable du parquet d'une part et d'avoir retenu tantôt les délits d'abus de biens sociaux, tantôt de détournement de fonds. Statuant sur les appels respectifs des parties, la Cour d'Appel en sa chambre correctionnelle a annulé le jugement querellé en toutes ses dispositions et a renvoyé le ministère public à mieux se pourvoir. Pour annuler ce jugement, la Cour a motivé entre autres que :

- Sans qu'il y ait disqualification, le premier juge retient le détournement de biens sociaux, de faux et d'usage de faux alors que le parquet requerrait l'information du chef d'abus de confiance, de faux et d'usage de faux ;

- L'agent de la BTCD[109] n'a été entendu ni en enquête préliminaire, ni par le juge d'instruction mais il a été condamné pour complicité;

- Sans qu'il y ait réquisitoire supplétif de complément d'information concernant les deux préposés des deux banques, ceux-ci ont été néanmoins condamnés pour complicité.

En effet, le principe de la légalité des peines a été consacré à l'article 1er du Code pénal : " *nul crime, nul délit, nulle contravention ne peuvent être punis de peines qui n'étaient pas prononcées par la loi avant qu'il fussent commis* ". Et le délit d'abus de biens sociaux n'est prévu nulle part dans l'ordonnance n° 12-67-PR-MJ portant promulgation du Code pénal. En outre ne peut être jugé par la juridiction de jugement que toute personne visée par le réquisitoire introductif du juge du parquet et par l'ordonnance de renvoi du juge d'instruction. C'est ce qu'a méconnu le premier juge.

3. Le faux et l'usage de faux

Les faux en écritures qui font l'objet des articles 189 à 208 du Code pénal sont décrits dans trois paragraphes :

---

109 C'est la Banque Tchadienne de Crédit et de Dépôts, devenue Société Générale Tchadienne de Banque en 2001 puis aujourd'hui Société Générale Tchad.

- Des faux en écritures authentiques ou privées ;

- Des faux en écritures privées de commerce ou de banque ;

- Des faux commis dans certains documents administratifs, dans les feuilles de route et les certificats.

Selon l'article 194 du code pénal, la personne qui aura, de l'une des manières exprimées en l'article 191, commis ou tenté de commettre un faux en écriture privée, de commerce ou de banque, sera punie d'un emprisonnement de un à cinq ans et d'une amende de 5 000 à 1 000 000 de francs CFA. Et les manières exprimées à l'article 191 sont :

- La contrefaçon ou l'altération des écritures ou des signatures ;

- La fabrication des conventions, dispositions, obligations ou décharges, ou par leur insertion après coup dans ces actes ;

- L'addition ou altération de clauses, de déclarations ou de faits que ces actes avaient pour objet de recevoir et de constater.

A l'instar du délit d'abus de confiance, le faux et l'usage de faux fait l'objet d'un contentieux abondant que devraient connaître les juridictions répressives mais curieusement ce sont les juridictions civiles qui sont préférées à ces dernières. Ces infractions sont souvent reprochées aux préposés des banques, guichetiers ou gestionnaires de la clientèle. Il en est ainsi du cas reproché à l'agence de la Société Générale de Moundou.

En 1997, M. X qui réside à Libreville au Gabon mais de nationalité tchadienne de passage à Moundou ouvre un compte bancaire dans l'agence de la SGT à Moundou et y dépose 500 000 FCFA. En 2009 de retour au pays, il émet un chèque pour se faire payer mais la banque lui apprend que son compte est débiteur. Des vérifications ont révélé que deux retraits ont été opérés dans ledit compte respectivement les 4 et 29 avril 2005 de 20 000 et 400 000 FCFA alors qu'à ces dates, il n'était pas au pays. Ces deux retraits l'ont été avec deux chèques de guichets. Or le chèque de guichet ne peut être émis et payé qu'au titulaire du compte. Les références d'une carte d'identité ont été relevées sur lesdits chèques mais la personne n'a pas été retrouvée pendant l'enquête diligentée par la police judiciaire.

Devant rejoindre Libreville et faute de temps, il mandate deux de ses frères à l'effet d'engager des actions contre la banque. Ceux-ci déposent donc plainte contre la SGT pour complicité de faux et d'usage de faux et demandent l'allocation des sommes de 500 000 FCFA à titre principal et 50 millions à titre de dommages et intérêts. Sur l'interpellation de la police, la banque n'arrive pas à retrouver les copies des deux chèques. Le bénéficiaire non plus n'a pas été retrouvé. Elle estime que c'est le titulaire du compte même qui est l'auteur de ces retraits. Or les références de l'identité relevées ne sont pas les siennes et aux dates desdits retraits, il était hors du Tchad. Mais à défaut d'identification précise du préposé de la banque auteur ou complice du faux, la procédure établie par la police ne pouvait prospérer sur le plan pénal.

Le parquet d'instance de N'Djaména saisi du procès-verbal d'enquête préliminaire classe le dossier sans suite et transmet une copie du procès-verbal au tribunal civil. Les mandataires, sans se soucier des exigences des articles 41 et suivants du Code de procédure civile, font enrôler en audience publique après la non-conciliation constatée par le Tribunal. Ils soutiennent dans leurs conclusions et par le biais de leur conseil que la Société Générale Tchad a manqué à ses obligations légales et surtout élémentaires, notamment, le contrôle strict de la conformité de la signature et le défaut de vigilance. La personne inconnue pour eux ne peut bénéficier de ces retraits qu'avec la complicité des agents de la défenderesse. La banque quant à elle a versé au dossier des conclusions préliminaires soutenant une exception à savoir le défaut de saisine de la juridiction de jugement. En effet, selon l'article 41 du Code de procédure civile, les actions sont introduites par le dépôt au greffe de la juridiction, soit d'une requête, soit d'un exploit de citation.

A son audience du 26 juin 2012, le tribunal rendant son jugement, a déclaré irrecevable l'action des mandataires et les a condamnés aux dépens. En effet, preuve de la saisine régulière du tribunal n'a pas été faite par ces derniers. Dans les pièces du dossier ne figurent que le procès-verbal de la police et les conclusions de leur conseil. C'est à bon droit que le tribunal a suivi la banque dans ses exceptions procédurales en déclarant irrecevables les demandeurs en leurs prétentions. Cette décision statuant sur une exception de procédure n'est que partie remise car on ne sait comment la banque peut s'exonérer de cette responsabilité de dépositaire. En effet, elle n'arrive pas à justifier de l'identité du bénéficiaire des paiements. Les chèques émis sur ses propres carnets ont disparu de sa comptabilité alors qu'elle ne peut à ce stade exciper de la prescription. Elle ne peut difficilement échapper à une condamnation si les demandeurs régularisent la procédure.

4. L'escroquerie

L'escroquerie devrait, à l'instar des infractions d'abus de confiance, de vol, de faux et usage de faux, faire l'objet des procédures impliquant la banque mais très rares sont les cas soumis à nos juridictions. Et le cas ci-dessous rapporté après avoir été connu par les juridictions répressives, a été porté devant la juridiction civile par suite de l'évasion de l'agent de banque poursuivi pour escroquerie.

Un agent de la SGT, Monsieur K. M. s'occupait de la gestion des cautions bancaires. Il profita de cette fonction pour établir de fausses cautions à des clients de la banque en imitant la signature du Directeur Général Adjoint, établir des attestations de capacité financière avec de fausses signatures et dissiper des sommes qui lui étaient versées pour encaissement aux comptes des clients.

Un des clients de la banque, Monsieur A. A. M. fonctionnaire de son état et affecté à l'Ambassade du Tchad à Tripoli, qui vient régulièrement au pays était abouché lors d'un déplacement à la banque par K.M. lequel prétend lui rendre service. De retour à Tripoli, le fonctionnaire voulant mouvementer son compte par l'entremise de K.M. lui envoie régulièrement des sommes par mandat postal au lieu de le faire directement par virement de banque à banque. Pour le rassurer de l'effectivité des opérations, M. K.M. lui envoie régulièrement des bordereaux de versement mais toujours avec des fausses signatures. Un jour alors qu'il venait au Tchad en mission, il en profita pour aller s'enquérir de la situation de son compte à la banque. C'est alors qu'il se rendit compte qu'aucun versement n'a été effectué à son compte. Après tentative infructueuse d'arrangement amiable, il porte plainte contre la banque et son agent K.M. pour escroquerie, faux et usage de faux et complicité. Quant à la SGT malgré sa poursuite, il se joint à la procédure pour déposer une plainte contre son agent pour abus de confiance et faux et usage de faux. Les deux plaintes ont été déposées aux mains du juge d'instruction. Celui-ci lance la procédure en fixant la consignation par voie d'ordonnance et en suscitant du parquet d'instance une réquisition aux fins d'informer. Mais le mandat d'amener n'a pas été exécuté car l'agent de la banque a pris fuite. Quelques semaines après, A.A.M. saisit par requête le juge civil pour demander le paiement de la somme de 16 760 000 F CFA correspondant aux montants dissipés par l'infortuné qui a même fuit du pays.

Par requête en date du 3 septembre 2002, il sollicite du Tribunal de Première Instance de N'Djaména la condamnation de la Société Générale Tchad à lui payer outre la somme principale précitée des dommages et intérêts de 10 millions. Dans ses conclusions d'instance et pour engager la responsabilité de la banque aux moyens des articles 1915, 1927 et 1932 du Code civil, il soutient qu'ayant remis des sommes d'argent au dépositaire qui est la banque, cette dernière doit les garder et les restituer ; qu'en « vidant » le compte de son client, la banque, par l'entremise de son agent K.M. a manqué à son obligation de garder les biens à elle confiés en bon père de famille ; qu'en matière de dépôt, l'obligation du dépositaire est une obligation de résultat atténuée lorsque le dépositaire s'exonère en prouvant son absence de faute ; que l'agent K.M. a agi au nom et pour le compte de la SGTB, justifiant ses opérations par « d'authentiques vrais-faux documents » et que cette indélicatesse engage la responsabilité exclusive de la banque qui est seule liée au concluant par un contrat de dépôt.

Pour sa défense, la banque soutenait qu'il est vrai que selon l'article 1915 du Code civil, le contrat de dépôt est un « acte par lequel on reçoit la chose d'autrui à charge de la garder et de la restituer en nature » ; que selon l'article 1932[110] du même code, le dépositaire a l'obligation de « rendre identiquement la chose même qu'il a reçu » mais qu'a *contrario*, celui-ci qui n'a rien reçu encore moins gardé ne doit rien restituer ; que selon l'article 1315[111] du Code civil, celui qui réclame l'exécution d'une obligation doit la prouver et qu'il est impératif que le demandeur rapporte la preuve que la défenderesse a bel et bien reçu les versements effectués et qu'elle ne les a pas ou mal gardés pour en être condamnée à la restitution ; qu'il est évident que le demandeur avait traité avec K.M. à titre privé et particulier comme l'en atteste une lettre du 6 mai 2001 qu'il lui a écrite, laquelle a été versée aux débats ; que conformément à l'article 1384 alinéa 5 du code civil, les établissements de crédit sont responsables du fait de leur préposé à condition que ces derniers commettent une faute dommageable dans l'accomplissement même de leur mission ou fonction ; qu'en temps normal, K. M. ne s'occupait que de la gestion des cautions dont il était responsable et non de la caisse pour se voir confier des opérations de versement, de transfert ou de virement ; qu'ainsi tout acte professionnel posé par celui-ci en dehors de la gestion des cautions ne l'est pas dans le cadre de ses attributions donc de ses fonctions ; qu'à plus forte raison, le traitement en privé et à titre personnel de toutes sortes d'opérations entre le demandeur et l'agent K. M. en dehors de ses attributions ne saurait de quelque manière que ce soit engager juridiquement la responsabilité de la banque ; que nul ne pouvant se prévaloir de sa propre turpitude, le demandeur n'a qu'à s'en prendre à lui-même ou à son prétendu ami K. M.

Par jugement rendu contradictoirement à l'audience du 31 juillet 2003, le Tribunal a déclaré recevable mais mal fondé A. A. M. et l'a débouté de toutes ses prétentions. Le tribunal a à bon droit motivé sa décision en soutenant que « la banque ne peut voir engager sa responsabilité que si les actes posés par son préposé résultent d'une faute professionnelle qu'il a commise dans

---

[110] Le dépositaire doit rendre identiquement la chose qu'il a reçue. Ainsi, le dépôt des sommes monnayées doit être rendu dans les mêmes espèces qu'il a été fait, soit dans le cas d'augmentation, soit dans le cas de diminution de leur valeur.

[111] Celui qui réclame l'exécution d'une obligation doit la prouver. Réciproquement, celui qui se prétend libéré, doit justifier le paiement ou le fait qui a produit l'extinction de son obligation.

l'exercice de ses fonctions ; qu'en l'espèce, le demandeur a usé de ses relations avec l'agent de la banque en violation des procédures par elle mises en place en envoyant directement de l'argent en son nom et non par le canal des responsables de cette banque ; que dès lors qu'il a agi autrement, il ne peut imputer les responsabilités à la défenderesse,… »

Curieusement sur appel du demandeur et alors qu'aucun moyen substantiel nouveau n'a été avancé pour critiquer le jugement déféré, la Cour d'Appel de N'Djaména, en son audience du 23 février 2007, infirmant ledit jugement, a condamné la SGTB à payer à A. A. M. la somme de 16 760 000 F CFA à titre principal et 2 500 000 F CFA à titre de dommages et intérêts.

La Cour pour ainsi décider a motivé sa décision, s'agissant de la responsabilité de la SGTB en faisant application à la fois des articles 1384, 1915 et 1927 du Code civil. Sur l'application de l'article 1384, la Cour motive que : « le préposé K. M. est incontestablement un agent de la banque ; que c'est à ce titre qu'il recevait de l'argent du sieur A. A. M. pour le reverser sur son compte ; que d'autre part les ordres de virement, les bordereaux de remise de chèque et les reçus sont de la banque et dûment signés des responsables de cette institution et qu'il n'a pas été formellement établi que ces signatures ont été imitées par l'agent K. M. et qu'il y a lieu d'affirmer que la responsabilité de la banque est engagée du fait de son employé. Relativement à l'article 1915 du Code civil, la Cour justifie que « la SGTB a reçu des fonds de l'appelant par l'intermédiaire de son agent pour les garder et les restituer ; mais que cet argent n'a jamais été restitué au propriétaire ; qu'ainsi la banque engage également sa responsabilité. Concernant l'application de l'article 1927 du Code civil, la Cour expose que « la SGTB dépositaire des sommes d'argent appartenant à sa clientèle dont le sieur A. A. M. devait vérifier les comptes de ses clients pour éventuellement découvrir les anomalies dans les mouvements des comptes mais ce n'est pas le cas ; qu'elle doit donc supporter les conséquences de sa négligence ».

La Cour a également motivé son arrêt en s'appesantissant sur les relations d'amitié entre le préposé de la banque et l'appelant. Elle soutient que « la banque n'a pas prouvé les liens d'amitié entre K. M. et A. A. M. et qu'elle n'a pas non plus démontré qu'avant d'ouvrir son compte à la SGTB les deux étaient des amis et que c'est à ce titre que A. A. M. envoyait de l'argent à K. M. pour le reverser sur son compte ; qu'il y a lieu de relever que quand on est client régulier d'une banque, on fait forcément connaissance d'un agent et cela ne suffit pas pour dire qu'on est des amis ; qu'il convient d'écarter cet argument selon lequel les sieurs K. M. et A. A. M. sont des amis et que c'est à ce titre qu'ils ont traité.

La Cour s'est en outre prononcée sur les « faux documents » envoyés par K. M. à A. A. M. Elle motive que « l'appelant alimentait son compte par des opérations matérialisées par des documents à savoir, les reçus, les ordres de virement, les bordereaux de remise de chèques dûment signés des responsables ; que la SGTB nulle part n'a fait la preuve de la fausseté de ces documents et qu'elle n'a pas non plus démontré que ce ne sont pas ses agents qui ont signé lesdits documents ; qu'aussi c'est vainement qu'elle tente de dégager sa responsabilité dans cette affaire ».

Cet arrêt ne peut résister aux critiques fondamentales qui suivent.

Financier de son état et travaillant à l'intendance de l'Ambassade du Tchad en Libye, l'appelant connaît parfaitement les procédures mises en place par la banque tant pour l'ouverture des comptes que pour les opérations de caisse. Il peut procéder par virement, par l'envoi des chèques directement à l'adresse de la banque ou par des mises à disposition. Il a préféré recourir aux services de K. M. qui dans l'organigramme de la banque, ne s'occupe pas de ce genre d'opérations. La Cour aurait dû continuer son argumentation en justifiant que c'est également K. M. qui lui a ouvert le compte et qui s'est occupé des premiers encaissements. Et puis, la motivation de la Cour selon laquelle la banque n'a pas fait la preuve de la fausseté des documents et qu'elle n'aurait pas démontré si lesdits documents ne sont pas signés de ses agents est surprenante. En effet, la banque a versé aux débats le procès-verbal d'huissier constatant ces documents retrouvés dans les tiroirs de K. M., lequel a pris fuite lors de la demande de confrontation. Une attestation d'instance relative à la plainte de la SGTB contre K. M. pour escroquerie, faux et usage de faux, figurait également dans le dossier et à aucun moment de la procédure il ne lui a été requis de faire autrement la preuve de cette fausseté.

Les dispositions légales qui méritent application ne sont pas, à notre avis, celles des articles 1915[112] et 1927[113] du Code civil relatifs au dépôt et aux obligations du dépositaire mais celles de l'article 1384 alinéa 5[114] du Code civil sur la responsabilité des commettants pour des faits commis par leurs préposés. En effet, selon cet article, le commettant peut s'exonérer de sa responsabilité en prouvant que le préposé a agi en dehors des fonctions auxquelles il était employé, sans autorisation et à des fins étrangères à ses attributions. En l'espèce, il ne peut être contesté que l'agent de la SGTB le

[112] Le dépôt, en général, est un acte par lequel on reçoit la chose d'autrui, à la charge de la garder et de la restituer en nature.

[113] Le dépositaire doit apporter, dans la garde de la chose déposée, les mêmes soins qu'il apporte dans la garde des choses qui lui appartiennent.

[114] Les maîtres et les commettants sont responsables du dommage causé par leurs domestiques et préposés dans les fonctions auxquelles ils les ont employés.

nommé K. M. agissait en dehors de ses fonctions car ce dernier ne s'occupait qu'exclusivement de la gestion des cautions bancaires et non des opérations de caisse et le fait d'établir des faux documents pour matérialiser les encaissements de fonds qu'il détournait systématiquement prouve à suffisance qu'il agissait sans autorisation et à des fins étrangères à ses attributions. C'est pourquoi les « gesticulations » de la Cour pour infirmer un jugement solidement motivé et entrer en condamnation de la banque ne peuvent que surprendre.

A. Selon les délits spéciaux

Les délits spéciaux régulièrement objets des instances répressives sont l'émission et l'acceptation du chèque sans provision, l'usure et la violation du secret professionnel. Le délit de banqueroute qui devrait faire l'objet de poursuites compte tenu des faillites à répétition n'est pas évoqué devant les tribunaux.

1. Le chèque sans provision

L'émission de chèque tout comme l'acceptation de chèque sans provision sont réprimées par l'article 311 du Code pénal. En effet, selon l'alinéa 1er de cet article, celui qui, de mauvaise foi a émis un chèque ou sans provision suffisante, préalable et disponible ou a retiré, après l'émission, tout ou partie de la provision ou a fait défense au tiré de payer est coupable des peines de l'escroquerie. Et selon l'alinéa 2, celui qui, en connaissance de cause, a accepté de recevoir un chèque émis dans les conditions précitées est puni des mêmes peines.

Ici les victimes de chèques sans provision songent rarement à engager des actions en responsabilité contre les banques. Les carnets de chèques sont délivrés sans vérifications suffisantes tout comme l'on ne s'offusque du retrait ou de la destruction desdits carnets à la fermeture des comptes. Pourtant, une obligation pèse sur le banquier en matière de lutte contre les émissions de chèques sans provision, par l'article 65-1 du décret-loi de 1935 : « tout banquier peut refuser de délivrer au titulaire d'un compte les formules de chèques autres que celles qui sont remises pour un retrait de fonds par le tireur auprès du tiré ou pour une certification. Il peut à tout moment demander la restitution des formules antérieurement délivrées ».

Le contentieux devrait abonder car les cas d'émission tout comme d'acceptation de chèques sans provision sont légion. Cependant rares sont les cas dont les tribunaux sont saisis. D'ailleurs la présente espèce que nous rapportons pour les besoins de notre étude n'a reçu cette qualification que par la juridiction de jugement car initialement les prévenus étaient poursuivis des chefs de délits de vol[115], abus de confiance et faux en écriture privée.

Le chef d'agence de la Société Générale Tchad de Sarh et deux de ses caissiers ont simulé un vol dans la nuit du 3 au 4 mai 2005 pour pouvoir emporter au préjudice de la banque la somme de 129 377 576 F CFA. En effet, ce matin du 4 mai 2005, le chef d'agence prétendant que sa banque a été victime d'un acte de brigandage appelle la police pour un constat. Des voleurs auraient percé le toit du bâtiment pour avoir accès aux différents bureaux et donc aux caisses et aux coffres-forts. Les bureaux ont également été saccagés et les dégâts ont occasionné la dégradation des installations informatiques. Mais sur place, les enquêtes policières, les pièces (chèques et autres documents de valeur retrouvés dans les affaires des agents de la banque) et les autres constats des lieux ont montré qu'il ne s'agit pas d'un vol opéré par des personnes extérieures mais plutôt d'une mise en scène de la part des agents même de la banque. Le prétendu vol a été monté par le chef d'agence et les deux caissiers pour masquer purement et simplement les malversations par eux commises il y a déjà plusieurs mois. Les pratiques utilisées consistaient à faire des prélèvements dans les caisses pour faire « fructifier les fonds » pour leurs propres comptes. Une autre manœuvre utilisée est l'usage abusif des après caisse « APC » c'est-à-dire des chèques émis mais remis aux caissiers contre des espèces alors que ceux-ci ne pouvaient être encaissés du fait du défaut de provision. Ledit chef d'agence a en outre, après avoir retiré une somme de 20 millions au vu d'un chèque d'une des caisses a reversé cette somme dans un compte bancaire ouvert par un opérateur économique qu'il connaît très bien.

Après instruction contradictoire, le tribunal correctionnel de Sarh rend sa décision à l'audience du 19 juillet 2005[116]. Il déclare le chef d'agence coupable du délit d'abus de confiance et d'émission de chèque sans provision et le condamne à quatre ans d'emprisonnement ferme et à 350 000 F CFA d'amende ferme. Il déclare le premier caissier coupable du délit d'abus de confiance et le condamne à 18 mois d'emprisonnement ferme et à 200 000 FCFA d'amende ferme, mais le relaxe du chef du délit d'émission de chèque sans provision. Le second caissier a été reconnu coupable des délits d'abus de confiance et de complicité d'émission de chèque sans provision et condamné à deux ans d'emprisonnement ferme et à 250 000 FCFA d'amende ferme.

---

[115] Seuls les délits d'abus de confiance et de faux en écriture privée de banque devraient être évoqués car tous les trois prévenus étaient employés de la banque.

[116] Jugement n° 84/05 du 19 juillet 2005 du tribunal correctionnel non frappé d'appel.

Quant à l'opérateur économique, il a été déclaré non coupable des faits à lui reprochés et relaxé des fins de poursuite sans peine ni dépens.

Pour relaxer l'opérateur économique et l'autre caissier du chef des délits d'émission et d'acceptation de chèques sans provision, le tribunal motive que le caissier n'a pas reçu du chef d'agence de chèque sans provision et que la somme de 20 millions a été virée dans son compte par le chef d'agence alors qu'il ne l'a pas demandée. Le tribunal a encore poussé loin son argumentation en soutenant qu'il ne peut être reproché à ce dernier le faux en écriture privé ou le recel.

Il nous semble que la décision du tribunal peut se justifier à l'encontre du caissier. En revanche pour l'opérateur économique, la décision ne peut résister à l'analyse qui suit. Il ressort des procès-verbaux d'enquêtes préliminaires que cet agent économique entretient des relations très poussées avec le chef d'agence. Il a reconnu et a décrit dans quelles conditions la somme précitée a été virée dans son compte. Et par la suite, il a eu à émettre des chèques sachant bien sûr que préalablement à ce virement, il n'avait pas constitué de provision suffisante. Il ne peut, raisonnablement, échapper à la condamnation du chef des délits de complicité d'abus de confiance et d'émission de chèque sans provision.

Le tribunal retient le chef d'agence et le premier caissier dans les liens de la prévention du chef d'abus de confiance et d'émission de chèques sans provision et complicité d'émission de chèques sans provision. Il motive que le chef d'agence étant en difficultés financières s'est servi plusieurs fois auprès de ce caissier soit en émettant des chèques soit en récupérant directement des espèces sans laisser de pièces justificatives. Les chèques émis ne sont jamais encaissés à défaut de provision suffisante. Le chef d'agence est donc déclaré coupable du délit d'émission de chèque sans provision et le caissier complice de ce même délit.

Comme nous avons objecté pour l'opérateur économique, nous nous estimons en droit de critiquer la décision du tribunal à l'endroit des autres employés et personnalités. Presque tous les employés se sont servis à la caisse au moyen des chèques sans provision (les fameux après caisse). Cette situation a bénéficié aux personnes mêmes extérieures à la banque. Cependant ni la banque ni l'enquête préliminaire n'a daigné les mettre en cause. Le tribunal non plus ne s'est même pas soucié de les auditionner comme témoins alors que si la procédure était bien menée, ceux-ci ne pouvaient échapper à la condamnation pour émission de chèque sans provision. Tous les montants encaissés par ces personnes extérieures ont été mis au passif du chef d'agence au seul motif que « c'est par la faute de ce dernier que ce mal est arrivé ».

2. La banqueroute

Depuis l'ordonnance du 23 décembre 1958, toutes les formes de banqueroute, même frauduleuse sont des délits et donc relèvent seulement des tribunaux correctionnels. Cette ordonnance distingue la banqueroute simple obligatoire, la banqueroute simple facultative et la banqueroute frauduleuse. Le Code pénal tchadien ne distingue que la banqueroute simple et la banqueroute frauduleuse. Il ne les définit pas et renvoie au Code de commerce de 1958. En matière de banqueroute simple, le tribunal correctionnel doit prononcer les peines de la banqueroute simple contre tout commerçant en état de cessation de paiements qui se trouve dans l'un des cas prévus par l'article 614-6 du code de commerce :

- Si ses dépenses personnelles ou les dépenses de sa maison sont jugées excessives ;

- S'il a consommé des sommes élevées dans des opérations de pur hasard ou fictives ;

- Si, dans l'intention de retarder la constatation de la cessation des paiements, il a fait des achats en vue de revendre au-dessous du cours, ou si, dans la même intention, il a employé des moyens ruineux pour se procurer des fonds, par exemple au moyen d'emprunts ou de circulation d'effets de commerce ;

- Si, après cessation des paiements, il a payé un créancier au préjudice de la masse ;

- Si, ayant été déclaré deux fois en faillite, ces deux faillites ont été clôturées pour insuffisance d'actif ;

- S'il n'a tenu aucune comptabilité ;

- S'il a exercé sa profession contrairement à une interdiction prévue par la loi.

D'autre part, en cas de cessation de paiements d'une société, ses dirigeants, mandataires ou liquidateurs peuvent être déclarés en banqueroute simple, même s'ils ne sont pas personnellement commerçants, dès lors qu'ils ont en cette qualité et de mauvaise foi, consacré des fortes sommes à des opérations de hasard ou fictives, ou employé des moyens ruineux pour se procurer des fonds, ou payé ou fait payer un créancier au préjudice de la masse, ou fait contracter par la société, sans contrepartie suffisante des engagements trop élevés, ou tenu ou fait tenir irrégulièrement une comptabilité. Quant à la banqueroute frauduleuse, elle est retenue contre le commerçant en état de cessation de paiements :

- Qui a soustrait ou détruit sa comptabilité ;

- Qui a détourné ou dissipé tout ou partie de son actif ;

- Ou qui, soit dans ses écritures, soit autrement, s'est reconnu débiteur de sommes qu'il ne devait pas.

Il en est de même pour les dirigeants de société qui ont agi ainsi pour le compte ou au nom de leur société. Ces actes doivent avoir été accomplis dans une intention frauduleuse pour entraîner condamnation. Qu'il s'agisse de banqueroute simple ou frauduleuse, nous n'avons pas connaissance de la saisine des tribunaux tchadiens des cas de poursuite.

3. L'usure

L'usure est définie comme « le produit illégal qu'une personne tire d'une somme prêtée ». La loi française[117] fait la distinction entre le délit d'usure habituelle et le délit d'usure simple. Dans la mesure où le taux conventionnel de l'intérêt est limité par un texte légal, limitation qui n'existe plus aujourd'hui en matière commerciale, la perception habituelle d'intérêts usuraires est punie d'une amende qui peut s'élever à la moitié des capitaux prêtés à usure et d'un emprisonnement de six jours à six mois. En cas de nouveau délit d'usure, ces peines peuvent être portées jusqu'au double, sans préjudice des cas généraux de récidive. Concernant le délit d'usure simple, « est interdit le fait, pour un prêteur, de fixer un taux effectif d'intérêt dépassant de plus de moitié le taux moyen pratiqué dans les mêmes conditions par des prêteurs de bonne foi pour des opérations de crédit comportant les mêmes risques que le prêt visé ». L'usure est pratiquée à grande échelle au Tchad mais les contentieux lorsqu'ils naissent sont étouffés au niveau de la police ou des arrondissements municipaux ou encore au niveau des chefferies traditionnelles[118]. L'unique cas jugé par le Tribunal puis la Cour d'Appel de N'Djaména n'implique pas directement la banque, mais c'est le client qui a recherché la responsabilité de celle-ci au motif qu'il s'est vu obliger, par son agissement, à effectuer un emprunt usuraire.

---

[117] Art. L.313-1 à L.313-6 de la loi n° 93-949 du 26 juillet 1993 portant Code de la consommation.

[118] Les fameuses « justices parallèles », (*infra.* p. 262 et s.)

Par requête datée du 22 mars 1999, M. N. B. sollicite du tribunal civil de N'Djaména la condamnation de la banque B à lui payer 20 millions de dommages et intérêts en application de l'article 1147 du Code civil. Il expose qu'en 1995, pour passer d'agréables vacances à Sarh, il a effectué un transfert partiel de ses économies de son compte ouvert dans cette banque à N'Djaména à celui de Sarh ; que celle-ci s'est opposée audit transfert sous le fallacieux prétexte que sa signature ne serait pas conforme ; qu'il s'est vu obliger de s'endetter auprès des usuriers au taux d'intérêt de 50% pour pouvoir survivre pendant son séjour à Sarh ; que de retour à N'Djaména et après vérification de signature sur des chèques déposés antérieurement, « le Responsable des Opérations de compte » s'est excusé auprès de lui pour le manque de contrôle et l'excès de confiance que les agents ont pour le servir ; que pour lui l'incident est clos alors qu'en 1998 le même scénario se répète ; que pourtant avant son départ, il s'est rendu à la banque pour informer l'agent de guichet habitué à le servir qu'il partait à Sarh pour une urgence de soins de santé et a rempli la fiche de transfert de fonds le 9 octobre 1998 avec la certitude d'être servi à destination ; qu'arrivé à Sarh le 11 octobre 1998 et malgré de nombreux fax et coups de téléphone, la banque s'est campée sur sa position de signature non conforme pour refuser de le servir alors qu'il devrait sauver une vie humaine alitée ; que cette inexécution de l'obligation de transfert de la banque l'a contraint à s'endetter auprès des usuriers pour parer aux frais d'hospitalisation, de soins et enfin d'inhumation de son parent malade pour lequel il s'était rendu à Sarh ; que de retour à N'Djaména, il a écrit en date du 2 novembre 1998 au directeur général de la banque avec références des chèques usités pour vérification et afin qu'il se rende compte du manque de professionnalisme, de célérité et de sérieux que sa banque affiche vis-à-vis de ses clients ; que comme réponse, le responsable des opérations argue qu'aucune des signatures n'est conforme à celle de sa fiche d'ouverture ; que dans cette affaire, il s'est endetté deux fois (620 000 F CFA et 930 000 F CFA) auprès des usuriers de Sarh avec un remboursement au taux d'intérêt de 50% et cela à cause de l'inexécution par la banque de son obligation de transfert ; que le préjudice par lui souffert du fait de cette inexécution est énorme et doit être conséquemment réparé vu l'attitude de la banque dans la gestion de cette affaire ; qu'en définitive il demande sa condamnation à lui payer 2 325 000 F CFA (620 000 F CFA + 930 000 F CFA x 50%) à titre principal et 20 millions à titre de dommages et intérêts.

En réplique à ces assertions, la banque a exposé que par un ordre de virement daté du 9 octobre 1998, Monsieur N. B. avait demandé qu'il lui soit viré la somme de 150 000 F CFA à son compte de Sarh via celui de N'Djaména. La pratique et le droit bancaire lui imputant une obligation de vérification de signature avant toute opération de paiement, ses agents ont procédé à la vérification de la conformité apparente des signatures apposées sur l'ordre de virement et qu'il en ressort une dissemblance flagrante entre les signatures figurant sur l'ordre de virement et le spécimen apposé sur le carton d'ouverture de compte. Elle ajoute en outre qu'elle n'est pas concernée par le recours du demandeur à des prêts qu'il sait usuraires et donc contraires à la loi.

Statuant sur cette demande en son audience du 5 août 1999[119], le tribunal fait droit à la demande du sieur N.B. Il condamne la banque à lui payer la somme d'un million de francs CFA à titre de dommages et intérêts. Comme seul motif, le tribunal expose que « si le refus de la banque constitue un manquement à son obligation de transfert au bénéfice de son client lui causant ainsi un préjudice, celui-ci a néanmoins encaissé la somme sollicitée dès son retour de Sarh et qu'il convient de lui allouer la somme d'un million de francs CFA à titre de dommages et intérêts ».

Ce jugement n'est pas du tout motivé. C'est pourquoi la banque a interjeté appel. Le demandeur a également relevé appel incident. Dans ses conclusions d'appel, la banque sollicitait l'infirmation du jugement attaqué, se prévalant des dispositions de l'article 154 du Code de procédure civile. En effet selon cet article, tout jugement doit comporter l'objet de la demande, l'analyse sommaire des moyens produits et doit être motivé. Or selon la banque, le premier juge s'est contenté de « reprendre *in extenso* la requête de l'intimé » et de passer sous silence les moyens de défense produits par la banque. En application de la disposition précitée, il demande à la Cour d'annuler le jugement querellé, d'évoquer et de juger et de dire qu'il y a non-conformité de signature et par conséquent, débouter l'intimé de l'ensemble de ses demandes. Quant à l'intimé, il sollicitait le rehaussement des dommages et intérêts en soutenant que l'on se place ici sur le terrain de l'obligation de résultat dont la non obtention engage totalement la responsabilité du débiteur de l'obligation et que le préjudice qui a été sous-estimé par le premier juge mérite d'être rétabli. Statuant sur ces appels, la Cour d'Appel de N'Djaména, en son audience du 15 juin 2000, a infirmé le jugement attaqué et a débouté N.B. de sa demande au motif « qu'il y a effectivement non-conformité des signatures ».

4. La violation du secret professionnel

La violation du secret professionnel est prévue et réprimé par le Code pénal en ses articles 237 et 238. Plus spécifiquement en matière bancaire et de

[119] Jugement n° 312/99 du Tribunal civil de N'Djaména.

blanchiment de l'argent sale, c'est la loi de 1995 qui gouverne la matière. Les violations des secrets professionnels sont flagrantes et nombreuses mais les tribunaux étatiques en sont rarement saisis. Le cas ci-dessus rapporté oppose une banque à un ancien ministre alors que l'acte incriminé date de 2007 et quand ce dernier n'était que simple directeur technique au Ministère de l'Hydraulique Pastorale et Villageoise.

Tout est parti de la publication par le Journal N'Djaména-Hebdo[120] d'une fiche adressée au Premier Ministre par les « Cadres du Ministère de l'Eau », dans laquelle ceux-ci accusent leur Ministre d'avoir détournée 100 millions de francs CFA provenant de la participation villageoise au Projet d'appui à la politique de l'eau financé par le 8ème FED. En plein milieu de l'article est également publié le fac-similé d'un chèque recto et verso émis et encaissé par ledit ministre[121]. Il faut préciser que le ministère avait ouvert un compte intitulé « Appui à la Politique de l'Eau ». Après la sortie de cet article, lequel a coïncidé avec un remaniement ministériel, le ministre avait perdu son poste et a d'abord dans un premier temps dirigé son action contre le journal pour l'avoir diffamé. Mais cette procédure n'a pas prospéré du fait d'une violation de la procédure de citation imputable à l'huissier commis par le parquet.

Par une requête datée du 21 octobre 2009, il sollicite du tribunal de première instance de N'Djaména la condamnation de la banque à lui payer 500 millions de francs CFA à titre de dommages et intérêts. Il expose par le canal de son conseil qu'en 2007, alors qu'il assumait les fonctions de Directeur de l'Hydraulique Pastorale au sein du Ministère de l'Hydraulique Pastorale et Villageoise, il avait en sa qualité de régisseur d'un certain nombre de comptes disponibles au sein dudit ministère, et sur ordre de sa hiérarchie, tiré un chèque de 59 300 000 F CFA sur la SGT, afin de régler les factures des partenaires. Cette opération dûment autorisée par sa hiérarchie a permis la relance et la finition de plus de 18 000 puits alors interrompues par le fait du désengagement des partenaires de développement français et allemands qu'il fallait convaincre et ramener au Projet. Il ne comprend pas comment le chèque émis en cette circonstance, payé par la banque puis classé comme pièce comptable et donc couverte par le secret bancaire puisse se retrouver sur la place publique pour soutenir l'article d'un journal de la place. Pour le requérant, l'article hautement diffamatoire à son égard n'a un semblant de crédibilité que grâce à la copie du chèque dont il est question et que l'agissement de la banque est très préjudiciable car du fait de cet article et de ce qui apparaît comme preuve, il a perdu sa place de membre du Gouvernement.

---

[120] C'est un journal d'informations générales très critique à l'égard du pouvoir.
[121] Journal n° 1216 du 6 août au 6 septembre 2009.

Pour sa défense, la banque après avoir soulevé des exceptions de procédures[122], rétorque que le demandeur n'a pas démontré la faute par elle commise, qu'il ne fait pas la preuve du préjudice subi et que le secret bancaire s'efface au contrôle effectué par le Ministère des Finances, autorité de contrôle[123] et dans une certaine mesure par le juge.

Le tribunal rend son jugement le 18 mai 2010. Il condamne la banque à payer 5 millions de francs CFA à titre de dommages et intérêts pour tous préjudices confondus. Pour ainsi asseoir sa décision le juge motive, sur le visa de l'article 1382 du code civil, « que la banque a causé des dommages au requérant, que la responsabilité de cette dernière est pleine et entière, qu'il est suffisamment établi que sans l'acte posé par la banque, le demandeur n'allait pas être limogé du Gouvernement, que selon le principe du secret bancaire, tout préposé de la banque comme la banque elle-même est tenue, à quelques exceptions près, de ne donner aucune information sur les opérations des tiers ».

Il est vrai que le tribunal n'a pas suffisamment motivé sa décision en s'appuyant sur les dispositions de cette législation spécifique, la loi de 1995 régissant le secret bancaire. Il s'est contenté de mettre à la charge de la banque une faute selon les énonciations de l'article 1382 du Code civil alors qu'il devrait viser les articles violés et même démontrer les préjudices dont la réparation lui est demandée[124].

Quant à la banque, elle a relevé appel du jugement l'ayant condamnée[125] mais sa position paraît des plus fragiles car elle n'arrive pas à s'expliquer comment un chèque endossé et dûment encaissé peut se retrouver entre les mains des personnes extérieures à la banque et auxquelles le secret bancaire peut être opposé.

Malgré de nombreuses instances impliquant les banques en matière correctionnelle, celles-ci échappent assez souvent aux condamnations. Mais il n'en est pas de même des instances portées devant les juridictions civiles.

---

[122] En effet, la banque avait demandé par conclusions préliminaires entre autres au tribunal de surseoir à statuer au nom du principe « le pénal tient le civil en l'état »car le demandeur avait porté plainte pour dénonciation calomnieuse

[123] Selon l'article 6 de la loi n° 009/PR/95 du 19 mai 1995, le secret professionnel bancaire est inopposable aux autorités monétaires communautaires et nationales que selon la BEAC, la COBAC et le Ministère des finances.

[124] Les juridictions tchadiennes accordent des dommages et intérêts importants généralement sans rapport avec les préjudices subis lesquels préjudices ne font l'objet d'aucune preuve matérielle ni de démonstration des parties au procès

[125] Mais jusqu'à ce jour la Cour d'appel n'a pas encore rendu sa décision.

§2. Devant les juridictions civiles

La banque peut être responsable quand l'acte dommageable consiste en la violation d'une obligation, que cet acte soit volontaire[126]ou involontaire[127]. Le second régime de responsabilité auquel peuvent être soumises les banques est la responsabilité du fait d'autrui. Elle suppose que la personne peut être tenue à l'égard de la victime du fait d'un tiers. Des trois cas énumérés à l'article 1384[128] du Code civil, celui de la responsabilité des maîtres et commettants du fait de leurs domestiques et préposés dans les fonctions auxquelles ils les ont employés peut être appliqué à la banque. Enfin la responsabilité contractuelle des articles 1146 et 1155 du Code civil, laquelle existe quand un contrat n'est pas exécuté, est mal exécuté ou exécuté avec retard alors que le débiteur ne peut justifier de la survenance d'aucune cause étrangère. Bien entendu il peut arriver que la responsabilité de la banque soit recherchée dans les conditions des articles 1384 alinéa 1er, 1385[129] et 1386[130] du Code civil, mais les cas de mise en jeu de ces responsabilités sont rares.

A. Selon les obligations générales du banquier

Devant les juridictions civiles, les banques ont vu leur responsabilité recherchée tant en matière délictuelle que contractuelle. Dans les deux cas, de lourdes condamnations ont été prononcées.

1. La responsabilité civile délictuelle

La responsabilité civile est l'obligation pour une personne, de réparer un dommage subi par autrui à la suite de l'événement dont elle est responsable. On l'oppose à la responsabilité pénale laquelle est une obligation de subir une peine quand on a troublé par sa faute l'ordre social.

---

[126] Le délit civil de l'article 1382 du Code civil.

[127] Le quasi-délit de l'article 1383 du Code civil

[128] On est responsable non seulement du dommage que l'on cause par son propre fait, mais encore de celui qui est causé par le fait des personnes dont on doit répondre, ou des choses que l'on a sous sa garde.

[129] Responsabilité du fait des animaux.

[130] Responsabilité du fait des bâtiments.

La responsabilité peut dériver d'un contrat ; on doit, en effet, réparation du préjudice à l'autre contractant en ne l'observant pas. C'est la responsabilité contractuelle. A celle-ci s'oppose la responsabilité délictuelle ou quasi délictuelle, qui oblige à réparer un préjudice causé autrement que par l'inexécution, par un débiteur, d'obligations résultant d'un contrat passé avec son créancier. Celle-ci existe, non seulement en cas de faute prouvée à la charge du défendeur, mais encore, dans certaines hypothèses, en cas de responsabilité présumée. Ce sont les principes édictés par les articles 1382,1383 et 1384 du Code Civil.

La responsabilité civile délictuelle ou quasi délictuelle qui est l'obligation de réparer un préjudice résultant de la violation du devoir général de ne causer aucun dommage à autrui par son fait personnel, ou du fait des choses dont a la garde, ou du fait des personnes dont on doit répondre est souvent invoquée devant les tribunaux à l'égard des banques. Sa mise en œuvre suppose la réunion cumulative et non alternative de trois éléments dont la faute, le dommage et le lien de causalité entre la faute commise et le préjudice subi par la victime. Dans le cadre de cette responsabilité, l'acte dommageable consiste dans la violation d'une obligation qu'elle soit légale, volontaire ou involontaire. La personne qui commet une faute doit réparer le préjudice en résultant, sous réserve de l'existence des causes d'exonération, des excuses ou des immunités.

L'on remarquera, à travers certaines décisions des juridictions tchadiennes, que ces prescriptions ne sont pas rigoureusement appliquées.

Par une requête non datée adressée au Président du Tribunal de première instance de N'Djaména, le directeur administratif d'une société attrait deux banques pour les voir condamner à lui payer les sommes de 41 647 000 francs CFA à titre principal et 100 millions à titre de dommages et intérêts[131].

Il expose à l'appui de sa demande qu'en février 1990, Monsieur X , lui-même et deux autres compatriotes avaient créé une société de travaux de bâtiments dont Monsieur X était le directeur et lui le gérant[132]; que cette société avait ouvert un compte dans une banque; que pour l'ouverture de ce compte, la banque a posé un certain nombre de conditionnalités dont entre autres la production des statuts de la société, le règlement intérieur et le dépôt des spécimen des signatures du directeur administratif qui n'est autre que lui-

[131] Cette action a été introduite après l'annulation de la procédure par la cour d'appel siégeant comme juge correctionnel (arrêt n°220/99 du 8 juin 1999 précité.

[132] S'agissant d'une société à responsabilité limitée, il ne peut être question que d'un ou plusieurs gérants et non d'un directeur et d'un gérant. En l'espèce, le requérant avait la qualité de chef de service administratif et financier.

même et du directeur général Monsieur X, seuls habilités à effectuer des opérations sur ce compte; qu'en 1991, profitant de son absence de N'Djaména, le Directeur Monsieur X a ouvert un autre compte au nom d'une entreprise fictive qu'il a dénommée "Réalisations Travaux FED"; que pour l'ouverture de ce compte, le susnommé a changé de signature sans que cela ne puisse attirer l'attention des agents chargés de l'ouverture des comptes; que lors de l'ouverture de ce deuxième compte, la banque n'a pas demandé les mêmes documents exigés lors de leur entrée en relation; que c'est ainsi qu'une somme de 22 955 117 francs CFA provenant de l'exécution d'un marché et virée dans le deuxième compte a été détournée par ce directeur, lequel a réussi à quitter clandestinement le Tchad; que ce détournement a été opéré avec la complicité d'un agent d'une autre banque, ami du fuyard qui a effectué auprès des services compétents de sa banque toutes les démarches qui devaient lui permettre d'obtenir des chèques de voyage et de quitter le Tchad et cela au vu et au su des responsables de cette banque; que c'est pourquoi il sollicite du tribunal la condamnation solidaire des deux banques à payer les sommes ci-dessus citées et d'ordonner l'exécution provisoire de la décision à intervenir à hauteur de la moitié du principal soit la somme de 20 823 500 francs CFA.

Dans ses conclusions en réplique, la deuxième banque demandait sa mise hors de cause en soutenant que le moyen tiré de l'article 1384 alinéa 5 du Code civil relatif à la responsabilité des commettants du fait de leur préposé est inopérant car l'acte posé par son employé est purement personnel et indépendant du rapport de préposition; qu'en l'espèce, l'agent s'est présenté sous un faux nom pour encaisser le chèque à lui remis par son ami; qu'il a agi hors des locaux de la banque et à l'insu de ses chefs hiérarchiques enfreignant ainsi le règlement intérieur de l'établissement qui stipule que « tout déplacement d'un employé aux heures de service doit être expressément autorisé ».

Quant à la première banque, elle exposait que la présente cause a fait l'objet d'une procédure sanctionnée par un jugement condamnant les deux banques en tant que civilement responsables des deux agents à payer la somme de 40 823 500 francs CFA, lequel jugement a été annulé par la Cour d'Appel en sa chambre correctionnelle qui a renvoyé le ministère public à mieux se pourvoir; que l'arrêt ainsi rendu a acquis l'autorité de la chose jugée rendant en la forme irrecevable toute action de la société contre les deux banques pour le même objet; qu'au fond elle fait valoir que le second compte a enregistré des recettes et des dépenses et a fonctionné dès son ouverture du 2 janvier à juillet 1991 sans la moindre réaction des autres associés dont le prétendu directeur administratif initiateur de la présente procédure, que celui-ci ne peut se prévaloir de sa propre turpitude; qu'en outre elle a l'habitude d'ouvrir un compte dénommé "compte fonctionnement" et plusieurs comptes spécifiques à des sociétés et organismes qui en font la demande comme c'est le cas; que sa faute personnelle n'a jamais été rapportée par la demanderesse qui se complaît à déclarer vaguement que sa responsabilité tient aux circonstances de l'ouverture du nouveau compte; que M. X, gérant de la SARL statutairement nommé n'a pas besoin de l'avis des autres associés pour l'ouverture d'un nouveau compte car celle-ci rentre dans les actes courants d'administration de la société et qu'en tous les cas, le requérant n'a pas établi le lien de causalité entre le préjudice subi et la faute à elle reprochée car les conditions d'application de l'article 1382 du code civil sont la faute, le dommage et un lien de causalité entre les deux et qu'il conclut par conséquent au débouté pure et simple de la requérante.

Le Tribunal rend son jugement à l'audience du 2 avril 1998[133]. Il condamne la première banque à payer à la société les sommes de 20 800 000 francs CFA à titre principal et 12 500 000 francs CFA à titre de dommages et intérêts, décision assortie d'une provision à hauteur du principal. Il met hors de cause la deuxième banque. Le tribunal justifie sa décision concernant celle-ci en motivant que son préposé avait agi sous un faux nom et hors de ses locaux. En outre, les démarches menées par ce dernier se situent en dehors de ses attributions professionnelles.

Pour devoir entrer en condamnation de la première banque, le Tribunal expose que "*l'article 24 des statuts de la société stipule que les opérations de fusion ou de scission ne pourront être réalisées qu'en vertu d'une autorisation des associés délibérant à la majorité des trois quarts du capital social; que M. X gérant de la société avait obtenu de la banque l'ouverture d'un autre compte; que s'il s'agissait d'une société distincte, la banque n'a pas pris des précautions en exigeant les mêmes conditionnalités que lors de l'ouverture du premier compte à savoir production des statuts de la société, de son règlement intérieur et le dépôt des spécimens de signature, ce qui constitue déjà une négligence et une imprudence de sa part; qu'en outre, s'il s'était agi d'un compte d'opérations spécifiques, c'est-à-dire pour la réalisation des travaux FED toujours dans l'intérêt de ladite société, le changement de signature par le gérant lors de l'ouverture de ce nouveau compte ne se justifie pas; qu'il n'est pas contesté que cette ouverture a été faite en violation de l'article 24 des statuts de la société dont la banque est détentrice des copies; qu'en tout état de cause, il y a une négligence ou une imprudence de l'agent de la banque qui agissait au nom et pour le compte de celle-ci et que sa responsabilité se trouve engagée sur la base de l'article 1383 du code civil*". Le tribunal a en outre accordé à la demanderesse la somme 12 500 000 F CFA de dommages et intérêts sur la base de l'article 1382 du code civil au motif que la société a subi des préjudices énormes, tant matériel que moral.

[133] Jugement n° 151/98 du tribunal civil de N'Djaména.

En matière de contrat de société et selon l'article 1849 du Code civil, dans les rapports avec les tiers, le gérant engage la société par les actes entrant dans l'objet social et que les clauses statutaires limitant les pouvoirs de ce dernier sont inopposables aux tiers. Le gérant d'une SARL est investi des pouvoirs les plus étendus pour agir en toutes circonstances au nom de la société. L'ouverture d'un compte est un acte d'administration courante et par conséquent ne peut requérir l'avis préalable des autres associés. L'autorisation des autres associés délibérant à la majorité des trois quarts selon l'article 24 des statuts n'est préconisée que pour des actes dépassant les pouvoirs ordinaires du gérant par exemple la prise des participations, les opérations de fusion et de scission, etc.

Les articles 1382 et 1383 du Code civil mettent à la charge de celui qui veut s'en prévaloir une obligation de preuve. La responsabilité suppose la réunion cumulative et non alternative de la faute, du préjudice et du lien de causalité entre la faute et le préjudice. La responsabilité du commettant peut être engagée du fait de son préposé sur la base de l'article 1384 al. 5 du Code civil, mais preuve doit être faite de l'acte fautif de ce préposé et du lien de causalité entre la faute commise et le dommage allégué.

Il ressort des pièces du dossier qu'à la constitution de cette société, un compte n° 36 013 442 H a été ouvert le 22 février 1990. Ce compte n'a fonctionné que pendant 22 jours soit du 12 au 28 décembre 1990 et le total des opérations de retrait ne s'est élevé qu'à 1 080 000 francs. Le second compte référencé 36 013 522 R a été ouvert le 2 janvier 2001 et a permis à la société de fonctionner pendant un an et demi avant la survenance des faits. En effet, il a enregistré tant en recettes qu'en dépenses d'importantes sommes (plusieurs millions de francs CFA). Toutes les charges de la société à savoir salaires, eau, électricité, téléphone et autres frais généraux ont été toujours réglées sur ce compte. Comment le directeur administratif et cosignataire des chèques n'a pas pu se rendre compte de l'ouverture et du fonctionnement d'un tel compte ? Même si une faute légère d'imprudence peut être reprochée à la banque, le lien de causalité entre cette faute et le préjudice subi par la société fait défaut. Il résulte de ce qui précède que le tribunal à fait une mauvaise application des articles 1849, 1382, 1383 et 1384 du Code civil.

Curieusement sur appel de la banque, la Cour d'Appel confirmera le jugement précité par adoption de motifs en son audience du 12 avril 1999[134]. Elle a toutefois revu à la baisse le montant des dommages et intérêts en la condamnant à payer la somme de 5 millions. La Cour a motivé que « sur le fond du litige, la Cour fait siennes les motivations du premier juge et confirme

[134] Arrêt n° 157/99 de la chambre civile et commerciale de la Cour d'appel de N'Djaména.

le jugement entrepris en toutes ses dispositions en ce qu'il a mis hors de cause la deuxième banque, condamné la deuxième banque à payer la somme de 20 800 000 F CFA ; que cependant les dommages et intérêts de 12 500 000 F CFA alloués sont excessifs eu égard aux préjudices subis et qu'il échet de les réduire à 5 000 000 de francs CFA ». Il faut faire observer que la preuve de ces préjudices n'a été rapportée ni par l'intimée ni par la Cour.

2. La responsabilité civile contractuelle

La responsabilité contractuelle peut être définie comme « l'ensemble des règles relatives à l'obligation pour le contractant, qui n'exécute pas correctement la prestation mise à sa charge par le contrat, de réparer le préjudice, causé à l'autre partie ». Une obligation de répondre civilement du dommage est requise lorsque l'obligation contractuelle que ce soit de faire, de ne pas faire ou de donner, n'est pas respectée. Ce dommage résulte donc de l'inexécution d'un contrat. La mise en œuvre de la responsabilité contractuelle suppose la violation d'une obligation contractuelle. En matière contractuelle, les obligations qui sont mises à la charge du banquier sont celles de sécurité, d'information et de conseil. En effet, la banque doit veiller à la bonne conservation des données personnelles émanant de sa clientèle au rang desquelles on peut citer les coordonnées bancaires. Elle doit également veiller à ce que le système informatique de réception des ordres par internet soit correctement sécurisé. En outre, le banquier est un professionnel averti qui doit conseiller et informer son client. Cette information doit viser les conditions générales telles que les conditions d'ouverture, de fonctionnement et de clôture d'un compte de dépôt ainsi que les conditions financières (précision des commissions, tarifs, principes d'indexation, dates de valeur). En matière de crédit, la banque doit communiquer le taux effectif global qui représente le coût réel du crédit ainsi que le tableau d'amortissement dudit crédit. Il en est de même de la caution qui doit être informée tant à la formation du contrat que pendant la durée du crédit. Car l'insuffisance des mentions ou leur irrégularité sont sanctionnées par la non imputation des intérêts ou la nullité pure et simple de l'engagement de celle-ci. En matière de conseil, le banquier doit examiner la situation de son client avec une attention particulière pour par exemple le dissuader dans telle ou telle opération lorsque celui-ci est en passe de s'engager de manière excessive. Il doit en principe le conseiller en matière de crédit de l'utilité de contracter une assurance ainsi que des conséquences d'une garantie à première demande.

Les cas les plus courants d'engagement des responsabilités des banques en matière contractuelle sont justifiés par la violation du secret professionnel, en l'occurrence la communication des situations des comptes des clients aux autorités publiques.

Le 11 mai 1991, Monsieur O. N. ancien opposant politique et qui est rentré au pays à la faveur du changement de régime, attrait la banque X devant le tribunal de première instance de N'Djaména pour la voir condamner à lui payer 23 425 887 francs CFA à titre de créance et 5 millions à titre de dommages et intérêts. Il expose qu'en juin 1982, il a dû s'exiler pour des raisons politiques en laissant les sommes de 9 516 942 francs CFA et 2 934 650 francs CFA respectivement dans ses comptes référencés 36 011 504 L et 33 000 769 P; qu'à son retour d'exil, il s'adressa à sa banque qui lui répondit avoir viré ces sommes au Trésor Public suivant décision du [135]Commissaire aux Finances et Matériels par lettre n° 33 du 5 septembre 1982; que le virement est une opération formelle qui consiste à débiter le compte du titulaire sur son ordre; que le banquier doit vérifier la régularité du virement sous peine d'engager sa propre responsabilité; qu'en tout état de cause, aucun ordre n'a été donné par lui à cet effet et que le compte bancaire donne lieu à des perceptions par le banquier des intérêts; que le calcul desdits intérêts en matière bancaire est soumis à des règles particulières à savoir la capitalisation des intérêts; qu'ainsi la banque X est débitrice des intérêts légaux évalués à 10 972 275 francs CFA..

Pour la banque, c'est sur ordre d'une autorité, de surcroît son ministère de tutelle qu'elle a dû virer la somme précitée dans le compte du Trésor Public ; que cette décision constitue le fait du prince ; qu'avant toute défense au fond, elle entend appeler l'Etat tchadien en garantie et quant au fond, elle sollicite sa mise hors de cause.

Le tribunal rend sa décision à l'audience du 19 juin 1993[136]. Il accueille la demande du sieur O. N. et y fait droit. Il condamne la banque à lui payer la somme de 23 425 887 francs à titre de créance assortie d'une exécution provisoire de 12 451 592 francs CFA. Il l'a par contre débouté de sa demande en dommages et intérêts au motif que le préjudice subi du fait de la résistance abusive de la défenderesse n'a pas été prouvé.

Dans la motivation du tribunal, il ressort que le fameux ordre dont se prévaut la banque est une simple lettre et non un acte administratif susceptible de modifier une situation juridique donnée; que l'ordre de virement ne peut être donné exclusivement que par le titulaire du compte; qu'en débitant le compte

---

[135]Appellation du Ministre des Finances et Matériels sous le Conseil d'Etat, premier gouvernement formé par M. Hissein Habré lors de sa prise de pouvoir le 7 juin 1982.

[136] Jugement n° 223/93 du 19 juin 1993 non publié.

du demandeur sur simple lettre émanant d'un tiers, la défenderesse a délibérément violé la réglementation bancaire en vigueur et que cette violation doit engager sa responsabilité; que le document ordonnant le virement a été dénoncé par le même ministère quelques années plus tard; que la théorie du fait du prince ne s'aurait s'appliquer au cas d'espèce; que les deux comptes accusaient un solde créditeur de 12 451 592 francs CFA au moment d'exil du titulaire; que logiquement ce solde devait produire des intérêts légaux de l'ordre de 10 972 275 francs CFA.

La banque X releva appel de ce jugement. Dans ses conclusions d'appel, elle fait valoir qu'en matière de responsabilité contractuelle, la responsabilité du débiteur ne peut être engagée pour mauvaise exécution dès lors qu'il existe une cause étrangère venant bouleverser toute exécution; que selon l'article 1147 du Code civil, le débiteur ne peut être condamné à raison de l'inexécution de l'obligation que toutes les fois qu'il ne justifie pas que l'inexécution provient d'une cause étrangère qui ne peut lui être imputée; qu'en l'espèce, la cause étrangère n'est autre que la réquisition du Ministre des Finances; que la décision de réquisitionner les fonds appartenant aux opposants politiques a été prise en Conseil des ministres; que cette réquisition a un caractère irrésistible, insurmontable et contre laquelle elle ne peut rien.

Concernant sa condamnation au paiement du montant du deuxième compte qui appartenait à un autre opposant politique nommé M. A. S. la banque soutient qu'à défaut de mandat donné par ce dernier au requérant, celui-ci ne peut valablement ester en justice en son nom. Quant aux intérêts composés calculés au taux de 7%, elle estime que cette condamnation n'est pas justifiée car les comptes précités sont des comptes de dépôt qui ne peuvent être grevés que d'agios à son profit ; que seuls les comptes d'épargne sont producteurs d'intérêts ; qu'elle demande subsidiairement à la Cour d'Appel d'infirmer le jugement déféré sur ces deux derniers points si elle n'entend pas infirmer ledit jugement en toutes ses dispositions.

Par arrêt en date du 1er avril 1994[137], la Cour d'Appel a confirmé le jugement précité en toutes ses dispositions. [138]Cette haute juridiction n'a pas du tout motivé sa décision. En effet, elle a jugé que "*considérant que la Cour estime que c'est à bon droit et pour des motifs qu'elle adopte que le premier juge a :*

---

[137] Arrêt n° 039/94 de la chambre civile, commerciale et sociale de la Cour d'appel de N'Djaména.

[138]A cette date, la Cour suprême n'a pas encore été créée et donc le seul recours contre les décisions de la Cour d'Appel est la procédure de requête civile qui offre peu de chance de succès.

- *Déclaré fondée l'action de Monsieur O. N ;*

- *Condamné la banque X à lui verser la somme de 23 425 887 francs CFA à titre de créance,*

- *Ordonné l'exécution provisoire de la présente décision à hauteur de 12 451 592 francs CFA nonobstant toutes voies de recours et sans caution,*

- *Débouté O. N. du surplus de sa demande,*

- *Condamné la BIAT aux dépens,*

Qu'il convient en conséquence de confirmer en toutes ses dispositions le jugement entrepris."

Ce défaut de motifs a amené la banque à introduire une requête civile contre cet arrêt. C'est ainsi que par arrêt en date du 15 mars 2002, la Cour d'Appel autrement composée infirmera le jugement du 19 juin 2003 en toutes ses dispositions.

Sur la condamnation de la banque X à payer la somme de 2 934 650 francs CFA laquelle appartenait à M. A. S., la Cour expose qu'il s'agit là de deux comptes différents appartenant à deux personnes distinctes; qu'il ne résulte pas du dossier mandat écrit donné par M. A. S. au sieur O. N. de procéder au recouvrement de cette créance de 2 934 650 francs et que c'est à tort que le premier juge a accepté la demande de O. N. en la matière et a condamné la banque à verser ladite créance dans les mains de celui-ci. Quant aux intérêts légaux, la Cour motive qu'il est un principe général de droit dans les banques qu'un compte courant ou ordinaire ne peut produire d'intérêts; que c'est à tort que le premier juge a accordé à O. N. la somme de 10 972 275 francs à titre d'intérêts légaux et qu'il y a lieu d'infirmer le jugement querellé sur ce point.

Sur la responsabilité contractuelle de la banque, la Cour d'Appel expose qu'il n'est pas contesté que le Commissaire aux Finances et Matériels du Gouvernement d'alors est le Ministre de tutelle de la banque X; que si la lettre référencée 33/ CE/82 du 5 septembre 1982 du Commissaire aux Finances n'est pas un acte administratif pouvant avoir d'incidence juridique comme le premier juge l'entend, il n'est pas exclu que pour réglementer son service, un ministre puisse donner des directives ou des injonctions à telles personnes physique ou morale par note circulaire ou note de service; qu'en l'espèce le Commissaire aux Finances agit au nom de la puissance publique; que le caractère administratif ou officiel n'est pas à dénier à l'écrit litigieux dans la mesure où son auteur n'est pas une personne physique ou privée dénommée; qu'il a reçu de manière régulière un numéro d'ordre et un cachet officiel, il est signé et daté par l'autorité qui a le pouvoir; qu'en affirmant que la banque a délibérément violé la réglementation bancaire en virant l'argent de O. N. dans le compte d'un tiers, le premier juge n'a pas suffisamment démontré en quoi l'acte accompli en l'espèce est délibéré; qu'il n'a pas démontré l'intérêt qu'a la banque à virer l'argent du sieur O.N. dans le compte du tiers n'eût été l'Etat qui use de ses prérogatives de puissance publique; que le premier juge n'a pas non plus démontré la mauvaise intention de la banque qui de l'exposé des faits n'a aucun intérêt personnel dans ce virement à lui imposé; que le tiers dont il s'agit est l'Etat, puissance publique, qui a bénéficié dudit virement par le truchement de son ministre; qu'en décidant comme il l'a fait, le premier juge a mal apprécié les faits et mal dit le droit; qu'il convient d'infirmer en toutes ses dispositions le jugement querellé et de débouter purement et simplement O. N. de sa demande.

Cette décision nous paraît conforme au droit. Le mandat est un acte par lequel une personne est chargée d'en représenter une autre pour l'accomplissement d'un ou de plusieurs actes juridiques. Au Tchad, les mandats de représentation peuvent être notariés, établis par devant le maire, dans un commissariat de police ou même sous seing privé.

Durant la procédure, il a été demandé au sieur O. N. de faire la preuve du mandat à lui donner par M. A. S. Pour toute réponse, il a déclaré que le deuxième compte est un compte commun. Or preuve doit être faite de la procuration donnée par M. A. S. pour le recouvrement de sa créance auprès de la banque X, ou encore de l'ouverture en commun de ce compte avec signature conjointe.

Selon le "Manuel des Procédures" que nous avons consulté dans presque toutes les banques, les comptes de dépôt et les comptes courants ne produisent pas d'intérêt au profit des titulaires des comptes. Ceci ressort d'ailleurs clairement d'un imprimé remis au client à l'ouverture des comptes.

Seuls les comptes d'épargne dont les références commencent par 34 sont producteurs d'intérêts. En France, ce n'est récemment que certaines banques ont décidé de faire bénéficier leurs clients titulaires de comptes courants d'une certaine rémunération. A défaut d'un taux conventionnel de rémunération, le tribunal ne peut d'autorité allouer des intérêts.

Quant à la responsabilité de la banque, le premier juge aurait dû suivre l'argumentation fondée sur les dispositions de l'article 1147 du Code civil au lieu de s'appesantir sur la technique du virement et de critiquer l'ordre donné par le Commissaire aux Finances sans le targuer de faux.

3. La violation des règles générales

Dans la procédure de recouvrement de ses créances par les voies d'exécution forcée, la banque peut commettre de fautes ou manquer de diligences et voir rater cette procédure. Mais ces manquements ne sont pas nécessairement imputables au banquier compte tenu de la pluralité des intervenants dans la procédure.

Dans le Code de procédure civile, il est prévu plusieurs procédures d'exécution forcée dont la saisie-exécution, la saisie des récoltes sur pied, la saisie conservatoire, la saisie-revendication, la saisie-gagerie, la saisie-arrêt et la saisie immobilière. La saisie des récoltes sur pied n'a pas de réglementation particulière. Les procédures relatives à la saisie conservatoire, à la saisie-revendication et à la saisie-gagerie sont calquées sur celles de la saisie-exécution. Seules la saisie-arrêt et la saisie immobilière sont réglementées spécifiquement. La non observation de ces procédures peut être source de préjudices et susceptible d'engager la responsabilité du défaillant. Et le plus souvent les banques en furent victimes.

Une banque avait par requête datée du 18 mai 1995, sollicité auprès du Tribunal de première instance de N'Djaména une ordonnance de saisie-arrêt de loyers, sommes et autres valeurs que détiendraient divers tiers et autres banques de la place pour le compte de son débiteur M. A. S. en recouvrement de sa créance.

Elle exposait qu'elle avait accordé à ce dernier un concours de 16 093 343 francs CFA sur sa demande pour le financement d'un marché au profit de la SONASUT[139]. Ce concours devrait être remboursé dès la livraison des marchandises à la SONASUT. En outre, celui-ci doit au titre de reliquat d'un crédit immobilier la somme de 4 648 753 francs CFA. Alors que le débiteur avait souscrit un engagement irrévocable de domicilier le règlement de ses factures au guichet de la banque, il s'est fait payer directement au niveau des caisses de l'entreprise le montant de ses factures et s'est permis de geler son compte pour en ouvrir d'autres dans une banque concurrente pour le besoin de ses affaires.

Le Tribunal fait partiellement droit à la requête de la banque en lui délivrant une ordonnance de saisie conservatoire des loyers et des avoirs du sieur A. S. dans les banques de la place.

---

[139] Société Nationale Sucrière du Tchad.

Dans ses diligences, l'huissier a pu saisir entre les mains du locataire du débiteur quelques centaines de milles de francs mais à défaut de sommes disponibles dans les autres banques, aucune saisie n'a pu être effectuée. Il s'est par conséquent permis de saisir à titre conservatoire l'immeuble du débiteur[140] qui a été affecté auparavant conventionnellement au profit de la banque en garantie de sa créance. Cette saisie conservatoire a par la suite été validée par le Tribunal par ordonnance rendue le 19 octobre 1995. Monsieur A. S. a relevé appel de cette ordonnance mais son appel a été déclaré irrecevable au motif qu'il a été introduit hors délais. L'huissier ayant vendu aux enchères publiques l'immeuble dont la saisie a été validée, A. S. a saisi par requête le Tribunal de Première Instance de N'Djaména en annulation de ladite vente et surtout en annulation des diverses ordonnances ayant précédé cette vente ainsi qu'au remboursement des loyers.

Le Tribunal en son audience du 18 décembre 1997 juge qu'il y a autorité de la chose jugée et en conséquence déclare irrecevable la demande de M. A. S. et le condamne aux dépens.

A. S. releva appel de ce jugement le même jour. Il fait valoir à titre de moyens d'appel qu'il serait illogique voire même absurde de prétendre qu'une simple ordonnance de référé peut constituer un jugement ayant acquis autorité de la chose jugée; que l'autorité de la chose jugée ne s'attache qu'aux décisions rendues sur le fond; qu'une simple ordonnance de référé suivie d'un arrêt civil rendu sur référé qui se bornent dans leur dispositif à ordonner une mesure provisoire n'ont pas, au principal, autorité de la chose jugée; que d'ailleurs, toute ordonnance de référé n'est qu'une décision provisoire qui ne peut préjudicier sur le principal; que la Cour ne pourra que censurer la décision du Tribunal du 18 décembre 1997; que d'autre part, en affirmant que les irrégularités soulevées se trouvent consolidées au profit de la banque par l'effet du principe de l'autorité de la chose jugée, le premier juge reconnaît implicitement qu'il y a bel et bien plusieurs entorses quant à la saisie et la vente de l'immeuble du sieur A. S.; que le 20 septembre 1995, l'huissier de justice avait effectué directement une saisie immobilière en vertu d'une simple ordonnance du Président du Tribunal qui ne vaut pas un titre exécutoire; que l'immeuble du sieur A. S. a été saisie non sur la base d'une ordonnance de saisie immobilière mais sur la base des ordonnances de saisie-arrêt et de saisie-exécution qui ne concernent que les meubles; que de plus des irrégularités graves ont entaché la procédure de vente de l'immeuble à savoir:

- Défaut de commandement de payer et de visa du Conservateur foncier ;

[140] Alors que la saisie immobilière obéit à un régime particulier à ne pas confondre avec la saisie des biens meubles corporels.

- Inexistence du cahier des charges et de l'acte de dépôt ;

- Défaut du procès-verbal d'indisponibilité de l'immeuble ;

- Aucune sommation n'a été faite pour recueillir les dires et observations du saisi ;

- Non-fixation de l'audience d'adjudication ;

- Inobservation des formalités prévues par les articles 307 et suivants du Code de procédure civile relativement aux affiches.

Il demande par conséquent à la Cour de constater que les procédures de saisie et de vente de l'immeuble sont nulles pour violation des règles impératives et sollicite en outre la condamnation de la banque à lui payer 9 600 000 francs CFA de loyers et 50 millions de francs CFA à titre de dommages-intérêts.

Quant à la banque, elle soutenait qu'en l'espèce, il s'agit d'une ordonnance ayant validé une saisie immobilière faite par un huissier de justice et que c'est en vertu de cette ordonnance que la vente a été opérée; que l'ordonnance de saisie-arrêt étant une mesure provisoire et la vente une mesure au fond, il s'agit bien d'un cas de décision mixte et que la validation ordonnée à la requête de l'huissier ayant saisi l'immeuble, laquelle a permis la vente est passée en force de chose jugée et qu'on ne saurait annuler la vente sans violer les dispositions de l'article 8 du Code de procédure civile qui posent le principe de l'autorité de la chose jugée qui a pour corollaire la sécurité juridique.

La Cour d'Appel en son audience du 31 juillet 1998[141] infirme le jugement querellé, évoque et annule toutes les ordonnances ainsi que la vente de l'immeuble du sieur A. S. qui a pourtant été vendu aux enchères publiques. Elle condamne en outre la banque à payer la somme de 9 600 000 francs à titre de loyers échus.

En effet, la Cour a motivé que les différentes ordonnances intervenues sur la demande de la banque pour saisir-arrêter les avoirs et loyers de M. Ali Salim sont des mesures provisoires qui ne peuvent préjudicier au fond de l'affaire Banque X contre A. S. et que la Banque ne peut se prévaloir de l'autorité de la chose jugée d'une décision qu'elle sait provisoire.

[141] Arrêt n° 307/98 de la chambre civile et commerciale de la Cour d'Appel de NDjaména.

A. Selon les obligations particulières du banquier

Au titre des obligations particulières, il a été reproché aux banques notamment, l'imprudence, les devoirs de diligence, les conseils ou les renseignements. En demande comme en défense, ses moyens de défense ne prospèrent pas toujours ; mais surtout en demande, elle se voit condamner à titre reconventionnel à des dommages et intérêts et perd parfois le bénéfice des garanties.

1. L'imprudence

Les nombreuses fois où les banques ont été déboutées de leurs demandes et parfois condamnées à indemniser leurs clients ou les co-obligés de ceux-ci sont les défauts de diligences et de prudence en matière de sûretés.

Par principe, un créancier, quelles que soient la date et l'origine de sa créance, a vocation à se faire payer sur la valeur de tous les éléments d'actif et du passif de son débiteur. C'est cette vocation qui est traduite par ce qu'on appelle communément "le droit de gage général", formulé par l'article 2092 du Code civil[142]. Mais un tel créancier dit créancier chirographaire court cependant un double danger. D'abord, entre la naissance de la créance et son exigibilité, le patrimoine du débiteur peut subir des modifications. Celui-ci peut en effet dissiper tout ou partie de son patrimoine ou organiser son insolvabilité.

Le créancier qui ne peut saisir que les biens existants au moment de la saisie, aurait alors des difficultés pour obtenir le paiement de sa créance. Ensuite, le droit de gage général est reconnu à tous les créanciers et les place par conséquent sur un pied d'égalité. Alors de deux choses l'une : ou bien le paiement est le prix de la course; les premiers saisissants étant les premiers payés; ou bien le paiement s'effectue au marc le franc, c'est-à-dire au prorata du montant de leurs créances, selon la règle de distribution par contribution de l'article 2093 du code civil[143].

C'est donc dire que le droit de gage général ne permet pas à un créancier de se prémunir contre le risque d'insolvabilité de son débiteur. C'est pourquoi le

---

[142] Quiconque s'est obligé personnellement es tenu de remplir son engagement sur tous ses biens mobiliers et immobiliers, présents et à venir.

[143] Les biens du débiteur sont le gage commun de ses créanciers ; et le prix s'en distribue entre eux par contribution, à moins qu'il n'y ait entre les créanciers des causes légitimes de préférence.

banquier créancier s'accorde deux moyens d'agir et qui garantissent l'exécution future de l'obligation souscrite par son client :

- Les sûretés réelles par lesquelles on affecte prioritairement certains éléments de l'actif du débiteur au paiement de sa créance ;

- Les sûretés personnelles par lesquelles on adjoint au débiteur initial un ou plusieurs autres débiteurs, en multipliant ainsi les droits de gage général.

Si dans les instances en recouvrement de leurs créances, les demandes des banques tchadiennes ont généralement prospéré en matière de sûretés réelles, il n'en est pas de même des actions engagées en matière de sûretés personnelles et surtout contre la caution ou l'avaliste.

a. Défaut d'information de la caution

Par requête introductive d'instance datée du 18 décembre 1989, la Banque Internationale pour l'Afrique au Tchad dite en abrégé BIAT a intenté contre dame M. N. en sa qualité de débitrice, A. A. K. caution hypothécaire et M. M. A. caution solidaire mais seulement à concurrence d'une somme de 4 millions de francs CFA, une action en paiement de la somme de 20 680 289 francs, outre les intérêts de droit et les dépens.

Elle excipe à l'appui de sa demande que la dame M. N. débitrice a obtenu en février 1986 pour ses activités commerciales un découvert de 8 millions de francs CFA, que le 31 juillet 1986, elle a encore obtenu un crédit à court terme de 4 600 000 francs remboursable en 10 mensualités; que la défenderesse a cessé toutes relations d'affaires; qu'à la date du 30 mars 1989, sa créance s'est élevée, intérêts et autres frais compris à la somme de 20 680 289 francs et que toutes les démarches entreprises pour un règlement à l'amiable ont été vaines.

La banque expose en outre que le sieur A. A. K., fils mineur de la dame M. N. représenté par sa mère s'est porté caution hypothécaire en faveur de sa mère à hauteur de 12 600 000 francs pour sûreté et garantie de la bonne fin de concours financiers. Celle-ci demande conformément aux articles 2021[144] et 2025[145] du Code civil que la caution hypothécaire soit condamnée solidairement avec sa mère au paiement du principal, des intérêts de droit et

[144] Cet article pose le principe de l'effet du cautionnement entre le créancier et le la caution à savoir le bénéfice de discussion et de solidarité.

[145] Lorsque plusieurs personnes se sont rendues cautions d'un même débiteur pour une même dette, elles sont obligées chacune à toute la dette.

des dépens. Par ailleurs, le sieur M. M. A. par acte sous seing privé en date du 4 septembre 1985, s'est porté caution solidaire de la dame M. N. à concurrence de la somme de 4 millions de francs CFA. La banque estime que la débitrice principale étant défaillante, la caution principale doit être condamnée au paiement de la somme de 4 millions de francs CFA par application de l'article 2021 du Code civil. La débitrice principale et sa caution hypothécaire n'ont pas comparu et n'ont pas fait valoir leurs moyens de défense.

Par contre la caution solidaire, par conclusions datées du 27 juillet 1990 répliquait qu'en date du 4 septembre 1985, elle avait avalisé un crédit à concurrence de 4 millions de francs CFA et qu'il avait à cet effet signé des billets à ordre qui ne sont jamais revenus impayés; que ce n'est qu'en 1989 que la demanderesse la somma de payer la somme précitée; qu'il y a eu un nouveau prêt et que l'ancienne créance s'est trouvée éteinte par application de l'article 1271 du Code civil; que l'extinction de cette dette par novation entraîne *ipso facto* caducité de l'acte d'aval. Il a par conséquent demandé reconventionnellement de la condamnation de la BIAT à lui payer à titre de dommages et intérêts la somme de 1 million de francs pour action téméraire et vexatoire.

Rendant sa décision à son audience du 26 décembre 1991[146], le Tribunal a condamné solidairement la dame M. N. et sa caution hypothécaire le sieur A. A.K. à payer à la BIAT sa créance de 20 680 289 francs outre les intérêts de droit et une hypothèque judiciaire sur le titre foncier n° 1929.

Par contre le Tribunal a mis hors de cause la caution solidaire M. M. A. et a condamné reconventionnellement la BIAT à lui payer la somme de 300 000 francs à titre de dommages et intérêts. Pour débouter la banque de sa demande de mise en cause de la caution solidaire M. M. A. et pour la condamner à payer à ce dernier les dommages et intérêts précités, le Tribunal a motivé que :

- Selon l'article 1271 du Code civil, l'ancienne créance est éteinte lorsque le débiteur contracte envers son créancier une nouvelle dette qui est substituée à l'ancienne ;

- La débitrice principale n'a obtenu de la BIAT en 1986 qu'un découvert de 8 millions francs CFA et un crédit à court terme remboursable en dix mensualités de 4 600 000 francs CFA ; que ce sont ces deux créances agios compris qui ont fait l'objet d'une requête en paiement pour un montant total de 20 680 289 francs alors que l'acte d'aval signé le 4 septembre 1985 garantissait une créance de 4 millions de francs CFA ;

---

146 Jugement n°189/91 du Tribunal de première instance de N'Djaména.

- Dans la demande de crédit versée au dossier, la dame M. N. a déclaré que le crédit de 4 millions de francs CFA lui a été accordé avec l'aval de M. M. A. et une hypothèque signée à blanc, laquelle déclaration a été confirmée par le défendeur qui soutient qu'il avait signé des billets à ordre qui ne sont jamais revenus impayés;

- La BIAT n'a pas versé au dossier les effets signés par M. A. pour attester qu'ils sont revenus impayés et que l'ancienne créance n'a pas été apurée ;

- Les créances en date de 1986 pour lesquelles la banque actionne la dame M. N. constituent un nouveau prêt et par conséquent l'aval consenti le 4 septembre 1985 par M. M. A. en garantie de la créance de 4 millions de francs ne pourrait garantir celles accordées en 1986 et qu'il y a lieu par conséquent de mettre hors de cause ce dernier ;

- En vertu de l'article 7 du Code de procédure civile, l'action qui n'est pas fondée sur des moyens jugés sérieux, celle qui est purement malicieuse et vexatoire ou dilatoire constitue une faute ouvrant droit à réparation ;

-l'action intentée par la BIAT contre M. M. A. en paiement d'une créance dont elle ne s'est pas portée caution, l'exposant ainsi à des frais d'instance, est génératrice d'un préjudice indemnisable et qu'il échet de condamner la banque à lui payer 300 000 francs à titre de dommages et intérêts.

Y a-t-il eu novation au sens de l'article 1271 du Code civil ? Les pièces du dossier ne permettent pas de répondre par l'affirmative à cette question. En effet, la novation est une convention par laquelle une obligation est éteinte et remplacée par une obligation nouvelle. Elle suppose la volonté des obligés, la substitution d'une obligation à une autre et un élément nouveau en ce sens qu'il faut qu'une modification suffisamment importante soit apportée à l'obligation ancienne (changement de créancier ou de débiteur, changement de cause ou d'objet). Toujours est-il que l'engagement de la caution date du 4 septembre 1985 alors que les deux prêts prétendus garantis ont été contractés respectivement en février et juillet 1986. La dette garantie serait sans doute déjà payée.

En effet, selon l'autre moyen de défense soutenu par la caution, son aval garantissait un prêt immobilier. Les concours bancaires objets de la présente procédure étaient destinés à l'exploitation du débit de boisson de la débitrice principale. Et en sa qualité de fervent musulman, il ne peut cautionner une dette qui servirait au commerce de l'alcool. Il n'est pas contesté qu'au regard de la loi musulmane, la consommation d'alcool est prohibée ainsi que tout commerce y afférent. Même si le juge ne l'a pas suivi dans ce moyen de défense, cette allégation vient corroborer l'extinction probable de la dette garantie de 4 millions de francs CFA.

La banque a incontestablement commis une imprudence en sa qualité de créancier garanti. En effet, selon le principe de l'accessoire, l'engagement de la caution vis-à-vis du créancier est subsidiaire à celui du débiteur principal: *"la caution n'est tenue de payer la dette qu'en cas de non-paiement du débiteur principal"*[147]. Elle était tenue d'aviser la caution de toute défaillance du débiteur principal et ne pourrait entreprendre des poursuites contre elle qu'après mise en demeure de payer adressée au débiteur et demeurée infructueuse. Elle devait en outre communiquer à la caution, dans le mois qui suit le terme de chaque trimestre civil, l'état des dettes du débiteur. En plus du manquement à son devoir d'information, elle n'a pas présenté en paiement les effets souscrits par la caution et n'a pas non plus fait dresser protêt. C'est donc à bon droit que le Tribunal l'a sanctionnée. Cette décision a été confirmée par la Cour d'Appel " par adoption des motifs" par arrêt rendu le 6 janvier 1995[148].

b. Défaut d'action dans les délais

La même banque devait attraire les époux C. en paiement pour un prêt garanti par un aval et une hypothèque conventionnelle mais elle fut déboutée de sa demande au motif que la preuve de l'aval de l'époux n'a pas été rapportée d'une part et que son action s'est trouvée prescrite d'autre part.

Elle exposait par requête datée du 12 novembre 1994 qu'elle avait accordé en octobre 1976 un prêt de 2 400 000 francs à la dame C. C. destiné à l'achat de tissus, robes et autres articles pour le commerce de fin d'année; que ce prêt a pour support quatre billets à ordre signés par la défenderesse pour quatre échéances; qu'en garantie du paiement, elle a bénéficié de la caution solidaire de son époux, le sieur J. M. C. ainsi qu'elle avait conféré une hypothèque conventionnelle sur le titre foncier n° 1146.

Elle sollicitait par conséquent la condamnation solidaire des époux C. à lui payer 2 911 233 francs à titre de créance, 500 000 francs à titre de dommages et intérêts outre les intérêts de droit ainsi qu'une hypothèque judiciaire sur le titre foncier précité.

Dans leurs répliques, les époux C. déclaraient qu'ils s'inscrivent en faux contre les pièces produites par la demanderesse notamment le certificat de

---

[147] Article 2021 du Code civil.
[148] Arrêt n°03/95 de la Cour d'appel de N'Djaména.

propriété et d'inscription hypothécaire, que le seul crédit consenti à l'épouse par la BIAO aux droits de laquelle a succédé la BIAT et ayant donné lieu à une inscription hypothécaire datée de décembre 1973 s'élève à 3 600 000 francs; que selon l'article 2015 du Code civil, le cautionnement ne se présume point; qu'ainsi si le sieur J. M. C. s'est porté caution solidaire de son épouse, l'engagement devait apparaître clairement dans la rubrique "bon pour aval"; qu'il n'existe nulle part trace de cet engagement dans les différents billets à ordre produits par la BIAT; que par ailleurs, l'action de la BIAT se trouve prescrite en application de l'article 189 bis du Code de commerce pour d'évidentes raisons que le crédit accordé était destiné à l'exercice de ses activités commerciales. Par jugement rendu le 26 février 1995[149], le Tribunal a déclaré recevable main non fondée l'action de la banque et l'a déboutée de ses demandes.

Le Tribunal qui a suivi partiellement les moyens soutenus par les défendeurs a motivé " *qu'il n'apparaît nulle part sur le certificat de propriété et d'inscription hypothécaire la trace d'une quelconque inscription hypothécaire de 2 400 000 francs au profit de la banque; que le dernier acte enregistré sur ledit certificat est l'inscription hypothécaire de 3 600 000 francs et date de 1973; que d'autre part sur les quatre billets à ordre présentés, il n'existe pas la signature de J. M. C. sous la mention "bon pour aval"; que la banque savait pertinemment que la dame C. C. était commerçante avant de lui consentir le crédit; que le crédit a été accordé à dame C. C. commerçante de son état comme l'atteste bien l'objet même du crédit; qu'en tant que commerçante et débitrice, elle peut valablement invoquer le bénéfice de l'article 189 bis du code commerce; qu'ainsi, la créance dont il est question remonte à l'année 1976; que la requête de la banque a été déposée en novembre 1994 soit plus de dix ans, délai légal de la prescription décennale; qu'il échet en conséquence de constater la forclusion de la demanderesse et la débouter de l'ensemble de ses demandes*".

S'il est vrai que la banque n'a pas fait la preuve de l'aval de l'époux et de l'affectation hypothécaire de la propriété objet du titre foncier n° 1146 en garantie du prêt, concernant la prescription, la décision du Tribunal ne résiste pas à la critique. En effet, l'aval est la garantie donnée sur un effet de commerce par une personne qui s'engage à en payer le montant à l'échéance si le ou les signataires pour lesquels l'aval a été donné sont défaillants. En l'espèce, la défaillance de la débitrice autorisant les conditions de mise en œuvre de l'aval est effective mais la preuve de l'aval donné par l'époux n'a pas été rapportée.

---

[149] Jugement n°442/95 du Tribunal de première instance de N'Djaména non frappé d'appel.

L'hypothèque quant à elle est un droit réel accessoire à un droit de créance qui permet au titulaire de celui-ci en cas de non-paiement de l'être sur le prix de vente du bien grevé par priorité, d'après la date de la publicité de son hypothèque (droit de préférence) et de saisir le bien en quelque main qu'il se trouve au cas où, avant l'échéance de sa créance, le débiteur l'aurait cédé à un tiers (droit de suite). Elle peut être conventionnelle, judiciaire ou légale.

Tout au long de la procédure, la banque n'a pu verser au dossier un certificat d'affectation hypothécaire ni même une promesse d'hypothèque. La banque devrait faire établir une convention d'hypothèque qui, après enregistrement à la Direction des Domaines, du Timbre et de l'Enregistrement pourrait se voir conférée date certaine au contrat et la faire inscrire à la Conservation des Hypothèques.

Selon le Lexique des termes juridiques, « la prescription est la consolidation d'une situation juridique par l'écoulement d'un délai »[150]. Elle est extinctive lorsqu'elle fait perdre un droit réel ou un droit personnel du fait de l'inaction prolongée du titulaire du droit. La banque n'est-elle pas en droit d'invoquer l'article 2251 du Code civil selon lequel la prescription court contre toutes personnes, à moins qu'elles ne soient dans quelque exception établie par une loi ? En effet, depuis le déclenchement de la guerre civile au Tchad en 1979, les époux C. à l'instar de bon nombre de familles ont quitté le pays et n'y sont rentrés qu'en 1993. Et dès leur retour au pays, la banque a pris attache avec eux pour le recouvrement amiable de sa créance. Elle était dans l'impossibilité d'initier une procédure contre eux du fait de leur absence prolongée du pays. Elle est en droit d'invoquer la "notion d'impossibilité absolue " pour échapper à l'application de l'article 189 bis du Code de commerce relatif à la prescription décennale. En effet, « la prescription ne court pas contre celui qui est dans l'impossibilité absolue d'agir par suite d'un empêchement résultant soit de la loi, soit de la convention ou de la force majeure »[151].

2. Les conseils ou les renseignements

Le banquier, professionnel averti, a un devoir de conseil vis-à-vis de sa clientèle. Il doit d'autre part informer celle-ci sur la spécificité de ses prestations surtout en matière d'octroi et de gestion du crédit. La moindre négligence pourrait engager sa responsabilité. Certes, selon le principe de non-ingérence, le banquier n'est pas tenu de vérifier si l'opération à effectuer est

[150] Lexique des Termes juridiques, 10ème Edition, Dalloz, 1995, p. 428.
[151] Com. 17 février 1964, Bull. Civ. III, n°22.

licite ou non. Il n'a pas non plus à rechercher l'origine ou la destination des fonds lors d'une opération effectuée par le client. Néanmoins le droit communautaire, dans le cadre de la lutte contre le blanchiment, fait obligation au banquier de se renseigner si les fonds proviennent du trafic de stupéfiants, de la corruption, d'activités criminelles ou qui permettent le financement du terrorisme.

La banque aura alors à se renseigner auprès du client sur l'origine et la destination des fonds, l'objet de l'opération ainsi que l'identité du bénéficiaire, dès lors que la somme est supérieure à un certain montant et que ladite opération ne paraît pas avoir de justification économique ou d'objet licite.

a. Défaut de renseignements généraux

Une banque a perdu le bénéfice de ses intérêts pour avoir, selon les reproches de la Cour, omis d'indiquer le taux appliqué ainsi que la méthode de calcul aboutissant à la créance réclamée.

Par requête datée du 21 janvier 1990, la BIAT sollicitait du Tribunal de Première Instance de N'Djaména la condamnation du sieur N. B. à lui payer la somme de 12 805 935 francs à titre de créance, sous réserves des agios, commissions et autres frais à échoir. Elle exposait qu'en mai 1986, Monsieur N. B. a bénéficié à ses guichets d'un prêt immobilier de 6 500 000 francs CFA pour la réfection de sa villa, objet du titre foncier n° 1968, sise à N'Djaména. Un mois plus tard, le défendeur demandait un prêt complémentaire de 5 500 000 francs CFA pour parachever les travaux.

Il est ainsi arrivé à un crédit immobilier global de 12 000 000 de francs CFA remboursable en 40 mensualités constantes de 300 000 francs du 31 juillet 1986 au 31 octobre 1989. En garantie du paiement dudit prêt, une hypothèque conventionnelle de premier rang a été consentie au profit de la banque pour un montant de 12 000 000 de francs CFA sur le titre foncier précité. Le défendeur n'ayant pas honoré ses engagements, ses comptes accusent à la date du 31 décembre 1989 un solde global débiteur de 12 805 935 francs CFA.

Le Tribunal accueille sa demande et y fait droit. Par jugement daté du 5 juin 1993[152], il condamne N. B. à payer à la BIAT la somme de 12 805 935 francs CFA outre les intérêts de droit à compter de la date du jugement et ordonne

---

[152] Jugement n°210/93 du Tribunal de première instance de N'Djaména.

une hypothèque judiciaire sur le titre foncier précité. N. B. relève appel principal dudit jugement. Quant à la BIAT, elle relève [153]appel incident.

L'appelant principal fait valoir qu'à la date du 8 juin 1990, il a remboursé au total la somme de 10 700 000 francs CFA et qu'il ne reste devoir qu'un solde reliquataire de 2 300 000 francs CFA; qu'il aurait pu régler l'intégralité de sa dette si la BIAT n'a pas « exagérément gonflé » le solde restant dû sans en rapporter le moindre justificatif; que le taux appliqué par la BIAT est un taux manifestement usuraire et qu'il sollicite que clarté soit faite sur les intérêts courus et que la banque produise aux débats le dossier de crédit et le taux d'intérêt y afférent.

Au soutien de son appel incident, la BIAT expose que pour un établissement financier, toute somme prêtée est productrice d'intérêts composés et que ceux-ci sont eux-mêmes producteurs d'intérêts; qu'il est de jurisprudence bien établie que les intérêts de droit sont liquidés à compter de la date de la requête introductive d'instance, or le premier juge a accordé les intérêts de droit à dater du jugement ; qu'en outre elle sollicite de la Cour la condamnation de l'appelant principal à lui payer la somme de 1 000 000 de francs CFA à titre de dommages et intérêts en réparation du préjudice financier important du fait de l'appel abusif et dilatoire de ce dernier.

La Cour d'Appel en sa deuxième chambre statue sur cette affaire en son audience du 30 mai 1994. Elle infirme le jugement entrepris en toutes ses dispositions et condamne N. B. à payer 1 300 000 francs CFA en principal et 1 200 000 francs CFA d'intérêts de droit à la BIAT et aux dépens.

Pour asseoir cette décision, la Cour a motivé que "la banque n'a pas expliqué à la Cour comment elle avait fait ses calculs pour obtenir la somme de 12 805 935 francs CFA; qu'en l'absence de tout calcul clair et précis, la Cour ne peut faire droit à cette demande car en matière civile et commerciale, la charge de la preuve incombe aux parties; que la BIAT n'a jamais précisé à quel taux elle avait calculé ses intérêts pour arriver au chiffre de 12 805 935 francs CFA; que celle-ci n'a encore ni dans sa requête, ni dans ses conclusions fait allusion aux paiements effectués par N. B. alors que ce dernier a remboursé 10 700 000 francs CFA et qu'il ne restait devoir que 1 300 000 francs CFA". La Cour a encore retenu le taux de 10% pour calculer les intérêts dus à la banque. A aucun moment de la procédure, cette Cour devant laquelle le dossier a été juste appelé par deux fois n'a requis la BIAT d'expliquer la méthode de calcul de ses intérêts. La BIAT a produit aux débats tous les extraits de compte comme preuves de sa créance et de la liquidation de ses intérêts. La Cour a retenu

[153]En application de l'article 197 du Code de Procédure Civile, l'intimé peut interjeter appel incident en tout état de cause et même par simples conclusions.

unilatéralement un taux de 10% pour une durée de prêt d'une année seulement alors que le taux conventionnellement retenu par les parties était de 14,5% pour un prêt d'une durée de 4 ans.

De plus, cette Cour ne s'est pas prononcée sur l'appel incident de la BIAT. En effet, aucun attendu n'a été réservé à la demande de dommages-intérêts de 1 million de francs CFA, à la liquidation des intérêts de droit qui devrait s'opérer à dater de la requête introductive d'instance et non à compter du jugement. Il n'est pas non plus fait allusion à l'hypothèque judiciaire accordée par le premier juge.

L'arrêt du 30 mai 1995 est à tous égards contestable. C'est pourquoi, la banque l'a attaqué par la voie de la [154]requête civile. Elle soutenait qu'elle entendait faire valoir ses moyens sur les fondements des [155]alinéas 5 et 9 de l'article 183 du Code de procédure civile.

Elle exposait que par conclusions datées du 5.04.94 adressées à la Cour d'Appel pour l'audience du 29.04.94, elle relevait appel incident du jugement du 5.06.93 en application de l'article 197 du Code de procédure civile; que par cet appel incident elle avait sollicité la réformation du jugement attaqué pour voir statuer sur sa demande relative aux dommages-intérêts de 1 000 000 de francs CFA et aux intérêts de droit au taux de 6% l'an à compter de la date de la requête introductive d'instance; qu'ainsi elle sollicite la rétractation de l'arrêt susvisé sur le fondement de l'article 183 en son alinéa 5 en ce que la Cour a omis de statuer sur cette demande.

Quant aux moyens tirés de l'alinéa 9 de l'article 183, elle exposait entre autres que N. B. a refusé délibérément de verser aux débats les extraits de compte dans lesquels ressortent les divers paiements effectués et surtout les nombreuses lettres de relance et de mise en demeure qui lui étaient adressées; qu'elle a toujours explicité les calculs des intérêts ressortis dans les relevés de

---

[154]C'est une voie de recours extraordinaire toujours en vigueur par laquelle on revient devant les juges qui ont statué en leur demandant de modifier leur décision que l'on prétend avoir été rendue par erreur. Elle comporte 9 cas d'ouverture dont les principaux s'articulent sur la fraude, la rétention ou falsification des pièces, *l'ultra petita* et la contrariété de décisions en dernier ressort...

[155]Article 183: lorsqu'il a été statué par décision contradictoire rendue en dernier ressort ou lorsqu'un jugement par défaut n'est plus susceptible d'opposition, les parties pourront présenter requête civile à la juridiction qui a statué pour obtenir la rétractation de la décision dans les cas ci-après:- alinéa 5: s'il a été omis de prononcer sur l'un des chefs de demande- alinéa 9: si, depuis le jugement, il a été recouvré des pièces décisives et qui avaient été retenues par le fait de l'adversaire.

compte et qu'elle ne reconnaît pas avoir été requise pour expliquer la méthode de calcul des intérêts et de préciser le taux, lequel figure déjà dans le contrat de prêt signé à l'ouverture du crédit. Elle soutenait encore que les intérêts qui courent pendant la mise en place du crédit sont des intérêts composés et que ceux-ci sont eux-mêmes producteurs d'intérêts ; qu'en appliquant unilatéralement un taux de 10%, la Cour a violé la convention des parties ; que même dans cette hypothèse, cette Cour a commis une erreur matérielle car la somme de 1 200 000 francs CFA correspond aux intérêts d'un an alors que devrait être pris en compte une période de 4 ans.

Dans ses répliques aux conclusions précitées datées du 7 avril 1995, N. B. soutenait qu'en le condamnant à payer 1 200 000 francs CFA d'intérêts, la Cour a bel et bien statué sur la demande de la banque; que l'alinéa 9 de l'article 183 a été cité à tort car aucune pièce décisive retenue par le fait de l'adversaire n'a été retrouvée; qu'elle sollicite en outre la condamnation de la BIAT à lui payer la somme de 1 000 000 de francs CFA en plus de l'amende de 5000 francs CFA prévue à l'article 189 du Code de Procédure Civile.

Statuant sur le rescindant de la requête civile introduite par la BIAT en son audience du 4 décembre 1995, la Cour a reçu en la forme la requête civile présentée par la banque et a rétracté au fond l'arrêt déféré et a décidé qu'il sera statué de nouveau puis a renvoyé la cause au 22 janvier 1996 pour dépôt des conclusions par le requérant. L'on remarquera toutefois que la Cour n'a du tout pas motivé sa décision.

En effet, par un seul considérant, elle avait décidé de la rétractation de la décision sans même s'appesantir sur les moyens soutenus par les parties: "*considérant que la Cour d'Appel en son audience publique du 30.05.1994 a infirmé la décision ci-dessus rapportée et a par contre condamné N. B. à payer 1 300 000 francs CFA en principal et 1 200 000 francs aux intérêts de droit à la BIAT et l'a condamné aux dépens; qu'il convient de rétracter l'arrêt n° 060 du 30 mai 1994 et de dire qu'il sera statué de nouveau*".

Dans ses conclusions sur le rescisoire, la BIAT reprenant la substance de ses conclusions d'appel a exposé que l'arrêt querellé a violé la convention des parties en appliquant unilatéralement un taux de 10% d'intérêts conventionnels et en liquidant ces intérêts pour une seule annuité alors que le prêt était étalé sur 4 ans; que le prêt consenti était selon la convention des parties au taux de 14,5%; qu'il s'agit d'un taux à intérêt composé, lui-même producteur d'autres intérêts et que les intérêts de droit sont ceux qui se liquident au taux de 6% l'an par décision du Tribunal et à dater de la requête introductive d'instance ou de la mise en demeure; qu'elle demande en définitive à la Cour de faire intégralement droit à sa demande.

Quant au [156]défendeur, il répliquait que selon la convention des parties, le crédit accordé devrait être réescompté par la BEAC, ce qui lui aurait fait bénéficier d'un taux modeste; que par la faute de la BIAT, le crédit n'était pas réescompté; qu'il estimait même usuraire le taux appliqué par la BIAT; que si certaines échéances n'ont pas été honorées, c'est par la faute de la BIAT qui n'a pas promptement répondu à ses requêtes tendant à faire le point des divers remboursements et des agios comptabilisés afin d'apurer le solde du prêt après vérification contradictoire. La Cour autrement composée rend son arrêt le 31 août 1998. Elle confirme l'arrêt du 30 mai précité en toutes ses dispositions et condamne la BIAT aux dépens. A l'instar de l'arrêt rendu sur le rescindant du 4 décembre 1995, celui rendu sur le fond n'a pas été motivé. La Cour n'a pas non plus pris la peine de répondre aux moyens pertinents soutenus par la banque lesquels ont convaincu les juges pour rétracter la décision incriminée. Cela dénotait d'un déni de justice[157].

b. Applications des taux dits usuraires

Dans une autre espèce, le client de la banque tentait d'échapper à la condamnation aux intérêts en reprochant à la banque d'avoir omis de lui préciser le taux des intérêts relatifs au prêt que devait lui accorder celle-ci. En effet en matière de crédit, l'établissement bancaire doit déterminer librement avec son client le taux d'intérêt conventionnel pour une opération déterminée. En principe, tous les établissements de crédit doivent porter à la connaissance du public et en particulier de leurs clients les conditions générales de banque qu'ils pratiquent. Le taux d'intérêt conventionnel doit être fixé par écrit et doit figurer une fois déterminé dans tous les écrits relatifs à l'opération de crédit. Le défaut de cette mention est sanctionné par l'application du taux légal. Le contrat de prêt doit également mentionner le taux effectif global qui constitue l'instrument de mesure du coût global du crédit accordé.

L'obstination du client à ne vouloir rembourser son prêt au motif que le taux appliqué était usuraire a obligé celle-ci à recourir à la justice pour le

---

[156]C'est la qualité de plaideur que prend la personne contre laquelle est déposée une requête civile, face au requérant alors que la procédure se déroule devant la Cour où il devrait être question d'intimé et d'appelant.

[157] En réalité un des juges composant cette Cour était cousin du débiteur et a usé de son influence pour rendre une décision défavorable à la banque. En effet l'impartialité des juges est souvent mise à rude épreuve quand il s'agit de « rendre service à un ami ou un parent ».

recouvrement de sa créance. Elle saisit par requête datée du 15 mars 1989 le Tribunal de Première Instance de N'Djaména pour solliciter la condamnation de ce dernier à lui payer l'encours du prêt qui s'élevait à la date d'introduction de la requête à la somme de 11 858 783 francs CFA.

Elle expose que Monsieur G. C. a bénéficié en juillet 1986 en ses livres d'un crédit à moyen terme de 4 800 000 francs CFA pour l'achat d'un véhicule de type MITSUBISCHI "CARTER" de 3,5 tonnes. Le concours devait être remboursé en 41 mensualités de 114 315 francs CFA chacune du 31 juillet 1986 au 31 décembre 1989. A la suite de nombreux impayés, elle a procédé en décembre 1987 à une consolidation de la créance à hauteur de 9 929 315 francs CFA en principal. Malgré les multiples efforts effectués par la banque à l'effet d'améliorer le dossier, le client n'a pas réagi positivement alors que le débit enregistré à la date de la requête totalise 11 858 783 francs CFA, sous réserve des agios, frais, commissions et accessoires à échoir.

Répliquant à cette requête, G. C. exposait que la BIAT pratique un taux d'intervention usuraire. Il soutient que les taux tant débiteurs que créditeurs sont fixés à l'initiative du Conseil National du Crédit. En avril 1988, ce taux était de 6% pour la clientèle privilégiée et de 9% pour la clientèle ordinaire. A ces taux de base débiteurs, une marge autorisée de 4% était accordée aux banques de la place. Il s'agissait là exclusivement des crédits accordés sur les ressources de la BEAC. Il estime qu'au total un taux final de 13% serait légal. Or selon lui, le crédit de 4 800 000 francs CFA consenti l'était sur les ressources propres de la BIAT et non sur celles de réescompte de la BEAC et donc des ressources moins chères. Il demande par conséquent au tribunal de revoir la base de calcul de l'encours du prêt en retenant le taux légal au motif que la banque applique un taux usuraire et non convenu d'avance.

Le Tribunal rend son jugement en son audience du 7 décembre 1991. Il condamne le sieur G. C. à payer à la BIAT la somme de 11 858 783 francs CFA outre les dépens et déboute les parties du surplus de leurs demandes.

Pour le Tribunal, G. C. ne conteste pas avoir contracté auprès de la BIAT un prêt à moyen terme de 4 800 000 francs CFA, prêt qu'il n'a pas honoré du moins partiellement ; qu'il conteste le taux d'intérêt sans pour autant produire la preuve que la BIAT devrait appliquer comme taux d'intérêt 13% au lieu de 23,50% et que les allégations du défendeur ne sont que de pures manœuvres dilatoires.

En réalité, les conditions de la rémunération du prêt consenti étaient les suivantes :

- Taux d'intérêt annuel : 15% ;

- Commission de découvert : 1/24% par mois ;

- Taxe sur le chiffre d'affaires : 18,17% ;

- Taxe de distribution de crédit : 2% ;

- Taux proportionnel : 1,693% ;

- Durée du crédit : 40 mois.

La contestation du client n'est intervenue que plusieurs mois après la mise en place du prêt et à la phase du remboursement des échéances. Le tableau de remboursement du prêt qui contient les conditions usuelles de crédit a été remis au client. Il convient de s'accorder avec les motivations du Tribunal selon lesquelles les gesticulations du défendeur ne sont que pures manœuvres dilatoires.

M. G. C. relève néanmoins appel de ce jugement. En application de l'article 197 du Code de procédure civile, la BIAT informée de cet appel a relevé appel incident. L'appelant principal demande à la Cour de réformer partiellement le jugement déféré à sa censure quant au quantum des intérêts afin de lui permettre d'apurer sa dette à l'égard de sa banque. Il fait valoir comme moyens d'appel qu'il avait effectivement bénéficié de la BIAT à titre de prêt une somme de 4 800 000 francs pour l'acquisition d'un véhicule de transport; que ledit véhicule se révéla par la suite impropre à l'usage nécessitant d'importantes réparations obérant ainsi ses finances en l'empêchant d'honorer ses engagements dans les délais convenus; que la BIAT a unilatéralement arrêté un taux de 23,5% car le taux des intérêts n'a pas été expressément réglé par la convention; que ce taux est manifestement usuraire car pour lui selon la pratique courante, le taux fixé par le Conseil National du Crédit est de 13%.

Quant à la BIAT appelante incidente et intimée principale, elle fait valoir que l'appel de Monsieur G. C. est purement dilatoire car ce dernier ne cherche qu'à persister dans ses manœuvres tendant à faire retarder l'issue du procès introduit depuis 1989; que le taux d'intérêt par elle appliqué était de 15% en accord avec les autorités monétaires et non de 23,5%; qu'un tel taux ne peut être qualifié d'usuraire. Elle soutient en outre que son appel incident est justifié par le défaut de réponse du premier juge à ses demandes relatives aux intérêts de droit, aux dommages-intérêts pour résistance abusive et à l'exécution provisoire. Elle estime avoir subi un préjudice financier certain consécutif à la résistance abusive et aux manœuvres dilatoires de l'appelant principal et sollicite par conséquent la condamnation de ce dernier à lui payer 3 000 000 de francs de dommages et intérêts sur le fondement des articles 1382 du Code civil et 7 alinéa 2 du Code de procédure civile. Concernant les intérêts de droit, elle expose que l'exécution normale de ses obligations par l'appelant principal lui aurait permis de réinvestir cette somme qui lui procurerait d'autres revenus ; qu'en agissant comme il l'a fait, G. C.l'a privé d'une certaine masse d'argent ; qu'en conséquence, il sollicite l'octroi des intérêts de droit au taux de 6% à compter de la requête introductive d'instance.

La Cour rend son arrêt à l'audience du 30 décembre 1994 dont le dispositif suit :

- Reçoit les appels principal et incident des parties ;

- Confirme le jugement entrepris en ce qu'il a condamné G. C. à payer à la BIAT la somme de 11 858 783 francs CFA à titre de créance ;

- Infirme la décision attaquée en ce qu'elle a débouté la BIAT de sa demande de dommages et intérêts ;

- Condamne G. C. au paiement de la somme de 500 000 francs CFA à titre de dommages et intérêts en application des dispositions de l'article 7 alinéa 2 du Code de Procédure Civile ;

- Infirme le jugement en ce qu'il a débouté la BIAT de sa demande au paiement de 6% d'intérêts de droit ;

- Condamne G. C. au paiement de la somme de 2 520 000 francs d'intérêts de droit ainsi qu'aux dépens d'instance et d'appel liquidés à la somme de 549 450 francs CFA.

Sur les dommages et intérêts, la Cour motive que *"G. C. qui conteste le taux d'intérêt reconnaît cependant avoir obtenu de la BIAT un crédit d'un montant de 4 800 000 francs CFA qu'il n'a pas remboursé; qu'il se trouve dès lors en faute; qu'il ne pouvait demander un crédit sans avoir pris connaissance au préalable des conditions posées par la banque en vue de l'obtention du prêt; que c'est donc de mauvaise foi qu'il invoque un prétendu taux d'intérêt usuraire pour ne pas exécuter son obligation et que ses manœuvres sont assimilables à une résistance abusive à une action évidemment bien fondée ouvrant droit à une réparation; que c'est donc à tort que le premier juge n'a pas fait droit à cette demande et qu'il échet d'infirmer le jugement entrepris et de condamner G. C. au paiement de la somme de 500 000 francs CFA à titre de dommages et intérêts".*

Relativement aux intérêts de droit, elle motive "*que le paiement à son terme du montant du crédit aurait permis à la BIAT de réinvestir cette somme qui lui aurait procuré d'autres revenus; que dès lors que le paiement du crédit est susceptible de produire des intérêts de droit en vue de compenser cette perte; que c'est donc à tort que le premier juge n'a pas daigné faire droit à cette demande; qu'il échet d'infirmer cette disposition du jugement attaqué et de condamner G. C. à payer la somme de 2 520 000 francs CFA à titre d'intérêts de droit à la BIAT".*

Cette décision ne fait que sanctionner la mauvaise foi et les manœuvres dilatoires du client de la banque car à aucun moment de la procédure ce dernier n'a fourni la moindre preuve de ses allégations.

3. Les devoirs de diligences

Selon [158]Gérard Cornu, la diligence est le soin apporté avec célérité et efficacité à l'accomplissement d'une tâche. C'est aussi la qualité d'attention et d'application caractérisant une personne ou attendue d'elle, telles que la diligence du bon père de famille ou la diligence d'un mandataire.

La diligence est attendue de la banque surtout pour les services de caisse, le fonctionnement des comptes ainsi que pour les services commerciaux. Si une diligence particulière n'est pas attendue du banquier lors de l'ouverture du compte au client, il n'en est pas de même du fonctionnement du compte. Le défaut de vérification préalable lors de l'ouverture du compte peut être préjudiciable tant à la banque qu'aux tiers. Ces vérifications comprennent l'identité et le domicile du client, ses nationalités, capacité et pouvoir, profession, honorabilité et situation financière. Le défaut de ces vérifications peut permettre l'encaissement des chèques volés ou falsifiés, des faux ordres de virement ainsi que l'émission des chèques sans provision. La tenue du compte doit être suivie avec une vigilance accrue, ceci pour contrer les incidents de paiement. Il en est de même de la délivrance des carnets de chèque. En matière de services commerciaux annexes, la banque doit permettre diligemment l'accès au coffre à son client ainsi qu'à son mandataire désigné et rien qu'à ceux-là, sauf en matière de saisie par voie judiciaire. Quant aux renseignements commerciaux, ils doivent être fournis avec célérité à ceux qui les sollicitent et avec circonspection pour ne pas violer le secret professionnel.

Dans son activité d'octroi de crédit, la banque doit faire preuve de vigilance et surtout de diligence dans la prise de garantie. La légèreté avec laquelle les établissements de crédit tchadiens ont traité les dossiers de crédit leur a causé

[158]G. Cornu, Vocabulaire Juridique, Association Henri Capitant, PUF, Paris, 4e Edition, 1994, 862 p.

d'énormes préjudices. En effet, les garanties n'ont pu être prises du fait de l'amateurisme ou même de la simple négligence du banquier. Quant à certaines créances, elles n'ont pu être recouvrées malgré les décisions de condamnation à cause de la simple ignorance de l'adresse du bénéficiaire de crédit.

Deux cas ci-dessous rapportés mettent en exergue les défauts de diligences fréquemment reprochés aux banques.

a. La perte du bénéfice des garanties

Le premier cas concerne la BIAT qui malgré la condamnation de son client à une somme de 41 907 336 francs CFA n'a pu recouvrer cette somme pour n'avoir pu bénéficier de garantie. Car compte tenu de l'insolvabilité notoire de son client, elle se vit obligée d'intégrer cette somme dans son passif.

En effet, en février 1986, elle avait consenti différents concours à M. A. à savoir :

-Une avance de démarrage de 10% pour un marché concernant la réfection du Collège d'Enseignement Agricole de BA-ILLI soit une somme de 10 746 000 francs CFA ;

-Une avance sur matériels pour le même marché et pour la même somme soit 10 746 000 francs CFA ;

-Une caution provisoire pour un marché de fournitures de matériels de construction concernant la réhabilitation de 68 bâtiments pour le compte du même Collège soit 5 100 000 francs CFA.

En garantie de ces concours, M. A. a fait une promesse d'hypothèque sur un de ses immeubles. Mais par la suite, il a cessé toutes relations d'affaires avec la banque alors qu'à la date du 18 octobre 1988, son compte accuse un solde débiteur de la somme de 41 907 336 francs CFA, et ce, non compris les agios, frais, commissions et accessoires à échoir et non encore comptabilisés.

La banque saisit par conséquent le Tribunal de Première de N'Djaména pour voir condamner le débiteur à lui payer cette somme outre l'octroi de l'hypothèque judiciaire sur l'immeuble qu'il a promis d'affecter à titre de garantie du prêt.

Le Tribunal rend son jugement à l'audience du 03 Mars 1990. Il condamne M. A. à payer à la BIAT la somme de 41 907 336 francs CFA à titre de créance en plus des intérêts de droit mais a débouté la banque de sa demande relative à l'hypothèque judiciaire. Pour débouter la banque de ce chef, le Tribunal a motivé que malgré les correspondances échangées avec le Service des Domaines et de la Conservation Foncière, elle n'a pu produire les documents d'identification de la propriété à hypothéquer et que dans ces conditions il ne pourra ordonner l'hypothèque sollicitée.

Des voies de recours ont été exercées contre ce jugement à savoir l'appel et la requête civile mais cette décision n'a pas été réformée.

En effet, préalablement à l'octroi de crédit, des démarches doivent être entreprises pour bénéficier de la garantie hypothécaire. Le plus souvent les banques font recours aux services d'un notaire pour la rédaction d'un acte notarié d'affectation hypothécaire, lequel après enregistrement sera remis à la Conservation Foncière pour l'inscription au profit du banquier. La banque, professionnelle de son état, ne pourrait ignorer cette démarche. Elle fut sanctionnée par son manque de diligence non seulement en n'ayant pu recouvrer sa créance mais également en supportant des frais irrépétibles de procès et du temps.

b. Le défaut d'identification du débiteur

Le second cas reflète la négligence notoire de la banque qui était incapable d'identifier son client malgré les précautions d'usage qu'elle doit prendre non seulement lors de l'ouverture du compte mais aussi au moment de la mise en place du crédit.

En 1987, la BIAT avait accordé au sieur A. R. B, commerçant de son état, une avance en compte de 1 500 000 francs CFA, pour renforcer ses activités commerciales. Le débiteur n'ayant pu honorer sa promesse de remboursement et l'encours de crédit s'élevant à 1 174 626 francs CFA à la date du 31 décembre 1988, la banque a décidé de recouvrer sa créance par voie judiciaire.

C'est ainsi que par requête datée du 6 février 1989, elle saisit le Tribunal de Première Instance de N'Djaména pour le recouvrement en conciliation de cette somme, et à défaut, enrôler le dossier en audience publique pour voir le défendeur condamner à lui payer le solde débiteur du compte s'élevant à la date de la requête à la somme de 2 349 252 francs CFA et des dommages et intérêts de 600 000 francs CFA.

Après plusieurs renvois du dossier pour convocation puis pour citation du défendeur, le Tribunal se vit obliger de rendre un jugement par défaut.

En effet, le défendeur est inconnu de la BIAT qui lui a consenti le prêt. En procédure de conciliation, le dossier a subi cinq renvois dont un pour citation du défendeur. En audience publique, 21 renvois ont été prononcés dont 7 citations. Le jugement n'a été rendu que le 4 mars 1995. La procédure a duré par conséquent 6 ans pour un prêt dont le principal est de 1 500 000 francs. Depuis lors et à défaut d'adresse, l'huissier commis n'a pu signifier le jugement rendu en faveur de la BIAT et qui a condamné le débiteur à payer les sommes de 2349 252 francs CFA et 400 000 francs CFA respectivement à titre de créance et de dommages-intérêts. Le montant de cette condamnation a été passé en pertes et profits. La banque aurait pu échapper à cette déconvenue si elle n'avait pas failli à son devoir de vérification et donc de diligence lors de l'ouverture du compte à son client.

Ce devoir de vérification qui pèse sur la banque n'est qu'une obligation générale de prudence et de diligence dont la violation peut préjudicier aussi bien aux droits de la banque elle-même qu'aux tiers. Ces diligences qui doivent être mises en œuvre dès l'ouverture du compte concernent plusieurs vérifications dont les plus importantes sont :

-L'identité et le domicile ;

-La nationalité ;

-La capacité et le pouvoir ;

-La profession ;

-L'honorabilité ;

-La situation financière.

Disons pour conclure que le défaut de vérifications de l'identité et du domicile a fait perdre énormément du temps à nos juridictions dans la quasi-totalité des dossiers de recouvrements présentés par les banques.

On a vu que le vide juridique est plus prononcé en matière de droit commun général qu'en matière bancaire. Curieusement, c'est en matière de droit commun que de lourdes condamnations sont prononcées alors que les poursuites engagées contre les banques sur le fondement du droit bancaire se soldent souvent par des échecs.

Section 2. Les poursuites selon le droit bancaire

L'importance dans l'économie moderne de l'activité bancaire et du système bancaire est indéniable. En effet, les banques sont des auxiliaires dont le concours est devenu indispensable et qui exercent aujourd'hui une influence de premier plan dans tous les secteurs de la vie économique. Mais cette activité est source de nombreux contentieux. En effet, une personne à qui une banque refuse l'ouverture d'un compte ou décide de fermer sans justification ce compte peut se plaindre d'avoir subi un certain préjudice. De même lors du fonctionnement du compte, des dangers ne sont pas à écarter. Le compte peut permettre en effet la réalisation de toutes sortes de fraudes dont peuvent être victimes non seulement le bénéficiaire mais également les tiers.

Les contentieux concernent généralement les services de caisse tels que les paiements, les encaissements et les virements, la gestion ordinaire des comptes tels que l'ouverture, le fonctionnement et la clôture du compte ainsi que la gestion des crédits. Mais les responsabilités des banques tchadiennes ont été recherchées moins lors de l'ouverture des comptes et de leur fermeture que lors de leur fonctionnement.

§ 1. Les poursuites en matière de service de caisse et de gestion ordinaire des comptes

Les instances en matière de gestion ordinaire des comptes concernent surtout les services de caisse. En effet, les opérations d'encaissement et surtout de paiement sont l'objet de moult contentieux. Les contentieux de chèques irréguliers sont récurrents. En matière de gestion des comptes, c'est surtout le fonctionnement qui génère beaucoup de contentieux. Les cas de refus d'ouverture et de fermeture de compte sont nombreux mais les victimes préfèrent ne pas se plaindre devant les juridictions.

A. Les services de caisse

En matière des services de caisse, les activités qui génèrent le plus souvent des contentieux sont les paiements, les encaissements et les ordres de virement et les avis de prélèvement.

1. Les paiements

Dans les opérations de paiement des chèques, la banque non seulement agit comme mandataire de son client titulaire du compte ouvert dans ses livres mais il est également débiteur de la provision. Le refus injustifié de celle-ci d'honorer le chèque à elle présenté est une faute susceptible d'engager sa responsabilité. C'est ce qui découle de l'article 65 du décret-loi de 1935 selon lequel « tout banquier qui ayant une provision et en l'absence de toute opposition refuse de payer un chèque régulièrement assigné sur ses caisses, est tenu responsable du dommage résultant pour le tireur tant de l'inexécution de son ordre que de l'atteinte portée à son crédit et à son honorabilité ».

Il en sera autrement si le compte ne présente pas de provision suffisante. En effet, la banque a le droit de refuser d'effectuer le paiement d'un chèque quand le compte ne présente pas de la provision nécessaire. Le banquier tchadien n'est même pas tenu de payer les chèques d'un montant inférieur à 100 F malgré l'absence de provision car la loi française du 3 janvier 1975 qui fait obligation aux banques françaises d'honorer ces chèques n'est pas applicable au Tchad[159].

Mais alors le client qui émet le chèque peut-il reprocher à sa banque de ne l'avoir pas payé malgré l'absence de provision ? C'est ce que semble reprocher un client de la Société Générale dans une espèce qui devrait surprendre vu l'honorabilité de l'émetteur du chèque. M. X travaillant pour le compte de la STEE[160] mais dans une localité distante de 235 km de N'Djaména émet un chèque de 150 000 FCFA à l'ordre de son créancier pour être encaissé dans les guichets de la banque à N'Djaména.

Mais à la présentation dudit chèque, le guichetier fait comprendre au porteur qu'il ne peut l'encaisser du fait du défaut de provision. Ce dernier repart voir M. X qui lui remet un autre chèque de 100 000 FCFA sans se renseigner du montant de la provision disponible. Mais une fois de plus, ce second chèque ne sera pas honoré. S'estimant lésé par ce comportement de la banque, il recherche sa responsabilité devant le tribunal de première de N'Djaména et

---

[159] La loi du 3 janvier 1975 a modifié certains articles du décret-loi de 1935 et a chargé les banques de la prévention des émissions de chèques sans provision et a aggravé leur responsabilité dans ce domaine.

[160] Société Tchadienne d'Eau et d'Electricité qui a le monopole de la production et de la distribution d'eau et d'électricité. Après sa liquidation en 2010, deux autres sociétés renaissent de ses cendres : la Société Tchadienne des Eaux (STE) et la Société nationale d'électricité (SNE).

sollicite la condamnation de celle-ci à lui payer 5 millions de dommages et intérêts.

Il expose dans sa requête du 15 novembre 2000, qu'en raison de l'inexécution de l'obligation de la SGTB résultant du contrat bancaire de dépôt et surtout du contrat de mandat résultant de celui-ci, sa crédibilité a été entamée et il en a subi un préjudice considérable ; que le bénéficiaire du chèque impayé s'en est pris personnellement à lui, le traitant de malhonnête tout en le menaçant de porter plainte contre lui pour émission de chèque sans provision ; qu'il demande au tribunal en application de l'article 1147 du code civil, de retenir la SGTB dans les liens de la responsabilité contractuelle pour inexécution de son obligation de dépositaire de fonds et de mandataire et de faire droit à sa demande.

Pour sa défense, la banque exposait qu'à la présentation respectivement des chèques de 150 000 FCFA et de 100 000 FCFA, la provision du compte n'était pas suffisante pour pouvoir les honorer ; qu'en effet lors de cette présentation, le compte affichait seulement un solde créditeur de 13 385 FCFA ; que le requérant oublie qu'il a remis un chèque de 80 000 FCFA lequel a entamé une partie de la provision ; que l'émission d'un chèque sans provision est un délit réprimé par le Code pénal et que l'action manifestement abusive et téméraire du requérant n'a pour autre but que de nuire à son image.

Statuant sur cette action en son audience du 20 juin 2001[161], le Tribunal déclare M. X mal fondé et le déboute de sa demande outre sa condamnation aux dépens.

Cette décision du tribunal est justifiée. A défaut d'une convention de découvert, le banquier ne peut valablement honorer le chèque présenté sur un compte qui ne présente pas de provision suffisante. Cette action des plus téméraires pourrait même justifier l'allocation des dommages et intérêts à la banque s'il elle le sollicitait en application de l'article 7 du Code de procédure civile.

2. Les encaissements

La banque peut se voir charger par son client d'un mandat de recouvrement soit de manière ponctuelle ou à titre habituel. Ce dernier cas concerne habituellement les conventions générales de recouvrement illustrées par les avis de prélèvement. Les avis de prélèvement ne sont pas encore très usités au Tchad. Les seules opérations usuelles en matière d'encaissements sont la

[161] Jugement n° /2001 non frappé d'appel.

réception des fonds virés au profit des clients des banques et l'encaissement des effets de commerce. Les opérations d'encaissements génèrent peu de contentieux. Le cas que nous rapportons ci-dessus dans lequel la responsabilité du banquier a été recherchée s'apparente plutôt à une négligence qu'à une faute professionnelle.

M. D. Z. alors chef de Canton d'un petit village au sud du pays, émet par le receveur de l'ONPT[162] de Pala en date du 5 février 1979, cinq mandats télégraphiques totalisant 2 176 000 FCFA pour encaissement à son compte, logé à la BTCD. Ces mandats, du fait de la guerre civile survenue une semaine après, ne seraient parvenus à la banque que le 24 décembre 1979 et adressés immédiatement au Centre de Chèques Postaux (CCP) pour encaissement. Ce n'est que plusieurs années après qu'il adresse sa réclamation à la banque pour le paiement de cette somme.

La banque ne s'opposa pas au paiement mais demande un temps pour effectuer des recherches tant à l'ONPT émetteur de Pala qu'au CCP de N'Djaména. En effet pour elle, ces mandats soit ne sont pas arrivés à destination soit ont été détournés. Ayant elle-même un compte postal, elle envoie d'habitude à réception les mandats émis par D.Z. au CCP pour encaissement. C'est quand ce compte est crédité qu'elle crédite à son tour le compte du client logé dans ses livres. Comme son compte n'a pas été crédité et en l'absence de réponse crédible tant de l'ONPT émetteur de Pala que du CCP de N'Djaména, elle estime ne pas répondre favorablement à la réclamation de D.Z.

Par assignation[163] en date du 3 août 1994, D. Z. sollicite la condamnation de la banque à lui payer outre le principal de 2 176 000 F CFA, la somme de 50 millions à titre de dommages et intérêts. Il soutient entre autres moyens que l'une des principales obligations d'une banque est celle de restituer le dépôt ; que la violation de cette obligation de restitution expose dès lors la BTCD à réparer le préjudice et que l'inertie de celle-ci malgré plusieurs démarches amiables et réclamations est génératrice de préjudices nécessitant l'allocation des dommages et intérêts conséquents.

La banque dans ses écritures et pour sa défense rétorqua que s'il est établi que des mandats ont été émis, rien n'indique que ceux-ci ont été encaissés au CCP de N'Djaména ; que s'il est vrai que l'obligation d'une banque est de restituer le dépôt, il faut d'abord que ce dernier soit constitué ; que selon l'article 1315

---

[162] Office National des Postes et Télécommunications devenu aujourd'hui Société Tchadienne des Postes et d'Epargne (STPE).

[163] Le Code de procédure en vigueur parle de « citation » car le mot « assignation » n'a été utilisé qu'avec l'avènement du Traité OHADA et des actes uniformes entrés en application en 1998.

du Code civil, il appartient au requérant de faire la preuve de l'encaissement de ces mandats par la banque pour son compte et qu'il l'invite à s'adresser soit au bureau émetteur de Pala soit au CCP de N'Djaména.

Rendant son jugement à l'audience publique du 27 mars 1997, le Tribunal condamne la banque à payer à D. Z. la somme de 3 millions de dommages et intérêts pour tous préjudices confondus. Pour entrer en condamnation de la BTCD sur le visa de l'article 1383 du Code civil, le tribunal motive que la banque qui a été saisie par le requérant lui a confirmé par lettre du 26 mars 1984 qu'après vérification effectuée sur les mandats, il ressort que ces valeurs parvenues en date du 24 décembre 1979 ont été adressées pour encaissement au CCP de N'Djaména ; qu'elle ne manquera pas de le tenir informé du suivi dès que ce centre aura réouvert ses guichets ; que jusqu'en avril 1988, la banque n'a rien fait pour encaisser ladite somme ni n'a informé le demandeur du suivi comme il le lui a promis ; qu'il y a négligence de la part de la BTCD et qu'il y a lieu de retenir sa responsabilité civile sur la base des dispositions précitées. Sur appel principal et incident de la banque et de D. Z., la Cour d'Appel de N'Djaména, par arrêt contradictoire rendu le 6 décembre 1999, a réformé le jugement querellé en condamnant la banque à payer 3 500 000 F CFA.

3. Les virements

A l'instar du chèque, l'ordre de virement est un mandat donné par le client à sa banque de débiter son compte d'une certaine somme. Cependant à la différence du chèque, l'ordre de virement n'est soumis par la loi à aucune forme particulière. Le banquier mandataire doit néanmoins se conformer scrupuleusement aux instructions de son client. Tout manquement à son obligation de prudence et de diligence peut engager sa responsabilité. La banque doit également prendre soin de vérifier la régularité et l'authenticité de l'ordre de virement reçu car il peut également engager sa responsabilité en cas d'exécution d'ordres de virement faux ou falsifiés. Si les manquements aux obligations de diligence et de prudence n'ont pas fait l'objet de contentieux particuliers, il n'en est pas de même de l'exécution des ordres de virement faux ou falsifiés. Le Bureau de la Coopération suisse au Tchad dit en abrégé BUCO, dans le cadre de l'exécution de ses projets a mis en œuvre des Programmes de Développements Régionaux (P.D.R.) dans sept régions du pays. A cet effet des comptes bancaires sont ouverts dans des établissements bancaires. Pour la gestion de ces comptes, deux spécimens de signature sont requis : celui du gestionnaire et celui du coordonnateur.

En octobre 2009 (exactement les 2 et 9 octobre), le gestionnaire du Projet de Mandoul[164] dont le compte est logé à l'agence Société Générale Tchad (SGT) de Doba[165], établit deux ordres de virement respectivement de 9 619 000 FCFA et 8 500 000 FCFA au crédit d'un compte logé à la même banque qui n'est autre que le sien. A ces deux ordres de virement ont été annexés des « fiches de demande des dépenses » et d'un « plan de travail ». La banque a exécuté les deux ordres de virement. Ce n'est que plus de huit mois plus tard et à la faveur d'un audit extérieur que le BUCO découvre des irrégularités sur les deux ordres de virement. La signature du Coordonnateur ne serait pas en réalité la sienne. Celle-ci serait scannée. Pour la Coopération suisse, les documents falsifiés et la signature scannée sont notoirement et facilement identifiables.

Elle demande en conséquence à la banque, par lettre en date du 29 juin 2010, de prendre toutes les dispositions pour réparer le préjudice imputable à ses agents. Dans sa lettre responsive du 22 juillet 2010, la SGT indiquait qu'elle ne peut réserver une suite favorable à cette requête car sa responsabilité ne peut être retenue du fait que les documents incriminés sont dûment établis sur papier en-tête avec le cachet comme les précédents ordres de virement d'une part, et que le BUCO ose indiquer que c'est un service extérieur (audit financier) qui a décelé les irrégularités huit mois passés d'autre part. Elle ajoute en outre que le BUCO aurait dû déceler ces « faux » grâce aux relevés de compte qu'elle lui envoie régulièrement toutes les fins de mois, ce qui lui permettrait de prendre des mesures conservatoires car pour elle et en matière bancaire, le défaut de réaction du titulaire du compte un mois après réception du relevé équivaut à l'approbation de toutes les opérations.

Cette attitude a amené le BUCO à attraire en justice la SGT devant le tribunal de première instance de Doba territorialement compétent. Elle expose dans ses diverses écritures que la responsabilité de la banque du fait de ses préposés ne saurait être écartée au regard des articles 1383, 1384 et 1937 du Code civil ; que pour des montants aussi importants virés en un laps de temps dans le compte personnel d'un individu suivant les ordres de virement falsifiés et scannés, les services de la banque se devraient de vérifier non seulement l'authenticité du spécimen de la signature scannée mais aussi consulter les titulaires du compte avant toute opération ; que la faute de négligence ou d'imprudence commise par ses agents ne souffrent d'aucun doute et que la responsabilité de la SGT du fait de ses préposés ne peut qu'être engagée. Il demande en conséquence au tribunal de condamner la banque à lui payer 40 millions de dommages et intérêts.

[164] C'est un Département dépendant de la région du Moyen Chari au Sud du Tchad.
[165] Chef-lieu du Département de Nya-Pendé dans la région du Logone Oriental.

La banque, après avoir conclu sur le fond s'est ravisée après avoir pris connaissance d'une procédure pour abus de confiance, faux et usage de faux initiée contre le gestionnaire devant une autre juridiction. En effet dès le 15 juin 2010, le coordonnateur dépose plainte aux mains du juge de paix de Bédiondo pour faux et usage de faux. Il soutient que le gestionnaire a imité sa signature pour faire virer successivement dans son compte personnel les sommes de 9 619 000 FCFA et 8 500 000 FCFA. Le 28 septembre 2010, le Directeur résident du Bureau de la Coopération suisse dépose plainte à son tour aux mains du même juge de paix et demande en substance que ledit gestionnaire soit appréhendé et jugé conformément à la loi. Il se constitue donc partie civile pour solliciter la condamnation de l'infortuné à rembourser la somme dissipée ainsi que les dommages et intérêts. Le juge de paix ainsi saisi a demandé à la SGT de bloquer le compte du gestionnaire. Le gestionnaire ayant pris fuite, il a requis le commandant de Brigade de gendarmerie de Bédiondo pour le rechercher et l'appréhender. Or cette nouvelle procédure n'a été portée à la connaissance de la SGT que le 21 février 2011 lors de l'audience des plaidoiries devant le tribunal de première instance de Doba. Le Buco soutenait qu'il lui était loisible d'engager à la fois les deux procédures, pour demander le paiement du principal contre le gestionnaire et les dommages et intérêts contre la banque. La banque souleva deux exceptions procédurales : l'exception de connexité et le principe « le pénal tient le civil en l'état ». Elle obtient un renvoi du dossier pourtant retenu pour plaidoiries et dépose des conclusions additionnelles pour étayer ces exceptions. Ces moyens ont convaincu le tribunal qui en son audience du 26 septembre 2011 et par un jugement avant-dire droit, a ordonné le sursis à statuer en attendant l'issue de la procédure pénale pendante devant la justice de paix de Bédiondo.

Quant au fond, la défense de la banque ne souffre pas d'arguments. Le gestionnaire qui est lui-même cosignataire du compte du Buco avait l'habitude ès qualité d'encaisser des sommes importantes pour la gestion du Projet. Des plans de travail et des fiches de dépenses ont été joints aux ordres de virements qui sont eux-mêmes établis sur papier en-tête « Coopération suisse » en plus du cachet du Projet. En outre, le banquier n'a que l'obligation de vérifications préalables en toutes opérations bancaires, celle de la conformité de signatures et celle portant sur la provision. Quant à la signature, elle doit être en apparence conforme, que la banque n'est pas tenue de faire un examen graphologique approfondi et qu'une conformité de signature à celle du spécimen suffit à dégager sa responsabilité[166]. Et en matière d'un ordre faux dès l'origine, la responsabilité de la banque est présumée mais celle-ci peut être écartée quand le titulaire du compte est lui-même en faute[167]. Le Buco ne

[166]Douai 3 mai 1927 : Sem. Jur. 27, 733. – Civ. 28 janvier 1930 : S. 1930, 1, 306 ; Gaz. Pal. 1930, 1, 550.
[167] Montpellier 3 juil. 1953 : Rev. Trim. dr. com. 1953, 944, obs. Becque et Cabrillac.

s'est jamais rendu compte des fameux « faux ordres de virement » alors qu'il recevait régulièrement les relevés de compte mensuels dans lesquels ressortent toutes les opérations tant débitrices que créditrices. N'eût été le service de l'audit externe, la réclamation n'allait jamais avoir lieu. Il ne pourrait que s'en prendre à lui-même ou rechercher la responsabilité de son gestionnaire. C'est pourquoi au fond, le tribunal ne pourra que mettre la SGT hors de cause.

La gestion ordinaire des comptes

Les relations qui se nouent entre les banques et leurs clients débutent dès l'ouverture du compte à sa clôture en passant par son fonctionnement. Pendant ces péripéties surviennent de nombreux contentieux mais qui sont rarement portées devant les tribunaux.

1. L'ouverture du compte

Du point de vue de la formation du contrat, le compte ouvert par une banque à un de ses clients constitue une convention. L'ouverture du compte est donc la conclusion de cette convention. De manière générale, elle est concrétisée par l'enregistrement d'une première opération consistant dans le dépôt d'une somme d'argent. La conclusion de la convention d'ouverture de compte n'est autre qu'un contrat consensuel qui exige donc le consentement de l'une et de l'autre partie. Il en résulte que cette convention peut très bien être tacite, son existence étant alors établie par le fonctionnement même du compte. Mais très souvent, les banques font signer un écrit appelé lettre d'ouverture de compte qui en précise les modalités de fonctionnement et la nature. Il peut s'agir d'un compte de dépôt ou d'un compte courant.

Avec l'ouverture du compte, le titulaire du compte acquiert la qualité de client de la banque. Il s'ensuit que la banque s'engage implicitement à mettre à la disposition du titulaire du compte les services que les banques offrent habituellement à leur clientèle. Mais au moment de l'ouverture du compte, la banque a un devoir de vérification lequel est la contrepartie de la faculté qui lui est reconnue de refuser l'ouverture d'un compte. Mais les conditions exigées par les banques tchadiennes pour l'ouverture des comptes aux particuliers et même à des commerçants qui en font la demande ne sont généralement pas celles requises.

En effet, l'on sait que le devoir de vérification impose à la banque de mener certaines investigations concernant la personne qui sollicite l'ouverture d'un compte. D'une manière générale, la banque doit contrôler l'identité et le domicile que lui indique le postulant. Elle doit également vérifier la capacité de celui qui demande en son nom l'ouverture d'un compte et les pouvoirs dont il dispose lorsque le compte est ouvert au nom d'autrui. Concernant les personnes morales, il y a lieu de vérifier l'immatriculation au Registre du Commerce et du Crédit Mobilier (sociétés commerciales) et d'exiger la justification des personnes ayant la signature.

Alors qu'il est admis que le banquier n'a pas à vérifier la profession indiquée par le postulant, son honorabilité ou son insolvabilité, on a observé que les banques se sont basées sur des critères subjectifs tels l'honorabilité et l'insolvabilité pour refuser l'ouverture des comptes.

Sur le terrain délictuel et quasi-délictuel cependant, le banquier [168]abuserait de son droit et donc engagerait sa responsabilité s'il refusait l'ouverture d'un compte dans une intention de nuire ou dans des formes préjudiciables au requérant. Il en sera ainsi pour des cas suivants :

-Client éconduit de manière intempestive et vexatoire ;

-Refus doublé d'une publicité ;

-Refus pour raisons syndicales, ethniques, religieuses, politiques et géopolitiques ;

-Refus par vengeance et généralement pour toute considération étrangère au droit bancaire.

Bien entendu les préjudices tant matériels que moraux que peuvent subir les postulants à l'ouverture d'un compte auxquels on a opposé le refus sont indéniables. Si pour certains fonctionnaires dont on a refusé l'ouverture du compte, le préjudice est surtout moral, il n'en sera pas de même pour un opérateur économique à qui on a tardé à donner une réponse à sa demande d'ouverture de compte ou à qui on a opposé un refus doublé de publicité. Cette publicité étant généralement faite de manière malveillante ou dans un but de

---

[168]Selon Jack Vézian, l'abus de droit peut être défini comme le fait pour le banquier de refuser son concours en se comportant (intentionnellement ou non) autrement que ne l'aurait fait un banquier avisé dans les mêmes circonstances : c'est une faute délictuelle ou quasi-délictuelle dans l'exercice de son droit de refuser l'ouverture du compte sollicité (Voir J. Vézian, La responsabilité du banquier en droit privé français, 3ème Edition, 1983, P. 29.

dénigrement, ce dernier éprouverait quelque difficulté à se voir ouvrir un compte dans un autre établissement bancaire. Le temps étant de l'argent, la tardiveté de la réponse à une demande d'ouverture de compte peut causer un préjudice financier énorme.

Malgré de multiples recherches, nous n'avons pu trouver de décisions relatives aux contentieux d'ouverture de compte alors que les refus d'ouverture de comptes tant aux particuliers qu'aux sociétés sont fréquents ; les personnes éconduites ayant toujours réussi à se faire ouvrir des comptes par d'autres banques et n'ont pas jugé utile de rechercher les responsabilités de celles-ci devant les juridictions.

2. Le fonctionnement du compte

Une fois ouvert, le compte va fonctionner et enregistrer des opérations diverses. La banque doit enregistrer de manière comptable les opérations qui affectent le compte de ce client. Elle inscrit ainsi dans une colonne appelée crédit toutes les sommes que son client lui remet ou qu'elle reçoit d'autres personnes pour le compte de ce dernier. On dit qu'elle crédite le compte. Elle inscrit dans une autre colonne appelée débit toutes les sommes qu'elle prélève du compte du client, soit pour les lui verser, soit pour les envoyer à un tiers qu'il lui a désigné. On dit qu'elle débite le compte du client. La différence entre le total des sommes portées au crédit et le total des sommes portées au débit constitue le solde du compte. Lorsque le crédit est supérieur au total du débit, le compte présente un solde créditeur lequel s'inscrit au crédit du compte. Dans le cas inverse, le compte présente un solde débiteur qui s'inscrit au débit du compte. Périodiquement, la banque adresse à son client un relevé de compte.

Un très grand soin est apporté par les banques dans la tenue des comptes de leurs clients. En effet, la banque peut commettre une erreur en omettant de porter en compte une somme encaissée pour le compte de son client ; elle peut commettre une erreur dans le décompte des dates de valeur, dans le calcul des commissions et agios ou dans l'imputation comptable d'une opération (montant porté au débit alors qu'il devrait être porté au crédit). Les clients victimes de ces omissions ou erreurs peuvent rechercher la responsabilité de la banque s'ils subissent un préjudice. Mais les principaux reproches faites aux banques tchadiennes et qui ont abouti à des décisions judiciaires sont l'absence de vérification approfondie des signatures (irrégularité des titres présentés) et leur collusion avec les présentateurs des titres de paiement.

Il s'agit le plus souvent des chèques faux dès l'origine. Par une requête datée du 10 février 1995, un organisme de développement rural dénommé BUCADER sollicite du tribunal de première instance de N'Djaména la condamnation de la Banque Tchadienne de Crédit et de Dépôts (BTCD) à lui payer les sommes de 10 253 785 francs CFA représentant les montants des chèques frauduleusement encaissés par son comptable en fuite et 15 millions à titre de dommages et intérêts. Elle expose que pour le fonctionnement de la "Brigade Routière Légère", deux comptes ont été ouverts à la BTCD; que le sieur M. M., comptable de cette Brigade falsifia des chèques et encaissa la somme de 10 253 785 francs CFA; que cette entreprise frauduleuse fut facilitée par la négligence de la BTCD qui ne prit pas le soin de comparer minutieusement les signatures imitées par le comptable avec les spécimens qu'elle détient; que l'imitation des signatures est très flagrante pour qu'on ne puisse pas s'en apercevoir; que la banque a failli à l'obligation principale du dépositaire contenue dans l'article 1927[169] du Code Civil et que la responsabilité de la BTCD est incontestée et incontestable du fait de sa négligence.

Pour la banque, sa responsabilité ne pourrait être engagée aux motifs que :

-Les falsifications des chèques sont le seul fait du préposé du demandeur, le comptable M. M., cosignataire d'un des comptes de l'organisme ;

-Les signatures apposées sur les différents chèques, même si elles ont été imitées, sont en conformité avec celles apposées sur les spécimens ;

-L'authentification des ordres de paiement se fait par le rapprochement de la signature manuscrite avec le spécimen déposé lors de l'ouverture du compte et que la signature manuscrite doit être en apparence conforme à celle figurant sur ledit spécimen ;

- Les négligences flagrantes des responsables du BUCADER sont la cause des malversations commises par leur agent ;

- Comment M. M. qui n'est pas signataire du premier compte peut-il assurer la garde constante du chéquier pour en subtiliser plusieurs volets de chèques de montants aussi importants et dans un temps aussi long ;

- Que BUCADER est informé régulièrement de la situation de son compte par l'envoi mensuel des relevés de compte et qu'un simple pointage dudit relevé suffit pour déceler la malversation.

---

[169] Le dépositaire doit apporter, dans la garde de la chose déposée, les mêmes soins qu'il apporte dans la garde des choses qui lui appartiennent.

Le Tribunal rend sa décision à l'audience du 16 octobre 1995[170]. Il déclare non fondée la demande du BUCADER et l'a débouté de l'ensemble de ses demandes. Le Tribunal a motivé sa décision ainsi qu'il suit: "*...Attendu qu'il est reproché à la BTCD sa négligence qui serait à l'origine du préjudice subi par le BUCADER du fait de la malversation commise par son agent le sieur M. M.; qu'en matière d'authentification des ordres de paiement, la banque n'est pas tenue de procéder à une vérification graphologique approfondie, une signature semblable à celle du spécimen suffit; qu'en l'espèce, les spécimens contenus dans la fiche de signature sont le reflet des signatures apposées sur les différents chèques tirés par le propre comptable du Projet;*

"Attendu que le BUCADER qui était régulièrement informé de la situation de ses différents comptes par le biais des relevés de compte aurait pu déceler la malversation très tôt et arrêter l'hémorragie s'il était vigilant; que cette négligence est le résultat de l'entière confiance placée en l'agent à qui il a été donné des moyens pour commettre la malversation; que le BUCADER lui-même a commis une faute en négligeant de surveiller sa comptabilité en général et le comptable M. M. en particulier; que ces défauts de surveillance et de vérification qui sont la cause du préjudice subi par BUCADER exonèrent totalement la BTCD..." En sa qualité de mandataire, le banquier doit exécuter diligemment les ordres reçus du client et lui en rendre compte. Avant de payer un chèque, il doit s'assurer de sa régularité matérielle, vérifier que la signature qui y est apposée est apparemment conforme et surtout vérifier l'identité de celui qui le présente et la régularité de l'endos. Dès lors, si le chèque est revêtu d'une fausse signature, l'ordre du client n'a jamais été donné et donc la banque dépositaire engage sa responsabilité car le titulaire du compte peut en demander le remboursement. Selon la doctrine, la banque peut s'exonérer de tout ou partie de sa responsabilité, lorsque "les chèques comportent une signature réellement bien imitée susceptible de tromper la vigilance d'un employé de banque normalement diligent, ou lorsque le titulaire du compte a fait preuve, par une absence de prudence, ou de contrôle et de vérification, d'une négligence telle que cette faute constitue en réalité le fait générateur des paiements litigieux reprochés au banquier dépositaire, ou encore lorsque la fraude est réalisée par un préposé du titulaire agissant dans l'exercice de ses fonctions".[171]

C'est en ce sens que le Tribunal a motivé sa décision. Les signatures étaient apparemment conformes à celles déposées sur la fiche tenue par la banque lors de l'ouverture des comptes. Le comptable qui n'était cosignataire que d'un seul compte détenait tous les chéquiers. Les malversations ont perduré deux

---

[170] Jugement n°533/95 du Tribunal de première instance de NDjaména.

[171] Patrice Bouteiller et François Ribay, L'exploitant de banque et le droit, Banque Editeur, 3ème Edition, Paris, octobre 2000, p. 77.

ans environ. La propre négligence des responsables du Projet est la cause du préjudice qu'ils ont prétendu subir.

Concernant les relevés de compte que la banque envoie généralement tous les mois à ses clients, la malversation peut être décelée si le titulaire du compte effectue un pointage systématique de toutes les opérations effectuées en rapport avec les talons de chèques qu'il détient. Les banques d'usage insèrent dans les corps mêmes des relevés la mention " la non protestation dans le mois de la réception du relevé vaut acceptation des opérations portées en compte". C'est pourquoi en cas de non protestation après la réception de ces relevés, la jurisprudence a toujours considéré que, conformément aux usages, le titulaire du compte a approuvé les écritures qui y sont portées.

Mais cette jurisprudence a été critiquée par la doctrine. En effet pour Jack Vézian, "cette jurisprudence se contente généralement d'un court délai d'un mois pour faire produire effet à la règle d'une part, et d'autre part, elle s'applique indistinctement au client commerçant et au client non commerçant alors qu'en matière civile le silence ne vaut en principe pas consentement et la preuve des obligations, même celles nées des actes de commerce, ne peut se faire que selon le droit commun des obligations. La règle de l'approbation tacite à la réception des relevés de compte suppose toutefois que d'une part il n'y ait pas de doute sur la réception effective des relevés par le client et que d'autre part l'on ne se trouve pas en présence d'opérations irrégulièrement effectuées et d'une faute démontrée, commise par la banque, à l'origine d'un préjudice pour le titulaire du compte; l'envoi des relevés de compte ne peut avoir pour effet de créer un titre à la banque"[172].

Cette approche nous agrée. En effet, compte tenu du mauvais fonctionnement du service des postes, les relevés de compte affranchis par les banques sont acheminés avec de grands retards sans compter les risques de disparition entre les banques et la poste. De plus, la plupart de nos hommes d'affaires étant analphabètes, de telles malversations se décèlent plusieurs mois après, généralement lors de l'émission d'un chèque[173]. C'est pourquoi on peut objecter avec cet auteur que le principe de l'approbation tacite des opérations à réception des relevés de compte a "pour effet de créer un titre à la banque".

Sur appel de BUCADER, ce jugement sera confirmé en toutes ses dispositions par la Cour d'Appel par arrêt rendu à l'audience du 31 mai 2002. Et les autres décisions rendues en matière de chèques faux dès l'origine ou de

[172]Jack Vézian, op. cit.

[173]A l'occasion de laquelle le guichetier lui apprendra que son compte n'est pas assez provisionné et par la suite il se rendra au bureau de l'agent de banque teneur de son compte pour la situation détaillée des opérations effectuées.

malversations des préposés ou des membres de la famille des titulaires de compte ne se sont pas encore écartées de cette jurisprudence[174].

3. La clôture du compte

La clôture du compte met fin à la convention d'ouverture de compte. Elle est différente des arrêtés périodiques (mensuelle, trimestrielle ou annuelle) du compte qui ont simplement pour objet le calcul des intérêts. Les causes de

---

[174]Il s'agit, notamment: - de l'arrêt du 22 août 2003 confirmant le jugement du 28 juin 2001 dans l'affaire Al hadj Younous Benzemi contre SGTB: dans cette affaire le fils du titulaire a subtilisé du chéquier un chèque pour se le faire payer en imitant la signature de son père pour un montant de 5 000 000 de francs CFA. Ce dernier a attrait la banque devant le tribunal civil pour l'entendre condamner à lui payer la somme précitée en plus de la somme de 10 000 000 de francs CFA à titre de dommages et intérêts. La Cour a motivé notamment "qu'il est constamment établi que la responsabilité du titulaire d'un compte débité est souvent retenu en cas de paiement de chèques faux ou falsifiés lorsqu'on peut lui reprocher d'avoir mal surveillé son carnet de chèques ou lorsqu'il a omis de vérifier le relevé de compte qui l'aurait amené à détecter la fraude commise et à faire opposition plus rapidement; que dès lors que la signature apposée sur le chèque est en apparence conforme au spécimen déposé auprès du banquier, la responsabilité de la banque se trouve dégagée; que c'est en l'espèce le cas; que l'appelant étant informé de ce que son fils a débité son compte en imitant sa signature n'a rien fait contre ce fils malhonnête mais a plutôt jeté son dévolu sur la SGTB, pour soutenir que cette banque lui a causé un préjudice en payant la valeur du chèque à son fils; qu'en tout état de cause, la négligence du sieur Younous Benzemi est la cause principale du préjudice qu'il a subi; que c'est à bon droit que le premier juge l'a débouté de sa demande et qu'il convient de confirmer le jugement entrepris.- Arrêt confirmant le jugement du 4 novembre 1999 dans l'affaire Mahamat Nimir Hamatta contre la SGTB: M. Hamatta a sollicité du tribunal la condamnation de la SGTB à lui rembourser le montant des chèques perçus par un inconnu qui lui subtilisé plusieurs volets de chèques. Le Tribunal puis la Cour l'ont débouté aux motifs que les signatures apposés sur les chèques ont été conformes à celles figurant sur le spécimen déposé lors de l'ouverture du compte; que sa négligence notoire est la cause de son préjudice car il n'a pu vérifier les relevés de compte que la banque lui transmis régulièrement et n'a pu se rendre compte des malversations qu'à l'épuisement de tous ses volets de chèques et lors d'une autre demande de chéquier. (Arrêts inédits).

clôture du compte sont en principe les mêmes que celles qui, en droit commun, entraînent la résiliation des contrats conclus *intuitu personae*.

En effet, le compte bancaire est une convention conclue *intuitu personae* et toute modification dans la situation juridique de l'un des correspondants autorise l'autre à y mettre fin. Ainsi le décès du titulaire du compte est une cause de clôture. Il n'en est pas de même en cas de compte joint. En cas de décès d'un seul des titulaires, le compte n'est pas clôturé et continue de fonctionner jusqu'à opposition du conjoint ou des héritiers. Il en sera de même en cas de divorce. Du décès, on rapproche naturellement la dissolution de la personne morale qui entraîne la clôture du ou des comptes dont elle est titulaire, sauf pour les nécessités de la liquidation. De même, la doctrine admet généralement que la survenance d'une incapacité entraîne la clôture du compte.

En matière de procédure collective et sous l'ancienne législation (notamment la loi du 13 juillet 1967 en France), il était unanimement admis que l'ouverture d'une procédure collective entraînait de plein droit la clôture du compte bancaire. Mais depuis la loi du 25 janvier 1985 en France, La Cour de Cassation juge que l'administrateur judiciaire est en droit d'exiger, en application de l'article 37, la poursuite des conventions, seraient-elles conclues *intuitu personae*, et notamment de la convention de compte. On peut penser que cette solution, en application de l'article 107 de l'acte uniforme sur les procédures collectives et d'apurement du passif, l'équivalant de l'article 37 de la loi française précitée, pourrait logiquement être retenue par le droit OHADA. Mais l'hésitation est permise dans la mesure où le texte OHADA, contrairement au texte français, réserve le cas des "*contrats conclus en considération de la personne du débiteur*".

Il convient cependant de relever une subtile distinction qui est faite par la Cour de Cassation française. En effet, elle distingue la convention de compte, qui est maintenue afin de permettre l'enregistrement des opérations nouvelles, et l'arrêté de compte, qui va permettre de dégager la créance que la banque doit déclarer à la procédure. En pratique, tout se passe comme si l'ouverture de la procédure collective entraînait la clôture du compte, car en réalité, un compte "bis" est ouvert, aux mêmes conditions que l'ancien, pour l'enregistrement des opérations nouvelles.

Les causes de clôture du compte indépendantes de la volonté des parties étant précisées, il convient de voir dans quelle mesure le banquier peut procéder à la clôture du compte sans engager sa responsabilité et d'analyser un cas de clôture du compte jugé par les tribunaux. Contrat consensuel, la convention de compte peut être résiliée par la volonté des parties. Il faut distinguer le cas des comptes à durée déterminée et indéterminée.

Lorsque le compte est à durée déterminée, indépendamment de l'arrivée du terme, la clôture ne devrait normalement résulter que de l'accord des parties, des cas prévus au contrat ou d'une résiliation judiciaire en application de l'article 1184[175] du Code civil. Cependant, en la matière, la solution retenue et dont fait usage la pratique bancaire consiste à autoriser le banquier à mettre fin au fonctionnement du compte, sans recours préalable au juge, lorsque son client, par suite d'indélicatesse, fraudes ou actes illicites, n'est pas digne de sa confiance. C'est au titulaire du compte clôturé de saisir les tribunaux s'il conteste la décision de la banque.

Lorsque le compte est à durée indéterminée, ce qui est le plus souvent le cas, la clôture du compte par volonté unilatérale s'autorise alors de tous les principes du droit des obligations. En effet, la banque a toute liberté de procéder à la clôture du compte sous réserve de ne pas se rendre coupable d'un abus de droit ou de procéder à une rupture brutale et sans préavis. La responsabilité du banquier serait engagée s'il agissait dans une intention malicieuse ou s'il n'observait pas un préavis suffisant. Corrélativement, le client peut unilatéralement clôturer son compte, mais il faut que son intention soit certaine, ce qui ne peut résulter du seul fait que le compte n'enregistre plus de mouvements.

Dans la pratique bancaire au Tchad, les cas de clôture unilatérale de compte, qu'ils émanent du client ou de la banque, sont nombreux. Curieusement, les tribunaux sont rarement saisis alors que des deux côtés, les préjudices ne sont pas à écarter. Du côté des clients, la clôture n'est jamais expresse. Ceux-ci gèlent leur compte plusieurs années, laissant s'accumuler les agios dont la gestion entraîne des désagréments pour la banque, en plus des taxes que celle-ci est obligée de décompter sur ces agios pour les reverser à l'Etat.

Et lorsqu'elle convoque le client pour la situation de son compte débiteur, elle se rend compte que ce dernier a implicitement clôturé son compte et que les chances de recouvrer le solde débiteur sont très minces. Cet état de fait amène les banques à procéder d'autorité à la clôture des comptes de leurs clients et à intégrer la plupart de ces soldes débiteurs dans leur passif.

Cependant si les banques rechignent à ester en justice contre leurs clients pour le recouvrement de leurs créances, il n'en est pas de même de ces clients surtout quand la banque procède à la clôture de leur compte à durée indéterminée et ce sans préavis.

Une entreprise dénommée L. P. et dont le préposé avait subtilisé un volet de chèque pour se faire payer la somme de 900 000 francs CFA à la BIAT avait

---

[175] Cet article pose le principe de la résolution des contrats.

recherché la responsabilité pénale de cette banque dans la procédure pour vol, faux et usage de faux contre son préposé. Le tribunal correctionnel avait mis la banque hors de cause. Après cette décision, la BIAT par correspondance datée du 28 octobre 1995 invite sa cliente, l'entreprise L. P. à se présenter à ses guichets pour retirer son avoir car elle a décidé de clôturer son compte au motif que le climat est devenu malsain entre eux par suite de son action contre elle. Dans la même correspondance, il est fait désormais interdiction à L. P. d'ouvrir d'autres comptes dans ses agences et guichets dans les provinces.

Par requête introductive d'instance datée du 29 avril 1997, L. P. attrait devant le tribunal de première instance de N'Djaména la BIAT pour la voir condamner à lui payer la somme de 20 millions à titre de dommages et intérêts. Elle expose qu'après le procès pénal qu'il avait initié contre son préposé et la BIAT, celle-ci a décidé unilatéralement de clôturer son compte, l'obligeant à recourir à une autre banque de la place pour se faire ouvrir un compte ; que ce fait a désorienté pendant plus d'une année ses relations d'affaires entraînant un manque à gagner certain qu'elle évalue à 20 millions de francs CFA.

Elle soutient entre autres qu'il n'appartient pas à la BIAT de se rendre justice alors que l'action en dénonciation calomnieuse lui est ouverte suite à la décision de relaxe du tribunal correctionnel[176]; que son attitude s'apparente à une vengeance privée; que le contrat de dépôt étant une convention, la banque ne saurait la résilier sans l'avis du client; qu'en procédant comme elle l'a fait, elle a violé l'article 1134 du Code civil et que conformément à l'article 1382 du Code civil, elle demande au Tribunal de faire droit à sa demande.

Par jugement rendu en date du 20 août 1998, le tribunal condamne la BIAT à payer à L. P. la somme de 5 millions de francs CFA à titre de dommages et intérêts[177]. Pour le tribunal, l'objet de l'action pénale était l'allocation de dommages et intérêts pour négligence de la BIAT et que le fait de réclamer des dommages et intérêts n'entame en rien leurs relations commerciales; que si la banque estime que le climat est devenu malsain, elle devrait amener la société L. P. à convenir de la résiliation du contrat qui les liait; qu'en procédant comme elle l'a fait, la banque a violé les dispositions de l'article 1134 du Code civil précité; que L. P. est fondée à réclamer des dommages et intérêts sur la base de l'article 1382 du Code civil pour le préjudice qu'elle a subi du fait de cette rupture.

Une banque ne peut d'autorité et soudainement clôturer le compte de son client sans engager sa responsabilité. Il est toujours possible pour une banque de décider de la clôture du compte du client mais elle doit observer un délai

---

[176] Voir supra, page 92.

[177] Jugement n°616/98 du Tribunal de première instance de NDjaména non publié.

de préavis. Il est toutefois autorisé à une banque dépositaire de mettre fin d'autorité au fonctionnement du compte du client lorsque ce compte n'a plus enregistré d'opérations et n'a pas fait l'objet de réclamations depuis dix ans, en application de l'article 189 bis du Code de commerce.

La décision du tribunal rendue conformément à la loi sur le principe a été confirmée en toutes ses dispositions par la Cour d'Appel en son audience du 6 août 1999[178].

Cependant sur l'allocation des dommages et intérêts pour un montant de 5 millions sur la base de l'article 1382 du Code civil, la décision des juges du fond ne résiste pas à la critique. En effet, cet article met à la charge de celui qui l'invoque la preuve du fait allégué et du préjudice subi. Le client avait allégué sans la moindre preuve que "la fermeture de son compte a désorienté pendant plus d'une année ses relations d'affaires entraînant un manque à gagner certain". Aucun bilan n'a été produit aux débats et dans lequel apparaîtrait le chiffre d'affaires pour justifier la demande de 20 millions de francs CFA. Il n'est pas difficile pour un homme d'affaires connu comme le représentant de L. P. d'ouvrir un autre compte dans les cinq autres banques commerciales de la place. C'est pourquoi la condamnation de la BIAT à la rondelette somme de 5 millions de dommages et intérêts ne nous paraît pas tout à fait justifiée.

§2. La poursuite en matière de crédits et de services annexes

La banque peut voir sa responsabilité engagée non seulement en matière du service de caisse mais également pour ses activités d'octroi de crédit et des services commerciaux annexes. En effet, le client bénéficiaire dudit crédit, les tiers ainsi que les cautions du crédité peuvent engager la responsabilité de la banque pour faute professionnelle. Le refus d'octroi de crédit peut aussi être source de responsabilité. Enfin, la location de coffre-fort peut générer des responsabilités de la banque en tant que dépositaire ainsi que la fourniture des renseignements commerciaux. Si en matière de location de coffre-fort, les banques ne sont pas très sollicitées, en matière de demandes de renseignements et d'octroi de crédit, de nombreux dossiers sont ouverts mais les contentieux qu'ils engendrent sont non seulement rares mais aboutissent très rarement devant les tribunaux.

---

[178] Arrêt n°242/99 de la chambre civile et commerciale de la Cour d'appel de N'Djaména du 6 août 1999.

A. En matière de crédit

Le crédit qui constitue la principale activité des banques devrait en principe générer beaucoup de contentieux mais la pratique a révélé que les prétendants au crédit en cas de refus refusent de se plaindre ou préfèrent les règlements amiables. Les contentieux relatifs à l'octroi de crédit et à la gestion du crédit lors des procédures collectives sont également rares.

1. L'octroi de crédit

Le crédit est de l'essence même de l'activité du banquier mais il peut se révéler dangereux. Quand il est accordé aux entreprises saines et solvables, il permet la bonne marche de l'économie dont tous les agents économiques peuvent en profiter. En revanche lorsqu'il est accordé à une entreprise mal gérée ou dans une situation financière défavorable, il s'avère inutile voire nuisible car ladite entreprise continue une activité qui peut aggraver son passif.

Le banquier doit être prudent en n'octroyant de crédit qu'aux clients qui présentent les garanties de solvabilité et d'honnêteté au risque de voir sa créance non remboursée. Mais les tiers, par exemple, les créanciers du client bénéficiaire peuvent également rechercher sa responsabilité lorsqu'ils sont convaincus qu'il a maintenu « artificiellement» l'exploitation en accordant imprudemment le crédit. Ils le peuvent encore, malgré le principe de non-ingérence, en cas de mauvaise utilisation du crédit si le contrat était assorti d'une obligation d'affectation spéciale de fonds. Il doit donc être jugé responsable pour défaut de surveillance sur l'utilisation des fonds prêtés.

En outre, selon l'importance des conseils donnés au bénéficiaire du crédit ou le degré d'immixtion dans ses affaires, le banquier peut être jugé fautif. Il peut à cet effet être qualifié dirigeant de fait ou de droit. Et à ce titre selon l'article 99 de la loi française du 13 juillet 1967[179], lorsque le règlement judiciaire ou la liquidation des biens d'une personne morale à laquelle le banquier a accordé ses crédits fait apparaître une insuffisance d'actifs celui-ci peut voir sa responsabilité engagée en sa qualité de dirigeant de fait ou de droit.

Il peut arriver que le client même de la banque bénéficiaire du crédit recherche la responsabilité de celle-ci. Il peut invoquer la faute commise par la banque

---

[179] Nous préférons citer souvent cette loi car c'est d'elle que se sont inspirés les rédacteurs de l'Acte uniforme OHADA relatif aux procédures collectives.

d'avoir manqué à son devoir de prudence imposé par l'article 1382 du Code civil. C'est le cas lorsque la banque a accordé des crédits excessifs et sans rapport avec la capacité de l'entreprise. C'est encore le cas quand le crédit est manifestement inutile voire dangereux compte tenu du projet présenté par le client.

La responsabilité du banquier peut encore être recherchée par la caution du client bénéficiaire du crédit. Le banquier est en effet obligé d'adresser à la caution des relevés périodiques du compte garanti. Il est tenu d'informer celle-ci de tout incident de paiement. Il invoquera à cet effet la déchéance de l'article 2037 du Code civil aux termes duquel « la caution est déchargée lorsque la subrogation aux droits, hypothèques et privilèges du créancier ne peut plus par le fait du créancier s'opérer en faveur de la caution ». D'autre part, le crédit accordé peut augmenter l'insolvabilité du débiteur et aggraver le sort de la caution, laquelle peut reprocher à la banque son obligation générale de prudence en invoquant les dispositions des articles 1382 et 2015 du Code civil. Il peut en outre engager la responsabilité de la banque si celle-ci a manqué à ses obligations à l'égard du débiteur cautionné, par exemple le non-respect de l'affectation spéciale des fonds. En effet, la bonne utilisation des fonds prêtés est une garantie de leur remboursement : l'emploi des fonds conformément à leur destination doit permettre en principe la bonne fin de l'opération pour laquelle le prêt a été contracté, ainsi la caution a la chance de voir le remboursement du prêt assuré par l'emprunteur lui-même.

2. Le refus de crédit

Selon la doctrine, il est plus facile d'engager la responsabilité de la banque en vertu d'une ouverture de crédit antérieure qu'en l'absence de celle-ci, l'ouverture de crédit étant cette convention par laquelle la banque s'est antérieurement engagée à apporter son concours au client. En l'absence d'une convention d'ouverture de crédit, la responsabilité de la banque ne peut être recherchée qu'en cas de promesse de sa part dans le cadre d'une opération ponctuelle. Il en va ainsi si elle s'est engagée à prendre en escompte des effets de commerce pour un certain seuil. Mais le rôle de la confiance et la considération de la personne du client étant déterminants en matière de crédit, la banque peut, en l'absence d'un contrat, refuser un crédit sans engager sa responsabilité, sauf si ce client dans sa tentative de mise en jeu de ladite responsabilité, peut faire la preuve de son intention de nuire constitutive d'abus de droit. En revanche, en présence d'une ouverture de crédit, le banquier est engagé contractuellement et donc ne peut le révoquer sans justifier de motifs légitimes. Les conditions de cette révocation diffèrent selon que cette ouverture est à durée déterminée ou indéterminée.

En cas de crédit à durée indéterminée, la banque peut y mettre fin unilatéralement. Pour engager sa responsabilité, le client doit prouver «sa mauvaise foi, son intention de nuire ou la conscience qu'elle avait de lui causer un grave préjudice ». Cependant le respect d'un délai de préavis est nécessaire sauf pour la banque de mettre au passif de son client une irrégularité ou fraude qui briserait la confiance placée en ce dernier. Cependant si le crédit est à durée déterminée, les parties sont tenues de respecter le délai fixé jusqu'à son terme. La révocation n'est permise que quand une clause insérée dans le contrat le permet, si un événement grave survient dans la personne du client étant entendu que le crédit est un contrat conclu *intuitu personae* mais aussi en cas de comportement gravement répréhensible de ce client.

3. Le crédit et les procédures collectives

En matière de distribution du crédit, outre l'obligation d'information et de conseil, la banque encourt le risque de voir sa responsabilité engagée si elle manque à son obligation de vigilance. Si l'entreprise financée connaît des difficultés, la banque, en plus du risque de ne pas être remboursée, peut être poursuivie en justice pour soutien abusif de l'entreprise déficitaire, ou bien pour rupture ou réduction brutales des crédits consentis.

Dans le droit des procédures collectives et en droit comparé, le banquier qui accorde le crédit voit sa situation altérée par le redressement judiciaire du bénéficiaire dudit crédit. Mais sa situation est différente selon qu'il s'agit du sort des crédits en cours d'une part, et d'autre part sur celui des crédits antérieurs et postérieurs au jugement d'ouverture de la procédure. En effet, s'agissant des crédits en cours, le jugement d'ouverture n'entraîne pas leur résiliation. L'administrateur judiciaire peut exiger leur continuation conformément à l'article 37 de la loi du 25 janvier 1985. Mais ces crédits peuvent être interrompus pendant la période d'observation si les conditions de l'article 60 de la loi du 24 janvier 1984 sont réunies. L'alinéa 1 de cette loi indique que les concours bancaires ne peuvent être interrompus ou réduits que sur notification écrite et à l'expiration d'un délai de préavis fixé lors de la mise en place du concours. Mais l'alinéa 2 de la même disposition précise que l'établissement de crédit n'est tenu de respecter aucun délai de préavis « en cas de comportement gravement répréhensible du bénéficiaire du crédit ou au cas où la situation de ce dernier s'avérait irrémédiablement compromise ».

Quant aux crédits accordés postérieurement au jugement d'ouverture et pendant la période d'observation, ils bénéficient des dispositions de l'article 40 de la loi du 25 janvier précité. Le banquier dispose en effet du droit de priorité lorsque les créances n'ont pas été payées à leur échéance. En revanche, pour les crédits consentis antérieurement au jugement d'ouverture, ceux-ci doivent subir toutes les contraintes imposées par ladite loi de 1985 à savoir la nécessité de déclarer les créances, la suspension des poursuites individuelles, l'interdiction des paiements, l'arrêt du cours des intérêts légaux et conventionnels ainsi que de tous les intérêts de retard et majorations, à moins qu'il ne s'agisse des intérêts résultant de contrats de prêt conclus pour une durée supérieure ou égale à un an ou de contrats assortis d'un paiement différé d'un an ou plus.

A la fin de la période d'observation, la situation des créances de la banque dépend de la solution finalement retenue par l'administrateur judiciaire et de l'importance du patrimoine du débiteur. C'est ainsi que dans le cadre d'un plan de continuation, celui-ci peut imposer au dispensateur de crédit des délais de paiement. Il ne peut en revanche être question de remise, laquelle peut être préférée à la liquidation judiciaire où la banque court le risque de ne pas être payée, ne serait-ce qu'en partie. Dans le cadre des procédures collectives, la banque court non seulement le risque de ne pas être remboursée mais aussi bien les créanciers du bénéficiaire de crédit que sa caution peuvent rechercher sa responsabilité civile. Elle encourt en outre une responsabilité pénale pour complicité de banqueroute ou pour prêt usuraire. Il existe enfin des cas où sa responsabilité peut être fondée sur l'article 180 de la loi du 25 janvier 1985 relative à l'action en comblement du passif lorsqu'il est possible de la qualifier de dirigeante de fait de l'entreprise qu'elle a financée. Au Tchad les entreprises se créent et disparaissent à volonté sans qu'il y ait application du droit des entreprises en difficulté. A plus forte raison, il n'existe pas des cas où les responsabilités des banques ont été recherchées en justice tant dans le cadre d'un règlement amiable que du redressement judiciaire ou de la liquidation des biens.

B. En matière de services annexes

Les services annexes tels que les renseignements commerciaux, les locations de coffres-forts et les valeurs mobilières qui devraient constituer une branche importante de l'activité bancaire sont méconnus dans la profession. Par conséquent, aucun litige de ces chefs ne peut être évoqué en justice.

1. La location de coffre-fort

A côté de ses activités traditionnelles de crédit et d'opérations de caisse, la banque peut mettre à la disposition de ses clients des coffres-forts dans lesquels « ceux-ci déposent, afin de mettre à l'abri et en sécurité, leurs valeurs, papiers et objets précieux». La banque a l'obligation d'assurer la sauvegarde des objets déposés dans le coffre et elle doit en assurer à son client le libre accès. Ce dernier doit également avoir l'assurance que ces objets sont à l'abri du vol et de la détérioration. Les obligations mises à la charge de la banque sont donc une obligation de résultat et non de moyens. Il y a par conséquent présomption de faute et donc celle-ci ne peut s'exonérer de sa responsabilité qu'en rapportant la preuve d'un cas de force majeure.

Les banques que nous avons consultées lors de nos recherches évoquent le caractère résiduel de cette activité faite juste pour attirer la clientèle. Malgré la faible rémunération de ce genre de service, le client y recourt très peu. Sans doute parce que le consommateur tchadien aime thésauriser. Par conséquent, les litiges y afférents portés devant les tribunaux sont inexistants.

2. La fourniture de renseignements commerciaux

A l'instar de la location des coffres-forts, la fourniture des renseignements fait partie des services commerciaux annexes que la banque peut mettre à la disposition de ceux qui les sollicitent. Les banques détiennent en effet un grand nombre d'informations importantes qui peuvent intéresser les hommes d'affaires. Mais cette activité n'est pas à confondre avec les avis ou les conseils que la banque fournit lors d'opérations bancaires tels que le renseignement et les paiements des chèques, les domiciliations d'effets de commerce, l'exécution des ordres de virement ou encore lors de l'ouverture des comptes ou de la conclusion des contrats de prêt par exemple. Les renseignements demandés sont ceux dont « l'objectivité n'implique en soi aucune impulsion à agir ou à ne pas agir ». La loi n° 009/PR/95 du 19 mai 1995 portant réglementation du secret professionnel bancaire définit ceux-ci comme « les informations constitutives d'appréciation d'ensemble ou d'indication générale sur la situation d'un client tels que paiement irrégulier, échéances difficiles, protêts, chèques impayés et les renseignements centralisés par la Banque Centrale.

3. Les valeurs mobilières

Les valeurs mobilières sont des titres négociables que leurs caractéristiques, uniformes pour une même catégorie permettent de coter et négocier en bourse. Il en est ainsi des rentes et valeurs d'Etat, des obligations ou bons des départements, communes, établissements publics, collectivités publiques, des actions, parts de fondateurs et parts bénéficiaires de sociétés, associations ou groupements divers. Elles sont juridiquement des meubles, sauf exceptions pour certaines obligations attribuées à des actionnaires de la Banque de France en remplacement d'actions antérieurement « immobilisées ». Elles sont nominatives, au porteur ou mixtes.

La banque intervient dans l'émission et dans la souscription des valeurs mobilières. Elle est non seulement gardienne matérielle des titres mais elle gère ceux-ci et elle intervient dans la transmission des ordres de bourse. Dans ces divers cas, elle peut voir sa responsabilité engagée.

En effet, en matière d'émission et de souscription des valeurs mobilières, elle peut voir sa responsabilité contractuelle recherchée à l'égard de la société émettrice et sa responsabilité délictuelle ou quasi-délictuelle à l'égard des épargnants. Et à l'occasion de la transmission des ordres de bourse, elle peut être poursuivie pour manquements à l'obligation de conseil ou même pour la mauvaise transmission desdits ordres de bourse.

Si la matière est réglementée au niveau communautaire, au niveau local subsiste encore un vide juridique. Et à défaut des sociétés de bourse, nous n'avons pas enregistré des cas de poursuite des banques à analyser. A cause du vide juridique qui subsiste dans toutes les sphères de l'activité économique, l'exploitant de banque à l'instar des acteurs de la vie nationale subit l'insécurité judiciaire. Mis en cause devant les institutions judiciaires, sa responsabilité est retenue le plus souvent pour le fait de ses préposés. Cependant les procédures judiciaires sont légion en matière délictuelle alors que la responsabilité contractuelle devrait être plus recherchée compte tenu des négligences notoires de ces préposés. Victime de ce que les hommes d'affaires tchadiens appellent le « délit de solvabilité », le banquier tchadien se voit condamné à des dommages et intérêts dont les montants parfois exorbitants sont sans commune mesure avec les préjudices prétendument subis. Malgré que le vide juridique soit plus accentué en matière de droit commun qu'en droit bancaire, c'est en matière de droit commun qu'il encourt des condamnations tant devant les juridictions répressives que civiles.

Le corpus juridique constitué du droit légué par la métropole, des normes produites par les autorités nationales et sous-régionales est insuffisant et a montré ses limites. En effet, la législation coloniale déjà écornée par le principe de la spécialité législative date de 1958. Et comme le relais n'a pas été convenablement assuré par le nouvel Etat indépendant, les règles modernes de gestion d'une banque font défaut. Quant au législateur sous-régional, il s'est préoccupé des aspects organisationnels et des règles devant assurer la santé financière des banques et non des règles consuméristes et d'autres règles relatives aux opérations de banque. Or le vide juridique ne peut jouer en faveur du banquier dans un milieu dominé par le dysfonctionnement des juridictions. C'est la principale cause de l'insécurité judiciaire dont souffrent les banques. Celles-ci se voient lourdement condamnées tant par les juridictions répressives que civiles. Les condamnations sont toutefois atténuées quand est en cause l'application d'une règle de droit spécifiquement bancaire.

C'est pourquoi le défi auquel doivent faire face les autorités nationales est le comblement du vide juridique. Cela doit consister à asseoir les règles juridiques de modernisation de la vie économique en général et à adopter un droit bancaire conséquent en s'inspirant de la législation bancaire française et de celle de l'Union Européenne. Mais cela n'est pas suffisant. Il faut agir également au niveau des institutions judiciaires et du cadre même d'évolution de la profession bancaire. C'est donc la question du fonctionnement des institutions judiciaires et la problématique de la bonne gouvernance qui est posée.

TITRE II

LES INSTITUTIONS JUDICIAIRES ET LA PROBLEMATIQUE DE LA GOUVERNANCE

Nous venons de voir que le vide juridique est la cause de l'insécurité judiciaire dans la profession bancaire. Cette insécurité est encore aggravée par le fonctionnement défectueux des institutions judiciaires et par le phénomène de la mauvaise gouvernance.

Sur le plan textuel, la justice est apparemment bien organisée : existence du double degré de juridiction (décisions rendues en première instance à charge d'appel), de la cour suprême même si celle-ci ne date que de 1998, de juridictions spéciales tels que le tribunal de commerce et le tribunal du travail. Cependant les tribunaux de commerce mis en place en 2004 peinent à fonctionner. La loi créant la cour suprême reste muette sur la définition des cas d'ouverture à cassation, obligeant les magistrats à recourir à la procédure française. Quant aux codes de procédure (civile, pénale, administrative), ils sont très anciens sinon inexistants. En effet, les codes de procédure civile et pénale datent des premières années de l'indépendance. Avec la réforme de 1998, les juridictions administratives ont été érigées mais sans définition des règles de procédure.

Concernant les corps judiciaires, il faut noter que les magistrats non seulement ne sont pas bien formés mais ne peuvent juger en pleine indépendance et impartialité. Des manquements et autres carences graves sont observés chez les auxiliaires de justice (greffiers, notaires, avocats, huissiers et officiers de police judiciaire) ; ce qui favorise les justices parallèles. Cette justice dont l'état est loin d'être reluisant évolue encore dans un système général de mauvaise gouvernance. En effet, celle-ci est légion et les institutions étatiques mises en place pour la juguler peinent à jouer leur rôle. Face à des réglementations insuffisantes et à une justice souffrant de multiples maux, le banquier tchadien à l'instar des autres opérateurs économiques ne peut rentablement exercer son activité.

CHAPITRE I

LES JURIDICTIONS ET INSTITUTIONS JUDICIAIRES

Contrairement au fonctionnement de la justice d'autres pays, la justice au Tchad est rendue par un seul ordre de juridiction qui comprend la cour suprême, les cours d'appel, les tribunaux de première instance, les tribunaux de commerce, les tribunaux du travail et les justices de paix[180].

Il n'y a par conséquent pas de séparation de l'ordre administratif et de l'ordre judiciaire. La justice a fait l'objet de plusieurs réformes sans qu'on ne constate une notable amélioration dans son fonctionnement.

Quant aux codes dont l'obsolescence n'est plus à démontrer, ils ne répondent plus aux procédures devant conduire aux décisions saines. Des projets relatifs aux codes de procédures civile et pénale initiés depuis 1998 n'ont jusque-là pas vu le jour.

Quant aux corps judiciaires, il faut noter que le corps des magistrats naguère bien formés à l'ENAM[181] et en France vient d'être ébranlé par des formations à la carte au Togo, au Maroc et au Soudan et par des nominations et autres promotions au mépris des règles déontologiques élémentaires.

Dans ces conditions, il ne faut pas s'étonner de la mauvaise qualité des décisions rendues. Ce sombre tableau est alourdi par les prestations des autres intervenants dans l'arène judiciaire que sont les greffiers, les notaires, les huissiers, les avocats et les officiers de police judiciaire.

Bien évidemment, ces dysfonctionnements sont la cause de l'éclosion des justices parallèles. Sont ainsi appelées les justices qui sont rendues parallèlement à celles rendues par les juridictions légales sans respect de la

---

[180] Le projet de loi sur l'organisation judiciaire supprime l'appellation « tribunaux de première instance » ; désormais il ne sera question que de tribunaux de grande instance.

[181] Ecole Nationale d'Administration et de Magistrature. Un projet de loi portant création de l'Ecole Nationale d'administration (ENA) vient d'être discuté en Conseil des Ministres. Désormais les magistrats seront formés au Centre National de Formation Judiciaire (CNFJ) rattaché au Ministère de la Justice.

procédure judiciaire. Elles sont très prisées par le commun des citoyens compte tenu de la célérité dont elles font preuve et surtout de leur proximité avec le justiciable. De fois la banque même recourt à cette procédure surtout pour le recouvrement de ses créances

Section 1. Les juridictions et les règles procédurales

Les règles d'organisation judiciaire ainsi que les divers codes de procédure n'ont pas notablement évolué.

Après quelques réformes en 1967 et en 1985, la grande réforme de 1998 a vu la création de juridictions nouvelles et le renforcement des juridictions existantes mais l'organisation judiciaire dans son ensemble est loin d'être lisible.

De même les codes dont la réforme traîne en longueur ne répondent pas aux normes d'une justice efficace et efficiente.

§1. Une réforme judiciaire inachevée

Malgré les réformes précitées, les insuffisances et carences s'observent. En effet la juridiction administrative est demeurée sans règle de procédure.

La procédure décrite dans la loi créant la cour suprême est incomplète et inadéquate. Et puis les dysfonctionnements des tribunaux de commerce au niveau des juridictions où ils sont créés sont récurrents.

A. L'évolution judiciaire de la colonisation jusqu'en 1998

Jusqu'à la grande réforme judiciaire de 1967 et grâce aux accords de coopération signés à la veille de l'indépendance, les juridictions étatiques ont continué à fonctionner sous le régime du décret de 1947 portant réorganisation de la justice en Afrique Equatoriale Française. La réforme de 1985 était guidée par le souci de rapprocher la justice du justiciable.

1. La justice coloniale[182]

Après la deuxième guerre mondiale et par décret n° 47-2300 du 27 novembre 1947, la France a entrepris la réorganisation de la justice en Afrique Equatoriale française. Ainsi selon l'article premier de ce texte, la justice de droit français est rendue en A.E.F. par une Cour d'Appel, des cours criminelles, des tribunaux de première instance, des justices de paix à compétence étendue, des justices de paix investies d'attributions correctionnelles et des justices de paix à compétence ordinaire. On évoquait alors des juridictions de premier degré et celles de second degré.

a. Les juridictions de premier degré

Ce sont les tribunaux de première instance, les justices de paix à compétence étendue, les justices de paix ordinaire et les tribunaux de travail.

Les tribunaux de première instance sont implantés à Brazzaville, Bangui, Libreville, Pointe Noire, Fort-Lamy, Fort Archambault et à Abéché. Chaque tribunal est composé d'un président, d'un procureur de la République et d'un juge d'instruction. Le greffe est tenu par un greffier en chef lequel faisait fonction de notaire et de commissaire-priseur. Les justices de paix quant à elles sont créées dans les villes importantes où il n'existe pas de tribunaux de première instance. Elles ont la même compétence d'attribution que les tribunaux mais elles dépendent hiérarchiquement de ces derniers.

Les tribunaux de première instance et les justices de paix à compétence étendue connaissent, dans l'étendue de leur ressort, des actions civiles et commerciales, en premier et dernier ressort, jusqu'à la valeur de 3 000 F en principal et 300 F de revenus ; en premier ressort seulement et à charge d'appel, des actions s'élevant au-dessus de ces sommes. Les justices de paix à compétence ordinaire connaissent dans l'étendue de leur ressort, des actions civiles purement personnelles et mobilières, et aussi des actions commerciales, d'une valeur déterminée en premier et dernier ressort jusqu'à

182 Il faut faire observer qu'avant l'arrivée des colonisateurs, la justice était rendue par les chefs de village ou de ferriks (pour les nomades), assistés des Anciens et à un niveau supérieur, par les chefs de canton entourés de notables. Mais ces chefs traditionnels perdirent ce pouvoir juridictionnel avec la colonisation lequel fut confié à des juridictions coutumières, présidées en première instance et en appel par des administrateurs, ceux-là même qui étaient placés à la tête des circonscriptions administratives, entourés d'assesseurs choisis parmi les notables.

500 F, à charge d'appel jusqu'à 3 000 F. L'appel est porté devant les tribunaux de première instance et les justices de paix à compétence étendue. En matière correctionnelle, les tribunaux de première instance et les justices de paix à compétence étendue connaissent de tous les délits commis dans leur ressort. Les justices de paix investies d'attributions correctionnelles limitées connaissent des délits commis dans leur ressort, dont la liste est fixée par décret.

Dans les ressorts des juridictions de première instance et des justices de paix à compétence étendue pourvues d'un juge ou d'un juge suppléant, les fonctions de juge d'instruction sont normalement remplies par eux. Lorsqu'il n'existe, auprès de ces tribunaux, ni juge, ni suppléant, comme dans le cas d'empêchement de ceux-ci, le président du tribunal ou le juge de paix à compétence étendue exerce lui-même les fonctions de magistrat instructeur.

En matière prud'homale, les tribunaux du travail ont été créés en 1958 pour juger les conflits sociaux alors que le contentieux administratif relevait de la seule compétence de la Cour d'Appel siégeant à Brazzaville pour toute l'Afrique Equatoriale Française.

Il existait deux ordres de juridictions en matière civile et commerciale : la justice rendue en droit moderne et celle rendue en droit traditionnel ou coutumier. Les Européens et assimilés étaient jugés en droit français alors que les indigènes ou autochtones l'étaient en droit coutumier. Toutefois, ces derniers pouvaient, d'un commun accord, réclamer le bénéfice de la juridiction française. Dans ce cas, il leur est fait application des usages et coutumes les régissant, à moins qu'ils n'aient déclaré dans un acte, qu'ils entendent contracter sous l'empire de la loi française, auquel cas cette loi seule est appliquée. Les décisions rendues en droit traditionnel ou coutumier doivent être transmises à la chambre d'homologation ou d'annulation de la Cour d'Appel[183]. La Cour homologue la décision si elle constate que l'application des coutumes des parties en cause est conforme ; dans le cas contraire, elle annule cette décision.

b. Les juridictions de second degré

Le ressort de la Cour d'Appel comprend tout le territoire de l'A.E.F. et dont le siège est Brazzaville. Une section de la Cour siège à Fort-Lamy. La Cour

---

[183] Laquelle ne siège qu'à Brazzaville pour toute l'Afrique Equatoriale Française (AEF).

d'appel se compose d'un président, d'un procureur général, de vice-présidents, de conseillers, d'avocats généraux et de substituts généraux dont le nombre est fixé par décret en Conseil d'Etat. Elle comporte en outre un emploi de greffier en chef, assisté de commis greffiers. La section de la Cour d'appel est composée d'un vice-président assisté de deux conseillers de la Cour d'appel et du greffier en chef du tribunal de première instance de Fort-Lamy ou, à défaut, d'un commis greffier du même tribunal. Les fonctions du ministère public sont exercées par un avocat général et d'un substitut général.

En matière civile et commerciale, la Cour d'appel de Brazzaville connaît de l'appel des jugements rendus en premier ressort par les tribunaux de première instance et les justices de paix à compétence étendue, de tout le territoire de l'A.E.F. En matière correctionnelle et de simple police, elle connaît de l'appel des jugements rendus par les tribunaux de première instance, les justices de paix à compétence étendue et les justices de paix investies d'attributions correctionnelles limitées des territoires du Moyen-Congo[184] et du Gabon. La section de la Cour connaît de l'appel des jugements rendus par les juridictions similaires du Tchad et de l'Oubangui-Chari[185]. Elle connaît, en outre, des oppositions aux ordonnances rendues par les juges d'instruction de son ressort. Elle statue à cet égard comme chambre des mises en accusation.

Les jugements rendus sur appel[186] des justices de paix par les tribunaux de première instance et les justices de paix à compétence étendue en matière civile et commerciale et en matière de simple police, ceux rendus directement par ces mêmes tribunaux dans les matières civiles et commerciales ou de simple police qui sont de la compétence des juges de paix ordinaires, et ceux rendus directement par les justices de paix investies d'attributions correctionnelles limitées dans les matières de simple police qui sont de la compétence des juges de paix ordinaires, ainsi que les décisions en dernier ressort des juges paix en ces mêmes matières, peuvent être attaqués par la voie de l'annulation devant la Cour d'appel, mais seulement pour incompétence, excès de pouvoir ou violation de la loi. Lorsque la Cour d'appel prononcera l'annulation, elle ordonnera le renvoi de l'affaire devant le même tribunal qui devra se conformer, pour le point de droit, à la doctrine adoptée par la Cour. En toute matière, les arrêts sont rendus par trois magistrats. Elle ne pourra, en cause d'annulation, être composée en majorité de membres intérimaires n'appartenant pas à la magistrature. Elle comprenait plusieurs chambres.

La Cour criminelle quant à elle siégeait à Yaoundé. Elle se compose de trois membres de la Cour d'appel, du procureur général ou d'un magistrat du

[184] Il s'agit de l'actuelle République du Congo naguère appelée Congo-Brazzaville.
[185] La RCA actuelle (République Centrafricaine).
[186] Le terme est impropre car une décision rendue sur appel s'appelle « arrêt ».

ministère public désigné par lui, de quatre assesseurs et d'un greffier. Elle peut se transporter au siège des tribunaux ou sections de tribunaux lorsque les affaires à juger y ont été instruites. Elle peut également se transporter temporairement dans toutes les autres localités lorsque les circonstances l'exigent. Il n'existe pas de procédure particulière devant la cour criminelle. Celle-ci applique la procédure suivie devant les tribunaux correctionnels le jour où elle statue.

Les arrêts rendus en toute matière par la cour d'appel, hors le cas où elle statue comme Cour d'annulation, les arrêts de la cour criminelle et les jugements en premier ressort des tribunaux de première instance, des justices de paix à compétence étendue et des justices de paix investies d'attributions correctionnelles limitées, peuvent être déférés à la cour de Cassation[187], conformément aux dispositions de la législation métropolitaine.

2. La réforme de 1967

Au moment de son accession à l'indépendance et à l'instar des autres territoires de l'Afrique Equatoriale Française, le Tchad a signé plusieurs accords de coopération, notamment la Convention du 5 janvier 1960 relative à l'emploi du personnel judiciaire et au fonctionnement des juridictions, la Convention générale du 27 juin 1959 relative au concours en personnel apporté par la République française au fonctionnement des services publics et les accords du 12 juillet 1960 relatifs aux dispositions transitoires en matière de justice entre le Tchad et la France.

Après les accords du 11 août 1960, l'appareil judiciaire continuait à fonctionner comme par le passé mais une légère réorganisation a été opérée en matière criminelle. Ainsi par ordonnance n° 01 du 17 mars 1961 et par la loi n° 29 du 19 mai de la même année, la cour criminelle a été réorganisée. La cour criminelle pouvait siéger à Fort-Lamy, Fort-Archambault, Moundou et Abéché ainsi que dans toutes les localités si les circonstances l'exigeaient. Le Président de la Cour d'appel peut, par ordonnance, fixer le lieu et la date de la session.

Selon l'accord du 12 juillet entre la France et le Tchad et jusqu'à ce que ce dernier ait une juridiction de cassation, les recours pouvaiient être portés devant la Cour de Cassation et le Conseil d'Etat français. Néanmoins la Constitution de 1962 avait vu la création d'une cour suprême composée de

[187] Il s'agit bien entendu de la Cour de Cassation française.

trois chambres à savoir la chambre judiciaire, la chambre administrative et la chambre financière. Mais cette Cour composée en majorité de personnel politique n'avait pas véritablement fonctionné si bien que le régime transitoire issu de l'accord du 12 juillet précité continuait à fonctionner jusqu'à la réforme du 21 mars 1967.

En effet, par ordonnance n° 6-67 du 21 mars 1967, il a été créé une cour d'appel, des cours criminelles, des tribunaux de première instance et leurs sections, des tribunaux de travail et des justices de paix. La cour d'appel comprend cinq chambres dont la chambre d'accusation, la chambre correctionnelle et de simple police, la chambre civile, commerciale et sociale, la chambre administrative et financière et la chambre de cassation[188].

Cette réforme a vu la suppression de la cour suprême. Il n'y a qu'un seul ordre de juridiction et il n'existe plus de distinction entre les justices de paix. La cour d'appel juge en dernier ressort et les pourvois ne peuvent être exercés que contre les décisions rendues en dernier ressort par les tribunaux et les justices de paix. La cour d'appel ne comprend plus la chambre d'annulation et d'homologation. Les tribunaux de droit coutumier sont supprimés mais les assesseurs, lesquels représentent les coutumes des parties assistent le juge à l'audience. Des justices de paix sont créées dans les sous-préfectures où il n'existe pas de tribunaux ou sections de tribunaux et les fonctions de juge de paix sont exercées par les sous-préfets en attendant la formation des juges de paix par l'ENAM.

3. La réforme de 1985

La réforme de 1967 avait vu la création d'une cour d'appel, de quatre tribunaux de première instance, de quatre tribunaux du travail et de la prévoyance sociale et de trois sections de tribunal. Il y avait 43 justices de paix installées dans les sous-préfectures où il n'est pas créé de tribunal ou de section de tribunal. La légère modification de 1985 était guidée par le simple souci de rapprocher la justice des justiciables. C'est ainsi que plusieurs justices de paix furent créées dans toutes les autres sous-préfectures. Les quatre tribunaux de première instance de deuxième classe furent érigés en tribunaux de première instance première classe (N'Djaména, Sarh, Moundou et Abéché[189]). Les sections de tribunal d'Ati et de Faya Largeau ainsi que les

---

[188] Malgré nos multiples recherches, nous n'avons trouvé aucune trace d'un arrêt rendu par cette chambre de cassation de la cour d'appel.

[189] Le décret créant ces tribunaux de première instance ne définissant pas les termes

justices de paix de Biltine, Mao, Bol, Mongo, Am-Timan et Doba sont érigées en tribunaux de première instance de deuxième classe, puis les justices de paix de Pala, Iriba, Bokoro, Fada et Koumra deviennent des sections de tribunaux. On ne peut véritablement parler d'une réforme en 1985.

B. La grande réforme de 1998

Un processus de réforme des institutions judiciaires a été engagée à partir de 1998 avec en toile de fond la loi n° 004PR/98 du 28 mai 1998 portant organisation judiciaire. Cependant en dehors de la plus haute juridiction du pays, ce processus apparaît inachevé tant au niveau des juridictions de premier ressort que de celles du second degré. Il y a en outre la délicate question des "justices parallèles" qui sont une entrave au fonctionnement d'une justice objective, transparente et impartiale. De plus la réforme des institutions ne s'est pas accompagnée de la formation des ressources humaines. Ce qui n'est pas sans causer des handicaps à l'accès à la justice des justiciables dont les banques. D'après l'article 1er de la loi n° 004/PR/98 du 28 mai 1998 portant organisation judiciaire de la République du Tchad, la justice est rendue dans le pays par un seul ordre de juridiction qui comprend : la cour suprême, les cours d'appel, les cours criminelles, les tribunaux de première instance, les tribunaux de travail, les tribunaux de commerce et les justices de paix. Ces juridictions connaissent de toutes les affaires civiles, commerciales, administratives, sociales et pénales. La cour suprême qui est la plus haute juridiction en ces matières est également compétente en matière des comptes.

1. La création des juridictions nouvelles

a. La Cour Suprême

C'est la plus haute juridiction du pays en matière judiciaire, administrative et des comptes. Elle est composée de trois chambres parfaitement autonomes dans la gestion de leurs contentieux respectifs : la chambre judiciaire, la

---

« première classe » ou « deuxième classe », il doit s'agir sans doute de la taille des villes ; ainsi les tribunaux de première instance première classe étaient créées dans les quatre villes importantes en nombre d'habitants qui sont NDjaména, Moundou, Sarh et Abéché.

chambre administrative et la chambre des comptes. Ses compétences ont été limitativement énumérées par la loi n° 006/PR/98 du 7 août 1998 portant organisation et fonctionnement de la Cour Suprême :

-Elle statue sur les pourvois en cassation en toutes matières conformément à la loi relative à son organisation et à son fonctionnement ;

-Elle statue seule sur les recours pour excès de pouvoir contre les décrets et arrêtés ;

-Elle donne son avis sur les projets de loi avant leur délibération en conseil des ministres ;

-Elle connaît seule du contentieux des élections locales.

1°. Attributions et fonctionnement

Créée par la loi précitée du 7 août 1998, elle n'a effectivement commencé à fonctionner qu'en 1999. Ses deux formations sont les chambres et les chambres réunies[190]. Les chambres les plus fonctionnelles sont la chambre administrative et surtout la chambre judiciaire.

i. La chambre administrative

La chambre administrative comporte deux sections : la section contentieuse et la section consultative. La section contentieuse est le juge d'appel de droit commun de toutes les décisions rendues en dernier ressort par les tribunaux administratifs[191]. Elle connaît des recours en cassation dirigés contre des décisions rendues en dernier ressort par les organismes administratifs à caractère juridictionnel. Cette section statue en outre en premier et dernier ressort sur le contentieux relatif à l'élection des assemblées des collectivités territoriales. Elle est seule compétente pour connaître en premier et dernier ressort :

---

[190] Aucun article de cette loi ne définit « les chambres » ni ses compétences.
[191] Sans examen par la formation d'une cour d'appel.

-Des recours pour excès de pouvoir contre les actes réglementaires de portée générale ou individuelle ;

-Des litiges relatifs aux avantages pécuniaires ou statutaires des fonctionnaires ;

-Des recours en interprétation et recours en appréciation de la légalité des actes dont le contentieux relève de la section.

La section consultative de la chambre administrative quant à elle participe à la confection des lois, ordonnances et règlements. Elle est saisie par le gouvernement des projets de loi et propose les modifications de rédaction qu'elle juge nécessaires. Elle donne son avis sur tous les projets de lois avant leur délibération en Conseil des ministres. Elle peut également être consultée par les ministres sur les difficultés qui s'élèvent en matière administrative. Elle peut de sa propre initiative, attirer l'attention des pouvoirs publics sur les questions d'ordre législatif, réglementaire ou administratif qui lui paraissent conformes à l'intérêt général.

Le Président de la chambre peut à la demande des ministres, désigner un de ses membres pour assister leur administration dans l'élaboration d'un projet de texte législatif ou réglementaire.

ii. La chambre judiciaire

La chambre judiciaire se compose de trois sections dont une section civile et commerciale, une section pénale et une section sociale. La section civile et commerciale siégeant en matière coutumière s'adjoint deux assesseurs représentant la coutume des parties parmi ceux de la Cour d'Appel de N'Djaména. Chaque section comprend au moins trois magistrats et est présidée par le Président de la chambre judiciaire ou par le conseiller le plus ancien. La chambre judiciaire de la cour suprême connaît :

- Des pourvois en cassation formés contre les décisions rendues en dernier ressort par toutes les juridictions en matière pénale, civile, sociale, commerciale et coutumière ;

- Des décisions du conseil d'arbitrage des conflits collectifs de travail et de sécurité sociale ;

- Des demandes en révision et des règlements de juge ;

- Des renvois d'un tribunal à un autre ;

- Des prises à partie et des récusations.

2°. Insuffisances et défis

Plusieurs années après la mise en place de cette cour suprême, des problèmes demeurent dont notamment les règles procédurales et la nomination des magistrats.

i. Quant aux règles procédurales

En effet relativement à la procédure à suivre devant la chambre judiciaire, la loi a été rédigée de manière hâtive si bien que l'application a causé d'énormes difficultés. Il s'agit surtout de la rédaction des articles 37, 38 et 41 de la loi sur la forme du pourvoi et sa recevabilité. Selon l'article 38 de la loi du 7 août précitée, la déclaration de pourvoi est faite par le demandeur, par son conseil ou par un mandataire muni d'une procuration. Et selon l'alinéa 1er de cette disposition, la déclaration de pourvoi est signée par le demandeur ou son représentant. Il ne peut s'agir que du procès-verbal de déclaration de pourvoi. En effet, la déclaration de pourvoi peut être écrite ou verbale. En cas d'écrit, c'est une lettre de pourvoi rédigée par le demandeur, son mandataire ou son conseil. Car on ne peut pas exiger une signature du greffier en chef sur la lettre de pourvoi. C'est bien du procès-verbal de déclaration de pourvoi établi par le greffier en chef à la réception des lettres de pourvoi (déclaration de pourvoi) qu'il s'agit. En application de l'article 41 de la loi, le greffier notifie au demandeur qu'il lui appartient de lui faire parvenir dans un délai de 30 jours à peine de déchéance le nom de l'avocat qu'il a constitué ou sa demande d'assistance judiciaire. L'alinéa 2 de cet article dispose que le greffier fait connaître en outre au demandeur l'obligation d'acquitter dans le même délai la taxe de pourvoi et les frais de constitution du dossier, le tout à peine d'irrecevabilité. De ce qui précède :

-L'établissement du procès-verbal de déclaration de pourvoi (à l'instar d'un acte d'appel établi par le greffier en chef d'une cour d'appel) dans les formes requises par la loi est une condition de recevabilité du pourvoi ;

-Il en est de même de l'obligation d'acquitter dans les délais la taxe de pourvoi et les frais de constitution du dossier laquelle doit expressément ressortir dans ledit procès-verbal ;

-Le délai de 30 jours pour régler ces frais et taxes ne peut courir qu'à compter de la notification des obligations de l'article 41 et donc de la signature du procès-verbal.

Or plusieurs mois après le fonctionnement effectif de la Cour Suprême et surtout au niveau des greffes des cours d'appel, les procès-verbaux des déclarations de pourvoi ne sont pas établis à la réception des lettres de pourvoi. Ils ne sont établis que bien plus tard et au moment de la mise en état des dossiers à transmettre à la Cour Suprême.

De ce fait les frais de pourvoi ne sont payés qu'après l'établissement du procès-verbal et donc après sa signature. Il se trouve qu'à l'analyse des premiers arrêts rendus, la Cour tient compte, pour décider de la recevabilité des pourvois, non pas de la date de l'établissement du procès-verbal de déclaration de pourvoi, mais de la date de la réception au greffe des lettres de pourvoi. La plupart des premiers arrêts rendus par la Cour suprême ont déclaré irrecevables les pourvois formés au motif que les frais prévus à l'article 41 n'ont pas été acquittés dans un délai de 30 jours à compter de la déclaration. Selon la Cour, ces frais doivent être payés le jour du dépôt de la lettre de pourvoi alors qu'aucune notification n'a été faite selon les dispositions de l'article 41 précité.

Or en matière procédurale, les règles sont d'ordre public. Si le greffier n'établit pas le procès-verbal de pourvoi et surtout s'il ne notifie pas au demandeur les obligations de l'article 41, on ne peut reprocher à ce dernier de payer hors délai les frais de pourvoi.

L'interprétation erronée de ces dispositions a amené la Cour Suprême à la suite de plusieurs requêtes à réexaminer l'application de ces dispositions. C'est ainsi que lors de deux assemblées plénières des 23 et 28 juin 2004, elle a adopté des formes de fiches de pourvoi à établir par le greffier en chef. Elle a donc distingué :

-Le pourvoi formé par déclaration d'avocat ;

-Le pourvoi formé par déclaration de justiciable sans son conseil ;

-Le pourvoi formé par avis d'avocat ;

-Le pourvoi formé par avis de justiciable sans conseil.

Après quoi elle a décidé que :

-Les imprimés sont conçus mixtes adaptables à chaque circonstance ;

-L'acte de pourvoi tient lieu d'acte de notification et de procès-verbal de pourvoi. Cet acte est signé du greffier en chef seul qui en destine une copie au demandeur au pourvoi par courrier ordinaire (planton et autres) ;

-La signature du demandeur apposée sur l'avis (requête, lettre,...) de pourvoi emporte validité du pourvoi ;

-Les délais de recevabilité de pourvoi et de paiement des frais courent du jour de la déclaration orale de pourvoi pour les pourvois exercés par déclaration et du jour de la réception de l'avis de pourvoi pour ceux formés par avis.

Fallait-il plus de cinq ans après la création de la cour Suprême pour constater la mauvaise rédaction ou plutôt l'application erronée des articles précités ? Compte tenu de cette ambiguïté, plus de la moitié des pourvois ont été déclarés irrecevables et la Cour qui pourrait rectifier ses propres erreurs par la procédure de rabat d'arrêt n'a daigné le faire.

Toujours sur les règles procédurales, la loi a été incomplètement rédigée. En effet, elle demeure muette sur les cas d'ouverture et les effets du pourvoi. Et les juges consultés déclarent se référer à ce sujet à la législation française[192].

Les articles 34 et 35 évoquent le cas de l'assemblée plénière qui doit siéger dans les cas prévus par la loi ou pour le jugement des affaires déterminées par le règlement intérieur mais à ce jour cette loi n'a pas encore vu le jour et le règlement intérieur disponible n'en fait même pas allusion.

iii. Quant aux nominations des magistrats

La nomination des magistrats de cette cour est purement politique et n'obéit pas forcément aux critères de compétence, d'ancienneté, d'honorabilité et de spécialité. En effet, selon les articles 9 et 10 de la loi, les conseillers magistrats de carrière sont choisis parmi les magistrats les plus anciens en grade des cours et tribunaux et de l'administration centrale du ministère de la justice.

---

[192] Dans l'affaire opposant la Banque de Développement du Tchad à Doudou Djibrine Doudou, la cour suprême a même visé un article du Nouveau Code de procédure civile français pour casser un arrêt rendu par la cour d'appel de N'Djaména.

Les autres conseillers sont choisis parmi les magistrats ou spécialistes du droit administratif, du droit budgétaire et de la comptabilité publique ayant au moins cinq ans d'expérience professionnelle. Or l'article 6 réserve exclusivement la nomination des membres de la cour suprême au pouvoir politique à savoir le Président de la République et les Présidents de l'Assemblée Nationale et du Sénat. Ainsi donc :

-Le président de la cour suprême qui doit être choisi parmi les hauts magistrats de l'ordre judiciaire est lui nommé par décret du Président de la République mais après avis des Présidents de l'Assemblée Nationale et du Sénat ;

-Parmi les huit conseillers magistrats de l'ordre judiciaire, trois sont désignés par le Président de la République, deux par le Président du Sénat et trois par le Président de l'Assemblée Nationale ;

-Des sept conseillers censés être des spécialistes du droit administratif, du droit budgétaire et de la comptabilité publique, trois sont désignés par le Président de la République et les quatre autres à égalité par le Président de l'Assemblée Nationale et de celui du Sénat.

Ces dispositions sur la désignation des membres de la cour suprême entrent en contradiction avec les articles 10 et 11 de la loi n° 005/PR/98 du 7 juillet 1998[193] promulguée un mois avant. Selon les articles 10 et 11 précités, il appartient à cet organe ordinal de proposer les nominations et avancements des magistrats et que ceux-ci doivent être nommés par décret du Président de la République après avis conforme dudit organe.

Parmi ces conseillers, certains n'ont pas exercé au Ministère des finances et de l'économie et n'ont même pas franchi les portes d'une université ou d'une école supérieure pour prétendre à une spécialisation en droit administratif, en droit budgétaire ou en comptabilité publique.

Il en est de même pour d'autres dont le cursus n'a jamais été achevé et qui ont pourtant été nommés du fait de leur accointance politique.

De ce qui précède, l'efficacité et l'efficience de cette juridiction suprême s'en trouvent ressenties ; ce qui ne peut qu'être préjudiciable pour les banques qui non seulement doivent se défendre contre des actions abusivement exercées contre elles mais également ester en recouvrement de leurs créances compromises.

---

[193] Cette loi relative à l'organisation et au fonctionnement du Conseil Supérieur de la Magistrature n'est pas rigoureusement appliquée surtout quand il s'agit de la nomination des magistrats.

b. Le tribunal de commerce

Selon l'article 40 de la loi n° 004/PR/98 précitée, le tribunal de commerce est une juridiction compétente pour juger en premier ressort les affaires relatives aux actes de commerce, notamment :

-Achats de marchandises pour revendre ;

-Lettres de change ;

-Opérations de banque ;

-Engagements nés à l'occasion du commerce ;

-Il connaît en outre des litiges relatifs aux sociétés commerciales et aux incidents concernant la cessation des paiements (redressement et liquidation judiciaires des entreprises).

Il est vrai que l'existence d'un droit commercial distinct du droit civil et qui tend à réglementer spécialement à la fois une certaine catégorie de citoyens, les commerçants, et un certain ensemble d'opérations juridiques, les actes de commerce, se justifie avant tout par des raisons d'ordre économique. En effet, les transactions commerciales sont fréquentes et elles doivent s'effectuer avec rapidité. On ne peut obliger les commerçants à remplir les formalités souvent compliquées du droit civil, à rédiger un écrit pour constater toute convention dont l'objet dépasse une certaine somme et à faire enregistrer un écrit.

On ne peut davantage les contraindre à observer la procédure longue du droit commun. Pour ce faire le droit commercial doit simplifier considérablement les règles applicables à la formation et à la preuve des contrats, de même qu'il doit faciliter le règlement des litiges. Il organise et réglemente les institutions favorables au développement du crédit : il régit la formation et le fonctionnement des sociétés, des banques, des bourses. D'autre part il défend les créanciers contre la défaillance de leurs débiteurs et contre une inégalité de traitement grâce aux procédures collectives.

Ces matières spéciales supposent que la juridiction appelée à en juger soit composée d'un magistrat spécialisé en ces matières, ou disposant, pour le moins, des conseils éclairés de commerçants ayant la pratique de ces opérations. C'est ainsi qu'intervient l'ordonnance n°009/PR/2004 du 23 août 2004 laquelle porte organisation et fonctionnement des tribunaux de commerce. Ce texte rédigé en sept chapitres traite entre autres de l'organisation des Tribunaux de Commerce, de la compétence et de la procédure, de la désignation, du statut, et de la discipline des juges consulaires et du personnel judiciaire. Le système retenu est celui de l'échevinage. Les décisions (article 13) sont rendues par trois juges, un magistrat de l'ordre judiciaire assumant la présidence et qui est assisté de deux juges consulaires lesquels sont désignés par arrêté du Ministre de la Justice sur proposition de la Chambre de Commerce[194].

Les magistrats du tribunal de commerce éprouvent beaucoup de difficultés car ils n'ont pas une connaissance suffisante du droit des affaires puisque la plupart des matières y relevant sont enseignées en quatrième année de droit alors que ceux-ci sont admis à l'ENAM après la licence en droit. Ils ont cependant une connaissance certaine des actes uniformes OHADA[195] mais se plaignent de leur isolement et de l'impossibilité dans laquelle ils se trouvent d'avoir accès à la jurisprudence des autres juridictions et surtout des décisions rendues par la CCJA[196]. Les juges consulaires en revanche n'ont aucune connaissance en droit. Beaucoup se désintéressent totalement du tribunal et sans doute considèrent-ils leur nomination non pas comme une charge mais comme une distinction honorifique. Leur absence met sérieusement en péril les activités des tribunaux de commerce. Il paraît urgent de mener une campagne de sensibilisation sur l'importance de la fonction de juge consulaire d'une part, et d'assurer la formation de ceux qui participent à l'activité judiciaire d'autre part.

Les règles organisant la composition des juridictions sont d'ordre public. La désaffection des juges consulaires pourrait paralyser le tribunal de commerce sans que l'on puisse y trouver une solution, sauf comme le prévoit l'ordonnance du 23 août 2004, à confier la connaissance des litiges au tribunal de première instance. Pourtant selon l'article 17 de l'ordonnance, les juges consulaires sont astreints à une obligation d'assiduité et peuvent encourir des sanctions allant de l'avertissement à la révocation.

Cette dernière sanction peut également être prononcée en cas de violation du serment sans préjudice d'éventuelles sanctions pénales. Leur fonction n'est pas rétribuée mais il peut leur être alloué une indemnité de 25 000 F par vacation. Il faut observer que la proximité du juge consulaire avec les milieux professionnels dont il est issu, et auxquels il apporte sa juridiction, son expérience professionnelle, sa pratique des usages professionnels, est considérée comme de qualité par la justice commerciale. En revanche, cette

---

[194] Art. 13 de l'Ordonnance 009/PR/2004 portant organisation et fonctionnement des tribunaux de commerce.

[195] Organisation pour l'harmonisation du droit des affaires en Afrique.

[196] Cour commune de justice et d'arbitrage.

proximité peut créer une suspicion, une vulnérabilité ou une fragilité qui astreignent le juge consulaire, comme d'ailleurs le juge du corps judiciaire, non seulement à une réserve plus rigoureuse, mais également à un discernement et à un devoir de distance parfois difficiles à observer compte tenu des relations d'amitié, des liens d'affaires, des réseaux d'information ou d'influence qui constituent nécessairement la vie sociale et l'environnement professionnel. Il y a là un risque majeur de déséquilibre et de déstabilisation du juge de nature à mettre en cause son impartialité.

L'article 1er de l'ordonnance du 23 août 2004 dispose que le siège et le ressort des tribunaux de commerce sont fixés par décret pris en Conseil des ministres. En application de cette disposition, le décret n° 040/PR/MJ/2005 du 28 janvier 2005 crée des tribunaux de commerce dans les chefs-lieux des 18 régions du pays.

Mais à ce jour, seuls trois tribunaux de commerce sont fonctionnels. En attendant et selon l'article 3 de ladite ordonnance, les tribunaux de première instance demeurent compétents pour statuer en matière commerciale tant qu'un tribunal de commerce n'est pas mis en place.

2. La réforme des juridictions existantes

a. Les Cours d'appel

Selon la loi n° 004/PR/98 précitée, relative à l'organisation judiciaire, la cour d'appel est la juridiction de second degré qui comprend au moins :

-Une chambre civile et coutumière ;

-Une chambre administrative et financière ;

-Une chambre commerciale[197];

-Une chambre sociale ;

-Une chambre correctionnelle et de simple police ;

---

[197] Bien que prévue par la loi, il n'y a pas de chambre commerciale de la cour d'appel. Selon l'ordonnance du Président de la cour d'appel, quatre chambres sont formées et jugent tant en matière civile que commerciale.

-Une chambre d'accusation.

La Cour d'Appel connaît des appels des décisions rendues en premier ressort par toutes les juridictions de son ressort. Elle se compose d'un président et des conseillers qui sont affectés aux différentes chambres par ordonnance dudit président. Les arrêts sont rendus par au moins trois magistrats. En 2006, deux autres cours d'appel furent créées à Moundou et à Abéché en plus de celle de N'Djaména. Bien que prévue par la loi, la chambre administrative et financière n'est pas fonctionnelle à défaut du tribunal administratif.

Au même niveau, il y a des cours criminelles qui sont des formations non permanentes de la cour d'appel appelées à juger les crimes dont elles sont saisies conformément aux dispositions du Code de procédure pénale. La seule cour criminelle qui existe à l'heure actuelle et qui est l'émanation de la cour d'appel de N'Djaména ne tient que deux sessions par an, en dépit du nombre d'affaires criminelles en attente. Elle n'a pas de siège fixe et statue en audiences foraines, ce qui occasionne des frais de fonctionnement et de déplacement importants. La faiblesse du budget qui lui est affecté justifie le manque d'activité.

b. Les Tribunaux de Première Instance

Il est juge de droit commun quels que soient la loi et le statut des parties en cause. Il comprend:

-Une chambre civile et coutumière ;

-Une chambre administrative ;

-Une chambre correctionnelle et de simple police ;

-Une chambre pour enfants ;

-Des cabinets d'instruction.

Il se compose d'un président, des juges, des juges d'instruction et des juges pour enfants. Les juges du siège au tribunal de première instance sont répartis dans les différentes chambres par ordonnance du président. Le ministère public est représenté devant le tribunal par le procureur de la république assisté des substituts. Le tribunal de première instance connaît dans toute l'étendue de son ressort des actions civiles et coutumières :

-En premier et dernier ressort jusqu'à la valeur de 200 000 francs CFA en principal et 50 000 francs CFA de revenus mensuels ;

-En premier ressort seulement et à charge d'appel, des actions s'élevant au-dessus de ces sommes.

Cependant les décisions rendues du chef de la compétence le sont toujours à charge d'appel. Il connaît des affaires de plein contentieux administratif notamment le contentieux des contrats administratifs et des-quasi contrats ainsi que le contentieux de la responsabilité. En matière administrative, un commissaire du gouvernement expose les questions soumises au tribunal et les règles de droit applicables et fait connaître son opinion sur les solutions du litige.

Mais cette chambre administrative n'a jamais siégé depuis la promulgation de la loi du 28 mai 1998 portant organisation judiciaire. Les juges saisis par exemple en matière de contrats administratifs refusent d'enrôler les dossiers au motif que la loi précitée n'a rien prévu en matière de procédure. En effet, avant cette loi et selon l'article 2 de l'ordonnance 6-67/PR.MJ du 21 mars 1967 portant réforme de l'organisation judiciaire, c'est la cour d'appel et elle seule qui connaît en matière administrative en premier et dernier ressort:

-Des recours en annulation pour excès de pouvoir formés contre les décisions des autorités administratives ;

-Des demandes dirigées contre les collectivités publiques et les établissements publics, soit à raison des marchés conclus par eux, soit à raison des travaux qu'ils ont ordonnés, soit à raison de tous actes de leur part ayant occasionné préjudice à autrui, ainsi que contre les concessionnaires ou entrepreneurs de travaux publics à raison de dommages causés par eux à des tiers à l'occasion de l'exécution desdits travaux ;

-Des litiges relatifs à l'assiette, au taux ou au recouvrement des impositions de toutes natures ;

-Des litiges portant sur les avantages pécuniaires ou statutaires reconnus aux fonctionnaires et agents des diverses administrations.

En application de ces dispositions, intervient l'ordonnance 26-67PR.MJ du 19 août 1967 déterminant la procédure à suivre devant la chambre administrative et financière de la cour d'appel. C'est cette chambre administrative et financière de la cour d'appel qui avait la compétence exclusive pour statuer sur tout litige administratif.

Or la loi n° 006/PR/98 portant organisation et fonctionnement de la cour suprême cite limitativement les matières dont peut connaître en premier et dernier ressort la chambre administrative de cette cour :

-Des recours pour excès de pouvoir contre les actes réglementaires de portée générale ou individuelle ;

-Des litiges relatifs aux avantages pécuniaires ou statutaires des fonctionnaires;

-Des recours en interprétation et recours en appréciation de la légalité des actes dont le contentieux relève de la chambre.

L'article 150 de cette loi abroge les dispositions antérieures contraires sans viser expressément l'ordonnance du 19 août 1967 relative à la procédure. Et la loi n° 004/PR/98 portant organisation judiciaire qui définit pourtant les compétences des chambres administratives du tribunal de première instance et des cours d'appel reste muette sur la procédure à suivre devant ces juridictions. En conséquence, plusieurs requêtes déposées contre les collectivités publiques et les établissements publics à raison des marchés et autres contrats administratifs ne sont pas enrôlées par les tribunaux au seul motif qu'il y a un vide juridique en matière procédurale. Et le ministère de la justice ne fournit aucun effort pour combler ce vide juridique. C'est un véritable déni de justice que subissent les justiciables dont les banques[198].

En matière répressive, le tribunal de première instance est compétent pour statuer sur les demandes tendant à rendre l'Etat ou une autre collectivité publique responsable du fait de ses agents ou préposés. La responsabilité de la personne morale de droit public est à l'égard des victimes, substituée à celle de son agent ou préposé, auteur des dommages causés dans ou à l'occasion de l'exercice de ses fonctions. Le tribunal de première instance est juge correctionnel et de simple police.

A l'instar de la cour d'appel, le tribunal saisi par voie d'incident, a compétence pour interpréter les actes administratifs de quelque nature qu'ils soient et pour apprécier la légalité, lorsque, de cet examen dépend la solution du procès qui lui est soumis. Selon l'article 26 de la loi, le tribunal de première instance doit siéger en formation collégiale, soit deux juges et le président. Mais à ce jour, seuls les tribunaux de N'Djaména et de Moundou pratiquent la collégialité, les autres tribunaux continuent à siéger à juge unique. Le pays compte quatorze tribunaux de première instance auxquels s'ajoutent six sections de

[198] Cependant aucune action en responsabilité de l'Etat n'a été engagée par ces justiciables du chef de ces dénis de justice.

tribunal de même compétence. Le ressort de chacune de ces juridictions correspond à l'ancien découpage administratif[199].

c. Le Tribunal du Travail et de la Sécurité Sociale

Le tribunal du travail et de la sécurité sociale connaît des différends individuels entre les travailleurs et leurs employeurs à l'occasion du contrat de travail, du contrat d'apprentissage, des conventions collectives, des conditions de travail, d'hygiène et de sécurité, des contestations en matière d'élection des délégués du personnel et régime de protection sociale[200]. Le pays entier ne compte que cinq tribunaux du travail.

Ce sont des juridictions spécialisées qui fonctionnent sur le mode de l'échevinage (un juge président assisté de deux ou quatre assesseurs issus du monde du travail, représentant à parité les employeurs et les salariés. Ils ne connaissent pratiquement pas de contentieux de la sécurité sociale en dépit de leur appellation. Ils ne statuent donc qu'en droit du travail.

Les tribunaux du travail font partie des juridictions qui n'hésitent pas à prononcer de lourdes condamnations au profit des employés dans les litiges les opposant à leurs employeurs notamment les banques ; ce que ces derniers qualifient de « délit de solvabilité ».

d. Les justices de paix

A côté des tribunaux de première instance, 26 justices de paix présidées par un seul juge assisté d'un greffier sont réparties dans les sous-préfectures. Selon la loi portant organisation judiciaire, une justice de paix devrait être établie dans chaque arrondissement de la ville de N'Djaména et dans chaque sous-préfecture où n'a pas été créé de tribunal de première instance ou de section de tribunal ainsi que dans certains postes administratifs.

---

[199] Mais le projet de loi portant organisation judiciaire tenant compte de la politique du Gouvernement en matière de décentralisation prévoit la création de 18 tribunaux de grande instance et supprime les tribunaux de première instance ainsi que les sections des tribunaux.

[200] Art. 1er de la loi 038/PR/96 du 11 décembre 1996 portant Code du travail.

La justice de paix est compétente en matière civile, correctionnelle et de simple police mais de manière limitative. En matière civile, elle connaît en premier et dernier ressort des demandes appréciables en argent jusqu'à la valeur de 70 000 francs CFA en principal et 8 000 francs de revenus mensuels. Elle juge à charge d'appel au-dessus de ces sommes et connaît également des demandes non appréciables en argent à l'exception des actions suivantes :

-Droits réels sur les immeubles immatriculés ;

-Régime des privilèges et des hypothèques ;

-Législations sur les sociétés.

Saisie toujours par voie de requête, le juge de paix privilégie la conciliation préalable. Il s'efforce toujours de parvenir à la conciliation. S'il y réussit, il dresse un procès-verbal signé de lui et des parties et qui a force exécutoire. En matière correctionnelle, les justices de paix connaissent des infractions limitativement énumérées par l'article 49 de la loi[201]. Elles statuent également sur des infractions prévues par les lois spéciales à l'exception des matières suivantes :

-Loi sur la presse ;

-Législation économique et fiscale ;

-Législation des changes.

A ces imperfections s'ajoute l'inefficacité des règles procédurales.

§2. L'INEFFICACITE DES REGLES PROCEDURALES

Les divers codes de procédure sont vétustes et donc inadaptés au fonctionnement d'une juridiction moderne. Un projet de nouveau Code de procédure civile lequel comporte beaucoup d'imperfections : initié depuis 1998, il n'a pas jusqu'à ce jour pas vu le jour. Il en est de même des autres codes dont les projets sont toujours à l'étude.

[201] Il s'agit de l'atteinte à l'autorité de l'Etat, des atteintes aux personnes et aux biens ainsi que des atteintes et entraves aux libertés publiques, à la paix et à la tranquillité publique.

A. Les divers codes de procédure et leur inefficacité

Il s'agit des Codes de procédures civile et pénale, du Code de commerce et du Code du travail dont seuls les deux derniers sont d'adoption récente. En général, ces règles de procédure ne sont pas adaptées au bon fonctionnement d'une justice moderne.

1. Les divers codes de procédure

a. Le Code de Procédure Civile

Rédigé en 379 articles[202], il définit la procédure devant les tribunaux et la Cour, l'exécution des jugements et certaines procédures particulières. Il comporte de nombreuses imperfections et constitue l'une des causes principales du dysfonctionnement de la justice. La procédure est lourde et coûteuse. La conciliation est obligatoire. Les tribunaux sont saisis rarement par voie de citation. La saisine par requête écrite est la plus usitée. L'assignation est purement ignorée. La mise en état des dossiers se fait à l'audience à défaut de juge de la mise en état. Les renvois sont non seulement nombreux mais prononcés à des dates très lointaines. Les voies de recours sont exercées de manière abusive. Les pourvois ne sont permis que contre les jugements rendus en dernier ressort par les tribunaux et justices de paix à défaut de Cour suprême.

b. Le Code de Procédure Pénale

Il a été institué par l'ordonnance n°13-PR-MJ du 9 juin 1967. Selon l'article 1er de cette ordonnance, les règles applicables à la poursuite des crimes, délits et contraventions sont, sauf dispositions contraires expresses, celles du code de procédure pénale, annexé à la présente ordonnance. Elle abroge plusieurs textes antérieurs dont :

---

202 Le Code de procédure civile a fait l'objet de l'ordonnance n°18-67/PR-MJ du 28 juillet 1967 portant promulgation partielle d'un Code de procédure civile.

-Le code d'instruction criminelle rendu applicable par décret du 28 septembre 1897 ;

-Les articles 17 et 20 du décret du 30 novembre 1928 instituant les juridictions spéciales pour les mineurs ;

-Les articles 32 et 38 à 54 du décret du 27 novembre 1947 réorganisant la justice de droit français en A.E.F. ;

-L'ordonnance n° 01 du 17 mars 1961 portant réorganisation de la Cour Criminelle et la loi de ratification n°29 du 19 mai 1961 ;

-L'ordonnance n° 47 du 15 octobre 1966 et le décret n°216 du 15 octobre 1966 sur le recouvrement des condamnations pécuniaires ;

-La loi n°08 du 24 décembre 1966 ainsi que celle du 20 février 1967 relative à la procédure contre les membres du Gouvernement et à l'audition comme témoins de certaines hautes personnalités.

Ce code définit la procédure des enquêtes, l'instruction préparatoire, fixe les règles d'exercice des actions civile et pénale, des jugements des crimes, délits et contraventions. Il détermine également les règles et procédures relatives à certaines procédures spéciales notamment les poursuites des mineurs, les poursuites contre les membres du Gouvernement, les magistrats et certains fonctionnaires, les infractions commises à l'audience, les crimes et délits commis à l'étranger, de l'extradition et du faux. Il est loin d'être un code permettant la poursuite efficace des infractions compte tenu de son archaïsme. De plus le pourvoi en cassation n'est pas prévu[203].

c. Le Code du Travail et de la Prévoyance Sociale

La loi 7/66 du 4 mars 1966 régissait le droit du travail et de la prévoyance sociale jusqu'en 1996, date à laquelle sous la pression des syndicats, le Gouvernement se vit obligé d'adopter un nouveau Code du travail. La loi du 4 mars précitée avait le mérite de régir tout le droit social y compris la sécurité sociale. Des 458 articles, 297 étaient consacrés à l'administration du travail, aux conditions du travail, à l'hygiène et au service médical ; les 261 autres articles régissaient les prestations familiales ainsi que le régime des accidents du travail et des maladies professionnelles.

[203] Le recours en révision est cependant permis.

Mais le code prévoyait pour son application plusieurs décrets et autres textes réglementaires dont beaucoup n'ont jamais vu le jour.

Les prestations familiales sont très mal assurées et les accidenté du travail mal indemnisés. Le code même dans son ensemble n'était pas bien appliqué. Le patronat se plaint des condamnations abusives que subissent les sociétés. Les syndicats et les autres forces sociales estiment que le salarié est insuffisamment protégé. C'est pourquoi il fallait le modifier. Mais en fait de modification, c'est un texte tout à fait nouveau qui a été adopté le 11 décembre 1996 par une loi n° 038/PR/96 portant Code du Travail.

Le nouveau code semble plus protecteur du salarié. En effet la rédaction des procédures de licenciement tant pour les motifs personnels que les motifs économiques est des plus pointilleuses. Il en est de même de la protection de ce dernier et du statut des syndicats. Mais à l'instar de l'ancien code, le nouveau prévoit des textes réglementaires d'application qui n'ont jusque-là pas été adoptés. Il renvoie toujours à la loi 7/66 pour ce qui est de la sécurité sociale.

d. La procédure administrative

Avant la réforme judiciaire de 1998, la matière administrative était régie par un seul texte, l'ordonnance 26-27/PR.MJ du 19 août 1967 laquelle déterminait la procédure à suivre devant la chambre administrative et financière de la cour d'appel. En effet, la chambre administrative et financière de l'unique cour d'appel de N'Djaména jugeait en premier et dernier ressort en matière administrative.

Elle pouvait être saisie par voie de recours contre une décision expresse ou implicite de l'administration ou des organismes mis en cause[204]. Il y a décision implicite quand l'administration a laissé une réclamation sans réponse pendant plus de quatre mois. La date de la réclamation peut être établie par tout moyen. Il doit en être justifié au moment de l'introduction du recours. Selon l'article 3 de l'ordonnance, le délai du recours est de trois mois, à moins qu'il n'en ait été prévu de spéciaux par des dispositions législatives particulières. Ce délai court du jour de la publication ou de la notification de la décision, si elle est expresse, du jour de l'expiration du délai de quatre mois, si elle est implicite. Toutefois, en matière de plein contentieux, toute décision expresse intervenant

---

[204] Art. 1er de ladite ordonnance.

postérieurement à l'expiration du délai de quatre mois fait de nouveau courir le délai du recours.

Par la loi n° 004/PR/98 du 28 mai 1998 portant organisation judiciaire, des juridictions administratives ont été créées. Il s'agit de la chambre administrative de la cour suprême, de la chambre administrative et financière de la cour d'appel et de la chambre administrative du tribunal de première instance.

Si au niveau de la cour suprême, quelques articles épars décrivent la procédure à suivre devant la chambre administrative, les textes restent muets sur les procédures devant la cour d'appel et le tribunal de première instance. Il n'y a pas de Code administratif. D'ailleurs, depuis la mise en application des nouvelles lois sur l'organisation judiciaire, la chambre administrative et financière de la cour d'appel a cessé de fonctionner pendant plusieurs années avant de reprendre les audiences après maintes tergiversations et sur intervention de la chancellerie. Quant à la chambre administrative du Tribunal de première instance, elle n'a jamais fonctionné puisqu'aucune ordonnance du président n'a désigné des juges devant siéger dans cette chambre. Et tout ceci aux motifs qu'aucune législation n'est intervenue relativement à la procédure concernant ces juridictions. Ce dysfonctionnement résulte non seulement de l'absence d'une législation appropriée mais de l'objet des compétences attribuées à la chambre administrative de la cour suprême. En effet, selon les articles 69 à 72 de la loi 006/PR/98 du 7 août 1998 portant organisation et fonctionnement de la cour suprême, la section contentieuse de la cour suprême est le juge de droit commun de toutes les décisions rendues en dernier ressort par les tribunaux administratifs de la République[205]. Elle connaît des recours en cassation dirigés contre des décisions en dernier ressort par les organismes administratifs à caractère juridictionnel.

2. Carences et inefficacités des procédures

a. Les règles processuelles

Le défaut d'exécution par le débiteur de ses obligations, notamment le non remboursement de la dette oblige le banquier à ester en justice pour faire valoir ses droits. Mais avant cette saisine, toutes les voies amiables de recouvrement

[205] Pourtant il n'existe pas selon cette même loi des tribunaux administratifs mais des chambres administratives des tribunaux de première instance.

sont envisagées dont les convocations du client par le gestionnaire de son compte et à défaut les visites domiciliaires, l'abandon d'un certain montant d'agios, la consolidation du prêt en accord avec le client, etc... Tout incident de remboursement fait l'objet d'un rappel au débiteur avec copie à son avaliste le cas échéant.

Si l'incident persiste, le banquier envoie successivement et concomitamment deux lettres de rappel à ces derniers. Avant de saisir la justice, il envoie aux deux co-obligés une lettre de mise en demeure, par lettre recommandée avec accusé de réception ou par exploit d'huissier. La mise en demeure faisant courir les intérêts de droit, la banque arrête le calcul des intérêts conventionnels surtout si elle envisage par la suite de saisir les tribunaux à compter de son envoi.

Selon l'article 41 du Code de procédure civile, les actions sont introduites par le dépôt au greffe de la juridiction, soit d'une requête, soit d'un exploit de citation. Cet exploit de citation n'est autre qu'une assignation. Ainsi, bien que la loi le prévoit expressément, les tribunaux tchadiens ont toujours rechigné à accueillir les actions en justice par voie d'assignation. Ainsi donc la banque, s'il n'est question que d'une action en paiement de créances, d'intérêts de droit et de dommages et intérêts avec transformation de l'hypothèque conventionnelle en hypothèque judiciaire, est contrainte d'attraire son débiteur en justice par voie de requête en paiement. Outre les exigences des articles 42 et 43 du code de procédure précité à savoir la justification de la qualité, d'élection de domicile et de copies, la banque joint à sa requête les pièces suivantes :

-Le contrat de prêt ;

-Les pièces d'état civil du client ;

-Le tableau d'amortissement du prêt ;

-Les dernières correspondances du client ;

-Les lettres de rappel adressées au client et à son avaliste ;

-La lettre de mise en demeure ;

-Le décompte des agios et les modalités de leurs calculs ;

-Les divers relevés de compte ;

-Les pièces justificatives des garanties ;

-etc...

Après l'enregistrement de la requête, et alors que la loi ne le prescrit pas expressément, le président du tribunal procède obligatoirement à une tentative de conciliation[206]. Généralement, le débiteur ne comparaît pas ou s'il comparaît c'est pour contester le montant de ce qui lui est réclamé. Dans 95% des cas, c'est la non-conciliation qui est prononcée. Il appartient encore à la banque requérante de faire enrôler son dossier en tenant entre les mains du greffier en chef du tribunal une provision de 10 000 francs CFA à titre de consignation et représentant une avance sur les frais de procédure et les droits d'enregistrement.

Le dossier enrôlé en audience publique peut subir plusieurs renvois pour les convocations et citation du défendeur ou pour le dépôt de ses conclusions. Et comme ce dernier ne va pas comparaître, c'est une décision par défaut qui va être prise contre lui. Des rares fois où il comparaît, c'est encore pour solliciter un autre renvoi pour constituer un conseil, lequel après avoir sollicité d'autres renvois va s'évertuer à contester le quantum de la créance. Mais dans la majorité des cas, il n'est pas suivi par les juges. Le tribunal accorde intégralement à la banque les sommes objet de sa requête et ces condamnations sont parfois assorties de l'exécution provisoire.

Mais alors se pose le problème de l'usage abusif des voies de recours. Alors que ce défendeur ou son conseil n'ont aucun moyen sérieux à opposer contre cette décision du tribunal, il va interjeter appel contre le jugement à des fins purement dilatoires. Puisqu'il ne va pas se préoccuper de la mise en état du dossier par le greffe du tribunal et surtout de payer la provision d'appel. Il revient encore à la banque de se substituer à lui pour lever l'expédition du jugement, régler la provision d'appel et surtout accélérer la mise en état du dossier par le greffe du tribunal. Or concernant cette provision d'appel et si on applique rigoureusement la loi, le non-versement devrait en principe rendre cet appel sans objet ou inexistant. En effet, selon l'article 200 du Code de procédure civile, au moment du dépôt de la requête d'appel, l'appelant doit consigner au greffe une provision destinée à couvrir les frais d'appel. Les greffiers subordonnant la mise en état du dossier au versement de la provision d'appel en interprétant maladroitement la disposition précitée, le dossier peut ne connaître aucune évolution des mois voire des années si la banque ne verse pas elle-même cette provision[207].

Presque le même scénario va se répéter à la cour d'appel. Une fois le dossier enrôlé par cette juridiction, l'appelant qui devrait produire ses conclusions

---

[206] En effet, selon les articles 59 et 60 du Code de procédure civile, le président du tribunal peut, après avoir demandé aux parties les précisions et éclaircissements nécessaires, tenter de les concilier.

[207] Puisque la loi ne prévoit pas la péremption ni la caducité de l'appel.

pour soutenir ses moyens d'appel ne comparaît même pas ou s'il le fait, c'est encore pour solliciter de renvoi. Et si la cour n'est pas vigilante, ce renvoi peut être obtenu deux voire plusieurs fois. Ce n'est qu'après plusieurs mois de procédure que l'arrêt sera rendu et s'il l'est par défaut, il faut encore attendre plusieurs autres mois compte tenu des notifications, convocations, citations, des provisions à compléter et d'autres demandes de renvoi pour voir rendre un arrêt contradictoire pour pouvoir procéder à l'exécution forcée.

b. les procédures de recouvrement et certaines saisies

Le droit OHADA a mis à la disposition des justiciables dont les banques une procédure rapide pour recouvrer leurs créances : l'injonction de payer et certaines saisies. Mais si ces procédures paraissent rapides, la faculté qui est laissée aux débiteurs saisis d'attaquer les décisions par des voies de recours de droit commun laisse persister les risques de lenteur judiciaire.

1°. La procédure d'injonction de payer

Les articles 337 à 344 du Code de procédure civile permettaient le recouvrement rapide de créances. Ainsi aux termes de l'article 337 précité, toute créance qui n'excède pas 150 000 francs CFA en principal et qui a pour cause un contrat commercial, toute créance résultant d'une lettre de change acceptée ou d'un billet à ordre peut faire l'objet d'une procédure de recouvrement sur simple injonction de payer. La même procédure peut être utilisée pour le recouvrement de toute créance civile ayant une cause contractuelle et n'excédant pas 35 000 francs CFA.

Le créancier présente la requête à fin d'injonction de payer au président du tribunal du domicile du débiteur nonobstant toute clause attributive de compétence. L'article 338 précise qu'aucune injonction de payer ne sera accordée si elle doit être exécutée à l'étranger ou si le débiteur n'a ni domicile ni résidence connue au Tchad.

Si la requête paraît justifiée, le président du tribunal, par ordonnance placée au pied de celle-ci, autorise la signification d'une injonction de payer. Le greffier ou l'agent d'exécution notifie cette ordonnance au débiteur.

Cette notification contient sommation de s'acquitter dans le délai d'un mois et avertissement que si le débiteur entend formuler une contestation, il doit dans le même délai d'un mois, à peine de déchéance, adresser son contredit au greffe. A défaut de contredit et sur requête du créancier l'ordonnance est revêtue de la formule exécutoire. L'injonction produit alors les effets d'un jugement contradictoire et n'est plus susceptible d'appel. S'il y a contredit, le tribunal statue, les parties entendues ou dûment convoquées par lettre recommandée avec accusé de réception. En cas de rejet du contredit, l'ordonnance est revêtue de la formule exécutoire et produit les effets d'une décision qui a acquis autorité de la chose jugée.

Mais cette procédure n'a presque pas été utilisée par les banques et même les particuliers compte tenu de la limitation de la créance à 35 000 et 150 000 francs CFA. C'est pourquoi elle a été préférée à la procédure d'injonction de payer résultant de l'acte uniforme OHADA portant recouvrement simplifié et voies d'exécution[208].

2°. La procédure de saisie conservatoire

Avant l'entrée en vigueur de l'acte uniforme OHADA portant recouvrement simplifié et voies d'exécution, la procédure de saisie conservatoire prescrite par le Code de procédure civile permettait aux banques de recouvrer rapidement leur créance.

Ainsi aux termes de l'article 263 du Code de procédure civile, le créancier justifiant d'une créance qui paraît certaine dans son principe, peut être autorisé, s'il y a urgence et si le recouvrement paraît en péril, à saisir à titre conservatoire les meubles corporels appartenant à son débiteur.

Le créancier adresse au président du tribunal de première instance du domicile du débiteur ou de la situation des biens à saisir une requête au pied de laquelle il est répondu par une ordonnance. Cette ordonnance contient l'indication de la somme pour laquelle la saisie est autorisée et fixe un délai pour former l'action en validation de cette saisie ou la demande au fond. Elle est toujours rendue à charge d'en référer au magistrat toute difficulté. Elle est cependant exécutoire sur minute, nonobstant opposition ou appel.

La loi[209] détermine la liste des biens qui ne peuvent faire l'objet des saisies. Ce sont :

---

[208] Cf. ch. 1er du titre II, IIème partie intitulée « l'OHADA et l'uniformisation générale du droit des affaires ».
[209] Art. 247 du Code de procédure civile.

-Les choses que la loi ou la coutume déclarent insaisissables ;

-Les objets que la loi déclare immeubles par destination ;

-Les objets nécessaires au coucher des saisis et de leurs enfants habitant avec eux, les vêtements dont ils sont couverts ;

-Les équipements des militaires, suivant l'ordonnance et le grade ;

-Les outils des artisans, deux animaux de trait, les instruments agricoles, les semences et plantes servant à l'exploitation du fond de culture ;

-Les provisions alimentaires nécessaires à la famille du saisi pendant un mois;

-Une chamelle ou deux vaches ou deux chèvres ou trois brebis au choix du saisi ;

-Les objets nécessaires à l'accomplissement des devoirs religieux.

Selon l'article 246, il ne peut être procédé à la saisie si l'on ne peut attendre de la vente des objets saisis un produit supérieur au montant des frais de l'exécution. Cette saisie doit être limitée à ce qui est nécessaire pour désintéresser le créancier et couvrir les frais d'exécution.

Cependant, l'article 253 permet à la personne qui prétend d'un droit sur les objets saisis d'en demander la distraction au tribunal du lieu ou s'il est gagiste, de requérir son paiement à son tour de préférence, dans la distribution du prix.

Quant au saisi, il peut demander mainlevée, réduction ou cantonnement de la saisie[210]. A défaut de contestation dans le mois de la saisie (demande de mainlevée, de réduction ou de cantonnement), le créancier saisit le président de la juridiction d'une requête en validation de la saisie pratiquée. Le jugement de validation devenu définitif permet au créancier de vendre les objets saisis en remboursement de sa créance.

A. Le projet de nouveau code de procédure civile

Convaincu de l'inadéquation du Code de procédure civile, le ministère de la justice a initié depuis 1998 un nouveau projet de Code de procédure civile mais qui malheureusement n'a pas été adopté jusqu'à ce jour.

---

[210] Art. 269 du Code de procédure civile.

1. Des progrès appréciables

a. L'assignation

C'est un acte de procédure adressé par le demandeur au défendeur par l'intermédiaire d'un huissier de justice, pour l'inviter à comparaître devant une juridiction de l'ordre judiciaire. Il vaut conclusions devant le tribunal de grande instance. Devant les tribunaux d'instance, c'est le terme citation qui est utilisé. A ce titre, le Code de procédure civile consacre un paragraphe de plusieurs articles. Curieusement les tribunaux ne sont saisis que des requêtes introductives d'instance.

Le projet de nouveau code a le mérite non seulement de la définir mais d'y consacrer plusieurs articles. En effet selon l'article 104 du projet, l'assignation est l'acte d'huissier par lequel le demandeur cite son adversaire à comparaître devant le juge. Et selon l'article 103 alinéa 2, la demande principale est toujours formée par assignation ou par requête conjointe au greffe de la juridiction, sous réserve des cas où l'instance est introduite par requête ou par la présentation volontaire des parties devant le juge.

b. La péremption d'instance

En matière procédurale, elle permet à l'adversaire de faire prononcer l'extinction du lien d'instance quand le demandeur a laissé passer un délai de deux ans sans poursuivre la procédure. Et en matière de jugements rendus par défaut ou réputés contradictoires, elle leur fait perdre d'effets lorsqu'ils ne sont pas signifiés dans les six mois de leur prononcé. Selon l'article 3 du projet, elle est de trois ans. Mais le projet reste muet sur la péremption des jugements réputés contradictoires ou rendus par défaut.

c. La caducité de l'appel

La caducité est l'extinction du lien d'instance qui est déclarée d'office lorsque les parties n'ont pas saisi le tribunal de grande instance dans les quatre mois de l'assignation et la cour d'appel dans les deux mois de l'acte d'appel. Dans le Code de procédure civile actuellement en vigueur au Tchad, cette faculté n'est pas offerte aux plaideurs en l'absence de réglementation. Les requêtes enregistrées traînent des mois voire des années sans être enrôlées. Les cours d'appel peuvent être saisies plusieurs mois après la formalisation de l'appel pour défaut de paiement de provision d'appel ou de paiement tardif. En prévoyant la caducité de l'appel, le législateur améliore considérablement l'accès à la justice.

d. Le juge de la mise en état

Dans les affaires portées devant les tribunaux de droit commun, le juge de la mise en état est celui désigné par le président de la juridiction lors de la mise d'une affaire au rôle. C'est lui qui convoque les parties, exige le dépôt des conclusions dans les délais qu'il fixe lui-même, statue sur certains incidents et veille à la communication des pièces. Il prononce l'ordonnance de clôture lorsque l'affaire est en état.

Ce rôle actuellement est dévolu au président du tribunal de première instance qui y procède par renvois des dossiers avec des délais extrêmement longs. C'est pourquoi dans le projet de Code de procédure civile, une section importante est consacrée à la mise en état des causes[211], ce qui permet la célérité des procédures, le principe du contradictoire et évite le dilatoire.

e. Le taux d'intérêt légal

Selon l'article 430 du projet de code, le taux de l'intérêt légal est fixé en toute matière pour la durée de l'année civile. Il est, pour l'année considérée, égal au taux d'escompte pratiqué par la B.E.A.C.[212] le 15 décembre de l'année précédente. Si le taux d'escompte au 15 juin de l'année considérée est différent de trois points ou davantage, de celui pratiqué le 15 décembre précédent, le taux d'intérêt légal est égal pour les 6 derniers mois de l'année au nouveau taux d'escompte. En cas de condamnation, le taux de l'intérêt légal est majoré de cinq points à l'expiration d'un délai de deux mois à compter du jour où la décision de justice est devenue exécutoire, fut-ce par provision. Si

[211] Art. 461 et ss du projet de loi portant Code de procédure civile

[212] Banque des Etats de l'Afrique Centrale communément appelée Banque Centrale.

la condamnation est confirmée en appel, le taux majoré de l'intérêt légal s'applique à compter de la décision de première instance.

L'application du taux de l'intérêt légal n'était nulle part prévue dans les codes de procédure en vigueur, ce qui constituait pour les bénéficiaires des décisions de condamnation à des sommes d'argent.

f. Les jugements réputés contradictoires

Le jugement est réputé contradictoire quand le demandeur ou le défendeur a refusé de conclure, ou encore le défendeur qui n'a pas comparu a été assigné à personne ou a été régulièrement convoqué, ou encore si le jugement est insusceptible d'appel. Le code de procédure en vigueur ne connaît pas de décisions réputées contradictoires[213] contrairement au projet de nouveau Code de procédure civile. En effet, selon l'article 378, le juge statue par jugement réputé contradictoire :

-Si le défendeur, cité à personne, ne comparaît pas ;

-Si, après avoir comparu, l'une des parties s'abstient d'accomplir les actes de la procédure dans les délais requis.

Dans nos prétoires où les manœuvres dilatoires sont légion, de telles procédures permettront l'issue rapide des dossiers.

2. Des incertitudes et insuffisances

a. La forme des pourvois et des appels

1°. Les appels

Selon l'article 195 du Code de procédure civile, le délai pour interjeter appel est de deux mois et court de la date du prononcé si la décision est contradictoire et de la date d'expiration du délai d'opposition si elle est par défaut. En la forme, il se fait par déclaration écrite ou verbale reçue et

---

[213] Sauf en matière pénale par le Code de procédure pénale.

enregistrée au greffe de la juridiction qui a statué. Le projet de nouveau code de procédure introduit une innovation très importante.

En effet, selon les articles 491 et suivants, les jugements doivent être notifiés selon les formes prévues par la loi. L'acte de notification doit indiquer de manière très apparente et à peine de nullité le délai d'opposition, d'appel ou de pourvoi en cassation dans le cas où l'une de ces voies de recours est ouverte, ainsi que les modalités selon lesquelles le recours doit être exercé. Curieusement et c'est un net recul, l'article 526 mentionne que le délai d'appel de deux mois court à compter du prononcé de la décision si celle-ci est contradictoire et à compter de la notification pour les décisions réputées contradictoires et par défaut.

Pourquoi alors imposer une signification d'une décision selon les formes prescrites avec indication des voies de recours et autoriser l'appel à dater du prononcé sans signification préalable. Dans les codes de procédure modernes, seule la signification d'une décision fait courir le délai de recours. Les rédacteurs de l'avant-projet doivent par conséquent revoir leur copie sur ce point.

2°. Les pourvois

Le projet de code ne consacre qu'une vingtaine d'articles au pourvoi en cassation. Il reste muet sur les formes et délais du pourvoi. Il est vrai que la loi n° 006/PR/98 fixe quelques règles d'organisation et de fonctionnement de la cour suprême mais une réglementation minutieuse s'impose en matière processuelle. Cette loi offre la possibilité à toute partie de former un pourvoi sans formalité et sans signification préalable de la décision à attaquer. N'est-il pas en France le monopole exclusif des avocats au Conseil d'Etat et à la Cour de cassation ? Il y a même un recul en la matière car l'article 218 du code de procédure en vigueur confie le monopole du pourvoi aux avocats. Les pourvois doivent être formés par ministère d'avocat selon la forme préétablie et après signification de la décision incriminée.

b. L'enregistrement des décisions

Il faut noter également que le projet de code ne consacre aucune disposition sur l'enregistrement des jugements et arrêts. Les greffes des juridictions conditionnent la délivrance des expéditions des décisions frappées d'appel et leur mise en état pour être transmises à la cour d'appel à l'enregistrement desdites décisions à la Direction de l'Enregistrement, des Domaines, du Timbre et de la Conservation Foncière[214].

Cela pénalise les plaideurs quand la partie ayant succombé refuse de faire diligence. Le plaideur qui a fait l'avance des frais subit un préjudice financier en cas d'infirmation de la décision enregistrée. Le droit fiscal n'impose que l'enregistrement des décisions ayant acquis autorité de la chose jugée. Il convient de prévoir expressément dans le code que sauf pour celles assorties de l'exécution provisoire, seules les décisions passées en force de chose jugée seront enregistrées aux Domaines.

c. L'arbitrage

L'arbitrage est une procédure de règlement des litiges par recours à une ou plusieurs personnes privées (en nombre impair) appelées arbitres, parfois même par recours à un juge d'Etat déclaré amiable compositeur par les plaideurs. Le Code de procédure civile en vigueur ne définit pas l'arbitrage mais fixe quelques règles pour en déterminer le contour[215]. Selon l'article 370 du projet, sur toutes les questions qui ne concernent pas l'ordre public et ne mettent pas en cause l'état et la capacité des personnes, les parties peuvent convenir de s'en remettre à la décision d'un arbitre.

Il n'est évoqué que le compromis mais non la clause compromissoire. Les articles 372 à 374 fixent la désignation des arbitres, les articles 375 à 378 la manière de procéder des arbitres et l'article 379, donnent le pouvoir d'homologation de la sentence arbitrale par le président du tribunal de première instance.

d. Le sursis à exécution

Le projet de code ne le prévoit pas expressément mais y consacre quelques articles sous le chapitre de l'exécution provisoire. L'article 408 lui préfère le vocable de défense à exécution. Selon l'article 407, l'exécution provisoire peut être arrêtée par le président de la cour d'appel statuant en référé si elle de

[214] Communément appelée Direction des Domaines.
[215] Seulement dix articles consacrés à l'arbitrage.

nature à entraîner des conséquences manifestement excessives et si elle est interdite par la loi ou si elle a été ordonnée hors les cas prévus par la loi.

Le sursis à exécution n'a jamais été formellement prévu dans le Code de procédure civile actuellement en vigueur mais depuis 1997 le plaideur tchadien en fait un usage inconsidéré voire abusif[216]. Cette attitude se comprend ces derniers temps car les décisions iniques sont légion.

La faculté d'ordonner le sursis à exécution étant accordée au premier président de la cour d'appel contre les jugements frappés d'appel, il convient de prévoir cette possibilité au premier président de la cour suprême pour les arrêts de la cour d'appel frappés de pourvoi. En effet, nulle part dans le projet de code, il n'est fait mention du sursis à exécution à exercer contre les décisions des juges du second degré frappées de pourvoi.

e. Le contredit

Il s'agit d'un terme réservé aux cas particuliers dans lesquels il est employé par la loi et correspond à une voie spécifique qui tend moins à remettre en discussion une question litigieuse qu'à s'opposer à une décision qui est soumise à une procédure plus simple que la procédure ordinaire des voies de recours. Il en est ainsi des contestations soulevées contre l'existence ou contre le rang d'une créance dans le règlement provisoire d'un ordre judiciaire ou d'une distribution par contribution ; ou de celles élevées par le débiteur contre l'ordonnance d'injonction de payer accordée au créancier sur sa demande par le juge. Il s'agit en fait d'une réclamation élevée contre une décision judiciaire par une personne à qui elle nuit. Dans une optique purement processuelle, le contredit de compétence est une procédure par laquelle une partie défère à la cour d'appel la décision rendue par la juridiction de premier degré sur sa propre compétence.

Le projet de code ne prévoit pas cette procédure alors que les décisions sur la compétence sont nombreuses et sont souvent anéanties par la cour d'appel ou par la cour suprême.

---

[216] Le fondement de cette saisine se trouve à l'article 160 du Code de procédure civile selon lequel le président de la juridiction de première instance a compétence pour ordonner toutes mesures urgentes, lorsqu'aucune juridiction ne se trouve saisie et pour statuer provisoirement sur les difficultés relatives à l'exécution d'un titre exécutoire ou d'un jugement.

f. Les procédures civiles d'exécution

On les appelle également les voies d'exécution. Ce sont des moyens par lesquels avec le concours de l'autorité publique, une personne peut obtenir l'exécution forcée des engagements pris envers lui, spécialement contraindre celui qui a été condamné ou s'est engagé dans certaines formes à satisfaire à ses obligations. Alors que le Code de procédure civile en vigueur consacre plus de 100 articles[217], aucun article du projet de texte n'y fait allusion.

En effet, le code en vigueur réglemente dans les détails la saisie-exécution, la saisie des récoltes sur pied, la saisie-conservatoire, la saisie-revendication, la saisie-gagerie, la saisie-arrêt, la saisie immobilière, la distribution du prix, la contrainte par corps et le recouvrement de certaines créances[218]. Nous savons que les procédures simplifiées de recouvrement et les voies d'exécution font l'objet de l'acte uniforme OHADA mais le Tchad doit à l'instar des autres Etats disposer d'une panoplie de textes procéduraux propres sans pour autant négliger les préoccupations de l'OHADA.

Ceci lui permettra d'ailleurs à l'avenir d'éviter un vide juridique en cas de remise en cause du Traité OHADA et de ses actes uniformes. Les dysfonctionnements observés dans l'appareil judiciaire ne sont pas seulement le fait de l'obsolescence des règles procédurales et de l'organisation des juridictions ; c'est aussi et surtout le fait des carences et autres manquements du corps judiciaire dont les magistrats et les auxiliaires de justice.

Section 2. Les institutions judiciaires

Les institutions judiciaires concernent les corps des magistrats et des auxiliaires de justice. Comme les autres corps de la fonction publique, les magistrats tchadiens éprouvent beaucoup de difficultés dans l'exercice de leur fonction. Il en est de même des auxiliaires de justice dont les problèmes se situent au niveau de la formation et de la déontologie. Bien entendu ces défaillances sont la cause entre autres de l'éclosion des justices parallèles.

---

[217] Il s'agit des articles 234 à 336 du Code de procédure civile.
[218] Notamment par la procédure d'injonction de payer.

§1. Les magistrats et auxiliaires de justice

L'usager pour accéder à la justice a nécessairement comme interlocuteurs le magistrat qu'on appelle communément le juge et les auxiliaires de justice que sont le greffier, l'avocat, le notaire, l'huissier et l'officier de police judiciaire. Cet usager décrie la justice. Il estime que les magistrats sont non seulement corrompus mais ils sont incompétents et leur impartialité est mise en doute. Les mêmes griefs sont portés contre les auxiliaires de justice. Si la justice n'est pas bien rendue, cette défaillance profite plus à l'usager qu'à la banque car les lenteurs, les corruptions, la non-exécution des décisions de justice préjudicient plus aux intérêts du banquier qu'aux autres justiciables.

A. Les magistrats

La profession auparavant bien lotie surtout en matière de formation subit à ce jour les méfaits de la mauvaise gouvernance. En effet s'effectuent des formations parallèles et les nominations ne respectent pas les normes déontologiques.

1. Evolution de la profession et situation actuelle

a. Principes et situation initiale

Une justice moderne doit être rendue par des personnes spécialement chargées de faire cet exercice. Il s'agit des magistrats. Une distinction est faite dans les juridictions de l'ordre judiciaire : les magistrats du siège ou magistrats assis et ceux du parquet qu'on appelle aussi magistrats debout. Les premiers sont chargés de juger, tandis que les seconds requièrent l'application de la loi. Les conditions de recrutement et de formation de ces magistrats sont identiques et il n'y a pas de spécialisation. Le juge peut passer d'une fonction à une autre ou parfois cumuler toutes les fonctions. On trouve des présidents des tribunaux chargés du parquet ou de l'instruction ou des juges qui cumulent les fonctions de poursuite, d'instruction ou de jugement (juge de paix ou juge résident) en violation du principe de séparation des fonctions de justice. Les magistrats du siège sont en principe inamovibles et ne sont soumis qu'à l'autorité de la loi[219].

[219] En 2014, le Gouvernement avait profité d'un projet de réforme de la Constitution

Ceux du parquet sont en revanche hiérarchisés et soumis à l'autorité du Ministre de la Justice. Mais bien que soumis à l'autorité hiérarchique, le magistrat du parquet développe librement à l'audience ce qu'il pense, d'où l'expression « la parole est libre, la plume est serve ».

L'évolution de la magistrature suit l'évolution institutionnelle et politique du Tchad : période coloniale, de l'indépendance jusqu'à la réforme de 1968 et à partir de 1991.

A l'instar des autres territoires de l'ex-AEF, le pays ne disposait pas d'appareil judiciaire propre et donc pas de juges nationaux. Pendant cette période de dépendance, il existait deux sortes de juridictions : les juridictions de droit français qu'on appelait encore juridiction de droit commun dans lesquelles siégeaient les juges de nationalité française qui étaient chargés de juger les Français et assimilés entre eux et les juridictions coutumières ou de droit local dans lesquelles les juges se chargeaient de trancher les différends opposant les autochtones ou indigènes à moins que ceux-ci ne réclament d'un commun accord le bénéfice de la juridiction de droit commun. L'appareil judiciaire comprenait majoritairement des juges français.

Après l'indépendance en 1960 et grâce aux accords de coopération, les magistrats de nationalité française continuaient à siéger. Une Cour Suprême fut même créée mais elle n'a pu fonctionner faute de personnel. Malgré l'indépendance, les dossiers frappés de pourvoi continuaient à être envoyés à la Cour de Cassation française. Cette forme de transition a perduré jusqu'aux grandes réformes de 1967 et de 1968.

c. La réforme de 1967

L'ordonnance n° 6-67 du 21 mars 1967 consacra la réforme judiciaire et l'ordonnance 17-68 du 8 août 1968 modifia le statut de la magistrature. L'ordonnance du 21 mars a fait ressortir deux innovations. Les juridictions coutumières furent supprimées ; les juges étaient assistés des assesseurs qui représentaient les coutumes des parties au procès lorsqu'ils statuent en matière civile et coutumière. Avec la suppression de la Cour suprême, il fut créé une cour d'appel dont le ressort s'établit à tout le territoire et qui comprenait cinq chambres[220]. Plusieurs tribunaux de première instance, sections de tribunaux

---

pour supprimer l'article 155 de la Constitution qui a consacré cette inamovibilité mais le Conseil Constitutionnel s'y est opposé.

[220] Il s'agit de la chambre civile, commerciale et sociale, de la chambre correctionnelle et de simple police, de la chambre administrative et financière, de la chambre

et justices de paix furent également créés. Plus d'une année après, l'ordonnance n° 17-68 modifiait le statut de la magistrature. Le texte classe les magistrats en deux cadres distincts : le cadre des magistrats des cours d'appel et tribunaux et le cadre des magistrats des justices de paix.

Les candidats à la fonction de magistrat doivent remplir les conditions générales d'entrée à la fonction publique, justifiant en outre du diplôme de licence en droit et déclarés aptes par la Commission de discipline et d'avancement. Les candidats ayant rempli ces conditions sont intégrés en qualité de magistrats stagiaires et doivent être titularisés après une année de stage. Peuvent également être nommés magistrats les fonctionnaires justifiant de la licence en droit et exerçant dans d'autres administrations ainsi que tous candidats justifiant de compétence particulière, mais la commission précitée apprécie les titres présentés par les candidats. En outre, selon l'article 35 de cette ordonnance, les candidats non titulaires de la licence en droit mais titulaires du diplôme de l'Institut des Hautes Etudes d'Outre-Mer ou de l'Institut International d'Administration Publique[221] peuvent être nommés magistrats des tribunaux et des cours d'appel. Cependant, même les candidats non admis aux diplômes des instituts précités ont été nommés magistrats intérimaires et ont accédé au grade de magistrats des cours et tribunaux après avoir passé avec succès un concours après quatre années d'intérim.

d. La réforme de 1991

A l'instar de l'ordonnance de 1968, l'ordonnance n° 008/PR/MJ91 du 3 août 1991 a distingué deux cadres de magistrats : celui des magistrats des cours et tribunaux et celui des juges de paix. Les candidats à la profession de magistrat doivent remplir les conditions suivantes : être de nationalité tchadienne, jouir de ses droits civiques, être apte physiquement, être de bonne moralité, avoir 23 ans au moins et 40 ans au plus, être titulaire d'une licence en droit et avoir le diplôme de l'ENAM ou un diplôme équivalent. Les personnes remplissant ces conditions sont intégrées dans le corps des magistrats et classés au 1er échelon, troisième grade mais elles sont astreintes au stage d'un an. Ce texte permet également aux avocats et juges de paix ayant exercé pendant six ans ainsi que les greffiers en chef totalisant dix années de service d'être nommés magistrats de troisième grade au premier échelon.

---

d'accusation et de la chambre de cassation.

[221] Dans ces deux écoles françaises étaient formés les futurs cadres africains.

Quant aux juges de paix, ils doivent remplir les conditions générales d'accès à la fonction publique et être titulaires du Diplôme d'Etudes Universitaires Générales (DEUG) en droit. La loi ne prévoit pas de formation préalable à l'ENAM et sanctionnée par un diplôme mais les candidats réunissant ces conditions ont toujours été formés un an après leur sélection à l'ENAM.

Contrairement aux anciens statuts, l'ordonnance du 3 août 1991 a reconnu le droit syndical aux magistrats. Le niveau salarial a été nettement amélioré et diverses formations tant au Tchad qu'à l'étranger ont été dispensées aux magistrats.

2. Difficultés d'exercice de la profession

Dans sa carrière, le magistrat a des droits mais est aussi soumis à des obligations. Comme tout fonctionnaire, il peut être sanctionné en cas de faute. Mais l'impunité érigée en règle ces derniers temps ainsi que les formations au rabais et les nominations de complaisance sont la source d'énormes problèmes qui minent cette profession.

a. Droits et devoirs

A titre de droits, le magistrat dans l'exercice de ses fonctions, a droit à un salaire décent et à certaines indemnités, à l'avancement régulier. Il peut adhérer à un syndicat de son corps. Il a également droit à des récompenses et protection. Comme obligations, le magistrat est obligé de résider au siège de la juridiction à laquelle il est nommé ou affecté, de ne pas émettre des avis politiques, de rendre diligemment sa décision et surtout de la motiver. Il ne doit pas déroger à l'honneur, à la délicatesse et l'exercice digne de ses fonctions. Le manquement à ces obligations peut entraîner des sanctions disciplinaires. Aux termes de l'article 55 de l'ordonnance précitée, « tout manquement par un magistrat aux devoirs de sa charge, à l'honneur, à l'intégrité, à la délicatesse ou à la dignité, constitue une faute disciplinaire ». La responsabilité disciplinaire permet à l'organe professionnel compétent de sanctionner la violation d'une norme. Cet organe est le Conseil Supérieur de la Magistrature[222], présidé par le Président de la Cour Suprême, et en cas

[222] Objet de la loi 005/PR/98 relative à l'organisation et au fonctionnement du Conseil supérieur de la magistrature.

d'empêchement de ce dernier, par le magistrat le plus gradé, membre dudit organe. Ce Conseil qui doit assurer l'indépendance de la justice doit aussi veiller à ce que les magistrats qui jugent et requièrent au nom du peuple, le fassent dans l'honneur, la dignité, la sérénité, le respect du justiciable et le devoir de réserve. Statuant en matière disciplinaire, le CSM est uniquement saisi par le Ministre de la Justice qui dénonce au Conseil les faits motivant la poursuite disciplinaire. Le magistrat qui, dans l'exercice ou à l'occasion de l'exercice ou en dehors même de l'exercice de ses fonctions, manque aux obligations de l'honneur, de la dignité, de l'impartialité, du respect du justiciable ou du devoir de réserve, encourt les sanctions prévues aux articles 57 et 58 de l'ordonnance n° 008 que sont l'avertissement par écrit, la retenue sur salaire, le blâme avec inscription au dossier, le déplacement d'office, la suspension temporaire, l'exclusion temporaire des fonctions, l'abaissement d'un ou de plusieurs échelons, l'abaissement de classe ou de grade, la révocation sans suspension ni suppression des droits à pension d'une durée de six mois et la révocation avec suppression des droits à pension.

a. Les défis de la formation

Si ces prescriptions minimales étaient respectées, la justice tchadienne allait être exemptée de toute critique. S'agissant du recrutement et selon l'ordonnance précitée, les magistrats sont recrutés parmi les titulaires d'une licence en droit et doivent suivre deux années de formation professionnelle à l'ENAM. Quant aux juges de paix, le diplôme exigé est le DEUG et une formation professionnelle d'une année est toujours poursuivie à l'ENAM. Malheureusement de nos jours, le recrutement à la magistrature n'obéit aucunement à ces critères. En principe, la formation des magistrats est assurée par l'ENA créée en 1963 et devenue ENAM avec la réforme du 25 octobre 1986 à travers la division judiciaire, laquelle comprend la section magistrature et la section administration des greffes. Curieusement à partir de 1998, des formations parallèles ont été décidées au détriment de l'ENAM et dans des conditions souvent douteuses. En effet le Gouvernement a coopté des fonctionnaires de certains ministères ainsi que certains étudiants et greffiers pour une formation à la fonction de magistrat au Maroc et au Togo sans respecter les conditions de diplôme et d'expérience exigées. De même, les affectations et autres nominations reposent bien souvent sur des critères subjectifs. A la limite, on frise le régionalisme et les clivages nord-sud[223] ne sont pas en reste. L'on est arrivé à certaines aberrations à telle enseigne qu'on

[223] Terme utilisé pour évoquer l'opposition traditionnelle entre les Tchadiens du Nord et ceux du Sud.

a vu des jeunes magistrats à peine sortis de l'école, être directement affectés à la Cour d'appel pour ensuite revenir aux fonctions de juge au siège ou de juge d'instruction. L'inamovibilité des magistrats du siège consacrée tant par la Constitution que par l'article 4 de l'ordonnance précitée s'en ressent.

b. Les défis de la pratique professionnelle

Le paiement irrégulier des salaires lesquels sont d'ailleurs très bas, l'insécurité récurrente dont ils sont souvent victimes, la non adoption de leur statut particulier ainsi que les sanctions disproportionnées et partiales dont ils sont l'objet entraînent de multiples grèves, lesquelles sont généralement observées sur toute l'étendue du territoire national. Pour contrecarrer ces actions menées sous la houlette du Syndicat des Magistrats du Tchad (S.M.T.) et presque régulièrement couronnées de succès, un autre groupe de magistrats suivis de quelques avocats ont mis en place un autre syndicat dénommé Confédération Autonome du Personnel Judiciaire (C.A.P.J.). Ce syndicat comprend non seulement des magistrats et des avocats mais également des greffiers, notaires, des assesseurs et huissiers. Or une confédération est par définition un regroupement des associations et autres groupements autonomes dont le but essentiel est la défense des intérêts communs.

Mais l'on constate en réalité que la CAPJ est constituée des individus de statuts hybrides. Juridiquement il ne peut être qualifié de syndicat et moins encore de confédération. Le syndicat ayant pour vocation la protection et la défense des intérêts communs de ses membres, cette « association » perd la qualité de syndicat, car le magistrat, fonctionnaire de l'Etat à statut particulier et l'avocat de la profession libérale n'ont rien de commun à défendre.

Ainsi, pendant que la grève déclenchée par le SMT s'observait dans l'ensemble du pays, les magistrats de ce « syndicat » prenaient régulièrement des audiences au détriment des justiciables et au mépris de la déontologie judiciaire. L'on comprendra plus tard que les magistrats membres de cette confédération ne constituent que des juridictions partisanes rendant des décisions de complaisance.

B. Les auxiliaires de justice

Ils sont ainsi appelés parce qu'ils contribuent au fonctionnement du service public de la justice. Ce sont les greffiers, les notaires, les avocats, les huissiers et les officiers de police judiciaire[224]. Les défis auxquels sont confrontés ces auxiliaires de justice sont la formation et les problèmes déontologiques.

1. Les greffiers

Le décret n° 141/DFP du 12 août 1961 fixant le statut particulier des diverses catégories du personnel des greffes ne définit pas la fonction de greffier. Ce texte réglementaire n'énumère que les diverses catégories des greffes et fixe les conditions de recrutement. C'est donc l'article 2 de la loi n° 21/PR/95 du 28 septembre 1995[225] qui définit le greffier comme un officier public ministériel exerçant dans une juridiction et qui:

-Assiste le juge dans l'exercice de ses fonctions ;

-Assure l'ouverture et la tenue des registres ;

-Etablit la minute des actes, ordonnances, jugements et arrêts ;

-En assure la conservation et en délivre les extraits, expéditions, copies et grosse ;

A sous sa responsabilité la garde de tous les actes, pièces, objets et sommes d'argent que la loi lui autorise à recevoir ;

-Assure la publication des actes, jugements ou arrêts.

Le droit syndical et le droit de grève sont reconnus au greffier. Le personnel bénéficie de l'assistance judiciaire accordée à titre personnel et qui concerne notamment la dispense des frais de consignation, de caution et de provision et le concours gratuit d'un agent d'exécution. Outre les dispositions du Code pénal[226], il est protégé contre les menaces, outrages, injures, attaques et voie de fait de quelque nature que ce soit dont il peut faire l'objet dans l'exercice de ses fonctions. L'Etat est tenu de réparer le préjudice qui en résulte. Selon

[224] Nous avons volontairement omis de parler des autres auxiliaires de justice que sont les assesseurs, les interprètes, les chefs traditionnels, les experts judiciaires, les inspecteurs de travail, les inspecteurs des impôts, les chefs du service d'd'assainissement, les chefs de service du contrôle économique ainsi que les inspecteurs des eaux, forêts, pêches et chasse, lesquels concourent à la bonne administration de la justice.

[225] Loi portant statut du personnel des greffes.

[226] En effet l'article 119 du Code pénal punit de 15 jours à trois mois d'emprisonnement la personne coupable d'outrage à l'égard d'un officiel ministériel.

l'article 13 de la loi, le greffier ne peut faire l'objet d'une poursuite pour les faits commis dans l'exercice ou à l'occasion de l'exercice de ses fonctions que sur rapport circonstancié du magistrat sous l'autorité duquel il est placé et après avis du Procureur Général près la Cour d'appel. En raison des sujétions particulières et des risques afférents à leurs fonctions, il est attribué à tous les greffiers une indemnité dite « indemnité de risques» qui s'élève à 30% du salaire indiciaire. En outre, les greffiers en chef et les chefs de secrétariat des parquets perçoivent une indemnité dite «indemnité de responsabilité» correspondant à 20% de leur salaire indiciaire[227]. Il est tenu par le secret professionnel tant dans l'exercice de ses fonctions qu'après l'exercice de sa carrière. Tout manquement par le greffier aux obligations de sa charge constitue une faute professionnelle.

Il convient de souligner que la structure de l'école de formation (ENAM) s'avère inadaptée à la formation spécifique et spécialisée des greffiers qui requiert des méthodes particulières basées sur les travaux pratiques, les simulations et l'interactivité. Les effectifs des greffiers sont en deçà des attentes. Alors que le ratio admis est de trois greffiers pour un magistrat, le pays ne compte que 196 greffiers[228] toutes catégories confondues en exercice dans les juridictions. Les services de greffes dans les juridictions provinciales sont tenus par des personnes non qualifiées ; ce qui pose de sérieux problèmes organisationnels quand on sait que le greffe est le pilier et l'archive de la juridiction.

La pratique a montré que les greffiers trahissent régulièrement leur serment et n'assurent pas correctement leurs obligations. Les secrets professionnels ne sont pas protégés. Ce sont les greffiers qui sont les courroies de corruption entre les justiciables et le magistrat. Les pièces se communiquent à tout venant en violation des règles du Code de procédure civile relatives à la communication des pièces. Les registres sont très mal tenus. Les pièces sont très mal conservées et les dossiers se perdent régulièrement. Les dossiers frappés d'appel ou de pourvoi et qui doivent être mis en état pour leur transmission soit à la cour d'appel soit à la cour suprême ne le sont pas comme il se doit. Des sommes d'argent sont exigées des justiciables sans justification avant toute diligence. En conséquence, les dossiers s'entassent sans que les chefs de juridiction ne mettent en cause la responsabilité des greffiers. De ce qui précède, la bonne administration de la justice s'en ressent énormément.

---

[227] Art. 14 de la loi du 28 septembre 1995 précité.

[228] Direction des Ressources Humaines du ministère de la justice et des droits de l'homme, Rapport décembre 2014.

2. Les notaires

La profession de notaire au Tchad était un service public avant de devenir une profession libérale. Elle est très peu connue. Depuis l'indépendance du Tchad en 1960, le notariat était un service public car l'article 46 du décret n° 141 précité[229] organisant le greffe et l'article 59 de l'ordonnance n° 6-67 du 21 mars 1967 portant réforme de l'organisation judiciaire donnent la possibilité de nommer les greffiers de différentes catégories au poste de notaire cumulativement avec leur fonction de greffier. Depuis cette date, les offices ou les charges ministérielles de notaire sont tenus soit par un greffier en chef du tribunal, section de tribunal ou un commis greffier dans une justice de paix. Ces différents greffiers-notaires sont des fonctionnaires payés par l'Etat, mais ils bénéficient des émoluments en sus. Aussi, ceux-ci maîtrisent-ils mal la profession de notaire sauf celui du tribunal de première instance de N'Djaména. Il n'y a donc pas eu de notaire professionnel au Tchad jusqu'à la publication du décret n° 630/PR/MJ/96 du 22 novembre 1996 portant statut des notaires.

Le décret n° 630 précité libéralise la profession d'une manière progressive car selon son article 2, les greffiers en chef des tribunaux de première instance assurent la fonction de notaire près les tribunaux où il n'a pas été créé de charges notariales.

Le décret n° 141 en son article 46 a simplifié les conditions d'accès ou de nomination de notaire. En France, les articles 42 et 43 de la loi du 25 Ventouse An XI modifiés par la loi du 12 août 1902 ont prévu des conditions de nomination à la profession de notaire qui sont presque reprises par le décret n° 630 portant statut des notaires. Selon les conditions des textes précités, il faut avoir au moins 25 ans, jouir de ses droits civiques, être diplômé d'une Ecole de notariat, justifier d'un stage de clerc de 4 ans (au lieu de 6 ans auparavant) pour le titulaire d'une licence, d'un doctorat en droit ou d'un certificat d'élève d'une école de notariat. La durée du stage peut être réduite d'un an pour les anciens magistrats, avocats, greffiers en chef, licenciés en droit et certains fonctionnaires des impôts.

Le décret libéralisant la profession au Tchad a repris les mêmes conditions d'admission à la profession de notaire à savoir être tchadien ou ressortissant d'un Etat accordant la réciprocité aux Tchadiens, être âgé de 30 ans révolus, jouir de ses droits civiques, être de bonne moralité, ne pas avoir été déclaré en état de faillite ni en état de liquidation ou de règlement judiciaires, n'avoir pas été à l'origine d'agissement ayant donné lieu à la mise à la retraite d'office ou

[229] Selon le décret n° 141 du 12 août 1961, les greffiers faisaient office de notaires.

d'une sanction disciplinaire ou administrative entraînant la destitution, la radiation, la révocation, le retrait d'agrément ou d'autorisation d'un confrère, être titulaire d'un diplôme de notariat et avoir accompli deux années de stage pratique dans une étude de notaire ou être titulaire d'une licence en droit et avoir accompli quatre années de stage. Ce même texte donne la possibilité aux greffiers en chef ayant exercé 8 ans et accompli deux ans de stage dans un office notarial de devenir notaire. La même possibilité est offerte aux avocats, magistrats, professeurs-assistants et maîtres de conférences avec un stage d'un an de devenir notaire.

Le candidat à la profession qui a rempli les conditions exigées est nommé par décret pris en Conseil des ministres. Il est nommé à vie sauf démission ou destitution. Il est inamovible. Il devient un officier ministériel et officier public assermenté. Avant d'entrer en fonction, le notaire prête serment devant le tribunal civil du lieu de son exercice en ces termes: « *je jure de remplir mes fonctions avec exactitude et probité et d'observer scrupuleusement la règle du secret professionnel* ». Le notaire est soumis aux obligations de renseignements, de conseils, de la garde du secret professionnel et de la conservation des originaux des actes établis. Comme l'avocat, le notaire qui reçoit un client dans son étude est tenu de lui donner des renseignements nécessaires à la nature de l'acte sollicité. Il n'est pas seulement obligé de donner des renseignements aux clients afin de leur permettre de faire leurs choix, mais il est aussi tenu de leur donner des conseils pratiques utiles.

Quelques années après la libéralisation de la profession, les mêmes tares observées dans les autres corps se reproduisent dans la fonction notariale. En effet, des reproches de faux et d'usages de faux sont faits régulièrement à l'égard des notaires[230]. Ceux-ci n'hésitent pas à détourner les fonds consignés entre leurs mains et pour certains les insuffisances professionnelles ont été à maintes reprises signalées. Il faut envisager une structure de formation car à l'heure actuelle, la formation se fait sur le tas et les règles déontologiques ne sont toujours pas respectées.

3. Les Avocats

Un corps d'avocats placé sous la tutelle du Procureur Général près la Cour d'Appel de N'Djaména a été créé après l'indépendance par le décret n° 235-

[230] Un notaire a été poursuivi et condamné pour faux et usage de faux mais n'a pas été sanctionné disciplinairement malgré la confirmation de la décision de condamnation par la cour d'appel.

66/PR/MJ/66 du 3 novembre 1966. Faisant suite aux recommandations de la Conférence Nationale Souveraine, la loi n° 33/PR/96 portant création et organisation de la profession d'avocat a été adoptée dans le but de libéraliser et surtout consacrer l'autonomie de la profession. Selon cette loi, pour être avocat, le candidat doit être de nationalité tchadienne ou citoyen d'un Etat accordant la réciprocité, être majeur, jouir de ses droits civiques, être titulaire d'une licence en droit et avoir satisfait à un stage. Le décret du 3 novembre 1966 précité avait donné la possibilité aux titulaires de la capacité en droit ayant subi un stage de devenir avocat au même titre que le titulaire d'une licence en droit non titulaire de la capacité en droit[231].La loi n° 33/PR/96 exclut les capacitaires en droit pour ne soumettre au stage que les titulaires de la licence en droit ayant rempli les conditions exigées et subi le stage prévu par les articles 23 à 30 de ladite loi.

Pour permettre à l'avocat de se consacrer entièrement à ses fonctions et garantir son indépendance, celui-ci ne doit exercer aucune autre profession salariale, ni aucune espèce de négoce et ce même par personne interposée, sauf l'enseignement. L'article 33 de la loi susmentionnée dispose que la profession d'avocat est une profession libérale et indépendante. L'alinéa 2 dudit article interdit à l'avocat l'exercice d'une activité de nature à porter atteinte à l'indépendance de la profession et à son caractère libéral, notamment les fonctions publiques et toutes les missions confiées par la justice comme celles d'expert ou d'arbitre rapporteur à titre permanent.

Pour lui permettre d'exercer en toute quiétude et en toute indépendance sa profession, la loi lui accorde une immunité relative aux paroles et aux écrits concernant la défense de son client. En effet, au nom de la liberté et de l'immunité de la défense, les maladresses de la défense sont en principe impunies. Cependant, la loi apporte des restrictions à cette immunité afin que l'avocat ne puisse pas déborder dans ses écrits ou paroles à l'audience. L'article 81 de la loi dispose que si à l'audience ou dans les écrits produits en justice, un avocat s'écarte du respect dû à la loi et à la justice ou manque aux devoirs qui lui sont prescrits, le tribunal peut prononcer un rappel à l'ordre ou un avertissement. Selon l'alinéa 2 de cet article, si le tribunal estime qu'il y a lieu à l'application d'une peine plus grave, il est dressé un procès-verbal en vue de l'application des sanctions disciplinaires par la juridiction ordinale.

La profession d'avocat expose le titulaire à des sanctions et engage sa responsabilité en cas de faute commise. En cas de non-respect des devoirs qui lui sont imposés[232], l'avocat fautif peut être traduit en conseil de discipline

[231] Ce stage s'effectuait conformément au décret n° 150-68/PR/MJ/68 organisant le stage d'avocat.
[232] Délit d'audience par exemple.

devant le conseil de l'ordre présidé par le bâtonnier. Cet organe poursuit et réprime les infractions commises par les avocats et agit soit d'office, soit à la demande du procureur général, soit sur l'initiative du bâtonnier. Les sanctions vont du rappel à l'ordre à la radiation en passant par la suspension à temps. Cependant aucune sanction ne peut être prise à l'encontre d'un avocat sans instruction contradictoire. Des voies de recours contre les décisions disciplinaires sont prévues[233].

Outre les sanctions disciplinaires, l'avocat peut également écoper des sanctions pénales. En effet, en matière de délit d'audience par exemple, l'avocat peut être poursuivi pour outrage à magistrat. L'avocat est en outre tenu de garder le secret professionnel dans ses rapports avec ses clients. En cas de violation de ce secret, il sera poursuivi de ce chef conformément à l'article 237 du Code pénal[234].La responsabilité civile de l'avocat est basée sur les rapports contractuels qui le lient à son client; mais la mauvaise exécution ou l'inexécution de ses obligations peut engager sa responsabilité délictuelle. Il faut noter qu'à défaut d'une structure de formation et d'un conseil de l'ordre efficace, les prestations des avocats laissent à désirer. Des violations fréquentes des règles déontologiques sont également observées.

4. Les huissiers

Les huissiers de justice sont des auxiliaires de justice ayant qualité d'officier ministériel seuls habilités à signifier les actes de procédure dans les circonscriptions où ils ont pouvoir d'instrumenter et mettre à exécution les décisions de justice et autres actes exécutoires. Ils peuvent être chargés de diverses opérations (recouvrement des créances, constatations sur commission du juge ou à la requête des particuliers, ventes publiques de meubles dans les lieux où il n'est pas établi de commissaire-priseur, etc.). Ils sont actuellement régis par les décrets n° 050 et 051/PR.MJ/2001 du 31 janvier 2001 portant respectivement statut des huissiers de justice et création de leur charge. Avant ces actes réglementaires, il n'y avait aucun texte particulier réglementant la profession. Un seul article du décret n° 141/DFP du 12 août 1961 fixant le statut particulier des diverses catégories du personnel des greffes intitulé "dispositions transitoires particulières" fait allusion à la profession. C'est donc l'article 46 qui dispose qu'à titre transitoire et jusqu'à la création d'offices ou charges ministérielles, les greffiers en chefs pourront être désignés par le chef

---

[233] Art. 86 à 87 de la loi.

[234] La peine encourue est d'un à 6 mois d'emprisonnement et de 5 000 F à 500 000 F d'amende.

de l'Etat pour remplir les fonctions d'agents d'exécution, de commissaires-priseurs, de notaires, dans le ressort de la juridiction où ils sont affectés. Les greffiers principaux, greffiers et commis greffiers, pourront être désignés dans les mêmes conditions, pour remplir les fonctions d'agents d'exécution.

C'est donc parmi le personnel des greffes des tribunaux, sections des tribunaux et des justices de paix que sont choisis les huissiers. En contradiction avec la disposition précitée, ils étaient nommés non pas par décret présidentiel mais par arrêté du Ministre de la justice sur propositions des chefs de cour[235]. Le décret n° 216/PR.MJ du 4 octobre 1971 fixant le tarif général des huissiers en matière civile et commerciale ne fait aucunement allusion à leurs attributions et à leurs devoirs. Jusqu'à la date du 31 janvier 2001, tous les huissiers de justice appartenaient au corps des fonctionnaires de l'Etat.

Il fallait donc attendre le décret n° 050/PRMJ/2001 précité qui va voir la libéralisation de la profession. Aux termes des articles 1er et 18, les huissiers de justice sont des officiers publics et ministériels chargés de signifier les actes, de procéder à l'exécution forcée des titres exécutoires. Ils bénéficient du monopole pour la signification des actes de procédure aux personnes intéressées et l'exécution forcée des décisions de justice. Il leur est encore possible mais sans le bénéfice du monopole de :

-Procéder au recouvrement amiable des créances ;

-Procéder à la prisée et aux ventes de meubles, immeubles et objets mobiliers;

-Etablir des protêts et des procès-verbaux.

Plusieurs années après la libéralisation de la profession, aucun changement notable n'a été observé sur l'amélioration de la prestation de ces agents d'exécution. Les obligations et autres devoirs prescrits ne sont pas respectés. Les décisions judiciaires ne sont pas exécutées ou le sont avec de grands retards. C'est le laxisme généralisé. Certains huissiers indélicats détournent purement et simplement les sommes recouvrées pour le compte de leurs clients. Il faut noter à leur décharge, l'inexistence de structure de formation et le niveau des recrutements. La formation reçue à l'ENAM est celle de greffier et non d'huissier. Pour ce dernier, cette formation se fait sur le tas. Selon les décrets du 31 janvier 2001 précités, le niveau requis pour accéder à la profession d'huissier de justice est la licence en droit mais les mêmes textes ont permis dans leurs dispositions transitoires et diverses le maintien des

---

235 Les chefs des cours sont respectivement le président de la cour d'appel et le procureur général près cette cour.

anciens huissiers dont certains n'ont même pas le niveau de BEPC[236]. Compte tenu des nouvelles exigences du droit OHADA en matière d'exécution, les prestations de ces derniers s'en ressentent vivement.

5. Les officiers de police judiciaire

Selon l'article 176 du Code de procédure pénale, la police judiciaire est chargée de constater les infractions à la loi, d'en rassembler les preuves et d'en rechercher les auteurs lorsqu'une information n'est pas encore ouverte. Elle exécute les délégations des juridictions d'instruction et défère à leurs réquisitions quand une information est déjà ouverte. La police judiciaire est constituée des officiers supérieurs, des officiers, des agents et des fonctionnaires et agents d'autres services auxquels sont attribuées par la loi certaines fonctions de police judiciaire. La direction et la coordination échoient respectivement au procureur de la république près le tribunal de première instance et au procureur général près la cour d'appel. La police judiciaire est composée de la police nationale et de la gendarmerie. Elle remplit, dans le cadre de sa mission, des fonctions judiciaires et extrajudiciaires. En effet, elle remplit quatre fonctions judiciaires : la constatation des infractions, l'établissement des procès-verbaux, l'exécution des délégations des juridictions et l'enquête officieuse. Mais outre ces fonctions ordinaires, la police tchadienne s'immisce dans des activités qui ne sont pas les siennes.

Selon les articles 182 et 207 du Code de procédure pénale, la police judiciaire est habilitée à constater les infractions de toute nature : crimes, assassinats, coups et blessures volontaires, contravention à la voirie, accidents de circulation, mauvais traitements des animaux domestiques, etc. Elle constate les infractions relatives aux lois et règlements en matière douanière, forestière, de chasse et de pêche.

Elle est appelée à constater les infractions flagrantes tout comme celles non flagrantes. Elle est encore appelée à prêter main forte aux différentes autorités locales (administratives, judiciaires et militaires) pour l'exécution des lois et règlements. Elle est saisie à cet effet par une réquisition qui émane de ces autorités à qui la loi confère le droit de requérir. La réquisition doit énoncer la loi qui l'autorise, le motif et l'ordre (jugement ou acte administratif) en vertu duquel elle est faite. La réquisition peut être écrite (message ou télégramme)

---

[236] Brevet Elémentaire du Premier Cycle qui est un diplôme obtenu au niveau de la classe de Troisième.

ou orale. Dans le cadre de l'exécution des décisions de justice, la police judiciaire prête main-forte à l'huissier de justice.

Lorsqu'elle est requise, la police judiciaire peut se transformer en police de sécurité pour maintenir l'ordre et ce en cas de survenance d'événements qui troublent l'ordre public ou la sûreté intérieure et nécessitent des mesures de police spéciale[237].Depuis le désordre consécutif à la guerre civile de 1979, la police judiciaire est devenue une véritable juridiction dans le subconscient du commun des Tchadiens. Les commissariats de police se transforment en juridictions et se permettent de trancher tous les litiges tant pénaux, civils que commerciaux. C'est ainsi qu'ils n'hésitent pas à régler les affaires de divorce, de pension alimentaire, de divorce de paiement ou de remboursement de dot et des conflits fonciers. La procédure expéditive mise en œuvre attire vers eux de nombreux justiciables au détriment des juridictions légales.

La situation s'empire à la gendarmerie. En principe, celle-ci est chargée de la sécurité des citoyens en dehors des villes où il n'existe pas de commissariat de police. Elle doit constater les infractions et en rendre compte au Procureur de la République par un procès-verbal. Mais depuis la guerre civile précitée, la gendarmerie qui devrait être implantée dans les campagnes exerce en ville concurremment aux commissariats de police.

Les brigades de gendarmerie sont plus actives que les commissariats de police. Les méthodes lapidaires et expéditives (intimidation, arrestations arbitraires, tortures, détentions prolongées, etc…) obligent la personne poursuivie à s'exécuter qu'elle ait tort ou raison. Les affaires pénales et non des moindres se terminent là par des transactions et ce sont les moins nantis qui succombent devant « ces juridictions ». Compte tenu des carences et manquements précités, des justices parallèles naissent, se perpétuent et parfois concurrencent même les juridictions ordinaires.

§2. Les justices parallèles

Nées au lendemain de la guerre civile de 1979, ces justices se sont multipliées dans presque tout le pays avec la complicité des autorités politiques et administratives. Aux justices parallèles de fait se sont ajoutées les « justices parallèles de droit », ces dernières au moins fonctionnant dans une certaine légalité.

[237] C'est le cas par exemple de grèves importantes et généralisées, d'émeutes ou de révoltes.

A. Les justices parallèles de fait

A côté des juridictions modernes, il existe des justices parallèles dans beaucoup de régions du pays auxquelles a recours le citoyen pour plus de commodité et de rapidité, plus de sûreté et de sécurité, étant entendu que le langage de ces justices parallèles lui est beaucoup plus accessible et qu'il en connaît les responsables qui, souvent sont des chefs coutumiers, traditionnels ou ethniques et même les officiers de police judiciaire.

1. Histoire et tentative de définition

On sait qu'au Tchad il existe un seul ordre de juridiction qui comprend la cour suprême, les cours d'appels, les cours criminelles, les tribunaux de première Instance, les tribunaux de commerce, les tribunaux du travail et de la sécurité sociale et les justices de paix.

La justice parallèle est celle qui se rend parallèlement à ces justices légales sans respect de la procédure judiciaire. Le phénomène naguère inconnu est apparu avec la décadence de l'Etat consécutive à la guerre civile de 1979. En effet, les auxiliaires de justice que sont les brigades de gendarmerie, les commissariats de police, les arrondissements municipaux et les chefferies traditionnelles exerçaient leurs fonctions dans le strict respect des textes de la République. Les brigades de gendarmerie et les commissariats de police se chargeaient de mener des enquêtes, rechercher les auteurs d'infractions, dresser des procès-verbaux et déférer les auteurs des crimes ou délits devant le procureur de la République ou exécuter les commissions rogatoires du juge d'instruction. Les arrondissements municipaux réglaient les petits problèmes familiaux ou fonciers et s'occupaient de l'établissement des actes d'état civil. Les chefferies traditionnelles réglaient les conflits par des règles de droit coutumier ou par des méthodes traditionnelles dans le respect des termes des ordonnances n° 6 et 7 du 5 mai 1970[238]. Tous ces agents de l'Etat percevaient leurs salaires et indemnités conformément à leur statut et exécutaient les ordres de leurs chefs hiérarchiques dans le respect de la loi.

Depuis le déclenchement de la guerre civile du 12 février 1979, l'ordre social a été bouleversé. Les structures de l'Etat ont volé en éclats. L'armée, la gendarmerie, la police nationale, la garde nationale et l'administration ont été

[238] Ces deux ordonnances fixaient les attributions des chefs traditionnels de certaines fonctions de police judiciaire et en matière judiciaire.

ébranlées. Le pays était morcelé en mini-Etats placés sous la coupe des tendances politico-militaires lesquelles mettaient en place leurs administrations comme bon leur semblait[239]. L'Etat n'existait plus et donc les fonctionnaires ne percevaient plus régulièrement leurs salaires. Les chefferies traditionnelles étaient devenues très puissantes et commençaient à mettre en place différentes taxes (taxes sur les céréales, le bétail, le pâturage, etc...). Les brigades de gendarmerie et les commissariats de police étaient devenus des lieux où se réglaient les conflits en lieux et places des juridictions étatiques, lesquelles ne fonctionnaient plus ou irrégulièrement du fait de la guerre.

Les détentions arbitraires étaient monnaie courante, les amendes très fortes étaient infligées et les « jugements rendus » de manière expéditive. Nonobstant la restauration de l'Etat en 1982 avec la reprise des activités des juridictions étatiques, les justices parallèles ont continué à fonctionner car les justiciables y recourent très souvent à cause de la rapidité avec laquelle les décisions sont rendues même si celles-ci le sont à leur détriment. Le phénomène se pérennise et même s'amplifie avec l'apparition des comités islamiques. Simples organes consultatifs chargés d'aider les tribunaux à trancher les affaires sur le plan religieux, ces comités se sont érigés en de véritables juridictions en tentant même de dessaisir les juridictions étatiques de certains dossiers.

Ainsi donc depuis 1982, les brigades de gendarmerie, les commissariats de police, les arrondissements municipaux, les comités islamiques et les chefferies traditionnelles continuent à « juger » et de ce fait, concurrencent et empiètent sur les fonctions des juridictions étatiques à qui revient de droit la fonction de rendre justice au nom du peuple tchadien. Et depuis cette date, les différents régimes politiques qui se sont succédé tolèrent le phénomène, lequel tend à s'amplifier malgré les réformes judiciaires opérées.

1. Les diverses sortes de justices parallèles et leurs rapports avec les juridictions ordinaires

Comme sus-indiqué, ce sont et surtout les brigades de gendarmerie, les commissariats de police, les arrondissements municipaux, les chefferies traditionnelles et les comités islamiques dont les interventions sont souvent sources de conflits avec les juridictions étatiques.

[239] De 1979 à 1982, il y avait en tout 11 tendances politico-militaires.

a. Les diverses sortes de justice parallèles

1°. Les commissariats de police

Le commissariat de police dépend du ministère de l'intérieur et de la sécurité publique. C'est un service public de l'Etat chargé de la sécurité des citoyens. Au lieu de se cantonner dans son rôle classique de la recherche des délinquants en vue de leur poursuite en collaboration avec le procureur de la République, il est devenu depuis 1979 une «véritable juridiction» de par la nature des conflits qu'ils règlent. En effet, les commissariats ne rechignent pas à prononcer les divorces, condamner à des pensions alimentaires, trancher les différends fonciers et régler les problèmes de dettes. La procédure est expéditive et les amendes infligées sont sans commune mesure avec celles fixées par le Code pénal.

2°. La brigade de gendarmerie

A l'instar du commissariat de police, la brigade de gendarmerie est chargée de la sécurité des citoyens mais elle dépend du ministère de la défense. Elle devrait en principe être implantée en dehors des villes là où il n'existe pas de commissariat de police. Mais depuis le désordre consécutif à la guerre civile des années 80, elle est installée dans les villes et est devenue plus active que le commissariat de police. Elle n'hésite pas à procéder à des arrestations arbitraires et à des détentions prolongées des citoyens. Elle inflige des « amendes énormes »[240] et saisit des biens sans condamnation préalable et sans respect de la procédure. Plusieurs dossiers de crimes et délits (fausses monnaies, assassinats, blessures involontaires, coups et blessures volontaires mortels,..) finissent dans ces brigades par des transactions et donc sans suite pénale. Les méthodes utilisées sont des plus coercitives (intimidation, détention en cellules) pour obliger les infortunés à s'exécuter. Dans ces brigades, c'est le plus nanti qui a toujours raison et le pauvre succombe toujours qu'il soit plaignant/requérant ou prévenu/défendeur.

---

[240] Dans ces « juridictions », il faut entendre par amende les dommages et intérêts que se partageront le plaignant et l'officier de police judiciaire.

3°. Les arrondissements municipaux

Ce sont des démembrements de la commune chargés de la salubrité, de la voirie et de la collecte des taxes au profit des autorités municipales. Mais ces unités administratives se sont transformées en justices parallèles, s'emparant de la résolution de nombreux conflits au détriment des juridictions légales.

Les arrondissements municipaux utilisent avec l'appui des gardes municipaux la même procédure que les brigades de gendarmerie et les commissariats de police. Ils ne s'offusquent pas à détourner les justiciables sous le fallacieux prétexte de la lourdeur des procédures des juridictions étatiques.

4°. Les comités islamiques et les chefferies traditionnelles

Le comité islamique est un collège de grands marabouts de mosquée chargés de régler les conflits entre leurs fidèles et de l'interprétation du Coran. Mais au fil du temps, ces comités sont devenus de véritables juridictions au détriment des juridictions ordinaires.

Car au lieu de la médiation ou de la conciliation, ils prononcent des « jugements ». Et les justiciables de confession musulmane les préfèrent aux juridictions étatiques du fait sans doute de la rapidité avec laquelle ces comités tranchent les litiges qui leur sont soumis.

Les chefferies traditionnelles font partie des unités administratives. Ce sont le village, le canton, le sultanat, « les chefs de race »[241], les chefs de *ferriks*, etc. Ce sont les auxiliaires de l'administration qui exercent une certaine fonction de police judiciaire. Sur le plan textuel, les ordonnances 6 et 7 de 1970 leur confèrent des pouvoirs de police judiciaire et de conciliation en cas de conflits entre leurs administrés.

Mais depuis 1979, les chefferies traditionnelles sont devenues des institutions judiciaires avec des lieux de détention où dans certaines localités, des personnes peuvent être détenues sans jugement des jours voire des semaines.

---

[241] Le terme approprié est le chef de tribu ou d'ethnie.

b. Les rapports entre les justices parallèles et les juridictions légales

L'existence des justices parallèles, leur pérennisation voire leur soutien indirect par les pouvoirs publics sont souvent sources de conflits. En effet le phénomène s'amplifie et tend à s'enraciner car l'Etat ne prend aucune mesure pour l'enrayer.

Les rapports qui existent entre les magistrats des juridictions légales (président du tribunal, procureur de la République, juge d'instruction ou juge de paix) et les « magistrats » des justices parallèles (commandants de brigade de gendarmerie, commissaires de police, chef d'arrondissement, chef traditionnel et chef religieux) peuvent être des rapports d'intérêts ou de conflits.

1°. Les rapports d'intérêts

Ces rapports d'intérêts sont de deux ordres : le magistrat en charge d'un dossier s'en dessaisit au profit de la justice parallèle ou pratique la politique du laisser-faire. Il peut en effet arriver que les deux justices soient simultanément saisies d'une même affaire de fois même de nature purement civile[242], laquelle devrait en principe relever exclusivement du juge civil. Le juge légal pour éviter tout conflit avec le « juge parallèle » peut se dessaisir de l'affaire au profit de ce dernier. Le contexte actuel l'oblige à adopter un tel comportement. On peut parler de démission car le chef traditionnel ou le commandant de brigade est un auxiliaire de justice et donc ne peut le supplanter. Or ce dernier est nommé généralement pour des considérations politiques. Il a toujours le soutien de l'administrateur ou du politique local grâce à qui il a été nommé. Mais parfois les « juges parallèles » saisis d'une affaire pour laquelle leur incompétence ne souffre d'aucune contestation se dessaisissent au profit des magistrats de l'ordre judiciaire quand il y a réticence des parties à se soumettre à leur verdict. [243]Il y a même parfois complicité surtout entre les magistrats du parquet et les juges parallèles,

[242] Par exemple, action en dommages et intérêts, paiement ou remboursement de dot, pension alimentaire, litige foncier, remboursement de dettes, etc…

[243] Par exemple, sur instruction du parquet, le commissaire de police feint d'établir une procédure puis exige du plus solvable des parties une somme d'argent qu'il partage avec ledit parquetier.

généralement les officiers de police judiciaire (commandants de brigade de gendarmerie ou commissaires de police).

2°. Les rapports de conflits

Certains magistrats intransigeants refusent de cautionner les activités illégitimes des «juges parallèles». Des rapports conflictuels naissent quand ils refusent de se dessaisir des dossiers ou dans leurs prérogatives de surveillance des activités de ces derniers. Il arrive que le justiciable saisisse l'officier de police judiciaire, le chef d'arrondissement, le chef religieux ou le chef traditionnel d'une affaire qui ne relève pas de la compétence de ces derniers. Le magistrat compétent demande la communication du dossier puis dessaisit son auxiliaire de justice.

Ce dessaisissement provoque le plus souvent des conflits ouverts et en général c'est le juge parallèle qui triomphe malgré l'implication de la hiérarchie dans la résolution du conflit. Le magistrat est alors traité de récalcitrant ou de « rebelle » vis-à-vis du chef traditionnel et muté ailleurs sans tenir compte de son grade, de son ancienneté et de sa compétence.

Dans certaines contrées, les chefs traditionnels, les chefs religieux mais le plus souvent les officiers de police judiciaire et les chefs d'arrondissements sont placés ou encouragés pour racketter les justiciables. La moindre tentative de surveillance de leurs activités par le président du tribunal, le procureur de la République, le juge d'instruction ou le juge de paix provoque de mécontentements. Pour mieux collaborer ou avoir de bons rapports avec ces juges parallèles dans une localité, certains magistrats sont obligés d'être complaisants vis-à-vis de ceux-ci car comme précédemment exposé, si un conflit naît et qu'il est porté au niveau supérieur, c'est toujours le magistrat qui a tort quels que soient ses arguments et moyens de défense.

A. Les justices parallèles de droit : les commissions de recouvrement

Les justices parallèles de droit sont celles qui sont consacrées par un texte, généralement un arrêté du ministre de tutelle. C'est le moyen le plus rapide choisi par les banques et certaines institutions para-étatiques pour recouvrer leurs créances.

1. Le mobile de la création des commissions de recouvrement

a. L'inefficacité des institutions ordinaires

Les huissiers de justice et les avocats sont à l'instar des mandataires-liquidateurs et les administrateurs judiciaires, des auxiliaires de justice qui peuvent procéder au recouvrement amiable dans le cadre de leur statut professionnel ou dans celui de la réglementation de leur profession. Cependant le laxisme et l'indélicatesse à eux reprochés amènent les banques à se méfier de leurs prestations.

1°. Du fait des huissiers de justice

La profession est désormais réglementée depuis 2001 par le décret n°050/PR/MJ/2001 du 31 janvier 2001 portant statuts des huissiers de justice. Si l'article 1er du décret en son alinéa 2 décrit les huissiers de justice comme des officiers ministériels chargés de signifier les actes et de procéder à l'exécution forcée des titres exécutoires, l'article 18 relatif aux attributions et à la compétence dispose que sans bénéficier du monopole, il est possible aux huissiers de procéder au recouvrement amiable des créances.

A ce titre, il procède toujours par la relance et la mise en demeure. La relance par voie d'huissier se fait presque toujours par écrit. L'agent d'exécution adresse donc une lettre au débiteur en lui rappelant ses engagements, en y joignant un extrait du compte débiteur ainsi que le décompte des divers agios et frais éventuels. Il y rappelle de manière succincte les causes de l'engagement. En cas de relance infructueuse, l'huissier procède à la mise en demeure qui est à la fois la dernière mesure amiable et la première mesure contentieuse.

En effet, c'est une mesure amiable puisqu'elle est faite sans formalités particulières par une remise simple au débiteur. C'est aussi une mesure contentieuse car cette mise en demeure doit être faite avant toute assignation, comme l'exige l'article 1146 du code civil[244]. C'est aussi à compter de sa dette

---

[244] Obligation de mettre en demeure le débiteur de s'exécuter, préalable à faire courir

que courront les intérêts au taux légal conformément aux dispositions de l'article 1153 du code civil[245].

Il y a des débiteurs qui s'exécutent promptement après les diligences de ces huissiers. Mais la plupart de ceux-ci soit détournent les fonds ainsi recouvrés ou les reversent à la banque avec de grands retards. L'expérience a montré que beaucoup de débiteurs réagissent négativement après ces relances et mises en demeure, obligeant les banques à procéder au recouvrement de leurs créances par voie judiciaire par l'entremise d'un avocat.

2°. Du fait des avocats

La profession est régie par la loi n°033/PR/96 du 5 novembre 1996 portant création et organisation de la profession d'avocat. En matière d'exécution des décisions et des recouvrements, la loi n'est pas explicite dans la définition des attributions et des compétences. On note toutefois dans la rédaction de l'article 15 de ladite loi que les avocats ont le droit de faire et de signer tous les actes nécessaires à l'exécution des jugements et arrêts s'il y a lieu et peuvent assister ou représenter autrui devant les administrations publiques. Ils peuvent en outre rédiger tous les actes sous seing privé, représenter les particuliers dans les opérations et actes de la vie civile et commerciale.

Sans bénéficier de monopole[246], l'avocat peut outre la phase contentieuse, procéder au recouvrement amiable des créances de la banque. Il y a un intérêt à recourir aux services d'un avocat. En effet, l'avocat, du moins celui spécialisé en matière de recouvrement de créances, connaît mieux que quiconque les règles de procédure applicables en la matière et l'attitude à adopter suivant chaque péripétie du procès.

En outre, si on lui confie la rédaction et l'envoi de la lettre de mise en demeure, l'expérience montre que le papier à en-tête du professionnel peut émouvoir plus aisément le débiteur que si cette mise en demeure émanait simplement du créancier. La lenteur de la justice est telle qu'un contentieux de recouvrement peut parfois s'étaler sur plusieurs années.

---

les intérêts de retard.

[245] Ces intérêts au taux légal sont aussi appelés intérêts de droit.

[246] Jusqu'à ce jour, le recouvrement de créances n'est le monopole d'aucune structure reconnue même si ces derniers temps, des sociétés de recouvrement se créent même en dehors de toute réglementation.

Le créancier devra, s'il n'est représenté par un avocat, être présent à chacune des audiences. Quiconque a assisté au déroulement d'une audience aura pu constater que ces audiences génèrent une perte de temps sensible, donc un coût dont il faut tenir compte.

Et conformément à l'adage qui dit « qu'un mauvais arrangement vaut mieux qu'un bon procès » l'avocat est utile pour transiger entre les parties. En effet, déontologiquement, les avocats sont tenus au secret lorsqu'ils négocient entre eux.

Il s'ensuit que, pour le créancier par exemple, le fait de proposer un arrangement amiable en sacrifiant une partie de sa créance en échange d'un paiement immédiat se fera plus aisément par l'intermédiaire des avocats. Compte tenu de cette soumission au secret professionnel, la proposition faite au débiteur si elle est refusée ne peut être évoquée devant le juge par l'avocat et en tirer argument en sa faveur.

Cependant cette intervention est très peu suivie d'effet compte tenu non seulement de la mauvaise foi des débiteurs mais également de leur insolvabilité et du manque de réglementation en matière de recouvrement.

a. L'absence de réglementation

L'une des particularités des établissements de crédit s'exprime à travers ce que les spécialistes appellent « l'intermédiation financière », laquelle consiste au recyclage sous forme de crédits, des ressources collectées au niveau du public ou mobilisées sur les marchés de capitaux. Or ces ressources, pour la plupart collectées au niveau du public par les banques, sont vouées le plus souvent, alors même qu'elles sont prêtées, à être restituées à tout moment aux déposants, avec comme risques la défaillance des clients bénéficiaires de ces concours et par ricochet l'éventuelle défaillance du banquier au regard de son obligation de restitution. Sous cet angle, le recouvrement des créances, inhérent à l'activité bancaire, apparaît non seulement comme un moyen de prévention du risque d'"illiquidité", mais devient parfois un moyen de prévention de rentabilité, pour les « reprises de provisions » qu'il peut permettre de réaliser. Le contentieux de recouvrement doit mériter une prévention, au mieux par une bonne analyse du risque de crédit, laquelle comporte des aspects juridiques souvent mal pris en compte en amont, et encore très souvent sources de difficultés en aval. Néanmoins, à défaut d'éviter la survenance du risque de crédit, le contentieux du recouvrement, s'il est bien préparé, pourra être engagé dans des conditions à même de garantir une issue heureuse, résultat qui serait aléatoire si en amont, certaines diligences ne sont pas observées. Ce contentieux doit donc être préparé dès l'ouverture du compte et tout au long de sa vie juridique, en quelque sorte, au moment où tout semble aller bien dans la relation avec le client. L'insuffisance d'une réglementation appropriée constitue une menace sérieuse au recouvrement en ce que le client poursuivi cherchera toujours dans ce flou juridique, à contrecarrer l'action dirigée contre lui et même parfois à passer du contentieux du recouvrement à celui de la responsabilité étant entendu que le fait d'être prêteur n'exonère pas la banque de sa responsabilité[247]. Compte tenu de ce qui précède, le recours des banques aux commissions de recouvrement se justifie amplement. En effet, les dossiers de recouvrement amiable confiés aux huissiers ne prospèrent presque pas. Il en est de même de ceux confiés aux avocats. Quant aux procédures contentieuses de recouvrement, elles traînent en longueurs d'années compte tenu de nombreuses failles du système judiciaire tchadien. Même les décisions judiciaires ayant acquis force de chose jugée et transmises aux huissiers pour exécution aboutissent difficilement.

1. La mise en place des commissions de recouvrement

a. Création et modalités de fonctionnement

Conscientes de l'importance de leurs créances compromises, deux anciennes banques de la place, la banque Ecobank et la BDT[248] ont saisi les autorités étatiques pour la création d'une commission de recouvrement de leurs créances.

1°. La banque Ecobank

Se prévalant du protocole d'accord signé en 1997 par l'Etat tchadien représenté par le ministère des finances et de l'économie et le groupe des

[247] Estant en recouvrement pour une créance de 83 348694 F, une banque a été condamnée à payer à son débiteur une somme de 1 300 000 000 F de dommages et intérêts pour action vexatoire alors le principe de la créance n'est pas remis en cause (jugement n° 041/08 du 6 juin 2008 du tribunal de première instance d'Abéché).

[248] Banque de développement du Tchad.

repreneurs de la Compagnie de Financements et de Participations (COFIPA), l'Ecobank a demandé à l'Etat tchadien de l'aider à recouvrer ses créances. C'est pourquoi par arrêté présidentiel n° 005/PR/CAB/98 du 15 juillet 1998, il a été créé une commission de recouvrement des créances de l'Ecobank. En application de l'article 3 de cet arrêté, la Commission de Recouvrement est chargée du recouvrement pour le compte d'Ecobank, de toutes les créances compromises telles qu'elles figurent sur la liste annexée à la requête de la banque.

Selon l'article 2 de ce texte, la Commission de Recouvrement est composée comme suit:

-Le coordonnateur de la Cellule de Suivi des Projets à la Présidence de la République qui en est le Président ;

-Le conseiller économique et financier à la Primature, Vice-président ;

-Un représentant du ministère des Finances et de l'économie ;

-Un représentant d'Ecobank ;

-Deux éléments des forces de l'ordre.

Il revient à la banque, en application de l'article 4 de l'arrêté, d'apporter à la Commission de Recouvrement la logistique et son appui financier et technique (bureau, secrétariat, etc.) pour lui permettre d'assurer pleinement sa mission.

En application de l'article 5 dudit arrêté, la Commission jouit du privilège du Trésor, pour ce qui concerne l'exécution et le recouvrement des sommes dues. Les fonds recouvrés sont versés directement sur les comptes des débiteurs dans les livres de la banque en apurement des créances de celle-ci. La Commission peut faire appel et de manière ponctuelle à toute personne susceptible de l'aider dans l'accomplissement de sa mission.

2°. La BDT

Quant à la BDT, elle s'est fait créer sa commission de recouvrement par arrêté ministériel. C'est donc par arrêté n° 181 du 26 octobre 1999 que le Ministre des Finances et de l'économie et non le Président de la République comme c'est le cas de la banque Ecobank qu'il a été créé une commission de recouvrement de ses créances compromises.

Rédigé en 10 articles et hormis sa composition, cet arrêté ne diffère en rien de celui signé pour le compte de la banque Ecobank. Selon l'article 2 dudit arrêté, la commission de recouvrement est composée des personnes nommément désignées dont :

-Un représentant de la Primature qui en est le Président ;

-Un représentant de la Présidence, Vice-président ;

-Quatre représentants du Ministère des Finances et de l'économie dont un du Contrôle Financier, un de la direction du Budget, un du Trésor Central et un du service Solde ;

-Un représentant du Ministère de la Justice ;

-Deux représentants de la BDT ;

-Deux éléments des forces de l'ordre.

L'unique disposition qui fait différence avec l'arrêté créant la commission de recouvrement de la banque Ecobank est l'article 9 de l'arrêté du 26 octobre 1999 relatif au secret professionnel.

Selon cet article, les membres de la commission de recouvrement sont soumis au secret professionnel bancaire, notamment la loi n° 009/PR/95 du 19 mai 1995 portant réglementation du secret professionnel bancaire.

Si aux dates indiquées, la création des commissions de recouvrement par voie réglementaire paraît se justifier, leur maintien à ce jour est hautement critiquable compte tenu de la privatisation des deux banques.

b. La nécessité d'une réglementation

Il est vrai qu'en dehors des professionnels judiciaires (huissiers et avocats), le recouvrement des créances par des entreprises privées n'est pas réglementé. Or comme en France, cette activité peut connaître un succès certain.

En effet, c'est un domaine d'activité non encore exploré et dont fait partie de nombreux « créneaux non occupés » à ce jour au Tchad. Les textes français qui la réglementent ne posent d'ailleurs pas de conditions difficiles particulières (loi n° 91-650 du 9 juillet 1991[249] et décret n° 96-1112 du 18 décembre 1996[250]). Il suffit de satisfaire aux trois conditions suivantes :

-Souscrire un contrat d'assurance garantissant contre les conséquences pécuniaires de sa responsabilité civile professionnelle ;

-Etre titulaire d'un compte bancaire affecté exclusivement à la réception des fonds encaissés pour le compte des créanciers ;

-Effectuer une déclaration d'existence auprès du procureur de la République du tribunal dans le ressort duquel se trouve le siège de l'entreprise de recouvrement.

La procédure rapide et peu coûteuse allant de l'information du débiteur aux paiements parfois échelonnés en passant par la négociation peut bien inciter les banques à susciter la création de telles entreprises. C'est donc à défaut de réglementation que les banques se sont adressées aux pouvoirs publics pour la création de ces commissions dont tous les membres sont des hauts fonctionnaires. Et comme dans le pays on aime la manière forte, ceux-ci ont requis le concours de deux éléments de force de l'ordre qui sont en réalité des officiers supérieurs de l'armée et de la gendarmerie. A la BDT par exemple, en plus de ces deux agents des forces de l'ordre, le Président même de la commission est un colonel de l'Armée Nationale Tchadienne.

Mais alors ces banques sont-elles fondées à se faire octroyer par voie réglementaire le privilège du Trésor Public ? Aux termes de l'article 2095 du Code civil, le privilège est un droit que la loi reconnaît à un créancier, en raison de la qualité de la créance, d'être préféré aux autres créanciers sur l'ensemble des biens de son débiteur ou sur certains d'entre eux seulement. En tous les cas, le privilège a une origine conventionnelle, judiciaire ou légale mais jamais d'autorité par l'administration. Cet acte administratif est contestable devant les tribunaux tant en la forme qu'au fond. La juridiction administrative saisie pourra annuler un tel acte. Il y a d'ailleurs lieu de s'interroger sur la finalité d'une telle commission. Car les débiteurs harcelés par cette commission se pourvoiront devant les juridictions devant lesquelles les arrêtés susvisés sont difficilement soutenables. Mais tout a été mis en œuvre par ces commissions pour dissuader les éventuels procéduriers à attraire la banque en justice. [251]

---

[249] Loi relative aux procédures d'exécution.

[250] Décret portant réglementation de l'activité des sociétés de recouvrement.

[251] Il s'agit du jugement n° 883/98 du 16 novembre 1998 qui a condamné la BIAT à payer à Armand Coussa la somme de 500 000 francs CFA à titre de dommages et intérêts outre la restitution des titres fonciers détenus par la banque sur le fondement

Et un cas unique a abouti à la condamnation de la banque pour action téméraire et vexatoire. Une justice forte et transparente, des règles de procédure adéquates et harmonieuses, des juges et auxiliaires de justice compétents et impartiaux, sont le gage d'une activité économique florissante en général et d'une activité bancaire saine. Or malgré moult réformes, la justice tchadienne est « malade ». Les juridictions ne couvrent pas toute l'étendue du territoire. Les règles de procédure quand elles existent sont incomplètes. Les tribunaux de commerce par exemple créés depuis 1994 peinent à fonctionner pour des problèmes tenant à leur composition et à leur organisation. La cour suprême mise en place en 1998 est à la recherche de son effectivité. En effet, en l'espace de quelques années seulement, elle a changé trois fois de présidents, les arrêts sont rendus dans des délais de plus en plus longs et les règles de saisine sont archaïques.

Quant aux magistrats et autres auxiliaires de justice, ils sont le reflet de la mauvaise gouvernance généralisée et du défaut de formation professionnelle adéquate. En effet, si la formation initiale est plus ou moins bien assurée, la formation professionnelle bat de l'aile ces dernières années. L'entrée dans le centre de formation ne se fait plus sur la base du mérite mais du clientélisme et du régionalisme. Il en est de même des nominations et des promotions dans les diverses juridictions du pays. Ce tableau sombre est encore aggravé par le recrutement dans le corps de la magistrature des « juges bilingues ». Ces derniers formés pour la plupart dans les pays arabes non seulement ne maîtrisent pas les règles de procédure rédigées en français mais également les règles du droit d'inspiration française. Compte tenu de ce qui précède, on ne peut s'étonner du foisonnement des justices parallèles dominées par les chefs religieux et traditionnels ainsi que par des officiers de police judiciaire et autres corps paramilitaires.

On constate donc que l'exploitant de banque est non seulement confronté aux défis de l'insécurité qui est à la fois juridique et judiciaire mais aussi au dysfonctionnement des juridictions et à l'inefficacité des règles procédurales. Il doit faire face à un autre défi, celui de la mauvaise gouvernance qui gangrène la vie économique du pays.

---

des articles 1382 du code civil et 7 alinéa 1er du code de procédure civile. En effet, le débiteur a réglé sa dette après accord de la banque laquelle a consenti à un abandon d'agios. A la mise en place de la Commission de Recouvrement, celle-ci a remis en cause la transaction en exigeant le règlement intégral du prêt et des agios.

CHAPITRE II

LA PROBLEMATIQUE DE LA GOUVERNANCE

Malgré la mise en place d'institutions censées assurer et promouvoir la bonne gouvernance, la mauvaise gouvernance se pratique et perdure dans toutes les sphères de la vie publique. En effet, les détournements des biens et deniers publics, l'abus d'autorité et de pouvoir, le non-respect des normes administratives, le phénomène de la corruption, la non observation des règles d'éthique et de déontologie sont légion et se pérennisent. De plus, le pays souffre d'un déficit chronique de démocratie. La séparation des pouvoirs pourtant consacrée dans les textes fondamentaux est un leurre. Les diverses consultations électorales ont été régulièrement contestées. La justice n'est pas indépendante. L'administration est truffée d'agents incompétents et corrompus. Pourtant des institutions de bonne gouvernance avec des missions et rôles bien définis ont été créées.

Le ministère de l'assainissement public et de la promotion de la bonne gouvernance est chargé de prévenir, sensibiliser, moraliser et réprimer les actes de détournement et de corruption. L'Assemblée Nationale contrôle l'action du Gouvernement et peut l'interpeller ou le sanctionner par des motions de censure. Le Collège de contrôle et de surveillance des ressources pétrolières doit s'assurer que les revenus pétroliers sont alloués, utilisés et gérés de manière prudente afin de lutter contre la pauvreté. La chambre des comptes de la Cour suprême assiste le Gouvernement et le Parlement dans le contrôle de l'exécution des lois de finance et exerce un contrôle sur le compte des comptables publics qu'elle peut sanctionner. Plusieurs stratégies mises en place avec la contribution de la communauté internationale n'ont pas eu de résultat probant. D'autres initiatives tendant à la création d'une commission de contrôle ad hoc et à la mise en place d'une loi spéciale pour réprimer les détournements n'ont pas abouti au résultat escompté.

Dans un tel contexte, le banquier ne peut exercer sa profession dans la transparence et donc la rentabilité de son exploitation est sujette à caution. D'autant plus que l'absence ou l'insuffisance de réglementation lui font subir des condamnations abusives outre le non recouvrement de ses créances.

Section 1. La perception de la gouvernance et les tentatives de solutions

Malgré la mise en place des institutions tant administratives, politiques que judiciaires censés promouvoir la bonne gouvernance, le pays souffre des maux de mauvaise gouvernance, laquelle ne fait que s'amplifier. Même les tentatives de résolution de ces maux par voie judiciaire n'ont donné aucun résultat probant.

§1. Etat des lieux et perspectives

Les principaux problèmes de gouvernance sont les insuffisances en matière d'Etat de droit, la non indépendance de la justice, une administration inefficace et corrompue et l'impasse démocratique. Les stratégies et les institutions mises en place n'ont pu juguler le mal qui ne fait que perdurer.

A. Contextes de la gouvernance au Tchad

Il sied donc de décrire les principaux problèmes de gouvernance avant d'examiner les rôles et missions des institutions censées promouvoir la bonne gouvernance.

1. Les principaux problèmes de gouvernance

Le pays est confronté à d'importantes contraintes dans un contexte difficile de pauvreté, de capacités institutionnelles limitées, de corruption généralisée et de violences déclarées ou latentes.

a. Les insuffisances en matière d'Etat de droit

L'avènement de la démocratie a incontestablement élargi les droits fondamentaux de l'Homme au Tchad. Sur ce plan, le pays a accompli d'énormes progrès et les organisations de défense et de promotion des droits de l'Homme sont des plus crédibles en Afrique. De même, la contribution de la presse privée dans ce domaine est inestimable. Cependant, les violations de ces droits fondamentaux sont encore monnaie courante, telles les bavures policières, les nombreuses entraves d'accès à la justice, les écoutes téléphoniques illégales et les violations du secret de la correspondance, les arrestations arbitraires, les gardes à vue intempestives, les mauvais traitements sur les lieux de détention, les exécutions extrajudiciaires, la non élucidation des disparitions et des assassinats, etc. Il faut noter en outre les restrictions aux droits politiques telles que l'interdiction de candidature indépendante aux élections par le code électoral, le non-respect de la déontologie au niveau de l'administration et le caractère répressif et restrictif de certaines dispositions de la loi sur la presse.

De plus, la séparation des pouvoirs (législatif, exécutif et judiciaire) que pose la Constitution est en réalité autre[252]. Car au lieu d'une séparation des pouvoirs, il s'agit en réalité d'un même pouvoir démembré et des unités disparates. L'équilibre voulu par la Constitution et la pratique se caractérisent par une incapacité de l'Assemblée Nationale à jouer véritablement son rôle de surveillance de l'action gouvernementale ; ce qui compromet à n'en point douter son rôle de régulateur de la vie démocratique.

Néanmoins depuis 1993 date de la Conférence Nationale Souveraine, le Tchad s'est engagé dans un mouvement de réformes politiques et économiques plus ou moins profondes. La nouvelle Constitution se fonde sur les principes de l'Etat de droit et de démocratie pluraliste et préconise un Etat unitaire fortement décentralisé pour faire participer effectivement la population à l'exercice du pouvoir et de ses droits. Au terme de cette nouvelle Constitution, le pouvoir exécutif est partagé entre le Président de la République, élu au suffrage universel direct et le Premier Ministre, Chef du gouvernement, responsable devant l'Assemblée Nationale. Celle-ci est multipartite et dispose théoriquement de larges pouvoirs de contrôle de l'action gouvernementale. Des élections présidentielles et législatives sont régulièrement organisées depuis 1996 mais l'opposition démocratique a boycotté certaines d'entre elles.

La volonté politique du Tchad de se constituer en un Etat de droit où les droits des personnes sont respectés, garantis et protégés pour tous les citoyens s'est manifestée non seulement à travers la ratification des textes internationaux relatifs aux droits de l'Homme, mais aussi par des dispositions constitutionnelles et autres instruments juridiques nationaux et déclarations de principe. Plusieurs lois ont été votées pour constituer un cadre juridique pour la protection des droits de l'Homme et à la garantie des libertés publiques et de la justice. Même si l'existence des textes dénote un engagement formel des

[252] Art. 141 de la Constitution de 1996 révisé.

pouvoirs publics à garantir et à protéger les droits humains, le problème essentiel réside encore dans leur respect et leur mise en œuvre effective pour permettre aux citoyens la jouissance complète des droits et libertés proclamés. Ce nouvel environnement a favorisé l'émergence d'un mouvement associatif particulièrement actif sur les questions relatives aux droits de l'Homme, y compris les droits de la femme, de l'enfant, la lutte contre la discrimination et la promotion de la paix et des valeurs démocratiques. A cette liste s'ajoute une presse privée comportant une vingtaine de titres et des radios privées dans différentes localités du pays.

La décentralisation consacrée par la Constitution est confirmée par une réorganisation du territoire en 22 régions, 62 départements et 262 sous-préfectures dont les chefs-lieux font office de communes, lesquelles sont appelées collectivités territoriales décentralisées. Des progrès importants ont été accomplis, notamment en matière d'élaboration et d'adoption des textes essentiels de la décentralisation ainsi que la mise en place du cadre institutionnel et d'un Schéma Directeur pour la Décentralisation (SDD). Des élections ont eu lieu en 2012 et ont permis de disposer des maires élus et légitimés ; ce qui a consacré une ère nouvelle et une participation réelle des populations à la gestion de leurs collectivités.

Le système de sécurité est composé de l'Armée, de la Gendarmerie, de la Police Nationale et de la Garde Nationale et Nomade du Tchad. L'armée a occupé un espace important dans la gestion du pouvoir. Cette situation l'a détournée de sa vocation institutionnelle, faisant d'elle un épicentre des conflits. Les différentes initiatives de réformes de cette armée n'ont pas abouti. Elle constitue un réel obstacle pour la bonne gouvernance et la démocratie.

Cependant malgré les failles de son système de gouvernance, le pays bénéficie d'un certain nombre d'atouts sur lesquels il est possible de s'appuyer en vue de promouvoir la bonne gouvernance, dont notamment l'existence d'une société civile dynamique et l'existence d'un consensus politique sur la démocratie pluraliste.

b. L'indépendance de la justice

La Constitution du Tchad dispose que le pouvoir judiciaire est exercé au Tchad par la Cour Suprême, les Cours d'Appel, les Tribunaux et les Justices de paix. Des avancées significatives sont intervenues dans ce secteur avec l'adoption même de la Constitution qui consacre l'indépendance du pouvoir judiciaire, la création du barreau, celle d'une Cour Suprême, organe supérieur de cassation, la mise en place d'un Conseil Supérieur de la Magistrature qui reconnaît l'inamovibilité des magistrats du siège, ainsi que la création de deux nouvelles Cours d'Appel à Moundou et Abéché. Malgré ces réformes institutionnelles, le système judiciaire souffre d'un certain nombre de problèmes qui continuent d'affecter son efficacité et minent sa crédibilité auprès de la population. En effet, il n'est pas d'Etat de droit sans une justice indépendante et efficace. De nombreuses études réalisées sur ce secteur soulignent les conditions matérielles déplorables dans lesquelles elle fonctionne[253]. La justice tchadienne souffre d'une grande crise de confiance entre les magistrats et la population. L'impunité et la partialité de la magistrature sans cesse dénoncées par la presse, le manque considérable de ressources humaines et matérielles, ainsi qu'une faible couverture du pays par les tribunaux continuent malheureusement de caractériser les services judiciaires tchadiens. Comme le relève souvent la presse, aucun verdict, même apparemment correct, n'échappe à la suspicion de partialité. Par ailleurs, l'inexécution des décisions judiciaires est fréquente. Et puis déjà difficiles à exécuter, quand la partie qui succombe est une personne privée influente, les décisions judiciaires sont pratiquement impossibles à exécuter, quand cette partie est une société dans laquelle l'Etat est actionnaire ou quand elle est un établissement public. A cela s'ajoute l'usage abusif du « sursis à exécution » qui n'est rien d'autre qu'un moyen de contournement de l'exécution. Le pouvoir politique est souvent tenté d'infléchir le cours de la justice à des fins politiques ou personnelles. La politisation de certains magistrats et leur docilité excessive rendent la justice perméable à l'immixtion de l'Exécutif. Il faut également prendre en compte l'imbrication des droits en présence[254]. Le juge statue sur la base de faits ou documents dont la véracité ou l'authenticité dépendent de la fiabilité des autres institutions de l'Etat (administration publique notamment). Le manque de crédibilité de nombreux documents délivrés par l'administration est récurrent : pièces d'Etat civil fabriquées sur mesure, certificats médicaux délivrés par complaisance, procès-verbaux grossissant, déformant ou dénaturant les faits qu'ils sont censés relater avec objectivité, actes officiels fabriqués et utilisés par des citoyens simplement comme un moyen pour parvenir à un but précis, etc…

Une autre pratique porte atteinte au monopole étatique de la justice : la « Diya » ou « le prix du sang ». Cette justice traditionnelle consiste à accorder aux ayants-droit des victimes d'homicides et de sévices corporels des compensations numéraires ou en nature. Cette compensation obéit à des règles strictes qui varient selon les régions, l'appartenance ethnique, le sexe, l'âge,

[253] Dont les conclusions des Etats Généraux de la Justice de juin 2003.

[254] Droit moderne d'inspiration occidentale, droits coutumiers locaux et statuts personnels de la charia.

etc… Son non-paiement entraîne des représailles à l'encontre de l'auteur de l'homicide ou, à défaut, sa famille ou même sa communauté. Bien qu'elle contrevienne à l'article 25 du Code pénal[255] et l'article 26 de la Constitution[256], la « Diya » est tolérée en droit tchadien. Il existe des accords (par exemple, pour N'Djaména celui du 26 juin 1986 sous l'égide du ministère de l'intérieur) et même quelques rares décisions judiciaires (arrêt de la cour criminelle d'Abéché du 13 mai 2002) qui la consacrent. La population est encline à recourir aux justices traditionnelles car, leur procédure apparaît plus simple, plus proche, plus rapide, plus compréhensible et mieux compensatrice. Mais la justice ainsi rendue ne l'est pas au nom du « peuple tchadien » comme l'exige la Constitution.

L'entrave au droit d'accès à une justice équitable est aussi aggravée par la corruption en milieu judiciaire. Le manque de moyens explique aussi pourquoi certains magistrats exigent qu'on leur remette le montant des amendes pour qu'ils les reversent au trésor. Au lieu de le faire effectivement, ils empochent cette somme, portant ainsi atteinte à la crédibilité et à la confiance que la justice doit inspirer. Mais ont-ils le choix quand on sait qu'un juge intègre ne bénéficiera pas de promotion, ce qui l'expose à toutes sortes de violences physiques et morales, voire la révocation ? Faute de mesures qui garantissent l'indépendance réelle du juge, la corruption apparaît ainsi comme entretenue.

c. L'administration publique

Plus de cinquante ans après l'accession du pays à l'indépendance, il est regrettable de constater que le bilan des activités de l'administration, face aux attentes légitimes de la population, est plutôt négatif. L'administration tchadienne qui est chargée d'opérationnaliser les missions assignées à l'Etat souffre de nombreux problèmes : elle est surtout caractérisée par une hypertrophie des effectifs et une politique peu fiable de gestion des ressources humaines, matérielles et financières. Les effectifs de la fonction publique se sont considérablement gonflés depuis ces trente dernières années, sans considération aucune des besoins réels de l'administration. Il en a résulté une généralisation du népotisme, du régionalisme et de la corruption surtout dans les régies financières (douanes, trésor, impôts, finances, budget, domaines, etc…), et d'une manière générale, la dégradation du pouvoir d'achat des autres agents de l'Etat et de leurs conditions de travail. Il y a en plus des problèmes

[255] Principe d'individualisation de la peine.

[256] Interdiction des règles coutumières et traditionnelles relatives à la responsabilité pénale collective.

organisationnels réels dans l'administration tchadienne : lenteur du courrier et du traitement des dossiers, prestations de mauvaise qualité aux usagers, inadéquation homme /poste, politisation de nombreux postes surtout les plus juteux.

L'imputabilité administrative qui signifie que l'administration doit rendre compte de la gestion des moyens mis à sa disposition pour réaliser les objectifs fixés par l'autorité politique n'est qu'un leurre. La mise en œuvre de ce principe ne peut s'opérer réellement sans l'accès à l'information, laquelle doit être ouverte et transparente. Même si l'accès aux documents administratifs est codifié par le droit tchadien, la règle demeure le secret administratif. De plus, la mise en œuvre du principe d'imputabilité implique la programmation des activités (avec des objectifs visés, moyens nécessaires, échéances, etc…) et l'évaluation des performances des services administratifs qui devra être rendue publique pour permettre à l'opinion publique de se prononcer. Or, la programmation des activités ou les tableaux de bord sont pratiquement inconnus de la plupart des services. Il n'y a pas non plus de dispositif central indépendant d'audit comptable et managérial et d'évaluation des politiques publiques, les systèmes de contrôle actuels étant purement juridiques ou formalistes.

N'ayant pas de compte à rendre, les agents de l'Etat[257] continuent à faire montre d'autoritarisme dans leurs rapports avec les administrés comme aux temps forts de la colonisation. Il en résulte des bavures, l'arbitraire, le mauvais accueil réservé aux usagers, les détournements des ressources matérielles et financières restés impunis, les lenteurs dans le traitement des dossiers, etc. En effet, combien de fonctionnaires de l'intérieur du pays doivent quitter leurs postes pour squatter pendant des jours les couloirs des ministères dans la capitale N'Djaména pour suivre leur arrêté d'avancement, de titularisation ou réclamer leur différence de solde ? Cette situation illustre à merveille la mal gouvernance tchadienne. C'est pourquoi il n'est pas exagéré de dire que l'administration tchadienne est sclérosée.

d. L'impasse démocratique et les insuffisances d'imputabilité politique

L'avènement de la démocratie dont l'un des postulats est le suffrage universel avec son implacable règle majoritaire a aiguisé la conscience démographique

---

[257] Les gouverneurs, préfets, sous-préfets, policiers, gendarmes, douaniers, receveurs-percepteurs, etc.

au sein des grandes entités ethniques. La « préférence ethnique », qui s'était quelque peu estompée dans la démarche unitaire du parti unique, a resurgi de manière spectaculaire. Aussi, a-t-on vu, peu avant la Conférence Nationale Souveraine, de nouveaux partis naître sur le lit de la parenté ethnique et des coalitions se fonder sur la proximité naturelle. Plus que le partage de valeurs philosophiques ou la communauté d'idéaux politiques, la solidarité du sang et du sol a présidé à la formation des alliances et a déterminé le jeu de la course au pouvoir.

En réclamant franchement une étape de transition pour organiser son cheminement vers l'Etat de droit, la Conférence Nationale Souveraine avait au moins compris une chose, la démocratie qui seule peut libérer et capitaliser les énergies du changement, n'est pas une mode appelée à libérer les fantasmes de toute discipline et à donner à la liberté retrouvée la marque de l'aventure irresponsable. Elle est une culture dont on ne peut faire l'économie sans sérieusement menacer l'équilibre du jeu final. Or, depuis son déclenchement, le processus démocratique au Tchad n'a cessé d'être sous l'hypothèque d'un potentiel de violence. Une sorte de spirale conflictuelle s'est nouée autour du jeu politique, qui semble avoir durablement installé la suspicion et la méfiance entre les différents protagonistes dans la lutte pour le pouvoir. Il n'y a pas de recul ni de concession. La décrispation tant espérée des populations ne parvient pas à s'imposer. Plusieurs années après le déclenchement du processus, le pays n'est toujours pas sorti de l'impasse.

L'immense espoir suscité par ce mémorable forum s'est mué en un incommensurable désespoir. La misère s'est généralisée malgré la manne pétrolière et les consciences se sont fragilisées face à l'appât de l'argent corrupteur. Le clientélisme politique érigé en règle de gestion par le parti au pouvoir a fait de l'administration publique tchadienne une boîte de Pandore où le mérite et la compétence sont devenus des handicaps pour ceux qui ne possèdent pas la fameuse carte de militant du parti. La moindre élection est devenue une occasion inespérée de prospérer pour des fieffés roublards qui n'hésitent pas à multiplier à travers tout le pays des « bureaux de soutien » aux couleurs de l'arc-en-ciel. Etre nommé ministre, secrétaire général, directeur général, directeur de service, gouverneur, préfet, sous-préfet, commandant de légion, commandant de brigade, ou délégué régional, etc... est devenu un enjeu pour lequel on n'hésite pas à mobiliser oncles, cousins, tantes haut placés dans les appareils politiques.

Quant au principe d'imputabilité politique, il s'exerce sur les orientations générales, les politiques et les objectifs, impose aux gouvernants de rendre compte aux gouvernés. Ces derniers pourront, le cas échéant, les sanctionner à la faveur des élections, en se prononçant pour l'alternance démocratique. Les élections étant donc la principale source de légitimité, de représentativité et d'imputabilité politique, il importe que leur organisation administrative et matérielle soit efficace et transparente. Par ailleurs, dans les démocraties représentatives, l'apparition des sondages, instrument moderne de connaissance de l'opinion, permet aux citoyens de juger régulièrement leurs gouvernants et leurs actions. Ce qui concourt à l'exercice de la démocratie pluraliste.

Or, que ce soit au niveau des procédures électorales ou de l'intégration de la critique de l'opinion par le système tchadien de gouvernance, celui-ci paraît en retrait. [258]L'Accord Politique du 13 août 2007 qui devrait apporter des réponses consensuelles à ce problème a été constamment violé dans ses principales dispositions par une des parties, augmentant ainsi les risques d'instabilité et de tensions politiques durant et après les élections. Compte tenu aussi des enjeux patrimoniaux qui se cristallisent autour de la conservation de l'appareil d'Etat, les élections n'apparaissent plus comme un moyen de régulation pacifique de la compétition politique, mais deviennent une source de violences ouvertes ou latentes.

Quant aux enquêtes d'opinion qui pourraient mesurer le niveau de satisfaction ou de désapprobation des citoyens vis-à-vis de l'action gouvernementale ou celles de leurs représentants, elles n'existent pas au Tchad[259]. Le déficit de communication et de transparence entre la classe politique et les citoyens est également patent. Cette situation crée un terreau fertile pour le développement de la rumeur. Dans ces conditions, comment s'étonner de la mauvaise image de la classe politique dans l'opinion.

2. Rôle et missions des institutions de la gouvernance

Le Tchad dispose de quatre principales institutions de régulation de la gouvernance économique et sociale. Ce sont la Chambre des Comptes de la Cour Suprême, le Collège de Contrôle et de Surveillance des Ressources Pétrolières, l'Assemblée Nationale qui a une compétence étendue dans les domaines économique, politique et sociale et le ministère de l'assainissement public et de la promotion de la bonne gouvernance dont la compétence est à la fois économique et sociale. A côté de ces institutions existent le Haut

[258] . Il s'agit de l'accord entre les partis politiques de la majorité présidentielle et ceux de l'opposition démocratique afin de créer les conditions pour organiser des élections libres, ouvertes et démocratiques. Il concernait, notamment, le recensement biométrique, la démilitarisation de l'administration territoriale, la neutralité de l'administration et de la chefferie traditionnelle vis-à-vis du processus électoral.

[259] En effet, il n'existe pas d'institut de sondage au Tchad.

Conseil de la Communication, la Haute Cour de Justice, Le Conseil Constitutionnel, le Conseil Economique, social et Culturel, etc. qui sont autant d'institutions créées dans le but de réguler la vie politique, économique et socioculturelle au Tchad. Mais le problème de la performance n'est pas tant l'existence des institutions. C'est leurs missions et ce qu'elles font concrètement pour remplir ces missions.

a. Le ministère de l'assainissement public et de la promotion de la bonne gouvernance[260]

Créé le 23 juillet 2004, ce ministère était anciennement appelé ministère chargé du contrôle général d'Etat et de la moralisation puis, ministère délégué à la Présidence de la République chargé du contrôle général d'Etat et de la moralisation. Il a pour mission de prévenir, sensibiliser, moraliser et réprimer les actes de corruption et de détournements des fonds publics par la détection, le contrôle, les enquêtes économiques et financières ainsi que les poursuites judiciaires. Ces missions consistent ainsi à inspecter, contrôler et suivre les activités des différentes institutions, organismes, sociétés d'Etat et d'Economie Mixte et associations ou institutions privées bénéficiant de l'aide ou de subventions de l'Etat ainsi qu'à vérifier la régularité des procédures de passation et d'exécution des marchés publics

Il a en outre pour rôle de programmer la mise en œuvre et le suivi des politiques de moralisation dans les services civils et militaires de l'Etat. Il doit élaborer les textes et mettre en œuvre les techniques modernes et adaptées de contrôle interne au sein des institutions publiques et aider à l'élaboration des manuels de procédure, des normes et diligenter des audits dans les administrations publiques et parapubliques. Il doit aussi préparer les dossiers de poursuites judiciaires des auteurs de détournements des deniers publics, de corruption, de concussion et autres infractions assimilées commises au préjudice de l'Etat. Par ailleurs, il a le pouvoir d'ester en justice pour les infractions à caractère économique et financier préjudiciables aux droits de l'Etat. Il doit enfin assurer le suivi judiciaire et la défense des intérêts de l'Etat dans le contentieux consécutif aux contrôles et investigations des services du ministère.

Les limites et contraintes de ce ministère proviennent du déficit de ressources humaines qualifiées. Comme toutes les institutions de l'Etat, la notoriété de

[260] Le décret du 23 août 2015 portant remaniement du Gouvernement vient de supprimer ce ministère.

ce ministère attise la convoitise de certains hommes politiques qui y voient une poche d'emploi plutôt qu'un organe de régulation de la vie économique, politique et sociale du pays.

b. L'Assemblée nationale

Selon l'article 97 alinéa 2 de la Constitution de la République du Tchad, le Gouvernement est responsable devant l'Assemblée Nationale dans les conditions et suivant les procédures prévues aux articles 138 et 139. L'Assemblée Nationale contrôle l'ensemble des actions gouvernementales, vote des lois initiées par elle-même ou par l'exécutif. En cas de manquements ou de dysfonctionnement de l'administration, elle peut interpeller ou sanctionner par des motions de censure le gouvernement.

Elle adopte la loi des finances et en assure le contrôle de l'exécution. Elle a le pouvoir d'ordonner des audits de la gestion de toutes ressources nationales ou projets et programmes mis en œuvre. Elle adopte la loi de règlement avant le vote de la loi des finances pour l'année suivante. C'est cette loi de règlement qui apprécie après exécution du budget de l'Etat les résultats financiers de chaque année civile ; et donc pour bien examiner et apprécier à leur juste valeur les demandes contenues dans la loi des finances sous examen, l'Assemblée Nationale s'inspire de la loi de règlement qui indique comment le budget de l'année antérieure a été exécuté.

Cette intervention de l'Assemblée Nationale dans les différentes phases du processus budgétaire puise sa base juridique dans l'article 23, alinéa 1 de la loi organique n°11/62 qui dispose que les « lois des finances sont arrêtées en conseil des ministres avant d'être présentées à l'Assemblée Nationale pour être votées ».

Comme telle, l'Assemblée Nationale a un pouvoir assez élargi qui s'il est bien exercé, aiderait à réduire substantiellement les problèmes quotidiens dont souffrent les citoyens. Mais dans l'exercice de sa mission, elle fait face à plusieurs contraintes. Elle n'a pas le pouvoir de modifier les dépenses.

Elle n'a pas de pouvoir pour amender la proposition budgétaire de l'exécutif au début de l'année et n'a suffisamment pas de pouvoir pour approuver tout amendement réalisé sur le budget au cours de l'année fiscale.

Elle ne dispose pas non plus de suffisamment de temps pour discuter et approuver un budget et ne tient pas de discussions budgétaires ouvertes durant lesquelles le public peut témoigner. Dominée par un seul parti politique, l'Assemblée Nationale ne joue pas véritablement son rôle de surveillant et de garant du débat contradictoire au Tchad[261].

c. Le Collège de Contrôle et de Surveillance des Ressources Pétrolières

Cette institution est mise en place par la loi n°001/PR/99 du 11 janvier 1999 portant gestion des revenus pétroliers, modifiée par la loi n°16/PR/2000 du 18 août 2000 et la loi n°002/PR/2006 du 11 janvier 2006. C'est un organe indépendant mis en place pour assurer que les revenus pétroliers sont alloués, utilisés et gérés de manière prudente pour permettre d'atteindre les objectifs assignés à l'exploitation du pétrole : la lutte contre la pauvreté.

La mission de ce collège est d'autoriser les engagements en conformité avec la loi des finances et donc de vérifier si les projets et programmes proposés par les ministères prioritaires sont conformes au budget voté par l'Assemblée Nationale (loi des finances) et d'autoriser les paiements sur les comptes spéciaux[262] en relation avec les engagements du gouvernement en matière de lutte contre la pauvreté et l'atteinte des Objectifs du Millénaire pour le Développement (OMD). Il a, en outre, pour mission de vérifier si les activités financées par les revenus pétroliers directs et indirects sont réalisées dans les règles de l'art et dans les délais requis et ceci, grâce aux missions de terrain. En cas de malfaçons ou de retard constatés, il peut interpeller l'entrepreneur ou bloquer la prochaine tranche de paiement à celui-ci.

Cette institution présente également quelques limites. Tout d'abord, son pouvoir est limité parce qu'il n'est pas autorisé à ester en justice mais plutôt à informer simplement les ministères concernés dont celui de la justice par l'entremise des lettres d'interpellation et du rapport annuel. Ensuite, son contrôle ne touche pas les 30% des revenus alloués au fonctionnement de l'Etat. Cependant, la loi lui donne le pouvoir de contrôler désormais les revenus indirects (impôts et autres taxes) issus de l'exploitation du pétrole. L'initiative de transparence des industries extractives (ITIE), si elle est mise en œuvre, devrait renforcer le travail du Collège. En effet, elle rendrait obligatoire la publication des informations sur tous les paiements reçus de l'exploitation des ressources naturelles.

---

[261] Depuis le début de la législature à partir de 1997, elle n'a voté aucune loi de règlement.

[262] Soit 65% des revenus pétroliers accordés par la loi pour le financement des secteurs prioritaires et 5% pour la zone productrice.

d. La chambre des comptes de la Cour Suprême

La Cour Suprême dont la Chambre des Comptes est l'émanation, est, selon l'article 152 de la Constitution[263], la plus haute juridiction du pays en matière judiciaire, administrative et des comptes. Selon les dispositions de l'article 122 de la loi organique, la Chambre des Comptes de la Cour Suprême est une juridiction financière qui exerce un contrôle sur les comptes des comptables publics, assiste le gouvernement et le parlement dans le contrôle de l'exécution des lois des finances.

Elle a le pouvoir de sanctionner directement les comptables qu'elle juge elle-même. Elle peut aussi infliger des sanctions indirectes à l'égard des administrateurs et des ordonnateurs qu'elle ne peut que dénoncer aux autorités administratives supérieures ou aux pouvoirs publics ou déférer à la Cour de Discipline Budgétaire, laquelle n'est pas opérationnelle jusque-là.

Elle vérifie la régularité des recettes décrites dans les comptabilités publiques et, à partir de l'examen de ces dernières, du bon emploi des crédits, fonds et valeurs gérés par les services et les autres personnes morales de droit public, quel que soit leur statut (contrôle de régularité et de conformité). Elle peut également assurer la vérification des comptes et apprécier la gestion des sociétés, groupements et organismes qui gèrent ou manipulent des fonds publics.

La Chambre des Comptes établit chaque année un rapport sur chaque projet de loi de règlement. Ce rapport est adressé au parlement accompagné de la déclaration générale de conformité entre les comptes individuels des comptables et les comptes généraux de l'Etat. Elle procède aux enquêtes qui lui sont demandées par les commissions des finances du parlement sur la gestion des services et organismes qu'elle contrôle. Elle a en outre le pouvoir de vérifier la régularité des recettes et des dépenses publiques, juger les comptes des comptables publics, sanctionner les gestions de fait et les fautes de gestion et prononcer des condamnations à des amendes, etc.

Tel que décrit, le champ d'action de la Chambre des Comptes est plus élargi et le mandat plus rigoureux en matière de comptabilité publique puisqu'elle détient le pouvoir le plus puissant en matière de gestion des finances publiques.

Elle possède également un pouvoir de contrôle sur la gestion de toutes les collectivités publiques et s'assure notamment du bon emploi des crédits, fonds

---

263 Un projet de loi entend instituer une cour des comptes à part entière.

et valeurs gérés par les services. Puisque, selon la loi, tous les comptables publics sont justiciables devant la Chambre des Comptes, ils doivent donc produire leurs comptes de gestion à cette dernière qui les juge.

La principale limite de la Chambre des Comptes est que son contrôle se fait a posteriori. De même, le nombre réduit des conseillers même suppléé par les assistants n'est pas suffisant pour remplir toutes les missions qui lui sont confiées.

Elle joue en outre un simple rôle d'assistance au gouvernement dans l'exécution du budget à travers le rapport sur l'exécution de la loi des finances. De plus, elle n'est pas suffisamment indépendante de l'exécutif et ne dispose pas de ressources suffisantes pour exercer significativement son mandat. Elle ne publie pas à temps les rapports d'audit sur les dépenses finales des départements nationaux.

A défaut de la loi de règlement, la Chambre des Comptes rédige chaque année une Déclaration Générale de Conformité qui accompagne la loi de règlement élaborée par le gouvernement à l'attention de l'Assemblée Nationale.

Cette déclaration générale de conformité est en quelque sorte un certificat ou une caution donnée au gouvernement pour dire que dans l'ensemble, le budget a été exécuté conformément aux autorisations que l'Assemblée Nationale lui a données. Quelle peut être la crédibilité d'une telle déclaration lorsque tous les jours, il est révélé des problèmes graves de détournements et de mauvaise gestion des fonds publics ?

B. Stratégies et perspectives

Pour juguler ces problèmes, plusieurs stratégies ont été mises en place dont la Stratégie nationale de la bonne gouvernance et la Stratégie nationale de réduction de la pauvreté mais celles-ci n'ont pas abouti aux résultats espérés. C'est pourquoi il faut envisager d'autres perspectives.

1. Stratégies

Deux stratégies ont été adoptées en 2002 et 2003 pour combattre la pauvreté à travers la bonne gestion des hommes et du patrimoine de l'Etat. Il s'agit de la Stratégie Nationale de la Bonne Gouvernance (SNBG) et la Stratégie Nationale de Réduction de la Pauvreté (SNRP).

a. La Stratégie Nationale de Bonne Gouvernance

Depuis la Conférence Nationale Souveraine, le gouvernement a engagé un processus démocratique visant la création des conditions de bonne gouvernance. Un cadre institutionnel est mis progressivement en place, notamment la promulgation d'un arsenal juridique approprié portant sur le contrôle et la surveillance, la libéralisation économique, la sécurité publique, la décentralisation et la promotion des libertés et des droits de l'homme. Et la liberté de presse peut être considérée comme la clef de voûte des droits de l'homme qui garantit de surcroît les autres. Elle contribue à la transparence et à la consolidation de l'Etat de droit.

La Stratégie Nationale de la Bonne Gouvernance a été adoptée par le Gouvernement en août 2002. La stratégie fixe les objectifs et établit un plan d'action destiné à renforcer le cadre précis de la bonne gouvernance au Tchad, laquelle se définit par « la gestion transparente et participative du processus de développement économique et social, fondé sur la primauté du droit ». La bonne gouvernance s'entend surtout par « l'obligation de rendre compte». Un des objectifs de la bonne gouvernance consiste à améliorer l'environnement juridique afin d'inspirer la confiance aux hommes d'affaires et aux banques quant au traitement des dossiers relatifs aux transactions commerciales. Ce faisant, la justice deviendrait un instrument essentiel de la croissance économique et du développement du secteur privé. Et c'est en cela qu'elle peut jouer un rôle efficace dans la lutte contre la pauvreté.

Le suivi de la mise en œuvre de cette stratégie est assuré par un Comité paritaire composé de représentants du secteur public, du secteur privé et de la société civile mis en place en 2003. Le but principal de la SNBG est l'amélioration de la gestion des affaires publiques, selon les cinq axes suivants :

-Réformer l'administration afin d'accroître la performance et la transparence de la gestion du secteur public ;

-Assainir les finances publiques avec notamment la maîtrise de la gestion des dépenses et des recettes, la réforme des marchés publics par la simplification de la procédure et l'élaboration d'un guide simplifié de l'acheteur (services publics) ;

-Améliorer la sécurité des personnes et des biens ;

-Réformer les secteurs prioritaires pour qu'ils puissent intervenir plus efficacement au service du développement économique et social du pays, et particulièrement la lutte contre la pauvreté ;

-Favoriser le partenariat entre le secteur public, le secteur privé et les associations de la société civile.

Certaines actions réalisées entre 2002 et 2006 sont à porter à l'actif de la SNBG. Il s'agit notamment de l'organisation des états généraux de la justice, de ceux de l'armée, des formations destinées au renforcement des capacités de l'Assemblée Nationale et de certaines ONG[264] et associations de la société civile. Mais en dépit de tout cela, les autorités reconnaissent que beaucoup reste encore à faire pour : améliorer la gestion des affaires publiques, lutter contre la corruption et renforcer la transparence dans la gestion des affaires publiques, augmenter l'impact des dépenses publiques sur les conditions de vie des populations, rapprocher la justice des justiciables, poursuivre les réformes engagées dont la réforme de l'administration publique, améliorer la sécurité publique et renforcer la lutte contre la corruption et renforcer le partenariat avec les organisations de la société civile.

En conclusion, la Stratégie Nationale de la Bonne Gouvernance n'a pas connu une mise en œuvre effective en raison de la non-opérationnalisation de son cadre institutionnel de mise en œuvre, de suivi-évaluation et des contraintes de mobilisation des ressources.

b. La Stratégie Nationale de Réduction de la Pauvreté

En tant qu'instrument de développement socio-économique, la Stratégie Nationale de Réduction de la Pauvreté (SNRP) a été adoptée le 4 juin 2003 par un Haut Comité Interministériel pour la période 2003-2006. Elle est un cadre fédérateur de tous les programmes sectoriels issus de la Table Ronde de Genève IV de 1998-1999 (éducation, santé, infrastructures et développement rural) ainsi que les Objectifs du Millénaire pour le Développement (OMD)[265] auxquels le pays a souscrit.

---

[264] C'est l'abréviation de « organisations non gouvernementales ».

[265] Selon la Déclaration du Millénaire adopté en septembre 2000 par les Chefs d'Etat et de Gouvernement à New York, huit objectifs ont été fixés pour l'horizon 2015 :

- Eliminer l'extrême pauvreté et la faim ;
- Assurer une éducation primaire pour tous les enfants ;
- Promouvoir l'égalité des sexes et l'autonomisation des femmes ;

La SNRP a complété la SNBG en mettant l'accent sur certains points particuliers, notamment le renforcement de l'efficacité et de l'efficience de l'administration publique, le renforcement des capacités des acteurs du secteur public et privé et de la société civile, la lutte contre la corruption, l'amélioration de l'environnement juridique, le rétablissement de la sécurité des personnes et des biens et la réforme de l'armée nationale. Elle présente une vision intégrée des politiques économiques et sociales du pays et demeure l'instrument principal de la mise en œuvre des OMD au Tchad. Elle préconise de mettre en place les cadres, stratégies et modalités pour réduire la pauvreté de moitié en 2015 par rapport à son niveau de 1996-1997 qui était estimé à 54%.

La SNRP est articulée autour de cinq axes principaux, à savoir : promouvoir la bonne gouvernance, assurer une croissance forte et soutenue, améliorer le capital humain, améliorer les conditions de vie des groupes vulnérables, instaurer et sauvegarder les écosystèmes. La vision gouvernementale dans cette stratégie est de « promouvoir à moyen et long terme une croissance économique forte et soutenue, réductrice de la pauvreté et de la vulnérabilité.

A cet effet, il a été prévu : la promotion de la bonne gouvernance pour renforcer la cohésion sociale et l'efficacité des politiques, la création d'un environnement économique propice à une croissance économique robuste et diversifiée, la valorisation du potentiel de croissance du secteur rural, le développement des infrastructures, levier de croissance, la valorisation des ressources humaines, socle principal du processus de développement socio-économique. Mais quel est donc l'impact de la mise en œuvre de la SNRP sur la croissance et la pauvreté ?

Au cours de la décennie 90, la croissance a été modérée. Le taux de croissance du PIB réel a oscillé autour de 4,6% et son taux annuel moyen réel par habitant n'a été que de 1,8%. Par contre, la décennie 2000 a été marquée par une croissance assez soutenue malgré la baisse de la production pétrolière. Elle a oscillé autour de 8,6% en moyenne annuelle pour un taux moyen annuel par habitant d'environ 6% pour la période 2000-2010. Même si des résultats significatifs ont été enregistrés en matière de croissance durant cette phase de mise en œuvre de la SNRP, il est difficile de déterminer dans quelle mesure ils ont amélioré les conditions de vie de la population.

- Réduire la mortalité des enfants de moins de cinq ans ;
- Améliorer la santé maternelle ;
- Combattre le VIH/SIDA, le paludisme et les autres maladies ;
- Assurer un environnement durable ;
- Mettre en place un partenariat mondial pour le développement.

En ce qui concerne la réforme de l'administration publique, les actions réalisées jusqu'alors se limitent à l'audit organisationnel de neuf ministères pilotes et à la refonte des statuts particuliers de tous les corps de fonctionnaires de l'Etat afin de les organiser par secteurs d'activités. Une vingtaine d'autres ministères sont en train de faire l'objet d'audit organisationnel. Ces réformes menées par une cellule technique pour le suivi des réformes de l'administration publique ne semblent pas avoir abouti aux résultats escomptés, et l'administration n'a pas encore atteint des performances nécessaires pour servir d'outil de lutte contre la pauvreté. Quelques actions de renforcement de capacités ont été réalisées au profit du Parlement et de certaines associations de la société civile mais les retombées ne semblent pas évidentes. Pour ce qui concerne l'administration du territoire, la réforme a consisté à ériger de nouvelles entités administratives (sous-préfectures et départements) et à le regrouper en 18 régions placées sous l'autorité des gouverneurs. Les moyens humains, matériels et financiers pour faire fonctionner ces entités font cruellement défaut. En outre, on assiste à une militarisation à outrance de l'administration du territoire puisque la plupart des gouverneurs, préfets et sous-préfets sont des soldats donc non formés pour la gestion pacifique des hommes et des biens. Ce découpage du territoire était présenté comme un prélude à la mise en place d'une décentralisation afin de responsabiliser la population en l'associant à la gestion des affaires la concernant. Dans la pratique, la décentralisation piétine malgré l'adoption d'une batterie de textes pour régir le cadre institutionnel de cette réforme.

2. Perspectives

On vient de le voir, la Stratégie Nationale de Bonne Gouvernance définit la bonne gouvernance par la « gestion transparente et participative du processus de développement économique et social, fondé sur la primauté du droit ». La bonne gouvernance s'entend surtout par l'obligation de rendre compte.

Certes, des progrès ont été accomplis en matière de bonne gouvernance, mais le contexte sécuritaire, politico-administratif et économique du pays ne permet pas que les impacts de cette gouvernance sur la réduction de la pauvreté puissent se développer. L'objectif global de la SNBG qui est l'amélioration de la gestion des affaires publiques n'a pas été atteint. Afin de réaliser des progrès hardis en matière de promotion de la bonne gouvernance, il faut nécessairement consolider la gouvernance politique, améliorer la gouvernance administrative, accélérer la réforme de la justice et renforcer la gouvernance économique.

a. Consolider la gouvernance politique

La consolidation de la gouvernance politique vise d'une part, l'amélioration et la consolidation du processus démocratique et d'autre part, le renforcement du partenariat entre l'Etat, la société civile et le secteur privé. Au niveau politique, après de longues années de dictature, le Tchad a progressé vers l'ouverture de son système politique et l'élargissement des libertés publiques. L'éclosion des partis politiques, le développement de la presse privée et la création des organisations de la société civile et celles de défense des droits de l'Homme après les années 90 augurent d'un climat favorable à la vie politique pluraliste.

Adoptée en 1996, la Constitution a été modifiée en 2005[266]. La modification concernait d'une part, le mandat du Chef de l'Etat lui permettant de se représenter indéfiniment aux élections présidentielles et d'autre part l'âge requis des citoyens tchadiens à se présenter aux présidentielles. Cette modification a fait assez de mécontents, même au sein du parti au pouvoir. Les élections présidentielles de 1996, 2001, 2006 et 2011, bien que souvent contestées pour des raisons d'irrégularités et de fraudes électorales, offrent l'opportunité d'un exercice démocratique auquel le pays commence à s'adapter. Les élections législatives ont également été organisées en 1997, 2002 et 2011.

Le processus démocratique guidé par l'Accord Politique du 13 août 2007 a connu des avancées : le mandat de l'Assemblée Nationale, prévu pour prendre fin en 2006, a été prolongé deux fois ; le Recensement Général de la Population et de l'Habitat a été réalisé en 2009 et le Recensement Electoral a eu lieu en 2010, des textes fondamentaux sont adoptés, notamment le Code Electoral et la loi portant création de la Commission Electorale Nationale Indépendante. En 2008, quatre accords importants de paix ont été conclus, après les attaques des rebelles sur la capitale. L'implication du Médiateur National a largement contribué à faire respecter les engagements du gouvernement. La plupart des mouvements politico-militaires, signataires desdits accords se sont transformés en partis politiques dans les conditions définies par la Charte des partis politiques.

Toutefois, jusqu'en 2008, le pays a connu plusieurs troubles civils de gravité et de durée variables. La persistance de l'insécurité tant au niveau interne qu'aux frontières détourne les ressources devant servir aux investissements productifs comme sociaux, amenuisant ainsi les efforts de développement

---

[266] Cette révision concernait aussi la suppression du Sénat lequel n'a jamais été mis en place.

socio-économique et partant, perpétue la pauvreté. L'une des principales entraves au développement durable et à la bonne gouvernance au Tchad est l'instabilité politique et la faiblesse de l'Etat en tant que structure organisée. Comme le souligne le rapport de la BAD[267] sur le profil de la gouvernance au Tchad, «l'obligation de rendre compte n'y est pas une grande préoccupation, même si des mécanismes institutionnels existent à cet effet».

En matière de rétablissement de la sécurité des personnes et des biens, les mesures suivantes ont été prises : création d'un ministère chargé de la sécurité et de l'immigration, récupération des armes de guerre détenues par les civils et suspension d'achat d'armes de poing, élaboration d'un projet de loi sur la transhumance et le nomadisme dont l'application devrait contribuer à l'apaisement et au rétablissement de la paix sociale dans les zones rurales concernées. Dans le cadre de l'Armée Nationale Tchadienne et de l'amélioration des capacités d'intervention de la police et de la gendarmerie, tous les commandants des brigades de la gendarmerie ont été recyclés dans la capitale.

b. Améliorer la gouvernance administrative

Pour ce qui est de la réforme administrative, les principales réalisations ont porté sur les audits institutionnels et organisationnels de 23 ministères[268] dont les plans d'action de mise en œuvre des recommandations ont été adoptés par le gouvernement. Les principes d'une réforme de la fonction publique comprenant la refonte des statuts particuliers, la réforme des grilles salariales, un système d'indemnités tenant compte des sujétions particulières des différentes catégories d'agents publics et des incitations à la performance ont été posés. En 2007, a commencé l'application du classement des agents de l'Etat dans les nouvelles grilles.

Dans le domaine de la décentralisation, en prélude à la mise en place des collectivités territoriales décentralisées, le découpage administratif s'est poursuivi. Le nombre de préfectures désormais appelées départements est passé de 14 à 62 et celui des sous-préfectures de 52 à 252. Ces nouvelles entités administratives ont été regroupées en 22 régions, placées sous l'autorité des gouverneurs. Ce découpage permet une meilleure prise en main du territoire en rapprochant les centres de décisions administratives des administrés. Cependant, cette décentralisation piétine et se heurte à de

---

[267] Banque Africaine de Développement.

[268] Dont neuf en 2004 et quatorze en 2007.

nombreuses difficultés. La plus importante est la rapidité avec laquelle le découpage du territoire a été réalisé, sans tenir compte des ressources matérielles, humaines et financières pour faire fonctionner les nouvelles circonscriptions créées. Les élections municipales prévues en 2005 n'ont eu lieu que récemment en 2012.

Dans le domaine de l'administration du territoire, les constats du rapport de la Commission d'enquête parlementaire sur la gestion de ce volet publié en mai 2007 sont les suivants : parmi les structures nouvellement créées, 52 départements sur 62 et 202 sous-préfectures sur 252 l'ont été conformément aux textes de base, notamment la Constitution et l'Ordonnance n° 01/PR/2003 du 8 septembre 2003 portant création des collectivités territoriales décentralisées ; la nomination des agents de commandement n'obéit pas aux dispositions réglementaires fixées par le décret n° 901/PR/MFTE/2006 fixant le statut particulier des corps de fonctionnaires du secteur de l'Administration. C'est ainsi qu'il a été constaté que sur les 426 agents de commandement en fonction, seuls 12% étaient des professionnels, les non-professionnels représentaient 36%, les militaires 26%, les personnalités politiques 3% et les 23% étaient constitués de personnes sans référence professionnelle.

En matière de renforcement des capacités de la société civile, le gouvernement et l'Union Européenne ont favorisé, dans le cadre des Accords de Cotonou, la création de l'O.A.N.E.T. (Organisation des Acteurs Non Etatiques) qui est un nouveau cadre de mobilisation des partenaires locaux des pouvoirs publics, venant renforcer ceux existants tels que la Cellule de Liaison et d'Information des Associations Féminines (CELIAF), la Cellule de Liaison et d'Information des Organisations Non Gouvernementales (CILONG), etc. Cependant la participation des organisations de la société civile dans la mise en œuvre des politiques et stratégies de développement et de lutte contre la pauvreté reste encore limitée faute de capacité humaine adéquate disponible.

c. Accélérer la réforme de la justice

Le gouvernement a également entrepris de réformer et de moderniser la justice. Les recommandations et résolutions des états généraux de la justice organisés en juin 2003 ont donné lieu à l'élaboration d'un programme de réforme de la justice. Des progrès ont été réalisés dans la mise en œuvre du Plan d'action de la justice et des recommandations desdits états généraux, notamment : la création de deux nouvelles cours d'appel (Abéché et Moundou) pour décongestionner l'unique cour d'appel de N'Djaména, la création de tribunaux de commerce dans les chefs-lieux de 18 régions, la révision des indemnités mensuelles des magistrats et juges de paix et l'adoption d'un statut particulier des greffiers, la création des justices de paix dans certains départements, sous-préfectures et des arrondissements de la capitale, la formation de cinq formateurs dont deux juges et trois en administration pénitentiaire et l'élaboration d'un projet de loi révisant et complétant certaines dispositions du Code Pénal en faveur des enfants. Dans la même lancée, six sections de tribunaux ont été érigées en tribunaux de première instance. Plusieurs promotions de juges de paix ont été formées et affectées dans ces juridictions (sous-préfectures) afin de rapprocher la justice des justiciables.

Mais des difficultés ont entravé la mise en œuvre complète des recommandations des états généraux de la justice. Il s'agit entre autres : du retard dans le décaissement des fonds alloués pour la formation du personnel judiciaire, de la pléthore des magistrats n'ayant pas la compétence requise, du manque de rigueur dans la sélection des candidats aux fonctions de magistrats et de greffiers, de l'obsolescence des codes de procédure, de l'inexécution des décisions de justice rendues[269], soit au laxisme des agents, soit aux ingérences intempestives des autorités administratives, politiques et militaires dans les affaires judiciaires, du recours aux justices parallèles par les citoyens à cause de leur célérité et enfin, du manque des maisons d'arrêt répondant aux normes.

d. Renforcer la gouvernance économique

Il est vrai que depuis l'adoption de la Stratégie Nationale de Réduction de la Pauvreté, d'importantes mesures ont été prises pour améliorer la gestion des finances publiques. Le gouvernement a introduit progressivement l'instrument du cadre des dépenses à moyen terme (CDMT) en vue de rationnaliser les choix budgétaires intersectoriels et mieux aligner le budget et les budgets de programme sur les priorités sectorielles de la SNRP. L'informatisation du circuit de la dépense permet d'accélérer la préparation des tableaux financiers et l'établissement de rapports sur l'exécution du budget. Cependant, l'efficacité de cette réforme est encore affectée par le caractère parcellaire d'un système auquel plusieurs services financiers clés ne sont pas encore connectés.

L'une des mesures les plus importantes a été l'augmentation de la part des secteurs prioritaires pour la réduction de la pauvreté dans le budget et la décision d'affecter 70% des crédits budgétaires à l'éducation, à la santé, aux

269

infrastructures, au développement rural et à la gouvernance à partir de juillet 2006. En dépit des difficultés rencontrées par les ministères prioritaires pour consommer leurs crédits, leur part des dépenses totales a augmenté dans les budgets exécutés, mais l'incidence budgétaire des problèmes de défense et de sécurité a freiné cette évolution.

Conscient des efforts pour améliorer la gestion financière de l'Etat, le gouvernement, avec l'appui de la communauté internationale, a mis en place un Programme de Modernisation des Finances Publiques (PAMFIP). Il est attendu de la réalisation de ce programme une meilleure maîtrise des dépenses publiques, un accroissement des recettes fiscales, un renforcement du système de contrôle sur les fonds publics et une amélioration du fonctionnement du trésor. Un nouveau code des marchés publics a été adopté et les décrets d'application ont été publiés. Les commissions des jugements des offres ont été mises en place dans les secteurs prioritaires et dans les autres ministères.

Cependant d'importants problèmes restent encore à résoudre : la mobilisation des recettes non pétrolières plafonne autour de 12,7% du PIB, malgré les réformes entreprises et les efforts déployés ; des budgets-programmes ont été préparés dans les ministères des secteurs prioritaires, mais ils ont très peu d'influence sur les choix budgétaires faits par le ministère des finances au stade de la préparation et de l'exécution du budget ; en dépit des progrès réalisés dans la gestion des finances publiques, le pays n'a pas pu atteindre le point d'achèvement de l'initiative PPTE[270], se privant ainsi des avantages liés à l'allègement de sa dette.

En matière de lutte contre la corruption, la volonté politique s'est traduite par la création en 2004 du ministère chargé du contrôle général d'Etat et de la moralisation. Une enquête nationale sur la perception de la corruption a été réalisée donnant lieu à l'élaboration d'un plan stratégique et d'un plan d'actions de lutte contre la corruption. Toutefois, d'une manière générale, la lutte contre la corruption et le détournement des deniers publics se heurte au mauvais fonctionnement de l'appareil judiciaire et à la jeunesse de ce département. Certes, des progrès ont été accomplis en matière de bonne gouvernance, mais le contexte sécuritaire, politico-administratif et économique du pays ne permet pas que les impacts de cette gouvernance sur la réduction de la pauvreté puissent se développer : les progrès en termes de bonne gouvernance ne sont pas très visibles (sécurité, droits de l'homme, démocratie, justice, corruption, décentralisation) ; la gestion des finances publiques présente encore de sérieuses faiblesses sur toute la chaîne budgétaire.

---

[270] Pays Pauvres Très Endettés.

Les stratégies mises en place pour lutter contre ces fléaux n'ayant pas abouti aux résultats escomptés, il fallait envisager d'autres solutions : la création des juridictions spéciales et l'adoption d'une loi dont certaines dispositions violent le principe de la présomption d'innocence.

§ 2. Les tentatives de solutions

Les tentatives de solutions ont consisté en la création successive de deux juridictions dont la première revêtait les caractères d'une juridiction d'exception mais rien n'y fit. Même l'adoption en 2000 d'une loi spéciale pour lutter contre les détournements de biens publics, la corruption, la concussion et autres infractions assimilées n'a résolu aucun problème.

A. La Cour Spéciale de Justice et la Commission Bartchiret

Cette Cour qui a bien fonctionné malgré les reproches de certains procéduriers a cédé sa place à une Commission qui n'a duré que quelques mois.

1. La Cour Spéciale de justice de 1985

a. Contexte historique et mise en œuvre

La vie publique tchadienne est gangrenée par la corruption, la concussion, la gabegie, le clientélisme, les abus de biens sociaux, les détournements de deniers publics, l'impunité, les violences de tous genres, la mauvaise gestion des ressources humaines. L'environnement est délétère car l'argent et la misère se côtoient inexorablement. L'injustice sociale se renforce inéluctablement. Les autorités de l'Etat se révèlent elles-mêmes corrompues et corruptrices et de grands défenseurs de l'impunité.

Face à ce fléau, il fallait réagir. Le 26 mai 1972 et par la loi n° 3, une cour spéciale de justice fut créée. Rédigée en 22 articles, elle portait répression des détournements de deniers publics. Mais à peine quelques mois d'application timide, cette loi fut modifiée à la faveur du renversement du régime[271] par l'ordonnance n° 26-PR-MJ du 11 octobre 1975. Il s'agissait bien sûr de modification mineure mais cette loi, à l'instar des précédentes, ne fera pas long feu. D'ailleurs quelques mois seulement après l'euphorie du coup d'Etat avec quelques audiences, cette cour spéciale sombrera dans la léthargie avant le début de la guerre civile.

Il faut dire cependant que jusqu'aux événements de 1979 qu'a connus le pays, ces maux étaient des phénomènes rares, limités aux administrations de la douane, des impôts et taxes, aux services chargés des grands projets de développement ou des marchés publics. Mais progressivement, la gabegie, la corruption et les détournements de toutes sortes atteignent toute l'administration pour s'étendre à toutes les couches sociales. Le mal prend de l'ampleur à la faveur du changement politique intervenu le 7 juin 1982[272]. En effet, les nouveaux tenants du pouvoir dans leur tentative effrénée de s'enrichir très rapidement font une confusion presque totale entre les biens publics et leur propriété privée. L'Etat est saigné à blanc. C'est un régime de prédation qui ne dit pas son nom. Des critiques acerbes venant de toutes parts, le Gouvernement est obligé de réagir. C'est dans ce contexte que naît l'ordonnance n°003/PR/MJ/85 instituant une cour spéciale de justice et portant répression de détournements, soustractions des biens publics.

La cour spéciale de justice est composée d'un président, de deux conseillers, de deux jurés, d'un commissaire du Gouvernement et d'un greffier. L'information est assurée par un juge d'instruction du tribunal de première instance de N'Djaména[273]. Relèvent de la compétence de cette cour, les infractions de détournements, soustractions et escroqueries portant sur des biens publics, ou des biens destinés ou confiés aux collectivités ou établissements publics, aux organismes coopératifs ou aux sociétés contrôlées par l'Etat, commises par les fonctionnaires, agents ou préposés d'une administration publique, ou d'une administration placée sous le contrôle de la puissance publique, ou citoyens chargés d'une mission de service public ainsi que par tous ceux qui, à titre quelconque et sans avoir les qualités sus-indiquées se seront immiscés dans le maniement de ces biens.

Les sanctions pénales varient selon les valeurs des biens détournés ou spoliés. Elles vont de 6 à 10 mois d'emprisonnement à la peine de mort pour des biens

---

[271] Premier coup d'Etat intervenu le 13 avril 1975 lequel a emporté le premier Président Ngarta Tombalbaye.

[272] Prise de pouvoir par les armes par M. Hissein Habré après les guerres civiles de 1979 à 1982.

[273] Le tribunal comprenait à l'époque trois juges d'instruction mais un seul était désigné spécialement pour les dossiers de cette Cour.

de valeur égale ou inférieure à 100 000 francs CFA et pour une valeur supérieure à 30 millions de francs CFA. Le recel des biens, la complicité de ces infractions ainsi que les tentatives de soustraction et d'escroquerie sont punies des mêmes peines ci-dessus spécifiées. Relèvent également de la compétence de la cour spéciale de justice, la concussion, la corruption et le trafic d'influence lorsque l'un des auteurs est fonctionnaire, agent ou préposé d'une administration publique ou d'une administration placée sous le contrôle de la puissance publique, ou citoyen chargé d'une mission de service public. Mais contrairement aux premières infractions, celles-ci ne sont punies que d'un emprisonnement de 1 à 5 ans et d'une amende de 10 000 à 5 000 000 de francs CFA ou de l'une de ces deux peines seulement. Une peine de 1 à 5 ans d'emprisonnement est également infligée à tout fonctionnaire qui, ayant connaissance d'un déficit de caisse ou d'un déficit comptable dans la gestion d'un agent public, ne le dénonce pas aux autorités compétentes. Les dispositions du Code pénal relatives aux circonstances atténuantes et au sursis ne sont appliquées que si la valeur des biens soustraite a été intégralement remboursée. Ne sont admises que les procédures de flagrant délit et d'information préalable.

La détention préventive des inculpés est obligatoire et toute demande de mise en liberté irrecevable[274] jusqu'à la clôture de l'information. Les fonctionnaires qui font l'objet de poursuite devant la cour spéciale de justice sont suspendus de leurs fonctions et privés de la totalité de leur solde à l'exception des allocations familiales à compter du jour de l'ouverture des poursuites. Dans le cas de non-lieu, de relaxe ou d'acquittement, ils ne seront rétablis dans leurs fonctions et dans leurs droits que sur décision commune du ministre dont relève l'intéressé, du ministre des finances et de l'I.G.C.E[275] après avis de la Commission de Vérification des Comptes.

Le Juge d'Instruction est tenu de clôturer son information dans un délai de 8 mois, lequel délai peut être prolongé par le ministre de la justice d'une même durée mais seulement en cas de nécessité absolue. En cas de charges suffisantes, le juge d'instruction prononce le renvoi des inculpés devant la cour spéciale de justice. Le Commissaire du Gouvernement est seul habilité à déférer dans les 24 heures les ordonnances de renvoi du juge d'instruction devant la cour spéciale de justice. La cour a plénitude de juridiction pour donner aux faits qui lui sont déférés leur qualification véritable et les réprimer. Est appliquée la procédure de droit commun au jugement des causes qui lui sont soumises. Ses décisions ne peuvent faire l'objet que de recours en révision et elle seule en sera compétente. Les affaires en cours d'instruction ou de jugement suivant les règles de procédure et de compétence instituées

---

274 Contrairement au principe fondamental de présomption d'innocence.
275 C'est le Ministère de l'Inspection générale et du contrôle d'Etat.

par la procédure de droit commun sont déférées en l'état et de plein droit à la cour spéciale de justice[276].

b. Les résultats

La cour spéciale de justice a fonctionné de 1985 à 1990, date de la chute du Président Hissein Habré. Elle avait rendu au total 146 arrêts dont 18 arrêts en 1985, 31 en 1986, 30 en 1987, 15 en 1988, 12 en 1989 et 40 en 1990. Parmi ces arrêts, il y avait eu juste 3 décisions de condamnation de prison à perpétuité mais deux des condamnés ont bénéficié de la grâce présidentielle. Il y a eu en outre 102 décisions de condamnations à des peines avec sursis et 17 décisions de relaxe. Il convient de relever qu'aucune condamnation à mort n'a été prononcée depuis la création de cette cour. Si de par son organisation et son fonctionnement, la cour spéciale de justice paraît l'une des meilleures de l'organisation judiciaire, l'on ne peut s'empêcher de s'interroger sur son efficacité. En fait la Cour est-elle efficace ? A-t-elle pu depuis sa création limiter le nombre de détournements de biens publics sinon dissuader les éventuels candidats aux détournements ?

Pour répondre à ces questions, une analyse de certaines dispositions de l'ordonnance n° 003/PR/MJ/85 et du contexte politique s'impose. Comme tout œuvre humaine, l'ordonnance précitée n'est pas parfaite et elle porte en elle-même les germes de l'inefficacité de ladite cour. En effet l'article 7 de cette ordonnance précise que « les dispositions de l'article 55 du Code pénal relatives aux circonstances atténuantes et celles des articles 59 et 61 relatives au sursis ne seront appliquées aux infractions prévues par la présente ordonnance, sauf dans le cas où la valeur des biens soustraits, détournés ou escroqués auront été intégralement remboursés à l'Etat ou aux organismes énumérés à l'article 3 ». Ce qui signifie en clair et la jurisprudence de la Cour le confirme que la condamnation avec sursis intervient de droit pour toutes les personnes poursuivies qui auront remboursé intégralement le montant détourné. Cette disposition explique le nombre élevé des condamnations avec sursis et cautionne une certaine transaction qui est en principe incompatible avec le fondement même de la répression[277].

---

[276] En violation du principe de légalité des peines consacré à l'article 1er du Code pénal selon lequel « nul crime, nul délit, nulle contravention ne peut être puni de peines qui n'étaient pas prononcées par la loi avant qu'ils fussent commis ».

[277] En effet, selon l'article 349 du Code pénal, la transaction n'est admise que pour certaines contraventions.

D'autre part, la volonté politique du régime de l'époque de lutter contre les détournements des biens publics compte beaucoup sur l'efficacité de la répression. Le Président qui dispose du droit de grâce peut l'utiliser à sa discrétion chaque fois qu'une demande en ce sens lui est adressée. A cet effet deux condamnations à perpétuité ont été graciées contrairement à la volonté du Gouvernement de lutter contre ces détournements. De même, l'instabilité des institutions du pays profite aux prisonniers et autres détenus qui s'évadent des maisons d'arrêt à chaque changement de régime. C'est ainsi que les condamnés et autres prévenus de la Cour Spéciale de Justice s'étaient retrouvés en liberté le 1er décembre 1990[278]. Il faut noter que l'ordonnance n° 001/PCE/90 du 31 décembre 1990 portant amnistie des délits et contraventions ne concerne pas les infractions réprimées par la juridiction d'exception, mais les évadés n'ont jamais réintégré la maison d'arrêt plusieurs mois après cette loi d'amnistie.

Il faut se féliciter qu'en son temps, la Cour Spéciale de Justice avait le mérite de créer cet impact psychologique de dissuasion. Elle a pu instaurer de par ses décisions rigides une certaine psychose dans le rang des personnes de mauvaise moralité. Mais comme le mentionnait en 1991 la note de présentation de l'ordonnance portant amnistie des infractions relevant de la Cour Spéciale de justice, cette juridiction ne touchait que le menu fretin ; « les gros caïmans» n'étaient nullement inquiétés d'où l'inexistence des condamnations à mort alors que des détournements dépassant le seuil de 30 millions étaient légion. C'est ainsi que le Gouvernement avait décidé d'amnistier le 31 décembre 1991 toutes les personnes poursuivies au regard de l'ordonnance du 5 février précité.

2. La « Commission Bartchiret »

a. Naissance et modalités de fonctionnement

Le 18 mai 2004, naît une Commission ad hoc de contrôle et de vérification de la gestion des fonds publics. Elle est placée sous l'autorité directe du Président de la République. Selon l'article 2 du décret la créant, la Commission est dotée de pouvoirs généraux de contrôle et d'investigation de la gestion des fonds publics[279]. Elle jouit d'une mission polyvalente laquelle s'exerce sur

[278] Date de prise de pouvoir par le colonel Idriss Déby lequel a chassé par les armes le Président Hissein Habré.

[279] Il s'agit du décret n° 220/PR/2004 portant création d'une Commission ad hoc de

l'ensemble des services publics de l'Etat, les entreprises publiques, les collectivités territoriales décentralisées, les établissements publics, les programmes et projets et les personnes morales de droit privé ayant bénéficié de concours financiers de l'Etat et/ou des collectivités publiques[280]. La commission a accès à toutes les informations qu'elle juge nécessaires à l'accomplissement de sa mission et est tenue d'informer le Chef de l'État, unique destinataire de ses rapports périodiques. Ces rapports ont un caractère confidentiel et nul n'est autorisé à en divulguer tout ou partie si ce n'est le Chef de l'Etat lui-même.

Présidée par M. Ahmed Bartchiret, conseiller spécial du Président de la République et ancien Président de la Cour Suprême, elle a une composition hétéroclite. Des 14 membres qui la composent, 4 sont les conseillers du Président de la République et 4 sont des magistrats (deux membres de la Cour Suprême et le procureur de la République et son substitut), deux fonctionnaires du Ministère des Finances.

Le Directeur Général de la Gendarmerie ainsi que deux députés sont également nommés membres. Le Directeur Général des marchés publics assure la mission de rapporteur de ladite commission.

Faute d'une feuille de route et d'une procédure préalablement définie, la Commission travaille sur la base des rapports déposés par la chambre des comptes, des rapports de l'inspection générale des finances et ceux de la commission des finances de l'Assemblée Nationale. Toutes les sources d'information sont privilégiées dans le cadre des investigations.

b. Les résultats obtenus

Le décret portant création de la commission est resté muet sur la durée de sa mission mais selon son Président, elle concerne l'année 2003[281]. Un mois et demi après sa création, pratiquement tous les départements ministériels qui ont eu à passer des marchés publics ont été audités. Quand des charges sont retenues contre les agents de l'Etat, la Commission transmet le dossier au parquet pour l'engagement des poursuites.

Les directeurs et chefs de services, les secrétaires généraux des ministères et certains ministres ont été impliqués. La poursuite de ces derniers relève de la

Contrôle et de Vérification de la Gestion des Fonds Publics.

[280] Art. 3 du décret.

[281] Interview réalisé par Tchad et Culture n° 229 du mois de juillet 2004.

Haute Cour de Justice mais se pose toujours la question de la levée de leur immunité[282]. Les commerçants et autres personnes morales de droit privé auteurs d'évasion ou de fraudes fiscales subissent des redressements. Plusieurs opérateurs économiques redevables envers l'Etat qui n'ont pu régulariser leur situation se sont exécutés sous la pression de la Commission. A la fin de sa mission, elle a pu recouvrer près d'un milliard de francs CFA mais les dossiers de poursuite n'ont pas abouti pour la plupart d'entre eux.

B. La loi du 16 février et le Contrôle Général d'Etat et la moralisation

C'est par une loi datant de l'an 2000 et intitulée loi n°004/PR/2000 que le Gouvernement entendait lutter contre le phénomène de l'impunité en adoptant cette loi. Les infractions visées sont les détournements de deniers publics, la corruption, la concussion notamment.

1. La loi du 16 février 2000

a. L'analyse de la loi

Ayant décidé de juguler le phénomène de l'impunité et alors que les textes existaient déjà, le Gouvernement par une loi n°004/PR/2000 datée du 16 février 2000 a cru devoir lutter contre les détournements de biens publics, la corruption, la concussion, les trafics d'influence et infractions assimilées. Dans le fond, cette loi constitue un bon instrument de lutte contre la criminalité financière qui gangrène l'administration publique. Les délits de détournement, de soustraction ou toutes infractions assimilées sont punis des peines qui varient de six mois à un an d'emprisonnement au minimum et aux travaux forcés à perpétuité au maximum[283], selon que la somme ou les biens détournés ont une valeur allant de 100 000 FCFA (ou moins) à trente millions de francs

[282] En effet, l'Assemblée nationale a prononcé une seule levée d'immunité alors que plusieurs ministres étaient impliqués dans les dossiers de détournements de fonds publics.

[283] Pas de condamnation à mort alors que l'article 5 du Code pénal relatif à la peine est toujours en vigueur.

CFA[284]. Par ailleurs, le recel de ces biens et la complicité des infractions, ainsi que la tentative de soustraction ou d'escroquerie, sont punis des mêmes peines[285]. Le fonctionnaire qui fait l'objet de poursuites pour l'une des infractions prévues par cette loi, est suspendu de ses fonctions et privé de la moitié de son solde, à compter de l'ouverture des poursuites[286]. Et l'article 8 rend obligatoire la détention préventive des inculpés et leur refuse toute possibilité de mise en liberté provisoire, annihilant ainsi le principe de la présomption d'innocence.

Selon l'article 3, les infractions ci-dessus prévues sont punies, en plus des peines, de la confiscation de tout ou partie de biens tant mobiliers qu'immobiliers des coupables. L'aliénation de ces biens est poursuivie par l'Administration des Domaines dans les formes prescrites pour la vente des biens de l'Etat. L'Administration, régulièrement constituée partie civile, peut prendre sur les biens des personnes poursuivies, toutes mesures conservatoires autorisées par ordonnance du Président de la juridiction saisie. Toutefois, selon l'alinéa 2 de l'article 5, toute décision définitive de non-lieu, de relaxe ou d'acquittement, emporte mainlevée de plein droit des mesures conservatoires ainsi décidées. Les dispositions de l'article 55 du Code pénal relatives aux circonstances atténuantes et celles des articles 59 à 61 relatives au sursis ne sont pas appliquées, sauf dans le cas où la valeur des biens soustraits, détournés ou escroqués aura été intégralement remboursée à l'Etat ou aux organismes propriétaires. De plus, les fonctionnaires et agents de l'Etat et leurs complices condamnés sont déclarés d'office incapables d'exercer tout emploi public et l'interdiction de certains droits et la dégradation civique peuvent être appliquées.

Les articles 9 à 11 définissent la corruption ainsi que le régime des peines subséquentes. Selon l'article 9 de la loi, quiconque, pour obtenir soit l'accomplissement, l'ajournement ou l'abstention d'un acte, soit une faveur ou avantage, fait des promesses, offres, dons, présents ou cède à des sollicitations tendant à la corruption, est puni d'un emprisonnement de cinq à dix ans et d'une amende de 200 000 à 5 000 000 de francs CFA, que la corruption ait ou non produit son effet. Quant à celui qui fait des dons, présents ou cède aux sollicitations tendant à rémunérer un acte accompli ou une abstention passée est puni d'un à cinq ans et d'une amende de 200 000 à 5 000 000 de francs ou l'une de ces deux peines seulement. Les fonctionnaires, leurs commis, préposés ou agents publics qui sciemment et pour leur propre compte, accordent des exonérations de droits, taxes, redevances, impôts ou contributions, délivrent à un prix inférieur à celui qui est prescrit les produits

[284] Art. 1er de la loi
[285] Art. 2 de la loi.
[286] Art. 7 de la loi.

de l'Etat, d'une collectivité ou établissement soumis à la tutelle de l'Etat ou à participation financière de l'Etat, est puni d'un emprisonnement de deux à dix ans et d'une amende de 200 000 à 5 000 000 de francs CFA.

La concussion est réglementée à l'article 12 de la loi. Tout fonctionnaire ou officier public, tout percepteur des droits, contributions ou deniers publics, leurs commis ou préposés, qui auront reçu, exigé ou ordonné de percevoir pour droits, taxes, contributions ou deniers, ou pour salaires ou traitements et pour leur propre compte, ce qu'ils savaient n'être pas dû ou excéder ce qui était dû, seront punis d'un emprisonnement d'un à dix ans et d'une amende de 200 000 à 5 000 000 de francs CFA ou de l'une de ces deux peines seulement. Quant au trafic d'influence, il fait l'objet des articles 13 et 14 de la loi. Aux termes de l'article 13, celui qui par voie de fait, menaces, dons ou promesses, corrompt une personne ayant une influence réelle ou supposée pour obtenir de l'autorité publique un avantage quelconque, est puni d'un emprisonnement de deux ans et d'une amende de 200 000 à 5000 000 de francs CFA. Selon l'article 14, est puni des mêmes peines, le fonctionnaire qui, pour lui-même ou pour autrui, sollicite, agrée ou reçoit des offres, promesses ou dons pour faire obtenir un avantage quelconque accordé par l'autorité publique ou par un organisme placé sous contrôle de l'autorité publique, des marchés ou autres bénéfices résultant des conventions conclues avec l'autorité publique, abusant ainsi de l'influence réelle ou supposée que lui donne sa qualité ou son mandat.

De nouvelles infractions apparaissent dans cette loi. Ainsi l'article 15 définit et fixe les conditions de répression de « l'intérêt dans un acte »[287] et les articles 16 et 17, « le déficit non signalé » (mêmes peines). Puis le supérieur hiérarchique qui, ayant la gestion d'un agent de l'Etat placé sous ses ordres ou sa surveillance et qui ne le dénonce pas à sa hiérarchie ou à l'autorité judiciaire compétente peut écoper de deux à dix ans d'emprisonnement et payer 200 000 à 5 000 000 FCFA d'amende. Mais cette loi n'a du tout pas été appliquée. Pour preuve en 2003, Transparency International avait classé le Tchad comme premier pays dans le monde en matière de corruption. Les tribunaux sont saisis très rarement des dossiers relatifs aux infractions ci-dessus définies. C'est donc le règne de l'impunité comme ci-haut exposé.

b. L'application de la loi

Dans le fond, la loi du 16 février 2000 est un bon instrument de lutte contre la criminalité financière qui gangrène l'administration publique. Faite de 10

[287] De un à cinq ans d'emprisonnement et de 200 000 à 5 000 000 de F CFA d'amende.

articles, cette loi est un « beau texte » e nos textes législatifs et règlementaires comme aiment à le répéter les Tchadiens. Mais le plus souvent, entre les « beaux textes » et leur application, le fossé est très grand. Tant et si bien qu'au fil des ans, la loi finit par tomber en désuétude faute d'être appliquée. Et pourtant, la matière n'a jamais manqué depuis sa promulgation. Les scandales financiers à répétition, qui défraient la chronique, sont là pour le démontrer.

En effet, depuis l'avènement de la démocratie en 1990, la question de la corruption et du détournement des ressources publiques est devenue un sujet banal au quotidien. Les hommes politiques n'arrêtent de distraire l'opinion par des discours anti-corruption et criminalisent les pratiques de détournements des biens publics.

Mais en pratique, on observe plutôt une tolérance de ces pratiques illicites dont la condamnation se limite au seul discours d'autant plus véhément qu'il n'est généralement suivi d'aucun effet.

L'attribution d'un poste public représente dans l'esprit de chacun une position à partir de laquelle le titulaire jouera de son influence pour se constituer en urgence un capital social tel que les relations et les réseaux susceptibles de lui apporter un complément de revenu.

Les pouvoirs publics brillent par leur incapacité à contenir la prévarication donnant même l'impression d'encourager le pillage et de protéger les présumés délinquants qui retrouvent leur liberté sans jugement et ceux-ci sont souvent promus du jour au lendemain aux postes les plus prestigieux de la République.

Cette « endémie » dure depuis plusieurs années au point que beaucoup de concitoyens estiment à juste titre que piller l'Etat est le plus sûr critère d'accès aux emplois supérieurs. Alors comment expliquer qu'en dépit d'une loi autant sévère que claire, cette criminalité financière perdure ?

En effet, l'indépendance de la justice est un lointain leurre dans le pays. En 2009, 35 plaintes mettant en cause 141 personnes ont été déposées à la justice mais aucune de ces affaires n'a été menée jusqu'au bout[288].

Est-ce la faute à un mauvais montage des dossiers de poursuite ou à un quelconque laxisme des juges d'instruction ? Les dossiers d'anciens ministres, accusés de malversations financières ont été purement et simplement classées.

---

[288] Rapport du Procureur Général près la cour d'appel de NDjaména de 2010 sur l'année judiciaire 2009.

2. Le Contrôle général d'Etat et la moralisation de la vie publique[289]

Selon le décret du 18 janvier 2006 portant organigramme du ministère chargé du contrôle général d'Etat et de la moralisation, il est créé un secrétariat général auquel sont rattachées deux directions techniques et trois directions générales[290]. Aux directions générales sont assignées des tâches d'inspection, de contrôle et de moralisation, de la réglementation et du contentieux. Quant aux directions techniques, elles sont chargées de la gestion interne du département et des enquêtes. Plus spécialement, la direction des enquêtes économiques et financières rattachée au secrétariat général est chargée de mener des enquêtes sur le patrimoine de l'Etat et de ses démembrements, de contribuer à la lutte contre les enrichissements illicites et de faire des rapports périodiques sur la situation économique et financière du pays en proposant des mesures idoines. En plus de l'administration centrale, des services extérieurs appelés délégations régionales sont créés sur une partie du territoire et dirigés par des fonctionnaires appelés délégués régionaux. Le délégué régional placé sous l'autorité hiérarchique du secrétaire général assure pour le compte des directions techniques le suivi de leurs activités et rend compte périodiquement au secrétaire général.

a. L'organisation et les procédures de contrôle

1°. L'organisation du contrôle[291]

i . Le contrôle Général d'Etat

Placée sous l'autorité d'un directeur général, la direction générale du contrôle d'Etat est chargée d'animer et de coordonner la conception, la planification, la mise en œuvre et le suivi des activités de contrôle et d'inspection sur

[289] Le ministère du contrôle général et de la moralisation n'a vu ses attributions définies pour la première fois que par décret n° 895/PR/PM/2005 du 21 décembre 2005 portant structure générale du Gouvernement et attributions de ses membres.

[290] Décret n° 39/PR/PM/MCCGEM/2006.

[291] L'organisation du ministère fait l'objet du décret n° 39/PR/PM/MCCGEM/2006 du 18 janvier 2006 relatif à son organigramme.

l'ensemble des services publics civils et militaires et ce quel que soit leur mode de gestion. Elle comprend trois directions techniques :

-La direction du contrôle des services financiers, fiscaux, comptables et administratifs ;

-La direction du contrôle des établissements publics, des sociétés d'Etat ou d'économie mixte et des collectivités territoriales décentralisées ;

-La direction du contrôle des programmes, projets, établissements et organismes privés.

ii. La législation, les études et le contentieux

La direction générale des études, de la législation et du contentieux est chargée d'animer et de coordonner la conception, la planification, la mise en œuvre et le suivi des activités de ses deux directions techniques.

iii. La moralisation

La direction générale de la moralisation de la vie publique anime et coordonne la conception, la planification, la programmation, la mise en œuvre et le suivi des programmes et politiques de moralisation dans tous les services civils et militaires de l'Etat. Elle comprend la direction de l'éthique et de la déontologie et la direction de la sensibilisation et de l'information.

2°. Les modalités et les procédures de contrôle[292]

i. Les conditions d'exercice des missions

Les agents chargés des missions d'inspection, de contrôle et de moralisation agissent sur instructions formellement prescrites, pour chaque mission, par leur ministre. Ils sont munis, pour chacune de leur mission, d'un ordre de mission dûment signé du ministre. Outre les missions effectuées dans le cadre du fonctionnement régulier du service, les agents du ministère chargé du

[292] Objet du décret n° 696/PR/PM/MCCGEM/2005 du 20 septembre 2005.

contrôle général d'Etat et de la moralisation peuvent se voir confier des missions conformes au contrôle prescrites soit par le Président de la République, soit par le Premier Ministre. Par ailleurs, les chefs des départements ministériels, les présidents des grandes institutions de la République, les gouverneurs, les présidents des comités de gestion et des collectivités territoriales décentralisées ainsi que les personnes spécialement habilitées et désignées par leur autorité de tutelle à cet effet peuvent également choisir le ministère du contrôle d'Etat en vue d'un contrôle ou d'une inspection au sein des structures dont ils assurent la responsabilité directe ou la tutelle.

Les missions de moralisation (sensibilisation, information, éducation et communication)[293] sont effectuées par les agents des services compétents du ministère. Cependant il peut être fait appel à des « personnes ressources » dont la présence est indispensable à l'exécution de la mission. Les agents en mission peuvent, en tout temps et où qu'ils se trouvent, et ce pour les besoins exclusifs de la mission, communiquer directement avec le ministre, le secrétaire général, les directeurs généraux ou tout autre responsable du ministère par les moyens de transmission existants. Ils peuvent également requérir l'assistance des autorités locales, des responsables des services et organismes publics et éventuellement des institutions privées dont le concours est indispensable à leur mission. Quant aux agents des services et des institutions contrôlés, ils sont tenus de répondre avec exactitude et précision aux questions ou demandes d'informations qui leur sont adressées. Ils doivent fournir sans restriction ni censure de leur autorité hiérarchique, toute information ou tout renseignement verbal ou écrit de nature à aider les agents de contrôle dans leur tâche.

i. Les rapports

Les missions d'inspection ou de contrôle donnent lieu à la rédaction d'un rapport détaillé auquel est jointe la réponse au questionnaire adressé à l'agent contrôlé. Ce questionnaire a trait aux irrégularités constatées. L'agent est tenu de répondre par écrit au questionnaire dès sa notification attestée par un accusé de réception. L'agent contrôlé dispose d'un délai ne dépassant pas quinze jours pour formuler ses réponses. A l'expiration du délai, aucune contestation

---

[293] Les attributions de la direction générale de la moralisation ont été définies par l'arrêté n° 019/PR/PM/MCCGEM/SG/DGMV/07 du 21 novembre 2007 portant attributions et organisation de la direction générale de la moralisation de la vie publique.

n'est recevable et le rapport est rédigé par le chef de mission avec mention du défaut de réponse éventuel des intéressés. Dans ce dernier cas, aucune autorité, moins encore le chef du service contrôlé ou toute autre personne ne saurait contester et demander des modifications quelconques du contenu du rapport. Le chef de mission dispose d'une semaine après réception des explications et les justificatifs éventuels, pour déposer son rapport à son supérieur. Celui-ci dispose également d'une semaine pour faire la synthèse qu'il transmet par voie hiérarchique au ministre pour compétence. Le rapport engage la responsabilité du chef de mission et de ses collaborateurs ayant réalisé les travaux. Cette responsabilisé est matérialisée par la signature des auteurs, laquelle les engage personnellement quant à l'objectivité des constats établis, la rigueur et l'étendue des vérifications, l'existence ou non d'irrégularités graves, la pertinence des propositions faites, ainsi que l'exactitude des réponses et explications données par les responsables des services contrôlés.

Le rapport doit comporter des mesures correctives pour améliorer le fonctionnement et l'organisation du service ou institution contrôlé et redresser les irrégularités de gestion administrative, financière et technique constatées. Il s'exécute sous le timbre confidentiel et sont soumis à la discrétion. La divulgation de tout ou partie de ceux-ci constitue une faute professionnelle et expose son auteur à des sanctions prévues par les lois et règlements en vigueur. Seuls le Chef de l'Etat ou le Premier Ministre peuvent décider de leur publication.

Le ministre chargé du contrôle général et de la moralisation établit un rapport de synthèse par mission effectuée qu'il adresse au Premier Ministre avec copie au Chef de l'Etat dans un délai n'excédant pas quinze jours à compter de la date de dépôt de la synthèse du rapport par les agents d'inspection, de contrôle et de la moralisation. Ce rapport fait apparaître les constats et les mesures conservatoires d'exception arrêtées, les recommandations et particulièrement les propositions ou suggestions faites en vue d'améliorer la qualité ou la gestion du ou des services contrôlés. Au rapport du ministre doit être annexé le rapport détaillé et contradictoire.

Dans les cas de détournement ou de fait répréhensif, jugés graves ou délicats, le ministre rend compte immédiatement au Premier Ministre et au Chef de l'Etat pour les mesures conservatoires à prendre. A cet effet, il adresse une fiche accompagnant le dossier avec toutes les explications de nature à les éclairer pour la prise de décision. En outre, le ministre adresse des rapports trimestriels au Premier Ministre avec copie au Président de la République. Les rapports et les directives sont ensuite envoyés par le Premier Ministre au ministère concerné dans un délai n'excédant pas un mois à compter de la date de réception du rapport par le cabinet du Premier Ministre. Le ministre chargé du contrôle général et de la moralisation transmet les recommandations de redressement au ministre de tutelle aux fins de leur application. Un an après la transmission par le Premier Ministre au Ministre intéressé des directives issues d'un rapport de contrôle, l'auteur du rapport ou à défaut un autre inspecteur ou contrôleur désigné devra vérifier l'exécution de ces directives et rendre compte par écrit au ministre des résultats de sa vérification dans un délai n'excédant pas quinze jours après la fin de sa mission. Le ministre établit à son tour un compte-rendu au Premier Ministre dans un délai n'excédant pas un mois à partir de la date du dépôt du rapport par le chef de mission. Il adresse annuellement un rapport au Premier Ministre sur la situation financière et administrative de tous les services contrôlés. La copie de ce rapport est transmise au Président de la République.

b. Fonctionnement et bilan

1°. Fonctionnement

Le personnel du ministère chargé du contrôle général et de la moralisation est choisi parmi les agents de la fonction publique par voie d'affectation, de mise à disposition ou de réquisition mais des recrutements peuvent s'opérer par voie contractuelle en cas de nécessité. Les agents sont choisis parmi les cadres civils et militaires de l'Etat appartenant aux catégories A et B ou équivalentes et n'ayant jamais fait l'objet de condamnation par les autorités judiciaires à une peine d'emprisonnement ou reconnus coupables de malversations ou d'indélicatesse dans la gestion des biens et matériels de l'Etat, des établissements publics ou privés ou à l'égard des tiers.

Le secrétaire général et les directeurs généraux sont nommés par décret pris en conseil des ministres sur proposition du ministre chargé du contrôle général et de la moralisation. Les directeurs techniques et les délégués régionaux sont nommés par décret simple sur proposition du ministre. Quant aux chefs de service, ils sont nommés par arrêté dudit ministre. Le secrétaire général, les directeurs généraux, les directeurs techniques et les chefs de service peuvent être assistés d'adjoints nommés dans les mêmes conditions que les titulaires. De façon générale, et dans le cadre du contrôle général, la mission à eux assignée consiste à :

-Vérifier la régularité, l'efficacité, l'efficience des opérations des dépenses ;

-Contrôler les recouvrements des recettes réalisées dans le cadre du budget général de l'Etat, des établissements publics, des collectivités territoriales décentralisées et sociétés d'économie mixte et toute opération bénéficiant du concours des fonds publics, ainsi que des biens matériels de l'Etat ;

-Vérifier périodiquement et régulièrement la bonne gestion des aides extérieures, dons et legs ;

-Contrôler les projets et programmes dans les différentes phases de leur exécution.

Dans le cadre de la moralisation, cette mission consiste à :

-Cultiver dans l'esprit des agents publics, le sentiment de défense de l'intérêt général et de protection des biens publics ainsi que l'obligation de rendre compte de la gestion des affaires de l'Etat et des institutions et organismes publics ;

-Les responsabiliser par rapport aux actes qu'ils posent et par conséquent éliminer toute idée d'impunité ;

-Amener les agents à connaître leurs droits et leurs obligations ainsi que le contenu des textes fondamentaux régissant l'Etat en vue de leur application effective.

Les opérations d'inspection, de contrôle et de suivi des activités des structures concernées sont effectuées par des équipes pluridisciplinaires composées d'agents possédant les qualifications requises pour l'exécution de la mission. Les agents du ministère sont tenus d'exercer leurs fonctions avec rigueur, objectivité, discrétion et probité. A cet effet, ils ne doivent pas être inquiétés pour les actes accomplis ou les opinions émises à l'occasion de l'exercice de leurs fonctions. Pour lui permettre d'accomplir efficacement ses missions, le ministère est tenu régulièrement informé des actes pris dans tous les secteurs de la vie publique. Il est en effet destinataire de toutes les notes circulaires, notes d'instructions, contrat de bail public, procès-verbaux de ventes aux enchères publiques, conventions de financement, décrets, arrêtés, décisions de nomination et de relève des agents de l'Etat, et plus généralement de tout autre texte à incidence financière et qui régit les services publics. Dès leur entrée en fonction, les conseillers, les secrétaires généraux, les directeurs généraux, les directeurs, chefs de service et agents permanents affectés au ministère prêtent serment devant la cour suprême en ces termes :

« Je jure de remplir fidèlement mes fonctions, de les exercer en toute impartialité, dans le respect des lois et de garder les secrets de mes fonctions. »

Pour accomplir ces tâches, le ministère vérifie et contrôle conformément aux textes en vigueur l'organisation et le fonctionnement de ces services, la gestion et les résultats financiers, la régularité des procédures de passation et d'exécution des marchés publics, l'exécution du budget des services publics afin de déceler les erreurs, irrégularités, dilapidations, détournements et autres malversations commis par les agents au détriment de l'Etat et des collectivités publiques. Le contrôle et la vérification de l'évolution et de l'exécution de la masse budgétaire sur l'ensemble du territoire et dans les missions diplomatiques à l'étranger, la gestion des ressources humaines et financières dans les différents départements ministériels relève de sa mission. Il doit procéder au contrôle physique et aux audits financiers et comptables des régies, programmes et projets.

2°. Bilan

Le ministère du contrôle général d'Etat et de la moralisation a été bien sûr créé par le décret n° 413/PR/PM/2004 du 15 septembre 2004[294] mais n'a réellement fonctionné qu'en 2005. Cette première étape a été marquée par des actions de concertation, de sensibilisation et de contrôle.

La concertation et la sensibilisation ont concerné les milieux de la sécurité et l'armée, l'éducation nationale, l'enseignement supérieur, la médiation nationale et les ministères de la santé et de la fonction publique. Ces actions de moralisation ont particulièrement visé l'enseignement primaire et secondaire où l'on enregistre ces dernières années une recrudescence de la violence, de la corruption et de l'incivisme. Ont été également réalisées des actions sur supports papiers et audio-visuels, telles que l'édition des calendriers comportant des messages et la diffusion des spots appelant la population à l'observation du civisme, notamment l'invitation à payer les impôts et taxes et le retour aux valeurs républicaines. Au niveau des provinces, des missions de sensibilisation et d'information ont été effectuées dans les régions du Mayo-Kebbi en mai 2005 et du Hadjer-Lamis en juin 2005. Les autorités administratives, civiles et militaires ont été sensibilisées à la culture de la bonne gouvernance et à l'obligation de rendre compte de leur gestion.

En matière de contrôle, plusieurs missions étaient diligentées tant à N'Djaména que dans les provinces. Elles concernent les circonscriptions douanières, les régies financières, deux missions diplomatiques à l'étranger ainsi que quelques sociétés publiques et parapubliques. Surtout le contrôle des régies financières et des services administratifs de recettes a permis

[294] En effet, le chef de ce département a été nommé depuis 2004 mais les attributions effectives dudit département n'ont été définies qu'en 2005.

l'arrestation et la suspension de fonction de plusieurs agents en charge de la gestion des deniers publics tels que les délégués régionaux, les trésoriers départementaux et les présidents des comités de gestion de certaines communes. Certains ont dû restituer ce qu'ils ont prélevé illégalement sur les fonds publics pour eux-mêmes ou ont été sommés de recouvrer les sommes remises à des tiers à titre de prêts souvent déguisés[295].

Les contrôles sur les recettes budgétaires et des entités à autonomie financière vers la fin de l'année ont eu un impact important. En effet, à la suite de plusieurs opérations de redressement consécutives à ces contrôles, le trésor public a eu à engranger des recettes importantes. Cependant faute de ressources humaines et matérielles conséquentes, cette année charnière n'a pas connu le succès envisagé. Les activités importantes telles que l'enquête nationale sur la perception de la corruption, la publication d'un code d'éthique et de déontologie sur les marchés publics n'ont pas été réalisées. Les rapports de missions diligentées sont régulièrement transmis à qui de droit mais les recommandations qu'ils contiennent ne sont pas immédiatement suivies d'effet. Malgré trois années d'intenses activités, le ministère du contrôle général d'Etat et de la moralisation se cherche encore. L'impact des contrôles et de la moralisation est insignifiant. Dans le domaine des enquêtes économiques et financières, les enrichissements illicites et autres fraudes, faux et usage de faux de tout genre continuent de prospérer. Bien sûr la lutte contre ces enrichissements illicites nécessite la mise en place des instruments juridiques appropriés. Le ministère avait pourtant initié un projet de loi sur les enrichissements illicites ainsi que ses textes d'application mais qui n'ont jusque-là pas vu le jour. Pour relever le défi de vaincre la corruption et les détournements, il faut encore d'autres actions soutenues. Le ministère poursuit ses missions à grand coup médiatique mais à la fin l'impunité inhibe tout. La mise en scène vécue à l'Assemblée Nationale au sujet de la mise en accusation de cinq ministres apporte la preuve que le contrôle d'Etat et la moralisation ont encore du temps pour redorer leur blason. En témoigne les récents détournements à la Commission Electorale Nationale Indépendante qui n'ont pas été sanctionnés.

Plus récemment encore, une opération dénommée « COBRA » a été lancée par le ministère et consistait à effectuer un contrôle a posteriori de 2009 à 2012, avec comme objectifs :

-Recouvrer toutes les recettes dues à l'Etat ;
-Sécuriser définitivement le circuit de la collecte des recettes par toutes les régies financières ;

[295] Il s'agit généralement des remises de sommes d'argent contre des chèques sans provision, des avances abusives sur salaires, etc.

-Promouvoir la bonne gouvernance et les bonnes pratiques administratives au sein de l'administration en vue d'un respect effectif des droits des citoyens ;
-Assurer une exécution des marchés publics conformément aux clauses convenues ;
-Améliorer le fonctionnement des juridictions en vue d'une justice juste et efficace.

Selon [296]un rapport d'étape, à la date 21 novembre 2012, 48 missions ont été diligentées à N'Djaména dans les ministères et en provinces. Une somme de plus de 24 milliards de francs CFA a été recouvrée. 107 personnes susceptibles d'être poursuivies ont été traduites en justice. Quant aux résultats des missions dans les palais de justice et dans les prisons, le constat est effarant : une déliquescence du lien hiérarchique, plus de cinq mille décisions rendues mais non rédigées, des dysfonctionnements flagrants dans le fonctionnement des établissements pénitentiaires, des fautes commises par certains magistrats et greffiers, susceptibles d'entraîner des sanctions disciplinaires et constitutives d'infractions pénales (corruption, indélicatesse, concussion, atteinte au devoir de probité). Six magistrats et six greffiers ont fait l'objet d'une mesure provisoire de suspension avant d'être traduits devant le Conseil supérieur de la magistrature et la Commission administrative paritaire et quinze magistrats et greffiers ont fait l'objet d'un rappel à l'ordre écrit.

La mauvaise gestion, les détournements, la corruption et les abus d'autorité continuent de prospérer malgré les campagnes de sensibilisation et de moralisation ainsi que les poursuites judiciaires qui s'en sont suivies. Le ministère a épinglé certains responsables qui font l'objet de poursuites mais ceux mis aux arrêts sont souvent hors des prisons. D'autres bénéficient même de promotion dans la haute administration de l'Etat. Mais il faut admettre qu'il manque de textes appropriés pour lutter contre les enrichissements illicites et autres pratiques illégales qui peuvent recevoir la qualification de crimes économiques et financiers. Le vide juridique en ce domaine profite à bon nombre de Tchadiens. Il faut aussi noter le manque de statut particulier des agents du ministère pouvant garantir leur sécurité corporelle et financière compte tenu des responsabilités qu'ils assument à divers niveaux. La bonne gouvernance ne suppose pas seulement l'indépendance de la justice, le fonctionnement harmonieux et dans la transparence de l'administration publique, la prédominance des règles de droit mais aussi l'existence des règles juridiques régissant la vie économique et sociale. En effet, tant le consommateur que le banquier ont besoin de la protection laquelle suppose

[296] Journal « Echos », mensuel d'information du Ministère, Edition spéciale, décembre 2012, p. 6.

l'existence des règles consuméristes. L'absence de ces règles est cause de préjudices pour ces deux agents économiques.

Section 2. Les insuffisances de la réglementation et leurs conséquences

Il s'agit essentiellement du droit du consommateur, en l'occurrence le client de la banque. Au Tchad, outre les dispositions du Code civil, les autorités ont tenté de réglementer le droit du consommateur par le biais de la loi relative aux prix, aux interventions économiques et à la répression des infractions économiques. Quant aux services bancaires proprement dits, c'est l'application de la réglementation française sans doute à titre de raison écrite qui a prévalu jusqu'à l'intervention très récente des autorités communautaires. Cette méconnaissance de la réglementation sinon ce vide juridique n'est pas sans causer des préjudices et des désagréments au consommateur et donc au client de la banque. Le décret n° 20/PR-ET du 4 février 1965 portant réglementation de la profession bancaire disposait en son article 41 que la législation et la réglementation en matière d'opérations bancaires resteront en vigueur jusqu'à l'intervention des dispositions qui seront prises sur proposition du Conseil national du crédit. L'article 42 relatif aux sanctions pénales renvoie à la loi française du 13 juin 1961. En effet, il dispose que les sanctions pénales prévues par les articles 19 à 23 de la loi modifiée du 13 juin 1961 sont et demeurent applicables aux infractions aux dispositions des articles 5, 8 et 11 du présent décret[297]. En conséquence, la faiblesse législative a engendré l'application des textes étrangers adoptés sous forme d'usages.

§1. Les insuffisances de la réglementation

La loi du 28 décembre 1968 sur les prix dont certaines dispositions concernent le droit de la consommation est insuffisante car il ne comporte pas de règles

---

297 Un article du décret pris par un Etat indépendant qui renvoie à un article d'une loi française d'avant l'indépendance ! Et puis, contrairement au principe de la territorialité des sanctions pénales, les sanctions visées sont celles de la loi française du 13 juin 1961 !

consuméristes. Au niveau sous-régional même, les règlements adoptés dans le cadre de la CEMAC paraissent également parcellaires. On remarque cependant dans les documents intitulés « conditions de banque » ou « instructions à l'attention du personnel » de véritables règles de droit adoptées en France. Peut-on dire que les banques procèdent ainsi à titre de raison écrite ou selon la pratique des usages ?

A. Une réglementation parcellaire

La loi du 28 décembre 1968 sur les prix ne traite que partiellement du droit du consommateur. Il en résulte une absence des règles consuméristes auxquelles ne peuvent suppléer le droit communautaire et les usages.

1. La loi du 28 décembre 1968

La loi n° 30 du 28 décembre 1968 réglemente les prix, les interventions économiques et la répression des infractions économiques. Comme son nom l'indique, cette loi porte sur les prix mais aussi organise la publicité et les contrôles économiques. Bien que cette loi ne traite qu'imparfaitement des droits du consommateur, l'examen de certaines dispositions nous paraît utile pour les besoins de notre recherche. Il convient d'examiner cette loi embryonnaire sur la consommation avant de s'interroger sur la réalité des droits du consommateur.

a. Le système des prix

L'article 1er de la loi distingue les marchandises de production tchadienne des marchandises de fabrication tchadienne. Ainsi est réputée marchandises de production tchadienne, toute denrée, produit ou matière, soit de nature agricole, forestière ou d'origine animale, soit extrait du sol national, et destinés à être revendus sans transformation ou avec une transformation simple. La distinction avec la marchandise de fabrication tchadienne est que celle-ci est fabriquée ou transformée au Tchad avec des composants nationaux ou d'origine étrangère et à l'aide de moyens industriels ou artisanaux supposant la mise en œuvre de techniques déterminées.

Les marchandises produites ou fabriquées dans un Etat africain faisant partie d'une Union Douanière à laquelle appartient le Tchad sont assimilées aux marchandises de production ou de fabrication tchadienne. Lorsque la conjoncture l'exige, les prix de vente maxima, en gros, en demi-gros et au détail des marchandises, produits, matières, articles et denrées qu'ils soient d'importation, de production ou de fabrication tchadienne ainsi que les prix des services sont fixés par arrêté du ministre de l'économie et des finances. Le ministre fixe les prix ou prix-limites à la production, à l'importation et le cas échéant à tous les stades de distribution. Il y procède par homologation des prix eux-mêmes, par des diminutions ou majorations ou par la fixation des marges bénéficiaires ou des taux de marque ou encore par tout autre moyen approprié. Cependant les prix de certains articles considérés comme de luxe pourront être libérés par une simple décision du Directeur Général de l'Economie lorsque l'ensemble des articles du même genre ou de même dénomination sont soumis à des limitations de prix.

La fixation des prix, objet des articles 7 à 30 de la loi, établit par un certain nombre de critères, le prix de revient des marchandises importées et celui des services et des produits de production ou de fabrication tchadienne. Selon l'article 7, est considéré comme marchandise importée, toute marchandise, produit, matière, objet ou denrée qui, introduit dans le territoire national en provenance d'un Etat ne faisant pas partie d'une Union Douanière à laquelle le Tchad adhère, sous quelque régime que ce soit et quelle que soit sa provenance, doit y faire l'objet de transactions commerciales. L'importateur est donc toute personne qui procède sur le territoire national à la première transaction relative à une marchandise importée.

Le prix de revient licite d'une marchandise importée est déterminé en tenant compte des éléments dont chacun d'eux devra être justifié par des factures, récépissés, lettre de voiture, bordereaux de frais, connaissements, polices et quittances d'assurances, documents bancaires, factures de transit, reçus de douane, sans que cette énumération présente un caractère limitatif ; les documents comptables faisant foi et conformes aux usages en vigueur pouvant être admis sous réserve qu'ils soient acceptés comme justification suffisante par la profession.

Pour procéder à la détermination du prix de vente, la loi opère une distinction selon les ventes en gros, demi-gros et en détail. Pour les ventes en gros de marchandises importées, le prix s'obtient en ajoutant au prix de revient licite les maxima de majoration fixés pour chaque article ou groupe d'articles. Sont réputées faites en gros et doivent être consenties au prix de gros licite, les ventes faites à un revendeur potentiel et portant sur un nombre déterminé d'unités de vente, sur un poids minimum ou sur un métrage minimum fixé par arrêté du ministre de l'Economie et des Finances.

Le prix licite de vente en demi-gros de marchandises importées dont un prix ou une marge de demi-gros a été fixé s'obtient en ajoutant au prix de gros les maxima de majoration fixés par arrêté ministériel pour chaque article ou groupe d'articles La loi répute faites en demi-gros lorsqu'un prix ou une marge de demi-gros ont été fixés, toutes ventes portant sur un nombre déterminé d'unités de vente sur un poids minimum ou sur un métrage minimum fixé par arrêté ministériel. Le prix de vente au détail de marchandises importées s'obtient en ajoutant suivant le cas, soit au prix de gros licite, soit au prix de demi-gros licite, les maxima de majoration fixés pour chaque article ou groupe d'articles. Quant aux prix des marchandises de production ou de fabrication tchadienne, le principe de la fixation libre des prix demeure sauf deux réserves :

-Les maires ou à défaut les sous-préfets peuvent fixer les prix de vente de marchandises de production locale vendues sur les marchés ;

-Les prix de marchandises de production ou de fabrication tchadienne ainsi que ceux des marchandises qui leur sont assimilées peuvent être fixés à la production ou sortie usine et à tous les stades de la commercialisation par arrêté du ministre de l'économie et des finances.

Quant aux prix des prestations ou services notamment ceux fournis par les architectes, assureurs, coiffeurs, dentistes, entrepreneurs de travaux de bâtiments ou assimilés, garagistes, esthéticiens, hôteliers, entrepreneurs de spectacles, transitaires, transporteurs, sans que cette liste ne soit limitative, peuvent être fixés, soit en valeur absolue, soit en pourcentage, soit par tout autre procédé, par voie d'arrêté pris par le ministre des finances et de l'économie, après avis de la chambre de commerce. Le prix de vente de l'eau et de l'électricité sont fixés, selon l'article 26 de la loi, par le ministre chargé de l'économie et des finances.

c. La publicité

La publicité des prix est obligatoire pour toutes les marchandises mises en vente même si les prix sont libres. Cependant les produits de l'artisanat et du cru vendus sur les marchés et foires en sont dispensés. Cette publicité est assurée normalement par voie de marquage, d'affichage et d'étiquetage. Selon la loi, le marquage consiste dans l'indication bien apparente du prix de vente au consommateur, soit sur la marchandise elle-même, soit sur l'emballage dans lequel elle est présentée, soit sur une étiquette fixée solidement. L'étiquetage est l'indication du prix de vente au consommateur portée sur un écriteau, lisible de l'extérieur lorsque l'objet est une vitrine. Cet écriteau doit, lorsqu'il peut y avoir incertitude quant à la nature de la marchandise exposée, indiquer sa dénomination qualitative exacte conformément aux usages commerciaux. Quant à l'affichage, il consiste en l'indication sur un document facilement accessible et lisible par le public, unique pour tout l'établissement ou pour tout un rayon dudit établissement, de la liste de toutes les marchandises offertes à la vente, et du prix de chacun d'elle ou de la liste des services et de leur prix. Les hôteliers, restaurateurs et cafetiers ainsi que les directeurs ou gérants de tous établissements servant des denrées alimentaires ou boissons sont tenus d'afficher, dans les locaux affectés au public, les prix des repas, portions, consommations et pensions.

Les articles 34 à 36 de la loi énumèrent les mentions et exigences que doivent comporter les factures. Toute vente en gros et demi-gros de marchandises libres ou réglementées, toute prestation de service doit faire l'objet des factures ou le cas échéant, d'un bordereau de livraison portant désignation de la marchandise, de la quantité vendue et du prix de vente, ou éventuellement du service rendu. Les factures ou bordereaux doivent être numérotés dans leur ordre chronologique sans discontinuité. Le double de ces documents devra être conservé par le vendeur ou le prestataire de service. Le vendeur est tenu de délivrer la facture dès que la vente ou la prestation de service est devenue définitive. Toute vente au détail et au comptant est constatée soit par délivrance d'un ticket de caisse, soit par indication du prix payé, sur le produit lui-même ou sur son emballage. Mais ces dispositions ne s'appliquent pas aux ventes de produits de l'artisanat et aux produits du cru, effectuées sur les foires et les marchés. Les commerçants doivent réclamer de leurs fournisseurs des factures établies conformément aux prescriptions précitées et sont tenus de les conserver.

d. Les interventions économiques

Les mesures tendant à promouvoir l'expansion économique, améliorer les circuits et échanges commerciaux, garantir l'approvisionnement en biens d'équipement et de consommation ou résoudre les problèmes posés par les prix peuvent être prises par décret ou par un arrêté du ministre chargé de l'économie. La circulation des produits, marchandises, denrées, matières ou objets peut être interdite ou réglementée par arrêté du ministre de l'économie. Cette interdiction de circuler peut concerner l'ensemble du territoire, une zone ou un axe de communication déterminés La réglementation des circulations, sur le tonnage et le litrage susceptibles de transports ou sur les jours et heures ou ceux-ci peuvent être effectués. Elle peut subordonner le transport à la possession d'une autorisation ou titre de circulation d'une durée de validité déterminée, à l'obligation de présenter l'autorisation ou le titre à constatation des infractions au régime des prix ainsi qu'à l'obligation de transporter un litrage ou un tonnage correspondant à ceux autorisés.

En vue d'assurer un approvisionnement dont l'urgence s'impose ou de permettre un approvisionnement, ou constituer des stocks de réserves temporaires ou continus, ou bien d'aménager ou normaliser le marché intérieur, le ministre peut par arrêté, soumettre à autorisation préalable l'importation d'un produit ou d'une marchandise. Cet arrêté pourra en outre imposer à l'importateur :

-De pratiquer des prix déterminés ;

-D'importer le produit ou la marchandise dans certaines conditions de temps, de lieu ou d'acheminement ;

-De stocker le produit ou la marchandise pendant un certain temps en certains lieux ;

-De respecter les normes déterminées sous un conditionnement défini.

Les importations des produits et marchandises bénéficiant dans le pays d'origine ou de provenance d'un soutien ou d'une aide quelconque peuvent être soumis à un prélèvement compensateur. Le produit de ce prélèvement est en principe destiné au financement d'interventions économiques en faveur de la production nationale. Le prélèvement compensateur peut également être opéré sur les prix des marchandises importées susceptibles de freiner l'écoulement ou l'expansion de la production sur le marché national. Si la nécessité s'en fait sentir, l'exportation de tout produit ou marchandise peut être interdite ou réglementée par arrêté du ministre de l'économie et des finances, notamment lorsque la situation des marchés intérieurs implique des interventions pour la stabilisation ou le soutien des prix à la production, ou pour la réalisation des objectifs de production, ou lorsque les manœuvres spéculatives tendant à compromettre l'équilibre des marchés ou sont susceptibles de provoquer la raréfaction du produit ou de la marchandise sur le marché intérieur. Le ministre peut encore définir les conditions de répartition entre importateurs, grossistes, détaillants et consommateurs ou déterminer pendant une certaine période le nombre des commerçants grossistes ou détaillants appelés à se répartir un stock de marchandises, denrées ou produits.

e. Le contrôle économique

Le contrôle des prix est assuré, sous l'autorité du ministre de l'économie[298], par le service du contrôle économique, selon l'organigramme du ministère. Les agents du contrôle économique sont tenus au secret professionnel, prêtent serment devant le tribunal de première instance du lieu d'exercice et sont porteurs d'une commission délivrée par le ministre de l'économie. Peuvent également procéder à des relevés des prix et constater les infractions, les officiers de police judiciaire, les militaires de la gendarmerie, les inspecteurs de police, les agents du service des douanes et des contributions directes, les agents du service des poids et mesures et les agents du service de la répression des fraudes ainsi que tout autre fonctionnaire ou agent de l'Etat et des collectivités publiques mais seulement lorsqu'ils sont assermentés et agissent dans l'exercice de leurs fonctions ou spécialement mandatés à cet effet par le ministre de l'économie. Ces agents sont qualifiés pour procéder, sur instructions du service du contrôle économique, aux enquêtes relatives au coût de la vie et à l'établissement des prix.

La loi définit également ce qu'elle appelle prix illicite et organise la poursuite et la répression des infractions. L'article 56 définit le prix illicite comme le prix supérieur au prix limité ou au prix fixé ou encore le prix qui est maintenu à son niveau précédent alors qu'il a fait l'objet d'une décision de diminution. Les articles 57 et 58 énumèrent les pratiques des prix illicites. Ce sont des pratiques qui peuvent se révéler à travers les opérations d'un commerçant agissant à titre individuel ou à travers des actes concertés de plusieurs commerçants. L'article 59 assimile à l'infraction de la pratique de prix illicite :

-L'absence de comptabilité ou la tenue d'une comptabilité irrégulière ;

-La non-communication ou le refus de communication de documents à première demande aux agents du contrôle économique, des documents de toute nature (comptabilité, copies de lettres, carnets de chèques, relevés de comptes bancaires, etc…) propres à faciliter l'accomplissement de leur mission ;

-L'opposition à l'action de ces agents ainsi que les injures et voies de fait commises à leur égard.

Les procédures judiciaires en matière d'infraction à la réglementation des prix sont suivies conformément au droit commun. Les procès-verbaux sont rédigés

[298] Actuellement appelé ministère de l'économie, du commerce et du développement touristique.

dans le plus court délai. Ils énoncent la nature, la date et le lieu de la constatation ou des contrôles effectués. Ils sont dressés contre inconnu si le délinquant n'a pas été identifié. Dans le cas contraire, ils indiquent qu'il a été informé de la date et du lieu de leur rédaction et que sommation lui a été faite d'assister à cette rédaction. Ils font foi jusqu'à inscription de faux des constatations matérielles qu'ils relatent. En cas de flagrant délit, les dispositions des articles 20 et suivants[299] et 352 et suivants[300] du Code de procédure pénale sont applicables. Le chef du service du contrôle économique peut déposer des conclusions qui seront jointes à celles du ministère public et les faire développer oralement à l'audience par un fonctionnaire dûment habilité. Les importateurs qui ne respecteraient pas les réglementations sur les prix pour un produit importé sur licence pourront être exclus, pour l'importation dudit produit, d'une nouvelle attribution de devises.

Quant aux peines, elles vont d'un mois à 3 ans d'emprisonnement et de 3 000 à 100 millions de francs CFA d'amende. En cas de refus de communication ou de dissimulation de documents, le coupable sera en outre condamné à représenter les pièces recelées sous une astreinte de 100 à 500 francs CFA par jour de retard à dater du jugement, s'il est contradictoire, ou de sa signification s'il a été rendu par défaut. Cette astreinte est définitivement liquidée et recouvrée comme une amende pénale. En cas de condamnation, le tribunal peut ordonner la confiscation au profit de l'Etat de tout ou partie des biens saisis. Pour garantir le recouvrement des amendes et confiscations prononcées par les tribunaux, ceux-ci peuvent ordonner la séquestration de tout ou partie des biens du condamné jusqu'à concurrence des sommes à garantir. Ces juridictions peuvent encore prononcer, à titre temporaire ou définitif, la fermeture des magasins, bureaux, ateliers ou usines du condamné. L'exercice de la profession par ce dernier peut être interdit, à titre temporaire ou définitif. La juridiction compétente peut ordonner que sa décision soit publiée intégralement ou par extrait dans les journaux qu'elle désigne et affichée en caractères apparents dans les lieux qu'elle indique, le tout aux frais du condamné.

2. L'absence des règles consuméristes

Le consumérisme est né pour corriger les excès de la société de consommation du XXème siècle ainsi que les abus de certains professionnels. En effet, le consommateur peut être manipulé par la publicité et le marketing. Il faut

[299] Dispositions sur la compétence matérielle de la juridiction répressive.
[300] Procédures en matière de flagrant délit autrement appelé comparution immédiate.

corriger ce déséquilibre entre le consommateur et le professionnel en édictant des mesures plus protectrices du consommateur. Ce dernier fragile et faible n'est pas à l'abri des tentations. Il mérite donc protection contre le professionnel cupide et sans scrupules. Ces derniers n'hésitent pas à constituer des réseaux profitant de la concentration économique qui ne fait que s'accentuer pour affaiblir davantage le consommateur déboussolé et isolé. D'autre part et comme ci-haut exposé, la publicité et le marketing poussent le consommateur sous-informé à effectuer des achats parfois de peu d'intérêt et à s'endetter inutilement ; d'autre part son choix dicté par les conseils du professionnel qui ne peut qu'être intéressé par exemple pour l'achat des produits et services de haute technicité tels la téléphonie et les produits informatiques ne paraît pas du tout aisé. Dès lors, il faut un arsenal législatif pour juguler efficacement ce déséquilibre. Or les règles du Code civil de 1804 et celles antérieures à 1960 sont loin de protéger le consommateur tchadien. En effet, la loi du 1er août 1905 protège bien le consommateur en ce qu'il réprime les fraudes et les falsifications mais nous n'avons pas trouvé trace de ce texte dans l'arsenal juridique tchadien. Il y a cependant les règles de la garantie des vices cachés des articles 1641 et 1648 du code civil. C'est pourquoi le pays gagnerait à adopter des lois variées, afin d'avoir un véritable droit de la consommation.

Le démarchage et la vente à domicile par exemple se pratiquent sans être réglementés alors qu'en France elle a fait l'objet de la loi du 22 décembre 1972. La publicité trompeuse et l'action des associations de consommateurs dans l'intérêt collectif de ces derniers est légiférée[301]. Le crédit à la consommation et les clauses abusives sont régies par les deux lois n° 78-22 et 78-23 du 10 janvier 1978 dites lois Scrivener, puis une autre loi du 5 janvier 1995. La loi du 21 juin 2004 sur le commerce numérique mérite d'être adapté au Tchad car le commerce électronique y est pratiqué depuis sans qu'on ne cherche à le légiférer. Il ne sera pas non plus exagéré d'initier à l'instar de la France (loi du 1er août 2003 sur l'initiative économique dite loi Dutreil) un texte en faveur des cautions personnes physiques face aux créanciers professionnels. D'autre part, le crédit immobilier, la sécurité des consommateurs, la vente à distance, les actions en justice des associations agréées de consommateurs, la responsabilité du fait des produits défectueux et entre autres, le renforcement de la sécurité des produits destinés à l'homme méritent une attention particulière du législateur tchadien pour la protection du consommateur.

---

[301] Loi du 27 décembre 1973 dite loi d'orientation pour le commerce et l'artisanat, modifiée par la loi du 5 janvier 1988 relative aux actions en justice des associations de consommateurs et information des consommateurs.

C. L'intervention du droit communautaire et des usages

Le cadre générateur du droit communautaire est la Communauté Economique et Monétaire de l'Afrique Centrale qui est une structure de coopération dotée de compétences et d'organes propres, ayant la personnalité juridique et possédant également une capacité juridique propre.

De par ses missions, la CEMAC est une organisation à vocation plus économique que juridique et les objectifs à elle assignés le démontrent amplement. Par le biais de ses organes et institutions dont l'UEAC, l'UMAC, la BEAC et la COBAC, la CEMAC conçoit et établit des normes juridiques pouvant régir l'activité bancaire. Concernant les règles juridiques étrangères que les banques estiment transposer à titre d'usages, la question de leur légalité se pose. Il ne peut être question que de leur application à titre de « raison écrite ».

1. Le droit communautaire

Le droit matériel communautaire de la zone CEMAC est fondé, dans le domaine économique sur de nombreux textes dont la finalité est de réaliser l'intégration économique des Etats membres. Certains de ces textes organisent la circulation des biens, des services et des personnes entre les Etats membres de la Communauté. D'autres visent à harmoniser, à l'intérieur de cette Communauté, les législations fiscales nationales.

a. L'organisation de la circulation des biens, des services et des personnes

L'organisation de la circulation des biens, des services et des personnes dans un espace libéré des contraintes fiscales et douanières qui entravent le développement des activités commerciales est l'un des objectifs majeurs de l'Union Economique de l'Afrique Centrale (UEAC). La poursuite de cet objectif se traduit par la mise en place de règles libérales de nature à supprimer ces contraintes et à instaurer la liberté de circulation, d'une part, des biens et des services et, d'autre part, des personnes. Avant 1996, la liberté de circulation des biens et des services était déjà un des objectifs visés par l'Union Douanière et Economique de l'Afrique Centrale[302] dont la finalité était d'aboutir à la réalisation d'un marché commun. Toutes les règles de droit établies dans le cadre de l'UDEAC ont été intégrées au droit communautaire dans le domaine économique. En effet, la Convention du 5 juillet 1996 régissant l'UEAC précise, dans son article 3, que la réalisation des objectifs de l'Union Economique prendra en compte les acquis de l'Union Douanière et Economique de l'Afrique Centrale. Ainsi la réforme fiscalo-douanière commencée en 1991 établit les principales règles qui constituent la base de la réglementation communautaire relative à la circulation des biens et des services. Les textes hérités de l'UDEAC ont été améliorés par la CEMAC qui a aussi poursuivi l'intégration dans d'autres matières relevant du domaine économique.

En matière douanière, ce droit hérité de l'UDEAC est fondé sur différents textes parmi lesquels il faut signaler ceux qui sont relatifs à la taxation des biens en douane. Ainsi, l'acte n° 07/93-UDEAC du 21 juin 1993 portant révision du Tarif Extérieur Commun[303] et fixant les modalités d'application du Tarif Préférentiel Généralisé[304] a été intégré au droit communautaire puis révisé par la CEMAC en 2006 notamment par le Règlement n° 08/06-UEAC portant adoption de la réglementation douanière révisée de la CEMAC. Il en résulte un régime douanier fondé sur un tarif extérieur commun et un tarif préférentiel généralisé qui prévoit un taux de 0% pour les échanges intracommunautaires. La réforme du Code des Douanes a également été entreprise par la CEMAC qui y a introduit des Actes et Règlements adoptés par le Conseil des Ministres de l'UDEAC et relatifs, d'une part, à la mise en conformité de ce code avec les règles de l'Organisation Mondiale du Commerce[305] et, d'autre part, aux facilités accordées aux voyageurs de la Communauté. Le Code des douanes de la CEMAC prévoit ainsi des dispositions favorables aux produits originaires de la Communauté dans le but de favoriser le développement du tissu industriel communautaire.

En ce qui concerne la circulation des personnes, le droit communautaire a bénéficié des dispositions réglementaires par lesquelles l'UDEAC cherchait à instaurer la liberté de circulation en éliminant les tracasseries administratives qui entravent cette circulation entre les Etats membres. La CEMAC a maintenu cet objectif en adoptant, par le Règlement n° 01/00-CEMAC du 21 juillet 2000, un passeport communautaire[306]. Par ailleurs, en matière

[302] En abrégé UDEAC.
[303] Le fameux TEC.
[304] En abrégé TPG.
[305] OMC, objet du Traité de Marrakech (Maroc).
[306] Cependant jusqu'à ce jour, la liberté de circulation n'est pas effective entre tous les Etats membres.

d'assurance automobile, le Règlement n° 02/00/UEAC également adopté le 21 juillet 2000 rend obligatoire dans l'espace communautaire, la carte internationale d'assurance de responsabilité civile automobile (CIARCA) communément appelée carte rose CEMAC. Cette carte permet de couvrir les risques et les accidents transfrontaliers.

Dans d'autres matières relevant du domaine économique, le droit matériel communautaire de la CEMAC est principalement fondé sur des textes élaborés par l'UDEAC. Cette législation est particulièrement abondante. Elle concerne la création, l'organisation et l'exercice de nombreuses activités économiques dans la zone communautaire. Elle vise à réglementer aussi bien la concurrence que l'activité des sociétés de télécommunications dans les Etats membres en passant par les transports inter-Etats et la protection de l'environnement dans le cadre de l'utilisation de produits chimiques de nature à endommager ledit environnement. Dans ces différentes matières, la CEMAC a édicté des règlements et des directives, pris des décisions ou des recommandations et avis qui constituent le droit matériel communautaire applicable.

La législation est particulièrement développée en matière de concurrence où l'UEAC a élaboré un véritable droit composé notamment des textes applicables et des organes chargés de veiller à leur application. Elle comprend deux textes adoptés respectivement le 25 juin 1999 et le 18 août 1999, portant réglementation des pratiques commerciales anticoncurrentielles et des pratiques étatiques affectant le commerce entre les Etats membres. Ces réglementations mises en place s'appliquent aux ententes illicites, aux abus de position dominante et aux aides de l'Etat. Elles sont particulièrement précises. Le législateur communautaire y définit même les notions « d'entente anticoncurrentielle » et « d'abus de position dominante ». Selon l'article 3 du Règlement relatif aux pratiques anticoncurrentielles, les ententes anticoncurrentielles sont des accords entre entreprises, des décisions d'associations d'entreprises ou des pratiques concertées qui sont susceptibles d'affecter le commerce entre les Etats membres et qui ont pour effet de restreindre ou de fausser le jeu de la concurrence. Quant à l'abus de position dominante, il est défini par les articles 15 et 16 du même texte comme le fait pour une ou plusieurs entreprises d'exploiter de façon abusive sur le marché commun ou sur une partie de celui-ci, une position dominante, étant entendu que cette dernière relève soit d'un monopole ou de toute situation tendant à favoriser l'acquisition d'une part du marché supérieure ou égale à 30%.

L'interdiction des ententes anticoncurrentielles, des abus de position dominante et des aides d'Etats est fondée sur deux impératifs. Le premier est relatif à l'instauration de la liberté de circulation des marchandises, des biens et des services dans la zone CEMAC. Le second concerne la nécessité de garantir le maintien de la concurrence et la protection des consommateurs dans un environnement libéral où les grandes entreprises ou des groupes d'entreprises peuvent être tentées d'entraver, de manière sensible, la concurrence. Cette réglementation, à l'instar de celle relative à la circulation des personnes, vise à encourager la compétitivité économique et à introduire progressivement les Etats membres dans un marché commun. Mais, pour atteindre cet objectif, encore faut-il, entre autres exigences, gommer les différences qui peuvent exister entre les législations fiscales nationales. Aussi, la CEMAC a-t-elle entrepris d'harmoniser ces législations fiscales.

b. L'harmonisation des législations fiscales nationales

En matière fiscale comme en matière douanière, l'UDEAC a également hérité de la législation de l'UDEAC composée principalement de :

-L'acte additionnel[307]n° 1/92-UDEAC du 30 avril 1992 portant adoption d'une taxe sur le chiffre d'affaires (TCA) et du droit d'accises en UDEAC ;

-L'acte additionnel n° 6/93-UDEAC du 21 juin 1993 fixant les fourchettes de taux de TCA et du droit d'accises ;

-L'acte additionnel n° 5/93-UDEAC du 21 juin 2003 arrêtant les listes respectives de biens exonérés de TCA, soumis au taux réduit de TCA, susceptibles d'être soumis à un droit d'accises.

Outre cette réglementation héritée de l'UDEAC, le droit fiscal matériel de la CEMAC s'est enrichi avec l'adoption de règles dont l'objectif est d'harmoniser les législations fiscales nationales de manière à faciliter le développement des activités économiques dans tous les Etats membres. Trois directives ont ainsi été consacrées à la fiscalité des activités productives et de l'épargne dans la CEMAC entre 1999 et 2004. Ces textes ont harmonisé entre les Etats membres, les dispositions fiscales relatives à la taxe sur la valeur ajoutée, au droit d'accises et à l'impôt sur le revenu des personnes physiques et morales.

Toutefois, malgré l'harmonisation des législations fiscales des Etats membres, des divergences persistent entre ces Etats. En matière de TVA, le taux communément arrêté est de 18%. Mais certains Etats procèdent à une réfaction de l'assiette imposable de cette taxe lorsqu'elle concerne les produits à

[307] Aujourd'hui la CEMAC emploie le terme de « règlement » à la place de « acte additionnel ».

caractère social. Cela aboutit pratiquement à subventionner de tels produits et à fausser le jeu de la concurrence entre opérateurs économiques situés dans deux Etats qui appliquent différemment la TVA. De même, on note une augmentation unilatérale par les Etats du taux de TVA dépassant la fourchette de taux fixée par la CEMAC[308]. Dans le même ordre d'idées, les Etats élargissent unilatéralement la liste des produits exonérés alors que cette liste a été arrêtée par les instances de la CEMAC. Inversement, les Etats réduisent aussi unilatéralement la liste communautaire des produits exonérés de TVA. Toutes ces violations des dispositions communautaires nuisent à la création d'un espace fiscal harmonisé. Elles entravent la création d'une zone économique intégrée au plan fiscal.

L'effort d'harmonisation peut aussi être observé en matière comptable. Il s'est en effet poursuivi avec les dispositions relatives à la mise en harmonie du droit comptable CEMAC[309] avec le droit comptable de l'Organisation pour l'Harmonisation en Afrique du Droit des Affaires (OHADA).

L'exercice des droits et obligations qui résultent de la réglementation communautaire relatives au domaine économique s'effectue par les justiciables auprès des organes communautaires mais aussi auprès des organes nationaux chargés de veiller à leur application. Le droit matériel communautaire coexiste ainsi, dans le domaine économique, avec les lois nationales des Etats membres. Il est complété par les règles communautaires applicables dans le domaine monétaire.

3. Les usages ou « la raison écrite »

a. Les usages

Selon le Lexique des termes juridiques, l'usage est une « règle coutumière spéciale à une région ou à une profession que les particuliers suivent habituellement dans leurs actes juridiques sans s'y référer expressément »[310]. Et le même document définit la coutume comme une « règle qui n'est pas édictée en forme de commandement par les pouvoirs publics, mais qui est issue d'un usage général et prolongé et de la croyance en l'existence d'une

[308] En effet, la fourchette adoptée par l'instance communautaire est de 12-18%.
[309] Avant cette harmonisation, tous les Etats membres appliquaient le droit comptable OCAM (Organisation commune africaine et malgache).
[310] Lexique des termes juridiques, Dalloz, 9è Edition, 1993, p. 536.

sanction à l'observation de cet usage ». Les usages ont un domaine restreint lequel peut être régional, professionnel ou conventionnel.

Les usages locaux naissent et se développent dans une région déterminée. Dans cette région, c'est avec conviction que les pratiques sont suivies si bien qu'elles sont obligatoires pour toute la communauté. Les usages locaux lorsqu'ils sont constants et reconnus sont particulièrement importants. D'ailleurs, le Code civil même parfois renvoie à l'usage des lieux, pour déterminer la distance des plantations[311], ou le délai-congé en matière de baux[312], ou encore pour déterminer la hauteur des clôtures[313].Quant aux usages professionnels, ils régissent les rapports entre les membres d'une profession déterminée et se développent au sein de celle-ci. Lesdits membres s'y réfèrent dans leurs relations d'affaires. Ce sont donc des pratiques de métier. Les usages conventionnels régissent les relations contractuelles. Ils sont conçus pour déterminer dans certains contrats, des obligations secondaires qui demeurent implicites. Ils permettent la détermination du contenu des obligations découlant d'un contrat et peuvent varier d'un type de convention à une autre.

Plus précisément l'usage commercial est la répétition des mêmes pratiques dans les rapports entre commerçants, soit pour certains faits tels qu'emballages et modes d'expédition, soit pour certaines clauses d'ordre juridique telles qu'attribution des risques des marchandises pendant le transport, délai d'exécution d'obligations. Contrairement à la loi et aux textes réglementaires, il n'est pas établi par écrit ni imposé par l'autorité publique. Il faut rappeler que les usages commerciaux se sont d'abord formés dans les foires, dans les villes marchandes d'Italie et de Flandre, etc...De nos jours, ils sont souvent précisés et généralisés par des contrats-types, élaborés par des groupements professionnels ou des syndicats.

Les opérations commerciales étant changeantes, les usages devancent ou suppléent une réglementation appropriée. D'ailleurs, quelques lois n'ont fait que reprendre et consacrer des usages établis. Ainsi, la loi du 17 mars 1909 sur la vente et le nantissement du fonds de commerce ; les lois des 13 juin 1866 et 17 mars 1931 sur les emballages et les poids de marchandises ; la loi du 11 mars 1957 sur le contrat d'édition, etc.

Cependant bon nombre d'usages complètent la loi et même parfois s'y opposent. Par exemple, la solidarité est toujours présumée en matière commerciale, alors qu'elle doit être expressément stipulée en matière civile.

---

[311] Art. 671 du Code civil.
[312] Art. 1736, 1745, 1748, 1753, 1757, 1759,1762 et 1777 du Code civil.
[313] Art. 664 du Code civil.

L'anatocisme qu'on appelle encore la capitalisation des intérêts est interdit par l'article 1154 du Code civil, sauf convention expresse et seulement pour les intérêts de plus d'un an. Dans le compte courant entre commerçants, il est admis à chaque arrêté de compte et ce même pour trois mois. En cas d'inexécution d'obligations en matière civile, le créancier doit poursuivre le débiteur devant les tribunaux pour exécution forcée ou pour résolution[314].

Dans la vente commerciale, l'acquéreur peut remplacer les marchandises aux frais du débiteur, sans aucun recours à l'autorité judiciaire. Si la marchandise livrée n'a pas la qualité convenue, l'acheteur pourra obtenir une réfaction ou diminution du prix. La vente C.A.F[315] relève également de l'usage. La mise en demeure d'un débiteur qui doit être faite en droit civil par acte extra judiciaire, ne comporte aucun formalisme dans le commerce et peut résulter de toute manifestation de la volonté du créancier d'être payé, fût-ce une simple lettre.

Un usage peut généralement être écarté par une clause expresse. Sinon, son adoption est présumée dans l'opération en cause. La preuve des usages est permise par tous les moyens tels que par témoins, présomptions ou autres. Elle peut même résulter de la connaissance personnelle du juge saisi du litige. Elle peut aussi être fournie par une attestation délivrée par une chambre de commerce ou un syndicat et dite parère.

b. La « raison écrite »

Selon ce principe, en cas de carence d'une norme juridique devant permettre de trancher tel différend, l'on est en droit d'appliquer la législation française. Historiquement semble-t-il, la France appliquait également le droit romain à titre de « raison écrite ». Mais l'application de la législation française postérieure à l'indépendance plusieurs années après l'accession à la souveraineté internationale peut-elle se justifier ? Pourquoi ne pas s'efforcer de combler le vide juridique en édictant des normes juridiques pour régir l'activité économique dans cette ère où les termes « gouvernance et Etat de droit économique » sont légion ?

[314] Art. 1184 du Code civil.

[315] Coût, assurance, frêt.

1°. La justification historique du principe

Le droit romain gardait un rôle essentiel dans l'enseignement du juriste même si un enseignement de droit français était organisé par un édit de Louis XIV à la fin du 17ème siècle. En effet, le droit romain restait une sorte de grammaire du droit : il fournissait les concepts, les règles et les principes. On constatait dans la vie pratique qu'il était constamment allégué dans les plaidoiries et qu'il semblait bien conserver une fonction très proche de celle qui était la sienne durant la période médiévale. Il bénéficiait même d'une sorte d'applicabilité universelle. Les règles de son utilisation étaient toutefois précisées. Il pouvait ne pas être appliqué. En effet, si on constate une contrariété manifeste entre la règle de droit positif à appliquer et la règle romaine, le droit romain sera écarté comme étranger.

Mais l'applicabilité traditionnelle de ce droit était à distinguer selon les lieux. Dans les pays du Sud qui étaient les pays de droit écrit, les règles romaines étaient directement appliquées. Mais il faut noter qu'elles étaient appliquées selon l'interprétation du parlement du lieu, ce qui devait entraîner une certaine diversité. Il y avait autant d'interprétations du droit romain que de parlements dans la France des pays de droit écrit. Dans la France dite « de coutume », le droit romain n'était pas présenté comme une règle directement applicable. Mais dès lors qu'il y avait un problème d'interprétation, on constatait que le recours au droit romain était fréquent, voire systématique. Le droit romain était ainsi appelé à fournir des règles supplétives qui comblaient les lacunes du droit français. On constatait également que c'est dans bien des cas lui qui présentait les principes généraux qui allaient être utilisés pour harmoniser les règles contradictoires. Même si, en ce domaine, il subissait la concurrence du droit commun coutumier, le rôle du droit romain restait primordial.

En ce qui concerne les fondements de cette utilisation, il faut noter l'importance des fondements traditionnels : la volonté divine, la raison, l'usage et l'autorité étatique. Pour justifier l'utilisation qu'il fait du droit romain, [316]Domat fait appel à la providence divine et note que c'est Dieu lui-même qui a permis qu'un peuple d'infidèles ait composé ce droit dont les sociétés humaines avaient besoin. Quel était ce droit qui était nécessaire aux sociétés humaines selon Domat ? Eh bien, dit-il, « c'est l'ensemble des règles qui sont fondées en raison qui sont nécessaires pour les récrits ». C'est donc en relation avec la providence divine que Domat marque les qualités qui justifient en raison le recours au droit romain.

[316] Domat est un grand jurisconsulte qui publiait en 1689 « les Lois civiles dans leur ordre naturel » et qui désignait par Lois civiles le droit romain.

Toujours pour Domat, c'est un droit qui est fondé sur la raison. Alors même qu'ils ne connaissaient pas les vrais principes du droit, les Romains ont réussi à dégager les règles les plus proches de l'équité. Par conséquent, dit Domat, on peut discerner dans les règles du droit romain l'expression détaillée du droit naturel. Ici donc, c'est l'idée que le droit romain est un droit de raison, la meilleure expression de la raison qui demeure essentielle. Cependant, si le droit romain reste indispensable, c'est avec un statut différend. En effet, on peut dire en se fiant d'ailleurs à l'analyse de Domat, que c'est la raison du juriste qui lui confère le statut de droit, le statut de raison écrite.

Le droit romain, c'est la raison qui est écrite dans les livres du droit romain. Le terme raison écrite est donc constamment accolé au droit romain dès qu'on cherche à s'interroger sur les fondements du rôle qu'il continue à jouer dans la vie juridique. En outre, l'usage universel dont ces règles sont l'objet dans tous les peuples confirme ce caractère rationnel. Cet usage se traduit par une réception généralisée chez tous les peuples d'Europe. Et force est de reconnaître que cette réception qui n'a pas été imposée par les armes traduit une forme de consentement réussie.

L'importance de l'universalité de l'usage que conserve le droit romain permet en outre de le rattacher à l'autorité de l'Etat. Cette justification est ancienne. Dès le Moyen-âge, dans certaines ordonnances, il était indiqué que si les populations du Sud utilisaient les règles romaines, c'était à titre coutumier ; et parce que le souverain voulait bien autoriser les populations à user de ces coutumes romanisées. Donc c'était là le moyen qu'on avait imaginé pour concilier la souveraineté étatique et l'utilisation d'un droit venu d'ailleurs.

2°. Le droit positif français comme « raison écrite

Il faut rappeler qu'en matière d'opérations bancaires, l'article 67 des statuts de la Banque Centrale stipule que ses opérations sont exécutées conformément aux règles et usages bancaires. En outre l'article 41 du décret n°20/PR-ET du 4 février 1965 portant réglementation de la profession bancaire et création des organismes destinés à assurer le contrôle de cette profession disposait que la législation et la réglementation en matière d'opérations bancaires resteront en vigueur jusqu'à l'intervention des dispositions qui seront prises sur proposition du Conseil national du crédit. Or ces deux textes datent des premières années de l'indépendance. On sait aussi que traditionnellement, le droit bancaire relève du droit privé et est considéré comme une branche du droit commercial. Le droit civil trouve aussi à s'appliquer, notamment le droit des obligations, le droit des sûretés, parce qu'il constitue la base du droit privé.

Comme tout droit professionnel prévoyant une organisation professionnelle forte, le droit bancaire subit l'influence du droit public. En effet, la profession bancaire est soumise à l'autorité du Conseil national du crédit et de la Commission bancaire, véritables services publics. Enfin, l'activité bancaire est soumise à un faisceau de règles qui appartiennent à cette nouvelle branche du droit appelée droit économique, notamment le droit de la consommation.

Si en matière de dépôt et de mandat, la législation n'a pas sensiblement évolué, il n'en est pas de même pour le prêt, la vente et surtout les sûretés. En effet, le législateur français est plusieurs fois intervenu en ces matières sources de circulation de la richesse. Au Tchad, les textes sont restés figés depuis leur adoption à l'indépendance. Mais les banques dont la plupart sont les filiales ou les succursales des grandes banques françaises ou étrangères n'hésitent pas à faire siennes les règles juridiques appliquées par la maison-mère. Il n'est pas étonnant de voir dans leur « manuel de procédures » des nouvelles règles sur l'information et la responsabilité de la caution, sur le taux effectif global ou l'anatocisme des intérêts ou encore sur le prix. Le crédit-documentaire, l'usure, le régime de droit commun des comptes bancaires, les obligations générales du banquier, les supports du crédit bancaire, le cadre du crédit bancaire, le conseil et l'assistance aux clients, la location de coffre-fort, la fourniture de renseignements commerciaux, etc… ne sont légalement consacrés nulle part. Mais alors à défaut de leur insertion dans l'ordre juridique interne, le font-elles à titre de raison écrite ? Et les juges et autres professionnels du droit qui appliquent n'importe quel code qu'ils trouvent à portée de main sans se soucier de leur applicabilité le font-ils également à titre de raison écrite ?

Bien entendu l'absence d'une législation appropriée en général et des règles consuméristes ne sont pas sans conséquence pour le banquier et son client.

§ 2. Les conséquences de l'insuffisance ou de l'absence de réglementation

Le vide juridique préjudicie aux intérêts tant du banquier que de l'usager client de la banque. La banque encourt de lourdes condamnations en défense et en demande elle se voit parfois déboutée de ses prétentions. Elle arrive difficilement à réaliser ses garanties même en cas de décisions judiciaires favorables. Quant à l'usager, il accède difficilement au crédit et même s'il en bénéficie, il paie des échéances inconsidérées compte tenu du manque d'information préalablement au prêt.

A. Pour le banquier

Ces conséquences pour le banquier se résument à des condamnations abusives, à une exécution contractuelle difficile et aux difficultés de réalisation des garanties.

1. Les condamnations abusives

Les condamnations abusives dues aux dysfonctionnements relèvent de plusieurs facteurs. Les interférences sont nombreuses car l'indépendance de la justice n'est qu'un leurre. Il y a aussi ce phénomène de la corruption et de la formation des magistrats. Bien que *l'Esprit des lois* ait franchi la Méditerranée, la philosophie politique de la séparation des pouvoirs n'est pas conforme au génie africain qui admet difficilement que le pouvoir « arrête le pouvoir ». Dans le subconscient africain, le pouvoir ne se partage pas, ou il se partage le moins possible. Dès lors, la façon dont ce pouvoir perçoit la justice ne peut laisser indifférent celui qui y recourt.

Ce dont se plaignent les entreprises dont les banques, c'est l'insuffisance de la formation technique professionnelle des magistrats. Ceux-ci sont issus pour la plupart de l'ENAM[317] et ils possèdent une culture générale, mais la concentration du service public de la justice et la disparition des juridictions d'exception ont pour conséquence un enseignement trop partiel des différentes branches du droit. En outre, font défaut aux magistrats – faute de crédit – des instruments de travail : ouvrages de doctrine, abonnements à des revues, études de jurisprudence, traités de droit comparé, etc., grâce auxquels ils pourraient parfaire leurs connaissances. La mise en œuvre des principes législatifs s'en ressent. Le manque de moyens intellectuels et scientifiques conduit à faire de « l'à peu près », dans un domaine où précision et rigueur s'imposent. Ces obstacles conduisent à la conclusion que l'organisation judiciaire actuelle du Tchad, sauf exception, n'incite pas la banque à aller avec confiance devant le juge. Plus encore, elle redoute d'être appelée en défense, sachant combien elle doit en effet rester sur la défensive. Aussi n'envisage-t-elle qu'avec les plus grandes réserves toute demande reconventionnelle, si justifiée soit-elle.

Il est donc fréquent que la récupération des créances commerciales oppose les banques à la justice. C'est un domaine où abondent les doléances sur le

---

[317] Ecole nationale d'administration et de magistrature qui forme les magistrats.

fonctionnement de l'appareil judiciaire. Tout d'abord, il y a insuffisance en nombre et en compétence de magistrats spécialisés dans les procédures du droit commercial. Le Tchad n'a pas mis en place une organisation où la qualité des juges professionnels garantit une bonne connaissance du droit. Et lorsque le débiteur est soit la puissance publique, soit un national influent, l'entreprise créancière se heurte, sinon à des fins de non-recevoir, du moins à des procédés dilatoires. On lui explique que le souci de l'ordre public contraint le juge à épargner le gros débiteur. Dans les litiges entre deux entreprises privées, grande est la propension des juges à donner tort à la partie réputée la plus riche. Des banques, liant le contentieux contre des sociétés débitrices, ont été déboutées sous prétexte qu'elles n'ont pas besoin d'argent puisqu'elles en créent, et alors même que l'adversaire était coupable de faux en écriture privée. On retrouve ici l'impunité dont jouissent trop de voleurs.

La justice tchadienne n'est pas égale pour tous, elle instaure certaines discriminations à l'avantage des nationaux, et le mot de Pascal s'applique exactement[318]. Point n'est besoin de prolonger la liste des récriminations. La banque est plus que réservée sur le fonctionnement de la justice. Quand les créanciers ne peuvent obtenir ni condamnation, ni réparation, ni exécution de leurs garanties, c'est que l'institution judiciaire est malade. Trop de décisions relèvent de l'incohérence ou consacrent des iniquités. Trop de juridictions se refusent à recourir à l'expertise pour obtenir, sur des points techniques, des avis objectifs. Il s'ensuit des motivations très insuffisantes, voire une absence de motivations. L'environnement de l'appareil est aussi défectueux, qu'il s'agisse des délais et des frais de justice, des droits fiscaux et de la rémunération des auxiliaires. Il reste peu de choses du principe de gratuité. Les décisions rendues, cas par cas, ne forment pas un ensemble cohérent, que cimenterait la jurisprudence de la cour suprême. Il serait donc vain, de la part des banques, de se prévaloir de précédents, ceux-ci risquant à tout moment de se trouver dépassés. Dans un tel climat, la banque peut craindre pour la reconnaissance de ses droits.

2. Une exécution contractuelle difficile

Le remboursement des prêts est suivi selon les banques par le service exploitation ou le service gestion des crédits. Un bureau spécial s'occupe du suivi du prêt et des échéances. A l'aide du calendrier échéancier, il suit les prêts devant venir à échéance. A l'échéance de ce prêt, deux possibilités se présentent : soit l'échéance est honorée, soit elle ne l'est pas. Il ressort du

[318] A ce propos, Pascal disait « selon que vous serez puissant ou misérable ».

«Manuel de procédures des opérations[319]» les prescriptions des étapes suivantes:

-Un jour ouvrable après l'échéance, il obtient le listing des impayés et sort tous les dossiers de prêt échus ;

-A partir du listing des impayés, il effectue un tri des échéances honorées et de celles non honorées ;

-Pour les échéances non honorées, il informe le chef de service lequel devra aviser le gestionnaire du compte qui donnera des instructions à suivre ;

-Quant aux prêts dont les échéances ont été honorées, il établit les avis qui doivent renfermer les informations suivantes : le principal et les intérêts payés, la taxe afférente, le total (principal, intérêts et taxes), la date de valeur appliquée, le nom du client et son adresse et le numéro du compte débité.

Quand une échéance est impayée, le bureau avise le gestionnaire du compte afin qu'il contacte son client pour le remboursement de l'échéance due. Un rapport mensuel doit être fait au chef du service crédit avec copies au gestionnaire du compte, au directeur général, au directeur des opérations et au service du contentieux. Le service exploitation ou le service gestion du crédit selon les cas reprend contact avec le client pour le règlement des encours échus. Après deux ou trois tentatives infructueuses, le dossier est transmis au service du contentieux et du recouvrement. Le service du contentieux et du recouvrement en possession du dossier soit convoque le client ou effectue une visite domiciliaire chez ce dernier, lequel doit faire des propositions concrètes de remboursement. Des négociations sont entreprises avec le client pour le dénouement du contentieux. Selon le sérieux du client, des abandons d'agios peuvent lui être accordés ainsi que des remises de délais. Un montant important d'agios peut être annulé en cas de proposition concrète d'apurement total du solde du prêt.

Si le client convoqué n'a pu se présenter ou si la visite domiciliaire ne peut avoir lieu, ce service expédie au client une lettre ordinaire pour lui rappeler ses obligations contractuelles envers la banque. Une copie de cette lettre est également servie à son avaliste ou à sa caution hypothécaire s'il en existe. Une deuxième correspondance au même contenu peut être adressée au client à titre de rappel. Le client est alors informé du transfert éventuel de son dossier aux instances judiciaires en cas de réaction négative de sa part.

---

[319] Manuel des Procédures des opérations du Département des opérations et des systèmes de la Banque Meridien Biao SA.

A défaut de réaction du client sous huitaine, une lettre recommandée avec accusé de réception est servie au client ainsi qu'à ses co-obligés. Mais très souvent ces correspondances n'atteignent même pas le client. En effet, il n'existe pas à la poste un service de distribution de courrier. [320]Une infime minorité de citoyens disposent d'une boîte postale.

La plupart des adresses communiquées lors de la mise en place du crédit sont celles des employeurs ou des parents et amis avec les fameuses formules « sous-couvert de ». Et du fait des affinités familiales ou amicales, l'on rechigne à indiquer la nouvelle adresse ou l'on refuse de retirer le courrier pour le remettre à l'intéressé. En conséquence, beaucoup de clients des banques ne sont pas localisés[321]. Si le client réagit positivement à la lettre recommandée et prend l'attache du service du contentieux et du recouvrement, des négociations s'engagent avec la banque. En cas d'accord, la banque confirme par une correspondance les points d'accord. S'il s'agit d'un encours important, un protocole d'accord est établi et signé des deux parties.

Malgré toutes ces précautions, les clients n'exécutent pas les nouveaux accords conclus, obligeant les banques après une ultime lettre de rappel à transmettre le dossier à la justice pour recouvrement par voie judiciaire.

Mais les décisions rendues par les juridictions non seulement ne seront pas exécutées mais les garanties qu'elles ont conférées ne seront pas réalisées

3. La réalisation des garanties bancaires

La réalisation des garanties bancaires pose la question des voies d'exécution. Ce sont des procédures qui permettent au créancier impayé de saisir les biens de son débiteur pour les vendre et se payer sur le prix de vente ou de se faire attribuer lesdits biens.

Parallèlement aux procédures d'exécution forcée sur les biens, la loi tchadienne permet une exécution forcée sur la personne du débiteur. Il ne s'agit pas, comme dans les sociétés primitives, de permettre au créancier impayé de saisir et de vendre son débiteur au marché aux esclaves afin de se payer sur le prix de vente obtenu, mais d'une contrainte par corps qui est

---

[320] Dans une ville comme N'Djaména pourtant capitale du pays, environ 6000 boîtes postales seulement sont ouvertes.

[321] Plus de 95% des jugements sont rendus par des défauts à l'égard des débiteurs des banques dans les instances en recouvrement.

l'incarcération du débiteur défaillant dans le but de le contraindre au paiement de sa dette. En effet, selon l'article 334 du Code de procédure civile tchadien, le président de la juridiction civile à qui appartient le contrôle de l'exécution pourra, à la requête du créancier poursuivant et par ordonnance motivée, autoriser l'exercice de la contrainte par corps contre le débiteur de mauvaise foi. La contrainte par corps est de vingt jours à seize mois selon que les condamnations pécuniaires varient de 5 000 FCFA à plus de 500 000 francs CFA. Elle ne peut être exercée contre les individus âgés de moins de 18 ans ni contre ceux qui ont commencé leur soixantième année. Mais elle est de droit en matière pénale et n'a pas à être prononcée par le juge. En effet, selon l'article 488 du Code de procédure pénale, les individus condamnés par une juridiction répressive à restitution, dommages et intérêts ou frais pour une infraction n'ayant pas un caractère politique et n'emportant pas peine perpétuelle, sont contraints par corps aux cas où les condamnations demeurent inexécutées.

Cette exécution forcée sur la personne appelée encore « prison pour dettes » est considérée de nos jours comme attentatoire à la liberté. C'est pourquoi la loi française du 22 juillet 1867 l'a supprimée en matière civile et commerciale mais seulement pour les citoyens français. Elle demeurait, en revanche, applicable aux citoyens de statut local. En effet, l'arrêté du 10 Août 1915 réglementait la contrainte par corps en matière de justice de droit local. Malgré quelques avancées en matière de démocratie et surtout la ratification par le Tchad de nombre de traités relatifs aux droits de l'Homme, la contrainte par corps n'est à ce jour abrogée. Cependant l'acte uniforme sur les voies d'exécution ne réglemente pas la contrainte par corps. Et comme le Traité OHADA donne la latitude aux Etats Parties de légiférer en matière d'incrimination pénale, rien n'empêche le créancier dans l'espace OHADA de faire contraindre par corps son débiteur en cas d'insuffisance ou manque de sûretés à réaliser.

Les sûretés ce sont les moyens accordés au créancier par la loi ou par la convention des parties pour garantir l'exécution des obligations du débiteur, quelle que soit la nature de celle-ci[322]. Les sûretés personnelles sont rarement mises en œuvre par les banques. Le cautionnement a subi une mutation profonde par l'acte uniforme relatif aux sûretés. Aux termes de l'article 10 de cet acte, le cautionnement est réputé solidaire. Il n'est simple que lorsqu'il en est ainsi décidé expressément par la loi de chaque Etat Partie ou la convention des parties. Simple ou solidaire, le cautionnement a toujours été difficilement réalisable. Cependant la refonte du droit des sûretés a été l'occasion pour l'OHADA d'introduire l'une des garanties les plus répandues dans le monde des affaires, la garantie à première demande. Selon l'article 28 alinéa 1er de

322 Art. 1er de l'acte uniforme OHADA portant organisation des sûretés.

l'acte uniforme portant organisation des sûretés, la lettre de garantie est la «convention par laquelle, à la requête ou sur instructions du donneur d'ordre, le garant s'engage à payer une somme déterminée au bénéficiaire, sur première demande de la part de ce dernier». C'est une garantie efficace dans la panoplie des sûretés personnelles. En effet, ses effets sont : l'autonomie, l'inopposabilité des exceptions, l'incessibilité du droit à la garantie et l'irrévocabilité de la garantie. Malheureusement, cette garantie est encore peu connue du monde des affaires en milieu tchadien.

C'est donc naturellement que les créanciers et surtout les banquiers ont privilégié la constitution des sûretés réelles. La sûreté réelle la plus prisée par les banquiers est l'hypothèque. Elle peut être conventionnelle, légale ou judiciaire. Le créancier qui veut se prémunir contre le risque d'insolvabilité peut se faire librement consentir un droit réel sur les immeubles immatriculés que possède son débiteur. L'hypothèque conventionnelle offre des avantages considérables : le créancier hypothécaire a le droit de préférence et le droit de suite. Cependant la réalisation de cette garantie s'avère périlleuse car la procédure est non seulement lourde mais elle est aussi émaillée de beaucoup d'incidents. L'usager éprouve des difficultés pour accéder au crédit. Les informations le concernant ne sont pas protégées. A défaut de bénéficier des conseils adéquats, il est victime des endettements inconsidérés.

1. Les difficultés d'accès au crédit

Elles s'apparentent généralement à un refus de crédit ou à sa rupture après un premier octroi. La banque est-elle en droit de refuser du crédit à son client à qui elle vient d'ouvrir un compte ? Sa responsabilité peut-elle être recherchée par ce client[323] ou par les victimes de ce dernier[324] ? Par principe, il est admis que le refus de la banque en l'absence d'ouverture de crédit antérieure ne saurait engager la responsabilité contractuelle de celle-ci. Mais les fonctionnaires et autres personnes qui ont ouvert un compte de dépôt et à qui la banque a promis des crédits personnels accordés automatiquement jusqu'à un certain plafond en fonction des revenus de l'intéressé[325] ne peuvent se voir opposer un refus sans juste motif.

Quant à la responsabilité délictuelle ou quasi délictuelle, elle ne peut être engagée que par les victimes du client titulaire d'un compte courant. Mais

[323] Responsabilité contractuelle.
[324] Responsabilité délictuelle ou quasi délictuelle.
[325] Tels que prêts scolaires, prêts octroyés à la veille de certaines fêtes,…

dans une profession où le rôle de la confiance et la considération de la personne du cocontractant sont trop fortes, la banque est fondée à refuser le crédit sans se voir reprocher une responsabilité.

Il en sera autrement quand le refus est guidé par des considérations subjectives ou quand la banque oppose une brutalité ou s'il peut lui être imputé un caractère inattendu dudit refus. En effet, ces comportements sont la preuve de l'intention de nuire, constitutive d'abus de droit et sanctionnés par la mise en jeu de sa responsabilité.

La rupture quant à elle concerne le refus de crédit en présence d'une ouverture de crédit antérieure car elle suppose qu'un concours a déjà été accordé. La mise en jeu de la responsabilité de la banque n'est pas la même selon que la durée est déterminée d'avance ou indéterminée. Que le crédit soit à durée déterminée ou indéterminée, la banque n'exige pas nécessairement la rédaction d'un écrit.

Elle demande généralement la production du bilan, le compte d'exploitation et un état des recettes générées annuellement par les activités de ce dernier.

Si en théorie la banque peut mettre facilement fin à l'ouverture d'un crédit à durée indéterminée que dans le cas d'un crédit à durée déterminée, la pratique habituelle des banques tchadiennes, en l'absence d'une codification, est de rompre unilatéralement et sans préavis le crédit. Mais leur responsabilité est rarement mise en jeu.

Aussi en cas de crédit à durée déterminée la banque et son client conviennent du terme précis du crédit. La durée généralement admise est d'une année. L'établissement de crédit ne peut révoquer avant terme le concours sous peine d'engager sa responsabilité. Les banques prennent toutefois le soin d'énumérer dans le contrat des clauses qui les autorisent à rompre avant terme le crédit. Ce sont entre autres :

-Cessation d'activité ;

-Saisie attribution du compte du client ;

-Acceptation par le client d'effet de complaisance ;

-Ouverture d'un règlement préventif ;

-Non-paiement d'effets escomptés et revenus impayés ;

-Protêts d'un effet déposé par le client.

Etant donné que ces clauses sont licites sauf dol, la banque est fondée à rompre le crédit si l'un de ces événements arrivaient à se réaliser. Une autre possibilité est offerte par la loi française n° 04-46 du 24 janvier 1984. En effet, la banque est dispensée du préavis, que ce soit dans le cadre d'un crédit à durée déterminée ou indéterminée, en cas de comportement gravement répréhensible du client ou au cas où la situation de ce dernier devenait irrémédiablement compromise[326].

Les causes de rupture des ouvertures de crédit sont multiples et tiennent parfois à des considérations extérieures aux relations contractuelles entre la banque et son client. Ainsi si les banques rompent leurs concours pour fonctionnement irrégulier du compte, chèques sans provision, débits importants, elles le font de fois également par subjectivité pour des cas suivants :

-Procès intenté par le client ;

-Activité politique dans un parti différent de celui soutenu par la banque ;

-Considérations religieuses ou tribales.

Les ruptures brutales et donc intempestives et généralement avec intention de nuire sont monnaie courante mais les victimes n'assignent pas les banques en justice pour se voir indemniser. Pourtant, en cas de crédit à durée déterminée, celui-ci ne peut être rompu avant terme sauf dans les cas précités.

Le crédit à durée indéterminée quant à lui est le moins usité par les banques tchadiennes. Elles accordent généralement des crédits à durée déterminée d'un an. Le renouvellement de ce concours n'est pas automatique. Le comité de crédit doit se prononcer au vu d'un nouveau dossier présenté par le client. Mais quelle qualification juridique donner à ce crédit à durée déterminée et qui se renouvelle continuellement sur de longues durées de plusieurs années ? N'est-il pas un contrat à durée indéterminée du fait de ces renouvellements ? Il est vrai que le concours bancaire fait partie des contrats successifs. Etant un contrat à durée indéterminée, le banquier comme le client peut unilatéralement mettre fin à ce contrat car la rupture par volonté unilatérale est de l'essence même des contrats à durée indéterminée. Mais ce droit de résiliation unilatérale est soumis à une notification préalable et à l'observation d'un délai de préavis. La banque doit en effet faire connaître à son client son intention de rompre le concours. Elle doit de plus observer un délai de préavis. L'inobservation de ces obligations par la banque l'expose à des dommages et intérêts pour rupture abusive du crédit. Car selon l'article 60 alinéa 1er de la loi précitée, tout concours à durée indéterminée autre qu'occasionnel qu'un

[326] Art. 60, al. 2 de cette loi.

établissement de crédit consent à une entreprise ne peut être réduit ou interrompu que sur notification écrite et à l'expiration d'un délai de préavis fixé lors de l'octroi du concours. Mais selon l'alinéa 2 de cette même disposition, la banque est dispensée du préavis en cas de comportement gravement répréhensible du bénéficiaire ou si la situation de ce dernier devenait irrémédiablement compromise.

A l'instar des crédits à durée déterminée, la rupture abusive par les banques des crédits à durée indéterminée est fréquente mais les victimes engagent rarement la responsabilité de celles-ci devant les juridictions tchadiennes.

2. Les endettements inconsidérés

Si le prêt est par principe gratuit, le crédit consenti par une banque ne l'est pas car c'est l'essence même de son activité. Le crédit est rémunéré par les intérêts et diverses commissions. Ceux-ci permettent le calcul du taux effectif global. Selon l'article 1905 du Code civil, les intérêts doivent être stipulés au contrat sinon le crédit sera gratuit, sauf pour les comptes courants pour lesquels les intérêts sont non seulement capitalisés contrairement à l'article 1154 du Code civil[327] mais le solde débiteur produit des intérêts de plein droit.

Mais si le contrat annonce la perception d'intérêts sans en indiquer le taux ou le montant, c'est le taux d'intérêt légal qui sera appliqué. Il n'est pas non plus exclu que les parties conviennent d'un taux conventionnel.

Constituent également le coût du crédit les frais, commissions ou rémunérations de toute nature. Ceux-ci avec les intérêts permettent le calcul du taux effectif global. Le taux effectif global doit figurer dans tout document constatant un prêt. Au-delà de ce taux, le prêt est dit usuraire.

L'endettement est la situation du débiteur de somme d'argent, plus précisément le passif correspondant au montant d'ensemble des prêts obtenus pour financer une opération, une activité ou pour la création d'une entreprise.

Si le principe de non-ingérence empêche la banque de s'intéresser de trop près aux affaires de son client, le discernement et surtout la prudence lui font obligation d'octroyer un prêt adaptable à la situation financière du bénéficiaire. Elle a le devoir de s'informer sur la situation et les capacités financières de son client ainsi que sur l'évolution de ses affaires. Elle doit

[327] Principe de l'anatocisme des intérêts.

demander un minimum d'informations dont la communication des documents suivants :

-Statuts de la société ;

-Registre du commerce ;

-Bilan et compte d'exploitation ;

-Centrale des risques à la Banque Centrale ;

-Renseignements cadastral et hypothécaire ;

-Relations du client avec le fisc et les organismes de sécurité sociale.

Incite son client à l'endettement et donc accorde du crédit avec légèreté blâmable la banque qui met les fonds à la disposition du client sans ce minimum d'informations. Le défaut de codification de ces obligations spécifiques de la banque et l'absence de la réglementation du surendettement portent gravement préjudice aux intérêts du banquier, du client et même des tiers. En effet, si les banques tchadiennes sont avares en distribution de crédit, il existe des cas de surendettement qui pourraient voir engager leur responsabilité. Les clients et les autres usagers généralement les moins avertis et sans doute en méconnaissance de leurs droits n'estent pas en justice pour réclamer des dommages et intérêts. Quant aux banques, la sanction est la réintégration au passif de leur bilan du montant de leurs créances que doivent les clients.

L'entreprise cliente de la banque a besoin bien sûr des fonds pour financer son activité. Mais la disposition de ces fonds par la banque peut créer une prospérité apparente de nature à induire en erreur les tiers sur la solvabilité réelle de l'entreprise. Ainsi la banque peut commettre une faute lorsqu'elle offre son concours à une entreprise dont l'absence d'assise financière ne peut que mener au dépôt du bilan, exposant les tiers à un risque anormal.

La poursuite abusive de l'activité par le client suppose un concours abusif. Ce concours abusif est celui qui crée une apparence trompeuse de solvabilité. Le reproche fait à la banque est d'avoir financé l'entreprise dont la situation est déjà irrémédiablement compromise ou lorsque le crédit est d'un montant excessif. Les tierces victimes peuvent invoquer la responsabilité de la banque pour la réparation du préjudice qu'elles ont subi. Le client également peut rechercher la responsabilité de la banque alors qu'il lui appartenait de ne pas solliciter le crédit s'il l'estimait abusif. Bien entendu le principe de non-ingérence fait obstacle au banquier d'être trop regardant dans les activités de son client. Il peut toutefois être condamné à réparer les préjudices dont peuvent souffrir le client ainsi que les tiers. Mais comme dans les précédents cas, en raison de la méconnaissance du droit de la consommation sinon du droit tout court, les litiges n'ont pas été soumis aux tribunaux.

3. La protection de l'information

Par leur profession, les banques sont amenées à détenir un grand nombre d'informations sur leurs clients. Mais ces informations bénéficient du sceau de la confidentialité. Car il faut assurer la protection de la vie privée des clients et aussi préserver le secret des affaires. Le risque pour la banque se trouve généralement à l'égard de la personne visée par le renseignement dont l'information défavorable lui aura porté préjudice. Elle peut donc rechercher la responsabilité soit en raison du caractère inexact ou diffamateur du renseignement, soit en raison de son caractère confidentiel.

La protection des informations confidentielles n'a été récemment consacrée que par la loi N° 009/PR/95 du 19 mai 1995 portant réglementation du secret bancaire. Bien avant cette loi, l'article 237 du Code pénal punissait d'un emprisonnement d'un à six mois et d'une peine d'amende de cinq mille à cinq cent mille francs CFA, toutes personnes qui soit, par état ou profession, ou par fonctions temporaires ou permanentes, dépositaires des secrets qu'on leur confie et qui, hors le cas où la loi les oblige ou les autorise à se porter dénonciatrices, auront révélé ces secrets.

La loi précitée du 19 mai 1995 trace le champ d'application du secret bancaire, définit ce qu'on appelle informations confidentielles et cite le nombre de personnes astreintes au secret bancaire.

Aux termes de l'article 3 de ladite loi, est assujetti au secret professionnel bancaire, tout membre d'un conseil d'administration ou d'un conseil de surveillance et toute personne qui, à un titre quelconque participe à la direction ou à la gestion d'un établissement de crédit ou qui est employé par celui-ci.

Ce texte n'est pas appliqué si bien que les violations du secret bancaire sont courantes. Parce qu'elle est d'édiction récente ou insuffisamment vulgarisée ?

Pourtant certaines banques indiquent dans leur règlement intérieur certaines clauses telles que « le travailleur est tenu par une obligation de discrétion et de confidentialité sur l'ensemble des informations et techniques dont il a eu connaissance à l'occasion de son activité. Il ne doit pas utiliser à des fins personnelles et porter à la connaissance des tiers, les informations d'ordre confidentiel détenues[328] ». Il s'agit là bel et bien de la réglementation du secret bancaire telle que cela ressort des textes modernes régissant la matière.

Malgré l'existence des institutions de gouvernance que sont l'Assemblée nationale, le Collège de contrôle et de surveillance des ressources pétrolières, le ministère de l'assainissement public et de la promotion de la bonne gouvernance et la chambre des comptes de la Cour suprême, la mauvaise gouvernance est légion dans le pays. L'administration publique est corrompue et inefficace, l'indépendance de la justice est un leurre, l'état de droit chancelant et la démocratie dans l'impasse. Quant aux réformes et stratégies adoptées, elles ont connu des résultats mitigés.

Il en est de même des autres tentatives de solutions telles que la création d'un ministère chargé de la moralisation et du contrôle d'Etat ou la mise en place des juridictions spéciales chargées de réprimer les détournements et autres crimes économiques. Et quand à ce tableau on ajoute les insuffisances de la réglementation, la conséquence ne peut qu'être désastreuse pour l'activité bancaire.

Les méfaits de la mauvaise gouvernance sont nombreux. A défaut de vie démocratique et d'indépendance de la justice, du fonctionnement harmonieux des institutions administratives, l'activité économique en général et la profession bancaire en particulier ne peuvent bien fonctionner.

En effet dans ce contexte, les décisions ne sont pas bien rendues, l'insécurité judiciaire perdure, les règles de fonctionnement des marchés publics ne sont pas respectés, les impositions irrégulières et abusives, les détournements de fonds opérés régulièrement,…Et si des mesures urgentes et adéquates ne sont pas prises tant par des solutions administratives que judiciaires et aussi par la mise en place des règles consuméristes, l'émergence du pays sera sujette à caution[329].

Il ressort de ce qui précède que les problèmes liés au dysfonctionnement des institutions judiciaires et à la mauvaise gouvernance se posent avec acuité. Face à une réforme judiciaire en panne, aux carences du corps judiciaire, à la multiplication des justices parallèles, à la persistance de la mauvaise gouvernance et à l'insuffisance des règles consuméristes, l'exploitant de banque tchadien voit ses espoirs annihilés. Il ne peut obtenir dans des délais requis et en toute transparence de décisions pour le recouvrement de ses créances. Il ne peut espérer à l'exécution rapide des décisions rendues en sa

[328] Art. 10 du Règlement intérieur et Code de bonne conduite applicable à l'ensemble du personnel des agences et des services du siège de la Société Générale Tchad.
[329] Selon les déclarations des autorités politiques, le Tchad accédera au stade des pays dits émergents en l'an 2025.

faveur. Les conditions d'accès à un procès équitable ne sont plus réunies et ses chances d'être bien défendu sont maigres.

Il est donc urgent que des solutions idoines soient apportées à ces défis qui sont notamment : réformes judiciaires englobant la mise en place de juridictions crédibles et révision de tous les codes en cours, formation et recyclage de tous les membres du corps judiciaire et respect des règles déontologiques dans les nominations et les promotions, suppression des justices parallèles, respect scrupuleux des règles de la bonne gouvernance et réglementation de la vie économique tout en privilégiant les règles du consumérisme.

Nous venons de voir que le droit applicable à l'activité bancaire parcellaire et fragmentaire est source d'insécurité. Cette insécurité est d'abord juridique en ce que le droit commun hérité du colonisateur s'avère insuffisant eu égard au principe de la spécialité législative puis du vide juridique après l'accession du pays à l'indépendance. Ensuite le droit sécrété au niveau sous-régional est loin de couvrir l'activité bancaire.

Elle est également judiciaire car les institutions judiciaires connaissent plusieurs dysfonctionnements, les règles de procédure incomplètes voire inadaptées et plusieurs carences imputables aux professionnels du droit que sont les magistrats et autres auxiliaires de justice. A ces difficultés juridiques et judiciaires s'ajoutent les méfaits de la mauvaise gouvernance dont les insuffisances en matière d'Etat de droit, l'impasse démocratique, l'incompétence des autorités administratives, la corruption généralisée ; difficultés auxquelles les institutions chargées de promouvoir la bonne gouvernance ainsi que les juridictions spécialisées et les diverses stratégies n'ont pu faire face.

Face à ce fléau des remèdes existent s'il y a une dose de volonté car ce ne sont pas les compétences qui manquent. L'élaboration notamment d'un Code civil, d'un Code de commerce, d'un Code de la consommation, d'un droit pénal et d'un doit bancaire ainsi que des règles de procédures appropriées comblera le vide juridique. Puis la formation initiale et continue des professionnels du droit et le respect des règles déontologiques par tous les acteurs du monde judiciaire va annihiler voire éradiquer l'insécurité judiciaire. Mais il en faut plus et surtout au niveau de la gouvernance du pays. En effet, si rien n'est fait pour améliorer la gouvernance politique, administrative et économique notamment la lutte sans merci contre la corruption et autres comportements déviants, l'organisation des consultations électorales dans la transparence, les nominations et les promotions selon les seuls critères de compétence et d'intégrité, le mal va continuer à perdurer.

C'est un effort nécessaire à accomplir malgré l'avènement récent du droit OHADA ainsi que les interventions non négligeables des autres acteurs régionaux que sont la BEAC et la COBAC.

SECONDE PARTIE

L'EXPLOITANT DE BANQUE ET LE DROIT REGIONAL

Evoluant initialement dans un cadre juridique local, l'exploitant de banque tchadien sera soumis au droit régional après l'influence de la réglementation sous-régionale.

Au niveau local et sur le plan administratif, il est supervisé par le ministère des finances et l'Association professionnelle des établissements de crédit (APEC). Au niveau sous-régional, ce sont la BEAC et la COBAC qui en plus des prérogatives de contrôle et de supervision, produisent des normes qui supplantent la législation nationale. Compte tenu de l'insuffisance de l'épargne privée, de la sous bancarisation et du climat morose des affaires, les banques primaires dont le nombre aujourd'hui ne se limite qu'à huit n'arrivent pas à couvrir l'ensemble du territoire.

Puis, eu égard à l'insuffisance de la réglementation et à la carence des institutions judiciaires, on pensait que le droit communautaire appelé droit OHADA mis en place en 1997 allait être une panacée. En effet, compte tenu du ralentissement des investissements consécutifs à la récession économique et à l'insécurité juridique et judiciaire qui sévissaient, 17 pays africains dont le Tchad ont signé le 17 octobre 1993 à Port-Louis en Ile Maurice un Traité portant création de l'Organisation pour l'Harmonisation du Droit des Affaires en Afrique, dit en abrégé OHADA. Ce traité a pour objet l'élaboration et l'adoption des règles communes, la mise en œuvre des procédures judiciaires appropriées et l'encouragement au recours à l'arbitrage pour le règlement des différends contractuels.

Cependant si globalement, le Traité permet de remédier au vide juridique en général, il ne règle que partiellement les attentes du banquier. En effet, le droit bancaire qui, selon l'article 2 du traité, faisait partie des matières à harmoniser a été retranché par la suite de ces matières pour être confié aux institutions sous-régionales. Les organes mis en place par ledit Traité, lequel a été révisé en 2008, peinent à s'affirmer compte tenu des problèmes de financement et de l'existence dans la zone d'une multitude d'autres organes normatifs. Il revient donc en définitive au pays de combler le vide juridique et de rendre effectives les règles d'Etat de droit pour un exercice harmonieux de la profession bancaire.

TITRE I

LES ACTEURS DE L'ACTIVITE BANCAIRE

Il s'agit des acteurs locaux et des acteurs sous-régionaux. Les acteurs locaux sont le ministère des finances, l'Association professionnelle des établissements de crédit (APEC) et les huit banques primaires.
Le Ministère des finances, appelé encore autorité monétaire est chargé de l'organisation structurelle, matérielle et fonctionnelle des banques. Il signe les arrêtés d'agrément et autorise l'accomplissement de certains actes par les banques. A côté, il y a le Conseil national du crédit qui est un organe purement consultatif. L'APEC quant à elle est organisée sous forme d'une association mais dont les compétences et attributions dépassent de loin celles d'une association ordinaire. En effet, outre les autres attributions, son avis est requis pour les dossiers d'agrément et elle sert de relais entre les banques et la BEAC, la COBAC et les autorités monétaires nationales. Les banques primaires en nombre infime de huit sont composées des banques purement commerciales et des banques agricoles, d'investissement et de développement. Parmi celles-ci, la Banque de Développement du Tchad (BDT), jouissant de l'appui étatique et la banque sahélo-saharienne pour le commerce et le crédit (BSIC), filiale d'une banque panafricaine, bénéficient d'un statut privilégié. Mais dans l'ensemble, le secteur bancaire évolue dans un contexte économique difficile.

Les acteurs sous-régionaux sont la BEAC et la COBAC tous deux organes de supervision de l'activité bancaire dans la zone CEMAC. La BEAC émet la monnaie de la sous-région, détient et gère les réserves de change des pays membres, définit et conduit les opérations de change et promeut le bon fonctionnement des systèmes de paiement. Elle jouit à cet effet des avantages et privilèges importants. La COBAC quant à elle dispose des compétences administratives et judiciaires non moins importantes. Elle veille au respect par les banques des dispositions législatives et réglementaires les concernant et sanctionne les manquements constatés. Elle juge en premier ressort en matière disciplinaire.

CHAPITRE 1

LES ACTEURS LOCAUX

L'acteur local chargé d'organiser et de contrôler la profession bancaire est depuis, les conventions de 1990 et 1992, le ministère des finances. Avant ces conventions, et selon le décret de 1965, le contrôle et l'organisation de la profession étaient assurés par le Conseil national du crédit, la Commission de contrôle des banques et l'Association professionnelle des banques. Depuis et malgré la non modification du décret précité, les attributions de la Commission de Contrôle des banques sont dévolues à la Commission Bancaire de l'Afrique Centrale (COBAC). En définitive, c'est le Ministre des finances assisté du Conseil national du crédit qui disposent de véritables pouvoirs au niveau local.

L'Association professionnelle des établissements de crédit comme toute association est chargée de représenter les intérêts collectifs de ses membres mais possède aussi des pouvoirs importants. Elle assiste et peut même défendre en justice le membre poursuivi ou traduit en procédure disciplinaire. Son avis est obligatoirement requis en cas de demande d'agrément. Elle est sollicitée par la COBAC en cas de redressement judiciaire d'un établissement de crédit. Quant aux banques dont les capitaux sont majoritairement détenus par des étrangers, elles privilégient les opérations commerciales au détriment des investissements compte tenu des risques que ceux-ci comportent et aussi à cause de la non « bancabilité » des dossiers présentés. Les difficultés qu'évoquent les banques sont outre l'imprévisibilité des tribunaux, la sous-bancarisation notoire, les conflits à répétition, l'insuffisance de l'épargne, les coûts élevés des télécommunications et de l'énergie et le défaut de l'appui institutionnel de l'Etat.

Section 1. L'autorité monétaire et l'association des professionnelles des banques

C'est le ministère des finances qui est l'autorité monétaire nationale. Avec le conseil national du crédit, il statue sur les dossiers d'agrément, dispose des pouvoirs d'autorisation de certaines opérations et s'occupe des problèmes organisationnels des établissements de crédit. L'Association professionnelle des établissements de crédit quant à elle représente les intérêts de ses membres et donne son avis préalable sur les dossiers d'agrément.

§1. Le Ministre des finances et le Conseil National du Crédit

Outre ses compétences propres en tant que structure gouvernementale, le ministère des finances appelé autorité monétaire exerce son pouvoir décisionnel notamment en matière d'organisation structurelle, matérielle et fonctionnelle des établissements de crédit.

Il intervient grâce à son pouvoir d'instruction dans les dossiers de demande d'agrément et a un pouvoir d'autorisation préalable pour l'accomplissement de certains actes. Quant au conseil national du crédit, c'est un simple organe consultatif dont le rôle prépondérant s'est amoindri avec la mise en place des organes communautaires.

A. Les compétences et pouvoirs de l'autorité monétaire

Le ministre des finances comme autorité monétaire nationale exerce, avec les institutions sous-régionales, des pouvoirs importants.

1. Les compétences et pouvoir décisionnel

a. Les compétences propres du ministère

Le ministère de l'économie et des finances[330] est en général chargé de la conception, de la coordination, de la mise en œuvre et du suivi de la politique du Gouvernement en matière économique, monétaire, financière et budgétaire.

C'est à ce ministère que revient la réalisation du cadrage macro-économique et macro-financier ainsi que l'élaboration et le suivi des tableaux économiques et de tous les instruments améliorant l'information et la prévision macro-

[330] Cf : décret n°720/PR/PM/2009 du 13 juillet 2009 portant structure générale du Gouvernement et attributions de ses membres.

économique avec les ministères concernés. C'est encore lui qui gère la politique monétaire, financière et budgétaire, définit et applique la politique monétaire et s'occupe de l'organisation et du contrôle de la comptabilité publique et du trésor, d'impôts et taxes et des douanes.

Il exerce la tutelle financière sur tous les établissements publics nationaux, les sociétés d'Etat, les entreprises à participation publique et les collectivités territoriales décentralisées.

Il est en outre chargé du suivi de la consolidation des finances publiques, de la gestion de la dette publique intérieure et extérieure, du pilotage de l'élaboration des budgets de programme par les départements ministériels et de l'élaboration du cadrage budgétaire.

b. Le pouvoir décisionnel

Le ministère des finances et du budget désigné comme autorité monétaire reste la seule autorité compétente pour prendre certaines décisions et ce pour l'accomplissement de certains actes notamment ceux relatifs à l'organisation structurelle, matérielle ou fonctionnelle des établissements de crédit. Toutefois ces décisions sont prises après avis des autres organes nationaux et même communautaires.

A ce titre, la réglementation bancaire en zone CEMAC dispose que l'autorité monétaire prend, sur avis du Conseil national du crédit et sur avis conforme de Gouverneur de la Banque des Etats de l'Afrique Centrale, les décisions relatives :

-Au capital minimum des établissements de crédit ;
-Aux conditions d'implantation des réseaux ;
-Aux conditions des opérations que peuvent effectuer les établissements de crédit, en particulier dans leurs relations avec la clientèle, ainsi que les conditions de la concurrence ;
-A l'organisation des services communs et à toutes questions concernant l'organisation et le fonctionnement des établissements de crédit autres que celles relevant des compétences de la Commission bancaire et du Comité monétaire national.

2. Les autres compétences et pouvoirs

La compétence du ministère des finances est également réelle en matière d'agrément. Pour certaines opérations parfois, il faut l'autorisation de cette autorité monétaire nationale.

a. Compétence en matière d'agrément

L'autorité monétaire nationale reste compétente pour les questions de demande d'agrément des établissements de crédit sans distinction de leurs catégories. Les dossiers de demande d'agrément sont déposés contre récépissé. En effet selon l'article 14 de l'Annexe de la Convention portant harmonisation de la réglementation bancaire dans les Etats de l'Afrique Centrale, « les demandes d'agrément dans l'une des catégories d'établissements de crédit sont formées auprès de l'Autorité monétaire ». Dès réception du dossier de demande d'agrément, le ministère en charge de la monnaie doit transmettre à la [331]Commission bancaire de l'Afrique Centrale (COBAC) ledit dossier pour instruction. Ainsi donc lorsque l'instruction du dossier de demande d'agrément est terminée à la COBAC et que l'agrément doit être prononcé, l'Autorité monétaire nationale est de nouveau saisie. Et selon l'article 15 de l'annexe de la Convention précitée, « l'agrément est prononcé par arrêté pris par l'autorité monétaire sur avis conforme de la Commission bancaire… ». Dès sa saisine, la COBAC dispose d'un délai de six mois pour donner son avis sinon, il y a avis favorable implicite. Dans ce dernier cas, on suppose que le travail technique de vérification des conditions réglementaires requises est fait uniquement par le ministère des finances et du budget. Et même en cas de refus d'agrément, la décision est notifiée au demandeur par l'Autorité monétaire nationale.

b. Pouvoirs d'autorisation de certaines opérations

Au-delà de la compétence de l'Autorité monétaire nationale en matière de demande d'agrément, la réglementation bancaire précise explicitement que sont subordonnées à l'autorisation préalable du ministère chargé des finances, les opérations suivantes relatives aux établissements de crédit :

-Toute modification de la forme juridique, de la dénomination sociale ou du

[331] Organe de contrôle de l'activité bancaire en Afrique centrale.

nom commercial ;
-Tout transfert du siège social dans un autre Etat membre de la CEMAC ;
-Toute opération de fusion par absorption ou création d'une société nouvelle ou scission ;
-Toute dissolution anticipée ;
-Toute prise ou cession de participations qui auraient pour effet de porter la participation d'une même personne, directement ou par personne interposée, ou d'un même groupe de personnes agissant de concert, d'abord au-delà de la minorité de blocage, puis au-delà de la majorité des droits de vote dans l'établissement de crédit, ou d'abaisser cette participation au-dessous de ces seuils.

B. Le conseil national du crédit

Dans la suite des acteurs qui interviennent dans le secteur bancaire, se trouvent les représentants du ministère des finances dont la structuration se compose du Conseil national du crédit et la [332]Commission de contrôle des banques. Le Conseil national du crédit est placé auprès du ministère des finances, autorité monétaire. Sa composition, ses attributions ainsi que les modalités de son fonctionnement ont fait l'objet du décret n°20/PR-ET du 4 février 1965.

1. Composition

Le décret précité précise que le Conseil national du crédit est placé sous la présidence du ministre de l'économie nationale et son secrétariat permanent est assuré par la Banque Centrale ; il est assisté par les services du ministère de l'économie nationale. Il comprend :

-Le ministre des finances, vice-président ;
-Le commissaire général au plan ;
-Le directeur général de la Banque centrale ou son représentant ;
-Le directeur général de la Banque de Développement du Tchad ou son représentant ;
-Le directeur des affaires économiques ;
-Le directeur du service des changes ;
-Le président de l'Association professionnelle des banques ou son

[332] Le rôle de la Commission de contrôle des banques objet du décret du 4 février 1965 précité étant depuis la création de la COBAC dévolue à cette dernière, il ne sera question ici que du Conseil national du crédit.

représentant ;
-Un représentant des coopératives à désigner par le ministre de l'économie nationale.

2. Attributions et fonctionnement

Le Conseil national du crédit dont le rôle a été prépondérant sous l'empire du décret précité a vu son intervention amoindrie avec l'harmonisation des politiques bancaires.

a. Le CNC sous l'empire du décret de 1965

Selon l'article 19 du décret, le Conseil national du crédit est chargé de toutes études et recherche concernant l'orientation de la politique de crédit, la distribution du crédit, l'organisation de la profession et des méthodes bancaires. Il se réunit sur convocation de son président, au moins deux fois par an, en principe en avril et en novembre. Il peut également s'adjoindre, à titre consultatif et pour l'étude des questions particulières, des personnalités choisies en raison de leurs compétences. Il reçoit de tous les départements ministériels, de tous les organismes publics ou parapublics tous les documents nécessaires à l'accomplissement de sa tâche et notamment les rapports périodiques présentés par les services de l'agriculture, de l'élevage et des travaux publics, ces documents étant centralisés par le ministère de l'économie et communiqués au secrétariat du Conseil à bonne date.

Le Conseil national du crédit reçoit notamment de la Banque centrale les données statistiques permettant d'apprécier l'évolution du pays dont les dépôts et emplois bancaires, les concours de réescompte accordés aux banques, les risques bancaires recensés et classés par catégories d'activité économique, les mouvements de transferts avec l'extérieur réalisés par son intermédiaire. Il recommande au Gouvernement toutes mesures ayant pour objet de développer les dépôts dans les banques, les comptes courants postaux, ou dans les caisses d'épargne, de diminuer la thésaurisation des espèces, de développer l'usage de la monnaie scripturale, de collecter, dans l'intérêt général, toutes disponibilités du public. Il peut être consulté sur les interventions financières de l'Etat, directes ou indirectes, telles que participations, subventions, avantages fiscaux, garanties. Il recherche, pour ces interventions financières, les moyens et les techniques qui doivent être employés suivant la nature des opérations.

Il donne son avis sur les conditions des emprunts émis, soit à l'intérieur, soit à l'extérieur, par l'Etat ou les organismes publics. Il est consulté sur la politique générale du crédit, en vue notamment du financement du plan de développement et reçoit à cet effet des organismes chargés du plan de développement toutes les informations nécessaires pour lui permettre d'en étudier le financement pour la partie impliquant appel au crédit. Le Conseil national du crédit propose toutes mesures de caractère général ayant pour objet de réglementer la technique du crédit et de perfectionner l'organisation et les méthodes bancaires. Il donne son avis sur la création de nouvelles banques ainsi que sur l'ouverture de nouveaux guichets dans les banques. Il prend sans préjudice des sanctions pénales, des sanctions disciplinaires, dans les conditions définies par [333]l'article 29 du décret susvisé. Ces pouvoirs importants sont néanmoins partagés dans certains domaines avec l'Association professionnelle des banques, l'APEC.

b. Le CNC sous la houlette des politiques d'harmonisation

Selon le législateur communautaire, « les Conseils nationaux du crédit sont des organismes consultatifs, à compétence nationale, chargés d'émettre des avis sur l'orientation de la politique monétaire et du crédit ainsi que sur la réglementation bancaire... ». Quant à leur compétence, il faut préciser que les Conseils nationaux du crédit dressent et tiennent à jour la liste des établissements de crédit agréés, auxquels est affecté un numéro d'inscription. Les propositions faites par ces organismes s'adressent aux professionnels du secteur bancaire et à toutes ses composantes. [334]Ils interviennent encore d'une certaine manière dans la définition des politiques nationales en matière bancaire.

Ils étudient les conditions de fonctionnement des banques, notamment dans leurs relations avec la clientèle et proposent toutes mesures qu'ils jugent appropriés. C'est ainsi que leur avis est requis par l'autorité monétaire pour les décisions relatives à la fixation du capital minimum des banques, aux conditions d'implantation du réseau, à l'organisation des services communs et à toutes les questions concernant l'organisation et le fonctionnement des

---

[333] Ce sont dans l'ordre de gravité l'avertissement, le blâme, l'interdiction de certaines opérations et de toute autre limitation dans l'exercice de la profession, la suspension des dirigeants responsables avec ou sans nomination d'un administrateur provisoire ou d'un liquidateur et la radiation de la liste des banques.

[334] . Cette intervention doit toutefois ne pas être en contradiction avec les normes communautaires car celles-ci demeurent supranationales.

banques autres que celles relevant des compétences de la COBAC et du Comité monétaire national.

Les conseils nationaux du crédit reçoivent en outre de tous les établissements de crédit, suivant une périodicité et selon les modalités déterminées par l'autorité monétaire, des renseignements relatifs à leur activité et notamment à leurs ressources et à leurs emplois. Ils établissent tous les ans un rapport concernant la monnaie, le crédit et le fonctionnement du système bancaire et financier.

§2. L'association des professionnelles des banques

Prévue par le décret de 1965 précité et aussi par le texte communautaire, il est créé sous la forme d'une association mais fonctionne un peu de manière atypique. En effet, le secrétaire général est une personne étrangère à la profession et le bureau et le président de l'Assemblée générale disposent de pouvoirs distincts.

A. La création de l'association professionnelle des banques

L'APEC est régie non seulement par le texte communautaire mais également par le texte national.

1. Le cadre réglementaire

Ce cadre est non seulement tracé par le texte communautaire mais également par un texte réglementaire national.

a. Le texte communautaire

Selon l'article 29 de l'Annexe à la Convention portant harmonisation de la règlementation bancaire dans les Etats membres de l'Afrique Centrale, dans chaque Etat, tout établissement de crédit est tenu d'adhérer à l'Association professionnelle des établissements de crédit. Et selon l'alinéa 2 de cette Convention, L'Association professionnelle des établissements de crédit a pour objet la représentation des intérêts collectifs des établissements de crédit, notamment auprès des pouvoirs publics, l'information de ses adhérents et du public, l'étude de toute question d'intérêt commun et l'élaboration des recommandations s'y rapportant en vue, le cas échéant, de favoriser la coopération entre réseaux, ainsi que l'organisation et la gestion de services d'intérêts communs.

Cette association dont les statuts doivent être soumis à l'Autorité monétaire est tenue d'adhérer à une fédération professionnelle commune aux établissements de crédit de l'Afrique Centrale, chargée de poursuivre le même objet auprès des institutions à caractère sous-régional.

a. Le texte réglementaire national

C'est le fameux décret n° 20/PR-ET du 4 février 1965, portant réglementation de la profession bancaire au Tchad et création des organismes destinés à assurer le contrôle de cette profession. Selon l'article 33 de ce texte, toutes les entreprises, tous les établissements inscrits sur la liste des banques sont tenus d'adhérer à l'Association professionnelle des banques constituée sous le régime de l'ordonnance n°27/INT-SUR du 28 juillet 1962 et les décrets d'application référencés 165 et 166/INT-SUR du 25 août 1962. L'association est placée sous le contrôle du Conseil national du crédit. Elle est la seule organisation professionnelle dans le domaine bancaire car selon l'alinéa 3 de cet article, nulle autre association, nul groupement syndical des banques ne peuvent être constitué. Elle est administrée par un conseil de direction élu par les représentants de chaque banque et le président de ce conseil doit être de nationalité tchadienne sauf dérogation accordée par le Conseil national du crédit. Ses statuts doivent antérieurement aux procédures de déclaration et de publication, être soumis à l'accord préalable du ministre de l'économie nationale et des finances.

L'Association professionnelle des banques fait appliquer par ses membres les décisions du Conseil national du crédit ainsi que les règlements concernant les banques. Elle sert d'intermédiaire entre les banques et le Conseil national du crédit et peut remplir le même rôle entre les banques et la commission de contrôle. Elle donne son avis sur les demandes d'inscription à la liste des banques et sur les décisions de caractère général du Conseil national du crédit, notamment en matière d'entente bancaire. Elle étudie les questions intéressant l'exercice de la profession bancaire, les conditions de regroupement et les créations de services d'intérêts communs. Elle provoque des accords sur ces questions et peut être chargée par le Conseil national du crédit d'assurer la direction effective des organismes communs que les banques constitueraient. Elle est habilitée à intervenir en justice dans toute instance où une banque est en cause et où elle estime que les intérêts généraux de la profession bancaire sont en jeu.

1. Création et objet

a. Création

Par une décision de l'Assemblée générale de [335]l'Association professionnelle des banques de la République du Tchad (APB), il a été procédé à l'adoption des statuts d'une nouvelle association professionnelle dénommée Association professionnelle des établissements de crédit en abrégé « APEC » le 20 janvier 2011.

Cette association est régie [336]par l'ordonnance n°27/INT/SUR du 28 juillet 1962, ses décrets d'application n°165 et 166/INT/SUR du 25 août 1962 et la convention du 17 janvier 1992 portant harmonisation de la réglementation bancaire dans les Etats de l'Afrique Centrale ainsi que toutes autres dispositions légales et réglementaires relatives aux établissements de crédit.

Elle est créée pour une durée illimitée et son siège qui est fixé à N'Djaména peut être déplacé en tout autre lieu sur le territoire national sur décision de l'Assemblée générale prise à la majorité des trois quarts de ses membres mais après approbation de l'autorité monétaire.

Les membres de l'association sont les établissements de crédit régulièrement inscrits sur les listes des banques et établissements financiers tenues par le Conseil national du crédit (CNC) et la COBAC.

L'adhésion se fait par demande écrite adressée au Président de l'APEC et accompagnée de tout document attestant de l'inscription du demandeur sur les listes ci-dessus évoquées.

---

[335] C'est la première organisation professionnelle mise en place en 1969.

[336] Ces trois textes qui régissent les associations demeurent encore en vigueur à ce jour.

S'il est créé au sein de l'Association plusieurs sous-groupes rassemblant les membres en fonction de la spécificité de leurs activités, tout adhérent peut en faire partie sans qu'il soit besoin de formalités supplémentaires. L'exclusion d'un membre qui résulte du retrait de son agrément est par la suite constatée par l'Assemblée Générale.

b. Objet

L'Association professionnelle des établissements de crédit à pour objet :

-La représentation des intérêts collectifs des établissements de crédit, notamment auprès des pouvoirs publics et toutes institutions publiques et privées ;
-L'information de ses membres et du public ;
-L'étude de toutes question d'intérêt commun, notamment celles concernant l'exercice de la profession (conditions, regroupements créations de services communs…), le développement de l'épargne, la prospérité et la moralité des affaires et de présenter toutes suggestions y relatives au Gouvernement, à la Chambre de Commerce et à toutes autres institutions concernées ;
-L'organisation et la gestion de services d'intérêt commun après approbation éventuelle des autorités compétentes ;
-La constitution d'un espace de concertation, de réflexion, d'études, de coordination et d'harmonie entre les membres ;
-L'intervention, comme juge amiable, dans les contestations qui peuvent être portées ou renvoyées devant elle par ses membres ;
-Le suivi de l'application de la Convention Collective applicable aux banques et aux établissements de crédit ;
-La coordination des rapports de la profession avec les partenaires sociaux dont elle est l'interlocutrice. L'Association fait appliquer par ses membres les décisions prises par le Conseil national du Crédit ainsi que les règlements concernant les établissements de crédit ; elle sert d'intermédiaire entre ceux-ci et la Banque des Etats de l'Afrique Centrale (BEAC), le Conseil national du crédit (CNC), les autorités monétaires et éventuellement la COBAC. Elle donne son avis au CNC au sujet des demandes d'inscription sur la liste des banques et établissements financiers et elle exercice en outre les pouvoirs spécifiques qui lui sont dévolus par les textes législatifs ou réglementaires L'APEC est habilitée à intervenir en justice dans toute instance où un établissement de crédit est en cause où lorsqu'elle estime que certains intérêts généraux de la profession sont en jeu.

B. Son Organisation et son fonctionnement

Contrairement aux autres associations ordinaires, l'APEC ne dispose que d'une Assemblée Générale qui est l'organe délibérant et d'un Bureau qui constitue l'organe exécutif.

1. Organisation

a. L'Assemblée Générale

1°. Attributions

L'Assemblée Générale élit le Président, les deux vices-présidents, le trésorier et nomme le secrétaire général suivant les modalités préalablement définies. Elle approuve le budget annuel de l'Association et donne quitus au Bureau en fin de chaque exercice après avoir reçu communication de son rapport d'activités rendant compte de sa gestion et de la situation financière. Elle approuve les comptes de l'Association et délibère sur les questions inscrites à son ordre du jour.

2°. Tenue de l'Assemblée Générale

Une fois l'an et chaque fois que nécessaire, les membres de l'Association se réunissent en Assemblée générale sur convocation du Président. A défaut de réunion de cette assemblée pendant une année, elle peut être convoquée par l'un des vices-présidents ou à l'initiative de deux adhérents au moins. L'Assemblée générale est présidée par le Président de l'Association. Quel que soit le nombre de représentants par adhérent présent chaque membre n'a qu'une seule voix délibérative.

Au cours de la première Assemblée générale de l'année, le Bureau présente le rapport d'activités et le rapport financier de l'exercice échu. Les décisions sont prises à la majorité relative des voies exprimées. Chaque membre dispose d'une voix, mais en cas d'égalité, la voix du Président est prépondérante. Les votes se font ordinairement à main levée mais le scrutin secret est de droit si la demande en est faite par au moins un membre.

3°. Présidence de l'Assemblée Générale

La présidence de l'association est assurée par les membres en tant que personnes morales parmi ceux inscrits sur la liste des établissements de crédit depuis deux ans au moins, de façon tournante, dans l'ordre des identifiants de la BEAC. La fonction de Président est exercée par le Directeur Général de l'établissement concerné. Le mandat du Président est de deux ans éventuellement renouvelable mais une seule fois. Lorsque celui-ci n'est pas de nationalité tchadienne, une dérogation sera demandée et obtenue auprès du Conseil national du crédit, conformément à la réglementation en vigueur. Dans l'attente de cette dérogation, la présidence sera assurée par le Président sortant.

Le Président préside l'Assemblée générale et les réunions du Bureau. Il dirige l'Association conformément aux statuts et la représente. Il est l'ordonnateur des dépenses décidées par le Bureau. Il peut contracter au nom de l'Association dans les limites des pouvoirs qui lui sont conférés par l'Assemblée générale et signe les procès-verbaux et autres documents produits par l'Association. Quant aux vices-présidences, les fonctions sont exercées par un des dirigeants agréés des établissements de crédit, pour un mandat de deux ans éventuellement renouvelables une seule fois. Les vices-présidents assistent le Président dans ses fonctions et le suppléent en cas d'empêchement. Par ailleurs, le Président et les vices-présidents animent avec l'assistance du Secrétaire général, les activités de l'Association.

b. Le Bureau

Il est composé du Président, des deux vices-présidents et du trésorier. Cette composition peut être revue en fonction du nombre d'adhérents ou de l'évolution des activités de l'Association. [337]Le Secrétaire général assiste aux réunions du Bureau. La présidence ayant déjà fait l'objet de l'exposé précédent, il convient de décrire les fonctions du Trésorier et du Secrétaire général.

[337] Chose atypique, ce dernier n'est pas membre de l'Association et son statut relève du la législation ordinaire du travail.

1°. Le Trésorier

La fonction de trésorier est confiée au membre venant après le deuxième vice-président dans l'ordre des membres éligibles et assurée par un des dirigeants agréés, pour un mandat d'une durée de deux ans renouvelables. Le trésorier assure le suivi de l'exécution des recettes et des dépenses conformément aux décisions du bureau. A ce titre, il contresigne avec le président, l'un des deux vice-présidents ou le secrétaire Général, tout chèque et ordre de virement émis sur le compte de l'association. Il se fait communiquer, aux fins de suivi, toute situation, tous relevés...relatifs aux finances de l'APEC. En cas d'empêchement, les fonctions de trésorier sont exercées, non pas par le trésorier-adjoint car il n'en existe pas, mais par le deuxième vice-président.

2°. Le Secrétaire Général

Pour assurer la permanence du siège de l'APEC, il est créé un secrétariat permanent dirigé par un secrétaire général salarié recruté par l'Assemblée générale sur proposition du Bureau. Il doit être un cadre supérieur, issu de la profession bancaire ou justifier de toutes autres références jugées pertinentes par le Bureau. Le Secrétaire Général peut s'adjoindre les services de tout autre collaborateur dont le recrutement pourra être effectué par le Bureau sur sa proposition et après ouverture du poste par l'Assemblée générale.

Il a en charge la gestion administrative et financière permanente de l'association sous la direction du Président, veille à l'exécution des décisions du Bureau, reçoit les correspondances et les réclamations ou propositions des membres et les instruit. Il assure la rédaction des procès-verbaux, comptes rendus, délibérations et décisions du Bureau et des Assemblées générales qu'il cosigne avec le Président, élabore les rapports périodiques et annuels, initie les projets d'intérêt commun tels ceux relatifs à la formation du personnel, la préparation des négociations collectives, la réalisation d'études et de dossiers sur des sujets spécifiques.

En outre le Secrétaire Général mobilise les ressources, prépare le budget et établit le suivi budgétaire périodique ainsi que tout état financier nécessaire à l'information du Bureau. Il assure la rédaction des communications, propositions ou demandes d'intervention adressées à la BEAC, au CNC, à la

COBAC ou tout autre organisme ou institution ; transmet au CNC ainsi qu'à la COBAC les comptes rendus d'enquêtes effectuées par l'Association, transmet aux membres les notifications, instructions ou décisions de la BEAC, du CNC et de la COBAC.

C'est encore lui qui suit les relations de partenariat avec les autres associations professionnelles et institutions à caractère économique et financier. Enfin le Secrétaire général assiste avec voix consultative aux réunions du Bureau et de l'Assemblée générale où il présente et rapporte les affaires et questions inscrites et rend compte de sa gestion et de ses activités au Bureau.

3°. Fonctionnement du Bureau

Le Bureau est convoqué par le Président de l'APEC. Il se réunit toutes les fois que nécessaire et au moins une fois par trimestre. Lors des délibérations, le scrutin secret est de droit s'il est demandé par l'un des membres présents, lesquels sont astreints au secret professionnel. Quant aux décisions, elles sont prises à la majorité relative des membres présents, chaque membre disposant d'une voix, mais en cas d'égalité, celle du Président est prépondérante.

Le Bureau examine tous les documents, propositions, mémoires, qui lui sont soumis par le Secrétaire général et statue sur la suite à leur donner ; il propose le budget de l'association à l'Assemblée générale et décide des dépenses à effectuer conformément au budget adopté.

Il instruit les infractions à la réglementation des banques et établissements financiers, aux instructions de la BEAC, de la COBAC et du CNC, aux accords et ententes entre membres. Il peut prendre lui-même des mesures disciplinaires et en informer les autorités de tutelle. Le Bureau intervient à la demande des parties comme juge amiable dans les contestations entre les membres de l'Association.

Il propose à l'agrément du CNC les ententes amiables arrangées et en surveille l'application dès qu'elles sont rendues obligatoires. Il représente tant les intérêts dans les discussions relatives aux questions sociales que les établissements de crédit dans les organismes paritaires qui pourraient être créés.

2. Les finances de l'association

Les finances de l'Association professionnelle des établissements de crédit sont constituées, à l'instar de celles de toute organisation professionnelle, des recettes et des dépenses. Les recettes de l'Association se composent :

-D'une cotisation annuelle fixée par l'Assemblée générale et perçue sur chaque membre ;
-Des contributions éventuelles imposées aux banques et établissements de crédit pour subvenir aux dépenses engagées par la COBAC ;
-Des contributions imposées aux banques pour subvenir aux dépenses engagées par le CNC ;
-Des astreintes, amendes et dommages-intérêts dont le produit est acquis à l'Association en vertu des décisions du CNC ou de la COBAC ;
-Des dons, legs et autres subventions.

Tout membre est débiteur des sommes dues, pour toute période, même incomplète, où il a figuré sur les listes officielles des banques et établissements de crédit.

Quant aux dépenses de l'APEC, elles comprennent :
-Les frais généraux d'administration et de fonctionnement ;
-Les frais expressément autorisés par l'Assemblée Générale ;
-Les dépenses exécutées dans le cadre des contributions éventuelles imposées aux banques et établissements de crédit pour subvenir aux dépenses engagées par la COBAC ainsi que celles exécutées dans le cadre des contributions imposées aux banques pour subvenir aux dépenses engagées par le CNC.

Après la description des autorités de supervision nationales, il convient maintenant d'examiner les statuts des banques primaires et les problèmes auxquels elles sont confrontées.

Section 2. Les banques primaires et la problématique de l'activité bancaire

Il va s'agir ici principalement des banques commerciales et agricoles. Il y a également les banques de développement et d'investissement dans lesquelles l'Etat ainsi que les entreprises privées et les opérateurs internationaux jouent un rôle prépondérant[338].Ces établissements financiers évoluent dans un environnement économique austère auquel il est urgent de trouver des solutions idoines.

§1. Les banques primaires

Conformément à la législation bancaire, elles sont constituées sous la forme de société anonyme. Les statuts respectent la législation OHADA sur les sociétés commerciales. Il y a cinq banques commerciales dont trois proviennent de capitaux étrangers et deux sont issues de la privatisation.

A. Les banques commerciales

Ce sont la banque ECOBANK venant aux droits de la BIAT elle-même émanation de la BIAO[339], la Société Générale Tchad issue de la cession de la BTCD[340], la banque ORABANK auparavant appelée Financial Bank, la Banque Tchado-arabe Libyenne récemment appelée Banque Commerciale du Chari BCC et la Banque United Bank for Africa UBA.

1. La Banque ECOBANK

Elle a succédé à l'ancienne Banque Internationale pour l'Afrique Occidentale (BIAO). Elle a changé plusieurs fois de dénomination avant son appellation actuelle. Elle est constituée sous la forme de société anonyme. Son capital qui était de 3 milliards est aujourd'hui de 8 milliards de francs CFA suite à la recommandation récente de la COBAC. Cette banque a connu des restructurations à deux reprises après avoir été mise sous administration provisoire trois ans durant. Deux ans après cette administration provisoire, des résultats excédentaires ont été réalisés mais la situation financière est restée fortement dégradée car les fonds propres étaient négatifs à hauteur de 3,9

---

[338] Cependant sous la houlette de la Banque Mondiale, ces banques sont en voie d'être privatisées.

[339] Banque Internationale pour l'Afrique Occidentale.

[340] Banque Tchadienne de Crédits et de Dépôts.

milliards et un coefficient de liquidité inférieur à la norme. Pour se conformer à la réglementation en vigueur, un apport de 5,4 milliards en ressources appropriées est nécessaire. Une banque d'origine belge, la Belgolaise qui a entamé les négociations avec l'administration provisoire a fait défection et c'est la COFIPA une société de droit britannique qui a pu signer avec l'Autorité monétaire un protocole de reprise de la banque. Après quoi la COBAC a donné son autorisation pour la restructuration de la banque laquelle reprend son ancienne dénomination BIAT. Une décision référencée D-98/17 du 22 juin 1998 du président de la Commission bancaire met fin à l'administration provisoire.

A la date du 31 août 2006, le capital social de la banque est passé de 1 350 000 000 F CFA à 3 000 000 000 F CFA[341]. Le groupe COFIPA a décidé de céder 60% de ses actions détenues à la BIAT à Ecobank Transnational Incorporated. La banque change conséquemment de dénomination et devient Ecobank Tchad SA en abrégé ECOBANK. Quatre administrateurs furent nommés pour un mandat de quatre ans parmi lesquels figure un seul Tchadien. Selon l'article 3 des statuts, elle a pour objet toutes opérations de banque notamment la réception de fonds du public, les opérations de crédit, d'escompte, de réescompte et de commission, toutes opérations y compris la location de coffres-forts, le transfert et l'assurance de fonds et valeurs et généralement toutes opérations commerciales, financières, industrielles, mobilières et immobilières, se rattachant directement ou indirectement à son objet ou à tous autres objets similaires ou connexes ou susceptibles d'en faciliter la réalisation et le développement.

Son siège social est à N'Djaména la capitale dans laquelle six agences sont installées. Des agences sont également installées à Moundou, Sarh, Abéché, Doba, Pala, Bongor, Mongo, Mao, Kélo et Houm-Hadjer[342].

A l'instar des autres structures économiques, elle a connu et subi des affres de la guerre civile de 1979 et n'a pu rouvrir ses guichets que deux années plus tard. Quelques années seulement après cette reprise, elle a engagé des procès en recouvrement de ses créances à l'égard de ses débiteurs dont la majorité se trouvent être des personnes physiques. La plupart de ces actions ont abouti et il ressort des décisions judiciaires que le montant des condamnations au titre des créances ont totalisé 2 105 431 831 F CFA. A la date 20 juillet 2004, seulement une somme de 111 427 486 F CFA a été récupérée soit un taux de recouvrement de 5,2%, obligeant la banque à choisir non pas la voie judiciaire mais à recourir à la commission de recouvrement pour tenter, par des voies

---

[341] Aujourd'hui ce capital social est porté à 10 000 000 000 de francs CFA.

[342] Rapport du Conseil d'administration sur le bilan au 31 décembre 2015.

plus ou moins tortueuses, à faire exécuter ces décisions. Les raisons de cette déconvenue sont multiples :

-Beaucoup des débiteurs n'ont pu être localisés si bien que la décision rendue à leur égard l'est par défaut ;
-Les crédits ont été accordés non pas sur une étude sérieuse et objective mais sur la personnalité politique et sociale des clients ;
-Absence de garanties ;
-Laxisme et inefficacité des huissiers ;
-Prédominance de la culture de l'impunité ;
-Fonctions précaires des débiteurs.

En matière de contentieux défensif, Ecobank a été confrontée à plusieurs procès tant en matière sociale qu'en responsabilité délictuelle et contractuelle dont certains ont failli causer sa mise sous administration provisoire voire sa liquidation[343].

2. La Société Générale Tchad

Créée le 1er janvier 1953 à Moundou sous le nom de Crédit Lyonnais puis le 1er janvier 1955 à Fort-Lamy, elle devient le 18 janvier 1963 la BTCD. Conformément au processus de privatisation mené par le Gouvernement tchadien, cette banque devient le 30 avril 1999 la Société Générale Tchadienne de Banque « SGTB » et est entrée dans le Groupe de la Société Générale. Avec un effectif de 131 personnes, la SGTB est une banque commerciale qui offre à ses clients, entreprises, collectivités et particuliers toute la gamme de produits et services d'une banque. Elle est organisée de façon classique. En dehors de la direction générale, elle est composée deux directions générales adjointes dont l'une chargée de l'administration et l'autre chargée des opérations, du contentieux et de l'informatique. Depuis le 1er août 1999, elle s'occupe également de Western Union qui est un mode de transfert qui paraît à l'heure actuelle le système le plus fiable et le plus rapide et compte des guichets dans tous ses bureaux et agences.

Son appellation était la Banque Tchadienne de Crédit et de Dépôt jusqu'en 1999 date de la privatisation. Son capital est de 10 000 000 000 de francs CFA. Elle est également constituée sous forme de société anonyme. A l'instar des

---

343 Affaire opposant la banque à un homme d'affaires tchadien à la suite des transferts effectués à la veille de la dévaluation du franc CFA en janvier 1994, laquelle lui a valu une condamnation à plusieurs millions de francs CFA.

autres banques, son siège social est à N'Djaména. En plus de huit agences installées dans la Capitale, elle a ouvert dix agences à Abéché, Sarh, Doba Moundou, Mongo, Kélo, Koumra, Bongor, Pala et Moussoro. Contrairement aux autres banques, l'article 2 des statuts relatifs à l'objet comporte des énumérations qui semblent sortir de l'activité bancaire. En effet, outre la pratique des opérations commerciales de banque à l'instar des autres établissements bancaires, elle peut assurer la constitution des sociétés et traiter pour le compte de tous tiers et les représenter dans toutes opérations sans exception se rattachant directement ou indirectement à l'objet de la société ou permettant d'en assurer le développement.

En 1999, suite au programme de désengagement de l'Etat des entreprises publiques, la Société Générale France et l'Etat tchadien ont signé un protocole d'accord de cession d'actions.

Le cédant était représenté par le Ministre des finances et le groupe des acquéreurs était constitué de la Société Générale Paris, la Société Générale de Banques du Cameroun (SGBC) et la Société de promotion et de participation pour la coopération économique (PROPARCO).

Le cédant qui détenait 100% du capital de la BTCD a accepté de céder 79,32% des actions soit en tout 87 252 actions aux acquéreurs lesquelles sont réparties comme suit :

- Société Générale : 33 000 actions soit 30% du capital ;
- SGBC : 16 500 actions soit 15% du capital ;
- PROPARCO : 11 000 actions soit 10% du capital ;
- autres privés tchadiens : 26 752 actions.

Consécutivement à cette cession, la banque prend la dénomination de Société Générale Tchadienne de Banque, en abrégé SGTB. Quant à la composition du conseil d'administration, les postes ont été repartis de la manière suivante :

- Etat tchadien : un administrateur ;
- Privés tchadiens : un administrateur ;
- Société Générale : deux administrateurs ;
- SGBC : un administrateur.

Le 25 juin 2010, suite à une assemblée mixte des actionnaires, la société a pris la dénomination de Société Générale Tchad, en abrégé S.G.T.

Les administrateurs qui peuvent être des personnes physiques ou morales sont nommés par l'assemblée générale ordinaire ; mais la personne morale doit désigner un représentant permanent qui est soumis aux mêmes conditions et obligations et qui encourt les mêmes responsabilités que s'il était administrateur en son nom propre, sans préjudice de la personne morale qu'il représente.

Contrairement à Ecobank, elle n'a pas connu d'administration provisoire, mais a été obligée, sous la houlette des auditeurs et surtout de la COBAC, à se restructurer. En effet, divers audits dont ceux de la COBAC (en 1996 et 2000), et de la Société Générale Paris (en 1999 et 2000) ont constaté une fragilisation de la situation financière de la Société Générale Tchadienne de banque, en raison de l'importance de l'effectif, du niveau de qualification, de la motivation du personnel et de la non adéquation des métiers existants aux besoins de diversification de la banque. Il a été recommandé la modification du système informatique, la généralisation de la bureautique, la mise en place d'un nouveau plan comptable, la pratique des procédures opérationnelles et organisationnelles du Groupe de la Société Générale. Pour consolider sa place, il devient nécessaire pour la banque de diversifier ses activités afin de trouver de nouvelles sources de profits (monétique, vocalia, etc.) et de réduire les temps de traitement des opérations.

L'objectif de la réorganisation étant d'améliorer la productivité et la relève d'agents plus aptes à maîtriser les outils et les méthodes de gestion moderne, il a été décidé de nouvelles recrues mais de niveau BTS ou maîtrise (Bac +2 ou Bac +4) ou des spécialistes (contrôle de gestion, marketing, etc…). C'est ainsi que plusieurs postes tels ceux de jardinier et de gardiens ont été supprimés, la banque ayant décidé de confier le jardinage et le gardiennage à un prestataire extérieur. La restructuration consistant à la modification du poste ou à la mutation technologique a fait perdre leur emploi à beaucoup d'agents pour inaptitude professionnelle.

Cette restructuration n'a pas été du goût de certains employés qui ont engagé des actions judiciaires pour licenciement abusif mais la Société Générale a poursuivi ses efforts d'organisation et de modernisation lesquels ont consolidé sa position de première banque du Tchad. Etant comme Ecobank une des banques les plus anciennes, la Société Générale Tchad a été confrontée après sa réouverture en 1983 à beaucoup de procès en responsabilité dont les plus importants sont au nombre de deux : le procès engagé par les employés victimes de licenciement pour motifs économiques à la suite de la restructuration en 2001[344] et l'affaire l'opposant à un commerçant lequel a recherché sa responsabilité en sa qualité de tiers saisi en 2006[345]. Elle a également engagé des procédures en recouvrement de créances. A la date du 31 décembre 2006, les créances non recouvrées par la SGT s'élevaient à

[344] Affaire NDimangar Odile et autres.
[345] Affaire Sany Al Hadj Ousmane.

5 035 678 284 F CFA dont la moitié était consacrée par des décisions judiciaires ayant acquis autorité de la chose jugée. Sur ce montant seule une somme de 554 319 484 F CFA soit un taux de recouvrement de 11%[346].

3. La banque ORABANK

Elle fait partie du Groupe Financial Bank créé en 1985 et présent dans cinq pays (Bénin, Gabon, Guinée Conakry, Tchad et Togo). Le réseau avait pour ambition de constituer un groupe cohérent dans des économies sous-bancarisées en Afrique pour les activités de banque et de microfinance. D'origine néerlandaise, elle a été constituée au Tchad en 1992. C'est une société anonyme avec conseil d'administration au capital de 10 000 000 000 francs CFA. Son siège social est à N'Djaména. En plus de l'agence centrale située au siège même de la banque et de deux agences dans les quartiers Djambal-Bahr et Am-Riguébé, Orabank a fait un effort important en ouvrant six agences dans les provinces (Moundou, Sarh, Abeché, Pala, Mongo et Amtiman). Mais la seconde agence n'a été ouverte qu'en 2011 à Moundou. C'est la seule banque au Tchad qui s'occupe à la fois de l'activité bancaire au sens général et de la micro finance[347].

Comme banque commerciale, elle propose à sa clientèle variée, locale et internationale, une gamme élargie de produits et services bancaires. Ses clients ont accès à un vaste réseau bancaire à travers les filiales du Groupe et des banques correspondantes. Au titre de la micro finance, elle offre un accès durable au crédit pour les populations qui ne sont pas éligibles aux services bancaires classiques. Grâce aux microcrédits accordés, la microfinance participe activement et de manière pérenne à la lutte contre la pauvreté et les inégalités. Présente dans les plus grandes villes du pays, elle sert 2 700 clients commerçants et entrepreneurs de micro-entreprises et les salariés du secteur privé. Selon l'article 2 des statuts, la Financial Bank Tchad a pour objet :

-D'effectuer toutes opérations de banque, de crédit, d'escompte, de prêt, d'avance, de commission, de courtage, d'échange, d'arbitrage, de commerce de métaux précieux et de monnayage, de donner sa garantie sous forme de caution, aval ou autrement ;
-D'effectuer tous placements, souscriptions, achats et ventes en bourse ou autrement, au comptant ou à terme ou suivant toutes autres modalités, de titres et d'effets de toutes natures, toutes opérations de report, toutes constitutions de syndicats financiers ;

[346] Rapport du Président du Conseil d'administration, 2007.
[347] Elle a en effet créé la FINADEV qui s'occupe exclusivement de la microfinance.

-De prendre, de détenir et de gérer des participations dans toutes entreprises bancaires, financières, immobilières, industrielles et commerciales, pour elle-même ou pour le compte des tiers, en tous pays ;
-Et plus généralement, d'effectuer en tous pays, pour elle-même ou pour le compte de tiers, toutes opérations bancaires, financières, commerciales, industrielles, mobilières, pouvant se rattacher directement ou indirectement à l'objet social, conformément aux textes de la Convention du 17 janvier 1992[348] et de ses annexes, et aux règlements de la Commission bancaire de l'Afrique centrale relatifs à l'exercice des activités des établissements de crédit.

La Financial Bank Tchad est administrée par un conseil d'administration de huit membres tous élus par l'Assemblée générale ordinaire. Ce conseil désigne parmi ses membres le Président qui doit être une personne physique. Il nomme le DG qui doit être une personne physique laquelle doit résider de manière permanente au Tchad. Ce dernier à son tour propose la nomination de son adjoint par le Conseil d'administration, chargé de l'assister. Le Directeur Général et le Directeur Général Adjoint peuvent être liés à la société par un contrat de travail dans les conditions fixées par la loi. Son actionnariat comprend exclusivement des privés dont les personnes physiques et morales tchadiennes et la Financial BC SA. Soucieuse des règles de bonne gouvernance, d'éthique et de déontologie professionnelles, la Financial Bank n'a pas connu depuis sa création de restructuration ni de licenciement pour motifs économiques. L'encours des créances en recouvrement n'est pas important compte tenu des précautions d'usage qu'elle prend dans l'octroi des crédits. Quant aux procès défensifs auxquels elle a été confrontée, ils sont de moindre importance pour pouvoir lui causer une perte opérationnelle.

4. La Banque tchado-arabe libyenne[349]

Elle résulte de l'accord du 27 août 1981 entre le Tchad et la Libye. Son siège est fixé à N'Djaména. Des filiales et des agences peuvent être ouvertes sur décision du conseil d'administration aussi bien au Tchad qu'à l'étranger. Selon l'article 1er de ses statuts, elle est régie par les stipulations de l'accord précité, l'accord de création de la banque et la législation en vigueur en République du Tchad. Le capital social de la banque est fixé en dollars au montant de 4 000 000, divisé en 10 000 actions ordinaires et indivisibles de 400 dollars chacune, lesquelles actions sont détenues respectivement par les deux Etats

[348] Convention portant harmonisation de la réglementation bancaire.
[349] Cette banque est en voie de privatisation et le processus va toucher bientôt à sa fin.

actionnaires à concurrence de 60% et 40%[350]. Il est prévu toutefois la cooptation de nouveaux actionnaires mais avec l'accord unanime des premiers actionnaires.

Son objet à l'instar de toute autre banque consiste à entreprendre à l'intérieur et à l'extérieur du Tchad, toutes les opérations bancaires pratiquées habituellement par les banques commerciales en plus des opérations financières relatives aux projets de développement économique et commercial. Outre ces opérations usuelles, elle est autorisée à émettre des bons de caisse, à acheter, vendre et à détenir des titres et obligations émis par le Gouvernement, les organismes et entreprises publics ou encore ceux garantis par les Etats étrangers ou les institutions financières internationales. Elle peut organiser les opérations d'émissions publiques des titres et effectuer toutes les démarches relatives aux effets de commerce. Selon l'alinéa 10 de l'article 5 de ses statuts, elle est même autorisée à représenter les différentes institutions bancaires tant à l'intérieur qu'à l'extérieur du Tchad. Elle assure la garde d'effets de commerce et loue des coffres-forts aux particuliers. Elle peut détenir des biens, des avoirs, des œuvres et des dettes des personnes morales et physiques. L'alinéa 14 de l'article précité lui accorde même la possibilité d'accepter des charges de tutelle, les mandats de garde, de garant et d'enregistrement d'acte à toute personne physique ou morale. Elle contribue au financement des projets de développement qu'elle juge économiquement rentables, notamment l'agriculture, l'élevage, le commerce ou l'industrie.

Pour atteindre ses objectifs, la banque est habilitée à s'associer d'une manière ou d'une autre avec les autres organismes exerçant une activité semblable à la sienne et de les aider à réaliser leurs objectifs, de fusionner avec eux ou d'acquérir leurs actions. Des avantages sont en plus accordés à la banque et aux fonctionnaires non ressortissants de l'Etat du siège.

C'est ainsi que les actionnaires, les membres du conseil d'administration et les fonctionnaires non tchadiens peuvent transférer en monnaie sans aucune restriction leurs avoirs y compris leurs traitements et allocations ainsi que tout autre fond provenant de leurs activités dans la banque. La banque est exemptée de tous impôts et taxes pendant les cinq premières années d'exploitation. Une exonération est également accordée aux importations de la banque relatives aux mobiliers et matériels de bureau, de transport et des fournitures de bureau. Les salaires, traitements et autres avantages financiers des fonctionnaires expatriés, les rémunérations des actionnaires et celles des membres du conseil d'administration sont exonérés de tous droits et taxes.

[350] En violation de la réglementation bancaire actuelle.

5. La Banque UBA

Elle fait partie des banques du groupe United Bank for Africa en abrégé UBA bien implanté en Afrique occidentale. Son capital est de 8 milliards de francs CFA, soit 80 000 actions de 100 F CFA chacune, réparties entre 4 actionnaires dont 97% détenues par la société mère et 3% par des personnes physiques toutes de nationalités étrangères. Elle a effectivement commencé ses activités en janvier 2009. Compte tenu de ce qui précède, tous les administrateurs sont des étrangers y compris le directeur général de la société. A ce jour, cette banque exploite un réseau de six agences dont cinq dans la capitale et une à Moundou.

Selon l'article 2 de ses statuts, elle a pour objet de faire pour elle-même, pour le compte des tiers ou en participation avec les tiers au Tchad ou hors du Tchad, toutes opérations de banque et de crédit ainsi que toutes opérations financières, commerciales, industrielles, agricoles, mobilières et immobilières s'y rattachant sans exception ou qui pourront en être la suite ou la conséquence.

Son organigramme calqué sur celui du groupe comprend une direction générale, une direction générale adjointe, une direction des opérations, une direction financière, une direction d'audit, une direction juridique et une direction des ressources humaines. Compte tenu de sa création récente, elle n'a pas encore d'instances en recouvrement. Par contre plusieurs contentieux défensifs l'opposent aux particuliers et autres sociétés surtout pour les procédures de saisies.

A. Les banques agricoles, d'investissement et de développement

Ce sont la Banque agricole et commerciale (BAC) appelée avant Banque agricole du Soudan, la Banque sahélo-saharienne pour l'investissement et le commerce (BSIC) et la Banque de développement du Tchad (BDT).

1. La Banque agricole du Soudan

C'est une filiale de la Banque agricole du Soudan. Elle est créée au Tchad sous la forme d'une société anonyme unipersonnelle. Son siège social est à N'Djaména. Mais selon l'article 6 des statuts, il peut être transféré en toute autre localité sur décision de l'Assemblée générale. Le capital social est actuellement de 8 milliards de francs CFA.

Elle n'a que deux actionnaires disposant chacun de la moitié des actions : les Etats soudanais et tchadien. Le conseil d'administration est composé de sept membres dont trois pour l'actionnaire soudanais et quatre pour l'actionnaire tchadien.

Selon l'accord entre les deux Etats, le PCA et le DGA doivent être de nationalité tchadienne et le DG obligatoirement de nationalité soudanaise. Si le PCA et le DGA sont nommés par le Ministre tchadien des finances, les deux autres membres du conseil d'administration sont nommés par le ministère de l'agriculture et par celui des microcrédits.

Son organigramme comprend à l'instar des autres banques, le service audit et l'unité informatique lesquels sont rattachés à la Direction Générale, les directions de l'exploitation, des finance et comptabilité, de l'administration générale et des affaires juridiques et celle des crédits, risque et recouvrement.

Selon l'article 3 des statuts, la banque a pour objet d'apporter son concours financier technique et matériel à la réalisation de tout projet ou activité de nature à contribuer au développement économique en général et en particulier au développement de l'agriculture et de tous les secteurs relevant de ce domaine, et notamment :

-Entreprendre toutes opérations commerciales, industrielles, financières, mobilières ou immobilières se rattachant à son objet ;
-Mener toutes les opérations bancaires ordinaires plus particulièrement celles propres au monde agricole et rural ;
-Accepter les dépôts à vue et à terme, ouvrir les comptes courants, consentir les crédits à différentes échéances et accorder toutes facilités de crédit ;
-Fournir les matériels et intrants de production ;
-Effectuer des opérations de change de devises étrangères ;
-Assister techniquement les agriculteurs et les éleveurs ;
-Octroyer des crédits à court terme sous forme d'escompte ou de crédit de campagne ;
-Entreprendre toutes opérations commerciales et financières relatives au développement agricole et rural conformément à la procédure de crédit de la maison mère ;
-Emettre des effets, des chèques, des traites, ainsi que d'autres effets de commerce, qu'ils soient payables au Tchad ou à l'étranger.

Elle peut en outre participer à toutes les opérations de quelque nature, qu'elles soient juridiques, économiques, financières, civiles, commerciales ou industrielles se rattachant directement ou indirectement à l'objet social ou tous autres objets similaires ou connexes et susceptibles d'en faciliter l'application, le développement et le bien-être social sur l'ensemble du territoire.

A l'instar de la BSIC, elle jouit d'un statut privilégié tant en matière judiciaire, fiscale que douanière. La dénomination à ce jour est la BAC « Banque Agricole et Commerciale ». Déjà en 1996, le Gouvernement de la République du Tchad avait signé un protocole d'accord portant création de la BAST[351] et une convention d'établissement accordant à celle-ci des privilèges et exonérations fiscales et douanières et ce, pour lui permettre d'apporter son expertise et son appui au développement de l'agriculture au Tchad.

Cependant malgré ces faveurs, cette banque s'est écartée des objectifs de financement de l'activité agricole pour se consacrer presqu'exclusivement à l'activité commerciale et surtout aux services bancaires connexes (transferts et ventes de devises notamment). Ce changement d'orientation n'est pas sous-tendu par des financements conséquents ni d'une expertise avérée traduite par un plan commercial clair et précis. C'est ce qui a amené la COBAC, organe de supervision bancaire à la mettre sous administration provisoire le 10 juillet 2007 après des missions de vérification et de surveillance de 2000 à 2007.

Afin de redresser l'établissement, de l'assainir et de renforcer ses capitaux pour lui assigner d'autres objectifs, le gouvernement tchadien a signé avec la banque le 9 octobre 2009 une nouvelle convention d'établissement. L'objet de cette convention est de définir les exonérations et privilèges à accorder à la BAC. Les biens et avoirs de la Banque où qu'ils se trouvent sont exempts de saisie, perquisition ou confiscation.

Les locaux, archives et, d'une manière générale, tous les biens et documents qui lui appartiennent ou détenus par elle, sont inviolables en quelque endroit qu'ils se trouvent sous réserve des droits de communication reconnus à la COBAC et aux administrations astreintes au secret professionnel.

La BAC bénéficie de l'exonération totale et pour une période de cinq ans de l'impôt sur les sociétés. Elle est exonérée des droits de douane sur les importations des matériels, outils agricoles, pièces détachées nécessaires à son exploitation, ainsi que les importations des semences, insecticides et engrais agricoles. Elle est exonérée de la TVA sur toutes ses activités ainsi que des taxes, droits et redevances foncières et domaniales. Il lui est appliqué le régime de l'admission temporaire pour tous les véhicules importés pour les besoins de l'exploitation. Le Gouvernement s'engage en outre par cette Convention à

---

[351] Banque agricole soudano-tchadienne.

accorder, dans le cadre de leur fonction, aux dirigeants et cadres supérieurs de la banque, des passeports diplomatiques et de service et des privilèges qui y sont liés.

Cette convention a également assigné des obligations à la banque. Elle s'est engagée à mener toutes les opérations ordinaires et celles propres au monde agricole et rural, au crédit habitat et au microcrédit, fournir les matériels agricoles et intrants de production, assister le gouvernement dans le cadre de l'appui aux agriculteurs et éleveurs, à ses programmes de logement et aux activités diverses allant dans la lutte contre la pauvreté.

Elle doit entreprendre toutes les réformes institutionnelles et structurelles pour améliorer ses capacités techniques et professionnelles en vue d'être présente sur la place bancaire tchadienne, procéder à la mise en œuvre des mesures présentées pour corriger les carences dans l'organisation administrative et le système d'information et œuvrer conformément à la réglementation bancaire pour la recherche d'un partenaire de référence.

L'on doit remarquer que les objectifs assignés pas le gouvernement dans la convention dépassent de loin l'objet social de la banque. En effet, selon cette convention, et en plus du secteur agricole, la BAC doit également s'occuper des microcrédits, du crédit habitat avec la mise en place des grands projets de construction des logements sociaux, l'aménagement des terrains habitables, la création d'un fonds de l'habitat et en outre explorer d'autres secteurs pour constituer un outil de lutte contre la pauvreté.

Malgré ses quinze années d'existence, la BAC est encore à la recherche de sa stabilité. En effet, beaucoup de postes prévus dans l'organigramme ne sont pas encore pourvus. Contrairement aux autres banques, elle n'a qu'une seule agence logée au siège social. Deux agences sont prévues à Moundou et à Abéché mais jusqu'à ce jour leur ouverture reste encore d'actualité.

Tous ces dysfonctionnements sont dûs aux soubresauts des relations diplomatiques entre les deux pays consécutifs aux événements de l'Est du Tchad depuis 2004[352]. Et puis les événements politiques ont influé négativement sur les activités de la banque. Contrairement aux autres banques, elle n'a pas été confrontée à des procès défensifs et l'encours des créances en recouvrement ne se chiffre qu'à 288 millions de francs CFA.

[352] Il s'agit de la crise du Darfour qui perdure encore.

1. La Banque sahélo-saharienne pour l'investissement et le commerce

a. Une initiative de la CEN-SAD

La Banque sahélo-saharienne pour le commerce et l'investissement résulte du Traité du 4 février 1998 signé à Syrte (Libye) portant création de la Communauté des Etats sahélo-sahariens[353] et de la Convention du 14 avril 1999. Par ce traité, les huit Etats signataires ont visé l'expansion et le développement du commerce inter-africain et entre ceux-ci et les autres pays étrangers. Par la création d'une telle banque, ils estiment établir des relations économiques solides dans l'intérêt de leur peuple tant sur le plan économique que social. Ils se disent convaincus que la mise en place d'un outil financier bancaire africain facilite la collecte des ressources financières publiques et privées et l'emploi de ces ressources dans les projets économiques et commerciaux dans les pays africains. Le siège de la Banque est fixé en Libye. La Convention indique à son article 4 que tout autre pays africain peut participer au capital de cette banque mais à la condition que cette participation soit approuvée par ces Etats signataires.

La BSIC tchadienne est la filiale de la BSIC créée par cette convention et dont le capital social initialement de 100 000 000 (cent millions) d'euros a été porté à 250 millions euros. Les autres filiales sont installées en Libye même, au Burkina-Faso, au Soudan, au Sénégal, au Bénin, au Niger et au Mali. Elle se fixe comme objectifs de contribuer au développement socio-économique des Etats membres, de soutenir les économies de la communauté à travers le financement des secteurs porteurs de croissance, de promouvoir l'investissement dans les Etats membres, de promouvoir leurs échanges commerciaux et de financer des crédits de campagne des produits primaires (coton, arachide, sésame, etc.). La maison-mère a décidé d'allouer une somme de 4 milliards de francs CFA à chaque filiale à titre de ligne de crédit.

La filiale tchadienne est dotée d'un capital de 2 milliards de francs CFA, porté à 8 milliards selon le procès-verbal de l'Assemblée Générale Extraordinaire de mars 2013. Ce capital est détenu par la BSIC siège à 98% et 2% par des privés tchadiens et sénégalais. Elle est de création récente. En effet elle n'a été inaugurée que le 22 mars 2004. Elle est constituée sous forme de société anonyme avec conseil d'administration conformément à l'acte uniforme de l'OHADA relatif au droit des sociétés commerciales et du Groupement

---

[353] En abrégé CEN-SAD.

d'Intérêt Economique. Elle a ouvert sept agences dont six basées à N'Djamena et une à Moundou. Elle ne compte que trois actionnaires mais le nombre actuel des membres du conseil d'administration est de quatre. L'organigramme se présente de la manière suivante :

-Une direction générale et une direction générale adjointe ;
-Une direction centrale ;
-Des services.

Selon l'article 17 des statuts, le directeur général qui ne peut être qu'une personne physique est nommé par le conseil d'administration mais sur avis conforme de l'actionnaire majoritaire. Le directeur général adjoint est nommé dans les mêmes conditions. L'ensemble des services de la filiale est donc placé sous la responsabilité de ce directeur général. Pour des raisons de fluidité et d'efficacité semble-t-il, le directeur général-adjoint, sous la responsabilité du directeur général, supervise le service commercial, le service crédit et le service juridique, recouvrement et contentieux. Le directeur central, sous la responsabilité de la direction générale, supervise le service des opérations bancaires locales, le service portefeuille, le service des cautions et avals et le service des opérations bancaires avec l'étranger.

La BSIC a pour objet la pratique des opérations de banque et notamment de faire, pour son compte, pour le compte de tiers ou en participation, en République du Tchad et à l'étranger, toutes opérations financières, commerciales, mobilières, immobilières et généralement la participation directe ou indirecte de la société à toutes activités ou opérations industrielles, commerciales ou financières, mobilières ou immobilières, sous quelque forme que ce soit, dès lors que ces activités ou opérations sont nécessaires ou accessoires à l'exercice de ses activités bancaires ou nécessaires au recouvrement de ses créances.

b. Des prérogatives exorbitantes

Contrairement aux autres banques primaires, la BSIC, parce qu'elle résulte d'un accord international jouit d'un statut quasi privilégié. Selon l'article 1er de ladite convention, la durée de la banque qui est de 99 ans peut être renouvelée sur décision de l'Assemblée générale. L'alinéa 2 de l'article 5 indique que la banque n'est soumise à aucune autorisation ou licence dans les pays membres pour l'emprunt sur les marchés financiers extérieurs. Elle jouit, auprès des pays membres et des tiers, de tous les droits et privilèges dont jouissent les autres banques nationales en sus des privilèges et autres facilités accordés en vertu de la Convention. Les pays membres s'engagent à donner à la banque les appuis et les protections pour lui permettre de sauvegarder ses droits et intérêts. Ils s'engagent également à lui faciliter les tâches relatives à ses objectifs et à prendre tous les moyens possibles à cette fin. Les mesures de saisie ou d'exécution ne peuvent intervenir qu'en vertu d'une décision judiciaire définitive[354]. Contrairement aux prescriptions de la COBAC, l'article 10 de la convention stipule que les livres de la banque, ses documents, ses archives, ses agences et ses bureaux ne sont pas soumis aux lois et autres législations relatives au contrôle et inspection judiciaires, administratifs et comptables dans les pays membres.

Elle est en outre exonérée des impôts, timbres et taxes relatifs à ses activités. La réglementation des changes ne lui est pas applicable selon l'article 12 de cette convention. En effet elle a le droit de détenir des devises et de tenir les livres comptables en toutes autres devises et de déplacer ses avoirs à l'intérieur et à l'extérieur des Etats membres. La Banque et ses agences sont exonérées de toutes restrictions et mesures relatives au contrôle des changes et déplacement des fonds et au contrôle des banques et du crédit.

Compte tenu de sa création récente, la BSIC n'a pas encore connu de restructurations même si le capital augmente de manière exponentielle en très peu d'années. Les créances en recouvrement s'élèvent à 1 533 735 912 FCFA[355] alors que le contentieux des actions en recouvrement ne se résume qu'à quelques dossiers. Les instances en responsabilité contre la banque sont rares. Le contentieux défensif se résume à une dizaine de dossiers et aucune des affaires litigieuses n'est susceptible de lui causer une perte opérationnelle.

2. La Banque de Développement du Tchad[356]

a. Un statut privilégié

Au lendemain de son indépendance, le Tchad connaît à l'instar de nouveaux Etats accédant à la souveraineté internationale de réels problèmes de développement dont la précarité des ressources financières. Pour pallier insuffisances, le gouvernement décida de créer une banque de développement

---

[354] Art. 9 de la Convention.
[355] Rapport du Conseil d'administration à l'Assemblée Générale, 2014.
[356] Cette banque est également en voie de privatisation.

avec le statut d'un établissement public d'intérêt national. La Banque de Développement du Tchad dite en abrégé BDT a donc été créée par ordonnance n° 1/EC du 13 janvier 1962.

Elle a pour objet d'apporter son concours financier ou technique pour la réalisation de tout projet de nature à promouvoir le développement économique et social de la République du Tchad. Pour la réalisation de cet objet, deux sections furent créées au sein de l'institution lesquelles vont bénéficier des ressources propres : une section « Investissements et Participations » et une section « Crédit Immobilier, Agricole et Social ». Selon l'article 5 de l'ordonnance précitée, les statuts de la banque seront fixés par décret pris en Conseil des ministres mais ce texte n'a jamais vu le jour. Ce n'est qu'en 1990 qu'une Assemblée générale des actionnaires va élaborer et adopter les statuts de la Banque de Développement du Tchad.

Pour le recouvrement de ses créances, l'Etat lui fait bénéficier par ordonnance n° 23 du 2 août 1969 d'un privilège spécial. Ce privilège s'exerce sur les meubles et autres effets immobiliers appartenant aux débiteurs en quelque lieu qu'ils se trouvent, lorsqu'il n'existe pas d'hypothèques conventionnelles sur tout le matériel d'une exploitation commerciale, industrielle ou agricole et ce même si ce matériel sera réputé meuble par application de l'article 524 du Code civil[357].

Il s'exerce sur les salaires ainsi que sur les récoltes, fruits et loyers des biens immobiliers dont l'acquisition, la construction ou l'amélioration ont été effectuées au moyen d'un prêt de la banque. Cette sûreté prend rang immédiatement après celle établie par les articles 859 et 861 du Code Général des Impôts en faveur du trésor[358] et des communes mais ne peut être exercée que pendant deux ans pour compter de la date de chaque échéance de la dette.

Cependant malgré ce privilège spécial et des mesures draconiennes mises en œuvre, la BDT à l'instar des autres banques rencontre des difficultés certaines pour le recouvrement de ses créances. En effet, contrairement aux autres banques qui recourent aux procédures civiles d'exécution de droit commun, la Banque bénéficie d'une procédure spéciale mise en place par l'ordonnance précitée. Selon l'article 3 de l'ordonnance du 2 août 1969, le Directeur Général de la banque peut engager des poursuites et décerner contrainte contre les débiteurs dont les comptes d'emprunt présentent des sommes exigibles. Ces poursuites sont exercées au nom de la banque pour ce qui est de la ville de

[357] Cet article définit les immeubles par destination.
[358] Relatifs à l'exercice des privilèges du Trésor Public.

N'Djaména, par des porteurs de contrainte qui sont des agents rémunérés par la banque, assermentés et nommés par le Ministre des finances et de l'économie lesquels remplissent les fonctions d'huissier. Ils sont assistés dans l'exécution de leurs fonctions par les agents de la force publique.

b. Des contentieux abondants

A l'instar des autres banques commerciales, la BDT éprouve des difficultés énormes pour recouvrer ses créances auprès de ses clients. Celles-ci se chiffrent à 1 217 000 000 de francs CFA auprès des débiteurs composés principalement des particuliers et des petites et moyennes entreprises. Il faut noter qu'à la réouverture de cette banque à la suite de la guerre civile de 1979, la plupart des actions de recouvrement s'étaient soldées par des échecs tant auprès des particuliers que des sociétés commerciales.

En matière de contentieux défensifs, la banque était confrontée généralement à des actions l'opposant à ses ex-employés devant les juridictions prud'homales, lesquelles ont failli mettre à mal son équilibre financier. Les débiteurs attraits par elle dans les instances en recouvrement pouvaient se retourner contre elle du fait de ses négligences fautives mais ne l'ont pas fait sauf un seul dont l'instance mérite d'être rapportée compte tenu de la lourdeur de la condamnation.

La banque BDT créancière de son client D. D. D. et aussi bénéficiaire d'une hypothèque conventionnelle avait demandé, par requête adressée au président du tribunal de première instance de N'Djaména, de transformer celle-ci en hypothèque judiciaire. Mais le tribunal passe outre cette demande et prend à l'encontre du débiteur une ordonnance d'injonction de payer. Sur contestation de ce dernier, le tribunal suivi par la cour d'appel ont rejeté la contestation et ont validé la créance garantie. La banque procède alors à la saisie des véhicules de transport et les revend sans expertise et au mépris de la procédure régissant la saisie des biens meubles corporels. Entretemps le pourvoi formé par le débiteur a prospéré car la cour suprême sous le visa de l'article 215 du code de procédure civile[359] a, en son audience du 10 octobre 2002 cassé l'arrêt confirmatif de la cour d'appel du 9 novembre 2001 et a renvoyé le dossier devant la même cour mais autrement composé[360].

---

[359] Défaut de réponse à conclusions.

[360] En effet, le débiteur avait soutenu, entre autres moyens devant la cour d'appel, que le premier juge a statué ultra petita en prenant une ordonnance d'injonction de payer alors que la requête visait la transformation de l'hypothèque conventionnelle en

A la suite de l'arrêt du 10 octobre 2002 rendu par la cour suprême, la cour d'appel de N'Djaména se saisit de l'affaire mais dans sa nouvelle composition selon cette disposition de la plus haute juridiction. Elle devait donc, selon les énonciations de l'arrêt précité, se prononcer sur l'appel relevé par D. D. D. contre le jugement n° 187/01 du 17 mai 2001 lequel avait rejeté son opposition contre l'ordonnance d'injonction de payer et selon laquelle il devrait payer à la BDT la somme de 255 934 900 F CFA. Comme second moyen d'appel, D. D. D. soutient que la cour d'appel, en prenant contre lui une ordonnance d'injonction de payer alors qu'il lui a été demandé une hypothèque judiciaire a statué *ultra petita*. En outre pour justifier sa demande de dommages et intérêts, il fait valoir que malgré le caractère suspensif de l'appel qu'il a régulièrement relevé contre le jugement précité, la banque a fait procédé à la saisie puis à la vente aux enchères publiques de ses véhicules.

Quant à l'intimé, il exposait que par suite de concours financiers importants accordés à son client D. D. D., celui restait débiteur d'un solde reliquataire de 255 934 900 F CFA ; que relancé plusieurs fois par la Commission de recouvrement des créances[361], ce dernier a fait des promesses sans les honorer et c'est ce qui a obligé cette Commission à l'attraire en justice ; qu'elle a régulièrement saisi le tribunal lequel a sanctionné cette défaillance par une ordonnance d'injonction de payer ; qu'au lieu d'attaquer cette ordonnance par les formes prévues par l'acte uniforme relatif aux voies d'exécution, il a failli à cette formalité essentielle et c'est pourquoi le tribunal l'a déclaré déchu de son recours ; que s'agissant de la saisie illégale des véhicules, il soutenait qu'après l'apposition de la formule exécutoire sur le jugement du 17 mai 2001, un commandement de payer a été signifié à l'appelant sans contestation ; qu'elle a respecté les prescriptions de la loi relatives à la saisie-vente lesquelles ne lui ont causé aucun préjudice.

Rendant son arrêt à son audience du 11 octobre 2004, la cour d'appel déclare recevable et fondé l'appel formé par D. D. D. ; infirme le jugement n° 187/01 du 17 mai 2001 en toutes ses dispositions ; évoque et statue à nouveau ; déclare D. D. D. fondé en son action ; condamne la BDT à lui payer les sommes de 2 430 000 000 F CFA à titre principal et 1 110 000 000 F CFA à titre de dommages et intérêts outre les dépens. Epousant les arguments de l'appelant, la cour d'appel motive que la juridiction présidentielle, au lieu de transformer l'hypothèque conventionnelle en hypothèque judiciaire comme cela ressort de la requête de la BDT a préféré prendre une ordonnance d'injonction de payer a ainsi statué *ultra petita* ; que sur la saisie et la vente des véhicules, elle a jugé

---

hypothèque judiciaire ; mais la cour d'appel ne s'est pas prononcée sur ce moyen.

[361] Les fameuses justices parallèles sus-évoquées.

que toute exécution faite avant l'arrêt de la cour d'appel est irrégulière. En effet, malgré le caractère suspensif de l'appel, la BDT en dépit des procédures de sursis à exécution et de contestation desdites saisies a procédé à la vente des véhicules. La Cour justifie le quantum des dommages et intérêts en motivant que l'appelant ne peut plus récupérer ses véhicules, moyens de transports et dont l'importance est considérable pour une entreprise de transport ; que l'immobilisation puis la revente de ces véhicules sans expertise et au mépris de l'appel relevé lui ont causé des préjudices indéniables ; qu'il convient de déclarer sa demande de dommages et intérêts recevable et d'y faire droit sur la base de l'article 1382 du Code Civil, dans des proportions raisonnables Les banques outre les problèmes organisationnels doivent faire face aux difficultés socio-économiques liées surtout à la sous-bancarisation, lesquelles éritaient une solution qui ne peut venir que de l'Etat.

§2. La problématique de l'activité bancaire

Le Tchad est classé parmi les pays les moins bancarisés de la sous-région. La situation est globalement caractérisée par un volume de crédit accordé et un niveau d'épargne qui sont demeurés timides malgré les progrès enregistrés ces dernières années. Elle est éloquemment exprimée par les niveaux du taux et du degré de bancarisation. En effet le rapport nombre de comptes ou d'agences par rapport à la population est de l'ordre de 1/350 000, soit 33 points de vente pour une population de 11,6 millions d'habitants, alors que la norme requise est de 1/5000. En terme de nombre de comptes, ce taux est de 3%, contre une moyenne de 6,89% en zone CEMAC et de 3 à 8% en Afrique subsaharienne. Quant à la monnaie scripturale, elle ne représente que 44% de la masse monétaire. Les dépôts à vue représentent plus de 82% du total des dépôts et les concours à moyen et long terme ne font que 26%[362]. Les causes sont multiples. Quant aux solutions, elles incombent tant aux banques qu'aux autorités nationales et communautaires.

A. Les causes de la sous-bancarisation

Les causes le plus souvent évoquées par l'ensemble des acteurs de la vie économique que sont les promoteurs, les entrepreneurs, les particuliers, les

[362] Rapport du Secrétaire Général de l'APEC, juin 2010.

institutions publiques et privées et même les établissements de crédit sont la frilosité des banques, la méfiance vis-à-vis du système bancaire, la faible « bancabilité » des dossiers et des projets présentés, l'environnement, etc. Les critiques les plus fréquemment adressées aux banques pour justifier la sous-bancarisation et la faible expansion du crédit peuvent être résumés ainsi : refus de financement de l'investissement productif et en général du long terme, réticence au financement de la création d'entreprise, souci premier de rentabilité pour les banques qui ne cherchent que la clientèle potentiellement solvable, pratique de taux abusifs, financement accordé en priorité sur le montant des garanties et non sur la rentabilité du projet, non-assistance dans l'élaboration, la gestion et le suivi des projets financés, manque fréquent de courtoisie et de déontologie bancaires, insuffisante promotion des produits et services bancaires et produits non innovants et réticence à l'installation en dehors des centres urbains.

1. Les causes liées au crédit et à la mobilisation de l'épargne

a. Les causes liées à l'offre de crédit

La banque est l'un des secteurs professionnels les plus actifs au Tchad en tant qu'employeur, contribuable et aussi collecteur d'impôts, dispensateur de crédit, et au regard de ses performances d'entreprise. Elle n'en demeure pas moins relativement fragile, les obstacles à son développement, dans le contexte tchadien, étant essentiellement extrinsèques.

Il y a d'abord le risque systémique susceptible d'affecter l'intégralité du système bancaire du pays et dont la menace est très présente au regard des conflits à répétition et des incertitudes de l'environnement politique et social consécutives aux faiblesses de l'Etat de droit. C'est ainsi que les épargnants préfèrent dans ce contexte, soit thésauriser ou se tourner vers d'autres formes de placements très productifs immédiatement (comme l'immobilier), soit placer leurs capitaux dans d'autres pays. Les emprunteurs quant à eux sont tentés de ne pas rembourser les prêts consentis, ce qui a pour conséquence d'affecter la trésorerie des banques et leur rentabilité par l'accumulation des contentieux. C'est ensuite du fait des risques opérationnels qui se manifestent d'abord au travers de la [363]faiblesse de l'épargne longue (plus de deux années)

[363] Seulement 14% des ressources actuelles des banques : Rapport Apec 2010.

placée dans les banques. Cette situation a pour origine, de manière générale, une traditionnelle défiance du public vis-à-vis du système bancaire, mais surtout, dans le contexte plus récent, l'insuffisance de visibilité sur l'avenir politique du pays. Comme autre élément de ce contexte au niveau des crédits, l'importance des risques liés aux entreprises, ce qui explique le niveau très élevé des taux. Les moindres troubles politiques et sociaux amènent des retards de paiement, voire des contentieux. Pour la même raison, les dossiers bancables de demandes de crédits d'investissement sont rares, en l'absence d'investisseurs étrangers préférant des contextes plus stables.

Le risque politique se double d'un risque juridique où les textes, notamment le droit communautaire OHADA ne sont pas toujours respectés avec des décisions judiciaires qui ont systématiquement tendance à condamner la banque au simple prétexte qu'elle a les moyens de payer.

De plus, il est souvent difficile de faire jouer les garanties pourtant régulièrement prises. A tout ce qui précède s'ajoute l'exigence d'un niveau de capital minimum de plus en plus élevé alors même que les banques sont appelées à supporter presque seules les coûts des différentes réformes engagées dans le domaine bancaire et financier de la zone. Dans un contexte de rentabilité déjà étriquée, cela permet difficilement de garantir le rendement minimum de capitaux investis par les actionnaires.

Et puis dans certains domaines particulièrement sensibles comme celui du financement de l'investissement des petites et moyennes entreprises, l'importance des risques est tellement forte que généralement les banques n'interviennent pas ou peu. Compte tenu de l'importance de ce secteur pour le développement, l'intervention de l'Etat ou des bailleurs de fonds étrangers semble être nécessaire, autant que pour des financements à caractère social comme le financement de l'habitat ou celui de la petite exploitation agricole.

b. Les causes liées à la demande crédit

Ces causes peuvent être résumées en termes de manque de confiance dans le système bancaire, manque d'initiatives privées, faible culture d'entreprise, coût élevé des services bancaires, défiance à l'égard de certains moyens de paiement...Il y a des obstacles qui sont le fait de l'entreprise elle-même, les contraintes liées aux systèmes de financement et de marché, l'environnement institutionnel et les spécificités du crédit aux entreprises.

1°. Les obstacles qui sont le fait de l'entreprise

Il s'agit essentiellement du statut juridique de la petite et moyenne entreprise. L'entreprise individuelle ou familiale occupe au sein du système marchand tchadien une place prépondérante. En effet, les hommes d'affaires répugnent à s'associer pour tenter l'aventure entrepreneuriale. La PME[364] est généralement créée sous la forme d'une affaire personnelle, une SARL ou une société en nom collectif. L'entreprise reste fortement marquée par la personnalité du chef qui est le seul maître à bord. Les performances et contre-performances de l'entreprise deviennent sa seule affaire. Ainsi, en général, la PME va très rapidement souffrir d'un certain nombre de difficultés, du point de vue de l'insuffisance du personnel qualifié et du caractère rudimentaire des techniques de production, de l'organisation et du système de gestion. Lorsque l'on examine les bilans des rares PME tchadiennes qui en disposent, on est particulièrement frappé par l'insuffisance notoire des fonds propres. Cette sous-capitalisation constitue un grand obstacle à leur développement. Le recours aux sources extérieures de financement tels que le crédit bancaire ou les crédits fournisseurs et acheteurs est relativement limité dans la mesure où l'entreprise au regard des tiers n'est pas sécurisante compte tenu de l'insuffisance de ses fonds propres. On voit également en la petite et moyenne entreprise un faible esprit d'entreprise, l'esprit d'entreprise supposant donc la motivation de réussir, l'aptitude à prendre des risques calculés, l'esprit d'initiative, la confiance en l'avenir, le goût de l'effort et la persévérance, etc.

2°. Les contraintes liées au système de financement

Le souci de sécurité et de rentabilité des fonds engagés amène les banques à fixer des critères conditionnant leur intervention. En pratique, la PME satisfait difficilement ces exigences et se heurte très souvent aux critères ci-après :

-La nécessité d'un minimum d'auto-financement : cette exigence est courante et constitue pour la banque un moyen de faire supporter une partie du risque financier par le client, de même qu'elle donne la mesure de l'engagement dans l'affaire. Pour des raisons liées généralement aux circonstances de leur création, de leur forme juridique, les PME ne disposent pas toujours de ressources nécessaires pouvant être affectées à la constitution de leurs fonds propres ;

---

[364] Petite et moyenne entreprise.

-Fiabilité des projets : Les difficultés que rencontrent les clients des banques à proposer des dossiers de projets bancables, appuyés par des études de faisabilité fiables. A cet effet, la [365]SFI a initié un projet d'appui aux opérateurs économiques au niveau de la Chambre de Commerce, sans réel succès ;
-Exigence de garanties : Dans le souci de se prémunir contre les risques de non remboursement, les banques demandent généralement aux promoteurs diverses formes de garanties (cautions solidaires, sûretés réelles, etc.) ; L'obligation pour les PME de présenter de telles garanties, ajoutée aux difficultés d'obtention de fonds propres suffisants est souvent la cause des délais interminables de gestation de certains projets, voire de leur abandon pur et simple.
-Production de documents comptables : les états financiers de la clientèle constituent un outil de gestion précieux pour la banque au double plan de l'appréciation des risques et du suivi des engagements. En pratique, cette exigence du banquier n'est pas satisfaite par la PME dans les délais requis. En effet, du fait d'une comptabilité souvent rudimentaire lorsqu'elle existe, la production de documents comptables fiables constitue encore un domaine dans lequel d'importantes actions de sensibilisation, voire de formation doivent être menées en direction des chefs d'entreprises pour améliorer leurs possibilités de financement.

3°. Les contraintes de marchés et les spécificités du crédit aux particuliers

Les contraintes de marché sont liées à la nature des relations qui lient les PME à certains de leurs partenaires, notamment l'Etat. En effet, celui-ci constitue pour beaucoup de petites et moyennes entreprises un client important. Les procédures d'engagement et de réalisation des marchés de l'administration sont souvent complexes, ce qui cause de nombreuses difficultés à la PME surtout face aux engagements contractés tant auprès des banques que des fournisseurs.

En plus des contraintes d'ordre général telles que les difficultés de constitution puis de réalisation des garanties, le bas niveau et l'irrégularité des revenus, se posent les problèmes spécifiques de domiciliation des salaires du personnel de l'Etat et de l'absence d'un mécanisme de refinancement notamment du crédit immobilier. Les conditions d'accès aux facilités de la BEAC prévues à cet effet sont rédhibitoires.

[365] . C'est la Société Financière Internationale filiale de la banque mondiale qui finance les entreprises privées.

4°. L'environnement institutionnel

Au plan des procédures, il y a une forte standardisation des garanties car souvent les banques et les clients s'accordent à utiliser uniquement les hypothèques alors que d'autres formes de garantie plus souples peuvent être utilisées. Le déficit d'une véritable politique publique en matière de promotion des petites et moyennes entreprises et des petites et moyennes industries est patent. La lenteur administrative est lancinante : au sein de l'administration publique pour se délivrer des actes liés aux terrains (arrêté de gré à gré, titre foncier, etc.) ; puis au niveau des banques où les formalités sont souvent complexes. L'insuffisance des structures bancaires dans les différentes villes du pays n'a pas jusque-là trouvé de palliatif tout comme il n'existe pas un cadre de concertation entre les banques et l'Etat sur les grandes problématiques du secteur financier en général.

Au niveau des cadres juridique et fiscal, on note une insécurité juridique et judiciaire : limites des précautions juridiques lors de l'établissement des différents actes et défaillance du système judiciaire. Même sur les actes liés au crédit, l'insécurité persiste. En effet, on constate des faux à grande échelle sur les pièces relatives à la propriété immobilière. Les normes OHADA sont difficilement assimilées et leur interprétation volontairement erronée. De plus, il y a déficit de vulgarisation et des difficultés de mise en œuvre du Règlement n° 02/CEMAC relatif aux systèmes, moyens et incidents de paiement qui consacre le développement de la bancarisation et l'utilisation des moyens scripturaux. Fiscalement, la TVA de 18% alourdit les prêts : l'exonération sur les prêts immobiliers n'a pas donné l'effet escompté pour défaut de vulgarisation et/ou du niveau des crédits immobiliers dans les portefeuilles des banques. Et puis les banques et les entreprises éprouvent des difficultés à bénéficier des allègements fiscaux pourtant prévus par le Code Général des Impôts.

2. Les causes liées à la mobilisation de l'épargne

a. L'insuffisance de l'épargne

Comme ci-haut indiqué, les dépôts collectés par le système bancaire sont essentiellement à vue. En dépit des progrès constatés ces dernières années dans l'évolution du volume des dépôts collectés[366], la faiblesse de l'épargne demeure structurelle dans toutes ses composantes (publique, institutionnelle, épargne des entreprises et des particuliers). Bien que le pays soit passé d'une situation de finances publiques structurellement déficitaire à celle des budgets excédentaires, le système bancaire n'a que peu profité de cette épargne surtout depuis la décision de retrait des dépôts du trésor Public. L'épargne institutionnelle entendue comme celle provenant des compagnies d'assurance, caisses de retraite, autres institutions est quant à elle peu importante (environ 15%) dans l'ensemble des dépôts à terme des banques alors que cette composante est sous d'autres cieux l'une des plus importantes de l'épargne nationale. L'épargne privée[367] n'est passée que de 18,3% à 23,3% du total des dépôts à terme entre juin 2005 et 2009. Les causes de cette situation sont diverses, certaines tenant au niveau général de développement du pays, d'autres relevant de son contexte particulier.

L'absence d'instruments de placement, perçus comme performants, liquides et sûrs, aussi bien en termes de structures que de produits, est l'une des principales raisons généralement avancées pour expliquer le faible niveau d'épargne collectée.

Les obstacles se situent en réalité à deux niveaux : d'une part l'environnement économique, politique et juridique instable du pays ; d'autre part, et comme corollaire, la méfiance envers le système formel, essentiellement composé de banques ; or le lien de confiance est le fondement premier des relations financières et de la mobilisation de l'épargne.

Lorsqu'il n'existe pas, les épargnants préfèrent placer leurs avoirs soit à l'étranger, soit sur le marché informel lorsqu'ils ne le thésaurisent pas tout simplement.

b. Obstacles liés à l'accès du public aux services bancaires

Les formalités bancaires sont souvent complexes pour une population essentiellement analphabète. Il faut aussi noter une faiblesse des revenus de la majorité de la population et un isolement social récurrent. Il y a l'éloignement géographique qui implique des coûts d'implantation élevés et couplés à un volume réduit des collectes avec pour conséquence des coûts de transaction forcément élevés du fait de la nécessité de récupérer les charges liées à

[366] Plus de 108% entre 2005 et 2009.

[367] Celle des particuliers et des entreprises privées.

l'installation et à l'exploitation du réseau et des services dédiés à la clientèle. Ces charges concernent aussi bien les investissements physiques (équipements et télécommunications) que les redevances d'exploitation de l'Office de régulation des télécommunications, les services de la Société des télécommunications et ceux de la BEAC (relatifs aux transactions à travers le Systac et le Sygma).

A. Les pistes de solutions

Pour remédier à cette sous-bancarisation, des mesures d'amélioration du climat des affaires doivent être prises non seulement par les banques mais aussi par l'Etat et les autorités monétaires. D'autres actions telles que le développement du crédit aux particuliers ainsi que des mesures pour drainer l'épargne du public vers le système bancaire doivent être envisagées.

1. L'amélioration du climat des affaires

Celle-ci doit passer par un appui institutionnel de l'Etat, l'institution d'une charte des investissements et la création d'une agence nationale des investissements et des exportations.

a. L'appui institutionnel de l'Etat

Les opérateurs privés locaux réussissent à mener des activités florissantes dans le commerce général, le transport, l'élevage, etc. Ils éprouvent en revanche plus de difficultés à diriger une entreprise du secteur formel à cause notamment d'un manque de culture managériale et de savoir-faire nécessaires pour réussir dans un environnement formel. De manière générale, le patrimoine de l'entreprise se confond à celui du chef d'entreprise. Les interférences familiales, ethniques et politiques sont fréquentes et ne favorisent pas la bonne gestion des entreprises.

Les outils et systèmes de gestion utilisés par les entreprises sont rudimentaires. Très peu d'entreprises tiennent une comptabilité régulière ou sont dotées d'un outil informatique. L'absence de centres de gestion agréés dont le projet de création est à l'étude depuis plusieurs années, ajoutée à la faiblesse de l'offre en service d'appui et de conseil en comptabilité et gestion, ne permettent pas aux dirigeants de mener une réflexion stratégique et une planification à moyen terme de leurs activités. Le manque de personnel qualifié constitue un handicap majeur pour les entreprises qui sont souvent obligées de faire appel à une main d'œuvre étrangère onéreuse pour des postes spécialisés ou de maîtrise. Les besoins du marché du travail en personnel technique qualifié sont insatisfaits pour l'essentiel. Cette situation est d'autant plus préoccupante que les différentes sociétés impliquées dans l'exploitation du pétrole sont obligées, pour couvrir leurs besoins, de faire appel massivement à un personnel étranger.

D'autre part, les entreprises rencontrent d'énormes difficultés à obtenir des crédits en général, et surtout des crédits à moyen et long terme nécessaires au financement de leurs investissements. Les relations entre les banques commerciales et les entreprises sont empreintes de méfiance et de suspicion. Les banques font preuve d'une prudence extrême à l'égard des demandes de crédit des entreprises et surtout celles du secteur informel. Les difficultés de financement des petites et moyennes entreprises, des petites et moyennes industries sont liées en grande partie à leur faible capacité d'autofinancement et à la faible capacité des promoteurs à gérer avec efficience leurs entreprises. Compte tenu en outre de l'absence d'une comptabilité régulière qui permet d'apprécier la rentabilité des entreprises, les banques refusent catégoriquement d'octroyer les crédits à moyen et long terme et se contentent, quand elles le peuvent, à accorder des concours à court terme destinés à couvrir les besoins en fonds de roulement. L'inexistence des structures appropriées et des lignes de crédit spécialisés pour le financement des PME et l'absence d'organismes pouvant garantir les crédits accordés aux PME constituent un sérieux handicap pour ces dernières pour accéder au crédit bancaire.

Un appui est souhaitable pour le renforcement des capacités de la Chambre de Commerce, d'Industrie, de l'Agriculture, des Mines et de l'Artisanat afin de lui permettre de jouer le rôle d'interface entre l'administration publique et le secteur privé. Car celle-ci ne participe pas encore à la prise des grandes décisions économiques à un niveau correspondant aux attentes. Dans le cadre d'un objectif global d'accroissement des revenus en parallèle aux politiques sectorielles, le Gouvernement a pris un certain nombre d'engagements pour la promotion du secteur privé et associatif, renforcés par la consolidation et la diversification des activités génératrices d'emplois productifs. D'après un Plan d'Orientation Révisé 1998-2005, des axes stratégiques et des objectifs spécifiques ont été définis en trois volets[368].

[368] Document élaboré par le Ministère du Plan et de la Coopération Internationale.

Le premier volet concerne l'environnement juridique et administratif des entreprises. Les priorités relatives à ce volet sont la simplification des procédures administratives pour la création d'entreprises privées, la mise en œuvre de l'ensemble de la réglementation au niveau régional dans le cadre du traité portant l'organisation pour l'harmonisation du droit des affaires en Afrique (OHADA) et dans l'harmonisation des régimes en vigueur au sein de la CEMAC, l'accélération de la réforme du système judiciaire, la réduction des rigidités du marché du travail.

Le deuxième volet a trait au soutien direct au développement des entreprises locales. Il concerne notamment la problématique du financement des entreprises grâce à la mise en place d'un fonds de garantie, l'ouverture des lignes de crédit pour l'apport de ressources à long terme, la promotion de la microfinance, les incitations économiques et fiscales en liaison avec la formation et l'embauche des jeunes, etc. Relèvent aussi de ce volet le renforcement des structures techniques de formation spécialisée (publiques ou privées) au profit des opérateurs économiques et des agents de la fonction publique impliqués dans la promotion du secteur privé ainsi que l'appui aux organismes consulaires pour le développement des capacités d'assistance technique aux PME.

Le troisième volet regroupe des actions destinées à développer l'information auprès de ces opérateurs et la concertation entre ceux-ci et les pouvoirs publics. Il comprend entre autres, le développement de mécanismes adaptés aux différentes catégories d'opérateurs pour la connaissance et la maîtrise des opportunités de marchés, des coûts et des technologies, de la conjoncture économique et financière, de la réglementation des affaires, de la valorisation des potentialités dans différentes branches de l'économie, etc.

Mais les actions urgentes que doit prendre le gouvernement pour la promotion du secteur privé reposent sur les principes suivants :

-Renforcer la capacité du secteur privé à se prendre en charge ;
-Inscrire la promotion du secteur privé dans le processus d'intégration régionale et sous-régionale et promouvoir sa compétitivité dans un environnement de plus en plus concurrentiel et par là celle de l'économie nationale ;
-Mettre en place un système léger de coordination des actions et des activités en relation avec les représentants du secteur privé ;
-Promouvoir un environnement institutionnel et réglementaire propice à l'épanouissement de l'initiative et du secteur privé notamment par la promotion et l'application systématiques des dispositions du Code des

investissements et des orientations de la charte des investissements ;
-Poursuite et intensification des efforts pour l'extension et l'entretien du réseau routier en vue de faciliter la circulation en tout temps des biens et des personnes ;
-Privilégier la formation et le savoir-faire autant que de besoin ;
-Promouvoir le dialogue et la concertation entre le secteur privé et le secteur public.

b. L'institution d'une charte des investissements

Le 3 janvier 2008 et par la loi n°006/PR/2008, il a été institué la charte des investissements qui constitue le cadre général de promotion des investissements tant nationaux qu'étrangers du secteur privé. Son objectif est de favoriser la création et le développement des activités orientées vers la valorisation des matières premières locales, la promotion des exportations, le transfert des technologies, la réhabilitation et l'extension des entreprises existantes, la mobilisation de l'épargne nationale ainsi que l'apport des capitaux extérieurs, la création d'emplois durables et la formation de la main d'œuvre nationale, la promotion des biens et services destinés au marché intérieur et la réalisation des investissements dans les zones à faible concentration industrielle conformément à la politique de décentralisation de l'Etat.

Cette charte institue une procédure de conciliation et d'arbitrage devant les organisations internationales compétentes. Et la loi précise qu'elle sera complétée en tant que de besoin par des codes spécifiques dans les secteurs minier, touristique, pétrolier, forestier notamment. La charte traduit l'engagement de l'Etat dans une stratégie destinée à améliorer l'environnement institutionnel et fiscal du secteur privé dans le but de favoriser le développement, la croissance et la diversification de l'économie.
L'Etat doit appuyer le secteur privé pour que celui-ci bénéficie des facilités accordées par les institutions financières internationales et doit veiller à l'application uniforme, juste et équitable des règles du jeu par l'ensemble des acteurs du système économique notamment les règles en matière de concurrence, de protection des consommateurs et de l'environnement. La garantie de la stabilité macro-économique devant consolider et favoriser l'essor du secteur privé et la croissance des investissements et l'adoption des politiques économiques visant à promouvoir le développement des petites et moyennes industries, des industries rurales et artisanales font partie des engagements de l'Etat.

Il veille en outre à la promotion de la sécurité juridique et judiciaire et au renforcement de l'Etat de droit en créant les conditions juridiques de base nécessaires pour attirer les investissements privés et renforcer les droits des investisseurs et en adhérant aux dispositions internationales de garantie et de protection des investissements tout en respectant les accords bilatéraux et multilatéraux y relatifs, notamment ceux de L'Agence Multilatérale de Garantie des Investissements (AMGI) et du Centre International pour le Règlement des Différends relatifs aux Investissements (CIRDI). Il doit garantir l'application des procédures et arrêts de la CCJA[369] et de la Cour de Justice de la CEMAC, renforcer les capacités des magistrats dans le traitement des affaires commerciales et veiller à l'exécution diligente des décisions de justice.

Dans le cadre de sa politique de développement, l'Etat privilégie la concertation avec le secteur privé. C'est ainsi qu'il s'engage à établir un partenariat dynamique entre le secteur public et le secteur privé en vue de la définition des stratégies et de la recherche des solutions aux problèmes économiques et sociaux, à apporter son appui au renforcement des organisations professionnelles autonomes avec des mesures telles que la création d'un cadre juridique favorable au bon fonctionnement des chambres consulaires, des syndicats patronaux et d'employés et des associations des consommateurs.

Il doit simplifier les formalités administratives des investisseurs en mettant en place un dispositif d'accueil, d'information et de conseil desdits investisseurs. L'adoption et l'animation d'un cadre institutionnalisé de concertation systématique avec le secteur privé et la société civile fait en outre partie de ses obligations.

Pour favoriser les investissements et inciter au développement des initiatives privées, particulièrement la création des PME et des PMI[370], l'Etat s'engage à créer un environnement propice. A cet effet, il garantit, à travers les traités instituant la CEMAC et la COBAC, un système bancaire sain et sécurisant doté d'un marché monétaire régional ; apporte son appui à la mise en place des dispositifs et mécanismes permettant un accès aux financements et garantissant les investissements ; encourage les services d'appui au renforcement de la production et de la compétitivité ; veille à la mise en œuvre et à l'application de la réglementation de la concurrence ; assure la protection de la propriété intellectuelle. Il garantit en outre la fiabilité du secteur des

[369] Cour commune de justice et d'arbitrage d'Abidjan.
[370] Petites et Moyennes Industries.

assurances à travers la Conférence Interafricaine des Marchés d'Assurance (CIMA).

c. La création d'une agence nationale des investissements et des exportations

Par une autre loi n°004/PR/2008 également datée du 3 janvier 2008, il a été créé une Agence Nationale des Investissements et des Exportations en abrégée ANIE. C'est un établissement public à caractère administratif, doté de la personnalité morale et de l'autonomie financière. Elle est placée sous la tutelle du ministère du commerce, de l'industrie et de l'artisanat.

Selon l'article 4 de la loi, elle a pour mission d'encourager et de promouvoir les activités industrielles, commerciales et artisanales du Tchad. A ce titre, elle apporte conseil et assistance technique intégrés aux promoteurs économiques dans la conception, la formulation, la réalisation et la gestion de leurs projets d'investissement et d'affaires conformément à la réglementation en vigueur. Elle doit informer, sensibiliser et encourager tous les opérateurs économiques en collaboration avec la Chambre de Commerce, d'Industrie, d'Artisanat, des Mines et d'Agriculture, aider les entreprises à accroître la compétitivité de leur produit sur le marché national et international ; constituer et mettre à la disposition des investisseurs une banque de données sur les opportunités d'investissements et les informations techniques. Elle délivre aux opérateurs économiques toutes les pièces administratives nécessaires à leurs activités, en liaison avec les départements ministériels et institutions intéressés et facilite en outre les opérations commerciales et industrielles à travers un guichet unique. L'agence est administrée par un conseil d'administration et une direction. Ses ressources sont constituées par les produits des prestations de services, les subventions budgétaires de l'Etat, les autres produits perçus au titre de ses activités et autorisés par la loi des finances ainsi que les dons.

2. Le développement du crédit aux PME et aux particuliers et les autres actions

a. Le crédit aux PME et aux particuliers

Pour un bon développement de la petite et moyenne entreprise, des solutions existent et peuvent relever des banques commerciales et des autorités monétaires. Concernant les banques, il faut noter que celles-ci ne peuvent délibérément consentir à réduire leurs profits ou à prendre plus de risques. Leur rentabilité est déterminée par le volume de leurs ressources et par la dimension de leur portefeuille de crédit. Si majoritairement leur clientèle souhaite investir dans le secteur commercial en bénéficiant des crédits à court terme, alors elles financeront ce genre d'activités.

Quant à l'Etat, il lui appartient d'orienter la politique économique nationale. Il peut le faire sous la forme de mesures destinées à inciter mais prudemment les banques commerciales à se tourner vers l'investissement productif. L'Etat peut prendre des mesures fiscales d'encouragement et d'incitation au développement de l'entreprise. Ces mesures peuvent revêtir diverses formes : par exemple la réduction des droits d'enregistrement à l'occasion des constitutions ou des augmentations de capital, l'exonération des droits de douane et de la TVA sur les matériels, outillages et biens d'équipement, la taxation réduite des profits de cession des éléments de l'actif et les exonérations pour réinvestissement.

Il peut aussi prendre des mesures pour l'étude des projets. En effet l'Etat peut stimuler la création de bureaux d'études. Certes des cabinets privés existent, mais très peu dans le domaine des études sur projets et ne faisant pas l'objet de mesure particulière de promotion ou d'encouragement. Souvent ce sont des bureaux d'origine étrangère qui sont très actifs mais ils s'intéressent plus aux financements des grands projets internationaux qu'aux financements des promoteurs nationaux de PME. L'Etat pourrait de même créer des structures d'appui et de promotion des projets des PME, en tirant leçon des échecs de celles qui ont existé par le passé (par exemple de l'Office de Promotion Industrielle du Tchad[371]).

Enfin l'Etat peut prendre des mesures relatives aux fonds propres et celles tendant à diminuer le poids des garanties dans la décision d'octroi de crédit : création de structures de soutien et de financement des PME/PMI tels que la société de capital à risque ou le fonds de garantie par exemple. Quant au développement du crédit aux particuliers, il devrait passer par trois types de mesures :

-Des mesures devant faciliter l'accès aux services bancaires, telles que la bancarisation des salaires des agents de l'Etat et les dispositions relatives au droit au compte ;
-Celles destinées à sécuriser les engagements des banques comme la domiciliation des revenus du personnel salarié tant du secteur public que

[371] Ancienne appellation de Chambre de Commerce.

privé ;
-La création de structures ou de mécanismes de financement ou de refinancement aux ressources appropriées et conditions adaptées pour la promotion de certains types de concours (à l'habitat, au petit équipement…).

b. Le drainage de l'épargne du public vers le système bancaire

Pour pouvoir drainer l'épargne du public vers le système bancaire, plusieurs mesures doivent être préconisées :

-Simplifier les conditions d'accès des banques à la propriété foncière afin de les encourager à s'installer en province ;
-Assurer les conditions de sécurité des installations bancaires partout où elles existent ;
-Revoir le système de tarification des redevances de l'OTRT[372] ;
-Supprimer les frais perçus par la BEAC sur les transactions à travers Systac et Sygma ;
-Réformer le droit foncier qui n'autorise pas l'établissement d'un titre foncier sur un terrain nu, contrairement à d'autres expériences ;
-Promouvoir l'arbitrage dans le cadre du droit communautaire OHADA, afin de contourner les juridictions étatiques. Les différentes initiatives de la Chambre de Commerce doivent se poursuivre afin de concevoir tous les outils opérationnels de l'arbitrage ;
-Encourager la création des services bancaires de proximité par la création des agences bancaires dans les principales villes du pays ;
-Accélérer la bancarisation des salaires des agents de l'Etat en instituant des mesures d'accompagnement incitatives pour les banques ;
-Mettre en place des outils de communication avec le grand public pour aider à la compréhension du système bancaire. La crainte des faillites et l'impact des événements militaires sur l'accès aux dépôts ont longtemps pesé sur l'esprit des épargnants. Dans ce sens, il faut informer sur le rôle de la Commission Bancaire, le Fonds de Garantie des Dépôts en Afrique Centrale (FOGADAC) et sur l'ensemble des réformes en cours dans le cadre communautaire ;
-Accélérer le développement de la monétique pour favoriser l'accès rapide et permanent aux ressources ;
-Faire des efforts d'innovation et d'adaptation des produits bancaires au

[372] Office tchadien de régulation des télécommunications

contexte, par exemple le développement des produits financiers islamiques, la création des interfaces entre la finance informelle et le système bancaire (et par contrecoup, une dynamisation de l'intermédiation bancaire).

c. Autres actions engagées et encours de réalisation

Dans la sphère bancaire, il faut citer les réformes engagées dans le cadre communautaire (Systac[373], Sygma[374], le FOGADAC, le gouvernement d'entreprise, le taux effectif global, l'augmentation du capital minimum, le plan de continuité de l'activité bancaire,...) et dont les objectifs sont la consolidation des structures, l'amélioration de la qualité des prestations, la sécurisation des déposants...Le projet de monétique sous-régionale destiné à la promotion des moyens modernes de paiement par la mise à la disposition du public de cartes interbancaires doit être rapidement réalisé. Il faut louer les efforts de couverture territoriale déployés par les banques à travers la création de plus en plus d'agences tant à N'Djaména qu'en province ainsi que l'installation de nouveaux établissements, ce qui devrait non seulement renforcer la couverture géographique, mais contribuer à l'amélioration de la qualité des services offerts, le jeu de la concurrence aidant.

S'agissant de la demande des services bancaires, l'on retiendra la décision de paiement de la plupart des salaires des agents de l'Etat par virement bancaire. Il y a aussi les initiatives prises ou envisagées par l'Etat dans le cadre du dialogue public-privé, avec l'appui de la Banque Mondiale, appelé FODEP, et dont l'état des lieux peut être résumé comme suit :

-Adoption de la loi du 3 janvier 2008 instituant la Charte des Investissements lequel prévoit notamment l'exemption pour les entreprises nouvelles ou en extension des impôts dont l'impôt sur les sociétés, l'impôt minimum fiscal, la patente, la taxe sur la valeur locative des locaux professionnels, la contribution foncière des propriétés non bâties, ainsi qu'un régime simplifié ou d'autres régimes de taxation pour le secteur pétrolier, les micro-entreprises et le secteur informel en vue de leur alléger les obligations déclaratives et leur faciliter la gestion administrative ;
-Sous l'impulsion de la Société financière Internationale SFI, le forum du dialogue Etat et secteur privé précité a été institué en février 2008, ouvrant la

[373] C'est le système net de paiement de masse encore appelé système de télécompensation en Afrique centrale qui concerne de petits montants.
[374] C'est le système de règlement brut en temps réel appelé encore système de gros montants

voie à l'instauration d'une dynamique de concertation. Bien que ces initiatives convergent vers une meilleure prise en compte des attentes du secteur privé par les administrations, de nombreuses embûches persistent : formalités administratives et prélèvements fiscaux pléthoriques, parfois soudains, unilatéraux et arbitraires. A cet effet, le rapport « Doing Business » met en évidence dans son édition de 2015, un rang préoccupant pour le Tchad qui occupe la 185ème place sur les 189 pays classés au regard de la qualité de l'environnement juridique et légal des affaires et le même rang soit l'un des quatre derniers pays pour le seul critère de la création d'entreprise[375].

Lors de ses premières assises, le FODEP a identifié comme thèmes de travail la simplification des formalités de création d'entreprise, la création d'un Centre de Formalité des Entreprises et la facilitation de l'accès des entreprises aux financements. Trois groupes de travail technique ont été organisés pour prendre en charge ces trois thèmes dont le groupe technique sur l'accès des PME au financement bancaire et qui dans sa feuille de route a prévu :

-Une étude sur la modification du code foncier, permettant aux propriétaires de terrains non bâtis de les hypothéquer pour un emprunt bancaire ;
-La recherche des conditions de réduction des droits d'enregistrement et de la taxe foncière dans le cadre d'une démarche de création d'entreprise ;
-Une étude de faisabilité pour la mise en place d'un fonds de garanties (ou de pré-garantie), sécurisant les emprunts bancaires à long ou moyen terme ;
-La structuration d'un partenariat Banques/Etat/CCIAMA pour l'organisation d'assises nationales sur le financement des activités économiques par le système bancaire et la formation des entrepreneurs ;
-L'harmonisation et la simplification des procédures bancaires.

Même si elles étaient effectivement réalisées, les actions ci-dessus laisseraient en suspens certaines entraves déjà évoquées, pourtant relativement importantes, notamment l'insuffisance des fonds propres, le savoir-faire des promoteurs et la culture d'entreprise. Aussi nombreuses et avantageuses que soient ces initiatives, sauraient-elles suffire à renforcer la bancarisation sans une volonté affirmée des acteurs que sont les banques et les opérateurs économiques de vaincre leurs réticences traditionnelles encouragés en cela par un environnement politique durablement assaini ?

Le ministère des finances et l'Association professionnelle des établissements de crédit, acteurs locaux de première importance avaient de larges pouvoirs en matière bancaire. Le ministère des finances dispose de pouvoirs décisionnels importants tels que la fixation du capital minimum et les

---

375 Rapport « Doing Business, 2015, page 178.

conditions d'implantation des réseaux. Il reste encore compétent pour les demandes d'agrément et a le pouvoir d'autorisation de certaines opérations. L'Association professionnelle des banques quant à elle s'occupe de la défense des intérêts de ses membres.
Quant aux banques primaires peu nombreuses, elles sont confrontées entre autres aux phénomènes de la sous-bancarisation, à l'insuffisance de l'épargne et du peu d'engouement du public aux services bancaires de base. Comme remèdes, il y aura lieu de préconiser l'appui institutionnel de l'Etat, le drainage de l'épargne du public vers le système bancaire et le développement du crédit aux particuliers et aux petites et moyennes entreprises.

Les acteurs locaux malgré des prérogatives importantes doivent agir de concert avec les acteurs régionaux que sont la BEAC et la COBAC. D'ailleurs depuis les réformes intervenues et à partir de 1992, ce sont ces dernières qui disposent de véritables pouvoirs.

CHAPITRE II

LES ACTEURS REGIONAUX

Les acteurs sous-régionaux que sont la BEAC et la COBAC ont vu leurs pouvoirs renforcés depuis l'adoption des conventions de 1990 portant création de la COBAC et de 1992 relatives à la réglementation bancaire et leurs annexes respectives. La BEAC succédant à la [376]BCEAEC est non seulement un institut d'émission mais une institution de contrôle et d'organisation de l'activité bancaire.

Son omnipotence n'est plus à démontrer. En effet, c'est elle qui définit et conduit la politique monétaire de la sous-région. Elle soutient la politique économique des Etats membres. Grâce aux accords de siège qu'elle a signés avec chacun de ces Etats, elle jouit des immunités de juridiction et d'exécution.

La COBAC malgré sa création par un accord international donc ayant valeur de traité n'a pas de personnalité juridique. Elle est présidée par le Gouverneur de la Banque Centrale et c'est ce dernier qui nomme le Secrétaire Général chargé de la gestion quotidienne. Outre le pouvoir normatif, elle dispose des compétences réglementaires. Elle exerce des fonctions juridictionnelles limitées cependant aux instances disciplinaires.

Section 1. LA BEAC

Née de l'accord de 1959 entre les pays de l'Afrique Equatoriale Française et la France, la Banque des Etats de l'Afrique Centrale, en abrégé BEAC appelée encore « Banque Centrale » est non seulement un institut d'émission mais est également chargée de la politique monétaire des [377]six pays. Elle jouit dans le territoire de ces Etats des prérogatives très importantes.

---

[376] C'est la Banque centrale des Etats de l'Afrique Equatoriale et du Cameroun, objet de l'Accord de 1959 entre cinq Etats (Cameroun, Centrafrique, Congo-Brazzaville, Gabon, Tchad).

[377] En 1983, la Guinée Equatoriale a rejoint les cinq pays précités.

§1. Statut juridique et attributions

Ayant le statut d'un établissement public multilatéral, elle bénéficie des immunités de juridiction et d'exécution ainsi que des avantages fiscaux et douaniers indéniables. Ses attributions de loin plus importantes dépassent celles d'une banque centrale ordinaire.

A. Statut juridique

Le statut conféré par le Traité CEMAC et la Convention régissant l'UMAC se trouve renforcé par les accords de siège que la BEAC a signés avec chacun des six Etats.

1. Un établissement public multilatéral[378]

En 1959, cinq Etats de l'Afrique Equatoriale Française se regroupent pour créer un Institut d'Emission commun dénommé Banque Centrale des Etats de l'Afrique Equatoriale et du Cameroun « B.C.E.A.E.C. », qui se substitue ainsi à l'Institut d'Emission de l'Afrique Equatoriale et du Cameroun. Parallèlement, il est décidé que la monnaie émise sera le Franc [379]CFA (franc de la Communauté Financière Africaine) dont la parité, à l'égard du franc français est de 1franc CFA=0,02FF. Le 22 novembre 1972, fut signé à Brazzaville au Congo une Convention de Coopération Monétaire entre [380] le Cameroun, la République Centrafricaine, le Gabon, le Congo et le Tchad laquelle prévoit la création d'un Institut d'Emission commun appelé Banque des Etats de l'Afrique Centrale « BEAC ». La monnaie émise par cette banque s'appelle cette fois-ci le franc de la Coopération Financière en Afrique centrale. La signature de cette convention intervient quelques mois après la décision des Etats-Unis, rendue publique le 15 août 1971, de ne plus garantir la conversion officielle en or du dollar US (fin du régime d'étalon de change-or). Un jour après et dans la même ville, les cinq Etats précités signent une autre Convention de Coopération Monétaire laquelle consacre la liberté des

---

378

379 Le franc CFA est exactement né le 26 décembre 1945, jour où la France a ratifié les accords de Bretton Woods et a procédé à sa première déclaration de parité au Fonds Monétaire International (FMI). Il signifiait alors « franc des colonies françaises d'Afrique ».

380

transferts en zone franc, les parités fixes entre les différentes monnaies de cette zone, la garantie du Trésor français à la monnaie émise par la BEAC, la convertibilité illimitée entre ces différentes monnaies et l'harmonisation des réglementations de change et enfin la centralisation des réserves de change dans un compte spécial appelé « Compte d'Opérations » ouvert par la BEAC auprès du Trésor français. Le 2 avril 1973 s'ouvre l'entrée en fonctionnement régulier de la BEAC. Cependant ce n'est que le 3 janvier 1977 que les services centraux de la banque qui étaient toujours installés à Paris furent transférés à Yaoundé au Cameroun.

[381]La Banque des Etats de l'Afrique Centrale est donc un établissement public multinational. Elle est régie par la convention instituant l'Union Monétaire de l'Afrique Centrale, la Convention de Coopération Monétaire passée entre la France et les Etats membres de cette union et par ses statuts. Elle émet la monnaie de l'Union et en garantie la stabilité. Elle apporte en outre son soutien aux politiques économiques générales élaborées dans l'Union. Elle définit et conduit la politique monétaire applicable dans les pays membres, détient et gère les réserves de change des pays membres, promeut le bon fonctionnement du système des paiements et conduit les opérations de change. Son capital est fixé 45 milliards de francs CFA, souscrit en indivision entre les Etats membres. Elle comprend outre les services centraux, des directions nationales, des agences, des bureaux et des délégations extérieures.

Les services centraux se trouvent à Yaoundé, siège de la banque. Les directions nationales, établies dans la capitale de chacun des Etats membres, ont les attributs de siège social. Les agences, bureaux et délégations extérieures sont créés ou supprimés par décision du Conseil d'Administration, en considération des besoins économiques, financiers et monétaires des Etats membres. La BEAC jouit de la pleine personnalité juridique et, en particulier, de la capacité :

- De contracter ;
- D'acquérir des biens mobiliers et immobiliers et d'en disposer ;
- D'ester en justice.

Elle bénéficie à cet effet dans chacun des Etats membres de la capacité juridique la plus large reconnue aux personnes morales par les législations nationales. Les immunités et privilèges généralement reconnus aux organisations internationales, en vertu des conventions internationales, de

---

[381] Alors que la Banque de France est définie comme une personne morale de droit privé détenant des prérogatives de puissance publique (comme par exemple le monopole d'émission des billets de banque).

l'Acte Additionnel n° 6/99CEMAC-024-CCE-02 du 17 décembre 1999 relatif au régime des droits, privilèges et immunités accordés à la Communauté, aux membres de ses institutions et à son personnel ainsi que des accords de siège conclus avec les Etats membres, sont accordés à la Banque sur le territoire des Etats membres en vue de faciliter l'exécution de ses missions.

2. Immunité de juridiction et d'exécution

La Banque, ses biens et ses avoirs, en quelque lieu qu'ils se trouvent et quels qu'en soient les détenteurs, jouissent de l'immunité de juridiction sous tous ses aspects, notamment pour tous les actes de nature publique qu'elle accomplit, sauf dans la mesure où elle y renonce expressément en vue d'une procédure déterminée ou en vertu d'un contrat. Ces biens et avoirs sont également exempts de perquisitions, réquisitions, confiscations, expropriations, séquestrations ou toute forme de saisie ordonnée par le pouvoir exécutif, le pouvoir législatif et le pouvoir judiciaire des Etats membres et de la France.

Elle ne peut, pour le règlement des différends la mettant en cause directement ou indirectement, être attraite que devant la juridiction spéciale prévue dans le cadre de la [382]procédure spéciale de règlement des différends prévue dans l'accord de siège et suivant les conditions fixées par ledit accord. [383]Même si

[382] Cette procédure spéciale prévue dans l'accord de siège prévoit la connaissance du litige par un comité d'arbitrage présidé par le Ministère des affaires étrangères mais seulement après échec de conciliation tentée par ledit ministère. En cas d'appel, c'est la chambre judiciaire de la Cour de justice de la CEMAC qui est saisie. La saisine d'une juridiction ordinaire est exclue.

[383] Malgré la tendance des juridictions tchadiennes à condamner les sociétés solvables dont les banques, celles-ci n'ont pas remis en cause ces principes d'immunité et se sont toujours déclarées incompétentes (jugements n°108/07 du 12.09 07, affaire Mahamat Ahmat contre BEAC et Taoukréo Hemwé Tenwa). Cependant en vertu de ses statuts ainsi que de ceux des agents de la CEMAC, la Cour de justice s'est toujours déclarée compétente. C'est ainsi que dans l'affaire Enoch Dérant Lakoué contre la BEAC, la Cour, sur les moyens de fin de non recevoir et d'incompétence soulevés par la BEAC a motivé que :
-« l'immunité de juridiction prévue à l'article 8 de l'Accord de siège entre la République Centrafricaine et la BEAC ne concerne que les juridictions nationales de cet Etat membre, qu'elle ne saurait être valablement invoquée devant la cour de justice de la CEMAC, institution indépendante des autres institutions de la CEMAC et des Etats membres, ainsi qu'il ressort de l'article 7 de la Convention la régissant....... »

en vertu des circonstances, la banque a fait l'objet d'une quelconque condamnation, ses biens et avoirs, en quelque lieu qu'ils se trouvent et quels qu'en soient les détenteurs, ne peuvent en aucun cas servir à l'exécution de la décision définitive rendue contre elle dans le cadre d'une procédure d'exécution forcée.

La BEAC, ses avoirs, biens et revenus ainsi que ses opérations et transactions sont exonérés de tous impôts, droits et taxes et de tous droits de douane. Ses archives sont inviolables, sous réserve des droits d'investigation et de communication reconnus aux administrations astreintes au secret professionnel. Les soldes créditeurs des comptes ouverts dans les livres de la Banque Centrale ne peuvent pas faire l'objet de saisie.[384]

3. Avantages fiscaux et douaniers

La banque, ses avoirs, biens et revenus ainsi que ses opérations et transactions sont exonérés de tous impôts et de tous droits de douane. Elle est également exemptée de toute obligation relative au recouvrement ou au paiement de tout impôt ou droit. Les archives de la banque sont inviolables, sous réserve des droits d'investigation et de communication reconnus aux administrations astreintes au secret professionnel.

Seuls les soldes créditeurs nets des comptes ouverts dans les livres de la BEAC peuvent faire l'objet de saisie, en exécution d'une décision judiciaire passée en force de chose jugée. Elle est en outre dispensée, au cours d'une procédure judiciaire, de fournir caution et avance dans tous les cas où les législations des Etats prévoient cette obligation à la charge des parties.

- « considérant que contrairement aux allégations de la BEAC, il ressort des dispositions de l'article 21 de la Convention régissant la Cour de justice de la CEMAC que la chambre judiciaire connaît en premier et dernier ressort des litiges entre la Communauté et ses agents, que la BEAC n'est qu'un des organes principaux de la CEMAC au sens de l'article 2 du Traité instituant cette Communauté, qu'engagé comme agent d'encadrement supérieur, de la BEAC, le requérant est nécessairement agent de la Communauté au sens de l'article 21 précité,….. ».

[384] Alors que selon l'art. 6, al. 6 des statuts de 2007 stipulait que « seuls les comptes créditeurs nets des comptes ouverts dans les livres de la BEAC peuvent faire l'objet de saisie, en exécution d'une décision de justice devenue définitive ». La modification de cet alinéa s'imposait car plusieurs procédures de saisie mettaient en cause la BEAC et les banques primaires depuis l'entrée en vigueur de l'acte uniforme OHADA relatif aux voies d'exécution.

A. Attributions

Tant les premiers statuts que les derniers ont conféré à la BEAC des prérogatives importantes. Quant au cadre légal, il faut énoncer d'ores et déjà que les opérations de banque sont exécutées conformément aux règles et usages bancaires.

1. Des prérogatives importantes

Les premiers statuts de la BEAC lui avaient conféré d'assez larges compétences. En effet la Banque Centrale s'était vue attribuer un pouvoir réglementaire autonome. L'article 25 habilitait l'Institut d'Emission à prendre, à l'initiative de son conseil d'administration, toutes dispositions pour imposer aux banques et établissements financiers, d'une part le respect d'un rapport entre les divers éléments de leurs ressources et emplois, et d'autre part le respect de plafonds ou de minima pour le montant de certains emplois. Les Etats conservaient toutefois l'entière maîtrise du contrôle de leur système bancaire car l'initiative des enquêtes sur place appartenait aux pouvoirs publics, sur proposition, le cas échéant, du Gouverneur de la BEAC. Si le Gouverneur était habilité à enjoindre des redressements et à adresser des recommandations aux établissements vérifiés, sous forme de lettres de suite, l'ouverture de procédures disciplinaires restait à l'entière discrétion des autorités de tutelle pour le compte desquelles la BEAC intervenait, à savoir les commissions de contrôle nationales et le ministère des finances.

L'article 26 y adjoignait une mission d'assistance technique en autorisant la BEAC à enquêter sur le respect des prescriptions édictées par les organismes en charge de l'organisation de la profession bancaire et de la politique du crédit, pour en faire rapport à ces organismes. Ainsi la Banque Centrale, avec son rôle purement technique, avait une mission d'auxiliaire des autorités nationales. Les conseils nationaux du crédit s'étaient vus confiés des compétences générales en matière de réglementation bancaire et de contrôle, notamment le pouvoir de délivrance d'agrément et du contrôle sur documents. Le contrôle sur documents organisé à l'échelon local ayant rapidement révélé ses limites et démontré la nécessité de l'étayer par des enquêtes périodiques dans les établissements de crédit, la BEAC constitua en 1979, une Cellule de Contrôle des Banques, laquelle effectua ses premières missions l'année suivante. L'expérience s'étant avérée concluante, le Conseil d'Administration décida, le 14 avril 1981, de l'institutionnaliser en créant la Direction de la

Réglementation et du Contrôle des Banques, en remplacement de la cellule initiale. Ces constats et péripéties ont conduit à la réforme des statuts de la BEAC.

La BEAC a le privilège exclusif d'émettre les billets de banque et les monnaies métalliques qui ont cours légal et pouvoir libératoire dans les Etats membres. Elle peut ouvrir dans ses livres des comptes aux Trésors et Comptables Publics des Etats membres, aux établissements de crédit et à tout autre organisme expressément autorisé à cet effet par le Conseil d'Administration. Elle reçoit en compte les sommes qui lui sont versées et paie les domiciliations faites sur elle et les engagements pris à ses guichets jusqu'à concurrence des sommes encaissées. La Banque est habilitée, dans les conditions approuvées par son Conseil d'Administration, à mettre en place tous systèmes de paiement et de règlement nécessaires au bon fonctionnement de l'économie. Elle peut organiser un système de compensation sur les places où elle est installée. Conformément à la Convention de Coopération Monétaire conclue entre les Etats membres et la France, la banque exécute toute demande de transfert entre ceux-ci et la France, en conformité avec la réglementation des changes en vigueur.

2. Concours aux Etats membres

La banque assiste les Etats membres dans leurs relations avec les institutions financières internationales et leur prête son concours, dans le cadre de ses statuts, pour toutes opérations d'ordre monétaire ou financier. Elle est tenue informée des accords conclus dans ce cadre et de leur exécution. Elle est également informée de tous les engagements internationaux des Etats membres susceptibles d'affecter le [385]Compte d'Opérations.

Elle peut acheter et vendre de l'or et des devises étrangères. Elle est également autorisée à souscrire, pour le compte des Etats membres ayant adhéré au F.M.I. et avec lesquels elle aura passé des conventions à cet effet, la part du quota de ces Etats en devises convertibles ou en monnaie nationale. La banque peut recevoir des Etats membres participants au compte spécial du FMI des droits de tirage spéciaux qui leur seraient alloués et les intégrer dans ses avoirs extérieurs. Elle peut prélever sur ses disponibilités en Compte d'Opérations les sommes nécessaires à l'achat de ces droits de tirage spéciaux. Elle participe

[385] Le compte d'opérations, selon l'accord de 1972 entre la France et les cinq Etats précités était un compte spécial ouvert par la BEAC auprès du Trésor français et destiné à recevoir les réserves de changes.

au marché monétaire institué dans sa zone d'émission et veille à son bon fonctionnement.

Le Conseil d'Administration de la banque définit les opérations que la banque est habilitée à effectuer sur le marché monétaire. Les modalités de ces opérations que doit fixer le Conseil concernent principalement :

-Prêt et emprunt de monnaie, ainsi que la nature et l'étendue des garanties appropriées afférentes à ces opérations ;
-Achat et vente de créances, ainsi que les conditions de leur escompte, de leur prise en garantie et de leur mise ou prise en pension ;
-Emission de bons portant des intérêts.

La banque peut consentir aux Trésors des Etats membres, pour une année budgétaire donnée et à son principal taux de refinancement des établissements de crédit, des découverts en compte courant dont la durée ne peut excéder douze mois. Elle peut se charger de l'encaissement et du recouvrement des effets qui lui sont remis. Elle participe à la mise en œuvre des actions visant à la stabilité et au contrôle du système bancaire et financier et des moyens de paiement. Son Conseil d'Administration peut, dans le cadre de la conduite de la politique monétaire, imposer aux établissements de crédit la constitution de réserves obligatoires. Elle assiste les Etats membres dans l'émission et la gestion des titres publics. Elle assure la centralisation des risques bancaires dans les Etats membres, participe à la confection de leurs balances des paiements et élabore les statistiques monétaires. Elle assure également la centralisation des bilans, ainsi que celle des chèques et effets impayés.

3. Autres activités

La banque peut acquérir, vendre ou échanger des valeurs mobilières et des immeubles suivant les besoins de son activité ; mais les dépenses correspondantes ne peuvent être faites que sur ses fonds propres et après autorisation du Conseil d'Administration. Elle est autorisée à prendre des participations dans les organismes ou entreprises présentant un caractère d'intérêt général pour les Etats membres. En particulier, elle peut, sur ses fonds propres, participer à toute institution financière des Etats membres destinée à bonifier les intérêts, à permettre des financements à long terme des projets économiques et à faciliter la mobilisation de l'épargne dans les pays membres. Les opérations de la banque doivent se rattacher à l'organisation et à la gestion du système bancaire, monétaire et financier des Etats dans lesquels elle exerce le privilège d'émission. La BEAC est habilitée à collecter auprès des autorités nationales, des établissements de crédit et des agents économiques des Etats membres, qui sont tenus de les lui fournir, toutes les informations utiles pour orienter sa politique monétaire et contribuer à la sécurité des opérations bancaires et financières. La gestion et le contrôle de la banque sont assurés par les représentants des Etats membres et de la France, laquelle participe à cette gestion et à ce contrôle en raison de la garantie de convertibilité qu'elle accorde à la monnaie émise dans l'Union.

Quant aux opérations de la banque, elles sont exécutées conformément aux [386]règles et usages bancaires. Le manuel des procédures est arrêté par le Gouverneur. La falsification et la reproduction des billets et pièces de la Banque, l'usage, la vente, le colportage et la distribution des billets et pièces falsifiés sont punies par les [387]dispositions pénales en vigueur.

§2. Administration et contrôle de la BEAC

La banque est administrée par un Conseil d'Administration et un Gouverneur. Son contrôle est assuré par un Collège des Censeurs et par un Comité d'audit. Et dans chaque Etat membre, un Comité Monétaire et Financier National participe à son fonctionnement.

A. Administration de la BEAC

1. Le conseil d'administration

Le Conseil d'Administration administre la banque et veille à son bon fonctionnement. Il définit et met en œuvre la politique monétaire de l'Union. Il comprend quatorze membres, à raison de deux administrateurs pour chaque Etat membre et de deux pour la France. Ces administrateurs ont chacun un suppléant et sont désignés pour une durée de trois ans renouvelables. La présidence du Conseil d'Administration est assurée par le Président en

[386] Ces fameux règles et usages bancaires n'ont jamais été définis malgré plusieurs modifications des statuts de la BEAC.

[387] Ces dispositions pénales n'ont pas été harmonisées au niveau des six Etats si bien que c'est le Code pénal de chaque Etat membre qui est applicable.

exercice du Comité Ministériel de l'UMAC. Le Conseil se réunit au moins quatre fois par an et aussi souvent que nécessaire, sur convocation de son Président ou à la demande des administrateurs d'un Etat membre. Il délibère valablement lorsque chaque Etat y participant est représenté par au moins un administrateur. Les décisions sont prises, sauf dispositions contraires prévues par les statuts, à la majorité simple des administrateurs présents ou représentés.

Selon l'article 32 des statuts de la BEAC, le Conseil d'Administration propose au [388]Comité Ministériel de l'Union :

-La création et l'émission des billets de banque et des monnaies métalliques ainsi que leur retrait et leur annulation ;
-La valeur faciale et la forme des coupures, les signatures dont elles doivent être revêtues ainsi que les modalités de leur identification par Etat ;
-Les caractéristiques des monnaies métalliques ;
-Le délai pendant lequel les billets et monnaies retirés de la circulation doivent impérativement être présentés à la banque sous peine de perdre leur pouvoir libératoire ;
-L'affectation de la contre-valeur du solde des billets ou monnaies retirés de la circulation non présentés aux guichets de la Banque.

Les articles 33 et 34 des statuts lui confient des pouvoirs étendus. Le Conseil d'Administration est tenu informé par les Autorités Nationales de l'édiction ou de la modification des textes relatifs aux législations bancaire, monétaire et financière. Il modifie à l'unanimité les statuts de la banque. Il fixe les conditions d'intervention de la banque, arrête les règles qui s'imposent aux Comités Monétaires et Financiers Nationaux dans l'exercice de leur compétence et statue sur toute demande de dérogation à ces règles. Il approuve les objectifs monétaires et de crédit des Etats membres dont les montants de refinancement maximum. Il révise les décisions des Comités Monétaires et Financiers Nationaux qui contreviendraient aux dispositions des statuts de la banque et aux règles générales de procédure, de fonctionnement et d'exercice de leur compétence. Il décide de la création et de la suppression d'agences, de bureaux et de délégations extérieures. Il approuve le budget de la banque et adopte le barème de rémunération de son personnel. Le Conseil d'Administration arrête son règlement intérieur et celui des Comités Monétaires et Financiers Nationaux, constitue en son sein des commissions dont il fixe les attributions et veille au bon fonctionnement du dispositif de

[388] Il s'agit du Conseil des ministres de l'Union monétaire de l'Afrique centrale, l'une des cinq institutions créées par la CEMAC et qui est composé des ministres des finances des Etats membres.

supervision bancaire. Il approuve toute convention particulière portant sur les opérations de gestion, entre, d'une part, la Banque et, d'autre part, les gouvernements des Etats participant à sa gestion, les gouvernements étrangers ou les institutions internationales. Il peut déléguer certains de ses pouvoirs à l'unanimité de ses membres, à son président, au Gouverneur de la Banque et aux Comités Monétaires et Financiers Nationaux.

2. Le Comité de Politique Monétaire

Le Comité de Politique Monétaire est l'organe de décision de la BEAC en matière de politique monétaire et de gestion des réserves de change. C'est lui qui définit la stratégie et les objectifs de la politique monétaire et de la politique de gestion des réserves ainsi que les modalités de leur mise en œuvre. Il fixe les conditions d'intervention de la Banque Centrale et impose aux établissements de crédit la constitution de réserves obligatoires. Il délivre son avis conforme pour l'adoption par le Comité Ministériel des règles qui s'imposent aux Comités Monétaires et Financiers Nationaux dans l'exercice de leurs compétences ayant trait à la politique monétaire et statue sur toute demande de dérogation à ces règles. C'est encore lui qui précise les conditions générales d'exécution par la Banque centrale des opérations autorisées par les articles 16 à 18 de ses statuts, ainsi que les conditions des opérations d'achat et de vente d'or prévues par l'article 13 et celles de l'assistance de la Banque Centrale aux Etats membres pour l'émission et la gestion des titres publics prévue par l'article 21.

Le Comité de Politique Monétaire est composé de 14 membres délibérants, à raison de deux par Etat membre dont le directeur national de la BEAC et deux pour la France. Il est présidé par le Gouverneur de la Banque centrale et en cas d'empêchement par le Vice-Gouverneur. Le Président du Comité ne prend part au vote qu'en cas de partage de voix. Les membres du Comité ayant voix délibérative, autres que les directeurs nationaux, sont nommés par le Comité Ministériel de l'UMAC sur une liste de trois candidats présentés par les Etats membres et la France en fonction de leur compétence reconnue dans les domaines monétaire, financier et économique. Ils sont choisis *intuitu personae*, mais en dehors des opérateurs économiques et sont nommés pour un mandat de quatre ans renouvelable une fois.

Les membres du Comité de Politique Monétaire n'y représentent pas les Etats dont ils sont ressortissants et ne peuvent solliciter ou recevoir des instructions desdits Etats, ainsi que des institutions et organes communautaires ou de toute autre personne physique ou morale. Ils sont, ainsi que tous ceux qui participent aux réunions du Comité, astreints au secret professionnel, y compris après la fin de leur mandat, et passibles à ce titre de sanctions pénales. Le comité se réunit en session ordinaire au moins quatre fois par an mais le Président peut convoquer des réunions extraordinaires, de sa propre initiative ou à la demande de la moitié de ses membres. Chaque membre ayant le droit de vote dispose d'une voix. La représentation ou le vote par procuration n'est pas admis. Les décisions sont prises à la majorité simple des voix des membres présents, sauf disposition spéciale contraire. A l'issue de chaque réunion, un communiqué final est établi et publié. Il est commenté par le Président du Comité au cours d'une conférence de presse.

3. Le gouvernement et le personnel de la banque

Le gouvernement de la Banque Centrale est composé de six membres dont le Gouverneur, le Vice-Gouverneur, le Secrétaire Général et trois Directeurs Généraux[389]. Sous l'autorité du Gouverneur, le Gouvernement assure la direction et la gestion courante de la banque, dans le respect des statuts ainsi que des dispositions des traités, conventions internationales, lois et textes réglementaires en vigueur. Il applique les décisions du Conseil d'Administration et du Comité de Politique Monétaire, met en œuvre la politique monétaire, élabore le plan stratégique d'entreprise et le soumet à l'approbation du Conseil d'Administration et établit le rapport annuel de la banque.

Le Gouverneur exerce les attributions qui lui sont dévolues au titre du contrôle des établissements de crédit et à cet effet, il assure la présidence de la Commission Bancaire, représente la banque vis-à-vis des tiers et exerce toute action en justice. Il organise et dirige les services de la banque, recrute, nomme et révoque l'ensemble du personnel de la banque dont la nomination ne relève pas du Conseil d'Administration. Il prend toute mesure d'exécution ou toute mesure conservatoire qu'il juge utile dans l'intérêt de la banque.

Le Gouverneur de la Banque est nommé par la Conférence des Chefs d'Etat de la CEMAC, sur proposition du Comité Ministériel de l'UMAC, après avis du Conseil d'Administration statuant à l'unanimité du Conseil d'Administration statuant à l'unanimité. Il est choisi en raison de sa

[389] Il s'agit de la direction générale de l'exploitation, de la direction générale du contrôle général et de la direction générale des études, finances et relations internationales. Ces directions générales résultent des derniers statuts de 2010.

compétence dans les domaines économique, monétaire et financier, sur la base d'une liste de trois candidats présentés par l'Etat attributaire suivant le principe de rotation par ordre alphabétique des Etats membres. La durée de son mandat est de sept ans non renouvelable. Le Vice-Gouverneur, le Secrétaire Général et les Directeurs Généraux sont nommés dans les mêmes conditions par le Conseil d'Administration qui décide de l'affectation des Directeurs Généraux sur proposition du Gouverneur. Le Gouverneur est secondé et, en cas d'empêchement ou d'absence, suppléé par le Vice-Gouverneur. Les membres du gouvernement de la Banque Centrale sont irrévocables. Ils ne peuvent être relevés de leurs fonctions que s'ils ne remplissent plus les conditions nécessaires à leur exercice ou s'ils ont commis une faute grave. Le Gouverneur est représenté dans chaque Etat membre par un Directeur National. Celui-ci exerce, cumulativement avec la supervision des opérations des agences, bureaux et dépôts de billets et monnaies, à l'intérieur du territoire national, les attributions de responsable de la Direction Nationale de la BEAC. Les Directeurs Nationaux sont nommés et révoqués par le Conseil d'Administration sur proposition du Gouverneur, après agrément de l'Etat membre concerné. Les Directeurs centraux et les Directeurs d'agence sont nommés et révoqués par le Gouverneur, après consultation de l'Etat concerné. Les détachements de fonctionnaires et de personnalités extérieures auprès de la banque, pour occuper les fonctions de Directeurs nationaux, de Directeurs centraux, de Directeurs d'agence ou de Chef de bureau, sont subordonnés à l'approbation préalable du Conseil d'Administration. En principe ces fonctions sont réservées en priorité aux cadres internes de la banque remplissant les conditions de compétence et d'expérience requises.

4. Les Comités monétaires et financiers nationaux

Dans chaque Etat membre, il est créé auprès de la Direction Nationale, un Comité Monétaire et Financier National ayant pour rôle, dans la limite des pouvoirs qui lui sont délégués et suivant les directives données par le Conseil d'Administration, de procéder à l'examen des besoins généraux de financement de l'économie de l'Etat membre et de déterminer les moyens propres à les satisfaire. Il est composé des ministres représentant l'Etat membre au Comité Ministériel, des administrateurs représentant l'Etat membre au Conseil d'Administration, du Gouverneur ou son représentant et d'une personnalité nommée par le Gouvernement de l'Etat membre en raison de sa qualification en matière économique, monétaire et financière. Les censeurs assistent aux réunions du Comité avec voix consultative.

Le Comité Monétaire et Financier National est présidé par le Ministre des finances de l'Etat membre. Il formule des propositions en vue de la coordination de la politique économique nationale avec la politique monétaire commune, propose au Conseil d'Administration les objectifs monétaires et de crédit, notamment le niveau de refinancement maximum de l'Etat membre et soumet en outre au Conseil ses propositions relatives à l'octroi des autorisations individuelles de réescompte à moyen terme sollicitées par les entreprises pour financer les investissements productifs. Les décisions du Comité Monétaire et Financier National ont force exécutoire, sauf suspension et évocation devant le Conseil d'Administration.

Toute décision du Comité jugée contraire aux dispositions organiques ou aux directives du Conseil d'Administration, ou mettant en cause, soit la monnaie commune, soit la solidarité des Etats membres, soit encore toute décision ressortant du dispositif de supervision des établissements de crédit, peut être suspendue et évoquée devant le Conseil d'Administration pour décision à l'initiative des Censeurs ou de l'un d'entre eux.

A. Contrôle de la Banque

1. Le collège des censeurs

Le contrôle de la régularité des opérations et des comptes annuels de la BEAC est assuré par un Collège des Censeurs de trois membres dont un est désigné par la France. Les censeurs sont désignés pour une durée de trois ans renouvelable une fois, en fonction de leur compétence dans les domaines économique, financier et comptable. Ils ont chacun un suppléant désigné pour la durée du mandat. Les censeurs contrôlent l'exécution du budget et proposent au Conseil d'Administration toutes les mesures nécessaires à cette fin. Ils assistent aux réunions du Conseil d'Administration et des Comités Monétaires et Financiers Nationaux avec voix consultative mais leurs avis sont obligatoirement consignés au procès-verbal de ces réunions.

Les Censeurs assurent en outre le contrôle de l'exécution du budget et la vérification du respect du taux de centralisation des avoirs extérieurs déposés au Compte d'Opérations une fois l'an. Ils peuvent faire suspendre et évoquer devant le Conseil d'Administration ou le Comité de Politique Monétaire toute décision des Comités Monétaires et Financiers Nationaux jugée contraire aux dispositions applicables. Les Censeurs peuvent se faire communiquer par le Gouverneur et les Directeurs Nationaux tous renseignements utiles à l'exercice de leur mandat. Ils établissent un rapport annuel d'activité qui est soumis au Conseil d'Administration.

2. Le Comité d'Audit

Il fait partie du système de contrôle institué dans la banque. Il se compose de cinq membres dont :

-Quatre administrateurs à raison d'un administrateur par Etat membre non représenté au Collège des Censeurs, désignés à la majorité simple par le Conseil d'Administration ;
-Une personnalité extérieure, désignée à la majorité simple par le Conseil d'Administration pour ses compétences en matière d'audit, sur une liste de cinq candidats proposés par le Gouverneur, pour une durée de trois ans renouvelable une fois ; un suppléant est désigné dans les mêmes conditions.

La présidence du Comité d'Audit est assurée, pour une durée d'un an, par un administrateur membre désigné par le Conseil d'Administration.

Le Collège des Censeurs assiste aux réunions du Comité avec voix consultative. Le Comité assiste le Conseil d'Administration et a tous pouvoirs d'investigation et de proposition à cette fin.

Il contrôle la fiabilité des états financiers, l'exhaustivité de l'information financière et le fonctionnement des organes de contrôle. A ce titre, il doit notamment vérifier la clarté des informations fournies et porter une appréciation sur la pertinence des méthodes comptables, la qualité du contrôle interne dont la cohérence des systèmes de mesure, de surveillance et de maîtrise des risques. Le Comité d'Audit se réunit une fois par trimestre en session ordinaire. Il se réunit à la demande du Conseil d'Administration en session extraordinaire et remet un rapport au Conseil d'Administration à l'issue de chaque réunion.

3. De l'audit interne et du commissariat aux comptes

L'audit interne est assuré au sein de la BEAC par la Direction Générale en charge du Contrôle Général. Cette Direction Générale effectue l'audit de l'ensemble des services centraux et des différents centres de la Banque Centrale, ainsi que des institutions ou organismes auxquels la Banque fournit les moyens de fonctionnement.

Elle dispose d'une liberté d'initiative et d'un droit de communication en vertu duquel elle peut se faire communiquer toute information ou document utile à l'exercice de ses missions.

Les comptes de la Banque Centrale sont vérifiés par deux Commissaires aux Comptes choisis par le Conseil d'Administration parmi les cabinets de réputation internationale, pour un mandat de trois ans, renouvelable une fois. Les champs d'investigation de ces Commissaires aux Comptes doivent couvrir chaque année le contrôle des opérations des services centraux, du bureau de la BEAC à Paris et des six directions nationales.

Ils disposent d'un droit de communication et à ce titre, ils se font communiquer tout document ou information utile à l'exercice de leurs missions.

Ces fonctions importantes de la BEAC sont exercées de commun avec la Commission Bancaire de l'Afrique Centrale qu'elle préside d'ailleurs car la direction de celle-ci est confiée au Gouverneur.

Section 2. LA COBAC

La Commission Bancaire de l'Afrique Centrale, en abrégé COBAC est créée par la Convention du 16 octobre 1990. Ses règles de fonctionnement sont précisées par l'annexe à cette Convention et par la Convention du 17 janvier 1992 portant harmonisation de la réglementation bancaire dans les Etats de l'Afrique Centrale. Elle est présidée par le Gouverneur de la Banque Centrale mais n'a pas de personnalité morale alors qu'elle dispose de pouvoirs normatifs et réglementaires très importants.

§ 1er. Organisations et attributions

L'organisation et les attributions de la COBAC sont régies par les Convention du 16 octobre 1990 portant création de la Commission bancaire de l'Afrique centrale et du 17 janvier 1992 qui harmonise la réglementation bancaire ainsi que le Règlement intérieur. Mais la réglementation et la supervision bancaire est le résultat d'un long processus.

A. Historique et organisation

1. Historique

a. Une évolution marquée par le développement de la coopération monétaire

Les Etats de l'Afrique Centrale ont perçu très tôt la nécessité de contrôler l'activité bancaire et ont pris les dispositions appropriées : réglementation des conditions d'exercice de la profession, définition des ratios prudentiels, création de commissions nationales de contrôle des banques et établissements financiers. Mais aucun dispositif opérationnel n'a pu être mis sur pied pour veiller au respect des règles ainsi édictées et sanctionner les dérives constatées. Les Accords de Brazzaville, conclus les 22 et 23 novembre 1972, ont souligné l'importance d'une coordination des politiques bancaires comme condition du renforcement de la coopération monétaire. En corollaire, des dispositions organiques telles que création d'un Institut d'Emission Commun et redéfinition du cadre des relations monétaires avec la France, les six Etats [390]se sont engagés à harmoniser leurs politiques relatives à l'exercice de la profession bancaire, au contrôle des établissements financiers ainsi qu'à la distribution et au contrôle du crédit.

Déjà les premiers statuts de la BEAC, annexés à cette Convention, ont conféré d'assez larges compétences à la Banque en ce domaine. L'article 25 de ces statuts autorise la Banque à prendre, à l'initiative de son Conseil d'Administration, toutes dispositions pour imposer aux banques et établissements financiers, d'une part le respect d'un rapport entre les divers éléments de leurs ressources et emplois, d'autre part le respect de plafonds ou de minima pour le montant de certains de leurs emplois. Ainsi est attribué à la BEAC un pouvoir réglementaire et disciplinaire autonome. L'article 26 y adjoint une mission d'assistance technique : il habilite la banque à enquêter sur le respect des prescriptions édictées par les organismes en charge de l'organisation de la profession bancaire et de la politique du crédit, pour en

[390] . Article 14 de la Convention du 22 novembre 1972.

faire rapport à ces organismes. Le système de contrôle sur documents organisé à l'échelon local a rapidement révélé ses limites et démontré la nécessité de l'étayer par des enquêtes périodiques dans les établissements de crédit. Le Conseil d'Administration de la BEAC s'en est préoccupé et, en novembre 1977, a formé le vœu que la Banque en prenne l'initiative. Avec le concours de deux experts mis à sa disposition par le Fonds Monétaire Internationale (FMI) en liaison avec la Banque de France, la BEAC a constitué en 1979 une Cellule de Contrôle des Banques, qui a effectué ses premières missions l'année suivante. L'expérience s'étant avérée concluante, le Conseil d'Administration a décidé, le 14 avril 1981, de l'institutionnaliser. Ce fut la création de la Cellule de Contrôle des Banques au sein même de la BEAC mais qui connaîtra néanmoins des limites.

b. Les limites de la Cellule de Contrôle des Banques

Le dispositif adopté en 1981 se fondait non sur les compétences attribuées à la Banque Centrale par l'article 25 de ses statuts, mais sur la mission d'auxiliaire des autorités nationales dévolue à la BEAC par l'article suivant[391]. Dans ce schéma, un rôle purement technique est assigné à l'Institut d'Emission et les Etats conservent l'entière maîtrise du contrôle de leur système bancaire. En effet, la réglementation applicable à la profession et les autorisations individuelles nécessaires à l'exercice des activités bancaires leur incombent entièrement. L'initiative des enquêtes sur place appartient aux pouvoirs publics, sur proposition le cas échéant du Gouverneur ; mais par expérience il a été admis une dispense d'accord préalable pour les missions destinées à vérifier la mise en œuvre de redressements préconisés lors d'une première enquête, latitude dont la BEAC a largement pu user. Et puis le Ministre des Finances a la faculté de désigner des représentants au sein de la mission, faculté qui est exercée le plus souvent. Si le Gouverneur est habilité à enjoindre des redressements et à adresser des recommandations aux établissements de crédit vérifiés sous forme de lettres de suite, l'ouverture de procédures disciplinaires reste à l'entière discrétion des autorités de tutelle pour le compte desquelles la BEAC intervient[392].

L'efficacité du système supposait que les constats dressés par la Banque Centrale soient pleinement relayés au niveau des Etats. Or tel n'a pas été le

[391] C'est l'article 26 des premiers statuts de la BEAC.
[392] Ce sont le ministère des finances et les commissions nationales de contrôle des banques.

cas. Entre 1980 et 1988, une trentaine d'enquêtes ont pu être conduites par la BEAC dans la plupart des banques de la zone. Elles ont permis d'alerter en temps utile les autorités sur les carences de gestion et les risques de défaillance décelés. Mais ces avertissements n'ont guère rencontré d'écho faute d'une prise de conscience suffisante de la gravité des difficultés signalées et de l'urgence des solutions à y apporter par les instances compétentes, accaparées par d'autres priorités sans doute et dont certaines comme les Commissions Nationales de Contrôle n'ont presque pas siégé.

Si la conjoncture économique est la cause déterminante des difficultés des banques de l'Afrique Centrale, nul doute que l'ampleur de la crise et son coût, résultent aussi de cette division des tâches entre la Banque Centrale et les autorités nationales. C'est ce constat qui a justifié l'engagement simultané des processus de restructuration des systèmes bancaires et de la réforme du dispositif de surveillance des établissements de crédit.

2. Le système organisationnel de la COBAC

a. Composition

La configuration retenue pour la COBAC concilie, au plan organique, trois préoccupations qui sont le professionnalisme et l'indépendance de jugement des membres, le pluralisme de la structure par la diversité des compétences réunies pour faciliter les prises de décisions. La Commission comprend douze membres. Elle est présidée par le Gouverneur de la BEAC assisté, et le cas échéant, suppléé par le vice-gouverneur. Sept membres ou leurs suppléants, choisis pour leurs compétences en matière bancaire, financière et juridique et leur honorabilité siègent au sein du collège.

Ils sont nommés sur proposition du Gouverneur, pour un mandat de trois ans, renouvelable deux fois, par le Conseil d'administration de la BEAC, qui a seule compétence pour mettre fin à leur mandat. En pratique, le Gouverneur invite les Etats membres à lui soumettre une liste de candidats satisfaisant aux conditions fixées et les éléments d'appréciation nécessaires ; puis il opère la sélection sur la base de ces propositions. Quatre membres de droit complètent le collège :

-Les trois censeurs de la BEAC ou leurs suppléants[393] ;
-Un représentant de la Commission bancaire française, ou son suppléant, désigné par le Gouverneur de la Banque de France. A l'initiative du Président, peuvent également être conviées des personnalités extérieures, qui interviennent alors uniquement à titre consultatif. Elles ne peuvent participer aux délibérations relatives à la prise de sanctions disciplinaires. Le siège de la COBAC qui était établi à Yaoundé, au siège même de la BEAC vient d'être transféré à Libreville au Gabon.

b. Organisation

La Commission se réunit au moins deux fois par an, et autant que nécessaire, à l'initiative et sur convocation de son président, qui arrête l'ordre du jour des séances. Il est tenu toutefois de convoquer la Commission et de porter à l'ordre du jour les questions soulevées par les membres sur demande d'un tiers au moins de ceux-ci. Le quorum requis pour la validité des délibérations est fixé aux deux tiers des membres du collège. A défaut de consensus, les décisions sont arrêtées à la majorité des deux tiers des voix exprimées.

Le président, ou son suppléant, en assure l'exécution. Il prend toutes dispositions à cet effet. Il est habilité à agir et signer en son nom et, plus généralement, représente la Commission à l'égard des tiers. Il exerce en cas d'urgence certaines compétences strictement énumérées mais ne revêtant pas un caractère disciplinaire.

La permanence administrative de la Commission Bancaire est assurée par un Secrétariat Général. Celui-ci est composé d'agents de la BEAC et dirigé par un Secrétaire Général, nommé par le Gouverneur dans les mêmes conditions que les Directeurs Centraux de la BEAC[394].

Le Secrétaire Général est habilité à prendre toutes mesures d'administration et de gestion que requièrent le bon fonctionnement de la COBAC et l'exécution de ses décisions. Il dirige le contrôle sur pièces des établissements assujettis, diligente les vérifications décidées par la Commission ou recommandées par l'urgence, à charge d'en rendre compte à la Commission, et donne suite aux rapports d'enquête.

---

[393] Ce sont un Camerounais, un Gabonais et un Français désignés par les Etats membres de la COBAC.
[394] C'est toujours un Tchadien qui est désigné à ce poste.

Il est responsable de la gestion des moyens mis par la BEAC à la disposition de la COBAC. A cet égard, il lui revient d'établir le budget prévisionnel, lequel est arrêté par la Commission et soumis à l'approbation du Conseil d'administration de la BEAC.

A. Les attributions de la COBAC

Sauf exceptions expressément stipulées par les conventions, la Commission a autorité sur l'ensemble des établissements de crédit, à savoir les organismes qui effectuent à titre habituel des opérations de banque. Trois principales attributions sont conférées à la COBAC : compétences réglementaires et pouvoirs d'autorisation préalable, supervision des établissements de crédit et la fonction juridictionnelle.

1. Les compétences réglementaires et les pouvoirs d'autorisation préalable

a. Les compétences réglementaires

Les compétences réglementaires de la COBAC sont de nature strictement prudentielle. En effet il lui appartient d'édicter les prescriptions d'ordre général destinées à assurer et à contrôler la liquidité et la solvabilité des établissements de crédit à l'égard des tiers, et plus généralement l'équilibre de leur structure financière.

Elle est ainsi habilitée à définir le plan et les procédures comptables applicables aux établissements de crédit, la liste, la teneur et les délais de transmission des documents et des informations qui doivent lui être remis, et les normes prudentielles de gestion[395]que ces établissements doivent respecter

Il revient également à la COBAC d'autoriser l'exercice d'activités non bancaires par les établissements de crédit, et de déterminer les conditions de prise ou d'extension de participations directes ou indirectes dans ces établissements, en liaison avec les autorités nationales, ainsi que les conditions

---

[395] Notamment les ratios de liquidité, de couverture et de division des risques.

dans lesquelles ceux-ci peuvent prendre des participations et accorder des crédits à leurs actionnaires, administrateurs et dirigeants.

Il faut aussi noter que les règlements arrêtés par la Commission sont exécutoires à l'expiration d'un délai de deux mois suivant leur communication aux autorités nationales. En cas de désaccord, leur entrée en vigueur est suspendue jusqu'à l'arbitrage du Conseil d'Administration de la BEAC.

b. Le pouvoir d'autorisation préalable

Ce pouvoir vise les actes essentiels de la vie des établissements de crédit. L'agrément des établissements et des dirigeants de ces établissements par les autorités nationales compétentes, la désignation des commissaires aux comptes de ces sociétés, toute modification significative dans la répartition du capital social sont subordonnés à l'avis conforme de la COBAC. En clair, cela signifie que cet avis est obligatoirement sollicité et qu'il ne pourra être passé outre à une décision négative de la Commission. C'est un véritable droit de veto.

Les autorités nationales conservent en toutes autres matières une compétence de plein exercice, notamment pour ce qui est des décisions relatives :

-Au capital minimum des établissements de crédit ;
-Aux conditions d'implantation des réseaux et à l'organisation des services communs ;
-Aux conditions des opérations avec la clientèle et de concurrence, sous réserve toutefois de l'avis conforme du Gouverneur de la COBAC.

Les avis de la COBAC sont d'effet immédiat mais sont cependant susceptibles de recours devant la Cour de Justice de la CEMAC.

2. Supervision des établissements de crédit

La supervision des établissements de crédit assujettis est organisée et exercée au nom de la Commission bancaire par son Secrétariat Général. Les Commissaires aux Comptes et tout organisme dont le concours s'avère nécessaire sont tenus de satisfaire aux demandes motivées par cette mission, sans pouvoir invoquer le secret professionnel, auquel les membres de la

COBAC et les personnes habilitées à agir en son nom sont eux-mêmes assujettis[396]. Ces établissements de crédit sont tenus de lui transmettre, dans les formes et selon la périodicité prescrite par elle, les informations, renseignements et justificatifs nécessaires au suivi de leur situation.

S'agissant des vérifications sur place, la Commission arrête le programme des enquêtes. Les contrôles peuvent être étendus aux filiales d'un établissement assujetti ainsi qu'à toutes autres sociétés apparentées, faculté qui ne sera évidemment exercée qu'en cas de réelle nécessité. Les autorités nationales doivent prêter en tant que de besoin leur concours aux contrôles ordonnés par la COBAC. Elles sont informées du déclenchement et du résultat des enquêtes, sans pouvoir interférer sur leur déroulement.

Les rapports, sous couvert d'une lettre de suite en formant la synthèse, seront communiqués au conseil d'administration de l'établissement concerné, qui devra en délibérer. Le procès-verbal correspondant sera adressé à la Commission Bancaire.

Dans les cas justifiés par la gravité des anomalies ou infractions réglementaires détectées lors des contrôles sur place ou sur pièces, la Commission aura à statuer et pourra :

-Soit adresser une mise en garde aux dirigeants de l'établissement de crédit lorsque celui-ci aura manqué aux règles de bonne conduite de la profession ;
-Soit délivrer à l'établissement une injonction à l'effet notamment pour celui-ci de prendre dans un délai déterminé toutes mesures destinées à rétablir ou à renforcer sa structure financière ou à corriger ses méthodes de gestion ;
-Soit décider de l'ouverture d'une procédure disciplinaire[397].

---

[396] Art. 38 de l'Annexe à la Convention portant harmonisation de la réglementation bancaire dans les Etats de l'Afrique centrale.

[397] Cependant dans un avis émis le 23.11.11 (Avis n° 001/2011 suite à la demande d'avis formulée par la COBAC, la Cour de Justice de la CEMAC a dit « qu'aucune sanction n'étant prévue en l'état de la législation bancaire et financière de la CEMAC pour réprimer le comportement professionnel des dirigeants de banque ou des commissaires aux comptes qui exerceraient sans être dûment autorisés, la COBAC ne saurait valablement recourir à l'emprunt des sanctions prévues à l'article 15 de l'Annexe de la Convention pour punir les auteurs de ces agissements ». En l'espèce la COBAC demandait si elle pourrait sanctionner les dirigeants et commissaires aux comptes désignés par les organes sociaux sans son agrément préalable. Dans son exposé des motifs, la Cour justifiait « qu'il n' y a pas de peine sans texte selon un principe général du droit pénal reconnu par tous les Etats membres ; que tout comportement professionnel répréhensible doit donc être préalablement prévu par un règlement qui indique des sanctions adéquates ; qu'en l'état actuel de la législation CEMAC, aucune sanction disciplinaire n'est prévue à l'encontre des dirigeants des

Par ailleurs, le Président de la Commission peut inviter les actionnaires ou sociétaires d'un établissement assujetti à rechercher les solutions que la situation de celui-ci commande. Il peut également convier l'Association Professionnelle des Etablissements de Crédit à examiner et à lui soumettre les conditions dans lesquelles ses autres adhérents pourraient concourir au redressement d'un confrère en difficulté[398].

3. La fonction juridictionnelle

Outre ses compétences réglementaires et administratives, la COBAC est également un organe juridictionnel, appelé à intervenir à titre disciplinaire, sans préjudice des sanctions que pourront prendre du même chef les autorités judiciaires nationales. Celles-ci sont tenues d'aviser la Commission, qui peut se porter partie civile, de l'ouverture de poursuites engagées au titre des dispositions des Conventions du 16 octobre 1990 et du 17 janvier 1992.
Quand un établissement de crédit n'a pas déféré à une injonction ou tenu compte d'une mise en garde ou a enfreint gravement la réglementation, et après que ses dirigeants aient été invités à formuler leurs observations soit par écrit soit lors d'une audition où ils peuvent se faire assister d'un représentant de leur association professionnelle, la Commission peut prononcer une ou plusieurs des sanctions suivantes :

-Avertissement ;
-Blâme ;
-Interdiction d'effectuer certaines opérations ou toutes autres limitations dans l'exercice des activités bancaires ;
-Suspension ou révocation des commissaires aux comptes ;
-Suspension ou démission d'office des dirigeants responsables ;
-Le retrait d'agrément de l'établissement.

Bien entendu, les sanctions prononcées seront fonction de la gravité des manquements constatés. Ces décisions sont exécutoires dès leur notification

---

banques et des commissaires qui exercent certes avec l'aval des organes sociaux, mais sans autorisation préalable ni de la COBAC ni de l'Autorité Monétaire ; qu'en attendant de combler ce qui apparaît déjà comme un vide juridique, la COBAC ne saurait valablement réprimer les comportements professionnels décriés en recourant à l'emprunt des sanctions prévues à l'article 15 de l'Annexe à la Convention mais qui ne concernent pas les dirigeants et commissaires aux comptes mis en cause ».
[398] Art. 40 de l'Annexe à la Convention précitée.

aux intéressés sauf pour le retrait d'agrément, lequel ne devient effectif qu'à l'expiration d'un délai d'un mois à compter de la communication de la sanction aux autorités nationales. Elles sont susceptibles de recours devant la Cour de justice de la CEMAC, seule habilitée à en connaître en dernier ressort[399]. Mais ce recours n'a pas de caractère suspensif sauf pour ce qui est du retrait d'agrément.

En cas de carences graves dans la direction ou la gestion d'un établissement de crédit, la COBAC est habilitée à désigner un administrateur provisoire pour en assurer la direction avec pouvoir de déclarer la cessation des paiements. Elle peut par ailleurs désigner un liquidateur pour les établissements qui cessent d'être agréés ou qui exercent sans agrément les activités réservées aux banques.

Même si la COBAC n'a été mise en place qu'en 1990, l'harmonisation de la réglementation bancaire date des premiers accords intervenus en 1972. Les pouvoirs de sanction naguère exercés par la BEAC lui sont désormais dévolus mais toutefois à charge de réformation par la Cour de justice de la CEMAC en matière disciplinaire.

§2. L'harmonisation de la réglementation bancaire

La Convention du 16 octobre 1990 et celle du 17 janvier 1992 ont créé un corpus réglementaire unique pour l'activité bancaire dans les six Etats. Ces deux Conventions organisent un mécanisme cohérent et complet de régulation du secteur bancaire, notamment en définissant l'activité, en désignant les différents acteurs, en précisant les modalités d'accès à la profession, d'exercice de l'activité et de son contrôle et en instaurant un superviseur unique qui est la COBAC. Ce cadre juridique régissant l'organisation de l'activité bancaire a été réformé par le Traité du 16 mars 1994 instituant la CEMAC, son Additif en date du 5 juillet 1996 et les Conventions régissant l'UMAC et la Cour de Justice de la CEMAC. Cette réforme comporte, entre autres amendements, l'entrée en lice du Comité Ministériel de l'UMAC et de la Cour de Justice de la CEMAC.

[399] Art. 4, al. 3 et 14 de la Convention régissant la Cour de justice de la CEMAC.

A. Les mécanismes d'harmonisation des législations bancaires avant la CEMAC

Ces mécanismes résultent des conventions de 1972 et de 1992 dont celle de 1992 a conféré des pouvoirs importants à la COBAC.

1. Le mécanisme de 1972

L'activité bancaire concentre des risques dont l'impact, outre la possible défaillance des établissements bancaires eux-mêmes peut atteindre les autres acteurs de l'économie. C'est pourquoi, dans la quasi-totalité des pays, des autorités de réglementation et de contrôle sont chargées d'assurer la bonne santé des banques et des autres institutions financières et de préserver la stabilité du système financier. Les Etats réglementent les institutions financières pour deux raisons principales. En premier lieu, il s'agit d'assurer la protection des consommateurs en édictant un ensemble de règles qui peuvent contribuer à éviter les excès et les dysfonctionnements que le marché pourrait générer s'il était entièrement laissé à lui-même. Le deuxième objectif visé consiste à maintenir la stabilité financière car il s'agit d'un « bien public» qui justifie la mise en place d'un cadre très élaboré de réglementation et de contrôle.

Au niveau des six Etats, la réglementation et le contrôle se caractérisent par la mise en place d'un dispositif communautaire érigé progressivement depuis 1972. En effet, en signant le 22 novembre 1972 à Brazzaville la Convention de Coopération Monétaire dans le cadre de la zone franc[400], lesdits Etats se sont déclarés «soucieux de renforcer les liens de solidarité qui unissent leurs Etats et de promouvoir une coopération monétaire mutuellement profitable et convaincus que le renforcement de cette coopération est un gage pour le développement rapide et harmonieux de leurs économies nationales». En conséquence, ils se sont engagés «à harmoniser leurs politiques relatives…à l'exercice de la profession bancaire et au contrôle des établissements financiers ».

---

[400] La zone franc comprend les Etats d'expression française de l'Afrique centrale et ceux de l'Afrique occidentale.

2. La Convention du 17 janvier 1992

L'harmonisation de la réglementation de l'activité bancaire est accomplie par l'instauration d'une loi unique sur l'ensemble des Six Etats que sont le Cameroun, la République Centrafricaine, le Congo, le Gabon, la Guinée Equatoriale et le Tchad. Les dispositions de cette Convention l'emportent de plein droit sur toutes les réglementations nationales qui leur seraient contraires.

Les Etats signataires se sont engagés à s'y conformer, à en faire observer les prescriptions et à prendre les mesures d'application stipulées ou qui s'avéreraient nécessaires, y compris l'abrogation de toutes réglementations nationales contraires. Enfin, les Etats signataires se réservent la faculté de compléter en tant que de besoin le cadre réglementaire ainsi institué, dans le strict respect des dispositions de celui-ci. Quant au dispositif applicable, il est complexe et varié.

3. La COBAC comme le superviseur commun

La COBAC née de la signature par les Ministres des finances de chaque Etat, de la Convention de 1990, ratifiée par les parlements de leurs pays respectifs, n'a pas été dotée d'une personnalité juridique formelle ni de patrimoine propre. C'est un collège indépendant dont le Secrétariat Général est adossé à la BEAC qui lui fournit ses moyens humains, financiers et techniques. En outre, le Président de la COBAC est le Gouverneur de la BEAC. Le dispositif de contrôle bancaire ainsi mis en place présente une singularité : elle bénéficie à la fois d'un soutien important de la BEAC et d'une indépendance d'action et de décision.

Il regroupe au sein de la même structure les compétences nécessaires à l'exercice d'une supervision bancaire efficace et qui sont dévolues à plusieurs entités dans d'autres pays, tout en se conformant au premier des 25 principes fondamentaux pour un contrôle bancaire efficace[401]. C'est au nom et pour le compte des six Etats que la COBAC assure la protection de l'épargne publique et le bon fonctionnement du système bancaire. En effet, la COBAC veille à l'intégrité du système bancaire et financier des six Etats et à la qualité de la situation financière des établissements de crédit en édictant des règles

[401] Les 25 principes fondamentaux pour un contrôle bancaire efficace ont été édictés par le Comité de Bâle.

destinées à assurer l'équilibre de leur structure financière, en contrôlant, d'une part, le respect par les établissements de crédit des règles déontologiques de la profession et des dispositions législatives et réglementaires édictées par les autorités nationales, par la BEAC ou par elle-même et qui leur sont applicables et, d'autre part, leurs conditions d'exploitation. Elle sanctionne en outre les manquements constatés. Elle a autorité sur le territoire des Etats membres de la CEMAC pour l'exercice de ces attributions et ses décisions sont exécutoires de plein droit dès leur notification aux autorités monétaires nationales et aux établissements concernés. Il lui est conféré un pouvoir normatif direct et indirect.

Les prérogatives normatives de la COBAC sont un pouvoir réglementaire spécial dont le champ d'application et le contenu sont circonscrits. En effet, l'article 9 de l'Annexe à la Convention de 1990 stipule que « la Commission Bancaire fixe les règles destinées à assurer et à contrôler la liquidité et la solvabilité des établissements de crédit à l'égard des tiers, et plus généralement l'équilibre de leur structure financière ». L'article 23 de l'Annexe à la Convention de 1990 prévoit que les modalités d'application des dispositions de ladite Convention sont définies par Règlements de la Commission Bancaire. Ainsi, il appartient à la Commission Bancaire d'édicter les prescriptions d'ordre général ayant le caractère de « règlement», ayant force obligatoire pour les établissements de crédit. La Commission Bancaire édicte ses règlements, s'il y a lieu, après avis des autres autorités concernées et consultation de la profession bancaire. Ces règlements adoptés par la Commission Bancaire sont transmis à l'Autorité Monétaire. Ils sont publiés au Journal Officiel de l'Etat concerné. Les règlements de la COBAC ont été souvent guidés par les travaux internationaux d'harmonisation de la réglementation bancaire réalisés au niveau du Comité de Bâle sur le contrôle bancaire. Il est vrai que sans pouvoir réglementaire, le Comité de Bâle est à l'origine des normes prudentielles essentielles et a formalisé en 1997 « les principes fondamentaux d'un contrôle bancaire efficace ».

S'agissant du pouvoir normatif indirect, l'article 3 de l'Annexe à la Convention de 1992 précise que « ...l'Autorité Monétaire a pleine compétence sur les matières autres que celles dévolues à la Commission Bancaire ou n'exigeant pas d'avis conforme de celle-ci, l'avis conforme de la COBAC s'entend comme un avis dont les termes lient l'autorité compétente, qui ne peut passer outre ».

Ainsi, s'agissant de toutes les matières où son avis conforme est requis, l'intervention de la COBAC est un facteur d'uniformisation de la législation dans les six Etats. Il en est ainsi notamment des décrets précisant les modalités d'application de la Convention du 17 janvier 1992 pris par l'autorité nationale après avis conforme de la Commission Bancaire sur tous domaines où il est prescrit par les deux conventions précitées.

A. La réforme du système juridique existant

De la combinaison des articles 32 et 34 de la Convention régissant l'UMAC, il ressort que l'harmonisation de la réglementation bancaire et le contrôle du respect de la réglementation commune existante en matière bancaire et financière concernent notamment les règles d'exercice de la profession bancaire et des activités s'y rattachant ainsi que le contrôle de l'application desdites règles. En outre, le Comité Ministériel de l'UMAC peut prendre toutes autres dispositions qu'il juge utiles en vue de renforcer la réglementation commune en matière de législation monétaire, bancaire et financière. A côté de l'UMAC et de ses organes, il faut ajouter une pièce maîtresse de la réforme : la Cour de Justice de la CEMAC, institution de la CEMAC chargée du contrôle juridictionnel de ses activités.

1. Le pouvoir normatif du Comité Ministériel de l'UMAC

Le Comité Ministériel édicte des dispositions législatives et réglementaires relatives à l'activité bancaire et financière[402]. Il s'appuie pour cela sur des règlements, directives, décisions, recommandations et avis[403]. Il peut prendre toutes autres dispositions qu'il juge utiles en vue de renforcer la réglementation commune en matière de législation monétaire, bancaire et financière. Il peut encore, sur décision prise à l'unanimité et après avis

[402] Le Comité ministériel de l'UMAC est composé des ministres des finances des six Etats membres

[403] En droit communautaire, le Règlement est un acte juridique de portée générale, obligatoire dans toutes ses dispositions que les Etats membres sont tenus d'appliquer. La Directive elle aussi est un acte juridique qui lie les Etats destinataires quant à l'objectif à atteindre mais qui leur laisse le choix des moyens et de la forme pour atteindre cet objectif. La Décision à l'instar d'un Règlement est un acte juridique obligatoire dans toutes ses dispositions et applicable directement et sans transposition dans le droit national. Les Avis quant à eux expriment une opinion d'une institution ou d'un organe de la Communauté. Enfin les Recommandations sont des actes émis et qui constituent une incitation pour les Etats membres à adopter un comportement particulier.

conforme du Conseil d'Administration de la BEAC, modifier les dispositions de la Convention de 1990. L'instrument juridique auquel il est fait le plus souvent recours pour réaliser l'harmonisation de la réglementation bancaire est le règlement car il est obligatoire dans tous ses éléments et directement applicable dans tout Etat membre. Le règlement est publié au Bulletin Officiel de la CEMAC et entre en vigueur à la date qu'il fixe ou à défaut, le vingtième jour suivant sa publication. A titre d'illustration, l'UMAC a adopté plusieurs règlements dont :

-Le règlement du 29 avril 2000 portant harmonisation de la réglementation des changes ;
-Le règlement du 27 novembre 2000 relatif à l'institution de l'agrément unique des établissements de crédit ;
-Le règlement du 13 avril 2002 relatif aux conditions d'exercice et de contrôle de l'activité de microfinance ;
-Le règlement du 4 avril 2003 portant prévention et répression du blanchiment des capitaux et du financement du terrorisme en Afrique Centrale ;
-Le règlement du 4 avril 2003 relatif aux systèmes, moyens et incidents de paiement ;
-Le règlement du 6 avril 2008 relatif au gouvernement d'entreprise dans les établissements de crédit ;
-Le règlement du 20 avril 2009 portant création du Fonds de Garantie des Dépôts en Afrique Centrale ;
-Le règlement du 28 septembre 2009 attribuant compétence à la COBAC pour la conclusion d'accords de coopération et d'échange d'informations avec les autorités de surveillance des systèmes financiers.

2. Le pouvoir juridictionnel de la Cour de Justice de la CEMAC

La Cour de Justice de la CEMAC est chargée du contrôle juridictionnel des activités de la CEMAC. Aux termes des articles 4 alinéas 3 et 14 de la Convention régissant la Cour de Justice de la CEMAC :

-Les recours contre les décisions de la COBAC sont portées devant la Cour de Justice communautaire et non plus devant le Conseil d'Administration de la BEAC comme auparavant ;
-La chambre judiciaire de cette Cour connaît, sur recours de tout Etat membre, de tout organe de la CEMAC ou de toute personne physique ou morale qui justifie d'un intérêt certain et légitime, de tous les cas de violation des

dispositions des Traités de la CEMAC et des conventions subséquentes. Toute partie peut, à l'occasion d'un litige, soulever l'exception d'illégalité d'un acte juridique d'un Etat membre ou d'un organe de la CEMAC. La chambre judiciaire, saisie conformément aux alinéas précédents, contrôle la légalité des actes juridiques déférés à sa censure.

Moins de dix ans seulement après sa mise en place effective, la Cour de justice de la CEMAC a assis une jurisprudence importante qui devient source d'uniformisation *a posteriori* de l'exercice de l'activité bancaire. A titre d'illustrations, on peut citer entre autres arrêts :

-L'arrêt du 16 mai 2002 qui assimile la COBAC à un « organisme à compétence juridictionnelle » lorsqu'elle agit comme instance disciplinaire. Exerçant en cette qualité, la COBAC ne peut intervenir devant la Cour pour justifier ses décisions ou *a fortiori* pour y répondre des conséquences dommageables desdites décisions ;
-L'arrêt du 3 juillet 2003 qui annule la démission d'office du Président du conseil d'administration d'une banque prononcée par la COBAC, au motif que la COBAC a outrepassé ses pouvoirs car la sanction ne peut que concerner la fonction visée par l'agrément délivré ;
-L'arrêt du 7 avril 2005 qui admet qu'une demande en réparation peut être introduite devant la chambre judiciaire de la Cour pour les actes accomplis dans l'exercice de ses fonctions par la COBAC avec une responsabilité assumée par la CEMAC. La responsabilité de la Communauté absorbe celle de la COBAC et de ses agents (sans un cumul possible avec une responsabilité de la COBAC ou de ses agents). La Cour reconnaît que la responsabilité de la CEMAC peut être engagée pour mauvais fonctionnement d'un de ses organes ou d'une de ses institutions mais en en fixant le régime ;
-Les deux arrêts rendus le même jour (2 juillet 2009) qui reconnaissent le pouvoir d'opportunité de la COBAC dans l'exercice de son pouvoir disciplinaire mais imposent l'admission d'observations aussi bien orales qu'écrites lors de l'audition.

2. Le recours à l'encontre des décisions de la COBAC

La COBAC dispose de larges pouvoirs de surveillance et d'exécution qui constituent des atouts pour la stabilité financière mais qui suscitent également des craintes et des critiques. En effet, les mesures de surveillance portent souvent sur des questions très stratégiques, comme la décision de sauver ou de fermer une banque et pouvant avoir des conséquences sur les droits individuels de propriété. Certains assujettis et observateurs estiment que l'indépendance conférée à la COBAC constitue une délégation trop importante de pouvoirs. Mais cette crainte est loin d'être justifiée car les personnes et les entreprises qui s'estiment lésées par les décisions de la COBAC ont le droit de demander réparation devant la Cour de Justice de la CEMAC[404].

En effet, la Convention régissant la Cour de justice de la CEMAC lui confère les attributions nécessaires pour évaluer le respect des procédures établies lorsque la COBAC prend des décisions touchant les individus ou les établissements de crédit, comme l'octroi ou le retrait d'agrément et l'imposition des sanctions. Il faut rappeler qu'aux termes de l'article 4 de la Convention précitée, la Cour de Justice de la CEMAC est «... juge en appel et en dernier ressort des litiges opposant la COBAC aux établissements de crédit assujettis » et selon l'article 14, «la chambre judiciaire... contrôle la légalité des actes juridiques déférés à sa censure ». Ce droit de regard du juge communautaire sur les mesures de surveillance est un facteur déterminant de la responsabilisation de la COBAC. Ce contrôle judiciaire, exercé *a postériori*, a pour objectif de vérifier que celle-ci agit strictement dans le cadre de la loi. Du point de vue de la COBAC, les deux dispositions qui instaurent le contrôle de ses activités par la Cour de justice de la CEMAC n'ont ni la même portée, ni les mêmes incidences. Relativement à leur portée, une lecture stricte de ces dispositions devrait amener à conclure que l'article 4 ne peut être invoqué que par des établissements de crédit ou des personnes assujettis à la COBAC à l'encontre desquels des sanctions disciplinaires ont été prononcées tandis que toute personne physique ou morale qui justifie d'un intérêt certain et légitime peut se prévaloir de l'article 14. L'arrêt n°003/ADD/CJ/CEMAC/CJ/02 du 16 mai 2002 susmentionné affirme que lorsqu'elle statue comme instance disciplinaire, la COBAC agit comme organisme à compétence juridictionnelle possédant les mêmes droits que les juridictions de premier ressort et que « *de coutume constante, les juridictions d'instance ne sont jamais appelées à intervenir devant les juridictions d'appel ou de cassation pour justifier leurs décisions ou a fortiori pour y répondre des conséquences dommageables desdites décisions »*. Dans le cas du recours à l'encontre de mesures administratives, la situation s'assimile à un contentieux administratif. En sa qualité d'organe de la Communauté, la COBAC est habilitée à assurer la défense de la décision attaquée. L'Acte Additionnel n° 4/00-CEMAC/041-CCE-CJ-02 portant Règles de procédure devant la Chambre Judiciaire de la Cour de Justice de la CEMAC lui reconnaît, en son article 8, la faculté d'être représentée par un agent nommé pour chaque affaire et de constituer avocat, soit pour assister son agent, soit pour la représenter.

---

[404] Les décisions rendues par la COBAC en matière disciplinaire ne sont cependant pas publiées.

L'article 16 énonce que *« l'Etat membre ou l'organe dont l'acte a été jugé non conforme au droit communautaire est tenu de prendre les mesures nécessaires à l'exécution de l'arrêt de la chambre judiciaire ». Il précise que « en cas de refus de se conformer, tout Etat membre ou tout organe de la CEMAC en saisit la Conférence des Chefs d'Etat »*. Cependant, les suites susceptibles d'être réservées par la Conférence des Chefs d'Etat à un tel recours ne sont pas précisées. Par ailleurs, des procédures ont également été instaurées pour réparer, le cas échéant, les dommages résultant de l'exercice défaillant des pouvoirs de surveillance de l'organe de supervision bancaire.

En effet, l'article 20 de la Convention régissant la Cour de Justice de la CEMAC dispose que « la chambre judiciaire connaît, en dernier ressort, des litiges relatifs à la réparation des dommages causés par les Organes et Institutions de la Communauté et par les agents de celle-ci dans l'exercice de leurs fonctions. Elle statue en tenant compte des principes généraux de droit commun aux droits des Etats membres ».Toutefois l'absence de personnalité morale de l'organe de supervision bancaire conduit à rendre la CEMAC responsable des dommages causés, dans la mesure où, l'article 35 de l'Additif au Traité de la CEMAC relatif au système institutionnel et juridique de la Communauté attribue la personnalité juridique à la CEMAC et le rôle de représentation de la CEMAC à l'égard des tiers et en justice à la Commission de la CEMAC.

Les acteurs régionaux que sont la BEAC et la COBAC font partie des rares institutions africaines qui fonctionnent normalement. Elles n'ont pas de problèmes budgétaires. Les décisions qu'elles prennent sont exécutées à la lettre. Les autorités nationales n'interfèrent pas dans leur fonctionnement. Ceci résulte de leur texte constitutif et aussi des accords de siège qui les lient aux Etats membres. C'est sans doute conscients du précédent vécu par les autres institutions régionales dont certaines n'ont eu qu'une vie éphémère que les pères fondateurs de ces deux institutions les ont dotées de pouvoirs si exorbitants.

Il est vrai que les acteurs locaux de l'activité bancaire que sont les établissements de crédit, le ministère des finances et l'association professionnelle des banques jouaient un rôle de premier plan en matière bancaire. En effet ce sont ces derniers qui organisaient et contrôlaient la profession bancaire. C'est encore eux qui assuraient l'étude et la mise en œuvre de la politique de crédit et étaient investis des pouvoirs de sanctions à l'égard des banques fautives. Mais avec l'absence d'organes de contrôle permanent, les crédits étaient accordés à des taux préférentiels. Il n'y avait pas de ratios prudentiels rigoureux à respecter. De plus, il n'y avait aucune sanction véritable pour les contrevenants à la réglementation d'ailleurs parcellaire. C'est pourquoi il fallait créer des organes de supervision et de contrôle dotés de véritables pouvoirs dont la BEAC et la COBAC.

La COBAC outre son rôle normatif très important a exercé avec compétence et en toute responsabilité son pouvoir administratif, réglementaire puis de contrôle et de sanction. Ces pouvoirs conjugués avec ceux de la BEAC, omniprésente et omnipotente a permis d'assainir le secteur bancaire qui allait sombrer avec la crise bancaire des années 80. Cependant en matière normative il en fallait plus, car les règles locales et celles sécrétées par les institutions précitées sont loin de régir l'activité économique en général et l'activité bancaire en particulier. C'est pourquoi c'est avec enthousiasme et un grand intérêt que le Tchad a adhéré au traité OHADA chargé de mettre en place un droit harmonisé des affaires.

TITRE II

LE DROIT OHADA : UNE PANACEE ?

Conscient de l'insuffisance des législations pouvant régir la vie économique dont le droit bancaire, le Tchad a adhéré, à l'instar de nombre d'Etats africains à l'Organisation pour l'Harmonisation en Afrique du Droit des Affaires (OHADA). Cette organisation s'est proposée de mettre en place des législations appelées actes uniformes pour pallier l'insécurité juridique et judiciaire dont souffrent cruellement les Etats africains de la zone franc.

En effet, à l'heure de la mondialisation de l'économie et lorsque les principaux pays du monde se regroupent pour constituer des unions économiques ou monétaires, il était impératif pour les pays africains, d'adopter un même droit des affaires moderne, réellement adapté aux besoins économiques, clair, simple et sécurisant les relations et les opérations économiques. De plus, la diversité qui caractérise les législations africaines est un handicap pour la création d'un espace économique intégré, d'une part et d'autre part, cette diversité est accompagnée d'une insécurité juridique et judiciaire, conséquence de la vétusté et de la caducité des législations applicables qui découragent les investisseurs privés. En effet, le droit en vigueur n'est plus adapté. Les règles juridiques varient d'un pays à un autre. Il y a une incertitude indéniable dans le corpus juridique de chaque Etat. L'insécurité judiciaire est due notamment à la formation insuffisante spécialisée des magistrats et des autres auxiliaires de justice, à l'absence de système de formation continue, à des questions de déontologie, à l'absence de l'information juridique et à l'insuffisance de moyens mis à la disposition des services judiciaires. L'insécurité juridique s'explique par la vétusté de nombreux textes applicables. Pour beaucoup, ils datent de la période coloniale et souvent les opérateurs économiques à l'instar des praticiens du droit éprouvent des difficultés pour connaître la règle de droit applicable.

Le Traité signée le 17 octobre 1993 et entré en vigueur le 18 septembre 1995 présente plusieurs particularités : il envisage une unification progressive et générale des législations ; l'unification envisagée est d'une grande ampleur car elle concerne tous les secteurs de la vie des affaires et à l'échelle continentale ; la législation mise en œuvre a un caractère supranational dans la mesure où elle est obligatoire, abrogatoire et directement applicable dans tous les Etats parties. Les instituions mises en place comprennent depuis la révision du Traité en 2008, la Conférence des chefs d'Etat et de Gouvernement, le Conseil des ministres, le Secrétariat permanent, la Cour commune de justice et d'arbitrage et l'Ecole régionale supérieure de la magistrature.

A ce jour neuf actes uniformes ont été adoptés et certains subissent déjà des réformes. Le Secrétariat permanent, l'Ecole régionale de formation, La Cour commune de justice fonctionnent mais les bilans à mi-parcours ne sont pas à la hauteur des espérances. Les financements prévus ne couvrent pas les dépenses, annihilant ainsi les financements stratégiques à long terme. A défaut de mesures d'accompagnement, un grand nombre d'utilisateurs méconnaissent ce droit pourtant important. Le travail de vulgarisation du Traité et des textes subséquents connaît des limites si bien que même certains magistrats ne sont pas formés en la matière outre l'indisponibilité de la documentation. Et puis l'existence dans la région d'autres institutions à vocation normative et juridictionnelle compliquent encore davantage les choses. Et en 2010, le Conseil des ministres a décidé d'exclure le droit bancaire des matières à harmoniser. Compte tenu du laxisme des autorités nationales en matière d'édiction des normes, le banquier continuera à évoluer dans le vide juridique.

CHAPITRE I

L'OHADA ET L'UNIFORMISATION GENERALE DU DROIT DES AFFAIRES

Dans les anciennes colonies françaises d'Afrique et surtout dans les Etats de la zone franc, le corpus juridique commun légué par la France au moment des indépendances a vite montré ses limites. Celui-ci était caractérisé par une coexistence de textes difficilement compatibles, sinon contradictoires et par des procédures souvent inadaptées aux exigences de la vie moderne, en raison notamment de leur lourdeur et de leur lenteur. A ces inconvénients, s'ajoutaient l'imprévisibilité des tribunaux, la corruption du système judiciaire, la difficulté d'exécution des décisions judiciaires rendues, les retards voire l'absence dans un grand nombre de pays de publications des textes et de la jurisprudence. L'harmonisation du droit des affaires et l'amélioration du système judiciaire dans ces pays constituent une étape importante et nécessaire pour restaurer la confiance des investisseurs, faciliter les échanges entre les Etats concernés et développer un secteur privé performant, le tout pour assurer le succès des programmes de privatisation entrepris par beaucoup de ces pays.

Pour remédier à une telle insécurité juridique et judiciaire, 16 Etats d'Afrique de l'Ouest et Centrale appartenant à cette zone ont décidé d'engager une vaste réforme du droit des affaires qui s'est traduite par la ratification du Traité relatif à l'Harmonisation du Droit des Affaires en Afrique. Ce Traité adopté à Port-Louis à l'Ile Maurice le 17 octobre 1993, s'inscrit dans le processus d'intégration régionale et de coopération institutionnelle plus large initié par l'UEMOA et la CEMAC et vise à sécuriser l'investissement et les activités économiques.

Le Traité a donc pour objet l'harmonisation du droit des affaires dans les Etats Parties. Cette harmonisation vise l'élaboration et l'adoption de règles communes, simples, modernes et adaptées aux économies des Etats ainsi que la mise en œuvre de procédures judiciaires appropriées. L'encouragement au recours à l'arbitrage pour le règlement rapide et efficace des différends contractuels constitue en outre un apport important du Traité. La réalisation des tâches prévues par le Traité est assurée par une organisation dénommée Organisation pour l'Harmonisation en Afrique du Droit des Affaires (OHADA). Elle comprend un Conseil des Ministres de la Justice et des Finances et une Cour Commune de Justice et d'Arbitrage. Le Conseil des Ministres est assisté d'un Secrétariat Permanent auquel est rattachée une Ecole Régionale Supérieure de la Magistrature. La réforme repose donc sur 4 institutions.

Le Traité non seulement innove et envisage des objectifs ambitieux. Avec l'adoption des actes uniformes relatifs au droit commercial général et au droit des sociétés, la création et le fonctionnement des entreprises se trouvent facilités. La mise en œuvre d'un nouveau système comptable instaure des pratiques comptables uniformes dans les Etats parties afin de disposer de données homogènes sur les entités produisant des biens et services. La protection des créanciers quant à elle se trouve renforcée par la réforme du droit des sûretés, la simplification des procédures de recouvrement des créances et des voies d'exécution et l'adéquation des procédures collectives d'apurement du passif aux difficultés des entreprises. En outre, la mise en place de l'arbitrage par l'adoption d'un acte uniforme relatif à l'arbitrage et d'une procédure y afférente est un pas important pour la résolution rapide et efficace des différends entre hommes d'affaires.

Section 1. L'OHADA : historique et raisons de la réforme

Déjà en mai 1963, naissait l'idée d'harmoniser les droits africains à l'occasion d'une réunion des ministres de la justice animée par le Pr René David. Cette idée fut reprise par d'éminents juristes africains et elle connut un premier aboutissement au sein de l'Union Africaine et Mauricienne (UAM) et dans la Convention de l'organisation commune africaine et malgache. Cette convention prévoyait la prise des dispositions en vue d'harmoniser les législations commerciales des Etats membres. De plus, l'article 3 de la Convention du 5 juillet 1975 portant création du Bureau Africain et Mauricien de Recherches et d'Etudes Législatives (BAMREL) énonçait que le Bureau a pour objet d'apporter son concours aux Etats signataires afin que les règles juridiques qui y sont applicables s'élaborent dans des conditions qui permettent leur harmonisation.

Mais ces organisations n'ont connu qu'une existence éphémère et ce n'est qu'en 1991 que l'idée d'harmoniser les droits africains est reprise à l'occasion d'une réunion des ministres des finances. Par la suite le projet conçu par ces ministres a été adopté par les Chefs d'Etat en octobre 1992. Un directoire fut mis en place, lequel a préparé le projet de Traité qui fut adopté le 17 octobre 1993. Les avantages liés à ce projet ne sont plus à démontrer. Mais les raisons fondamentales de la réforme tiennent à l'insécurité juridique et judiciaire qui prévalait dans la zone.

§1. Historique, atouts et processus de la réforme

Les Etats africains de la zone franc, qui dans le cadre de la Communauté Economique Africaine avaient déjà créé des communautés économiques régionales dans l'optique d'une intégration économique étaient convaincues des bienfaits d'une intégration économique voire juridique. Or l'état de leurs législations n'était pas propice à une telle intégration. De plus la vétusté de ces législations et l'imprévision des tribunaux méritait une réforme.

A. Contextes historiques

La création de l'OHADA a une justification très lointaine : l'intégration économique, l'état des législations après les indépendances et surtout la sécurité des investissements. Elle couvre tous les domaines de la vie économique et s'étend à toute l'Afrique et même au-delà.

1. Historique

a. Une justification lointaine

1°. Une justification politique mais aussi économique

Au lendemain de leur accession à l'indépendance, [405]les Etats africains signaient à Addis-Abeba en Ethiopie la Charte de [406]l'Organisation de l'Unité Africaine le 25 mai 1963. La préoccupation majeure pour ceux-ci était la

[405]Ils sont aujourd'hui au nombre de 54 avec l'indépendance du Sud Soudan en 2011.
[406] Depuis 2006 l'appellation devient l'Union Africaine.

réalisation de l'unité africaine et la défense de leur souveraineté. Mais parallèlement, ils poursuivaient l'achèvement de la décolonisation et leur développement économique et social. Il était donc question de coordonner et intensifier les actions en vue de l'unité politique, offrir les meilleures conditions d'existence aux peuples puis en même temps défendre la souveraineté des Etats. Mais depuis 1963, les années ont passé et la fièvre de cette souveraineté est tombée en même temps que les doctrines panafricaines de N'Krumah[407], de Nasser, de Modibo Keita et de Sékou Touré. Elles ont fait place à une ambition unique et plus modeste qui est celle de grouper les Etats dans le cadre d'une intégration régionale, en vue de la création d'un marché unifié seul susceptible de créer les conditions du développement économique et social. Cette ambition était d'autant plus légitime que l'Afrique, sous les effets conjugués de la « détérioration des termes de l'échange », du poids de la dette, de la sécheresse et de certaines erreurs était atteinte de plein fouet par une profonde crise économique.

Cette ambition a été mise en œuvre dans des projets multiples allant d'organisations plus ou moins fermées dans des cadres bilatéraux voire trilatéraux à des ensembles beaucoup plus vastes et plus complexes mais très souvent aux [408]succès peu visibles.

Or, de tels programmes pour arriver à des succès tangibles requièrent un minimum d'homogénéité. Et il est certain que c'est dans des groupements où il y a déjà des traditions juridiques communes, une monnaie commune et, dans une certaine mesure, une histoire commune et une même manière de concevoir et de bâtir l'avenir, qu'il est plus facile de réaliser l'intégration économique. C'est dans ce cadre qu'a été conçu le « projet d'harmonisation du droit des affaires en Afrique ».

Mais ce projet d'harmonisation du droit des affaires n'est pas le seul qui ait été conçu dans le cadre de cette politique d'intégration en Afrique de l'Ouest et du Centre.

2°. Un objectif intégrateur

En effet, on a pu constater que beaucoup de projets ont été conçus et mis sur pied avec plus ou moins de succès. A cet égard, on peut citer à titre d'exemple le BAMREL et la CEAO. Le premier dénommé Bureau africain et mauricien

---

[407] Respectivement anciens présidents du Ghana, d'Egypte, du Mali et de Guinée.

[408] Parce que reposant plus souvent sur des visées plus politiques qu'économiques.

de recherches et d'études législatives avait pour mission de préparer des codes et lois devant être introduits dans le droit interne de chaque pays.

Mais faute de crédit, le BAMREL dut malheureusement cesser ses travaux après quelques années d'activités. Quant à la Communauté Economique des Etats de l'Afrique de l'Ouest, elle a été créée à Abidjan le 3 juin 1966 mais fut dissoute le 14 mars 1994 pour faire place à l'UEMOA. D'autres ont un cadre géographique, culturel et linguistique peut-être trop vaste pour pouvoir aboutir à des résultats concrets dans un avenir relativement proche. C'est le cas de la CEDEAO qui a conçu, notamment depuis avril 1995, une méthodologie d'harmonisation du droit des affaires dans son espace juridique, de même que la réalisation de structures spécifiques en vue d'une certaine unification.

Les projets qui ont le plus de chance de réussir, il faut le répéter, sont ceux qui coïncident avec un espace économique, culturel et monétaire uniformisé. Et cette chance est d'autant plus grande si la conception du droit est fondamentalement la même. Et les Etats africains de la zone franc constituent un tel espace. C'est ce qui a favorisé la création de la CIMA, laquelle, dans le domaine des assurances, a déjà établi un code destiné à assurer la réglementation des assurances dans cette zone et à permettre une amélioration notable du système dans son ensemble.

S'agissant des projets typiquement économiques, leur conception aussi bien que leur réalisation ont été confiées aux banques centrales des deux sous-régions de la zone franc, à savoir la BCEAO et la BEAC. La BCEAO a eu la charge de réaliser le projet UEMOA.

Le Traité du 10 janvier 1994, vite entré en vigueur, a créé la nouvelle organisation largement inspirée de l'Union économique européenne. Ses organes sont la Conférence des Chefs d'Etats et de gouvernement, le Conseil des ministres, la Commission et la Cour de justice, de même que la Cour des comptes.

Le but de l'UEMOA est d'établir des politiques communes tant en matière économique et monétaire que sur le plan sectoriel et également de réaliser un marché commun. Le marché commun comporte la libre concurrence et le contrôle des abus des ententes et positions dominantes. Il faut également mettre à l'actif de la BCEAO la conception et la réalisation d'un vaste projet en matière comptable : la Centrale des bilans. En Afrique centrale, la BEAC a reçu mission de créer la Communauté économique et monétaire de l'Afrique centrale (CEMAC). Ce projet est moins avancé que celui de l'UEMOA. Il a été retardé par quelques considérations locales tenant en particulier à des réticences en ce qui concerne le partage de souveraineté.

b. Une justification financière et légale

1°. Une initiative des ministres des finances

Dans les anciennes colonies françaises d'Afrique et notamment dans les Etats de la [409]zone franc, le tronc commun juridique légué par la France a le plus souvent évolué vers une impasse. Les reproches souvent faites se résument à la coexistence des textes contradictoires, lenteur des procédures judiciaires, l'imprévisibilité des tribunaux, corruption du système judiciaire, difficultés d'exécutions des décisions pourtant passées en force de chose jugée, retards voire absences de publications des textes et de la jurisprudence. La liste des [410]griefs des opérateurs économiques est longue. L'entrave au développement économique de ces pays que constituent la « balkanisation » juridique et l'insécurité judiciaire actuelle, avait pourtant été pressentie dès le lendemain des indépendances : déjà en 1963, les ministres de la justice de la zone franc débattaient de l'idée du Professeur René David, qui avait suggéré une harmonisation de leurs systèmes juridiques respectifs. Mais les tentatives d'harmonisation du droit qui furent amorcées par la suite sont restées lettre morte. Cependant, l'harmonisation du droit des affaires et l'amélioration du système judiciaire dans les pays de la zone franc constituent une étape importante et nécessaire pour restaurer la confiance des investisseurs, faciliter les échanges entre les Etats concernés et développer un secteur privé performant, autant d'éléments déterminants pour le succès des programmes de privatisations entrepris par certains de ces pays.

C'est donc en avril 1991, à Ouagadougou au Burkina Faso, que les ministres des finances de la zone franc ont décidé, sur la base d'observations faites par les opérateurs économiques et de leurs propres constatations, d'organiser une réflexion sur la faisabilité d'un projet de mise en place progressive d'un droit harmonisé des affaires afin de rationaliser et d'améliorer l'environnement juridique des entreprises. Cette idée fut précisée lors de la réunion des ministres des finances de la zone franc tenue à Paris en octobre et il a été

[409] Créée en 1939, la zone franc a conservé jusqu'en 1945 le franc français comme monnaie unique pour adopter ensuite une monnaie commune le franc CFA directement convertible en franc français avec une parité fixe qui est passé de 50 à 100 F CFA pour un franc français depuis la dévaluation intervenue le 12 janvier 1994.

[410] Giri, « L'entrepreneur en Afrique, un cadre inadapté », in Sociétés Africaines et Développement, Masson, 1992, P. 135 ; Jean du Bois de Gaudusson et Gérard Conac, La justice en Afrique, Documentation Française, 1990, p. 79.

demandé à la France de financer une mission de haut niveau chargée d'examiner cette faisabilité. Cette mission après moult séances de travail et réunions a présenté son rapport à la réunion des ministres des finances de la zone franc Le 17 septembre 1992. C'est ainsi que les 5 et 6 octobre 1992, les chefs d'Etats africains de la zone franc ont décidé, lors du sommet de Libreville (Gabon), d'élaborer et d'adopter à brève échéance un traité de base mettant en place une Organisation pour l'Harmonisation en Afrique du Droit des Affaires (OHADA), lequel traité fut finalement signé par certains des [411]Etats concernés en marge du sommet de la francophonie à l' Ile Maurice le 17 octobre 1993.

2°. L'état des législations africaines postcoloniales

Le droit hérité de la colonisation est souvent balkanisé, variable d'un territoire à un autre, en raison de la règle de la « spécialité législative » en vertu de laquelle toute la législation coloniale n'était pas applicable ; son application aux colonies nécessite une extension spéciale faite par décrets. En effet, dans les anciennes colonies françaises, le droit commercial applicable était souvent celui du Code de commerce français de 1807 et les textes subséquents rendus applicables aux colonies ; le régime général des sociétés était régi par le Code civil français de 1804, les sociétés anonymes et les sociétés à responsabilité limitée étaient régies, respectivement, par les lois françaises du 24 juillet 1867 et du 7 mars 1925 ; pour compléter, adapter ou préciser ces textes de base, d'autres textes ont été élaborés par le colonisateur pour être appliqués dans les colonies. Il résulte de cette législation coloniale une certaine harmonisation juridique dans les colonies concernées.

Cependant cette pseudo-harmonisation ne concerne que ces colonies. Dans les premières décennies qui ont suivi les indépendances, chaque Etat a légiféré dans les domaines qu'il estime prioritaires, suivant parfois maladroitement les adaptations et les modernisations réalisées en France, avec comme conséquence l'accentuation de la « balkanisation juridique » du continent. Finalement, la législation appliquée dans les Etats nouvellement indépendants est devenue caduque en raison de son inadaptation aux réalités socio-économiques actuelles et les investisseurs se heurtaient dans « chaque pays à un droit disparate, confus et suranné [412]». M. Kéba M'Baye écrivait : « le droit

---

[411] A cette date c'étaient le Bénin, le Burkina Faso, les Comores, la Côte d'Ivoire, la Guinée Bissau, le Mali, le Niger, le Sénégal et le Tchad.

[412] Boris Martor et Sébatien Thouvenot, « l'uniformisation du droit des affaires en Afrique par l'Ohada », La Semaine Juridique n°44 du 28 septembre 2004, Supplément

se présente dans les quatorze pays de la zone franc en habit d'arlequin fait de pièces et de morceaux. Outre cette diversité de textes, l'on note également leur inadaptation au contexte économique actuel[413] », il ajoute aussi que «beaucoup d'investissements ne sont concevables que sur un plan interétatique ». En effet, la mondialisation des relations économiques impose désormais la constitution d'espaces économiques intégrés ayant des cadres juridiques harmonisés. Cet environnement international va s'imposer en Afrique qui tente de répondre aux nouveaux défis en prônant l'intégration économique du continent à travers des communautés économiques régionales ; toutefois, l'intégration économique ne saurait se concevoir dans un espace caractérisé par la diversité juridique. Pour faire face à ces défis, les Etats africains tentent, avec des succès souvent mitigés, des expériences d'harmonisation juridique.

2. Portée géographique et étendue de la réforme

a. Portée géographique

L'harmonisation du droit des affaires était destinée initialement aux [414]seuls pays africains de la zone franc dans la mesure où ces pays ont déjà en commun une langue, une monnaie et un héritage juridique qui constituent un cadre plus propice à une coopération institutionnelle. Il reste que l'émergence d'une zone harmonisée francophone pose le problème des pays africains qui ne l'intégreront probablement pas et singulièrement des pays anglophones riverains. Ces derniers risquent d'ailleurs de considérer une telle initiative comme « une nouvelle forme de colonialisme ou un instrument de division ». Certains membres de la zone franc, tels que le Bénin et le Togo, craignent d'ailleurs que leurs relations avec des pays comme le Ghana ou le Nigéria n'en soient affectées. De même, l'accueil que les bailleurs de fonds internationaux pourraient faire à ce projet risque d'être modéré dans la mesure où ils ne seront pas forcément tentés de financer une telle initiative francophone. Néanmoins, dès son entrée en vigueur, le Traité sera ouvert à l'adhésion des autres Etats membres de l'Organisation de l'Unité Africaine et il est d'ores et déjà envisagé l'adhésion de la Guinée, de la Mauritanie, de Madagascar et Djibouti. De même, des pays comme le Maroc et la Tunisie ont manifesté leur intérêt.

---

n°5, pp 5-11.

[413] In synthèse des travaux du séminaire sur l'harmonisation du droit des affaires dans les Etats africains de la zone franc, p. 14-15, Abidjan du 19 au 20 avril 1993.

[414] Les parties contractantes au Traité étaient les quatorze pays de la zone franc.

Une telle ouverture se justifie certes par une similitude des besoins de ces pays pour réhabiliter l'environnement des entreprises, leurs systèmes juridiques et judiciaires souffrant des mêmes carences. Il n'en demeure pas moins que l'harmonisation du droit des affaires appartient à un mouvement d'intégration régionale auquel participe également la transformation des unions monétaires de cette zone franc en unions économiques. Une telle transformation pourra donc évoluer différemment si des pays extérieurs à ladite zone y sont associés. En tout état de cause, un élargissement aux Etats africains non-francophones suppose une réforme dont la teneur puisse ménager une place à des principes qui ne relèvent pas exclusivement du droit romano-germanique et notamment à des principes de droit anglo-saxon. Cette mixité des sources du droit des affaires paraît incontournable et le particularisme de certains Etats de la zone franc, tels que le Cameroun, où existe une région anglophone, devra être pris en compte.

b. Etendue de la réforme

Les chefs d'Etat des pays concernés ont décidé d'élaborer des textes harmonisés lesquels correspondent aux besoins des entreprises africaines. Les secteurs du droit qui devraient être harmonisés en priorité sont : les règles relatives au droit des sociétés et au statut du commerçant, les procédures collectives, les règles de recouvrement de créances, les sûretés et les voies d'exécution, le droit comptable, le droit de l'arbitrage, le droit de la vente et des transports et le [415]droit du travail. La possibilité d'élargir le champ d'application de l'harmonisation à toute discipline du droit des affaires de nature à promouvoir les échanges régionaux et internationaux est également prévue dans le Traité. Puis, afin d'éviter l'émergence de nouvelles disparités entre Etats, le Traité instaure, par ailleurs, quatre institutions régionales chargées de l'élaboration et de l'application du nouveau droit commun :

-Un Conseil des Ministres de la Justice et des Finances de la zone, investi du pouvoir normatif, aura la mission d'adopter les nouveaux textes ;
-Un Secrétariat Permanent assurera la coordination et le suivi des travaux ;

[415] Le droit du travail qui n'était pas initialement prévu dans le domaine de l'harmonisation, a été intégré à la demande insistante des experts et officiels consultés (cf. art. 2 du Traité). En effet, la flexibilité du temps de travail ou la suppression de l'autorisation administrative de licenciement peuvent constituer des conditions nécessaires à la réduction des sureffectifs de nombreuses entreprises et à l'accroissement de leur productivité (Martin Kirsch, Interview du 25 avril 1993, Fraternité Matin, Abidjan, Côte d'Ivoire).

-Une Cour Commune de Justice et d'Arbitrage contrôlera l'application et l'interprétation du droit harmonisé ;
-Une Ecole Régionale Supérieure de la Magistrature assurera la formation et la spécialisation des magistrats et autres praticiens du droit à la nouvelle législation des affaires.

A. Atouts et processus de la réforme

Les atouts et avantages de cette réforme sont indéniables. Tous les pays membres appartiennent à la zone franc et beaucoup ont en commun le français comme langue officielle. C'est donc à l'initiative des ministres des finances que l'OHADA a vu le jour. Mais contrairement aux autres organisations le processus de création a abouti très rapidement.

1. Avantages de la réforme

Les avantages que présente l'harmonisation sont multiples : il y a d'abord des avantages qu'offre un espace juridiquement intégré, ensuite, il va sans dire que cette intégration juridique va favoriser l'intégration économique, laquelle est la meilleure voie pour réaliser l'Union Africaine.

a. Avantages liés à l'espace économique de la zone franc

En tant qu'elle vise l'amélioration de l'environnement juridique des entreprises sur le continent africain, l'harmonisation juridique doit être perçue comme étant un « outil technique » de l'intégration économique qui présente plusieurs avantages :

-La mise à la disposition de chaque Etat, de textes juridiques simples et techniquement performants et ce quelles que soient ses ressources humaines ;
-La facilitation des échanges transfrontaliers et la création des conditions de libre concurrence ;
-La communication et le transfert des techniques modernes de gestion des entreprises ;
-La restauration d'un climat de confiance par le règlement du handicap que

constitue l'insécurité juridique et judiciaire ;
-L'encouragement de la délocalisation des grandes entreprises vers l'Afrique ;
-La promotion de l'arbitrage comme instrument rapide et discret du règlement des différends commerciaux ;
-L'élimination des conflits de lois dans une espace juridiquement harmonisé ;
- enfin, renforcer l'unité africaine.

Il faut également noter que dans l'état actuel du droit des sociétés applicable dans les Etats africains, il est quasiment impossible de transférer une société d'un Etat dans un autre sans procéder à une [416]dissolution suivie d'une reconstitution, situation inconcevable dans le cadre d'un espace économique intégré. Avec l'harmonisation juridique, l'existence de sociétés de droit communautaire permet de remédier à ce handicap.

En outre, comme l'écrivait Jean PAILLUSSEAU, « il est évident que pour une entreprise qui exerce ses activités dans plusieurs pays, l'unité des règles applicables facilite considérablement ses opérations, qu'il s'agisse de son organisation juridique, de son fonctionnement ou de ses échanges commerciaux et financiers[417] ». Finalement, «les régions intégrées » sont plus attractives pour les investisseurs internationaux et possèdent un éventail d'avantages en termes d'infrastructures et d'institutions susceptibles de promouvoir un développement durable.

Elles constituent également une voie d'accès plus sûre à la concurrence dans une économie globale. Un droit africain des affaires à l'échelle continentale peut renforcer la voie vers la crédibilité de l'Afrique, améliorer le flux d'investissements et l'accélération du développement et avoir une influence sur la globalisation du droit des affaires dans son ensemble[418] ». Concernant le modèle spécifique OHADA, « le Traité est incontestablement de nature à favoriser l'émergence au sein de la région d'un véritable droit économique indispensable pour le développement des économies [419]».

---

[416] Avant l'entrée en vigueur des actes uniformes bien sûr.
[417] Jean PAILLUSSEAU, « Le droit OHADA. Un droit très important et original », La Semaine Juridique n°44 du 28 octobre 2004, Supplément n° 5, pp 1-5.
[418] Gilles CISTAC, « L'intégration juridique dans « tous » ses états : SADC et OHADA », Actes de la Conférence Internationale sur « L'harmonisation du droit commercial et ses avantages sur les investissements chinois en Afrique », Université de Macao, Faculté de droit, le 27 novembre 2007.
[419] François GAULME, « L'intégration régionale dans le cadre de la zone franc : un mouvement prometteur », Marchés Tropicaux du 15 novembre 1991.

b. Avantages du droit comme outil technique d'intégration

L'intégration régionale a toujours été présente dans les stratégies de développement des pays africains depuis les indépendances de la décennie 1960 et elle a motivé la création de [420]plusieurs organisations. Au niveau continental, l'option pour l'intégration a été réaffirmée à travers : le Plan d'Action de Lagos (Pal) en 1980, le Traité d'Abuja de 1991, entré en vigueur en 1994 et créant la Communauté Economique Africaine (CEA), la création de la Conférence Interafricaine des marchés d'assurances (CIMA) en 1992 et de la Conférence Interafricaine de Prévoyance Sociale (CIPRES) en 1993, enfin la Déclaration de Syrte en 1999. Les Etats africains ont fait le choix de l'intégration économique au niveau continental à travers les Communautés Economiques Régionales (CER)[421]. La Communauté Economique Africaine devra être réalisée en six phases qui s'échelonnent sur 34 ans ; la première phase porte sur le renforcement des CER afin qu'elles soient transformées en Zones de Libre Echange (ZLE), en unions douanières et en marché commun. La poursuite de ces objectifs a motivé la création d'une multitude d'organisations dont la CEEAC, la CEDEAO, l'UEMOA, la CEMAC et la COMESA).

L'intégration juridique est-elle nécessaire pour bâtir un espace économique fiable et viable ? Le professeur Issa-SAYEGH définit l'intégration juridique achevée comme étant « le transfert de compétences étatiques de deux ou plusieurs Etats à une organisation internationale dotée de pouvoir de décision et de compétences supranationales ou super-étatiques pour réaliser un ensemble juridique cohérent dans lequel les législations nationales s'insèrent ou se fondent pour atteindre les objectifs économiques et sociaux que les Etats-membres se sont assignés [422]». Quant à Etienne CEREXHE[423], en parlant de l'intégration des économies de la CEE, il écrivait : « l'intégration

---

[420] Notamment, L'Union Monétaire de l'Afrique de l'Ouest (UMOA) en 1962, l'Organisation de l'Unité Africaine (OUA) et la Banque Africaine de Développement (BAD) en 1963, L'Union Douanière et Economique de l'Afrique Centrale (UDEAC) en 1964, la Communauté des Etats de l'Afrique de l'Ouest (CEAO) en 1973, lequel fit place en 1975 à la Communauté Economique de Développement de l'Afrique de l'Ouest (CEDEAO), l'Union Economique et Monétaire de l'Afrique de l'Ouest (UEMOA).

[421] Ces cinq zones économiques sont l'Afrique Australe, l'Afrique Centrale, l'Afrique de l'Est, l'Afrique du Nord et l'Afrique de l'Ouest.

[422] Pr Joseph ISSA-SAYEGH, « L'intégration juridique des Etats africains de la zone franc », Revue Penant n° 823, janvier-avril 1997, p. 5

[423] Etienne CEREXHE, « Problématique de l'entreprise et de l'harmonisation du droit des sociétés »,RJPIC 1978, n° 1.

des économies des neuf pays de la CEE par la réalisation de libertés communautaires et le rapprochement des politiques économiques pourrait difficilement sortir ses effets dans un ensemble dominé par une diversité, voire une divergence des droits. Un minimum d'unité juridique s'imposait si l'on voulait garantir la fluidité du marché et l'application uniforme des politiques communes.

En d'autres termes, l'intégration économique, et c'est le propre de toute intégration, suppose un environnement juridique plus ou moins harmonisé ». En effet, comme l'écrit Jean PAILLUSSEAU, pour réaliser l'intégration économique des Etats africains, il faut :

«-Un droit unique… ;
-Un droit adapté au particularisme des économies africaines ;
-Un droit adapté aux besoins réels des entreprises, en particulier dans le domaine du financement et du management ;
-Un droit qui assure la sécurité des créanciers, des tiers et des investisseurs ;
-Un droit qui peut favoriser et accompagner l'essor économique des économies des pays … de la région toute entière [424]».

Selon le Pr Gilles CISTAC, « l'harmonisation du droit est non seulement une condition pour la réussite d'un phénomène d'intégration mais elle peut aussi constituer un élément moteur d'une intégration et ce, à double titre : comme élément de rapprochement des peuples et comme élément de rapprochement des économies »[425].

Convenons enfin avec le Pr Yves Guyon que «ce n'est un secret pour personne que si le droit n'est pas une condition suffisante du développement, il en est une condition nécessaire [426]». La pertinence de ces observations ne fait aucun doute pour le cas des Etats africains.

Au regard du processus actuel de globalisation, les Etats africains n'ont d'autre choix que de consolider l'intégration de leurs économies, réduire l'extraversion desdites économies et créer des conditions favorables à l'investissement. La tendance actuelle étant l'internationalisation des affaires, l'harmonisation juridique devient un impératif car une harmonisation bien menée favorise les échanges, la libre concurrence, restaure la confiance et

---

[424] Jean PAILLUSSSEAU, « Le droit Ohada – Un droit très important et original », op cit.
[425] Gilles CISTAC, « L'intégration juridique dans « tous » ses états : SADC et Ohada », op cit.
[426] Yves GUYON, « Conclusion », in Petites Affiches n°205 du 13 octobre 2004, pp. 59-64.

prépare l'intégration économique. Dans ce contexte et dans cette perspective, la nécessité de l'intégration juridique n'est plus à démontrer.

2. Atouts et processus ayant conduit à la naissance de l'OHADA

a. Les atouts de la création de l'OHADA

Les atouts[427] sont un gage de réussite car une intégration ne saurait réussir que si elle repose sur des fondements solides et si elle est confortée par une réelle volonté politique à régler des problèmes communs. Evoquant ces atouts, Kéba M'BAYE écrivait : « il est certain que c'est dans des groupements où il y a déjà des traditions juridiques communes, une monnaie commune et, dans une certaine mesure, une histoire commune et une même manière de concevoir et de bâtir l'avenir, qu'il est plus facile de réaliser l'intégration économique [428]» ; en outre « les projets qui ont le plus de chance de réussir, il faut le répéter, sont ceux qui coïncident avec un espace économique, culturel et monétaire uniforme [429]». Pour certains Etats, il faut également ajouter l'existence d'une même langue officielle ; le phénomène de l'islam et l'existence d'un droit traditionnel africain. Ce sont là des conditions propices à la réussite d'une intégration, et dans l'espace que constituent les Etats africains de la zone franc, la quasi-totalité de ces conditions est réunie.

Mais ces conditions ne sont pas suffisantes à elles seules car sans volonté politique aucune construction de ce type ne saurait être pérenne. Compte tenu de la célérité avec laquelle le projet OHADA a été réalisé et l'enthousiasme qu'il a suscité, nous sommes en droit de penser que la volonté politique est réelle. En effet, il s'est passé moins de deux ans pour qu'il entre en vigueur et moins de cinq ans pour que les sept premiers Actes uniformes (A.U.) soient adoptés. Ce projet est également sous-tendu par des programmes ambitieux d'intégration économique dans toute l'Afrique. Enfin, l'existence d'expériences d'unification est également un atout non négligeable[430]. Ce sont là des atouts indéniables dont n'ont pas disposé certains groupes d'Etats, comme les Etats membres de la CEE, ce qui a ralenti, voire entravé à certains moments, l'harmonisation de leurs droits et leur intégration économique.

---

[427] Joseph ISSA-SAYEGH, Jacqueline LOHOUES-OBLE, OHADA-Harmonisation du droit des affaires, Ed. BRUYLANT-JURISCOPE, 2002, n° 86.

[428] In Revue Penant n° 827, Mai-août 1998, p. 126 et ss.

[429] Kéba M'Baye, in Synthèse des travaux du séminaire d'Abidjan, PP 14 et 15.

[430] Notamment l'Union Européenne, le Commonwealth, l'ALENA, le MERCOSUR.

En considération de tout ce qui précède, on ne peut s'étonner de l'avènement de l'OHADA.

b. Le processus de création de l'OHADA

L'idée d'harmoniser les droits africains remonte à mai 1963 à l'occasion d'une réunion des ministres de la justice animée par le Pr René David. Cette idée fut reprise par d'éminents juristes africains et elle connut un premier aboutissement au sein de l'Union Africaine et Mauricienne (UAM) et dans la Convention de l'Organisation Commune Africaine et Malgache (OCAM).

L'article 2 de la Convention Générale de coopération en matière judiciaire conclue entre les Etats de l'OCAM stipule : « Les Hautes Parties contractantes s'engagent à prendre toutes dispositions en vue d'harmoniser leurs législations commerciales respectives dans la mesure compatible avec les exigences pouvant résulter des exigences de chacune d'elle » ; en outre aux termes de l'article 3 de la Convention du 5 juillet 1975 portant création du Bureau Africain et Mauricien de Recherches et d'Etudes Législatives (BAMREL), celui-ci « a pour objet d'apporter son concours aux Etats signataires, afin que les règles juridiques qui y sont applicables, s'élaborent dans des conditions qui permettent leur harmonisation ».

Malheureusement, l'OCAM et le BAMREL, comme bon nombre d'organisations africaines, n'ont pas été dotées de crédits suffisants et eurent une existence éphémère.

Il a fallu attendre1991 pour que l'idée d'harmoniser les droits africains soit à nouveau reprise à l'occasion des réunions des ministres des finances de la zone franc, tenues d'abord à Ouagadougou (Burkina Faso) en avril 1991, puis à Paris (France) en octobre 1991 ; à l'occasion de cette dernière réunion, les ministres des finances mirent sur pied une mission composée de sept membres, juristes et spécialistes du droit des affaires, présidée par M. Kéba M'BAYE.

De mars à septembre 1992, la mission fit l'état des lieux en visitant les pays de la zone franc. Elle a été menée, dans sa première phase, non sous l'angle d'une approche technique du droit des affaires mais d'une information des plus hautes autorités des Etats, des opérateurs économiques, afin de recueillir leurs réactions et leurs observations. M. Kéba M'BAYE, ancien vice-président de la Cour internationale de Juste de la Haye, qui présidait la mission précitée, a présenté le rapport sur celle-ci à la réunion des ministres des finances de la zone franc le 17 septembre 1992. Les 5 et 6 octobre 1992, les Chefs d'Etat de la zone franc se réunissent à Libreville ; à l'occasion de cette réunion le Président Abdou DIOUF (Sénégal) présente l'économie du projet élaboré par la mission d'experts. Les Chefs d'Etat décident de l'étendre à l'ensemble des Etats africains et non seulement aux seuls Etats de la zone franc.

Dans le communiqué final de cette réunion on pouvait lire que les chefs d'Etat et de délégation « ont approuvé le projet d'harmonisation du droit des affaires conçu par les ministres des finances de la zone franc, décidé de sa mise en œuvre immédiate et demandé aux ministres des finances et de la justice de tous les Etats intéressés d'en faire une priorité.

La conférence des chefs d'Etat a également désigné un « Directoire ». Ce Directoire, composé de Kéba M'Baye, président, de MM. Martin Kirsch, conseiller honoraire à la cour de cassation française, et Michel Gentot, conseiller d'Etat, a été chargé d'assurer la mise en place du projet.

Le Directoire prépare le projet de Traité et le soumet à la réunion des ministres de la justice, tenue à Libreville les 7 et 8 juillet 1993. Le projet est adopté après avoir été amendé et enrichi. Il est finalisé à Abidjan les 21 et 22 septembre 1993, par la réunion des ministres de la justice puis celle, conjointe, des ministres des finances et de la justice, réunion précédée d'un rapport d'experts. Enfin, le 17 octobre 1993, se tient, à Port Louis à l'Ile Maurice, la Conférence des Pays ayant en commun l'usage du français.

A cette occasion le projet fut soumis à la signature des Chefs d'Etat et de délégations des pays africains francophones ; le Traité portant création de l'OHADA est signé par quatorze Etats[431], et deux autres[432] y adhèrent ultérieurement pour totaliser aujourd'hui seize Etats parties. Si le mobile intégrateur et le vide juridique ont motivé la création de l'organisation, les raisons fondamentales de la réforme tiennent d'abord à l'insécurité juridique et judiciaire.

§2. LES RAISONS FONDAMENTALES DE LA REFORME

Les règles juridiques sont non seulement embryonnaires et obsolètes mais leur inadéquation avec l'environnement économique est des plus marquée. Il faut

[431] Bénin, Burkina Faso, Cameroun, Centrafrique, Comores, Congo (Brazza), Côte d'Ivoire, Gabon, Guinée Equatoriale, Mali, Niger, Sénégal, Tchad et Togo.
[432] La Guinée- Conakry et la Guinée Bissau.

aussi ajouter l'imprévisibilité des juridictions et la précarité dans laquelle évolue l'appareil judiciaire.

A. Insécurité juridique

L'insécurité juridique est caractérisée par la vétusté et l'inadaptation des règles juridiques. Le droit de l'arbitrage aujourd'hui très important pour le règlement des litiges internationaux était quasi inexistant.

1. Contexte et enjeux économiques

a. Une insécurité juridique persistante

Selon Martin Kirsch, « l'insécurité est la situation d'incertitude dans laquelle peut se trouver un opérateur économique sur l'issue d'une éventuelle procédure à laquelle il pourrait être partie, et son impuissance à infléchir le cours de la justice dans le sens de l'équité si besoin était[433] ». Il est en effet difficile de connaître, dans un cas déterminé, le contenu du droit applicable dont les sources sont d'ailleurs peu fiables. Le droit appliqué est lui-même inadapté causant de multiples inconvénients aux justiciables[434].

En Afrique francophone, le système judiciaire était en question. Avant le Traité, il était difficile de trouver des textes homogènes. Les textes quand ils existaient étaient trop anciens. Par définition ils s'appliquent mal à des situations contemporaines. Certains textes ont été récemment conçus mais leur rédaction pouvait être viciée ou inopérante pour diverses raisons ; conflits de nouveaux textes avec d'autres non abrogés ou non modifiés, défaut de publication du décret d'application s'il a été prévu par la loi, défaut de recherche d'antériorité lors de la rédaction de certains textes, défaut de publication au Journal officiel…Le défaut de publication presque général de la jurisprudence constitue un obstacle majeur. Cette carence fait obstacle à la construction d'une jurisprudence africaine.

---

[433] Exposé sur le droit uniforme OHADA lors du Colloque de Dakar en juin 1996.
[434] Philippe Tiger, Que sais-je « Le droit des affaires en Afrique-OHADA », Ed. PUF, nov. 1999, p. 2.

En définitive, la confusion des textes et les conflits entre textes, la sédimentation désordonnée des sources du droit sans que l'on sache toujours laquelle est véritablement applicable, les incertitudes même sur le droit applicable avaient créé une insécurité juridique récurrente.

b. Les problèmes économiques corrélatifs

La sécurité juridique fait partie intégrante des préoccupations légitimes des opérateurs économiques désireux d'investir, à la recherche d'un lieu d'implantation d'entreprises en quête d'un marché pour leurs produits ou encore de main-d'œuvre pour leurs fabrications. Les décisions d'investissement, qui procèdent avant tout de la confiance des investisseurs, sont largement conditionnées par ces considérations. L'insécurité peut constituer un facteur de réticence justifiée de la part des investisseurs et la région où elle sévit sera isolée et par conséquent pénalisée par rapport à d'autres régions plus attractives. Et les conséquences du défaut d'investissement corrélatif sont loin d'être négligeables. L'insécurité juridique peut influencer négativement les décisions d'assistance au développement ou de coopération prises par les bailleurs de fonds internationaux dont dépend souvent la situation économique des pays concernés.

Dans certains pays, l'insécurité est un facteur déterminant des difficultés rencontrées par l'activité bancaire. La constitution des garanties et leur réalisation est souvent une illusion. L'inefficacité des actions en recouvrement des créances est parlante. A l'inverse, les actions en recouvrement engagées contre les banques aboutissent très rapidement et très souvent au profit de leurs adversaires. C'est sans doute ce contexte qui a pu contribuer aux récentes difficultés du secteur bancaire africain. Il ne sera par conséquent pas abusif d'imputer la responsabilité de toutes les défaillances bancaires africaines de ces dernières années aux seules carences du droit des sûretés ou du droit des entreprises en difficulté, ou encore du recouvrement des créances. Les faiblesses législatives et jurisprudentielles contribuent beaucoup en partie à ces problèmes.

La clarification et la modernisation des règles et procédures du droit des affaires sont donc des conditions de la sécurisation des crédits bancaires. Cette sécurisation détermine la solidité des systèmes bancaires, elle-même condition de la confiance qu'ils peuvent inspirer pour la collecte et la mobilisation de l'épargne, lesquels permettront aux banques de financer la croissance tant recherchée.

2. Des règles juridiques quasi inexistantes ou inadaptées

La plupart des règles juridiques qui régissent la vie des affaires à l'aube de l'harmonisation sont inadaptées. Quant au droit de l'arbitrage, il est presque inexistant dans bon nombre de pays.

a. Un droit des affaires inadapté

Le droit des affaires en vigueur à l'aube de la réforme dans les pays parties au Traité était non seulement très hétérogène mais également inadapté et ne pouvait que préjudicier à l'économie de la région.
Le droit applicable devant les juridictions africaines n'a pas tellement évolué depuis les indépendances. L'unité de législation a été réalisée sous l'administration européenne dans le domaine du droit public, du droit pénal, du droit du travail et s'est même accentuée en droit civil. Si des efforts ont été faits par certains pays pour l'élaboration des codes des personnes et de la famille, aucune initiative n'a été entreprise pour asseoir un droit général. Seuls la Côte d'Ivoire, le Sénégal, Madagascar, le Cameroun et récemment le Mali ont légiféré sur le droit civil général. Pour celui-ci comme pour le droit commercial, qui n'a guère été modifié en Afrique depuis le siècle dernier, on applique la loi française telle qu'introduite par le législateur colonial et figée à la date de l'indépendance. Pour beaucoup de ces pays, on applique le Code civil français dans sa rédaction de 1958. Le Code de commerce français de 1807 a été déclaré applicable aux Territoires d'Outre-mer par une loi du 7 décembre 1850. Mais il avait été l'objet de diverses modifications, notamment par les lois du 17 juillet 1856, du 9 juillet 1902, du 28 mars 1931 et par décret du 24 mars 1955. Et le défaut d'extension aux Territoires d'Outre-mer de certaines dispositions de ce code applicables en métropole, constituait un germe d'obsolescence rapide des textes en vigueur au moment des indépendances[435]. Ainsi, relativement au statut du commerçant, la vieille définition de l'article 1er du Code de commerce ne répond plus aux exigences de l'activité économique moderne ; les nouvelles définitions n'ont-elles pas envisagé d'établir le statut de commerçant à partir de la notion « d'activité économique » ? Tout comme l'acte de commerce devait inclure

[435] En application du principe de la spécialité législative sus-évoqué.

« l'exploitation industrielle des mines, carrières et tout gisement de ressources naturelles, les opérations de manufacture, de transport et de télécommunications » et non se limiter à « tout achat de denrées, de marchandises pour les revendre... »

Selon la loi du 18 mars 1919, le registre de commerce n'était qu'un simple répertoire de renseignements, dont le contenu n'avait pas de valeur juridique. Or les lois modernes prévoient que le registre de commerce et du crédit mobilier doit recevoir les inscriptions relatives au nantissement des actions et parts sociales, du fonds de commerce, du matériel professionnel et des véhicules automobiles, des stocks, l'inscription du privilège du vendeur du fonds de commerce, de celui du trésor, de la douane, des organismes sociaux et l'inscription des clauses de réserves de propriété et du crédit-bail.

Ces informations ne sauraient être négligées car elles permettent une meilleure transparence et une meilleure information des actionnaires et de l'ensemble des opérateurs économiques amenés à travailler avec les sociétés. Le fonds de commerce était imparfaitement réglementé notamment en matière de location-gérance. Il en est de même du bail commercial. Les intermédiaires du commerce dont le rôle est non négligeable en matière d'affaires ne sont pas clairement identifiés dans les législations africaines. L'on se contente dans ce domaine des règles du mandat du Code civil.

Les législations les plus inadaptées sont celles relatives aux sociétés commerciales, les pays africains n'ayant pas tenu compte, pour la majorité d'entre eux, des évolutions intervenues en France, notamment la loi du 24 juillet 1966 et son décret d'application du 23 mars 1967. Il n'y a pas de possibilité de créer des sociétés unipersonnelles et des groupements d'intérêts économique. Les mesures d'information et de sécurité tant à l'égard des associés que des tiers ne sont pas bien organisés ; de même ne sont pas bien définies la société faisant appel public à l'épargne, la notion de contrôle et celle de société mère et des filiales.

L'existence d'une société unipersonnelle permet à la fois de conjuguer l'intérêt des grands groupes privés qui ont des filiales en Afrique et la simplification de la gestion de ces groupes. Les entrepreneurs travaillant en Afrique, lorsqu'ils voulaient constituer une société, et le plus souvent distinguer leur patrimoine personnel de leur patrimoine professionnel, étaient obligés d'avoir recours à des personnes qu'ils utilisaient comme prête-nom, alors que clairement ils étaient les seuls maîtres de leurs affaires.

Les pouvoirs de direction sont très mal définis, voire ambigus. La transparence de la gestion, la responsabilité du dirigeant, qui font que les actionnaires des sociétés comme leurs commissaires aux comptes ont des possibilités de regarder de façon beaucoup plus permanente la qualité de la gestion de ces sociétés sont illusoires. Concernant les procédures collectives, les Etats membres de l'OHADA se partagent, avant l'entrée en vigueur du Traité, en trois catégories de législations. La majeure partie des pays vit encore sous la législation originaire du Code de commerce telle que modifiée par les lois du 28 mai 1838 et 4 mars 1889 et du décret-loi du 8 août 1935 qui consacrent deux procédures : d'une part, la faillite qui débouche sur la disparition de l'entreprise par la réalisation de l'intégralité de son actif et l'apurement de son passif, et d'autre part, la liquidation judiciaire qui permet d'obtenir un concordant.

Deux pays[436] ont adopté littéralement la loi française du 13 juillet 1967 qui distingue trois procédures : le règlement judiciaire (ex-liquidation judiciaire), la liquidation des biens (ex-faillite) et la faillite, laquelle est une procédure individuelle regroupant l'ensemble des sanctions patrimoniales, professionnelles et civiques infligées aux personnes physiques débitrices et aux dirigeants des personnes morales ayant des activités économiques.

Quatre Etats se sont inspirés des lois françaises du 1er mars 1984 sur l'alerte interne et le règlement amiable et du 25 janvier 1985 relative au redressement judiciaire (ex-règlement judiciaire), à la liquidation judiciaire (ex-liquidation des biens) et à la faillite au sens de la loi de 1967 (Gabon, Guinée, Bénin et Cameroun). Il est vrai que la législation française du XIXe siècle, même modifiée, ne correspond plus au contexte économique et social des pays africains.

La législation française résultant des textes de 1984, 1985 et 1994 ne semble toutefois pas être la panacée sous prétexte qu'elle est récente et moderne. En effet, elle est complexe et sophistiquée ; elle suppose un appareil judiciaire et parajudiciaire très étoffé et spécialisé ; elle fait table rase de concepts commodes et familiers tels que le concordant, la masse des créanciers, l'inopposabilité des actes irréguliers…Elle n'a pas non plus tenu les promesses qu'on plaçait en elle et elle continue à faire l'objet d'amendements.

Mais les pays africains pourraient s'en inspirer et l'adapter à leur contexte que de se cantonner au droit de la faillite et de la liquidation judiciaire inadapté à l'économie moderne.

---

436 Ce sont incontestablement le Mali et le Sénégal qui contrairement aux autres pays de l'Afrique francophone ont fait de notables efforts en matière normative.

b. Un droit de l'arbitrage quasi inexistant

L'arbitrage, cette procédure de règlement des litiges par recours à une ou plusieurs personnes privées, très prisée dans les pays développés à économie libérale est inconnue voire inexistante dans la majorité des pays africains. Pour ceux qui ont réglementé l'arbitrage, souvent de manière concise et lapidaire, la pratique révèle que cette procédure n'a presque pas été utilisée par les justiciables.

A titre d'exemple, le Code de procédure civile tchadien en son titre IV ne consacre que dix articles à l'arbitrage. Il n'y est question que du compromis. La clause compromissoire a été royalement omise. Aucune allusion n'y a été faite à l'arbitrage international. D'après nos recherches, aucun litige n'a été résolu à ce jour par la formule de l'arbitrage dans ce pays de l'Afrique centrale. En Côte d'Ivoire, la loi française sur l'arbitrage de 1925 avait été étendue en 1954 aux territoires d'Outre-mer et, par suite, appliquée à la résolution des conflits relatifs à des affaires d'exportation de produits agricoles tropicaux. A l'instar du Sénégal, il existait un centre d'arbitrage efficace, peut-être à cause du développement des activités portuaires. A l'imitation des pays anglo-saxons, on pratiquait des contrats-types standardisés, connus des spécialistes. A l'accession de l'Etat ivoirien à l'indépendance, ce système a dépéri et la Cour d'Arbitrage d'Abidjan a cessé peu à peu de fonctionner. Le commerce international ayant ses exigences et compte tenu de la nécessité des investissements étrangers, le pays a ratifié les conventions multilatérales de Washington de 1986 sur les investissements étrangers et celle de Lomé de 1984. Mais il ne s'agit là que de conventions partielles.

D'autres accords bilatéraux y faisaient aussi référence et en reconnaissent le principe. Par ailleurs, les juridictions ivoiriennes reconnaissaient la validité des sentences arbitrales rendues à l'étranger et leur assuraient une effectivité. Pourtant le nouveau Code de procédure civile ivoirien, sans abolir la loi de 1954 introduisant celle de 1925, ne parlait plus d'arbitrage. On se trouvait donc devant une situation peu incertaine : pas d'opposition de principe, mais pas d'adhésion franche et nette, c'était en fait une adaptation pragmatique et ponctuelle pour résoudre les problèmes essentiels. Le pas n'avait pas été franchi de l'adhésion complète ; ainsi, si la Côte d'Ivoire avait signé la Convention de New York, qui constitue une charte générale de l'arbitrage international en toutes matières, cette convention n'a pas été ratifiée par ce pays.

Il ressort des deux exemples précités que le droit de l'arbitrage reste un champ d'activité inconnu en Afrique. C'est pourquoi l'OHADA encourage expressément les acteurs du droit des affaires à recourir à l'arbitrage, et ceci dès le premier article du Traité de Port-Louis. Le préambule lui-même cite l'arbitrage comme un instrument des différends contractuels que les chefs d'Etats désirent promouvoir. Le titre IV du Traité est entièrement consacré à ce sujet et un acte uniforme en a précisé les modalités d'application. Par-là, les promoteurs de l'OHADA incitent les parties à insérer dans leurs contrats des clauses compromissoires, lesquelles ont pour effet de soumettre à la procédure particulière de l'arbitrage les éventuels litiges que ces contrats pourraient engendrer. A défaut, le compromis d'arbitrage peut aboutir au même résultat s'il est convenu après survenance du litige.

A. Insécurité judiciaire

A l'insécurité juridique s'ajoute l'insécurité judiciaire caractérisée par le dysfonctionnement des tribunaux, les problèmes de documentations et la défaillance des autres acteurs judiciaires.

1. Précarités de l'appareil judiciaire

a. Un manque cruel d'équipements et de documentation

Autorité constitutionnelle, la justice est dans tous les cas en Afrique un service public. De ce point de vue fonctionnel, l'appareil juridictionnel en Afrique fait l'objet de sévères réquisitoires qui ont douté de sa capacité à remplir la fonction qui lui revient dans les Etats modernes, celle d'assurer la résolution officielle et définitive des conflits entre sujets de droit. Déjà handicapée par sa grande proximité avec le pouvoir, la justice souffre de multiples maux qui participent de la crise, des crises que rencontrent presque tous les services publics en Afrique.

Parmi ces difficultés, on retiendra une première qui tient à la grande misère de la justice en Afrique qui en fait un service public sans moyens adéquats, c'est-à-dire sans locaux suffisants, sans ressources financières et sans documentation.

Il n'est pas rare que la documentation mise à la disposition des magistrats se limite à un Code d'audience et parfois un recueil des principaux textes applicables ; les bibliothèques sont exceptionnelles et les juridictions ne reçoivent pas toujours le Journal Officiel lorsqu'il est édité, ce dernier paraissant de manière irrégulière ou ne paraissant pas du tout pendant de longues années pour des raisons budgétaires. Une des conséquences de cette absence de documentation et de ressources est l'impuissance des magistrats à résoudre les problèmes complexes qui surviennent à l'occasion des litiges ; c'est un facteur de régression de la jurisprudence, ignorantes que sont les juridictions de toutes les innovations affectant les règles de droit dans les autres pays.

La pénurie des effectifs est générale ; elle affecte l'ensemble des Etats, où il n'est pas rare de trouver un magistrat pour 50 000 habitants et des catégories de personnels qu'ils soient magistrats ou auxiliaires de justice ; avec les conséquences de voir des juges déjà insuffisamment formés, appliquer des corps de règles ailleurs confiés à des juges spécialisés

b. Manque de performance et de professionnalisme des magistrats

La qualité du travail de la justice est souvent critiquée dans les Etats africains. Les facteurs les plus souvent évoqués sont :

-L'engorgement des juridictions ;
-Leurs moyens limités ;
-Le statut et la rémunération des magistrats ;
-La nécessité de mettre à jour leur formation.

En effet, trop de décisions judiciaires relèvent de l'incohérence où consacrent des iniquités. A défaut de juger de la mise en état, les rôles sont surchargés et les renvois non seulement nombreux mais lointains. Les dossiers en délibéré sont prorogés sans cesse.

Les moyens dilatoires sont fréquemment accueillis avec des renvois à répétition qui finissent par décourager les plaideurs de bonne foi. Trop de juridictions se refusent à recourir à l'expertise pour obtenir sur des points techniques des avis objectifs. Il s'ensuit des motivations insuffisantes, voire une absence de motivations.

Les décisions rendues au cas par cas ne forment pas un ensemble cohérent qui cimente la jurisprudence des Cours Suprêmes. Les entreprises ne peuvent se prévaloir de précédents, ceux-ci risquant à tout moment de se trouver dépassés. Dans un tel climat, l'entreprise peut craindre pour la reconnaissance de ses droits. Les instances relatives aux différends du travail sont celles qui causent le plus de tort aux employeurs. C'est souvent dans l'interprétation des textes que le juge puise la décision favorable au salarié, face à un employeur dont la défense est faible, voire hésitante. L'employeur se laisse condamner à des dommages et intérêts excessifs, si tant est qu'un préjudice ait été causé au salarié.

En matière d'accident de travail, on peut citer des décisions qui excluent l'hypothèse d'une négligence de l'agent, et qui condamnent systématiquement l'employeur, sous prétexte qu'il est couvert par sa compagnie d'assurance. Celle-ci subit alors les conséquences d'un déphasage entre le dommage et la réparation, s'analysant en un véritable enrichissement sans cause.

On se heurte à plusieurs difficultés dans la formation et le perfectionnement même des magistrats. Ces difficultés sont entre autres d'ordre matériel et pédagogique. Les difficultés matérielles sont nombreuses, mais tiennent essentiellement à l'insuffisance des moyens de reprographie et d'impression (machines à écrire, machine de tirage, photocopieuse), des moyens de transports, de locaux adaptés et de documentation.

Concernant les difficultés d'ordre pédagogique, il y a une pénurie de cadres compétents et disponibles. Dans certaines matières telles que le contentieux fiscal, le contentieux douanier, le contentieux commercial, etc., il y a peu de cadres compétents. Par ailleurs, la disponibilité de certains enseignants n'est pas entièrement acquise.

Ceci explique bien des retards et imperfections dans l'exécution des programmes pédagogiques dans les instituts de formation. On conçoit donc que la formation des magistrats soit au cœur de la réponse que devra recevoir le problème de l'insécurité judiciaire, que ce soit la formation initiale ou la formation continue. C'est la mission de la nouvelle Ecole Régionale Supérieure de la Magistrature.

L'harmonisation des législations entraînera inéluctablement celle des enseignements au niveau scolaire, universitaire et professionnel des Etats membres. Il en résultera une amélioration des échanges universitaires régionaux (ouvrages, revues, doctrine, colloques…).

Il y aura incontestablement émergence d'une culture juridique africaine autonome. Une jurisprudence régionale, plus indépendante et crédible pourra naître et surtout être publiée.

2. Défaillances de l'administration judiciaire

Il s'agit surtout du fonctionnement défectueux des institutions judiciaires et du rôle des auxiliaires de justice dans l'exécution des décisions judiciaires.

a. Une administration judiciaire déficiente

Le pouvoir judiciaire est l'une des trois branches fondamentales du gouvernement. Et pour qu'un gouvernement fonctionne correctement, il faudrait que la séparation des pouvoirs soit réelle, qu'il n'y ait pas d'interférence d'un pouvoir avec l'autre et qu'un système de poids et de contrepoids soit instauré. Dans beaucoup de pays africains, du fait de la jeunesse de la démocratie, le pouvoir judiciaire subit parfois l'ingérence du pouvoir exécutif, avec comme corollaire, de sérieux handicaps à la bonne marche de la justice elle-même et de la démocratie. Et pourtant, sans une véritable démocratie où il y a partage de pouvoir, où le judiciaire jouit d'une indépendance réelle et arrive à faire jouer le système de poids et contrepoids avec l'exécutif et le législatif, le décollage économique et le développement durable tant souhaités par les peuples africains seront des objectifs insaisissables.

L'administration judiciaire en Afrique est l'objet de nombreux procès qui tous s'accordent sur des accusations étoffées, sévères et sans appel : absence d'un pouvoir judiciaire indépendant, subordination excessive de la justice au pouvoir politique, vénalité des juges, insuffisance et inadéquation de la formation des magistrats, misère financière et documentaire des tribunaux, excessif juridisme des règles et procédures, éloignement de l'appareil judiciaire par rapport aux populations… Selon la loi fondamentale de plusieurs pays africains, le Président de la République est le garant de l'indépendance de la magistrature. Il préside le Conseil supérieur de la magistrature, assisté du Garde des Sceaux Ministre de la justice. Mais dans certains pays, ces Conseils supérieurs sont inexistants ou sans pouvoir crédible pour ceux qui sont mis en place. En conséquence, les nominations et les promotions sont anarchiques. Des juges peu compétents et/ou inexpérimentés sont promus aux hautes fonctions judiciaires. Le respect de la hiérarchie n'étant pas assuré, le fonctionnement du service de la justice s'en ressent.

Le Procureur de la République selon ses accointances avec l'exécutif passe outre les instructions de son supérieur hiérarchique qui est le Procureur

Général. Les juges du siège malgré l'infirmation ou l'annulation des décisions par eux rendus se plient rarement aux arrêts des Cours d'Appel. Les officiers de police judiciaire se passent allègrement des instructions du Procureur de la République ou du Procureur Général. Des procès-verbaux établis par les commissaires de police sont délibérément tronqués ou dénaturés. Dans certains pays comme le Tchad par exemple, l'impunité est la règle. Des auteurs de délits flagrants ou de crimes crapuleux ne sont ni appréhendés, ni déférés et pour ceux qui sont écroués à la maison d'arrêt elle-même souffrant d'une défaillance chronique, ils disparaissent après leur présentation au Procureur de la République. En conséquence, plusieurs décisions sont rendues par défaut. Sans pouvoir réel et sans moyens, la justice ne verra pas ses décisions exécutées[437].

Cependant les maux qui minent la justice ne sont pas uniquement imputables à l'administration judiciaire en général. Des auxiliaires de justice dont le rôle est primordial dans l'administration d'une bonne justice en sont également concernés.

b. Des auxiliaires de justice défaillants

Les auxiliaires de la justice sont les avocats, les greffiers, les huissiers, les notaires...qui contribuent professionnellement à l'administration et au fonctionnement du service public de la justice.

La profession d'avocat n'est pas distincte de celle d'avoué comme en France. Au moment de l'indépendance, les législateurs africains ont maintenu la confusion avocat-avoué en vertu de laquelle, l'avocat seul a le pouvoir de représenter les parties, de les assister, de postuler et de plaider en leur nom. Jusqu'à une date très récente, les avocats n'étaient pas organisés en barreaux indépendants[438]. L'organisation de la profession et la mise en œuvre des règles relatives à la discipline des avocats étaient confiées au procureur général près la cour d'appel, chef des services judiciaires. A défaut de structures de formation dans la plupart des pays d'Afrique, la contribution de cet auxiliaire de justice à la bonne administration de la justice laisse à désirer. Il est confronté aux mêmes problèmes de documentation et autres précarités que le magistrat. Les règles déontologiques n'étant pas respectées et faute de

---

[437] En plus de l'impunité, un nouveau vocabulaire apparaît, celui dit des « intouchables ». Ceux-ci malgré la gravité de l'infraction ne seront ni poursuivis ni punis.
[438] Le Tchad n'a eu son premier Conseil de l'Ordre qu'en 1997.

sanction, l'avocat s'adonne aux mêmes travers que les magistrats et autres auxiliaires de justice au grand dam des justiciables.

Les greffiers sont des fonctionnaires, membres des juridictions dans lesquelles ils sont affectés. Les greffiers tiennent la plume aux audiences, ils conservent les minutes des jugements et arrêts rendus et en délivrent, le cas échéant, des grosses, des extraits ou des expéditions. Ils exercent parfois les fonctions de commissaire-priseur, de notaire et même d'huissier lorsque ceux-ci ne sont pas nommés au siège de la juridiction dans laquelle officie ledit greffier. La pratique révèle que les registres sont très mal tenus par les greffiers. Des faux commis par ces derniers sont souvent dénoncés. Les actes établis par les greffiers en leur qualité de notaire ou de commissaire-priseur sont souvent contestés et portés devant les juridictions pour voir prononcer leur annulation. Les huissiers de justice sont chargés de l'accomplissement des actes publics. Ils ont aussi pour mission d'assurer par roulement le service intérieur des juridictions.

Détenant un monopole, ils ont la charge de rédiger les actes de procédure et de signifier, de procéder à l'exécution forcée des titres exécutoires et de procéder aux opérations de saisie. Leurs charges sont créées par un acte de l'autorité exécutive lorsqu'ils exercent à titre libéral. Le problème de leur efficacité se pose quand ils sont des fonctionnaires comme c'est le cas au Tchad. Dépendant entièrement du procureur général et du ministre de la justice, l'huissier de justice au Tchad constitue une entorse grave au bon fonctionnement de la justice.

En effet, les citations et significations ne sont pas exécutées obligeant les juges à renvoyer continuellement les dossiers ou à rendre des décisions par défaut. Les détournements de fonds produits des exécutions des jugements et arrêts sont monnaie courante. Ceux-ci sont rarement sanctionnés car les fonds censés détournés l'ont été soit par le président de la juridiction, soit par les chefs du parquet, soit même par le ministre de la justice. C'est pourquoi une libéralisation de cette profession s'avère nécessaire.

Les notaires sont des officiers publics. Ils reçoivent les actes auxquels les parties doivent ou veulent donner le caractère d'authenticité attaché aux actes de l'autorité publique. Ils conservent et en délivrent des grosses, des expéditions ou des extraits. Il n'y a pas de structure de formation notariale dans la région. Au Tchad par exemple, ce sont les anciens greffiers qui se sont mués en notaires en 1996 avec la libéralisation de la profession. L'efficacité des services rendus ne peut que s'amenuiser au grand préjudice de l'activité économique compte tenu des exigences de cette profession.

Après description de l'historique et des raisons fondamentales de la réforme, il sied maintenant d'analyser les institutions, les objectifs et les diverses innovations.

Section 2. Les institutions, objectifs et innovations

Le Traité s'inscrit dans un vaste programme de réformes. Toutes les matières relevant de l'activité économique entrent dans son champ d'application. Il comprend des institutions à fonctions administratives et normatives et les institutions à fonctions juridictionnelles et de formation. Les instituions disposent des attributions quasi exorbitantes.

En effet le conseil des ministres dispose des compétences normatives dévolues normalement aux parlements. La Cour commune de justice et d'arbitrage pourtant juge de cassation statue en fait et en droit. La mise en œuvre de la réforme elle aussi suit une procédure particulière.

§1. Les institutions, objectifs de l'OHADA

Il convient d'analyser le Traité tant dans ses objectifs que du caractère des instruments juridiques qu'il renferme avant de décrire les institutions qu'il génère.

A. Le Traité et ses objectifs

Sur un plan formel, le Traité est composé de 63 articles répartis en neuf titres. Dans le préambule, les Chefs d'Etat et de délégation ont réitéré leur détermination à réaliser progressivement l'intégration économique de leurs Etats, ce qui suppose une mise en place et une application d'un droit des affaires harmonisé afin de garantir la sécurité juridique aux investisseurs. Et puis l'article 2 détermine son objet et les domaines qui relèvent du droit des affaires. Le Traité présente également les instruments par lesquels se réaliseront l'intégration juridique appelés actes uniformes[439] et les organes

[439] Le Traité ne donne pas une définition du terme « acte uniforme ». En effet, selon l'art. 5 du Traité, les actes pris pour l'adoption des règles communes prévues à l'art.

chargés de la supervision de la mise en œuvre du projet, du contrôle de l'application des actes et de la vulgarisation de ce droit harmonisé.

Les objectifs et les Etats membres

a. Les objectifs

Le préambule du Traité et ses articles 1 et 2 présentent en des termes généraux son objet et son domaine. Aux termes de l'article 1er, le Traité a pour objet l'harmonisation du droit des affaires par l'élaboration et l'adoption de règles communes simples, modernes et adaptées à la situation de leurs économies, la mise en œuvre de procédures judiciaires appropriées par l'encouragement au recours à l'arbitrage pour le règlement des différends contractuels. L'article 2 quant à lui cite les matières qui rentrent dans le domaine du Traité et dont la réglementation doit faire l'objet d'harmonisation. Comparativement aux autres Traités de même type, le Traité OHADA présente tout même quelques originalités. En effet, il envisage « une unification progressive et générale des législations » et la législation communautaire a un caractère supranational renforcé, dans la mesure où elle est obligatoire, abrogatoire et directement applicable dans tous les Etats parties. Cette unification est d'une grande ampleur car elle concerne tous les secteurs de la vie des affaires et à l'échelle continentale. Cette originalité tient aussi « aux moyens et méthodes retenus » pour atteindre les objectifs poursuivis.

L'OHADA rentre dans le cadre d'une vision plus globale de l'intégration africaine à travers « une union économique et un grand marché commun[440] ». Cet objectif global ne peut être atteint dans une situation de crise économique généralisée caractérisée par le ralentissement des investissements extérieurs au cours de la décennie 1980-1990. C'est pourquoi il paraît nécessaire d'améliorer et de rationnaliser l'environnement juridique des entreprises afin de rendre les marchés africains plus attractifs, en réduisant ou même en mettant fin à l'insécurité juridique et judiciaire. De plus, l'Afrique comme la plupart des pays, est concernée par la mondialisation de l'économie. La nécessité d'une intégration régionale se fait sentir avec partout le même droit des sociétés, ce qui peut faciliter particulièrement les investissements[441].

1er sont qualifiés « actes uniformes ».

[440] V. Kéba MBAYE, « L'historique et les objectifs de l'OHADA », Petites Affiches, n°205, du 13 octobre 2004, pp 4-7.

[441] Jean PAILLUSSEAU, « L'acte uniforme sur le droit des sociétés », Petites

L'Afrique ne peut échapper au phénomène de la mondialisation, ce qui implique une adaptation continue des règles qui régissent les activités économiques[442].

b. Les Etats membres

L'OHADA est un groupement d'Etats principalement francophones (Bénin, Burkina Faso, Cameroun, Centrafrique, Comores, Congo, Côte d'Ivoire, Gabon, Guinée, Guinée Bissau, Guinée Equatoriale, Mali, Niger, Sénégal, Tchad, Togo) et le Traité est enregistré auprès du Secrétariat de l'Union Africaine et auprès du Secrétariat des Nations Unies. En vertu de l'article 53 du Traité, l'adhésion est ouverte à tout Etat membre de l'Union Africaine et à tout Etat, non membre de l'Union Africaine, invité à y adhérer, d'un commun accord des Etats parties. La généralité de cette ouverture suggère que l'adhésion à l'OHADA est ouverte aux Etats non africains. Cette initiative est à encourager car dans le cadre de la construction des espaces économiques, des Etats pourront y adhérer même s'ils ne sont pas membres de l'Union Africaine, d'une part, et d'autre part, même s'ils ne sont pas situés sur le continent africain ; toutefois, il est difficilement concevable que des Etats situés hors du continent africain puissent demander leur adhésion à l'OHADA. Sans doute doit-on comprendre que cette ouverture concerne les Etats africains non membre de l'Union Africaine[443].

Le nombre des Etats va augmenter dans les années à venir. L'adhésion de la RDC qui a tout de même pris du temps est devenue effective depuis lors. Sao Tomé et Principe a annoncé sa prochaine adhésion. Madagascar et le Ghana ont manifesté leur intérêt pour l'OHADA. L'adhésion d'un nouvel Etat se fera dans les conditions prévues par le Traité et suivant la procédure prévue par la Constitution dudit Etat ; car certaines Constitutions de ces Etats prévoient l'intervention des parlements nationaux qui doivent autoriser l'adhésion. L'accroissement du nombre et la diversité des Etats membres de l'OHADA fera de cette organisation le véritable moteur de l'intégration juridique africaine.

Affiches, n°205, du 13 octobre 2004, pp 19-29.

[442] Jean PAILLUSSEAU, Le droit de l'OHADA – Un droit très important et original », La Semaine Juridique, n° 44 du 28 octobre 2004, Supplément n° 5, pp 1-5.

[443] « Actes de la Conférence Internationale sur les questions de l'intégration régionale et le droit de la SADC », Université Eduardo Mondlane du Mozambique, Maputo du 23 au 25 octobre 2008.

1. Entrée en vigueur et caractères des instruments juridiques

a. Entrée en vigueur

Aux termes de l'article 52 alinéa 2 du Traité, celui-ci entre en vigueur 60 jours après la date de dépôt du septième instrument de ratification. Les instruments de ratification et d'adhésion doivent être déposés auprès du gouvernement sénégalais, qui est le gouvernement dépositaire[444] et qui en délivre copie au Secrétariat Permanent. L'Etat dépositaire procède à l'enregistrement du Traité auprès du Secrétariat de l'Union Africaine et auprès de celui de l'ONU, conformément à l'article 102 de la Charte des Nations Unies et délivrera une copie enregistrée au Secrétariat Permanent.

Le Traité relatif à l'harmonisation du droit des affaires en Afrique a été signé au début par 14 Etats africains le 17 octobre 1993 à Port-Louis à l'Ile Maurice. Le 18 septembre 1995, le nombre de ratifications nécessaires à son entrée en vigueur fut réuni à la suite du dépôt par le Niger de son instrument de ratification ; le Traité OHADA est ainsi entré en vigueur conformément à son article 52 alinéa 2 précité. Selon le premier alinéa de l'article 62, aucune réserve n'est admise au Traité lequel est conclu pour une durée indéterminée. Il ne peut être dénoncé avant dix années à dater de son entrée en vigueur. En cas d'adhésion d'un nouvel Etat, le Traité lui sera appliqué soixante jours après le dépôt de son instrument d'adhésion.

b. Caractères des instruments juridiques

Les dispositions du Traité et celles des actes uniformes sont d'ordre public. Cependant, même si la plupart des dispositions sont impératives, certains actes peuvent contenir des dispositions supplétives ou optionnelles.

Lorsqu'un acte uniforme est entré en vigueur, il devient directement applicable et obligatoire « nonobstant toute disposition contraire de droit interne, antérieure ou postérieure » ; ledit acte se substitue aux règles de droit interne. L'applicabilité directe résulte de l'article 10 du Traité qui dispose : « les actes uniformes sont directement applicables et obligatoires dans les Etats parties, nonobstant toute disposition de droit interne, antérieure ou

[444] Art. 57 du Traité.

postérieure ». Cette applicabilité directe et les caractères obligatoire et abrogatoire distinguent les actes uniformes des Directives européennes dont l'application dépend de la volonté des Etats qui doivent les transposer dans le droit interne. Mais ceux-ci se rapprochent des Règlements européens en ce qu'ils sont directement applicables dans les Etats membres.

Le Traité ainsi que les actes uniformes ont un caractère supranational. Cette supranationalité est une manifestation de l'abandon partiel de souveraineté par chaque Etat partie au profit de l'organisation pour les matières concernées par l'harmonisation. De même, la procédure d'adoption des actes uniformes et leurs caractères obligatoire et abrogatoire consacrent la supranationalité des instruments juridiques de l'OHADA. L'effet abrogatoire et le caractère supranational se trouvent confirmés par un avis rendu par la CCJA et aux termes duquel l'article 10 du Traité contient «une règle de supranationalité, parce qu'il prévoit l'application directe et obligatoire des actes uniformes et institue, par ailleurs, leur suprématie sur les dispositions de droit interne antérieures ou postérieures[445]».

Si la suprématie du droit communautaire sur les normes nationales de caractère législatif ou réglementaire ne paraît pas poser des difficultés, la question est plutôt controversée concernant la primauté de ce droit sur les Constitutions des Etats membres.

En Europe, la supra constitutionnalité des traités est loin de faire l'unanimité, tandis que dans le cas de l'OHADA, le Traité fondateur semble reconnaître implicitement la supériorité des Constitutions nationales[446]. En revanche, qu'en sera-t-il en cas de conflit entre une norme communautaire OHADA et une autre norme de droit international ?

A. Les institutions de l'OHADA

La réforme a mis en place deux institutions à fonctions normatives et administratives qui sont le Conseil des ministres et le Secrétariat permanent et deux autres à fonctions juridictionnelles et de formation, la Cour Commune de Justice et d'Arbitrage (CCJA) et l'Ecole Régionale Supérieure de la Magistrature (ERSUMA).

---

[445] CCJA, Avis n° 001/2001 PC, séance du 30 avril 2001.

[446] Art. 52 alinéa 1 du Traité.

1. Les institutions à fonctions normatives et administratives

Il s'agit du Conseil des ministres composé des ministres chargés de la Justice et des ministres chargés des Finances et du Secrétariat permanent, organe administratif basé à Yaoundé au Cameroun.

a. Le Conseil des ministres

Dans le Traité OHADA, et comparativement aux conseils des ministres des autres organisations multinationales, le Conseil des ministres paraît original tant par sa composition que par ses attributions :

1°. Composition et fonctionnement

Selon l'article 27 alinéa 1er du Traité, le Conseil des ministres est composé des ministres chargés de la justice et des ministres des finances. Chaque Etat membre délègue donc deux membres de son gouvernement alors que traditionnellement, ce sont, en général, les ministres des affaires étrangères qui siègent dans ces conseils à caractère politique. De plus, en règle générale, les conseils des ministres des organisations sous-régionales ou régionales sont composés des ministres d'un même département. Peut-être ici cette originalité tient au fait qu'il s'agit de traiter des problèmes juridiques et économiques et qu'il fallait désigner les ministres relevant de ces domaines.

Plusieurs raisons peuvent expliquer cette particularité : historiquement, l'idée d'harmonisation du droit des affaires est une initiative des ministres de la justice, laquelle a été reprise par les ministres des finances d'une part, et d'autre part il s'agit des matières judiciaires qui ne peuvent échapper à l'emprise de la chancellerie. En outre, les matières relevant du droit des affaires ont une prédominance économique et financière. Enfin il est question sans doute de responsabiliser les ministres des finances pour ce qui est du devenir de l'OHADA. Car beaucoup d'organisations régionales ont sombré par manque de crédits, les ministres des finances étant souvent réticents pour débloquer des crédits ou procéder aux inscriptions budgétaires pour des contributions aux organisations sous-régionales ou régionales eu égard aux difficultés financières auxquelles sont confrontés ces Etats. Mais cette particularité de la composition est peut-être révélatrice de la volonté des chefs d'Etat de faire de cette organisation un instrument d'intégration à bien conduire. Car la présence du ministre de la justice est un gage du respect des normes juridiques pour l'élaboration des actes, tandis que celle du ministre des finances est un gage du respect des engagements financiers et économiques pris par les Etats membres dans le cadre de leur intégration.

La présidence du conseil est assurée, à tour de rôle et par ordre alphabétique, par chaque Etat membre pour un mandat d'un an. Mais les Etats qui viennent d'adhérer au Traité assurent pour la première fois la présidence du Conseil des ministres dans l'ordre de leur adhésion, après le tour des pays signataires[447]. Lorsqu'un Etat n'est pas en mesure d'assurer la présidence, quand elle lui revient, il est remplacé par celui qui vient immédiatement après lui suivant l'ordre alphabétique. Toutefois lorsque la cause de l'empêchement aura cessé, ledit Etat saisit en temps utile, le Secrétariat permanent pour décision à prendre par le Conseil des ministres, relativement à son tour de présidence.

Le Traité OHADA ne dit pas lequel du ministre des finances ou de celui de la justice d'un même Etat doit assurer la présidence du conseil. Dans le silence du texte, il faut noter que la présidence est assurée suivant la pratique dans chaque Etat membre. Le conseil sera sans doute présidé par l'un ou par l'autre suivant que l'Etat qui en assure la présidence considère la prééminence des aspects juridiques ou celle des aspects économiques ou financiers. Cependant en règle générale, s'agissant surtout des questions judiciaires, le conseil est présidé par le ministre de la justice. Le conseil des ministres se réunit au moins une fois par an sur convocation de son président à son initiative ou à l'initiative d'un tiers des Etats parties. L'ordre du jour de la réunion est arrêté par le Président du conseil sur proposition du Secrétariat permanent. Lorsqu'il est réuni, le conseil délibère valablement lorsque les 2/3 des Etats parties sont représentés. Chaque Etat dispose d'une voix et les décisions sont valablement adoptées à la majorité absolue des Etats présents et votants. Toutes les décisions relatives à l'adoption des actes uniformes sont prises à l'unanimité des Etats présents et votants.

2°. Attributions

Le conseil des ministres exerce, selon des règles de procédures bien déterminées, les pouvoirs normatifs et décisionnels[448]. Pour l'accomplissement de sa mission normative, le conseil des ministres émet des règles qui peuvent revêtir les formes d'« actes uniformes » ou de

[447] Art. 27/2 al. 4 du Traité révisé.
[448] Art. 4 du Traité.

« règlements ». Ainsi, le conseil des ministres a déterminé par des Règlements, l'organisation et le fonctionnement de la CCJA[449], de l'Ecole Régionale Supérieure de la Magistrature[450] et la procédure d'arbitrage.

Il adopte et modifie les actes uniformes, détermine le domaine du droit des affaires, arrête les cotisations annuelles des Etats parties, adopte le budget du Secrétariat permanent et de la CCJA, approuve les comptes annuels de l'organisation, nomme le Secrétaire permanent et le DG de l'ERSUMA, élit les membres de la CCJA, prend les règlements nécessaires à l'application du Traité et enfin approuve le programme annuel d'harmonisation du droit des affaires.

Finalement, le Conseil des ministres exerce des fonctions administratives et des fonctions législatives. Il est en effet un organe législatif en tant qu'il approuve le programme annuel d'harmonisation du droit des affaires et adopte les actes uniformes aux lieux et place des parlements nationaux.

b. Le Secrétariat permanent

Le Secrétariat permanent est la cheville ouvrière de l'OHADA car il siège en permanence et assure le lien constant entre les Etats parties et les autres instances de l'organisation (Conseil des ministres, CCJA, ERSUMA).

1°. Organisation

Il est dirigé par un Secrétariat permanent, nommé pour une durée de quatre ans renouvelable une fois[451]. Il nomme ses collaborateurs selon les critères de recrutement définis par le Conseil des ministres et dans la limite des effectifs prévus par le budget dudit Secrétariat. Il conserve son autonomie par rapport aux Etats membres ou autres organisations régionales. En effet, afin de garantir son indépendance face à toute pression politique ou même corporative, aucun Etat partie n'a de représentant officiel en son sein. Pour le bon déroulement de leur mission, le Secrétaire permanent et ses collaborateurs

[449] Art. 19 et 26 du Traité.
[450] Art. 41 al. 3 du Traité.
[451] Art. 40 du Traité.

jouissent de privilèges et immunités diplomatiques[452]. Le Secrétariat permanent dispose bien sûr d'un budget de fonctionnement mais qui paraît insuffisant pour le recrutement des effectifs requis. D'autre part, il ne bénéficie pas d'un budget autonome pour ses autres activités, telles que l'organisation des réunions du Conseil des ministres. C'est pourquoi il se voit contraint de demander parfois un soutien financier extérieur, ce qui peut constituer un obstacle à la mise en œuvre rapide du processus d'harmonisation.

2°. Fonctions

Les fonctions du Secrétariat permanent consistent surtout à assister le Conseil des ministres dans l'exécution de ses fonctions législatives. Dans ce cadre, il propose au Président du conseil des ministres l'ordre du jour du conseil ainsi que le programme annuel d'harmonisation du droit des affaires[453].

Il prépare aussi les projets d'actes uniformes, les présente aux Etats membres pour examen et sollicite ensuite l'avis de la CCJA avant leur adoption. A l'issue de cette procédure, le Secrétariat permanent élabore les textes définitifs des projets et les propose pour inscription à l'ordre du jour du Conseil des ministres[454].

Après leur adoption, le Secrétariat publie les actes uniformes au journal officiel de l'OHADA. Cette publication rend les actes uniformes opposables dans tous les Etats membres sans autre formalité[455]. C'est encore le Secrétariat permanent qui invite les Etats parties à procéder à la présentation des candidats aux fonctions de juges à la CCJA avant les élections et qui dresse leur liste. En cas de décès d'un membre de la CCJA, le Secrétaire permanent informé par le président de ladite Cour, déclare le siège vacant[456].

Il procède de la même manière en cas de démission ou d'absence d'un membre de la Cour. Enfin, toujours concernant les relations avec les autres institutions de l'OHADA, c'est encore le Secrétariat permanent qui assure la tutelle de l'ERSUMA.

---

[452] Art. 49 du Traité.
[453] Art. 11 et 29 du Traité.
[454] Art. 6 et 7 du Traité.
[455] Art. 9 du Traité.
[456] Art. 35 du Traité.

2. Les institutions juridictionnelles et de formation

a. La CCJA

Selon l'article 13 du Traité, le contentieux relatif à l'application des actes uniformes est réglé en première instance et en appel par les juridictions des Etats parties. Cette disposition confirme le maintien de la compétence des juridictions nationales du fond pour connaître des différends relatifs aux actes uniformes, en première instance et en appel.

Il peut être envisagé le contentieux du Traité même, à savoir l'interprétation et l'application du Traité et de ses règlements d'application qui est assuré par la Cour commune de justice et d'arbitrage.

Celle-ci est saisie et consultée à ce propos par tout Etat partie, par le conseil des ministres ou par toute juridiction nationale. Mais il convient d'examiner l'organisation et le fonctionnement de cette juridiction supranationale avant d'envisager ses attributions.

1°. L'organisation et le fonctionnement de la CCJA

L'organisation et le fonctionnement de la Cour Commune de justice et d'arbitrage ont été précisément déterminés par le Traité.

i. La composition de la CCJA

. Les membres

Selon les articles 31 et 32 du Traité, la Cour est composée de sept juges élus[457] par le Conseil des ministres pour sept années renouvelables une fois sur une liste présentée par les Etats parties. Les postulants peuvent être des magistrats, des professeurs et des avocats. Les magistrats doivent avoir exercé au moins pendant 15 ans et avoir occupé de hautes fonctions juridictionnelles. Il est

[457] Neuf selon l'art.31 al. 1 du Traité révisé et il est même possible d'en fixer un nombre supérieur compte tenu des nécessités de service et des possibilités financières.

exigé des professeurs et des avocats également quinze ans d'expérience. Mais deux sièges seulement sont réservés à ces derniers.

La Cour ne peut comprendre plus d'un ressortissant d'un même Etat. La Cour élit en son sein pour une durée de trois ans et demie non renouvelables son président et ses vices-présidents. Le président de la Cour nomme le greffier en chef après avis de la Cour parmi les greffiers en chef ayant exercé leurs fonctions pendant au moins quinze ans et présentés par les Etats parties. Selon l'article 39, c'est ce greffier qui assure le secrétariat de la Cour. Il y a identité de la condition de l'expérience professionnelle tant en ce qui concerne les juges que le greffier en chef.

. Leur statut

Les membres de la CCJA sont inamovibles pendant la durée de leur mandat[458] ; ce qui permet d'assurer leur indépendance. Ils jouissent dans l'exercice de leur fonction des privilèges et immunités diplomatiques[459]. Si l'immunité reconnue aux juges de la CCJA peut se comprendre en raison de leur qualité de fonctionnaires internationaux, il en va différemment de celle des arbitres. En effet ceux-ci sont des personnes privées investies par les parties d'une mission donnée. En principe ils doivent répondre des actes qu'ils posent dans le cadre de cette mission précise. Il nous semble que cette extension de l'immunité diplomatique aux arbitres est paradoxale d'autant que la CCJA joue en matière d'arbitrage un rôle purement administratif et qu'il appartient aux parties de désigner librement leurs arbitres. De ce qui précède, cette disposition peut constituer un obstacle au recours à l'arbitrage par les hommes d'affaires. Les juges de la Cour ne peuvent en outre exercer aucune fonction politique ou administrative sauf autorisation de la Cour[460].

ii. Le fonctionnement de la CCJA et la procédure

. Le fonctionnement de la CCJA

La Cour a son siège à Abidjan en Côte d'Ivoire. Mais l'article 19 du Règlement précise que « la Cour peut toutefois, si elle le juge utile, se réunir

[458] Art. 36 du Traité.
[459] Art. 49 du Traité.
[460] Art. 37 du Traité.

en d'autres lieux, sur le territoire d'un Etat partie, avec l'accord préalable de cet Etat qui ne peut en aucun cas être impliqué financièrement ». Les ressources de la Cour et donc de l'OHADA proviennent des cotisations annuelles des Etats parties, des concours prévus par les conventions, des dons et legs[461]. La CCJA siège en formation plénière. Elle peut toutefois constituer des chambres de trois à cinq juges, lesquelles peuvent être présidées par le président de la Cour ou par des vices- présidents[462]. Elle délibère en chambre de Conseil et le quorum de cinq juges suffit. Les décisions sont prises à la majorité des juges présents. En cas de partage de voix, celle du Président est prédominante.

. La procédure

Selon l'article 23 du Règlement de procédure devant la CCJA, les parties sont obligatoirement représentées par un avocat muni d'un mandat spécial et inscrit à l'un des barreaux des Etats membres. Le texte ne crée donc pas une catégorie d'avocats près la CCJA.

Aux termes de l'article 34 dudit Règlement, la procédure est essentiellement écrite. Le pourvoi, présenté au greffe de la Cour par le conseil du recourant, contient tous les éléments nécessaires à l'identification du demandeur, aux conclusions et moyens invoqués à l'appui du pourvoi et doit indiquer les actes uniformes dont l'application est demandée[463]. Lorsque la Cour est saisie par une personne morale, celle-ci doit en outre apporter la double preuve de son existence juridique, en joignant par exemple un exemplaire des statuts ou un extrait récent du registre de commerce mais aussi celle que le mandat de représentation de la société dans la procédure a été régulièrement donné par une personne qualifiée à cet effet. Comme le délai pendant lequel une partie peut saisir la Cour court à partir de la signification de la décision attaquée, l'article 28-2 du Règlement exige l'annexion, avec mention de la date de signification de cette décision au pourvoi. Cette exigence permet de vérifier que la Cour a été saisie dans le délai de deux mois à compter de la signification de la décision attaquée. Le pourvoi peut être régularisé dans un délai raisonnable fixé par le greffier en chef, s'il n'est pas conforme aux dispositions des articles 27 et suivants du Règlement de procédure, à condition bien sûr

---

461 Art. 43 du Règlement.

462 Art. 9 du Règlement.

463 Sur ce point, bon nombre des premiers recours devant cette Cour ont été déclarés irrecevables aux motifs que les décisions attaquées ne faisaient pas encore application des actes uniformes.

qu'il ait été introduit dans le délai de deux mois. Pour les besoins de la procédure, les parties élisent domicile au siège de la Cour. Les avocats des parties doivent donc trouver un représentant dans cette ville chargé de recevoir toutes les significations[464].

La procédure devant la Cour est évidemment contradictoire. Le recourant remet au secrétariat du greffe, dans un délai de deux mois à compter de la signification de la décision dont est pourvoi, un mémoire contenant les moyens de droit et de fait invoqués contre ladite décision.

Ce recours est alors signifié par le greffe à toutes les parties à la procédure devant la juridiction nationale. A son tour, le défendeur, trois mois et 21 jours au plus tard après la signification du mémoire précité, doit faire parvenir à la Cour un mémoire en réponse contenant les informations nécessaires à son identification (nom et domicile), à la date de signification du pourvoi, ce qui permet de vérifier que le mémoire en réponse a été adressé dans le délai, et les conclusions et moyens de droit invoqués. Le pourvoi et le mémoire en réponse peuvent être complétés respectivement par les mémoires en réplique et en duplique sur autorisation du président lorsqu'il l'estime nécessaire et dans le délai qu'il détermine.

La Cour désigne ensuite un juge rapporteur et quand l'affaire est renvoyée à l'audience, le président avertit les parties des moyens pouvant être relevés d'office, comme l'incompétence d'attribution, en les invitant à présenter leurs observations dans un délai déterminé. Enfin, au cours d'une audience publique, le juge-rapporteur donne lecture de son rapport à la Cour, éventuellement, entend les parties qui le souhaitent, avant de statuer et de rendre son arrêt.

La saisine de la Cour suspend toute procédure de cassation engagée devant une juridiction nationale contre la décision attaquée[465]. Par rapport à toutes les cours suprêmes des Etats parties, la supériorité de la CCJA se trouve affirmée. Une telle procédure ne peut reprendre qu'après que la CCJA se soit déclarée incompétente pour connaître de l'affaire[466].

Mais la saisine ne suspend pas l'exécution. C'est la confirmation du caractère définitif attaché à l'arrêt attaqué par le pourvoi. Cela a l'avantage d'empêcher le débiteur d'organiser son insolvabilité.

[464] Cette obligation de domiciliation a été supprimée par le Règlement n°01/2014/CM/OHADA du 30 janvier 2014 modifiant et complétant le Règlement de procédure du 18 avril 1996 de la CCJA (Art. 28 nouveau al. 3).
[465] Art. 16 al. 1 du Règlement de procédure de la CCJA.
[466] Art. 16 al. 2 du Règlement.

Lorsque la Cour est saisie pour exception d'incompétence, elle a 30 jours pour se prononcer par un arrêt qu'elle notifie tant aux parties qu'à la juridiction en cause[467]. Lorsque sa saisine est intervenue alors qu'une juridiction s'est déclarée incompétente, et si elle décide que c'est à tort que celle-ci a retenu sa compétence, la décision rendue par cette dernière est réputée nulle et non avenue[468].

Tout se passe comme si aucune décision n'a été rendue. Toute partie devant ladite juridiction peut donc, dans les deux mois de la signification de la décision de la CCJA, saisir cette dernière d'un recours en cassation contre la décision du juge du fond[469].

2°. La fonction consultative de la CCJA

La CCJA peut être consultée sur toute question entrant dans le champ d'application de l'article 14 du Traité. Elle est saisie à cet effet par tout Etat Partie, le Conseil des ministres et les juridictions nationales. Elle rend son avis selon la forme prévue par l'article 58.

i. La saisine par un Etat partie ou par le conseil des ministres

Cette saisine, selon l'alinéa 2 de l'article 14, peut se faire en dehors de tout contentieux. Le règlement de procédure de la CCJA prévoit la procédure en laquelle cette saisine est faite[470]. La requête doit formuler en des termes précis la question posée et être accompagnée de tout document permettant de l'étayer. Elle est notifiée aux autres Etats parties lesquels doivent faire des observations écrites dans le délai fixé par le Président de la CCJA qui décide, en outre, s'il y a lieu à audience. Ainsi les Etats parties participent, d'une certaine façon, à la préparation de l'avis. Mais cette procédure de notification et d'observation n'est prévue que pour le cas où l'avis est sollicité par un ou plusieurs Etats. Elle est inutile si l'avis est sollicité par le Conseil des ministres

[467] Art. 18 al. 2 du Règlement.
[468] Art. 18 dernier alinéa du Règlement.
[469] Art. 52-4 du Règlement.
[470] Art. 54 et 55 du Règlement.

puisqu'elle émane de l'ensemble des Etats parties en raison du principe de la collégialité.

Les effets de l'avis ne sont toutefois pas prévus. Quoiqu'il en soit, il n'est que consultatif et faute de précision sur ce point, et en l'absence d'un contentieux judiciaire, il ne peut lier la CCJA. Il peut servir à la limite de guide quant au comportement des Etats parties pour la conduite à tenir sur certaines dispositions relatives à l'application des actes uniformes indépendamment d'un litige particulier, notamment concernant les mesures concrètes d'application à prendre sur le plan interne.

ii. La saisine par une juridiction nationale

Selon les articles 13 et 14 du Traité, une telle saisine ne se conçoit que pour un contentieux déjà né. Selon ces dispositions, l'initiative de la saisine revient à la juridiction saisie d'un litige et non aux parties. A contrario, une juridiction ne peut solliciter d'avis en dehors de tout contentieux. Mais rien n'interdit aux parties de demander à la juridiction de le faire ; c'est ce qui semble transparaître de la combinaison des articles 56 et 57 du Règlement. C'est sous forme de jugement[471] que la juridiction sollicite l'avis de la CCJA en formulant de façon précise la question sur laquelle elle estime nécessaire son avis pour rendre sa décision (jugement ou arrêt). Cette décision est notifiée à la Cour à la propre diligence de la juridiction requérante en y joignant tout document permettant d'élucider la question posée. Mais aucune précision n'est donnée sur le moment de la procédure interne auquel un tel avis peut être demandé, ni dans quel délai maximal la CCJA doit le donner si bien qu'il y a risque de lenteur de la procédure inhérent à l'application d'un acte uniforme ou du Traité.

Le greffier de la CCJA notifie immédiatement la demande d'avis consultatif aux parties en cause devant cette juridiction ainsi qu'aux Etats parties au Traité en leur faisant savoir que la Cour est disposée à recevoir leurs observation écrites dans le délai fixé par le Président. Les observations écrites sont déposées au greffe et communiquées uniquement aux auteurs d'autres observations écrites qui sont admis à discuter les observations écrites ainsi reçues dans les formes, mesures et délais fixés, dans chaque cas, par le Président qui décide, en particulier, s'il y a lieu à audience.

---

[471] Sans doute par jugement avant-dire droit mais le texte ne le précise pas.

A l'instar de la saisine par un Etat partie ou par le Conseil des ministres de l'OHADA, il n y a pas de disposition traitant de l'effet de l'avis donné à une juridiction qui le sollicite. Bien que cet avis soit simplement consultatif, il nous paraît plus contraignant que l'autre. En effet, il est demandé par une juridiction qui a présenté les faits et les points de droit. Cette demande a fait l'objet d'un débat, non seulement entre les parties en litige mais également entre les Etats parties. Ces raisons nous poussent à considérer que la juridiction requérante doit le suivre.

3°. La fonction juridictionnelle de la CCJA

La CCJA saisie d'un recours en cassation, se prononce sur toutes les décisions rendues en dernier ressort dans toutes les affaires soulevant des questions relatives à l'application des actes uniformes et des règlements[472]. Les dispositions du Traité et du Règlement de procédure de la CCJA concernant la fonction juridictionnelle posent ainsi un principe de supranationalité judiciaire opérant un transfert de compétences des juridictions nationales de cassation vers la haute juridiction communautaire. C'est un principe très rigoureux car il est accompagné du pouvoir de la CCJA de statuer, après cassation, sur le fond, sans renvoyer à une juridiction d'appel national de l'Etat concerné en évoquant l'affaire. Ce pouvoir d'évocation entraîne la substitution de la CCJA aux juridictions nationales de dernier ressort, en cassation. Mais aussi nombreuses et précises soient-elles, ces dispositions laissent subsister des questions sur la procédure et la compétence de la CCJA.

i. Les questions sur la procédure

Elles se posent sur la saisine de la CCJA ainsi que sur les ouvertures à cassation.

. La saisine de la CCJA

Les pourvois en cassation sont portés devant la CCJA, soit par l'une des parties à l'instance au moyen d'un recours en cassation obéissant aux articles

[472] Art. 14 al. 3 du Règlement.

28 et 29 du Règlement, soit par renvoi d'une juridiction nationale de cassation saisie, à tort, d'un tel recours. De ce qui précède, la CCJA ne peut se saisir d'office ; elle ne peut être saisie que d'une des deux manières décrites par les dispositions précitées.

La question qui se pose est de savoir ce qui se passera si une juridiction de cassation est saisie à tort sans que les parties ou ladite juridiction ne saisisse la CCJA, soit par conviction, soit par connivence pour éluder la compétence de la Cour. Il n'est prévu aucune disposition permettant à la CCJA de s'autosaisir, même pas par recours en cassation dans l'intérêt de la loi qui pourrait permettre de censurer une décision mal rendue en dernier ressort ainsi que celle de la juridiction nationale de cassation saisie à tort, cela sans effet à l'égard des parties en litige.

Ceci est bien dommage car il constitue autant d'occasions pour la CCJA de se prononcer sur la législation communautaire, car il est avéré que les recours en cassation sont rares. Il faut donc instituer et organiser ce recours en cassation dans l'intérêt de la loi aussi bien lorsqu'une juridiction nationale de cassation s'est prononcée sur une affaire pour laquelle elle n'est pas compétente que lorsqu'une décision rendue en dernier ressort, mais non frappée de pourvoi, a été mal rendue.

. Les ouvertures à cassation

Le Traité et le Règlement de procédure de la CCJA n'avaient pas prévu les cas d'ouverture à cassation. Même l'article 28, qui réglait la forme du recours en cassation, se contentait simplement d'exiger que « le recours indique les actes uniformes ou les règlements prévus par le Traité dont l'application dans l'affaire justifie la saisine de la Cour ».

Face à un tel silence, on peut conclure que la législation communautaire n'a pas prévu de cas d'ouverture à cassation et que la juridiction régionale est juge de fait et de droit et donc un troisième degré de juridiction. C'est pourquoi par le Règlement précité du 30 janvier 2014, il a été prévu 9 cas d'ouvertures[473] :

-La violation de la loi ;
-L'incompétence et l'excès de pouvoir ;
-La violation des formes prescrites par la loi à peine de nullité ;
-Le défaut, l'insuffisance, ou la contrariété des motifs ;

[473] Art. 28 bis nouveau

-L'omission ou le refus de répondre à des chefs de demandes ;
-La dénaturation des faits de la cause ou des pièces de la procédure ;
-Le manque de base légale ;
-La perte de fondement juridique ;
-Le fait de statuer sur une chose non demandée ou d'attribuer une chose au-delà de ce qui a été demandé.

ii. Les questions sur la compétence

Selon l'article 14 alinéa 3 du Traité et l'article 28-c du Règlement, la CCJA est compétente pour les affaires soulevant des questions relatives à l'application des actes uniformes et des Règlements prévus au Traité. Or selon l'article 15 du même Traité qui ne traite que des seuls pourvois en cassation, la CCJA n'est compétente que pour les seuls actes uniformes. Se pose alors la question de la primauté de ces dispositions l'une sur l'autre.

On peut objecter que la violation d'un Règlement donne lieu à un recours en cassation. Car selon l'article 4 du Traité, les Règlements ont pour seul objet l'application de ce seul Traité et non celle des actes uniformes. Ils font partie intégrante du Traité qui ne règle que les rapports entre les organes de l'OHADA et entre ceux-ci et les Etats parties. Le plaideur qui veut saisir la CCJA ne peut être concerné par le Traité et ses textes d'application. Il n'est intéressé que par le droit substantiel en l'occurrence les actes uniformes. Il est permis de penser que si les actes uniformes ont besoin de précision ou de mesures d'application, la seule voie ouverte est le recours à la modification prévue à l'article 12 dudit Traité. Il devrait donc être clairement spécifié que la CCJA est compétente pour les affaires soulevant des questions relatives à l'application des actes uniformes et uniquement sur ce point-là. En plus de ces interrogations sur l'absence des cas d'ouverture, d'autres questions connexes peuvent surgir nécessitant la vigilance de la CCJA, notamment :

-La compétence de l'OHADA pour inclure dans les actes uniformes des dispositions d'incrimination pénale mais la détermination des sanctions pénales appartient aux Etats parties : l'on peut penser que la CCJA est compétente pour apprécier les décisions pénales mettant en cause les dispositions d'incrimination pénale mais pas celles infligeant les sanctions. Ce qui veut dire que la Cour doit se prononcer sur la bonne application de ces dispositions d'incrimination pénale mais se voit obligée de renvoyer à la juridiction nationale (d'appel ou de cassation) le dossier pour qu'il soit statué sur les sanctions. Une telle dissociation n'est pas commode sur le plan procédural et nuit à la célérité et à la sécurité, fondement même de la création de la législation communautaire. Il serait conseillé de faire échapper à la compétence de la CCJA toutes les décisions pénales même si elles sont relatives au droit pénal harmonisé et même si une question de dommages et intérêts y est attachée.

-La compétence de la Cour face à une affaire mettant en jeu à la fois un acte uniforme et le droit civil ou commercial non harmonisé : ainsi s'il s'agit par exemple de censurer une décision d'une juridiction nationale validant des actes de commerce accomplis par un mineur émancipé alors que l'émancipation de cet incapable est contestée ; la CCJA est-elle compétente pour connaître de l'ensemble du contentieux ou doit-elle laisser la latitude à la juridiction nationale de cassation de statuer sur l'émancipation avant qu'elle ne se prononce sur la validité de ces actes de commerce ?

4°. La fonction arbitrale de la CCJA

L'institution par l'OHADA de l'arbitrage a pour objet de combattre le monopole géographique existant en la matière et qui voit la plupart des procédures d'arbitrage se dérouler en Europe même lorsqu'elles opposent un Etat africain à une entreprise européenne et qu'elles sont relatives à l'inexécution d'un contrat soumis au droit dudit Etat[474]. Le Traité a élaboré un système unique de reconnaissance et d'exécution des sentences arbitrales. C'est ainsi que les parties à un litige né ou à naître peuvent choisir de le régler par la voie « extra juridictionnelle », en désignant librement et d'un commun accord, à la suite d'une convention, un ou des arbitres chargés de le trancher. Le Traité laisse aux parties une liberté certaine dans le choix des arbitres mais prévoit néanmoins une intervention de la CCJA à trois niveaux.

La Cour a d'abord un pouvoir de confirmation ou de nomination des arbitres par défaut. Lorsque les arbitres ont été désignés par les parties et que la question ne soulève aucune contestation, la Cour se contente de les confirmer dans leurs fonctions. Elle ne procède à leur nomination qu'à défaut de désignation par les parties ou d'accord entre elles dans le délai de trente jours à compter de la notification de la demande d'arbitrage.

Lorsque le tribunal est composé de trois arbitres, chaque partie en désignant un, la Cour peut désigner le troisième, qui en assure la présidence, si les parties

474 Actes du Colloque sur « L'OHADA et les perspectives d'arbitrage en Afrique », éd. Bruylant , Bruxelles, 2000.

n'ont pas chargé les deux arbitres nommés par elle de choisir le troisième ou si, leur ayant confié cette tâche, ils ne parviennent pas à se mettre d'accord, dans le délai déterminé par les parties, sur le nom de ce troisième arbitre. Par ailleurs, dans le cas où les parties ne détermineraient pas le nombre d'arbitres, la Cour désigne un arbitre unique, à moins que le litige à trancher ne nécessite la désignation de trois arbitres. Dans ce dernier cas, les parties, sous peine de désignation par la Cour, ont quinze jours pour désigner les arbitres.

Qu'ils soient désignés ou simplement confirmés par la Cour, les arbitres peuvent être choisis sur une liste dressée et actualisée chaque année par les membres de la Cour qui ne peuvent en faire partie. Quant au contentieux relatif à la récusation des arbitres, il est de la compétence de la Cour dont la décision est insusceptible de recours.

En dehors de la confirmation ou de la désignation par défaut des arbitres, la Cour examine ensuite les projets de sentences arbitrales. La décision de l'arbitre n'est régulière que si elle a été soumise à la Cour, laquelle ne peut y apporter que des modifications de forme. Ce contrôle limité à la forme s'explique par la primauté donnée à la volonté des parties. Elles ont chargé, pour des raisons notamment liées à la célérité et à la discrétion, des personnes privées de régler leur différend selon les règles de fond qu'elles peuvent déterminer à l'avance. Il est donc inutile de faire intervenir une justice supranationale là où l'ordre public n'est pas en jeu.

La CCJA est enfin juge de l'exequatur. La sentence arbitrale a certains caractères d'une décision juridictionnelle. Les arbitres, du point de vue matériel, tranchent une situation contentieuse et disent le droit. Ils sont tenus formellement au respect de certaines règles notamment au principe du contradictoire. Mais organiquement, ce sont des juges privés qui rendent une justice privée et dont les décisions ne devraient être revêtues de l'autorité de la chose jugée, laquelle interdit que le même litige soit à nouveau jugé, qu'après qu'une décision d'exequatur ait été rendue.

L'article 25 du Traité confère pourtant à la sentence arbitrale pareille autorité, dès lors qu'elle a été rendue conformément aux dispositions du Traité relatives à l'arbitrage, c'est-à-dire si la procédure de confirmation ou de désignation des arbitres a été respectée et si la Cour, qui a seule compétence en la matière, rend une décision d'exequatur qui permette, en cas de besoin, l'exécution forcée de la sentence arbitrale sur le territoire des Etats signataires du Traité.

La CCJA est tenue de conférer l'exequatur, sauf dans les cas limitativement énumérés à l'article 25 précité. Il en est ainsi si l'arbitre a statué en dehors de toute convention ou en vertu d'une convention nulle ou expirée, s'il a outrepassé les pouvoirs à lui conférés par les parties, s'il n'a pas respecté le principe du contradictoire ou si sa décision est contraire à l'ordre public international. Dans tous ces cas, la Cour est seule habilitée à apprécier si l'arbitre est sorti de son champ de compétence.

b. L'ERSUMA

1°. Finalités

Pour remédier au faible niveau de spécialisation des magistrats ainsi qu'à l'absence de système de formation continue et à l'insuffisance de formation juridique, les Etats parties ont décidé de créer une école pour la formation et le perfectionnement des magistrats et auxiliaires de justice. C'est pour répondre à ces soucis que l'ERSUMA a été créée le 17 octobre 1993 et son siège est fixé à Porto-Novo. L'article 41, alinéa 1er du Traité dispose : « il est institué un établissement de formation, de perfectionnement et de recherche en droit des affaires dénommé Ecole Régionale Supérieure de Magistrature.

Les rédacteurs du Traité ont estimé que la création de la CCJA devait être accompagnée d'une action en direction des juridictions nationales et des autres acteurs du monde judiciaire. L'ERSUMA doit œuvrer à l'amélioration de l'environnement juridique et judiciaire dans l'ensemble des Etats membres. Elle est chargée en particulier d'assurer la formation et le perfectionnement des magistrats et autres acteurs du monde judiciaire. Elle constitue un centre de documentation et de recherche en matière juridique et judiciaire. Selon l'article 19 de ses statuts, ses missions sont les suivantes :

-Assurer la formation des magistrats, des auxiliaires et des fonctionnaires de justice des Etats membres ;
-Initier, développer et promouvoir la recherche en droit africain ;
-Œuvrer, en liaison avec la CCJA et les hautes juridictions des Etats membres, à une harmonisation de la jurisprudence et du droit, en particulier dans les matières relevant du Traité ;
-Accomplir toute mission conforme au statut qui lui est conféré ou qui pourrait lui être assigné par le Conseil des ministres ou son Conseil d'Administration.

2°. Organisation

L'ERSUMA est dotée de la personnalité juridique et dispose de l'autonomie administrative et financière. Tous les Etats membres en font partie. Ses organes sont : le Conseil des Ministres, le Conseil d'Administration, le Conseil d'Etablissement et la Direction.

Le Conseil des Ministres est l'organe suprême de l'ERSUMA. Il en règle la composition et les compétences et tranche toutes les questions liées à son organisation. Il fixe les contributions des Etats membres, définit la politique générale de l'Ecole sur proposition du Conseil d'Administration, nomme le DG et met fin à ses fonctions et fixe la rémunération du personnel de direction. Il a en outre compétence pour modifier le statut de l'Ecole et proposer aux Etats membres la dissolution de celle-ci.

Le Conseil d'Administration comprend le secrétaire permanent, président, le président de la CCJA ou son représentant, trois représentants des cours suprêmes de l'ordre judiciaire des Etats membres, siégeant pour deux ans, non immédiatement renouvelables, à raison d'un représentant par Etat et selon l'ordre établi à l'article 27 du Traité, deux représentants désignés pour trois ans par le secrétaire permanent parmi les directeurs des établissements de formation initiale des magistrats des pays membres, deux représentants des enseignants permanents de l'ERSUMA élus pour trois ans par leurs pairs. Le Conseil d'Administration se réunit en session ordinaire une fois par an et en session extraordinaire sur convocation de son président ou de la majorité de ses membres. Il établit son propre règlement intérieur. Le Conseil d'Administration est responsable de l'exécution de sa mission devant le Conseil des Ministres. Il adopte le budget et arrête les comptes annuels de l'Ecole, adopte les textes précisant l'organisation et le fonctionnement de l'Ecole, approuve le rapport d'activité et le rapport financier annuels avant leur transmission au Conseil des Ministres, reçoit les concours financiers ou autres des organismes d'aides, fixe la répartition des quotas d'élèves entre les Etats membres et nomme le directeur des études et des stages, le directeur des affaires administratives et financières, les enseignants et chercheurs rattachés à ce titre à l'Ecole.

Le Conseil d'Etablissement est composé du Directeur Général président, du directeur des études et des stages, des enseignants permanents et d'un représentant des enseignants vacataires élu par ses pairs. Il se réunit en session ordinaire une fois par trimestre et en session extraordinaire sur convocation de son président ou de la majorité de ses membres. Il peut inviter à ses réunions toute personne de son choix avec voix consultative et peut également inviter à prendre part à ses travaux des élèves pour débattre de questions relatives au fonctionnement de l'Ecole, à la formation dispensée au sein de celle-ci et à la discipline.

Quant à sa mission, le Conseil d'Etablissement est chargé d'évaluer le niveau scientifique de l'établissement et d'assurer le contrôle des formations dispensées. A ce titre, il peut faire des propositions d'amélioration du fonctionnement de l'établissement. Il est consulté sur :

-L'orientation des études, des stages et des recherches ;
-La détermination des conditions nécessaires pour l'admission aux différentes formations assurées par l'Ecole ;
-Les demandes d'inscription des auditeurs de justice ;
-L'organisation des jurys, examens et épreuves destinés à sanctionner le travail accompli à l'Ecole ;
-Les conditions d'octroi des diplômes ;
-Toute nomination d'enseignants, chercheurs et cadres de l'Ecole.

Enfin la direction de l'ERSUMA est assurée par un Directeur Général, assisté du directeur des études et des stages et du directeur des affaires administratives et financières.

De ces quatre institutions, le Conseil des Ministres et la CCJA ont des compétences qui dépassent celles ordinaires d'une Cour de Cassation et d'un Conseil des ministres. La réforme entendait innover en tenant compte tant des spécificités africaines que de l'environnement juridique international. Sa mise en œuvre a suivi une procédure particulière.

§2. Mise en œuvre de la réforme, objectifs et innovations

Le Traité comporte des objectifs et des innovations importantes. Il permet la mobilisation de l'épargne privée qui était toujours thésaurisée. La constitution et le fonctionnement des entreprises sont améliorés et les créanciers ont vu leur protection renforcée. Le secteur informel naguère délaissé est pris en compte. La mise en œuvre de réforme se présente de la façon suivante : préparation des actes uniformes par le secrétariat permanent, examen préalable par la CCJA, adoption par le Conseil des Ministres.

Les actes uniformes entrent en vigueur suivant une modalité particulière et ils sont directement et obligatoirement applicables dans les Etats membres.

A. Les actes uniformes et l'harmonisation

Il s'agit de décrire la procédure de l'harmonisation et le mécanisme de mise en vigueur des actes uniformes.

1. La procédure d'harmonisation

Selon l'article 6 du Traité, les actes uniformes sont préparés par le Secrétariat Permanent, en concertation avec les gouvernements des Etats parties. Le Secrétariat présente un programme annuel d'harmonisation du droit des affaires qu'il élabore, prépare les projets d'actes uniformes et les soumet à l'examen des Etats membres et à l'avis de la CCJA. Puis il met au point le texte définitif et l'inscrit à l'ordre du jour du Conseil des Ministres. Les actes uniformes sont délibérés et adoptés exclusivement par le Conseil des Ministres après avis de la CCJA. L'élaboration des actes uniformes se fait donc en deux phases, chacune de ces phases étant assurée par des organes spécifiques et distincts de l'OHADA, à l'exclusion des parlements des Etats parties.

a. Préparation des projets d'actes uniformes

Les sujets à traiter sont choisis selon le programme annuel d'harmonisation approuvé par le Conseil des Ministres. Durant la phase de rédaction, un avant-projet est rédigé par un spécialiste reconnu du domaine concerné, sous la supervision du Secrétariat permanent ; avant d'être transmis aux gouvernements des Etats membres.

1°. Secrétariat permanent et instances nationales

Le Secrétariat permanent assiste le Conseil des Ministres[475]. Dans cette perspective, en plus de l'ordre du jour du conseil et du programme annuel

---

[475] Art. 3 al. 2 du Traité.

d'harmonisation du droit des affaires qu'il élabore, il prépare les projets d'actes uniformes et les soumet à l'examen des Etats membres et à l'avis de la CCJA. Puis il met au point le texte définitif et l'inscrit à l'ordre du jour du Conseil des Ministres.

Même si cela n'a pas été prévu par le Traité, des commissions nationales ont été mises en place dans chaque Etat membre pour examiner les avant-projets d'actes uniformes. L'on reconnaît volontiers que ces instances nationales sont une innovation très utile et qu'il faut qu'elles soient considérées comme des instances officielles du système OHADA d'une part, et qu'elles soient représentatives des professions juridiques et de la communauté des affaires d'autre part.

Pour les premiers actes uniformes, la participation des gouvernements des Etats parties s'est faite par l'intermédiaire de commissions nationales ad hoc, composées de représentants des professionnels de l'administration, des experts, juristes et comptables.

Dès la communication du projet d'acte uniforme par le Secrétariat permanent aux Etats membres, les commissions nationales ont pour mission de les examiner dans un délai de 90 jours[476]. Les Etats membres doivent ensuite transmettre leurs observations au Secrétariat permanent, lequel doit réunir toutes les commissions nationales en assemblée plénière, afin de parvenir à un consensus sur le projet de texte. Ce projet de texte est ensuite renvoyé aux Etats membres pour commentaires. Leurs éventuelles observations sont alors retransmises audit Secrétariat. A l'expiration du délai de 90 jours, le projet d'acte uniforme, accompagné des observations des Etats parties et d'un rapport du Secrétariat permanent, est immédiatement transmis, pour avis, à la CCJA.

2°. Cour Commune de Justice et d'Arbitrage

La Cour Commune de Justice et d'Arbitrage donne son avis dans un délai de trente jours à compter de la réception de la demande de consultation. A l'expiration de ce nouveau délai, le Secrétariat permanent met au point le texte définitif du projet d'acte uniforme. Il tient compte éventuellement de l'avis formulé par cette juridiction. Après quoi, il en propose l'inscription à l'ordre du jour du prochain Conseil des Ministres.

[476] Art. 7 du Traité.

b. Adoption des projets d'actes uniformes

L'adoption des actes uniformes relève des prérogatives du Conseil des Ministres, à l'exclusion de toute intervention des parlements nationaux.

1°. Compétence exclusive du conseil des ministres

Selon l'article 6 du Traité, les projets de textes uniformes sont délibérés et adoptés par le Conseil des Ministres, après bien entendu, l'avis de la CCJA. La compétence du Conseil des Ministres est exclusive. La procédure enlève aux parlements et aux organes de l'exécutif leur pouvoir législatif et réglementaire, car les actes uniformes déterminent non seulement les principes généraux mais aussi leurs modalités d'application. Dorénavant, le pouvoir législatif est exercé, dans l'espace OHADA, pour toutes les matières concernées par l'harmonisation, par le Conseil des Ministres de cette organisation.

Pour l'adoption d'un acte uniforme, les 2/3 au moins des Etats membres doivent être présents ou représentés, et l'acte est valablement adopté à l'unanimité des Etats présents et votants. Il résulte de cette disposition que, d'une part, l'abstention d'un Etat ne fait pas obstacle à l'adoption d'un acte, car seul le vote négatif y fait obstacle, et d'autre part, chaque Etat dispose d'une prérogative semblable à un droit de veto pour s'opposer à l'adoption d'un acte par un vote négatif. Une fois adopté, l'acte uniforme est publié par le biais du Secrétariat permanent au journal officiel de l'OHADA dans les 60 jours de cette adoption.

Les actes uniformes sont applicables dans les Etats parties, sauf disposition particulière qui pourrait être prévue dans un acte, 90 jours à dater de la publication susvisée. Les actes uniformes doivent aussi être publiés dans le journal officiel de chaque Etat membre. Cette dernière publicité peut être réalisée « par tout autre moyen approprié », d'une part, et, d'autre part, elle n'a aucune incidence sur l'entrée en vigueur desdits actes. Les actes uniformes peuvent être modifiés à la demande d'un Etat membre ou du Secrétariat permanent, suivant la procédure prévue aux articles 6 et 9 nouveaux du Traité. Désormais, les actes uniformes font partie de l'ordre juridique interne de chaque Etat partie ; les juridictions nationales comme les professionnels du droit doivent tenir compte de cette nouvelle réalité.

2°. Exclusion des parlements nationaux

Il ne fait de doute que le processus ayant abouti à l'élaboration des actes uniformes, ne recourt, à aucun moment, aux parlements des Etats parties. C'est vrai que ces parlements ont par des lois, autorisé les Présidents de la République à ratifier le Traité OHADA, mais ils n'ont plus par la suite été associés à l'œuvre d'harmonisation du droit des affaires. Ainsi donc, ni le peuple, ni ses représentants ne sont impliqués dans cette grande œuvre normative. Cela pose le problème de l'avenir des parlements nationaux compte tenu de la généralisation de l'uniformisation du droit des affaires.

Certes, l'implication des parlements nationaux à l'élaboration des actes uniformes pourrait être envisagée autrement. Les auteurs du Traité auraient pu proposer de soumettre les avant-projets de textes aux parlements nationaux avant d'édicter l'acte uniforme ou conditionner son entrée en vigueur à une loi ou autre acte de ces parlementaires. Ils auraient pu aussi prévoir que les actes uniformes sont des « directives » que les parlements nationaux devraient transformer en lois internes. S'ils ont opté pour cette procédure d'exclusion desdits parlements, c'est à cause des inconvénients inhérents à chacune de ces formules et qui peuvent se ramener au risque d'obtention de foultitude de textes, à des difficultés de mise en application, au manque d'efficacité si des mécanismes juridiques de contrainte au plan communautaire et au plan interne ne sont pas pris.

Avec le Traité OHADA, c'est l'exécutif qui légifère. La traditionnelle séparation des pouvoirs vantée par les régimes démocratiques n'existe pas. Les auteurs du Traité ont estimé que le processus d'intégration pour être efficient nécessite une inévitable concession de souveraineté nationale. Cette solution retenue par l'OHADA pour y parvenir paraît originale et énergique. Quelques pays africains francophones disposant déjà de législations relativement bien adaptées au monde des affaires, les promoteurs de l'harmonisation n'ont pas fait table rase de toute la législation existante mais ont choisi de s'appuyer sur les systèmes préexistants dans ces pays. Si l'un des grands objectifs de la réforme était l'amélioration du tissu juridique existant, les promoteurs ont été animés d'un souci constant de souplesse et de simplicité et n'ont pas perdu de vue la prise en compte de certains paramètres spécifiques à la région. Un pas important a été accompli dans presque tous les domaines du droit des affaires. Même les droits des transports et celui des coopératives ont été réglementés. Mais les législations qui nous intéressent le plus sont celles relatives à l'environnement des entreprises.

2. Entrée en vigueur et portée des actes uniformes

a. Spécificité des mécanismes de mise en vigueur des actes uniformes

Selon l'article 9 du Traité, les actes uniformes entrent en vigueur quatre-vingt-dix (90) jours après leur adoption sauf modalités particulières d'entrée en vigueur prévues par l'acte uniforme lui-même. Ils sont opposables trente (30) jours francs après leur publication au journal officiel de l'OHADA. Ils sont également publiés au journal officiel des Etats parties ou par tout autre moyen approprié. De cette disposition il ressort que le Traité OHADA enlève aux pouvoirs exécutifs nationaux leur compétence puisque cet article détermine les modalités d'application des actes uniformes, lesquelles relèvent en principe du [477]pouvoir réglementaire. Aucun acte réglementaire n'est nécessaire pour la mise en vigueur des actes uniformes. En revanche, leur publication demeure nécessaire.

1°. La suppression des actes réglementaires

A partir de l'adoption des actes uniformes par le Conseil des Ministres, leur entrée en vigueur se fera en principe quatre-vingt-dix jours après. C'est ainsi que l'acte uniforme sur les procédures simplifiées de recouvrement et les voies d'exécution ainsi que celui sur l'arbitrage, adoptés respectivement les 10 mars 1998 et le 11 mars 1999 sont entrés en vigueur conformément à l'article 9 du Traité, c'est-à-dire trois mois après leur adoption et trente jours après leur publication au[478] journal officiel de l'OHADA.

Mais des exceptions à ce principe sont prévues. L'acte uniforme peut lui-même prévoir les modalités particulières d'entrée en vigueur. Il en va ainsi par exemple de l'article 919, alinéa 2 de l'acte uniforme relatif au droit des sociétés commerciales et du groupement d'intérêt économique qui reconnaît le droit à chaque Etat partie de maintenir sa législation nationale pour la forme de l'établissement des statuts pendant une période transitoire de deux ans. [479]De même restent soumises au droit des Etats parties, les sûretés consenties ou constituées ou créées antérieurement à l'acte uniforme portant organisation

---

[477] Décret d'application

[478] Journal officiel n°6 du 1er juillet 1998 et journal officiel n°8 du 15 mai 1999

[479] Il s'agit de l'application du principe de la non-rétroactivité de la loi nouvelle (article 2 du code civil)

des sûretés[480]. Par application du même principe, les actes uniformes relatifs au droit commercial général, aux sûretés et aux sociétés commerciales et aux groupements d'intérêt économique, bien qu'adoptés le 17 avril 1997 par le Conseil des Ministres sont entrés en vigueur le 1er janvier 1998, soit plus de trois mois après leur adoption et trois mois après leur publication au [481]journal officiel de l'OHADA par la volonté délibérée du Conseil des Ministres.

De même, l'acte uniforme sur les procédures collectives d'apurement du passif, adopté le 10 avril 1998, est entré en vigueur le 1er janvier 1999. Il y a donc dans ces derniers cas, une application différée par rapport au principe posé par l'article 9 susvisé.

2°. L'obligation de publication des actes uniformes

Pour être opposable aux sujets de droit et aux Etats parties, l'acte uniforme doit être publié au journal officiel de l'OHADA. Cette publication est nécessaire et suffisante pour déclencher l'application de l'acte uniforme trente jours plus tard. Dès la publication de l'acte uniforme, il peut être invoqué par toute partie à un contrat ou à un procès et que les juridictions nationales sont obligées de l'appliquer.

Il doit également être publié dans le journal officiel des Etats parties. Mais la seule publication au journal officiel de l'OHADA suffit pour rendre l'acte uniforme opposable trente jours francs après. Ce qui va résoudre le problème d'absence ou de non parution de journaux officiels dans certains Etats parties.

b. Portée des actes uniformes

Selon l'article 10 du Traité, les actes uniformes sont directement applicables et obligatoires dans les Etats parties, nonobstant toute disposition contraire de droit interne antérieure ou postérieure. Ainsi sont affirmées la force obligatoire des actes uniformes et leur supériorité sur les normes juridiques nationales existantes et même futures. Mais il existe cependant des assouplissements.

---

[480] Art. 150 al. 2.

[481] Journaux officiels n° 1, 2 et 3 du 1er octobre 1997.

1°. L'application directe et obligatoire des actes uniformes

Il faut entendre, par application directe et obligatoire, que les actes uniformes vont se substituer obligatoirement et sans aucune autre procédure, aux règles de droit interne applicables dans chaque Etat partie. Les auteurs du Traité ont sans doute pensé que la solidarité interétatique nécessaire au développement des pays ne peut exister que dans la mesure où elle est soutenue par un ordre juridique relativement uniformisé et suffisamment contraignant. Pour ce faire, ils se sont inspirés de l'article 189 alinéa 2 du Traité de Rome relatif aux « règlements ». En effet, le règlement est obligatoire dans tous ses éléments et est directement applicable dans tout Etat membre sous réserve de sa publication au journal officiel de l'Union Européenne et de l'expiration d'un délai. Deux conséquences découlent donc de cette disposition : la première, c'est l'abrogation par les Etats parties des règles internes ayant déjà fait l'objet d'actes uniformes, même si celles-ci sont techniquement modernes. La seconde, c'est l'interdiction d'élaborer de nouvelles lois dans l'avenir dans les domaines objet d'actes uniformes, sauf lorsque l'acte uniforme autorise elle-même les Etats parties à légiférer dans certains cas précis. Il en est ainsi par exemple des sanctions à édicter pour les incriminations pénales énoncées dans l'acte uniforme[482].

2°. Les assouplissements

Les actes uniformes ont prévu l'admission de la coexistence des différentes normes juridiques dans certains cas. Il en va ainsi notamment à l'article 1 de l'acte uniforme portant droit commercial général selon lequel « tout commerçant demeure soumis aux lois non contraires au présent acte uniforme qui sont applicables dans l'Etat partie où se situe son établissement ou son siège social » et des mesures transitoires. De plus, les situations juridiques existantes ont été prises en considération : l'article 1, alinéa 3, de l'acte uniforme portant droit commercial dispose que les commerçants… devront se mettre en conformité avec les dispositions de l'acte uniforme dans les deux ans de la publication. Il en va de même de l'article 908 de l'acte uniforme portant droit des sociétés commerciales et du groupement d'intérêt économique. En effet selon les alinéas 1 et 2 de cet article, les sociétés et groupements d'intérêt économique constitués antérieurement à l'entrée en vigueur du présent acte uniforme restent soumis à ses dispositions ; cependant

---

[482] Art. 5 du Traité.

ils sont tenus de mettre leurs statuts en harmonie avec les dispositions dudit acte uniforme dans un délai de deux ans à compter de son entrée en vigueur.

B. Objectifs et innovations

Les objectifs et innovations ont trait à insuffler une grande souplesse dans la gestion des entreprises dont les règles de création sont assouplies. Les créanciers voient leurs protections renforcées et le secteur public et le secteur informel n'ont pas été perdus de vue.

1. La modernisation de l'environnement juridique des entreprises

Cette modernisation concerne la constitution et le fonctionnement des entreprises et le renforcement de la protection des créanciers.

a. La constitution et le fonctionnement des entreprises

Par souci de transparence et de rapidité, il convient non seulement d'améliorer la présentation et le contrôle des comptes de l'entreprise mais également de faciliter la création de celle-ci.

1°. Faciliter la création des entreprises

A l'aube de la réforme, le dispositif juridique était surtout constitué de différentes structures sociétaires léguées par la colonisation. Les diverses formes sociétaires étaient les sociétés anonymes, les sociétés à responsabilité limitée, les sociétés en nom collectif, les sociétés en participation et les sociétés en commandite simple ou par actions. Le principe du maintien de ces sociétés a été réaffirmé sous réserve de certains aménagements. En effet, il fallait tenir compte de certaines spécificités africaines. L'entreprise est une unité économique qui implique la mise en œuvre de moyens humains et matériels de production ou de distribution de biens ou de prestations de services, reposant sur une organisation préétablie. La création de l'entreprise revêt une grande importance : en général elle accroît les richesses nationales, entraîne des emplois nouveaux, améliore la balance des paiements ou la balance commerciale et peut accroître les recettes de l'Etat par le paiement des impôts et diverses taxes et redevances. Le développement économique et social recherché par les Etats africains passe pour une large part par la création d'entreprises.

Des mesures urgentes ont été prises pour faciliter les formalités d'immatriculation des entreprises, pour remédier à l'encombrement actuel des greffes des tribunaux de commerce et pour améliorer la gestion et la délivrance des informations. En effet, créer une société commerciale en Afrique ou même exercer une activité individuelle représente une telle somme de démarches et de formalités que beaucoup d'hommes d'affaires sont découragés. Les formalités constitutives se devaient d'être assouplies.

Une nouvelle codification de l'organisation et du fonctionnement du registre du commerce est préconisée. Il faut rappeler que pour la plupart des pays concernés, la législation relative au registre du commerce était l'ancienne loi française du 18 mars 1919, selon laquelle le registre du commerce n'était qu'un simple répertoire de renseignements, dont le contenu n'avait pas de valeur juridique. Les rédacteurs de la loi uniforme se sont inspirés des systèmes mis en place au Sénégal et au Mali, lesquels prévoient que le registre pourrait également recueillir l'inscription des sûretés mobilières.

Ainsi le registre du commerce reçoit non seulement l'immatriculation des personnes physiques ayant la qualité de commerçant, les sociétés commerciales et autres personnes morales assujetties à l'immatriculation mais également les inscriptions relatives au nantissement des actions et parts sociales, du fonds de commerce, du matériel professionnel et des véhicules automobiles, des stocks ainsi que l'inscription du privilège du vendeur du fonds de commerce, de celui du trésor, de la douane, de la sécurité sociale et les clauses de réserve de propriété ainsi que celles du crédit-bail. Quant à l'organisation du registre au sein des greffes, et en plus du fichier local, il est institué un fichier national centralisant les différents renseignements consignés dans chaque registre et un fichier régional auprès de la Cour Commune de Justice et d'Arbitrage. Par l'obligation d'inscription au registre du commerce, l'OHADA tient à offrir aux entreprises un plus large champ d'informations commerciales sur la situation juridique et financière de leurs partenaires commerciaux, ainsi que la possibilité de mettre en place les garanties juridiques sérieuses, et par là même faciliter les échanges. Le mécanisme mis en place assouplit non seulement la formalité de la création des entreprises mais permet également d'améliorer la présentation et le contrôle de celles-ci.

2°. Améliorer la présentation et le contrôle des comptes

Malgré des efforts d'unification entrepris dans ces domaines, des réglementations non homogènes existent néanmoins, notamment dans le domaine de la comptabilité des entreprises. Dix ans après les indépendances, tous les pays africains francophones ont adopté un plan comptable général commun, le plan comptable OCAM[483]. Cependant son adaptation locale par chaque pays membre a engendré une multitude de plans comptables nationaux.

Les entreprises étrangères nombreuses dans la région en sont résolues à appliquer les normes comptables en vigueur dans leur pays d'origine ; ce qui leur facilitera la consolidation de leurs bilans. Quant à certaines entreprises locales, certaines se sont même dispensées d'appliquer des règles rudimentaires de la comptabilité. La mise en œuvre d'un nouveau système comptable régional instaurera des pratiques comptables uniformes dans les Etats-Parties au Traité afin de disposer de données homogènes sur les entités produisant des biens et des services. Les opérateurs économiques du secteur informel les plus nombreux dans la région seront contraints de tenir une comptabilité régulière. D'autres résultats non moins importants seront atteints grâce au nouveau système dont :

-La fiabilité de l'information comptable et financière ;
-L'image fidèle du patrimoine, de la situation financière et du résultat ;
-La mise à la disposition des entreprises d'un outil moderne de gestion ;
-L'adaptation du modèle comptable des entreprises aux normes internationales, permettant l'accès aux sources de financement extérieur ;
-Le contrôle des comptes assurant aux associés, à l'Etat et aux autres utilisateurs, toutes les garanties de leur régularité, de leur sincérité et de leur transparence ;
-La réduction des coûts de contrôle et de l'audit comptable ;
-L'alimentation d'une Centrale des Bilans en informations comptables et financières pertinentes, sûres, pour l'information de l'entreprise, de ses partenaires économiques et sociaux, ainsi que pour celles des Banques Centrales et du système bancaire.

[483] Organisation Commune Africaine et Malgache.

b. Le renforcement de la protection des créanciers

La protection des créanciers est renforcée par l'uniformisation du droit des sûretés, des procédures collectives et des voies d'exécution et procédures simplifiées de recouvrement.

1°. La réforme du droit des sûretés

Cette réforme s'imposait car hormis le Sénégal, aucun pays de la région n'avait réformé ce droit, lequel n'a pas changé depuis le code civil de 1804. En matière de cautionnement, le principe selon lequel la caution est solidaire du débiteur principal devient la règle. En revanche, les engagements de celle-ci doivent être définis de façon précise. En effet, le montant du cautionnement doit toujours être plafonné à une somme maximale déterminée par les parties même s'il couvre tous les engagements du débiteur. Une nouvelle obligation légale est faite au créancier, celle d'informer la caution de toute défaillance du débiteur garanti dans le paiement ou de l'évolution de l'endettement de celui-ci lorsque l'obligation est indéfinie avec la faculté, pour la caution, de révoquer son engagement dans ce dernier cas.

La lettre de garantie à première demande, de parution récente dans la pratique des affaires et de construction purement jurisprudentielle a été consacrée par le législateur OHADA et résulte de l'article 39 de l'acte uniforme relatif aux sûretés qui s'est inspiré des règles uniformes relatives aux garanties à première demande publiées par la Chambre de Commerce Internationale (CCI) de Paris. La lettre de garantie ou de contre-garantie, marquée par son caractère autonome et les conséquences qui y sont attachées, engendre un engagement d'une rigueur accrue. Son exécution s'en trouve facilitée. Le paiement intervient en principe dès que le bénéficiaire en manifeste le désir. Le droit des sûretés mobilières comporte aussi quelques innovations :

-Le droit de rétention est défini et réglementé par des dispositions générales et expresses ;
-Le gage des créanciers est rendu possible et organisé dès lors qu'elles sont constatées par un écrit ;
-Les différents warrants (hôtelier, pétrolier, agricole...) autrefois régis par des textes divers et disparates, reçoivent une réglementation commune et une appellation nouvelle: nantissement des stocks de matières premières et de marchandises;

-Les privilèges généraux sont énumérés de façon réduite et ordonnée dans un seul article, de sorte que le classement entre ceux-ci s'en trouve facilité ; au cas où les lois internes créeraient de nouveaux privilèges, elles devront les classer par référence à ce texte, faute de quoi ils seront classés au dernier rang institué par ledit texte ;
-Certains privilèges généraux tels que ceux de la douane, du trésor et de la sécurité sociale dont la clandestinité est redoutable sont soumis à publicité sous peine d'inopposabilité aux autres créanciers.

Au titre des sûretés mobilières, il est prévu dans l'acte uniforme portant droit commercial général, un registre du commerce et du crédit mobilier destiné à renseigner les tiers, non seulement sur la structure judiciaire, financière et patrimoniale des entreprises mais aussi sur les sûretés mobilières qui sont presque toutes soumises à publicité.

Le classement des sûretés est établi de façon ordinale dans deux articles distincts, l'un consacré à la distribution des deniers en matière immobilière, l'autre en matière mobilière. Dans chacun de ces articles, toutes les sûretés mobilières et immobilières sont classées respectivement selon un ordre établi. Aucune sûreté nouvelle ne peut être créée par un Etat sans être classée dans un rang précis de ces articles faute de quoi elle occupe le dernier rang de ce classement.

2°. La simplification des procédures de recouvrement des créances et le renforcement des voies d'exécution

La procédure d'injonction de payer est généralisée à tous les pays. Elle est ouverte pour toute créance certaine, liquide et exigible et ayant une cause contractuelle ou représentée par un effet de commerce ou un chèque. La procédure d'injonction de délivrer concerne l'obligation de délivrer une chose que le débiteur doit délivrer en exécution d'un contrat ou restituer après résolution ou résiliation de celui-ci. La compensation judiciaire est possible entre les dettes et les créances réciproques d'une personne morale de droit public et d'une personne de droit privé. La saisie conservatoire est possible si la créance résulte d'un effet de commerce ou d'un chèque impayé et protesté ou du non-paiement d'un loyer constaté par un commandement de payer demeuré sans effet. L'innovation, en matière de saisie-exécution mobilière, consiste à permettre au débiteur de vendre le bien saisi à l'amiable avec l'accord de ses créanciers poursuivants, ce qui permet de réduire les frais inhérents à une vente publique et d'obtenir un meilleur prix de vente. La saisie-arrêt des créances autres que les salaires est caractérisée par le cantonnement de la saisie aux seules sommes dues et par l'attribution immédiate du montant saisi au premier créancier saisissant malgré d'autres saisies ou d'autres oppositions ultérieures. L'ancien principe de l'indivisibilité de la saisie-arrêt qui immobilisait une somme plus importante que celle due se trouve supprimé. Il est même prévu, en plus de la procédure de saisie-appréhension et de saisie-revendication, une procédure particulière de saisie des valeurs mobilières et de droits d'associés inexistante jusqu'alors et impossible à mettre en œuvre à partir de la saisie-exécution prévue uniquement pour des biens corporels ou de la saisie-arrêt exclusivement réservée aux créances.

3°. L'adéquation des procédures collectives d'apurement du passif aux difficultés des entreprises

Dans la plupart des pays francophones d'Afrique, la législation applicable en matière de procédures collectives est celle du Code de commerce de 1807 telle qu'elle a été complétée par la loi du 14 mars 1889 et le décret du 30 octobre 1935. En effet, seuls le Mali et le Sénégal ont réformé le droit des procédures collectives sur le modèle de la loi française du 13 juillet 1967, le Gabon et la Guinée sur les modèles des lois des 1er mars 1984 et 25 janvier 1985, Le Centrafrique et le Burkina Faso sur le modèle de l'ordonnance française du 23 septembre 1967 et Madagascar sur celui du décret du 20 mai 1955.Les personnes physiques ayant la qualité de commerçants et toutes les personnes morales de droit privé, quels que soient leur forme et leur objet, qu'elles aient un but lucratif ou non sont assujetties à ces procédures. Les entreprises publiques y sont également soumises à condition d'être constituées en la forme de personnes morales de droit privé.

Les procédures d'alerte par les commissaires aux comptes et par les associés sont organisées par l'acte uniforme sur les sociétés commerciales. Mais la procédure de règlement préventif est réglementée par l'acte uniforme portant organisation des procédures collectives d'apurement du passif.

Elle est organisée pour autoriser les débiteurs qui connaissent une situation économique et financière difficile mais non irrémédiablement compromise à obtenir une suspension des poursuites individuelles afin de proposer et d'obtenir un concordat préventif destiné à éviter la cessation des paiements et à permettre le redressement de l'entreprise.

Ce concordat peut consister en remises et délais ainsi qu'en toutes autres mesures de réorganisation juridique, financière ou technique de l'entreprise.

2. Les principes directeurs

Les promoteurs de l'harmonisation n'ont pas perdu de vue la prise en compte des spécificités africaines. On peut noter des innovations importantes notamment en matière de mobilisation de l'épargne publique et d'une certaine souplesse sur la législation des sociétés commerciales.

a. La prise en compte des spécificités africaines

Ces spécificités concernent surtout le secteur informel et le secteur public.

1°. Le secteur informel

Constitué par toutes les activités autres qu'agricoles, industrielles ou commerciales (au sens du grand commerce), le secteur informel regroupe essentiellement des activités de types artisanale (production et service) ou commercial (petit commerce de détail) dont l'éventail s'étend des petits commerçants occasionnels jusqu'aux petites entreprises employant moins de cinq personnes[484]. Compte tenu de l'épuisement des créations d'emplois publics et parapublics et de l'absence de relais de secteur moderne privé, l'informel joue un rôle croissant. C'est un ensemble d'organisations à petite échelle où le salariat est absent ou réduit, où le capital investi est faible, mais où il y a néanmoins circulation monétaire et production de biens et services onéreux. Les règles dominantes ne sont pas salariales mais coutumières, hiérarchiques et affectives. Le rôle prédominant de la main d'œuvre explique le caractère familial des entreprises du secteur informel. Le patron est le père de la famille, il emploie comme assistants ses fils, ses cousins ou neveux. Le logement et le lieu de travail sont confondus et la trésorerie de l'établissement n'est pas distinguée des revenus du ménage.

---

[484] A noter que certains commerces se créent par opportunité, par exemple, un ancien vendeur de charbon de bois qui se met à commercialiser du gaz butane après interdiction formelle du Ministre de l'Environnement de la coupe du bois de chauffe.

Le secteur informel constitue l'un des volets économiques des pays en voie de développement dont les pays africains. Il constitue un facteur clé de toute relance économique. Les Etats africains expriment une volonté certaine de réglementer ce secteur qui évolue en marge de tout contrôle administratif et fiscal. Mais il faut définir à partir de quels critères, seuils ou chiffres d'affaires devront être imposés l'immatriculation, la fiscalité, le respect des obligations comptables ou l'application des procédures collectives. Compte tenu de l'importance de ce secteur dans l'économie des pays concernés, l'uniformisation a opté pour le transfert de ce secteur vers le domaine réglementé, en autorisant les sociétés unipersonnelles et les SARL entre époux et en introduisant de nouvelles formes sociétaires très souples, telles que le groupement d'intérêt économique ou la société en participation.

2°. Le secteur public

Les pays africains ont privilégié l'infrastructure économique sur la superstructure juridique d'où un étatisme de la vie économique, nécessité par la recherche d'un développement industriel accéléré.

En effet, en Occident, l'industrialisation nécessitait un drainage des capitaux, mais ces capitaux drainés étaient essentiellement privés. Cette industrialisation nécessitait également un effort technologique. Des entrepreneurs et des travailleurs qualifiés se sont formés spontanément et très progressivement à partir d'initiatives et de risques privés.

Lorsque l'Etat est intervenu dans le devenir économique de la nation, c'est que les guerres l'y ont contraint ou que les intérêts économiques antagonistes, qui avaient contribué au développement, l'ont appelé comme arbitre ou comme régulateur. Il est par conséquent vrai qu'en Europe, ce n'est pas l'Etat qui a créé la nation, ni l'économie. Cette situation est radicalement différente de celle des pays africains où l'Administration doit créer l'Etat, la Nation et l'Economie, et le tout en même temps.

Devant la carence en hommes et en moyens du secteur privé national, il ne restait pour promouvoir le développement que l'Etat et son administration. Aussi ceux-ci ont-ils été amenés à construire cette économie moderne nationale sur trois idées directrices :

-Faire prendre par l'appareil d'Etat les secteurs importants de l'économie moderne, qui peuvent peser sur la liberté de décision du gouvernement, alors qu'ils sont aux mains d'étrangers et qu'il n'y a de toute façon pas de sociétés privées nationales capables de les prendre en main ;

-Attirer des capitaux privés, essentiellement étrangers à s'investir dans les autres secteurs de l'économie, mais en les insérant dans les programmes gouvernementaux de développement;

-Enfin, conjuguer dans la mesure du possible les intérêts et capitaux étrangers avec des intérêts et capitaux locaux en vue d'aboutir à terme à des économies modernes réellement nationales.

Dans la plupart des Etats parties au Traité OHADA, des dispositions particulières très favorables régissaient les sociétés dans lesquelles la participation financière de l'Etat était déterminante, ce qui peut décourager les investisseurs privés. Il sied par conséquent que les règles qui leur sont applicables soient clairement identifiées et proches de celles régissant les sociétés de droit commun. C'est pourquoi se trouve réaffirmé l'extension du principe du nouveau droit des affaires harmonisé aux sociétés d'économie mixte et aux sociétés d'Etat fonctionnant selon les règles commerciales.

Par ailleurs, afin de faciliter la restructuration financière, notamment par voie de recapitalisation des sociétés du secteur public, le nouveau droit des sociétés autorise celles-ci à émettre des titres de créances de dernier rang à forte rémunération tels que les titres participatifs. Enfin, en raison de l'importance du service de la dette de ces pays, doivent être étendues avec quelques aménagements aux personnes morales de droit public de l'industrie et du commerce des règles applicables en matière de procédures collectives, de recouvrement de créances ainsi qu'il doit être institué un principe de compensation des dettes de l'Etat comme d'extinction des créances.

b. Des innovations importantes

La réforme a innové en matière de mobilisation de l'épargne publique et de gestion plus souple des sociétés commerciales.

1°. La mobilisation de l'épargne publique

Dans les pays africains de la zone franc, les financements bancaires sont de plus en plus limités. Par conséquent, la mobilisation de l'épargne publique constitue une panacée. A l'exception de la Côte-d'Ivoire et du Cameroun où sont situées les deux bourses des valeurs de la zone, l'appel public à l'épargne est quasi inexistant en Afrique francophone. Or, l'organisation des marchés financiers et la réglementation de l'appel public à l'épargne conditionnent le succès des politiques de privatisation entreprises dans la région ainsi que l'avancement du projet de création d'un marché financier régional.

La création et la promotion de marchés organisés présenteront l'avantage de «déthésauriser» la masse monétaire du secteur informel. D'autre part, des dispositions spécifiques aux sociétés faisant appel public à l'épargne figurent dans l'acte uniforme relatif aux sociétés commerciales et aux groupements d'intérêt économique en particulier en ce qui concerne l'information des actionnaires.

2°. Une plus grande souplesse dans la gestion des sociétés

Le droit français des sociétés est souvent mal adapté aux besoins de souplesse dans la gestion des entreprises, la loi sur les sociétés de 1966 ayant soumis la société anonyme à un droit d'ordre public d'une grande rigidité qui ne laisse qu'une part très réduite à la détermination statutaire des règles gouvernant la société. Prenant en compte les spécificités des différents pays d'Afrique francophone, le droit harmonisé s'oriente vers une plus grande flexibilité qui permet aux entreprises de déterminer librement dans le pacte social les modalités de leur fonctionnement.

Concernant les organes de direction que sont actuellement selon les Etats, représentés par un conseil d'administration, un administrateur délégué ou un président directeur général, cette structure sera maintenue puisque les statuts de la société pourront librement déterminer la composition des organes dirigeants. Il en est de même du règlement des litiges entre associés car aucun système ne sera préétabli et l'arbitrage pourra être statutairement choisi.

En un temps record- deux ans pour adopter le Traité et quatre pour l'adoption des premiers actes uniformes et la mise en place des institutions- les Etats africains de la zone franc ont accompli une prouesse en réussissant une intégration juridique et judiciaire, contrairement au processus habituel de création des organisations internationales. Les institutions mises en place fonctionnent et l'uniformisation suit son cours avec l'adoption de nouveaux actes uniformes et la révision de ceux adoptés initialement. Mais à mi-chemin, des difficultés apparaissent. L'organisation est confrontée à des difficultés financières. Elle se rend compte plusieurs années après qu'elle ne peut à elle seule harmoniser tout le droit des affaires compte tenu de l'existence d'autres institutions normatives. Le droit bancaire ne fait plus partie des matières à harmoniser. Et l'existence d'autres institutions à fonctions juridictionnelles dans la zone ne sont pas pour faciliter les choses.

CHAPITRE II

LE BANQUIER A L'EPREUVE DU DROIT OHADA

Le banquier tchadien qui comptait sur la mise en place du droit OHADA pour se soustraire à l'instar des autres opérateurs économiques de l'insécurité juridique et judiciaire voit ses espoirs s'estomper compte tenu des défis auxquels doit faire face l'organisation. Il ne peut non plus compter sur les autorités nationales car celles-ci sont connues pour leur laxisme en matière d'édiction des normes. En effet, après la mise en place des institutions et le démarrage effectif de leurs activités, le lancinant problème de financement, lequel a fait disparaître bon nombre d'organisations régionales africaines refait surface. Heureusement que pour l'instant, la contribution des bailleurs de fonds et le nouveau mécanisme de financement mis en place permet encore à l'organisation d'assurer son fonctionnement, mais pour combien d'années ? Outre ce problème de financement, le fonctionnement des institutions et l'application du nouveau droit ne résistent pas aux critiques. La CCJA rend des décisions avec une lenteur incommensurable alors que la célérité est de rigueur en matière de différends commerciaux. L'ERSUMA est loin d'atteindre les objectifs car les formations, lesquelles ne se tiennent qu'au siège de l'Ecole, s'adressent à un nombre infime d'utilisateurs. Le Secrétariat Permanent à défaut d'effectif suffisant et de budget conséquent ne parvient pas à réaliser son programme d'activité. Le Conseil des Ministres se tient au moins régulièrement mais les Ministres des Finances qui selon le Traité composent ce Conseil n'y participent pas. Les dossiers inscrits à l'ordre du jour du Conseil des Ministres ne font pas l'objet d'attention suffisante car ils ne sont pas toujours examinés par les personnes qualifiées.

A défaut d'une vulgarisation conséquente des actes uniformes et d'une formation suffisante des magistrats, le droit communautaire n'est pas bien appliqué. Il faut en outre noter l'interférence d'autres institutions à vocation normative et juridictionnelle dont beaucoup interviennent dans le domaine du droit des affaires. C'est ce qui a amené le Conseil des Ministres à se dessaisir du projet d'élaboration de l'acte uniforme relatif au droit bancaire au profit des deux institutions sous-régionales, la CEMAC et l'UEMOA récemment en 2010. Or depuis leur naissance, celles-ci se sont seulement préoccupées des textes organisationnels et de fonctionnement mais presque pas de règles juridiques des opérations bancaires. Et ce ne sont pas les autorités nationales qui peinent déjà à asseoir les bases juridiques d'un Etat de droit qui vont prendre le relais et relever le défi. Il en résulte que le banquier tchadien ne sera pas à l'abri de l'insécurité judiciaire compte tenu du vide juridique en matière bancaire.

Section 1. L'OHADA : Financements et perspectives

Pour la mise en place et le fonctionnement des institutions de l'OHADA, le Conseil des Ministres a opté depuis février 1996 pour une formule en trois points :

-La mise à disposition par les pays et à titre gratuit des infrastructures devant abriter les institutions de l'OHADA ;
-Le financement des budgets de fonctionnement par le biais d'un fonds de capitalisation alimenté par des contributions des Etats-parties et d'autres donateurs ;
-Le financement des projets et programmes d'activités par la contribution des donateurs extérieurs, sollicités à cette fin dans le cadre d'une conférence de bailleurs de fonds tenue à Genève en avril 1997.

La mise en œuvre de ce nouveau schéma à partir de 1998 a permis, à des degrés divers, à la mise en place des institutions de l'OHADA et le démarrage de ses activités essentielles, avec toutefois des niveaux de réalisation contrastés, d'un point à un autre. Cependant le fonctionnement de l'organisation et l'application du droit communautaire connaissent déjà des insuffisances, ce qui a amené les pères fondateurs à revoir le système de financement et réviser le Traité et amorcer un processus de révision de tous les actes uniformes

§1. La problématique du financement

Il a fallu mettre en place un nouveau mécanisme de financement car le premier élaboré au début du Traité ne permettait pas à l'organisation de fonctionner et d'atteindre les objectifs qu'elle s'est fixés[485].

[485] Prévues au titre VI du Traité, les ressources devraient provenir des cotisations des Etats membres, des concours des Etats et des Organisations internationales, des dons et legs ainsi que des rémunérations des prestations diverses dont les recettes relatives

Les modalités du financement

Au début de la réforme, il était avant tout question du financement de la mise en place des institutions, du financement des frais de fonctionnement de celles-ci et du financement des programmes d'activités.

1. Le financement de la mise en place des institutions

Le financement de la mise en place des institutions est assuré par les Etats-parties qui abritent les sièges de ces institutions. Ils se sont engagés à mettre à la disposition des institutions les infrastructures nécessaires. C'est ainsi que le Cameroun qui abrite le Secrétariat Permanent a mis à la disposition de celui-ci un bâtiment pour servir de bureaux et un logement pour le Secrétaire Permanent. De même, la Côte d'Ivoire a dégagé une enveloppe d'environ 900 millions de francs CFA pour la construction d'un immeuble destiné à la Cour Commune de Justice et d'Arbitrage (CCJA). Cependant l'aménagement de ce siège a nécessité la contribution financière du PNUD. Le Bénin quant à lui a aménagé à Porto-Novo les locaux de l'Ecole Régionale Supérieure de la Magistrature (ERSUMA). Ceux-ci, estimés à 300 millions de francs CFA ont été inaugurés le 2 février 1998.

2. Le financement des frais de fonctionnement des institutions

S'agissant des frais de fonctionnement courant des institutions, il a été retenu l'idée de la mise en place d'un fonds de capitalisation qui est alimenté pour moitié par les Etats-parties (375 millions de francs CFA par Etat-partie) et le reliquat de 6 milliards par leurs partenaires au développement. Cette solution permettait non seulement de garantir une saine gestion des ressources mobilisées mais aussi de mettre le fonctionnement des institutions à l'abri des incertitudes budgétaires des Etats-parties. Afin de mobiliser les 6 milliards de francs CFA pour boucler le financement de l'OHADA, une table ronde des bailleurs de fonds s'est tenue à Genève les 29 et 30 avril 1997 sous l'égide du Programme des Nations Unies pour le Développement (PNUD).

à la procédure d'arbitrage.

Cette table ronde a enregistré les annonces de contributions suivantes :
-France : 4 milliards de francs CFA versés en deux tranches (2 milliards en 1998 et l'autre moitié en 2001);
-Japon : 500 000 dollars US qui sont disponibles auprès du PNUD;
-Belgique : 20 millions de francs belges;
-PNUD : 1 million de dollars pour l'assistance technique aux institutions de l'Organisation;
-L'Union Européenne a pris l'engagement de financer les activités spécifiques des institutions de l'OHADA pour un montant total de 1 200 000 de francs CFA.

3. Le financement des programmes d'activités

Le financement des programmes d'activités des institutions devait être assuré par des contributions des donateurs extérieurs qui ont été sollicités lors de la conférence des bailleurs de fonds de Genève. Ces activités ont été présentées sous forme de menus de projets soumis à l'examen de ceux-ci. Ainsi le schéma de financement de l'OHADA pour la période de 12 ans (1998 - 2010) peut être synthétisé comme suit :

-50% du fonds de capitalisation, soit 6 milliards de francs CFA attendus des Etats-parties ;
-50%, soit 6 milliards attendus des donateurs ;
-100% du financement des programmes d'activités, soit 13 milliards de francs CFA attendus également des donateurs.

Au total, sur 25 milliards de francs CFA à mobiliser, la participation des Etats-parties ne devrait pas excéder 24%. En d'autres termes, la mise en œuvre des missions et objectifs de l'OHADA reste tributaire de l'aide extérieure, à concurrence de 76% des besoins, ce qui constitue une exception dans la configuration des institutions africaines de coopération.

A ce niveau de dépendance, il ne peut y avoir de viabilité à long terme, l'aide au développement étant par nature incertaine, limitée et conditionnelle. L'OHADA comme cadre et instrument d'intégration juridique et judiciaire ou de sécurisation des investissements en Afrique ne peut pas avoir une perspective continentale, ou sur le long terme, si ses membres fondateurs ne peuvent pas lui garantir au moins la moitié des ressources nécessaires à la réalisation de ses objectifs. Devant ce constat et face aux difficultés de financement que rencontre l'Organisation pour pérenniser son action, le Conseil des Ministres tenu à Brazzaville les 16, 17 et 18 février 2002 a instruit le Secrétaire Permanent de diligenter une étude sur les différents mécanismes susceptibles d'assurer à l'OHADA des sources de financement autonome plus certaines.

A. Les mécanismes du financement

Par souci de résoudre durablement le problème du financement régulier des budgets et activités des institutions et vu la nécessité d'assurer à l'OHADA des ressources financières pour la pleine réalisation des objectifs et missions qui lui sont assignés, le Conseil des Ministres a décidé à Libreville (Gabon) le 10 août 1998 de la création d'un Comité de Concertation et de suivi puis a adopté le 18 octobre 2003 dans la même ville un règlement relatif au mécanisme de financement autonome de l'OHADA.

1. Le Comité de concertation et de suivi

a. Justification

Selon l'article 43 du Traité portant Organisation pour l'harmonisation en Afrique du droit des affaires, les ressources de cette organisation sont composées notamment :

-Des cotisations annuelles des Etats Parties ;
-Des concours prévus par les conventions conclues par l'OHADA avec des Etats ou des organisations internationales ;
-Des dons et legs.

Le principe de financement des activités de l'OHADA par les Etats Parties et leurs partenaires au développement a été retenu pour une période initiale de dix années.

A cet effet, deux modalités principales ont été identifiées pour assurer la gestion financière des activités de l'OHADA :

-Le fonds de capitalisation ;
-Les programmes et projets spécifiques des institutions.

Le Conseil des ministres de la justice et des finances réuni à Dakar le 5 février 1997, a décidé de confier la responsabilité de l'administration et de la gestion des ressources financières de l'OHADA au Programme des Nations Unies pour le Développement (PNUD). En conséquence, « des arrangements institutionnels en matière de gestion, administration et utilisation des ressources financières de l'OHADA » ont été adoptés par le Conseil des Ministres, en sa session du 17 avril 1997 à Cotonou.

Les apports financiers en appui à l'OHADA provenant à la fois des Etats Parties et de leurs partenaires de développement, il a été jugé opportun de mettre sur place un mécanisme permettant d'assurer, « à travers des consultations périodiques entre toutes les parties concernées par le financement des activités de l'OHADA, un échange régulier d'informations sur la réalisation des objectifs de l'Organisation ».

b. Attributions

C'est ainsi que par décision n° 001/98/CM en date du 10 avril 1998, il a été créé un Comité de concertation et de suivi (dit en abrégé CCS). Le Comité est établi par le Conseil des ministres afin de réaliser les tâches suivantes :

-Assurer un échange régulier et systématique d'informations sur les activités de l'OHADA entre les instances dirigeantes de l'Organisation et ses partenaires financiers extérieurs ;
-Permettre un dialogue entre l'OHADA et ses partenaires extérieurs sur les orientations générales de l'Organisation, ses stratégies, ses performances, ses contraintes opérationnelles et de management, ses programmes d'activités et de programmations financières ;
-Evaluer la gestion financière des ressources de l'OHADA ;
-Evaluer l'exécution des projets et programmes des différentes institutions de l'OHADA ;
-Formuler des propositions d'amélioration sur la gestion financière et sur le fonctionnement des projets et programmes de l'Organisation ;
-Procéder à un échange de vues sur les intentions et propositions des instances de l'OHADA concernant des ajustements à opérer sur les accords de partenariat existants et sur les besoins nouveaux de financement résultant de l'évolution de la situation.

c. Composition

Le Comité est composé comme suit :

-Le Président en exercice du Conseil des Ministres de l'OHADA, lequel assure la présidence du Comité;
-Deux ministres de finances représentant deux zones ;
-Le Secrétaire permanent de l'OHADA ;
-Le Président de la Cour Commune de Justice et d'Arbitrage ;
-Le Directeur général de l'Ecole Régionale Supérieure de la Magistrature ;
-Les représentants des bailleurs de fonds de l'OHADA tant bilatéraux que multilatéraux et qui contribuent soit au fonds de capitalisation, soit au financement de programmes et projets spécifiques pour un montant au moins égal à la contribution de chacun des Etats Parties (375 000 000 de francs CFA);
-Les représentants du PNUD et de l'UNOPS[486] en leur qualité de gestionnaires des ressources financières de l'OHADA.

Le Comité peut autant que de besoin et sur invitation de son Président, solliciter la participation d'autres représentants d'institutions partenaires non financiers de l'Organisation ou experts indépendants. Il se réunit deux fois par an et chaque fois que ce sera nécessaire, sur convocation du Président, successivement dans chacun des Etats Parties, sauf sur invitation d'un bailleur de fonds. Le Secrétariat du Comité est assuré par le PNUD avec l'assistance de l'UNOPS. Le PNUD présente au Comité des rapports financiers périodiques (semestriels et annuels) et les rapports d'audit sur la gestion financière des ressources mises à la disposition de l'OHADA.

2. Le prélèvement OHADA

a. Objet

Dénommé « prélèvement OHADA », ce mécanisme a pour objet le financement :

-Des budgets de fonctionnement du Secrétariat Permanent, de l'Ecole Régionale Supérieure de la Magistrature et de la Cour Commune de Justice et

[486] United Nations Office Project Service.

d'Arbitrage ;
-Des projets, programmes, études et autres activités substantives ;
-Des subventions d'assistance aux commissions nationales ;
-De tout autre action décidée par l'organe délibérant de l'OHADA.

Le taux du prélèvement est de 0,05% et s'applique dans tous les Etats Parties aux importations des produits originaires des pays tiers mis à la consommation. Il est liquidé sur la valeur en douane des marchandises importées.

Toutefois sont exonérés du prélèvement :

-Les aides et dons à caractère alimentaire, médical ou paramédical ;
-Les produits pharmaceutiques ainsi que les matériels et équipements à usage médical, destinés à la médecine humaine ou vétérinaire ;
-Les matériels et fournitures à usage scolaire ou universitaire ;
-Les matériels, équipements et fournitures importés par les centres et institutions de recherche scientifique agréés ou reconnus comme tels ;
-Les matériels et matériaux acquis sur financements extérieurs, si une clause expresse exonératoire de tout prélèvement fiscal ou parafiscal a été stipulée dans la convention de financement ;
-Les biens importés par les entreprises bénéficiaires d'un régime fiscal stabilisé en cours à la date d'entrée en vigueur du règlement ;
-Les produits reconnus originaires des communautés économiques régionales et sous-régionales dont chaque Etat Partie est membre ;
-Les effets personnels des voyageurs, admis en franchise des droits et taxes d'entrée dans les Etats Parties ;
-Les biens détruits accidentellement dans les entrepôts douaniers ;
-Les biens et matériels importés sous le régime des franchises diplomatiques.

b. Modalités de fonctionnement

La liquidation du prélèvement OHADA, le recouvrement, la comptabilisation ainsi que le reversement de toutes les ressources y afférentes sont de la compétence des administrations nationales. Ces administrations assurent la conservation de toutes les pièces justificatives des opérations effectuées au titre du prélèvement, dans les mêmes conditions que pour les droits et taxes d'Etat liquidés au cordon douanier. Elles procèdent à une centralisation mensuelle des données comptables relatives au prélèvement et en envoient des extraits au Ministre chargé des finances, au Ministre de la justice, à la Banque Centrale de l'Etat concerné et au Secrétariat Permanent. Les sûretés et privilèges accordés aux Trésors nationaux en matière de recouvrement des créances fiscales de l'Etat sont étendus aux droits régulièrement liquidés au titre du prélèvement. Les droits dus au titre du prélèvement font l'objet d'un titre de paiement spécifique. Les produits du prélèvement sont reversés par les administrations nationales compétentes sur un compte ouvert par le Secrétaire Permanent au nom de l'OHADA auprès de la Banque Centrale de chaque Etat Partie.

Les Etats Parties accordent au Secrétariat Permanent mais aux frais de celui-ci la liberté de change et de transfert en devises convertibles, des recettes provenant du prélèvement, au taux de change légal en cours à la date de chaque opération de transfert. Il dispose d'un droit d'information sur toutes les opérations effectuées par les administrations nationales compétentes au titre du prélèvement et exerce ce droit en procédant, sur la base des documents comptables qui lui sont communiqués par lesdites administrations, à l'évaluation :

-De l'évolution de la base imposable ;
-Du montant des droits liquidés ;
-Des montants recouvrés ;
-Des virements ou versements des recettes dans les comptes OHADA ;
-Du respect par les Etats Parties des dispositions du Règlement.

Les règles, les procédures et les compétences définies dans chaque Etat Partie en matière de contrôle et de traitement du contentieux des droits et taxes d'entrée sont applicables aux opérations d'assiette, de liquidation et de recouvrement du prélèvement OHADA. Les éventuels litiges entre les administrations nationales et les opérateurs économiques contribuables portant sur l'assiette, la liquidation et le recouvrement du prélèvement sont de la compétence exclusive des juridictions nationales. En cas d'action en justice, les intérêts de l'OHADA sont représentés et défendus par les administrations nationales compétentes. En cas de condamnation, l'OHADA supportera celle-ci au prorata de sa part dans le montant en litige.

Les retraits cumulés du Secrétariat Permanent sur le compte recevant le produit du prélèvement n'excéderont pas, dans chaque Etat Partie, le montant total des contributions et dotations dues par ledit Etat Partie au budget de l'Organisation pour l'exercice de référence. Les éventuels excédents de recettes du prélèvement OHADA sur le total des contributions et dotations dues appartiennent à l'Etat concerné ; celui-ci peut, soit les utiliser aux fins de paiement de ses arriérés de contributions vis-à-vis de l'Organisation, soit en disposer par le biais d'un titre de paiement émis à son profit par le Secrétaire Permanent. En cas de circonstances particulières ou de déficit, l'Etat Partie concerné prend à sa charge et sur son budget, la différence entre le montant total de ses contributions et les recettes enregistrées dans le compte OHADA lequel fait l'objet d'un ordre de recettes émis par le Secrétaire Permanent et exécutoire à l'endroit de l'Etat Partie concerné. Le Règlement permet à chaque Etat Partie de prendre des textes d'application[487].

c. Faiblesse du mécanisme

Pour permettre à l'OHADA de réaliser ses objectifs, il faut rendre cette organisation plus autonome tant vis-à-vis des budgets et trésors nationaux des Etats Parties ainsi que vis-à-vis de l'aide internationale. En effet, l'étalement sur une période de 2 à 5 ans du paiement des cotisations au fonds de capitalisation a montré la nécessité de déconnecter le financement de l'Organisation des budgets nationaux. Le processus d'intégration juridique et judiciaire risque par conséquent de piétiner, et même de régresser à moyen terme, si les liens de dépendance actuels ne sont pas rompus ou tout au moins atténués quant à leurs effets. De même, l'aide internationale, très appréciable jusqu'à ce jour, doit servir d'appoint aux efforts des Etats Parties et non pas se substituer à ces efforts. Si elle devrait comme aujourd'hui rester la seule source de financement des projets et programmes, il est à craindre que les organes et institutions de l'OHADA ne perdent, pour une grande part, le rôle dirigeant qui doit être le leur dans l'orientation et la gestion du processus d'intégration juridique et judiciaire.

Il y a lieu d'évoquer également le fait que les Etats Parties à l'OHADA participent à un nombre important d'institutions de coopération ou d'intégration économique qui, à des degrés divers, ont connu ou connaissent les mêmes difficultés de financement de leurs projets et programmes. Il serait donc souhaitable que le mécanisme de financement soit en harmonie avec ceux déjà mis en place ou en cours, notamment pour l'UEMOA[488], la CEMAC[489], la CEDEAO[490] et la CEEAC[491], compte tenu de la juxtaposition de leurs aires géographiques.

L'harmonisation des mécanismes de financement devrait favoriser le rapprochement des programmes, voire une politique de répartition des tâches

---

[487] Art. 19 dudit Règlement.
[488] Union Economique et Monétaire Ouest Africaine.
[489] Communauté Economique et Monétaire de l'Afrique Centrale.
[490] Communauté Economique des Etats de l'Afrique de l'Ouest.
[491] Communauté Economique des Etats de l'Afrique Centrale.

entre les organisations concernées. Comme pour les autres institutions africaines de coopération, les ressources dérivant du nouveau mécanisme de financement doivent appartenir en propre à l'OHADA, être permanentes, automatiques, en croissance régulière, distinctes des avoirs et comptes des trésors nationaux, avec un niveau de participation des Etats basé sur le principe d'équité qui est le fondement de toute coopération durable.

En effet :

-Le principe d'appartenance des ressources répond à l'objectif d'autonomie par rapport aux budgets nationaux, lesquels sont conçus et exécutés dans les contextes et avec les contraintes propres à chaque Etat ;
-La permanence et l'automaticité vont apporter une bonne régularité des flux financiers, de manière à supprimer ou à atténuer les tensions de trésorerie inhérentes au système classique des contributions. La permanence des ressources devrait permettre une prévision fiable à court, moyen et long termes des capacités de financement de l'OHADA et l'automaticité des recettes garantirait un bon ratio entre la programmation et la réalisation des activités substantives ;
-Une croissance régulière de ces ressources est nécessaire, au moins pour maintenir, en termes réels, les capacités d'action de l'institution. Cette croissance permettra de consolider les acquis et la mise en œuvre d'une stratégie d'extension de l'espace géographique de l'Organisation ;
-La séparation avec les comptes et avoirs des trésors nationaux est recommandée aussi bien pour l'OHADA que pour les autres institutions de coopération régionale. Le mécanisme de financement ainsi mis en place n'aura de pertinence et de raison d'être que si les ressources subséquentes sont distinctes de celles des budgets ordinaires des Etats Parties. L'OHADA doit être à l'abri des implications du principe de l'unicité de caisse qui régit les trésors nationaux. L'on a en effet constaté que le fonctionnement régulier des organisations internationales n'est pas la première priorité des trésoriers-payeurs généraux locaux ;
-Pour son acceptabilité et sa viabilité sur le long terme, le mécanisme de financement doit tenir compte de l'impératif d'équité qui renvoie aux notions de capacités contributives et d'égalité relative des sacrifices. Il ne devrait pas s'agir d'égalité arithmétique dans la répartition de la charge commune, mais plutôt de proportionnalité entre les apports attendus de chaque Etat Partie et son revenu national ou son niveau de développement. Après la mise en place du nouveau mécanisme de financement, il faut également évaluer le fonctionnement des institutions et l'application du droit OHADA.

§ 2. L'application du droit OHADA et le fonctionnement de l'organisation

L'évaluation à mi-parcours du fonctionnement de l'organisation a permis d'engager le processus de révision du Traité et des actes uniformes. De plus le fonctionnement des institutions méritait également d'être revu. Il y avait également la problématique de l'application du droit issu du Traité et des actes uniformes.

A. Le fonctionnement de l'OHADA

Il s'agit d'évaluer le fonctionnement de la CCJA, de l'ERSUMA, du Secrétariat Permanent, du Conseil des Ministres ainsi que d'autres outils initialement mis en place tels que les « Arrangements de N'Djaména » et les Commissions Nationales.

1. La Cour commune de justice et d'arbitrage

a. Les activités consultatives

Selon l'article 14 du Traité, la CCJA assure l'interprétation et l'application commune du Traité, des règlements et des actes uniformes. Deux procédures sont organisées par son Règlement de procédure adopté le 18 avril 1996 [492]: la procédure consultative[493] et la procédure contentieuse[494] correspondant aux deux fonctions de la CCJA.

En juillet 2002, la CCJA a émis treize avis dont neuf à la demande du Secrétariat Permanent sur les avant-projets d'actes uniformes, trois avis à l'initiative d'Etats Parties (Mali, Sénégal, Côte d'Ivoire) et un à la demande

---

[492] Ce Règlement de procédure a été modifié le 30 janvier 2014 afin de prendre en compte les modifications insérées dans le Traité révisé de Québec le 17 octobre 2008 et aussi pour introduire des notions classiques de procédure telles que l radiation, le désistement et la péremption.

[493] Art. 53 à 58 du Règlement de Procédure CCJA.

[494] Art. 23 à 52 du Règlement de Procédure CCJA

du Tribunal judiciaire de première instance de Libreville (Gabon). Il faut admettre que treize avis depuis l'entrée en vigueur du Traité, c'est très insuffisant relativement aux nombreuses difficultés d'interprétation que rencontrent les juridictions nationales. Il faut développer au sein de ces juridictions le réflexe de demandes d'avis ; cela contribuera à une meilleure interprétation des actes uniformes.

Lorsque la CCJA reçoit des demandes d'avis, elle les adresse aux Etats pour leurs avis. Généralement ceux-ci ne répondent jamais. Jusqu'à ce jour, les Etats n'ont pas encore désigné la personne responsable des demandes d'avis ; pas plus que celle habilitée à recevoir la formule exécutoire. Quels sont les effets des avis émis par la CCJA ? Ils ne sont expressément prévus ni par le Traité, ni par le Règlement de procédure de la Cour, si bien que les spéculations juridiques ne manquent pas à ce sujet.

b. La fonction administrative de la CCJA : le Centre d'arbitrage

Depuis le fonctionnement effectif de la CCJA, le Centre d'arbitrage a reçu 4 affaires, rendu 2 sentences et deux sont en instance. Il y a lieu de se féliciter de la performance de ce jeune Centre d'arbitrage qui à peine né, connaît déjà des affaires, ce qui est rare. Ce succès est dû en partie à la portée reconnue aux sentences arbitrales CCJA par le Traité et qui en fait une spécificité, à savoir l'exequatur communautaire que revêtent ces sentences arbitrales et qui les rend exécutoires dans tous les Etats Parties à l'OHADA[495]. C'est un avantage indéniable qui explique son succès relatif et qui pourrait conduire à son expansion.

Cependant, ce Centre d'arbitrage, pour confirmer son rayonnement international, doit résoudre le problème de son autonomie par rapport à la Cour de justice elle-même. En effet, on ne voit pas bien la démarcation qui existe entre le Centre d'arbitrage et la Cour. C'est pourquoi une clarification peut rassurer et contribuer à accroître le nombre d'affaires qui lui sont soumises.

Enfin, l'objectif de l'OHADA devrait être d'avoir, en plus des nombreux spécialistes venant d'horizons divers inscrits sur la liste des arbitres existant à la CCJA, une majorité d'arbitres africains de haut niveau. Ce qui ne semble

[495] Art. 25 du Traité.

pas être le cas en ce moment. Le souci d'obtenir des sentences qui soient sans reproches, à tous les coups exécutoires, doit amener les autorités de l'OHADA à penser à la formation d'arbitres africains de haut niveau.

c. La fonction contentieuse de la CCJA

La CCJA, saisie d'un recours en cassation, se prononce sur toutes les décisions rendues en dernier ressort sur le plan national, dans toutes les affaires soulevant des questions relatives à l'application des actes uniformes et des règlements prévus au Traité[496].

Les dispositions du Traité et du Règlement de procédure de la CCJA concernant la fonction juridictionnelle de la Cour posent un principe de supranationalité judiciaire opérant un transfert de compétences des juridictions nationales de cassation vers la haute juridiction communautaire. Ce principe est d'autant plus rigoureux qu'il est accompagné du pouvoir de la CCJA de statuer, après cassation, sur le fond, sans renvoyer à une juridiction d'appel nationale de l'Etat concerné, en évoquant l'affaire. Ce pouvoir d'évocation entraîne la substitution de la CCJA aux juridictions nationales de dernier ressort, en cas de cassation. Qu'en est-il du point de la jurisprudence de cette cour supranationale ?

En juillet 2002, la CCJA a reçu 72 affaires, rendu 24 arrêts et 6 ordonnances. C'est presque un exploit, étant donné que les pourvois en cassation n'ont véritablement commencé à parvenir à la CCJA qu'à partir de 2001 ; c'est-à-dire plus de trois années après l'entrée en vigueur des actes uniformes, chose normale car les juridictions du fond devaient d'abord se prononcer sur ces affaires. En outre, l'installation de la CCJA dans ses nouveaux locaux s'est faite seulement en 2001. L'on comprend que sans salle d'audience, elle ne pouvait tenir des audiences. Parmi les décisions rendues par la CCJA, nombreux sont les arrêts d'irrecevabilité. En effet, les actes uniformes ne devaient pas être appliqués dans ces espèces, l'instance ayant commencé alors que l'acte uniforme visé n'était pas encore rendu applicable. Si quelques arrêts portent sur le droit commercial général et le droit des sociétés, ceux relatifs à l'application de l'acte uniforme portant recouvrement simplifié des créances et voies d'exécution, sont de loin les plus nombreux.

Les difficultés posées par l'acte uniforme portant organisation des procédures simplifiées et voies d'exécution sont de trois ordres. Il convient de rappeler

---

[496] Art. 14 al. 3 du Traité.

que devant les difficultés d'obtenir un recouvrement rapide des créances, l'OHADA a élaboré un véritable « code » dans ce domaine, en faisant preuve d'une certaine rigueur dans la forme des actes de procédure, en traitant l'Etat comme un justiciable ordinaire à certains égards. Et pourtant, l'application de ces dispositions soulève de nombreux problèmes.

La procédure d'injonction de payer est généralisée à tous les pays, ce qui est une bonne chose. Elle est ouverte pour toute créance certaine, liquide et exigible ayant une cause contractuelle ou représentée par un effet de commerce ou un chèque. Et pourtant, une fois l'ordonnance d'injonction de payer obtenue, les voies de recours admises conduisent inéluctablement à retomber dans la procédure classique, avec les renvois incessants, et l'on aboutit enfin de compte à obtenir une décision après plusieurs mois voire plusieurs années ; le débiteur a eu le temps d'organiser son insolvabilité. Sans doute, ce résultat qui n'est pas celui recherché par le législateur est dû en partie à l'imprécision du terme « juridiction compétente ». L'on ne sait pas s'il s'agit du président du tribunal ou du tribunal tout court.

La saisie-attribution des créances qui est exclusivement réservée aux créanciers munis d'un titre exécutoire constatant une créance liquide et exigible porte généralement sur des sommes d'argent, et crée beaucoup de problèmes aux huissiers et aux banquiers. Les premiers parce qu'ils agissent souvent sans un titre exécutoire et exigent l'application immédiate des dispositions de l'article 154[497] qui prévoient que l'acte de saisie emporte attribution immédiate au profit du saisissant de la créance saisie ; les seconds parce qu'ils sont réticents à déclarer au créancier l'étendue des obligations à l'égard du débiteur[498]. A partir de ce moment, des établissements financiers se sont retrouvés condamnés au paiement des causes de la saisie avec blocage de leur compte à la Banque Centrale, causant ainsi un émoi dans le milieu bancaire[499].

Dans les opérations de saisie entre les mains du débiteur, les huissiers, habitués à dessaisir le débiteur des biens saisis, ne comprennent pas qu'avec l'acte uniforme, le débiteur saisi puisse conserver l'usage des biens rendus indisponibles par la saisie, multipliant ainsi les risques de distraction de ceux-ci, obligeant le créancier à intenter une autre procédure en distraction des biens. Ainsi donc, malgré les avancées notables qui ont été apportées par cet acte uniforme, les juges, les auxiliaires de justice et les opérateurs

---

[497] Il s'agit de l'art. 154 de l'Acte uniforme portant recouvrement simplifié des créances et voies d'exécution.

[498] En application de l'art. 156 dudit Acte uniforme.

[499] Arrêt n° 80/08 du 27 juin 2008 condamnant une banque de la place à payer 706 062 115 de dommages et intérêts à un commerçant pour déclaration inexacte.

économiques lui font de nombreuses reproches, le trouvant tantôt protecteur des intérêts du débiteur, tantôt trop sévère avec les tiers. Si certains de ces reproches sont fondés, d'autres résultent de la méconnaissance des textes ou de l'absence de formation de certains auxiliaires de justice.

Un fait majeur et non négligeable est à relever dans le fonctionnement de l'OHADA, c'est l'existence d'une certaine résistance dans l'acceptation de la compétence exclusive de la CCJA. En effet, l'on note ici et là la manifestation d'une certaine résistance à l'acceptation de la CCJA comme unique juridiction de cassation dans les matières couvertes par le droit OHADA ; résistance qui provient de certaines juridictions nationales et surtout des cours suprêmes, ainsi que des professions judiciaires.

Si certaines juridictions nationales du fond et quelques cours suprêmes appliquent effectivement les actes uniformes, ce qui se traduit notamment par les pourvois en cassation de plus en plus nombreux, ainsi que l'augmentation du nombre des arrêts de renvoi conformément aux dispositions de l'article 15 du Traité[500], il n'en va pas de même dans tous les Etats Parties. Des juridictions du fond de certains pays se cachent encore derrière les règles de procédure ou l'absence de formation continue pour ignorer l'existence des actes uniformes et continuer d'appliquer leurs droits nationaux ; le phénomène est plus profond s'agissant des cours suprêmes ou de cassation.

Nombre de cours suprêmes n'acceptent pas encore ou admettent difficilement le transfert de compétences voulu par le Traité au profit de la CCJA et accepté par les Etats Parties qui l'ont ratifié. Cela se traduit par l'absence d'arrêt de renvoi de ces juridictions vers la CCJA à l'exception du Cameroun, de la Côte d'Ivoire et du Mali, alors que l'article 15 l'a expressément prévu. Ainsi, lorsque les cours suprêmes se déclarent compétentes et tranchent le litige qui porte sur l'application des actes uniformes, au mépris des dispositions de l'article 14 alinéa 2 du Traité, elles risquent de voir leurs décisions accumulées (article 18 alinéa 3).

L'on peut comprendre en partie l'attitude des cours suprêmes, parce qu'elles ont l'instinct de survie et le souci d'assurer la carrière des hauts magistrats qui y travaillent d'autant que le domaine de compétence de l'OHADA a tendance à s'étendre, élargissant du coup les compétences *ratione materiae* de la CCJA. Ainsi l'adoption prochaine de l'acte uniforme portant droit du travail viendra conforter l'amenuisement de leurs attributions au bénéfice de la CCJA. Mais

---

500 En général, ce sont les cours suprêmes du Mali et de la Côte d'Ivoire qui acceptent de renvoyer les affaires dont elles sont saisies à la CCJA quand celles-ci concernent l'application des actes uniformes.

il faut dire que la persistance dans cette position doit être assimilée à la rébellion d'autant qu'elle peut à la longue conduire à l'échec de l'entreprise OHADA. C'est pourquoi il faut que des solutions idoines soient trouvées dans l'intérêt de tous. Il y a également une résistance de certaines professions judiciaires : réticences de certains avocats, qui préfèrent conseiller à leurs clients de former le pourvoi devant la cour suprême de leur pays au risque de voir la décision qui sera rendue être annulée, ou même d'arrêter la procédure au niveau de la cour d'appel plutôt que de saisir la CCJA ; ou des huissiers de justice qui continuent à opérer l'enlèvement des objets rendus indisponibles au mépris de la loi.

2. L'Ecole Régionale Supérieure de la Magistrature (ERSUMA)

Le Traité OHADA a en outre créé l'Ecole Régionale Supérieure de la Magistrature (ERSUMA), dans le but d'assurer la formation et la spécialisation des magistrats et des auxiliaires de justice des Etats Parties. Il est en effet essentiel que magistrats et auxiliaires de justice reçoivent une formation de même niveau, quel que soit le pays auquel ils appartiennent. Conformément à ses attributions, le programme d'activités de l'ERSUMA prévoit la formation de formateurs magistrats et auxiliaires de justice, la formation continue des magistrats et des auxiliaires de justice, la formation complémentaire des auditeurs de justice en droit des affaires et la formation des acteurs non judiciaires.

a. La multiplication des sessions de formation

Pour réussir cette mission de formation, l'ERSUMA a multiplié les sessions de formation et constitué un centre de documentation. A compter de 1999, plusieurs sessions de formations pour diverses cibles ont eu lieu.

1°. La diversité des cibles

De nombreuses sessions de formations ont eu lieu à l'intention de populations cibles diverses : magistrats, avocats, notaires, experts-comptables et experts judiciaires, greffiers, huissiers de justice, acteurs non judiciaires dont des opérateurs économiques et des professeurs d'université. Du 16 septembre au 4 octobre 2002, tous ces corps à l'exception des acteurs non judiciaires ont reçu une formation au droit comptable OHADA. En un an, 14 sessions de formation des formateurs ont été organisées au siège de l'Ecole et ont concerné 606 stagiaires. Ces formations qui sont fortement appréciées par les bénéficiaires ont été rendues possibles grâce à des financements de donateurs extérieurs. Il s'agit tout d'abord de l'Union européenne, pour un montant de 3 935 742 000 F CFA à étaler sur 3 ans ; il s'agit ensuite de la France, du Canada, du PNUD et du Secrétariat d'Etat à l'Economie de la Confédération helvétique.

2°. La variété des programmes

Du point de vue de la matière à enseigner, le programme pédagogique épouse les contenus du domaine d'uniformisation envisagé par les Etats signataires dans le Traité de l'OHADA et défini comme étant toute discipline du droit des affaires, de nature à promouvoir les échanges régionaux et internationaux. Ce programme pédagogique est souple et évolutif, pour tenir compte de l'action de la jurisprudence et de l'effet d'adoption de nouveaux textes ou de la modification des actes uniformes existants. Il est adaptable et même ouvert au droit harmonisé en dehors de l'OHADA, tels le droit de la propriété intellectuelle de l'OAPI[501], le droit des assurances de la CIMA, le droit de la sécurité sociale de la CIPRES[502], le droit bancaire et cambiaire de la CEMAC et de l'UEMOA.

3°. L'insuffisance de l'effet multiplicateur

Il n'est pas possible, par le biais de la formation continue au siège de l'Ecole, de permettre à bref délai à tous les juristes en particulier les magistrats en poste dans les Etats Parties, d'acquérir les connaissances voulues en droit OHADA. Il échet de concevoir des objectifs réalistes et de permettre une diffusion des connaissances juridiques nécessaires dans les milieux professionnels à l'échelon local. C'est ainsi que les 606 formateurs de l'Ecole ont été mobilisés de janvier à juillet 2002 pour restituer, au niveau de tous les Etats parties à

[501] Organisation Africaine de la Propriété Intellectuelle.
[502] Conférence Interafricaine de la Prévoyance Sociale.

l'OHADA, la formation reçue à l'ERSUMA. Sur 16 Etats, 13 ont organisé de 1 à 3 séminaires de restitution, soit au total 30 sessions contre 48 prévues ; ces séminaires ont concerné au total 954 juristes contre 1440 prévus. L'explication donnée par les Etats est le manque de moyens financiers, la dotation financière mise à leur disposition dans le cadre de la coopération avec l'Union européenne ne permettant pas de couvrir l'ensemble de la restitution. Cependant non seulement il leur appartenait de compléter cette dotation, mais aussi de prouver leur intérêt pour ces formations. En effet, les autorités de l'ERSUMA ont dénoncé une certaine inertie des Etats qui se manifeste, notamment par l'absence de réactions aux courriers que leur adresse l'ERSUMA. Force est de constater que malgré tout ce déploiement, la diffusion du droit uniforme, condition essentielle de sa connaissance et de son succès, ne peut être assurée par la seule formation à l'ERSUMA. Depuis l'adoption des actes uniformes par le Conseil des Ministres de l'OHADA, le droit uniforme devrait faire partie intégrante des programmes d'enseignement des Facultés de droit. C'est déjà le cas pour un grand nombre d'universités dont les professeurs de droit ont connaissance de ce droit.

Mais en vue d'atteindre rapidement tous ceux qui pratiquent le droit des affaires et ont reçu une formation juridique antérieure à l'apparition du droit uniforme, il y a lieu d'organiser de nombreux séminaires de sensibilisation et d'initiation ainsi que de formation dans tous les Etats Parties à l'OHADA. Pour ce qui est du cas particulier du droit comptable, des moyens financiers supplémentaires doivent être dégagés de manière à assurer son enseignement au profit des corps suivants :

-Inspecteurs des finances, des impôts, du trésor et des douanes ;
-Inspecteurs d'Etat ;
-Le corps enseignant universitaire et secondaire : facultés des sciences économiques, lycées techniques et autres instituts de formation ;
-Les opérateurs économiques ;
-Les dirigeants d'entreprises, PDG, DG, administrateurs ;
-Les producteurs de comptes, directeurs administrateurs et financiers, chefs comptables et comptables.

Mieux, ces séminaires devraient être relayés au plus vite par d'autres instruments d'information pertinents tels les publications et les manuels dont l'ERSUMA devrait aider à la distribution et à la diffusion, notamment sur internet. Ce qui rassure dans ce domaine, c'est que les universitaires africains ne se sont pas fait prier. Une collection de manuels universitaires en huit tomes sur les droits régionaux africains dont le droit uniforme OHADA vient d'être publiée, comprenant les ouvrages suivants :

-Harmonisation du droit des affaires ;
-Droit commercial général ;
-Sociétés commerciales et GIE ;
-Sûretés ;
-Recouvrement des créances ;
-Droit des entreprises en difficulté ;
-Droit de l'arbitrage ;
-Droit des assurances.

Enfin, l'on n'a pas toujours l'assurance que les magistrats et greffiers formés à l'ERSUMA sont effectivement affectés par leurs Etats respectifs (Ministère de la Justice) à ces tâches dans les chambres commerciales, qui connaissent des affaires résultant de l'application des actes uniformes, plutôt que dans des chambres correctionnelles ou civiles par exemple.

b. La lente mise en place du centre de documentation

Un des problèmes fondamentaux, tant pour la formation des personnels judiciaires que pour l'exercice de leur profession, réside dans l'indigence de l'information juridique et judiciaire, c'est-à-dire la documentation. Aucune formation sérieuse ne pouvant être apportée sans une documentation conséquente et régulièrement actualisée, on peut considérer que la formation permanente elle-même perd toute crédibilité, si elle ne s'appuie pas sur une documentation fournie et variée, parfaitement à jour ; non seulement celle relative au droit OHADA mais aussi celle qui se rapporte aux droits communautaires africains mais aussi européens, américains et asiatiques.

C'est pour cela que la mise en place d'un centre de documentation et de recherches à l'ERSUMA est de nature à procurer l'environnement favorable à une formation de haut niveau et de permettre une plus grande harmonisation de la jurisprudence, ainsi qu'une meilleure diffusion du droit harmonisé. Selon les statuts de l'ERSUMA, le centre de documentation et de recherches a pour tâches de :

-Rassembler une documentation exhaustive en matière d'ouvrages et de revues traitant du droit des affaires ;
-Réunir les travaux de recherches (thèses, mémoires, communications,…) s'y rapportant ;
-Collecter outre les actes uniformes à la base du droit harmonisé, l'ensemble des textes normatifs de tous les Etats Parties ;

-Recueillir la jurisprudence de la CCJA, ainsi que des cours et tribunaux des Etats Parties.

Bien entendu cette tâche de collecte devra déboucher sur un travail d'analyse et de commentaire aux fins d'élaboration de recueils de textes et de jurisprudences commentés. A partir des éléments déjà disponibles, une banque de données est mise en place qui est accessible sous formes de disquettes informatiques et sous forme de CD-ROM. Cette banque de données pourrait s'articuler avec n'importe quelle autre banque, notamment celle qu'a entrepris de mettre en place l'Agence Intergouvernementale de la Francophonie dans le cadre de sa bibliothèque du droit francophone ou les sites Internet « Investir en Zone Franc » et www.ohada.com. Constamment actualisée et enrichie, elle deviendra à terme un instrument privilégié de connaissance du droit des Etats-Parties. En plus de son utilité d'appui à la formation, le centre de documentation œuvre également en faveur d'une meilleure application du droit, en facilitant l'accès aux textes et à la jurisprudence. Pour la même raison, il aide au travail de préparation des actes uniformes à venir, favorisant ainsi l'harmonisation juridique souhaitée.

Or, plus de quatre années après l'entrée en vigueur des actes uniformes, ce n'est qu'en 2002 que la dotation en ouvrages a été en partie honorée ; le matériel bureautique en usage à la bibliothèque (photocopieurs, relieurs…) est d'une capacité bien en dessous des besoins et « sur-utilisé » parce qu'en nombre insuffisant ; il demande donc à être remplacé. Le centre de documentation a besoin d'avoir à sa disposition, certains équipements bureautiques et informatiques qui sont des outils indispensables aussi bien pour le bon déroulement des sessions de formation que pour la bonne marche des activités du centre : ordinateurs, ordinateurs portables, vidéo-projecteurs, scanners, photocopieuses, imprimantes en couleur, graveur de CD-ROM. Eu égard aux missions de l'ERSUMA et à l'intensité actuelle de ses activités, conséquence du succès de l'Ecole, il s'avère nécessaire de réaménager les locaux du centre de documentation et de mettre du mobilier conforme et adapté, afin que le centre puisse offrir une salle de lecture et un magasin de stockage conformes aux normes en vigueur. Par ailleurs, la dotation en ouvrages et revues ne couvre que 10% des prévisions initiales et les abonnements aux différentes revues juridiques se renouvellent difficilement. Il apparaît donc nécessaire de compléter la dotation, d'acquérir d'autres ouvrages et de renouveler les abonnements en cours aux revues juridiques.
Enfin il convient de noter que la nécessité d'une mise à jour permanente des informations juridiques et judiciaires d'une part, l'obligation d'une mobilisation à tout instant de l'expertise judiciaire africaine pour répondre à d'éventuelles demandes de consultation d'autre part, ont conduit l'ERSUMA à chercher à mettre en place un réseau de correspondants et un réseau

d'experts relais. Ce réseau est composé essentiellement de documentalistes des différentes unités d'informations rattachées aux administrations judiciaires et aux facultés de droit, chargés de transmettre régulièrement au centre de documentation et de recherches, les données statistiques sur les institutions judiciaires de leurs pays, les références signalétiques et analytiques, les mémoires, thèses, articles,... Le réseau d'experts est composé d'universitaires, de praticiens du droit et d'opérateurs économiques, véritables relais des activités du centre, de manière à permettre à celui-ci de répondre, en toute compétence, à des demandes de consultation émanant des Etats-Parties, des autres institutions de l'OHADA, d'organisations internationales, ou encore de sa propre initiative.

3. Le Secrétariat Permanent

Le Secrétariat Permanent est l'organe administratif de l'OHADA. Conçu comme une structure légère, le Secrétariat Permanent est chargé de la préparation des projets d'actes uniformes et de la coordination et du suivi permanent de l'activité d'harmonisation. Au titre de cette mission d'assistance au Conseil des Ministres, il propose l'ordre du jour du Conseil à son Président, ainsi que le programme annuel d'harmonisation du droit des affaires. Il prépare les projets d'actes uniformes, les soumet à l'examen des Etats par le biais des Commissions Nationales, met au point les textes définitifs des projets d'actes uniformes et en propose l'inscription à l'ordre du jour du Conseil des Ministres. Il est dirigé par le Secrétaire Permanent nommé par le Conseil des Ministres pour un mandat de quatre ans, renouvelable une fois. Pour lui permettre de mener à bien ses missions, le Conseil des Ministres a décidé de le doter de trois directions[503] :

-Le directeur des affaires juridiques et des relations avec les institutions ;
-Le directeur de l'administration générale, du Journal Officiel et des relations Publiques ;
-Le directeur des finances et de la comptabilité.

En dépit des attributions importantes qui sont reconnues au Secrétariat Permanent, celui-ci dispose de moyens financiers inadéquats. En effet, les moyens mis à la disposition du Secrétariat ne correspondent pas à la réalité des tâches de cette institution. Si récemment, il a été renforcé en personnel, il n'en reste pas moins que son programme d'activités n'a été que très

---

[503] Par Règlement n° 001/2001/CM du 23 mars 2001.

partiellement réalisé, pour défaut de moyens financiers. Ce qui fait dépendre l'institution des bailleurs de fonds extérieurs. Il est donc souhaitable que les budgets adoptés par le Conseil des Ministres en tiennent compte. En effet, le programme d'activités du Secrétariat Permanent qui consiste notamment à faire la promotion de l'OHADA ne peut être exécuté pour défaut de budget.

4. Le conseil des ministres

Le Conseil des Ministres, institué par l'article 3 du Traité, et dont la composition est précisée à l'article 27, comprend les Ministres des Finances et de la Justice de chaque Etat membre de l'OHADA. Il fonctionne sous la présidence annuelle de chaque Etat et selon l'ordre alphabétique arrêté par le Traité. Il doit se réunir au moins une fois par an sur invitation de son Président qui arrête l'ordre du jour. Entre autres attributions, il prend des Règlements pour l'application du Traité, adopte les actes uniformes et approuve le programme annuel d'harmonisation. Dans la réalisation de ses deux dernières attributions, il est assisté par le Secrétariat permanent[504]. Le Conseil des Ministres est enfin l'instance suprême de l'Ecole Régionale Supérieure de la Magistrature dont il tranche les questions relatives à son organisation[505].

Depuis sa création, il s'est réuni au moins une fois par an, dans le cadre de ses attributions. Cependant seuls les Ministres de la Justice participent ou sont représentés systématiquement aux réunions, tandis que les Ministres des Finances sont pratiquement toujours absents. Pour les discussions des différents points à l'ordre du jour de la réunion des Ministres, le Conseil s'appuie généralement sur les recommandations des experts qui ont examiné au préalable les différentes questions inscrites à l'ordre du jour. Il adopte les actes uniformes conformément à l'article 8 du Traité.

L'assiduité des Ministres des Finances permettrait notamment de les sensibiliser aux questions financières, d'autant que l'un des points importants à l'ordre du jour est l'adoption des budgets ; partant leur présence régulière justifiera de l'intérêt que les Etats Parties attachent à l'OHADA, ce qui va rassurer les bailleurs de fonds. Ces Etats devraient avoir pour souci de respecter leurs engagements en faisant en sorte que les Ministres en charge de l'OHADA soient effectivement présents et jouent pleinement leur rôle pour le bon fonctionnement de l'organisation.

[504] Art. 5,7,11 et 29 du Traité.
[505] Art. 5 du statut de l'ERSUMA.

Les dossiers inscrits à l'ordre du jour des Conseils des Ministres ne font pas l'objet d'attention suffisante, dans la mesure où ils ne sont pas toujours examinés par les personnes qualifiées. Il est souhaitable d'y remédier. Par contre il faut saluer le travail des experts qui précède la tenue du Conseil des Ministres qui est la garantie d'un travail objectif.

5. Les Arrangements de N'Djaména

Si dans l'ensemble des textes instituant les organes de l'OHADA, le rôle de chaque institution est déterminé de façon précise et objective, l'on peut constater que dans la réalité, ils sont contournés pour permettre l'application « d'Arrangements » dits de N'Djaména. En effet, du 17 au 18 avril 1996, les Ministres de la Justice de 13 sur 14 Membres de l'OHADA, se sont réunis à N'Djaména pour procéder à la localisation des sièges des institutions et à la répartition des postes. A cette occasion, il a été rappelé qu'au sommet France-Afrique qui s'était tenu au Bénin début décembre 1995, le chef de l'Etat du Sénégal « *avait été chargé par ses pairs de procéder, sans appel, à la répartition des sièges des organes entre les Etats candidats* ».

Ainsi, le Bénin, le Cameroun et la Côte d'Ivoire se sont-ils vus attribuer respectivement, le siège de l'ERSUMA, le Secrétariat permanent et la Cour Commune de Justice et d'Arbitrage. Le poste de Secrétaire Permanent a été attribué au Togo, celui du greffier en chef est revenu aux Comores tandis que la présidence de la CCJA est revenue au Sénégal. Les deux Vice-Présidences de la Cour ont été attribuées à la RCA et au Gabon et les 7 juges de la Cour ont été répartis entre les Etats non attributaires de sièges et ayant ratifié le Traité : RCA, Gabon, Guinée Bissau, Mali, Niger, Sénégal, Tchad. Les Comores ayant renoncé au poste, il a été attribué au Congo. Depuis lors, ces arrangements ont été appliqués. Mais ils soulèvent toutefois quelques difficultés.

Le poste de Président de la CCJA a été attribué au Sénégal dont le juge a été élu pour une durée de huit ans lors de la constitution initiale de la Cour[506]. Or, l'article 37 du même Traité dispose que la présidence de la Cour est de trois ans et demi non renouvelable. Et pourtant, malgré la fin de son mandat de Président en 2001, il continue d'exercer cette fonction, en violation du Traité. L'apparition de cette contradiction entre le droit et les faits, n'a heureusement

[506] Art. 39 du Traité.

pas échappé à la vigilance de la Cour qui, lors d'une assemblée plénière en 2001, a dénoncé cet état de choses et a sollicité l'intervention des plus hautes autorités de l'OHADA, en vue de trouver une solution heureuse.

Cette situation est d'abord due à la rédaction malencontreuse de l'article 37 du Traité qui établit un mandat de trois ans et demi pour la présidence, alors même qu'un juge peut obtenir un mandat de neuf ans au plus. Que deviendra l'ancien président au terme de son mandat ? Un simple juge ?

Si dans un Barreau, un Bâtonnier peut retrouver son statut de simple avocat sans problème à la fin de son mandat, il n'en est pas de même pour les juges. Cette situation est également imputable aux « Arrangements de N'Djaména ». En effet, si le Sénégal s'est vu attribuer la présidence de la Cour, pour quelles raisons abandonnerait-il cette présidence qui devrait alors être attribuée à un autre Etat, puisque le Sénégal ne peut avoir plus d'un juge à la Cour ?

Une autre conséquence de ces arrangements résulte de ce que depuis quelques mois, la Cour ne fonctionnait qu'avec six juges. En effet, le mandat du juge de la Guinée-Bissau étant venu à expiration, cet Etat a été le seul à avoir proposé un candidat qui n'a pas été élu par le Conseil des Ministres, pour n'avoir pas rempli les conditions exigées par le Traité. Invité à faire une nouvelle proposition, ledit Etat n'a pas promptement réagi si bien que c'est un juge d'un autre pays qui a été élu.

6. Les Commissions nationales

Comme il avait été décidé par le Directoire de l'OHADA[507], émanation du Conseil des ministres chargé de l'élaboration du programme d'harmonisation, une Commission Nationale ad hoc devait être mise en place dans chaque Etat membre, avant l'entrée en vigueur des premiers actes uniformes. Cet organe composé d'experts et de juristes qualifiés, est formé par le Ministre de la Justice, en liaison avec le Ministre des Finances, dans le but d'examiner les avant-projets, de formuler des avis et recommandations. Cette commission nationale est présidée par un technicien du Ministère de la Justice qui est supposé être en toutes circonstances, l'interlocuteur entre les Institutions de l'OHADA et les différents ministères concernés. Dans certains Etats-Parties, ces Commissions Nationales ont été constituées d'une centaine d'experts qui

[507] Avant la création de l'OHADA et la mise en place des institutions, c'était le Directoire composé de trois personnalités désignées par la Conférences des Chefs d'Etats de la zone franc qui coordonnait les travaux pour la rédaction du Traité.

travaillent dans des sous-commissions spécialisées, lesquelles se forment en fonction du domaine du projet d'acte uniforme à examiner. Dans d'autres Etats par contre, le nombre d'experts se limite à cinq, chiffre qui correspond à celui recommandé dans la note d'information sur les Commissions Nationales de février 1993. En conséquence, l'ensemble des personnes habilitées à participer à l'élaboration d'une loi au plan national (parlement, organisations professionnelles concernées, conseil économique et social,...) n'est pas associé de façon systématique à l'examen des projets d'actes uniformes. De ce qui précède, ces commissions supposées être la courroie de transmission entre chaque Etat membre et le Secrétariat Permanent pour intégrer les préoccupations des divers Etats et donner un cachet national aux actes uniformes ne fonctionnent pas de façon satisfaisante. Une des raisons de ce dysfonctionnement est que les attributions de ces Commissions Nationales n'ont pas été formellement déterminées par l'OHADA.

L'examen des avant-projets d'actes uniformes repose essentiellement sur ces Commissions auxquelles le Secrétariat Permanent adresse tous les projets mais cette structure importante ne fonctionne pas de manière satisfaisante. C'est pourquoi le Secrétariat Permanent a pris l'initiative de proposer à l'adoption du Conseil des Ministres un texte portant création, attribution, organisation et fonctionnement des Commissions Nationales, afin de les institutionnaliser pour un fonctionnement harmonieux dans l'ensemble des Etats-Parties. C'est ainsi que par décret n°998/PR/PM/MJ/2009 du 20 août 2009, le Tchad a créé sa Commission nationale OHADA dénommée CNOHADA rattachée au Ministère de la Justice. Celle-ci est chargée de l'étude et du suivi des questions relatives à la coopération et à l'intégration en matière du droit des affaires. Ses attributions générales sont les suivantes :

-«*Le traitement, la mise en œuvre et le suivi des actes et décisions relatifs à l'harmonisation du droit des affaires ;*
-*L'étude des avant-projets d'actes uniformes ou de règlements et la formulation d'observations pour le compte du gouvernement ;*
-*La promotion de la formation sur le droit des affaires harmonisé ;*
-*La collecte, la centralisation, la diffusion de l'information juridique et la vulgarisation de la documentation relative au droit des affaires harmonisé ;*
-*L'organisation et le suivi de la mise en conformité du droit national par rapport au droit des affaires harmonisé ;*
-*La formulation d'observations sur les difficultés constatées dans l'application du Traité, des actes uniformes et des Règlements de l'OHADA pour le compte du gouvernement* ».

Au titre de ses attributions spéciales, la Commission Nationale est chargée en ce qui concerne les relations fonctionnelles de l'Etat-Partie avec la Cour

Commune de Justice et d'Arbitrage :

-«De centraliser et de transmettre à ladite Cour des demandes d'avis consultatifs émanant du gouvernement ou des juridictions nationales, en application de l'article 14 du Traité ;
-De centraliser et de transmettre aux juridictions nationales les avis consultatifs émanant de ladite Cour et qui sont relatifs aux demandes provenant d'autres Etats-Parties ;
-De se prononcer, à la demande du ministère chargé de la justice, sur l'opportunité de saisir la CCJA pour avis consultatif ;
-D'étudier les dossiers communiqués au gouvernement par la Cour, en application des articles 55 et 57 de son Règlement de Procédure et de faire les observations y relatives ».

Mais il faut noter que le projet d'acte ne prend malheureusement pas en compte les relations avec toutes les organisations d'intégration régionales ou mondiales. En effet, il est souhaitable que les attributions de cette Commission soient élargies afin de lui permettre de faire non seulement l'étude et le suivi des questions relatives à la coopération et à l'intégration en matière de droit des affaires dans le cadre de l'OHADA, mais aussi ceux des autres organisations d'intégration régionale à vocation économique. Il faut également prévoir la présence d'un membre au moins par organisation dans ces Commissions Nationales.
Enfin bien que les Commissions Nationales jouent un rôle important dans la préparation des avant-projets d'actes uniformes, chaque Etat-Partie doit, pour faire des observations pertinentes lors de l'examen des projets d'actes uniformes, impliquer les institutions nationales habilitées traditionnellement à intervenir dans l'élaboration d'une loi[508]. Ces institutions devraient faire partie des Commissions Nationales.

A. L'application du droit OHADA

Plusieurs années après la mise en application des premiers actes uniformes, le constat est que, malgré la satisfaction de voir l'intégration être résolument en marche, cinq difficultés majeures peuvent être relevées : le déficit de communication avec pour conséquence la méconnaissance par un grand nombre d'acteurs des actes uniformes, l'existence d'une résistance de

[508] Il peut s'agir du Parlement, des organisations professionnelles concernées, du Conseil Economique et Social ou même du Conseil Constitutionnel dans certains cas.

certaines juridictions nationales, l'inefficacité des commissions nationales, l'insuffisance de formation des utilisateurs de ces actes et le défaut de mesures d'accompagnement permettant l'application effective des actes uniformes.

1. L'inapplication de certaines dispositions de certains actes uniformes

Il en est ainsi notamment du Registre du commerce et du crédit mobilier (RCCM), de la non création d'une structure régionale de normalisation comptable, de la non application par les régies financières (douanes et impôts) des actes uniformes portant sur le droit des sociétés et le droit comptable. Concernant le RCCM, de nombreuses immatriculations d'entreprises ont été faites depuis l'entrée en vigueur des actes uniformes sans se conformer aux prescriptions de l'acte uniforme sur le droit commercial général. Ainsi, peut-on encore parler de sécurité, lorsqu'on ignore les renseignements sur la situation géographique de l'entreprise, l'état-civil du commerçant, ses activités, l'existence ou non de sûretés ? De même que la juridiction compétente peut enjoindre à un commerçant de requérir son immatriculation[509], de même le créancier d'un commerçant peut également demander réparation à l'Etat parce que la juridiction compétente n'a pas procédé à l'immatriculation de l'entreprise de son débiteur, conformément aux prescriptions légales.

L'acte uniforme sur le droit comptable n'est presque pas appliqué par les administrations fiscales. La raison évoquée est l'inexistence de tout rapport entre ces administrations (impôts, douanes, statistiques) et les responsables de l'OHADA et donc le défaut d'information et de formation qui en est résulté. C'est ainsi que certains responsables des impôts ont avoué ne pas appliquer l'acte uniforme portant droit comptable parce qu'ils n'en connaissent pas le contenu alors que nul n'est censé ignorer la loi. En conséquence, la formule de l'avis à tiers-détenteur n'a pas changé alors qu'elle devrait l'être ; les bilans des sociétés continuent d'être établis sur la base des anciennes formules dans certains Etats-Parties[510] alors que l'acte uniforme propose une autre nomenclature, faute de formation des fonctionnaires des administrations fiscales et douanières.

[509] Art. 42 de l'Acte uniforme relatif au droit commercial général.
[510] Ceux-ci continuent à appliquer le plan comptable OCAM et certaines succursales des entreprises françaises appliquent le Plan comptable français en vigueur en France.

2. La méconnaissance des textes par un grand nombre d'utilisateurs

Plusieurs années après l'entrée en vigueur des premiers actes uniformes, une bonne partie des acteurs, c'est-à-dire ceux-là mêmes qui sont appelés à les appliquer les ignorent ou les connaissent assez mal. En effet, comment un juge, un huissier ou un greffier en chef peut-il faire une bonne application d'un acte uniforme qu'il ignore ou ne fait pas d'effort pour connaître ? Le juge par essence ne doit-il pas aller au-devant de la loi ? Si les acteurs ont une part de responsabilité dans cette méconnaissance du droit uniforme, il ne faut pas perdre de vue celle incombant au Secrétariat Permanent.

En effet, la seule publication des actes uniformes au Journal Officiel de l'OHADA, et même dans les journaux officiels des Etats-Parties lorsque cela est fait ne suffit pas pour porter l'ensemble des textes à la connaissance des acteurs de la justice et des opérateurs économiques[511]. La promotion du droit OHADA n'est pas suffisamment faite. Pendant que les professions judiciaires sont toujours dans l'attente des initiatives du Ministère de la Justice de leurs pays, lesquelles tardent parfois à venir, que les opérateurs économiques pensent que les initiatives doivent provenir des Ministères des Finances et de la Justice et non des chambres consulaires et de leurs organisations professionnelles ; les gouvernements des Etats ont plutôt tendance à considérer que cette promotion relève des attributions du Secrétariat permanent de l'OHADA, alors que cette obligation de promotion leur incombe.

Si, en principe, le Secrétariat Permanent est et doit demeurer la cheville ouvrière de cet important instrument d'intégration juridique, il reste que des initiatives doivent provenir des gouvernements des Etats-Parties (Ministères des Finances et de la Justice notamment), mais aussi des différentes couches socio-professionnelles, des chambres de commerce et même de la société civile. C'est d'ailleurs dans ce sens que travaille l'UNIDA[512], association privée qui a mobilisé des fonds essentiellement privés pour la diffusion du droit OHADA et la publication du « code vert » et divers ouvrages et revues parus dans certains Etats (Cameroun, Côte d'Ivoire, Mali,...).

---

[511] La parution du Journal officiel de l'OHADA est devenu épisodique faute ressources. Quant à la parution des journaux officiels des Etats Parties, elle est plus qu'épisodique car de fois inexistante.

[512] Association pour l'Unification du Droit en Afrique.

3. La formation insuffisante des utilisateurs du droit OHADA

L'absence ou l'insuffisance de formation en droit OHADA ont conduit les différents acteurs à continuer d'appliquer les anciennes dispositions des lois ou à en donner une mauvaise interprétation. Il en va ainsi notamment de l'acte uniforme portant recouvrement des créances et voies d'exécution et de l'acte uniforme portant organisation et harmonisation du droit comptable. S'agissant de ce dernier acte uniforme, lorsque l'UEMOA avait mis en place le SYSCOA, elle avait pris l'initiative de la formation des utilisateurs de cet outil de travail[513]. Avec l'OHADA, une telle initiative bien qu'ayant été prise, n'a pas eu l'ampleur qu'on pouvait en attendre.

De même concernant le RCCM, l'application que les greffes des juridictions des Etats-Parties en font est loin d'être satisfaisante à cause de ce manque de formation ; les greffiers formés à l'ERSUMA ne sont pas souvent ceux qui ont en charge l'immatriculation des commerçants dans les juridictions. Jusqu'à ce jour, le RCCM n'est pas encore opérationnel dans la plupart des Etats-Parties.

4. Le défaut de prise des mesures d'accompagnement

Le droit OHADA s'impose aux nationaux. La création du droit communautaire OHADA impose la prise d'un certain nombre de mesures d'accompagnement au sein de chaque Etat- Partie, si l'on veut mettre à la disposition des praticiens de l'entreprise un outil fiable. Ce qui implique évidemment :

-Le passage en revue de toutes les normes adoptées ;
-L'identification des dispositions dont la mise en œuvre impose l'adoption de dispositions spécifiques au plan national, celles qui sont abrogées ;
-L'édiction des sanctions pénales relativement aux incriminations contenues dans les actes uniformes[514] ;
-La traduction des termes génériques utilisés dans les actes uniformes en langages juridiques usuels dans chaque Etat Partie.

---

[513] Selon certains promoteurs du Système Comptable Ouest Africain (SYSCOA), celui-ci devrait coexister avec l'acte uniforme OHADA portant organisation et harmonisation du droit comptable.
[514] Art. 5 al. 2 du Traité.

Plusieurs années après la mise en application des actes uniformes, une telle opération n'est pas encore faite dans la grande majorité des Etats Parties, ce qui risque de limiter la portée des actes uniformes et partant, d'entacher la sécurité que le législateur OHADA veut apporter aux affaires.

Les travaux d'évaluation entamés quelques années après la mise en œuvre de la réforme ont mis en exergue les diverses difficultés auxquelles est confrontée l'OHADA : financement et fonctionnement des institutions, application du droit uniforme. Ces difficultés vont continuer et même s'accentuer car l'OHADA a vu son domaine normatif et juridictionnel restreint par l'existence d'autres institutions à vocations normative et juridictionnelle. La banque se trouve à nouveau confrontée aux mêmes défis qu'avant la réforme : l'adoption d'un droit bancaire adapté à son activité.

Section 2. Le banquier et le droit bancaire

Le Traité relatif à l'Organisation pour l'Harmonisation en Afrique du Droit des Affaires applicable depuis lors dans 17 Etats s'inscrit dans une stratégie d'intégration juridique qui consiste en l'unification progressive du droit des affaires des Etats-Parties dans le domaine du droit des affaires. Cette unification est principalement réalisée par l'adoption d'actes uniformes et la création d'une juridiction supranationale, la CCJA qui est seule compétente pour interpréter le droit OHADA et trancher au fond et en dernier ressort les litiges mettant en cause les règles uniformes donnant lieu à pourvoi en cassation.

Le Traité constitutif de l'OHADA et plus précisément son article 10 pose une règle dont la finalité est d'instituer une suprématie et une supranationalité de l'ordre normatif. Cet article dispose en effet que « les actes uniformes sont directement applicables et obligatoires dans les Etats Parties nonobstant toute disposition contraire de droit interne, antérieure ou postérieure ». Or, il existe dans l'espace OHADA une multiplicité d'organismes investis de compétences normatives et dont les compétences sont définies par voies de traités internationaux. Par conséquent, le dispositif de l'OHADA pourrait interférer ou faire obstacle à la mise en œuvre des traités communautaires ou spécialisés qui confèrent des pouvoirs normatifs et juridictionnels à des institutions et organes communautaires. La définition du champ d'application de ces différents traités avec le système OHADA apparaît nécessaire, de même que le développement d'une coopération étroite entre les organisations régionales et sous-régionales et l'OHADA.

§1. L'intervention d'autres institutions et la nécessité d'une harmonisation

La réforme rencontre d'autres difficultés non moins importantes. Plusieurs organisations internationales dont beaucoup sont adoptées dans les mêmes conditions et formes que l'OHADA existaient déjà dans la zone. Ces organisations produisent des normes, lesquelles selon l'article 2 du Traité OHADA, entrent bien dans le champ d'action de celle-ci. De plus certaines de ces organisations en plus des normes ont mis en place des juridictions spécialisées.

Il en résulte une interférence non seulement en matière normative mais aussi juridictionnelle. C'est pourquoi une harmonisation tant des normes que des systèmes juridictionnels s'impose.

A. L'interférence d'autres institutions à vocation normative

L'OHADA comme de nombreuses organisations régionales s'insère dans un environnement juridique mondial et régional qui exerce une nette influence sur elle, soit parce que les pays qui en font partie sont eux-mêmes liés par les traités internationaux qui les obligent par ailleurs, soit parce qu'elle emprunte à des modèles ou des standards juridiques utilisés universellement ou régionalement.

1. Les institutions d'intégration africaine

Les formes d'intégration en Afrique sont multiples et se sont souvent fondues et même confondues avec des organisations interafricaines ou régionales de coopération ou à vocation politique. Certaines de ces organisations se sont vues assigner un but plus spécifique sur le plan économique et plus limité sur le plan régional.

a. Les organisations économiques africaines

1°- La Communauté Economique des Etats de l'Afrique de l'Ouest

Seize Etats d'Afrique de l'Ouest sont regroupés dans le cadre de la CEDEAO dont le Traité de création a été signé le 28 mai 1975 à Lagos et révisé le 24 juillet 1993 : le Bénin, le Burkina Faso, le Cap Vert, la Côte d'Ivoire, la Gambie, le Ghana, la Guinée, la Guinée-Bissau, le Libéria, le Mali, le Niger, le Nigeria, le Sénégal, la Sierra Leone et le Togo.

Le but de cette communauté est la promotion de la coopération et de l'intégration dans la perspective d'une union économique de l'Afrique de l'Ouest, en vue notamment d'accroître la stabilité économique entre les Etats-Parties. Dans cette optique, l'action de cette communauté porte notamment sur l'instauration d'un environnement juridique propice.

Les principaux domaines de coopération sont vastes et d'une portée estimable. Des commissions spécialisées sont constituées dans plusieurs domaines : alimentation et agriculture, industrie, science, technologie et énergie, environnement et ressources naturelles, transport, communication et tourisme, commerce, douane, fiscalité, statistiques, monnaie et moyens de paiement, ressources humaines, information, affaires culturelles et sociales, administration et finance, affaires politiques, judiciaires et juridiques, sécurité régionales et immigration. En matière douanière, les programmes prioritaires comprennent notamment la libéralisation du commerce par l'instauration d'une union douanière, laquelle devait être mise en place avant le 1er janvier 2000. Il est aussi envisagé d'éliminer tous les droits de douane et d'établir, à l'instar de la CEMAC, un tarif extérieur commun. Mais jusqu'à ce jour, ces deux objectifs n'ont pas encore été atteints.

En matière économique, la libéralisation du commerce n'est qu'un des aspects particuliers des objectifs de l'union économique et monétaire, laquelle devait être réalisée avant 2005. Elle devrait comprendre la libre circulation des biens, des personnes, des capitaux et des services, de même que la liberté d'établissement et des politiques économiques et monétaires communes.
Cependant, la plupart des Etats membres de la CEDEAO accusent des arriérés de paiement au titre de leurs contributions au budget de la Communauté et n'ont, en outre, pas débloqué les ressources nécessaires pour assurer la mise en place des programmes initiés par ladite Communauté. C'est pourquoi la concrétisation de plusieurs programmes prioritaires piétine toujours.

Néanmoins, la CEDEAO a accompli la réduction des tarifs douaniers, l'instauration de la liberté de circulation des personnes et de certaines marchandises, et dans une certaine mesure, l'harmonisation des politiques économiques et fiscales, la simplification et la libéralisation des moyens de paiement et la standardisation des législations relatives aux transports.

Le risque de conflit entre l'OHADA et la CEDEAO n'est pas à exclure car l'article 3.2 du Traité CEDEAO indique que pour réaliser ses buts énoncés à l'article3.1, l'action de la Communauté portera par étapes sur :

-L'instauration d'un environnement juridique propice ;
-L'harmonisation des codes nationaux d'investissement aboutissant à l'adoption d'un code communautaire unique des investissements ;
-L'harmonisation des normes et mesures.

2°- L'Union Economique et Monétaire Ouest Africaine

Huit des seize Etats ci-dessus cités se sont regroupés depuis le 10 janvier 1994, au sein de cette union[515]. Ce Traité ratifié la même année remplace l'UMOA (Union monétaire ouest africaine) créée en 1962 et la CEAO (Communauté Economique d'Afrique de l'ouest), créée en 1973, et fusionnant les fonctions de ces deux institutions. L'UEMOA est une organisation régionale qui, à certains égards, est très proche de l'Union Européenne, quant à ses objectifs et réalisations mais aussi quant à ses institutions.

Sur le plan institutionnel, l'UEMOA se compose d'organes de direction et de contrôle et d'institutions financières autonomes. En effet elle dispose de trois organes de direction dont le plus élevé est hiérarchiquement la Conférence des Chefs d'Etat. Celle-ci établit les lignes directrices de la politique de l'Union et peut élaborer ou modifier les règles de fonctionnement.

Le Conseil des Ministres a pour mission d'une part, de définir la politique monétaire et de crédit, et d'autre part, d'édicter le droit dérivé nécessaire à son fonctionnement et son développement. Tout comme son homologue de l'Union Européenne, le Conseil des Ministres édicte des règlements, directives, décisions, recommandations et avis. Il travaille en étroite coordination avec la Commission qui est la branche exécutive de l'UEMOA. La Commission établit les règles d'application de la législation élaborée par

[515] Ce sont le Bénin, le Burkina Faso, la Côte d'Ivoire, la Guinée-Bissau, le Mali, le Niger, le Sénégal et le Togo.

le Conseil des Ministres, et dispose du pouvoir d'élaborer des recommandations et des avis qu'elle transmet à la Conférence des Chefs d'Etat.

Quant aux organes de contrôle, ils sont au nombre de trois. La Cour de justice de l'UEMOA assure l'interprétation et l'application uniforme du droit issu de l'Union et arbitre les conflits d'interprétation entre les Etats membres. Il convient de faire observer que cette Cour ne connaît que des recours de la Commission ou de tout Etat membre, relatifs aux manquements des Etats membres aux obligations qui leur incombent en vertu du Traité.

La Cour de justice ne peut connaître, en conséquence, d'un recours d'un particulier contre un manquement d'un Etat découlant de l'application d'un acte dérivé ni d'un recours d'une juridiction nationale en interprétation du droit communautaire. Cet état de fait est particulièrement dommageable à l'efficacité du droit issu de l'Union. En effet, il n'est pas possible à un ressortissant de la zone UEMOA de faire respecter, par exemple, la liberté d'établissement.

Il s'ensuit que le régime procédural mis en place n'est pas adapté aux objectifs fixés par le Traité. La Cour des Comptes, deuxième organe, contrôle les comptes de tous les organes de l'Union. Ce contrôle porte notamment sur la régularité et l'efficacité de l'utilisation de leurs ressources. Enfin, il existe un Comité Interparlementaire qui joue un rôle consultatif à l'égard de la Commission.

L'UEMOA s'est fixée comme objectifs, la réalisation d'un marché commun et la réglementation bancaire et des changes, l'édiction d'un droit de la concurrence et d'un code des investissements. Comme on le voit en matière normative, le risque de conflit est grand entre l'OHADA et l'UEMOA.

3°- La Communauté Economique et Monétaire de l'Afrique Centrale

Six Etats d'Afrique Centrale sont regroupés au sein de la CEMAC[516] laquelle a été créée le 6 mars 1994, en remplacement de l'Union Douanière et Economique des Etats de l'Afrique Centrale (UDEAC) elle-même créée en

[516] Le Gabon, le Cameroun, la République centrafricaine, le Congo, la Guinée Equatoriale et le Tchad.

1964. Cette organisation a pour vocation la sécurisation et l'amélioration de l'environnement des activités économiques et des investissements dans l'ensemble de la Communauté, par un cadre réglementaire adapté et des procédures crédibles de règlement des différends. Le nombre de recoupements de compétences est grand entre l'OHADA, l'UEMOA et la CEMAC.

En droit comptable, alors que les Etats de l'Afrique Centrale étaient soumis au plan comptable OCAM (Organisation Commune Africaine Malgache et Mauricienne), et que depuis le 1er janvier 1998, était entré en vigueur le Système Comptable Ouest Africain (SYSCOA)) dans les Etats membres de l'UEMOA, l'OHADA a de son côté adopté l'Acte uniforme portant organisation et harmonisation du droit comptable entré en vigueur le 1er janvier 2002 dans tous les Etats (Parties OHADA.

En principe depuis cette date, la seule législation applicable en matière comptable est l'acte uniforme portant organisation et harmonisation du droit comptable mais jusqu'à ce jour, certains Etats de la CEMAC et de l'UEMOA continuent d'appliquer les plans comptables OCAM et SYSCOA.

En droit des procédures collectives, l'on constate l'existence de deux procédures : celle prévue par les lois bancaires en matière de liquidation des établissements bancaires et celle prévue par l'acte uniforme portant organisation des procédures collectives d'apurement du passif.

En matière de recouvrement des créances, l'article 30 de l'acte uniforme prévoit la compensation de plein droit avec les dettes de l'Etat, tandis que l'UEMOA interdit la compensation d'office avec les créances de l'Etat, sans doute dans le souci de préserver l'équilibre budgétaire des Etats membres. En matière de sociétés commerciales, les difficultés portent sur la durée des mandats des commissaires aux comptes des banques et établissements financiers, la possibilité de cumuler des mandats d'administrateurs, de président directeur général et de directeur général dans un même Etat membre de l'OHADA. Toutes ces questions montrent l'inadaptation de certains actes uniformes à la spécificité des activités des établissements de crédit, dont la liquidation des banques, la protection des déposants, la particularité des moyens de paiement modernes ainsi que le cas des établissements de microfinance. C'est en prévision de la résolution de toutes ces difficultés d'application de certains actes uniformes qu'une démarche commune BCEAO-BEAC[517] a été initiée avec l'OHADA.

---

[517] Banque Centrale des Etats de l'Afrique de l'Ouest – Banque Centrale des Etats de l'Afrique Centrale.

b. Les organisations spécialisées

1° - L'Organisation Africaine de la Propriété Intellectuelle

La propriété intellectuelle étant par excellence un facteur de développement, dès 1962, douze pays africains ont décidé de créer une structure commune dont l'objectif est de s'impliquer dans le développement des Etats-Parties, en valorisant toutes les possibilités offertes par la propriété industrielle. A l'origine, l'organe s'appelait l'Office Africain et Malgache de la Propriété Industrielle (OAMPI).

Le retrait de Madagascar et le souci de couvrir tous les objets du domaine qui se développait, a conduit les Etats fondateurs à réviser le premier accord et à créer l'OAPI par l'adoption d'une nouvelle convention signée à Bangui le 2 mars 1977. Cette organisation qui comprend désormais 16 Etats, leur offre une législation unique dans le domaine de la propriété intellectuelle.

Il n'est pas étonnant d'évoquer la difficulté pour l'OHADA de légiférer sur le terrain de la propriété intellectuelle, même sur des sujets non encore explorés par l'OAPI tels que les obtentions végétales ou les œuvres informatiques ou multimédias, sans une coopération avec l'OAPI. Cette abstention peut conduire au risque de provoquer un vide juridique.

Ainsi, l'acte uniforme relatif au droit des sûretés ne renferme pas de dispositions concernant le nantissement des propriétés intellectuelles, renvoyant aux lois particulières pour cela.

Or, ni l'OAPI, ni la plupart des lois nationales ne réglementent une telle sûreté si bien que celle-ci n'existe pas, ou n'est plutôt pas organisée.

2°- La Conférence Interafricaine des Marchés d'Assurances

Ce Traité signé le 10 juillet 1992 offre à ses 14 Etats-Parties, une législation commune et unique en matière d'assurance, entré en vigueur dans ces Etats le 15 février 1995. De l'ensemble des dispositions de ce Traité et de ses annexes, il ressort que la CIMA poursuit deux objectifs : d'une part, la réglementation unique des entreprises et des opérations d'assurance et d'autre part, la réglementation des contrats d'assurance par un seul code[518]. Le code CIMA annexé au Traité, applicable aux 14 Etats francophones membres de la zone franc, sur les 17 que compte l'OHADA, a déterminé les règles de constitution, de fonctionnement, de dissolution et de liquidation des entreprises d'assurances.

Ces entreprises doivent obligatoirement être constituées sous forme de société anonyme ou de société d'assurance mutuelle[519], alors que l'acte uniforme portant droit des sociétés commerciales énonce une pluralité de formes de sociétés[520]. De plus, l'alinéa 2 de l'article 301 du code CIMA dispose que « *toutefois, une société d'assurance ne peut se constituer sous la forme d'une société anonyme unipersonnelle* ». Cette disposition qui pourtant préexistait avant l'adoption de l'acte uniforme OHADA sur le droit des sociétés commerciales a été ignorée par le promoteur OHADA. Les procédures de redressement et de sauvegarde des entreprises d'assurances qui ont été prévues par les articles 321 et suivants du code CIMA sont différentes de celles énoncées par l'acte uniforme portant organisation des procédures collectives d'apurement du passif en ses articles 25 et suivants.

3°- La Conférence Interafricaine de Prévoyance Sociale

Le 21 novembre 1993, 14 pays africains signaient un Traité instituant une organisation intégrée chargée de la gestion et du contrôle des organismes de prévoyance sociale, la CIPRES laquelle comprend trois institutions :
-Un Conseil des Ministres chargé de définir la politique de l'organisation, de veiller à l'application du Traité dans les Etats membres et d'y apporter, si nécessaire, des modifications ;
-Une commission de surveillance dont la fonction est de contrôler la bonne gestion des organismes de prévoyance au sein des Etats contractants ainsi que de procéder à la régulation du secteur social ;
-Une inspection régionale instituée en vue d'élaborer des études et d'effectuer des propositions en vue de l'harmonisation des dispositions législatives et réglementaires en matière d'assurance.

La CIPRES est entrée en vigueur le 10 octobre 1995. Toutefois, à ce jour, son objectif principal d'harmonisation des législations sociales n'a pas été atteint et de ce fait, les dispositions nationales en la matière continuent de s'appliquer.

---

518 Art. 3 du Traité.
519 Art. 301 du Code CIMA.
520 Art. 6 dudit Acte uniforme.

4°- L'Union africaine

Le 11 juillet 2000, les 52 Etats[521] du continent ont adopté un acte constitutif de l'Union Africaine, remplaçant l'Organisation de l'Unité Africaine (OUA). Ces Etats se sont réunis avec pour objectif notamment d'accélérer l'intégration socio-économique de l'Afrique, et de promouvoir le développement durable au plan économique. Ils se sont dotés d'un certain nombre d'organes dont le Conseil exécutif qui a pour attribution d'assurer la coordination et de décider des politiques d'intérêts communs pour les Etats-Parties, dans nombre de domaines économiques. Des comités techniques spécialisés ont été créés, dont celui chargé des questions commerciales, qui a pour mandat d'assurer la coordination et l'harmonisation des projets et programmes de l'Union. Une Cour de justice est également créée.

Cette union ayant été créée conformément aux objectifs fondamentaux de la Charte de l'Organisation de l'Unité Africaine (OUA) et du Traité instituant la Communauté Economique Africaine (CEA), et ayant entre autres objets de promouvoir… l'intégration des économies africaines… a évidemment un lien avec l'OHADA ; d'autant que parmi les organes à créer prévus par l'article 5 de son acte constitutif figurent le Parlement panafricain, la Cour de justice ; et que l'article 13 confère au Conseil exécutif les attributions relevant des domaines aussi divers que le commerce extérieur, le transport et les communications, les assurances et la sécurité sociale.

5°- Le NEPAD

Il convient enfin d'évoquer le fait que les dirigeants africains ont manifesté une nouvelle volonté politique pour assurer un développement durable au peuple africain. L'une des priorités de ce Nouveau Partenariat pour le Développement (NEPAD) est la promotion du secteur privé. Il revient à l'OHADA de se manifester auprès de ce programme, car un développement du secteur privé, en Afrique ou ailleurs, est inconcevable sans un environnement juridique et judiciaire propice et sain. Relativement à ce qu'offre l'OHADA à ses Etats Parties qui sont par ailleurs tous membres du NEPAD, celui-ci ne devrait donc avoir aucun mal à intégrer cette initiative dans ses actions.

---

[521] 54 Etats après l'indépendance du Soudan du Sud.

2. L'OMC

La gestion de l'espace juridique mondial est le fait de nombreuses organisations ayant une activité normative de portée large ou universelle. On remarque qu'elle se réalise progressivement et parallèlement par le biais d'organisations économiques et d'organisations juridiques. Parmi les nombreuses organisations normatives qui gèrent l'espace juridique mondial, celle dont les buts se rapprochent de l'OHADA est l'Organisation Mondiale du Commerce (OMC).

L'OMC est une organisation internationale, dotée de la personnalité juridique mais non consacrée comme une institution spécialisée des Nations Unies qui a pour mission :

-D'administrer l'ensemble des Accords de Marrakech[522] ;
-De constituer le cadre dans lequel toutes les négociations seront conduites aussi bien pour celles qui sont prévues par les Accords de Marrakech que pour de nouveaux sujets ;
-De conclure tous « arrangements appropriés » avec d'autres organisations intergouvernementales en vue d'une coopération efficace, notamment avec le Fonds Monétaire International(FMI) et la Banque Mondiale (BM) ;

Les Accords de l'OMC sont composés de deux blocs :

-Le premier bloc est composé d'accords multilatéraux indivisibles : accords sur le commerce des marchandises, accord général sur le commerce des services, accord sur les aspects des droits de la propriété intellectuelle qui touchent au commerce ;
-Le deuxième bloc est constitué d'accords dits plurilatéraux, qui ne sont que d'adhésion facultative.

Tous les Etats qui adhèrent à cette organisation sont obligés d'appliquer tous les accords du premier bloc. L'OHADA dont les Etats-Parties sont membres de l'OMC ne peut que rechercher en permanence la cohérence des actes uniformes avec les accords multilatéraux indivisibles. Il lui appartient donc d'être vigilant et de se rapprocher tant de cette organisation que des Etats-Parties pour une cohérence constante entre les actes uniformes et les accords multilatéraux indivisibles.

---

[522] Accord sur l'Organisation Mondiale du Commerce signé par 123 pays le 15 avril 1994 à Marrakech au Maroc.

A. La nécessaire harmonisation normative et juridictionnelle

Les Traités OHADA, UEMOA et CEMAC ont, pour la réalisation des objectifs qu'ils définissent, mis en place un système constitutionnel, générateur de normes supranationales originaires ou dérivés qui s'intègrent directement dans le droit interne des Etats Parties. Or l'ampleur et la profondeur des réformes entreprises ou en cours est énorme, surtout celles sous l'impulsion de la BCEAO, de la BEAC, de l'UEMOA et de la CEMAC. C'est pourquoi des risques majeurs de conflits de normes, liés au problème de la concurrence normative et juridictionnelle ne sont pas à exclure. En conséquence, une harmonisation des politiques normatives et juridictionnelles s'avère indispensable voire impérieuse.

1. L'harmonisation des normes communautaires

a. La mise en cohérence des normes

La création de plusieurs organisations régionales d'intégration dans les mêmes sphères géographiques pose la question de la compatibilité et de la coordination des programmes, notamment en matière d'édiction des normes. Il sied donc de mettre en cohérence les normes élaborées par l'OHADA, la CEMAC, l'UEMOA, la CEDEAO ainsi que celles des autres organisations. La mise en cohérence paraît cependant plus aisée entre les normes OHADA, UEMOA, CEMAC qu'avec la CEDEAO car il existe des différences notables entre celle-ci et les autres organisations. En effet les systèmes normatifs des trois organisations sont d'essence supranationale car ils consacrent le principe d'applicabilité directe[523] alors que dans la CEDEAO la portée des textes reste ambiguë[524]. En outre, les destinataires du droit produit par l'OHADA, l'UEMOA et la CEMAC sont les Etats et leurs démembrements quand ils agissent en tant qu'opérateurs économiques, les personnes morales de droit privé et les personnes physiques ; tandis que le droit produit par la CEDEAO s'adresse exclusivement aux Etats. Le recoupement des compétences peut conduire à des situations diamétralement opposées : un vide juridique ou un conflit négatif de compétence et un trop plein de textes ou un conflit positif de compétences.

---

[523] Art. 6,14 et 43 du Traité UEMOA ; art. 10 du Traité OHADA et art. 38 du Traité CEMAC.

[524] Art. 5 al. 2 du Traité révisé de la CEDEAO.

Il en va ainsi notamment, lorsque par exemple, l'acte uniforme portant organisation des sûretés ne contient pas de dispositions relatives au nantissement des propriétés intellectuelles et que ni les lois nationales, ni l'OAPI n'a réglementé une telle sûreté. De même, en matière d'assurance de dommages autres que ceux provoqués par des véhicules terrestres à moteur, des assurances aériennes et maritimes qui n'ont pas été traitées dans le Code CIMA. L'inexistence de loi nationale ou de conventions internationales ratifiées par ces Etats crée un vide juridique.

Quant au conflit positif de compétences, l'exemple le plus patent est celui du SYSCOA et de l'acte uniforme relatif à l'organisation et à l'harmonisation du droit comptable. Ici deux textes au moins interviennent pour régir le même domaine.

Dans les deux cas, qu'il s'agisse de conflit négatif ou positif, il faut rechercher la rationalisation des activités des organisations d'intégration. Sans doute, des règles de conflits peuvent être trouvées ça et là. Il en va ainsi des dispositions impératives de l'article 10 du Traité OHADA selon lesquelles « les actes uniformes sont directement applicables et obligatoires dans les Etats-Parties nonobstant toute disposition contraire de droit interne, antérieure ou postérieure » dont la conséquence est l'abrogation automatique de toutes les dispositions contraires[525]. Cependant, pour tenir compte de certaines spécificités, le législateur OHADA a admis à l'article 916 de l'acte uniforme relatif au droit des sociétés que « … ne seront pas abrogées les dispositions législatives auxquelles sont assujetties les sociétés soumises à un régime particulier ». Cette disposition permet également de résoudre les contrariétés relevées au niveau du droit des assurances et du droit bancaire.

Néanmoins et de plus en plus, les Traités prennent soin de régler ces genres de conflits en prévoyant la nécessité d'une harmonisation des différents textes. Il en va ainsi des articles 14 et 16 du Traité de l'UEMOA selon lesquels « dès l'entrée en vigueur du présent Traité, les Etats membres se concertent afin de prendre toutes mesures destinées à éliminer les incompatibilités ou doubles emplois, entre le droit et les compétences de l'Union d'une part , et les conventions conclues par un ou plusieurs Etats membres d'autre part, en particulier celles instituant des organisations économiques internationales spécialisées », de l'article 38 du Traité de la CEMAC, de l'article 5 alinéa 1er du Traité révisé de la CEDEAO[526]. Mais ces règles étant insuffisantes, la recherche des solutions plus pérennes paraît recommandée.

---

525 Avis n° 001/2001 de la CCJA du 30 avril 2001 à la demande de la Côte d'Ivoire.
526 Harmonisation des stratégies et des politiques.

Concernant les normes issues de l'OMC, et si la régionalisation présente néanmoins de nombreux avantages, elle peut aussi constituer un obstacle à la mondialisation si elle sécrète des normes régionales inconciliables avec les normes mondiales. On peut se féliciter concernant l'OHADA, car la cohérence des actes uniformes avec les normes de l'OMC semble assurée. En effet, les actes uniformes de l'OHADA concernent les matières techniques qui tiennent compte du courant universaliste de l'OMC, à titre d'exemple, la réglementation de la vente commerciale contenue dans l'acte uniforme portant droit commercial général est largement inspirée de la Convention de Vienne sur la vente ; de même l'essentiel des dispositions de l'acte uniforme relatif à l'arbitrage est tiré des règles de la Chambre de Commerciale Internationale de Paris.

b. L'harmonisation des compétences

Etant donné que les buts poursuivis à travers certaines de ces organisations sont à bien des égards identiques relativement aux objectifs généraux et très complémentaires en ce qui concerne les objectifs spécifiques, on peut prévoir un partage de compétences entre l'OHADA et les autres organisations d'intégration afin d'éviter une certaine concurrence entre les productions normatives de ces dernières. On peut accorder à l'OHADA l'exclusivité de la fonction normative relative au droit économique en général, c'est-à-dire le droit de réglementer ce que l'on pourrait appeler le droit commun des affaires, après avoir déterminé la politique législative avec les autres organisations (consistant en la réglementation des opérations qui concourent à la production et à la diffusion, circulation des biens et des richesses).

L'OHADA pourra jouer le rôle de maître d'œuvre pour le compte de ces organisations étant donné qu'elle a des structures plus adaptées. Des mesures doivent toutefois être envisagées. Une concertation périodique doit être envisagée entre les responsables des différentes organisations : par exemple entre le Secrétariat permanent de l'OHADA et les Secrétariats exécutifs des autres organisations en vue d'harmoniser leurs politiques et programmes d'intégration.

C'est ainsi par exemple qu'en l'absence de politique sectorielle commune en matière sociale, le Secrétariat Exécutif de la CEDEAO et les Présidents des Commissions UEMOA et CEMAC devraient pouvoir obtenir de l'OHADA que l'avant-projet d'acte uniforme relatif au droit du travail prenne en compte le volet « intégration économique et sociale de la libre circulation des personnes, des biens et des services ». Ces questions, surtout celles relatives au rapprochement des systèmes de couverture sociales, à la mise en œuvre du droit d'établissement doivent être traitées par les organisations d'intégration. En outre, pour s'assurer de la prise en compte de l'existence d'une relation entre la libre circulation des personnes et l'harmonisation en matière de droit du travail et de la sécurité sociale, le projet d'acte uniforme sur le droit du travail doit être soumis aux responsables de la CIPRES, dont le programme répond au souci des gouvernements et des partenaires sociaux d'obtenir des organismes et des régimes de prévoyance fiables et stables, afin qu'ils puissent contribuer plus efficacement à la mise en œuvre des politiques économiques et sociales des Etats. S'il est vrai que la CIPRES n'a pas vocation à légiférer, elle peut, en tant que structure de surveillance, faire des recommandations et des propositions à l'OHADA. Pour tout dire, l'acte uniforme portant droit du travail doit être élaboré dans le cadre d'une unité d'action entre ces différentes organisations (UEMOA, CEMAC, CEDEAO et CIPRES). Dans ces conditions, on devrait parler de relation quadripartite au lieu de tripartite : la communauté régionale, les Etats, les employeurs et les travailleurs. La réglementation en matière sociale doit faire donc intervenir quatre acteurs et trois niveaux de relations de coopération : relations internes entre les Etats, leurs employeurs et leurs travailleurs ; relation de coopération entre le regroupement et les employeurs et les travailleurs[527].

D'autres mesures doivent également être envisagées en vue d'une cohérence des compétences :

-Association au plan national des représentations des organisations économiques sous-régionales au sein des commissions nationales OHADA pour l'examen des avant-projets d'actes uniformes ;
-Participation au Conseil des Ministres de l'OHADA, en tant qu'observateurs, des Etats qui ne sont pas partie à l'OHADA, mais sont membres des autres organisations partenaires de l'OHADA, tels que certains Etats membres de la CEDEAO ;
-Proposition d'amendements à apporter aux différents traités par une commission régionale comprenant les experts de chacune des organisations en vue de déterminer les dispositions susceptibles d'entraîner des divergences et d'éventuelles causes de conflit, et de faire des propositions en vue de les éliminer définitivement.

Il s'agira entre autres de réviser l'article 82.a du Traité de l'UEMOA et

---

[527] Cela va dans le sens de la 8ème Session Extraordinaire du Conseil des ministres de la CIPRES tenue à Genève au cours de laquelle a été décidé le projet d'harmonisation des législations nationales de prévoyance sociale.

l'article 3.2(i) du Traité révisé de la CEDEAO[528], afin de lever l'obstacle que constitue la reconnaissance de la compétence exclusive de chacune des organisations pour l'édiction des normes en matière commerciale et donc en droit des affaires. Cette commission régionale préconisera des moyens devant permettre d'obtenir une compatibilité au niveau du fonctionnement des institutions régionales.

En tout état de cause, qu'il s'agisse de la matière des normes ou du règlement du contentieux, l'OHADA devra jouer le rôle de locomotive de l'intégration juridique et conséquemment de l'intégration économique des Etats africains. Cette solution risque de ne pas requérir l'assentiment des responsables des autres organisations qui craindront pour la restriction de leurs attributions, mais aussi parce qu'elle va nécessiter la révision des Traités.

Mais il faut qu'elle soit considérée comme une des pistes de solutions à la multiplicité d'organisations d'intégration en Afrique. Elle peut également rencontrer une résistance de la part de certains Etats-Parties aux autres organisations et n'appartenant pas à l'OHADA ; c'est le cas de certains Etats membres de la CEDEAO ; mais leur réaction négative ne devrait pas avoir de réel impact dans la mesure où la CEDEAO est plutôt généraliste que spécialisée et s'adresse à des personnes publiques (les Etats), contrairement à l'OHADA, spécialisée dans le droit des affaires et s'adressant à des personnes privées.

2. L'harmonisation des différents systèmes juridictionnels

Conscients des dangers d'interprétations divergentes ou contradictoires pour toute œuvre d'intégration, l'OHADA (CCJA), l'UEMOA (Cour de justice de l'UEMOA), la CEMAC (Cour de Justice de la CEMAC), la CEDEAO (Cour de justice de la CEDEAO), l'Union Africaine (Cour de justice de l'Union Africaine), ont institué chacune une juridiction spéciale chargée de veiller à l'application uniforme des règles de droit qu'elles ont édictées.

Ainsi existe-t-il sur le même espace géographique (Afrique centrale et Afrique de l'Ouest) au total six juridictions : la Cour commune de justice et d'arbitrage, la Cour de justice et des comptes de l'UEMOA, la Cour de justice de la CEMAC, la Cour de justice de la CEDEAO, un Tribunal arbitral de Communauté et la Cour de justice de l'Union Africaine. La Cour de justice de

[528] Il s'agit des mesures relatives à l'harmonisation des dispositions législatives, réglementaires et administratives nécessaires au fonctionnement de l'Union.

la CEDEAO est une juridiction non permanente, différente de la CCJA et dans une moindre mesure des cours de justice de la CEMAC et de l'UEMOA. C'est pourquoi les risques de contrariétés que contiendraient les modalités de contrôle juridictionnel n'existeraient que dans les Cours de justice de la CEMAC, de l'UEMOA et la CCJA.

A ces cours s'ajoutent les juridictions nationales qui souvent restent compétentes sauf en matière de cassation pour l'OHADA relativement aux contentieux portant sur les assurances (CIMA), la sécurité sociale (CIPRES) et la propriété intellectuelle (OAPI). La multiplicité des juridictions des organisations d'intégration économique en Afrique prouve la « juridicisation » du processus d'intégration et pose le problème de concurrence organique puis jurisprudentielle entre elles.

En effet, bien qu'ayant des sphères de compétence distinctes, qu'arriverait-il si un litige suscite l'application simultanée et coordonnée des règles de l'UEMOA, de la CEMAC et de l'OHADA ?

La solution réside dans le morcellement du procès, avec le risque de décisions inconciliables, dont les effets manquent de cohérence voire d'harmonie ou dans la désignation d'une des juridictions pour l'application et l'interprétation d'un texte pour lequel il n'a pas compétence, quitte à voir la décision soumise au contrôle de l'autre juridiction ? Cette pluralité de Cours de justice ne gagnerait-elle pas en efficacité si une collaboration formelle pouvait être établie entre elles ?

S'il est vrai que l'intégration ne peut se réaliser dans le cadre d'un espace juridique diversifié et qu'il n'est pas de droit communautaire sans une unité de jurisprudence, il doit être possible de trouver un mode d'articulation de ces juridictions. Pour les faire cohabiter, on peut penser à :

-La création d'une juridiction chargée spécifiquement de la régulation des rapports entre les juridictions communautaires ou supranationales ;
-L'établissement de liens de coopération entre la CCJA et les autres cours de justice ;
-L'établissement d'une passerelle entre les différentes juridictions communautaires, en vue d'assurer une meilleure coordination dans l'application du droit communautaire.

Il faut conclure que l'agencement des compétences juridictionnelles devrait conduire à l'extension des attributions de la CCJA aux contentieux relevant des assurances, de la propriété intellectuelle et de la sécurité sociale.

§2. Vers un vide juridique dans l'activité bancaire

Si le droit issu du Traité OHADA a permis de combler le vide juridique en matière de droit des activités économiques en général, les attentes de la banque sont loin d'être satisfaites. En effet, le Conseil des Ministres a décidé en 2010 de soustraire le droit bancaire des matières à harmoniser. Et depuis cette date, et alors qu'il revenait à la CEMAC ou au gouvernement d'initier un projet en ce sens, aucun projet de texte n'est à l'ordre du jour à ce jour. Au niveau national, si les difficultés liées aux défis sécuritaires ont été pendant longtemps la cause du déficit en matière normative, cette léthargie ne peut s'expliquer aujourd'hui en cette ère de mondialisation de l'économie.

A. Les difficultés normatives au niveau régional

Il est vrai, la mise en œuvre du droit OHADA a permis au banquier de meubler un tant soit peu son arsenal normatif. Il a à sa disposition un droit moderne de sûreté pour la garantie des crédits qu'il accorde. Le droit des voies d'exécution pour le recouvrement de ses créances et l'exécution des décisions ainsi que le droit des procédures collectives sont mis en place. Mais ce qui doit le préoccuper est la non adoption d'un droit bancaire, lequel selon le Conseil des ministres ne doit plus faire partie des matières à harmoniser.

1. L'OHADA et l'activité bancaire

Il faut noter qu'en l'absence d'un acte uniforme relatif à l'activité bancaire, il est revenu aux deux sous-régions UEMOA et CEMAC d'intervenir par les législations bancaires harmonisées à l'échelle de chaque sous-région. Cependant au niveau de la réforme OHADA, au moins trois des neuf actes uniformes jusque-là adoptés[529] intéressent l'activité bancaire. Il s'agit de l'acte

[529] A ce jour les neuf actes uniformes concernent l'arbitrage, le droit commercial général, le droit des sociétés commerciales et du groupement d'intérêt économique, les sociétés coopératives, la comptabilité, les sûretés, les recouvrements et voies d'exécution, les procédures collectives et le transport.

uniforme portant organisation des sûretés qui peut s'appliquer aux garanties bancaires, de l'acte uniforme portant organisation des procédures simplifiées de recouvrement et des voies d'exécution qui s'applique à la saisie des comptes bancaires et de l'acte uniforme portant organisation des procédures collectives d'apurement du passif qui a vocation à s'appliquer en cas de traitement des difficultés des établissements de crédit, lorsque les procédures dérogatoires de recapitalisation et d'administration provisoire ne sont pas privilégiées.

a. L'acte uniforme portant organisation des procédures simplifiées de recouvrement et des voies d'exécution

1°. La procédure d'injonction de payer

Devant les difficultés d'obtenir un recouvrement rapide et efficace des créances, l'OHADA a élaboré cet acte uniforme dans lequel il traite l'Etat comme un justiciable ordinaire à certains égards. Mais ce droit fait preuve d'une certaine rigueur dans la forme des actes de procédure.

La procédure d'injonction de payer est généralisée à tous les pays. Elle est ouverte pour toute créance certaine, liquide et exigible ayant une cause contractuelle ou représentée par un effet de commerce ou un chèque.

Avec cette procédure, une personne qui se prétend titulaire d'un droit de créance peut, de manière unilatérale et sur simple justification de ses allégations, les preuves n'étant pas exigées à ce stade, obtenir une décision aux effets considérables. Quant au débiteur il peut, lorsque l'ordonnance portant injonction de payer est rendue, former opposition et introduire la contestation pour voir rétracter ladite ordonnance.

Mais si à l'expiration du délai qui lui est imparti, le débiteur ne fait pas opposition, l'ordonnance pourrait être revêtue de la formule exécutoire ; elle aurait alors les effets d'une décision exécutoire. En raison des dangers qu'elle peut présenter, cette procédure est soumise à des conditions rigoureuses pour son déclenchement et à un formalisme strict dans son déroulement. Mais la partie de cette législation qui intéresse le banquier sont la saisie-conservatoire et la saisie-attribution des créances.

2°. La saisie-conservatoire des créances

C'est une saisie qui tend uniquement à rendre indisponible certains biens mobiliers appartenant au débiteur et qui se caractérise par son objet et son but. Concernant l'objet, on peut noter qu'une telle saisie porte exclusivement sur les biens mobiliers corporels ou incorporels. Relativement au but poursuivi, on peut relever que la fonction de ce type de saisie n'est pas de poursuivre l'exécution et de réaliser la vente du bien saisi ; il s'agit de rendre indisponible le bien de manière à en assurer la conservation.

Ces deux aspects apparaissent nettement dans l'article 54 de l'acte uniforme portant recouvrement des créances et voies d'exécution. Selon ce texte, « la personne dont la créance paraît fondée dans son principe peut, par requête, solliciter de la juridiction compétente du domicile ou du lieu où demeure le débiteur, l'autorisation de pratiquer une mesure conservatoire sur tous les biens mobiliers corporels ou incorporels de son débiteur, sans commandement préalable, si elle justifie de circonstances de nature à en menacer le recouvrement ». Elle a donc un caractère provisoire ou préventif et a pour finalité première de rendre les créances saisies indisponibles pour son propriétaire (le débiteur ou client de la banque) afin d'éviter que ce dernier n'organise son insolvabilité.

Les saisies conservatoires impliquent très souvent les banques qui voient leur responsabilité engagée lors de la procédure de leur mise en œuvre. Il n'en est pas de même lors de la procédure de conversion en saisie-attribution. En effet, la saisie conservatoire vise à apporter une garantie au créancier avant que ne soit prononcé le jugement condamnant son débiteur à payer sa créance. Ainsi pour la mise en œuvre de la saisie conservatoire, il faut que la créance soit fondée en son principe, c'est-à-dire une créance qui n'est pas sérieusement contestable et que le recouvrement paraisse en péril. [530]Ensuite, il faut que le créancier procède à la saisie au moyen d'un acte d'huissier signifié au banquier saisi, lequel acte doit contenir à peine de nullité plusieurs mentions[531]. Ensuite, cette saisie conservatoire doit être dénoncée au débiteur obligatoirement sous huitaine sous peine de caducité. Cet acte doit également renfermer certaines mentions à peine de nullité[532]. Puis la saisie conservatoire débouche très souvent sur sa conversion en saisie-attribution. Cette procédure permet au banquier tiers saisi de procéder au paiement du créancier saisissant au prorata du montant de la créance réclamée au débiteur. La conversion est

[530] Selon l'article 36 de l'AU/RVE, la banque tiers saisie engage sa responsabilité en cas de déclaration inexacte, mensongère ou tardive.
[531] Art. 157 de l'AU/RVE.
[532] Art. 79 de l'AU/RVE.

matériellement sollicitée lorsque le créancier peut justifier d'un titre exécutoire et en l'absence de contestation du débiteur.

3°. La saisie-attribution des créances

La saisie-attribution des créances qui cause de nombreux incidents impliquant les banques est une [533]procédure à travers laquelle « tout créancier muni d'un titre exécutoire constatant une créance liquide et exigible, peut, pour en obtenir le paiement, saisir entre les mains d'un tiers les créances de son débiteur portant sur une somme d'argent ». Elle commence par la saisine du banquier tiers saisi qui est tenu d'accomplir certaines diligences pour faire avancer la procédure. En effet, la procédure de saisie-attribution commence par un acte dont la signification est faite au banquier par voie d'huissier ou tout agent d'exécution. D'après les dispositions de l'article 157 de l'acte uniforme, l'acte doit contenir un certain nombre de mentions obligatoires sous peine de nullité. Par ailleurs, l'acte de saisie doit indiquer l'heure à laquelle il a été signifié car la référence à l'heure et à la date de la procédure marque le point de départ des diligences qui sont imposées au banquier tiers saisi. Celui-ci est alors tenu de déclarer la nature du ou des comptes du client débiteur ainsi que leur solde au jour de la saisie.

La saisie est par la suite portée à la connaissance du débiteur par un acte d'huissier, lequel selon l'article 160 de l'acte uniforme doit contenir [534]deux mentions à peine de nullité. Les contestations sont portées devant la juridiction du domicile ou du lieu où demeure le débiteur. En revanche, si le débiteur n'a pas de domicile connu, les contestations sont portées devant la juridiction du domicile ou du lieu où demeure le banquier tiers saisi. Dans tous les cas, le banquier tiers saisi est appelé à l'instance de contestation. La juridiction compétente donne effet à la saisie pour la fraction non contestée de la dette. Les décisions de la juridiction tranchant la contestation sont susceptibles d'appel dans les quinze jours dès notification aux concernés. Les délais d'appel sont suspensifs d'exécution sauf décision spécialement motivée de ladite juridiction compétente. Lorsque les actions en contestation sont entièrement vidées, le banquier tiers saisi peut désormais procéder au

---

[533]. Article 153 de l'AU/RVE.

[534] Il s'agit de joindre à cet acte une copie de l'acte de saisie et d'écrire en caractères très apparents, l'indication que les contestations doivent être soulevées, sous peine d'irrecevabilité, dans un délai d'un mois qui suit la signification de l'acte, et la date à laquelle expire ce délai, ainsi que la désignation de la juridiction devant laquelle lesdites contestations pourront être portées.

paiement du créancier saisissant. En effet, selon l'article 164 de l'acte uniforme, le tiers saisi procède au paiement sur présentation d'un certificat du greffe attestant qu'aucune contestation n'a été formée dans le mois suivant la dénonciation de la saisie ou sur présentation de la décision exécutoire de la juridiction rejetant la contestation. Mais, précise l'article 161 alinéa 2 dudit acte uniforme, il est permis au banquier la régularisation des opérations en cours dans le délai de quinze jours par des opérations débitrices ou créditrices selon les cas.

b. L'acte uniforme portant organisation des procédures collectives

Cet acte uniforme intitulé « Acte uniforme organisant les procédures collectives d'apurement du passif » s'inspire très largement de la loi française du 13 juillet 1967. Avant cet acte, la législation applicable dans la plupart des pays africains de la zone franc était celle du Code de commerce de 1807 telle qu'elle a été complétée par la loi du 14 mars 1889 et le décret du 30 octobre 1935. En l'absence de dérogation spécifique et formelle, les dispositions de l'acte uniforme relatives au règlement préventif, au redressement judiciaire et à la liquidation des biens sont applicables aux établissements de crédit. Ainsi selon l'article 84 de la loi cadre bancaire en zone UEMOA, sous réserve d'avis conforme de la Commission bancaire, les dispositions de l'acte uniforme OHADA sur les procédures collectives et d'apurement du passif s'appliquent en principe au traitement des difficultés des établissements de crédit.

1°. La procédure de règlement préventif

Cette procédure est organisée pour autoriser les débiteurs qui connaissent une situation économique et financière difficile mais non irrémédiablement compromise, à obtenir, dans un premier temps, une suspension des poursuites individuelles afin de proposer et d'obtenir un concordat préventif destiné à éviter la cessation des paiements et à permettre le redressement de l'entreprise.

Ce concordat peut consister en remises et délais ainsi qu'en toutes autres mesures de réorganisation juridique, financière ou technique de l'entreprise. Mais si la cessation de paiement est avérée, le débiteur peut être déclaré en redressement judiciaire ou en liquidation des biens.

2°. Le redressement judiciaire et la liquidation des biens

Le redressement judiciaire permet au débiteur d'obtenir un concordat de redressement dont le contenu peut être identique à celui du concordat préventif. L'objectif étant le redressement de l'entreprise qu'il faut préserver comme unité économique et sociale, les traits caractéristiques de cette procédure sont précisés par l'acte uniforme.

Ainsi, tous les créanciers, chirographaires ou titulaires de sûretés, subissent la suspension des poursuites individuelles jusqu'à l'annulation ou la résolution du concordat si celui-ci est voté, la déchéance du terme de leurs créances, l'arrêt du cours des intérêts et de l'inscription des sûretés. Si le concordat ne consiste qu'en l'obtention des délais, le tribunal peut les accorder sans vote des créanciers si ces délais n'excèdent pas deux ans.

Dans les autres cas, le concordat peut être voté et homologué en des termes diversement acceptés par les créanciers ; le principe de l'égalité cède devant celui de la liberté des créanciers sous réserve de l'intérêt public et du caractère sérieux du concordat. Le juge-commissaire décide des licenciements pour motif économique. Le débiteur est maintenu à la tête de son patrimoine sous la surveillance du syndic qui représente également les créanciers et il est fait appel au juge-commissaire plutôt qu'au tribunal aussi souvent que possible.

La liquidation des biens aboutit à l'apurement du passif à la suite des opérations de réalisation de l'actif mobilier et immobilier. Pour éviter la dispersion des procédures d'exécution prévalant dans le droit antérieur, c'est désormais le syndic seul qui est chargé, en principe, de réaliser l'actif mobilier et immobilier, à l'exclusion du Trésor et des créanciers munis de sûretés réelles spéciales[535] comme c'était le cas autrefois. Les opérations de cession globale d'actif mobilier et immobilier sont précisées de manière à éviter les difficultés d'autrefois découlant du défaut d'indication ou de précision sur la valeur des différents éléments cédés, fort utile pourtant pour l'exercice des droits des créanciers munis de sûretés réelles. Quant à la réalisation des immeubles, elle peut se faire de trois façons[536], ce qui laisse au juge-commissaire, sur requête du syndic ou du poursuivant, la possibilité de choisir la façon la plus appropriée à l'importance du bien ou à la conjoncture.

---

[535] Lesquelles peuvent être le gage, le nantissement ou l'hypothèque.

[536] Par saisie immobilière, par adjudication amiable et par vente de gré à gré.

3°. Les sanctions des comportements des dirigeants

Les dirigeants des personnes morales sont exposés à l'obligation de combler totalement ou partiellement le passif de l'entreprise en cas d'insuffisance d'actifs si une faute de gestion est démontrée à leur encontre. Il y a aussi l'extension envers eux de procédures collectives contre les personnes morales lorsqu'ils se sont comportés comme de véritables maîtres de l'affaire sociale. Ils sont en outre interdits de céder leurs droits sociaux, d'exercer leur droit de vote dans les assemblées et, éventuellement, l'obligation de céder ces droits. Enfin ils sont exposés à l'ouverture d'une procédure de redressement judiciaire ou de liquidation des biens s'ils n'acquittent pas le passif social mis à leur charge. De plus, sous la rubrique intitulée « faillite personnelle », les débiteurs et dirigeants d'entreprises qui ont eu un comportement immoral peuvent se voir infliger des interdictions ou des déchéances de faire le commerce, de diriger une entreprise, d'exercer une fonction politique, publique, administrative ou judiciaire pour une durée déterminée ; la réhabilitation est possible dans des conditions rigoureuses précisées par le texte. Des sanctions pénales sont attachées à certains comportements délictueux des débiteurs ou des dirigeants des personnes morales telles que la banqueroute simple ou frauduleuse selon la gravité desdits comportements.

c. L'acte uniforme portant organisation des sûretés

La simplification et le renforcement des garanties des créanciers inspirent grandement cet acte uniforme car en la matière, [537]la réglementation n'a pas changé depuis le Code civil de 1804.

1°. Dans le droit des sûretés personnelles

En matière de cautionnement, le principe est que toute caution est solidaire du débiteur principal, sauf disposition légale ou clause conventionnelle contraire. En contrepartie, les engagements de la caution doivent être définis d'une façon précise : le montant du cautionnement doit toujours être plafonné à une somme

[537] En effet en Afrique francophone subsaharienne seul le Sénégal avait réformé ce droit dans la troisième partie du Code des obligations civiles et commerciales.

maximale déterminée par les parties même lorsqu'il couvre tous les engagements du débiteur. Une nouvelle obligation légale est faite au créancier dans l'intérêt de la caution, celle de [538]l'informer de toute défaillance du débiteur garanti dans le paiement ou de l'évolution de l'endettement de celui-ci lorsque l'obligation est indéfinie avec la faculté, pour la caution, de révoquer son engagement dans ce dernier cas.

La lettre de garantie à première demande, récemment apparue dans la pratique des affaires et de construction jurisprudentielle connaît une consécration législative pour éviter les abus et les incertitudes ainsi que les conséquences fâcheuses auxquelles cette pratique avait donné lieu.

A cet effet, le projet s'inspire des « Règles uniformes relatives aux garanties à première demande » publiées par la Chambre de Commerce Internationale de Paris, par exemple, l'exigence d'un formalisme comparable à celui de la lettre de change pour rendre incontestable la qualification de garantie à première demande.

2°. Dans le droit des sûretés mobilières

Le droit de rétention est consacré (défini et réglementé) par des dispositions générales expresses qui faisaient défaut et en font une sûreté active et achevée. Le gage des créances est rendu possible et organisé dès lors que ces créances sont constatées par un écrit.

Les différents warrants (hôtelier, pétrolier, agricole) autrefois régis par des textes dispersés et disparates, reçoivent une réglementation commune et une appellation nouvelle : nantissement des stocks de matières premières et de marchandises. La série des nantissements classiques sans dépossession (fonds de commerce, matériel et professionnel, véhicules) est augmentée de celle des parts et actions sociales et autres valeurs mobilières. De plus, il est prévu un registre du commerce et du crédit mobilier destiné à renseigner les tiers, non seulement sur la structure judiciaire, financière et patrimoniale des entreprises mais aussi sur les sûretés mobilières qui presque toutes sont soumises à publicité.

Quant aux privilèges, la liste abondante, archaïque et désordonnée des privilèges généraux du Code civil a été abandonnée au profit d'une

[538] Prosper Nkou Mvondo, L'information de la caution dans le nouveau droit des sûretés des Etats africains, inédit.

énumération réduite et ordonnée dans un seul article de façon à faciliter le classement entre eux. Au cas où les lois internes créeraient de nouveaux privilèges, elles devraient les classer par référence à ce texte, faute de quoi ils seront classés au dernier rang institué par ledit texte.

Certains privilèges généraux (Douane, Trésor, Sécurité sociale) dont la clandestinité est redoutable sont soumis à publicité sous peine d'inopposabilité aux autres créanciers. La liste des privilèges mobiliers spéciaux a été revue (suppression du privilège de l'hôtelier, réduction du privilège du bailleur de l'immeuble à douze mois de loyers au lieu de deux ans de loyers impayés par exemple).

Le conflit entre plusieurs privilèges mobiliers spéciaux portant sur les mêmes biens est réglé au profit du premier saisissant (abandon des règles complexes du Code civil).

3°. Dans le droit des sûretés immobilières

Le droit des hypothèques applicable dans les pays de la zone franc résulte d'une législation spéciale forgée par le pouvoir colonial à travers [539]les « décrets fonciers ». Cette législation étant parfaitement adaptée au contexte juridique et économique africain actuel, n'a nécessité que [540]très peu de retouches.

Il a surtout paru utile de mettre fin à la règle selon laquelle l'inscription des hypothèques ne se périme pas car elle exposait le débiteur à supporter des frais importants de mainlevée judiciaire alors même qu'il se serait intégralement acquitté de sa dette et/ou que son créancier serait introuvable.

L'institution de la péremption de l'inscription hypothécaire lui permettra d'attendre patiemment l'écoulement du délai de validité de l'inscription pour qu'elle tombe automatiquement, sans frais, à charge pour le créancier d'en demander le renouvellement avant la date de la péremption s'il n'est pas intégralement payé.

---

[539] Encyclopédie juridique de l'Afrique, Tome 5, sous la direction de Guy Adjété KOUASSIGAN, Nouvelles éditions africaines, 1982, p. 165 et s.

[540] Tous les pays africains de la zone franc sont dotés d'un Livre ou Registre foncier où tous les droits réels immobiliers doivent être inscrits et mis à jour selon des règles précises et méticuleuses.

2. La révision du Traité et la problématique de l'harmonisation

a. La révision du Traité et des actes uniformes

Par la signature à Port-Louis, à l'Ile Maurice, le 17 octobre 1993, du Traité relatif à l'harmonisation du droit des affaires en Afrique, les Etats-Parties ont voulu, par cet instrument juridique, contribuer à instaurer en Afrique un espace économique viable et unifié susceptible de répondre aux besoins des investisseurs. La recherche de cet objectif était devenue une nécessité compte tenu de l'insécurité juridique et judiciaire qui régnait dans les Etats d'Afrique surtout francophones depuis leur indépendance. Le 17 octobre 2008, soit quinze ans jour pour jour après la signature à Port-Louis précitée, les chefs d'Etats et de Gouvernements des Etats membres de l'OHADA ont signé à Québec au Canada un Traité modifiant celui de l'Ile Maurice. Malgré l'ampleur de la modification, laquelle porte sur vingt des soixante-trois articles que comporte celui de Port-Louis, ce Traité modificatif ne se démarque pas des premiers objectifs de l'organisation. Le Traité de Québec renforce le dispositif institutionnel de l'OHADA ainsi que les effectifs de la CCJA, augmente le nombre des langues de travail puis améliore le système d'arbitrage. Cependant ces réformes paraissent insuffisantes, notamment celles relatives à la CCJA. Elles nécessitent des mesures d'accompagnement. L'élaboration des autres actes uniformes prévus par le Traité piétine alors que ceux relatifs au droit commercial général et aux sûretés viennent déjà de faire l'objet de révision.

1°. Des innovations mineures

La révision porte sur le renforcement de la capacité des instantes dirigeantes, la prise en compte des réalités linguistiques et la recherche d'une efficacité opérationnelle des organes de l'OHADA. A l'origine et sur le plan institutionnel, l'OHADA se composait du Conseil des Ministres, du Secrétariat Permanent, de la CCJA et de l'ERSUMA. Le Traité révisé a ajouté un organe important qu'est la Conférence des Chefs d'Etats et de Gouvernement[541]. Par cette innovation, les Etats membres ont voulu donner

[541] Art. 27 du Traité révisé.

une nouvelle impulsion à l'action de l'OHADA. En outre, cette instance hautement politique, en plus de la définition des grandes orientations de la politique de l'organisation, peut veiller au bon fonctionnement des organes et des institutions et coordonner les activités de l'OHADA avec celles des autres organisations africaines d'intégration économique et juridique. Cependant on peut craindre que l'OHADA qui n'est qu'une organisation technique d'intégration juridique soit transformée en une organisation politique d'une part, et d'autre part que les dépenses liées à cette institution politique puissent grever le budget de l'OHADA au détriment de ses autres activités. Fort heureusement, il n'est pas prévu de réunions régulières et la conférence ne sera convoquée qu'en cas de besoin pressant.

Concernant les réalités linguistiques, il faut noter que c'était le français qui était choisi comme langue de travail à la création de l'organisation. Déjà à cette date, la Guinée Equatoriale et la Guinée Bissau, membres fondateurs, utilisent respectivement l'espagnol et le portugais comme langues officielles. Le Cameroun pays bilingue utilise le français et l'anglais. Et puis l'OHADA est une organisation d'intégration juridique qui a vocation à regrouper en son sein tous les Etats africains, lesquels sont caractérisés par une diversité linguistique. C'est pourquoi désormais, au terme de l'article 42 du Traité révisé, « les langues de travail de l'OHADA sont le français, l'anglais, l'espagnol et le portugais ».

La recherche d'une efficacité opérationnelle concerne l'abandon des arrangements de N'Djaména, la réforme de la CCJA et la reformulation de certaines dispositions du Traité. La répartition des sièges et des postes dite « Arrangements de N'Djaména » se faisait comme suit : les sièges de la CCJA, du Secrétariat Permanent et de l'ERSUMA revenaient respectivement à la Côte d'Ivoire, au Cameroun et au Bénin ; quant aux autres postes, la Présidence de la CCJA revenait toujours à un Sénégalais, le Secrétariat Permanent dirigé par un Togolais et c'est à un Burkinabé que revient la Direction Générale de l'ERSUMA. Il faut noter surtout que cette répartition des postes qui ne repose sur aucune base juridique a été vivement critiquée. En effet, ces « arrangements » constituaient un élément de blocage et source de frustrations des Etats qui en sont exclus. Ils sont en contradiction avec les termes du Traité, surtout en ce qui concerne les postes de juges à la CCJA, ils incitent aussi à multiplier les organes ou fonctions des organes existants dans l'unique but de satisfaire tous les Etats membres. C'est pourquoi, dans le strict respect de la philosophie de l'organisation et dans l'optique de privilégier la compétence et l'intégrité dans le choix des cadres, la Conférence des Chefs d'Etat et de Gouvernement de l'OHADA a adopté une déclaration mettant fin à ces mesures transitoires définies par les « Arrangements de N'Djaména ».

La CCJA a fait l'objet d'une nouvelle recomposition. En effet, le nombre de juges est passé de 7 à 9. Il a été souvent rapporté que les 7 juges composant la Cour sont débordés par le volume de plus en plus croissant du contentieux dont elle est saisie et qu'une augmentation de ses effectifs lui permettrait de mieux atteindre l'objectif de célérité ou de rapidité judiciaire qui constitue l'une des raisons fondamentales de la création de l'organisation. C'est pourquoi en augmentant le nombre de juges composant la Cour, le Traité de Québec permet à celle-ci de disposer d'un effectif en adéquation avec le volume du contentieux dont elle est saisie.

S'agissant des reformulations, les plus importantes portent sur les articles 7 et 9 qui visent une certaine adaptation des actes uniformes. L'article 7 concerne la procédure d'élaboration des actes uniformes. Il faut rappeler que les organes qui interviennent dans cette phase sont le Secrétariat Permanent, les Gouvernements des Etats membres et la CCJA. Et à chaque niveau des délais sont impartis. Le Traité révisé a prévu la possibilité de proroger le délai d'action aux gouvernements des Etats d'une durée supplémentaire de 90 jours. Le contenu de l'article 9 du Traité a été clarifié. L'ancienne formulation était quelque peu ambiguë car se posait la question de la différence entre l'entrée en vigueur et l'opposabilité et celle de savoir si la seule publication au Journal Officiel de l'OHADA permet de rendre opposable le texte aux Etats membres. Ou encore qu'adviendrait-il si le texte est publié au Journal Officiel de l'OHADA mais pas dans celui d'un Etat-Partie. Désormais avec l'article 9 nouveau, « les actes uniformes sont publiés au Journal Officiel de l'OHADA par le Secrétariat permanent dans les 60 jours suivant leur adoption. Ils sont applicables 90 jours après cette publication, sauf modalités particulières d'entrée en vigueur prévues par les actes uniformes eux-mêmes. Ils sont également publiés dans les Etats-Parties, au Journal Officiel, ou par tout autre moyen approprié. Cette formalité n'a aucune incidence sur l'entrée en vigueur des actes uniformes ». Ainsi les actes uniformes sont uniquement « applicables 90 jours suivant leur publication au Journal Officiel de l'OHADA ». La publication au Journal Officiel des Etats- parties demeure bien entendu une exigence, mais n'a aucune portée juridique sur l'entrée en vigueur des actes uniformes. D'autres questions ont fait l'objet de réformes. L'on remarque que l'ensemble de ces retouches vise à donner une nouvelle énergie au droit OHADA pour une plus grande efficacité. Il s'agit notamment des articles 17, 31 et 39 du Traité concernant la composition, le rôle et le fonctionnement de la CCJA, de l'article 40 sur le Secrétariat Permanent, de l'article 41 sur l'ERSUMA, de l'article 45 sur le budget annuel de l'organisation, de l'article 49 sur les immunités et privilèges accordés aux fonctionnaires et employés de l'OHADA, de l'article 57 sur les instruments de ratification et d'adhésion, de l'article 59 sur l'enregistrement du Traité, de l'article 61 sur sa révision et de l'article 63 sur le nombre d'exemplaires à produire.

2°. Des oublis regrettables

Les concepteurs du Traité du Québec auraient dû saisir cette occasion pour modifier le rôle de la CCJA. En effet, en matière judiciaire, la CCJA est juge de cassation des arrêts des cours d'appel et des jugements en premier et dernier ressort rendus en matière d'actes uniformes dans toute la zone OHADA. En cas de cassation, elle évoque et tranche au fond. Ce qui veut dire que les juridictions nationales de cassation sont presque totalement évincées et donc leurs interventions possibles n'est qu'un leurre. On sait que ce dispositif novateur et unique au monde avait plusieurs justifications : accélérer le cours de la justice, unifier les jurisprudences, faire échec à la corruption des juges, etc...Or on a découvert un peu plus tard que les juridictions suprêmes nationales se voyaient dépouiller d'une plus grande partie de leurs fonctions, car le droit uniforme a vocation à absorber tout le droit des activités économiques à savoir le droit non pénal, non familial et non administratif. De plus, comment concevoir l'évocation après cassation par une juridiction qui est non seulement lointaine mais coupée des cultures et coutumes juridiques locales ? N'est-ce pas dommageable, la mise à l'écart du droit harmonisé de nombreux juges alors que les magistrats africains sont encore en nombre insuffisants ? Il faut préconiser la saisine de la CCJA après épuisement de toutes les voies de recours internes. En effet, c'est la seule manière de redynamiser et de désengorger cette Cour, de remotiver les hautes juridictions nationales et enfin de lever un des principaux obstacles à l'adhésion de nouveaux Etats membres.

Il faut remarquer également que dans chaque Etat a été créée une Commission Nationale qui assiste le Gouvernement et supplée à l'absence d'intervention des parlements nationaux dans la procédure d'adoption des actes uniformes. On peut regretter que le Traité révisé n'ait pas consacré juridiquement ces Commissions Nationales afin de rendre leur création obligatoire dans tous les Etats-Parties, tout en leur définissant un cadre général d'organisation même si dans les faits, chaque Etat en possède une. Il y a de nombreux autres dysfonctionnements qui ne relèvent pas directement du Traité mais qui gagneraient à être corrigés. La représentation des parties devant la CCJA ne garantit pas un accès équitable au procès conforme à l'esprit de la matière commerciale. La mise en conformité des législations nationales est inexistante et contrarie la sécurité juridique recherchée par le Traité. L'effectivité des RCCM n'est qu'un leurre. L'exigence d'une procédure commerciale commune et d'une harmonisation des juridictions commerciales ne préoccupe visiblement pas nos gouvernants et même les organes de l'OHADA. En outre, la mise en cohérence du Traité OHADA avec d'autres droits harmonisés et d'autres ensembles régionaux ne serait certes pas superflue.

3°. La révision des actes uniformes

L'acte uniforme relatif au droit commercial général définit et réglemente notamment les statuts et le régime du commerçant, des intermédiaires et du fonds de commerce, le cadre réglementaire du registre de commerce et du crédit mobilier, etc. L'importance de cet acte uniforme n'est plus à démontrer. La réforme élargit et précise le statut des différents acteurs de la chaîne commerciale, améliorant et facilitant le cadre des interactions économiques et commerciales au sein de la région et de chaque pays. Elle améliore le cadre organisationnel, fonctionnel et institutionnel du registre de commerce et du crédit mobilier, facilitant ainsi sa modernisation et permettant ainsi un meilleur accès à l'information et sur les entreprises et sur leurs engagements commerciaux dans les Etats membres. Les promoteurs de la révision ont notamment souhaité adopter des dispositions facilitant le passage des opérateurs du secteur informel au secteur formel, rendant légale et opposable l'utilisation des moyens électroniques et définissant les missions du RCCM. Celui-ci a été réorganisé pour en faire un instrument d'information sur l'activité économique des Etats-Parties et pour faciliter le droit d'accès des tiers à ces informations grâce à l'utilisation des moyens électroniques.

Les grands axes de la révision visent entre autres, la simplification des formalités et la réduction des délais, la définition du statut de l'entreprenant, la relecture du droit de la vente ainsi que des règles sur le bail commercial, le fonds de commerce et sur la prescription.

Quant à la révision de l'acte uniforme relatif aux sûretés, il avait pour objectif l'amélioration de l'environnement du droit des affaires dans l'espace OHADA par l'actualisation et la modernisation de l'acte uniforme relatif aux sûretés. Le soutien des établissements de crédit dans les financements apportés aux opérateurs économiques pour leurs investissements et aux particuliers pour soutenir la consommation des ménages constitue un des motifs de la révision. En effet, l'accès au financement et le développement du crédit sont déterminés en grande partie par la capacité du débiteur à offrir librement une garantie fiable aux banquiers. La réforme a encore pour objectif spécifique « la formulation de solutions novatrices et équilibrées, de nature à renforcer davantage les qualités de souplesse, de lisibilité et d'accessibilité du droit

OHADA des sûretés, nécessaires au développement du crédit ». C'est ainsi que les amendements sont destinés à améliorer le régime des sûretés personnelles et réelles, tout en renforçant le régime de publicité. Il est procédé à une redéfinition des notions de gage et de nantissement, à la simplification des conditions de constitution du gage et du nantissement. L'assiette des sûretés mobilières a été étendue et celles existantes ont été améliorées. Concernant les hypothèques, il a été tenu compte des principes de souplesse au niveau de leur constitution et d'efficacité quant à leur exécution. Il faut également noter l'introduction de nouvelles sûretés[542].

4°- L'édiction des autres actes uniformes

Les neuf actes uniformes adoptés jusqu'à présent suivis de la révision de l'acte uniforme relatif au droit commercial général et celui des sûretés couvrent les matières listées par l'article 2 du Traité. Trois actes uniformes à savoir le droit du travail, le droit de la consommation et le droit des contrats sont en chantier. Et puis récemment à Lomé lors du Conseil des Ministres du 15 décembre 2010, et après avoir retiré du domaine d'harmonisation du droit des affaires le droit bancaire et le droit de la concurrence, les ministres ont complété le programme d'harmonisation en y incluant le droit de la propriété intellectuelle, le droit des sociétés civiles, le droit des contrats et le droit de la preuve.

Le droit du travail fait l'objet d'un projet d'acte uniforme qui n'a pas encore été adopté par le Conseil des Ministres. Ce projet d'acte uniforme constitue un compromis et laisse une place importante aux textes d'application à édicter pour chaque Etat membre et aux négociations collectives. Ce projet énonce certains principes fondamentaux du droit du travail, dont la plupart étaient déjà connus par les Etats membres par l'adoption des grandes conventions de l'Organisation Internationale du Travail (OIT), et laisse ainsi aux Etats membres la liberté de les compléter au plan national. L'acte uniforme relatif à la vente aux consommateurs est également en préparation. Le projet n'étant toutefois pas aujourd'hui à un stade très avancé, les détails de son contenu ne sont pas encore disponibles. L'OHADA n'a pas encore organisé de contrat complexe. Toutefois, ayant vocation à harmoniser toute matière qu'elle juge pertinente, elle est apte à organiser des contrats complexes pour autant que le Conseil des Ministres en constate l'opportunité. C'est ce qu'augure les

[542] Notamment les sûretés réelles telles que la clause de réserve de propriété, les nantissements de stocks, de valeurs mobilières, de droits d'associés, de parts sociales, etc.

récentes instructions du Conseil des Ministres autorisant le Secrétariat Permanent à engager les études de pertinence et de faisabilité dans certaines matières. C'est ainsi que le Conseil des Ministres de juin 2011 à Bissau en Guinée-Bissau a inclus dans le programme d'harmonisation du droit des affaires, les contrats complexes ci-après :

-Le crédit-bail appelé encore leasing ;
-La sous-traitance ou le factoring ;
-La franchise ou le franchising ;
-Le contrat de Built, Operate and Transfert (BOT ou partenariat public privé)[543].

b. Les difficultés de l'harmonisation

Le Traité du 17 octobre 1993 relatif à l'Organisation pour l'Harmonisation en Afrique du Droit des Affaires s'inscrit dans une stratégie d'intégration juridique, qui consiste à la fois en l'harmonisation progressive des législations des Etats-Parties et en l'unification des modes de règlement des conflits, en matière judiciaire comme en matière arbitrale. Dans les Etats- Parties de l'Afrique de l'Ouest, le Traité du 14 novembre 1973 constituant l'Union Monétaire Ouest Africaine (UMOA) de son côté a impulsé une dynamique originale d'intégration monétaire à laquelle participent actuellement les huit Etats membres de l'UEMOA (Bénin, Burkina Faso, Côte d'Ivoire, Guinée-Bissau, Mali, Niger, Togo, Sénégal) et que, par le Traité du 10 janvier 1994, les Hautes Parties contractantes ont complété l'Union monétaire instituée entre elles, de manière à la transformer en Union Economique et Monétaire.

En outre, les Etats-Parties de l'Afrique centrale ont, par le Traité du 16 mars 1994 instituant la Communauté Economique et Monétaire de l'Afrique Centrale (CEMAC), son additif en date du 5 juillet 1996 relatif au système institutionnel et juridique de la Communauté, et les Conventions du 5 juillet 1996 régissant respectivement l'Union Economique de l'Afrique Centrale (UEAC) et l'Union Monétaire de l'Afrique Centrale (UMAC), donné une impulsion nouvelle et décisive au programme d'intégration par une harmonisation accrue de leurs politiques et de leurs législations, notamment dans les domaines économique, monétaire, bancaire et boursier.

---

[543] Les études de faisabilité de ces 4 projets de textes auxquels il faut ajouter les textes relatifs à l'affacturage, la joint-venture, la médiation commerciale, la circulation des actes publics et le règlement des conflits sont aujourd'hui très avancées.

Les trois Traités précités relatifs à l'OHADA, à l'UEMOA et à la CEMAC ont, pour la réalisation des objectifs qu'ils définissent, mis en place un système constitutionnel communautaire, générateur des normes supranationales originaires ou dérivées qui s'intègrent directement dans le droit interne des Etats-Parties. Il existe en outre dans la même espace une multitude d'organismes investis de compétences normatives, en particulier les organes communautaires de la CIMA, de la CIPRES et de l'OAPI dont les compétences sont définies par voie de traités internationaux. Si l'on n'y prend garde, le dispositif de l'OHADA pourrait interférer ou faire obstacle à la mise en œuvre des traités communautaires ou spécialisés qui confèrent des pouvoirs normatifs et juridictionnels à des institutions et organes communautaires de la CEMAC et de l'UEMOA, dans le cadre des réformes nécessaires et indispensables (bourse régionale des valeurs mobilières, réglementation et développement de la micro-finance, marché des titres de la dette publique, centrale des bilans, réforme des systèmes de paiement et de règlement,...) dont la spécificité par rapport au droit commun des affaires qui relève de l'OHADA n'est plus à souligner. La délimitation du champ d'application de ces différents traités avec le système OHADA apparaît nécessaire, de même que le développement d'une coopération étroite entre les organisations régionales ou sous-régionales et l'OHADA.

Il convient d'attirer l'attention des institutions d'action de la CEMAC telles que le Comité Ministériel[544] sur les interférences potentielles du droit harmonisé OHADA présent ou futur avec les règles prises dans le cadre de ces réformes, et qui pourraient générer des contrariétés de normes difficiles à gérer. La probabilité de ces interférences est d'autant plus grande que le programme d'harmonisation retenu au Conseil des Ministres de l'OHADA tenu à Bangui en 2001 était ambitieux. On peut citer ici les interférences potentielles du droit des sociétés coopératives et mutualistes, inscrit au programme de l'OHADA, avec la réglementation des sociétés coopératives d'épargne et de crédit édictée par la COBAC. La superposition des organes intervenant dans les procédures collectives d'apurement du passif des établissements de crédit est également illustrative de ce genre de difficultés puisque peuvent se superposer des administrateurs et liquidateurs nommés par la Commission bancaire et les organes nommés par le Tribunal en charge de la faillite. Il faut donc définir des voies et moyens pour prévenir ou éviter ces éventuels conflits de normes. L'objectif ne sera sans doute pas de remettre en cause le droit OHADA, mais de le faire évoluer dans le sens d'une plus grande cohérence avec les réglementations communes professionnelles ou spécialisées élaborées à l'échelon sous-régional dans le cadre des pouvoirs et

---

[544] C'est l'organe exécutif de l'Union Monétaire de l'Afrique Centrale qui édicte des normes en matière bancaire et financière.

compétences des organes de supervisions communautaires ou supranationaux. En effet, les communautés sous-régionales souhaitent des législations dans certains domaines tels le droit de la preuve, et particulièrement de la preuve électronique dans le cadre de la réforme des systèmes de paiement, qui relèvent de la compétence générale de L'OHADA.

Le Conseil des Ministres de l'OHADA a lui-même préconisé[545] une concertation permanente des organisations régionales et sous-régionales avec l'OHADA et souligné la nécessité impérieuse d'assurer la cohérence et l'harmonisation des règles juridiques applicables dans l'espace OHADA. Les deux banques centrales des zones UEMOA et CEMAC, soucieuses de cette harmonisation entre leurs ordres juridiques respectifs et celui de l'OHADA, ont entamé des actions de concertation dont la première s'est tenue à Yaoundé dans les locaux de la BEAC du 27 au 31 mai 2002. Il en est ressorti la nécessité de définir une stratégie commune, qui consisterait principalement en l'affirmation du principe de l'autonomie des ordres normatifs communautaires vis-à-vis de l'ordre normatif OHADA par le respect de la limitation précise des compétences telles que définies dans les traités constitutifs respectifs. Il a été souligné la spécificité des ordres juridiques communautaires CEMAC et UEMOA, du point de vue de leurs compétences et des règles qu'ils édictent. Compte tenu de cette spécificité, en cas de contrariété entre ces normes et le droit harmonisé, il conviendrait de consacrer la primauté des règles communautaires (CEMAC et UEMOA). Ainsi, le Comité Ministériel pourrait prendre une recommandation tendant à l'affirmation de ce principe dans la perspective d'une démarche vers les autorités de l'OHADA.

Par ailleurs, dans le souci d'éviter autant que possible ces problèmes de contrariété des normes en amont, le Comité Ministériel devrait recommander une implication plus active des organes de la CEMAC dans le processus d'élaboration du droit OHADA, et notamment de fixer par un protocole de coopération entre la BEAC et le secrétariat permanent de l'OHADA les modalités d'échanges d'information et de concertation à l'effet d'assurer une meilleure articulation entre les normes édictées par les institutions supranationales de l'espace OHADA. Dans le même ordre d'idées, la BCEAO et la BEAC ont convenu de proposer une modification du Traité OHADA élargissant le pouvoir de saisine de la CCJA en consultation ou en interprétation aux organes de la CEMAC et de l'UEMOA. C'est ainsi que lors des travaux du conseil extraordinaire des ministres de l'OHADA tenu à Libreville les 17 et 18 octobre 2003, il est apparu que la BCEAO aurait déjà saisi le Secrétariat Permanent de l'OHADA aux fins de voir consacrée la

[545] Compte-rendu de la réunion du Conseil des ministres OHADA du 16 au 18 février 2002 à Brazzaville au Congo.

spécificité du droit bancaire. Quant à la BEAC, au-delà de cette spécificité, elle préconise plutôt qu'une approche fondée sur des domaines énumérés limitativement, une solution générale susceptible de régler l'ensemble des problèmes de conflit de droit OHADA avec les normes régulièrement édictées par les organisations communautaires et sous-régionales dotées d'un pouvoir normatif.

c. Qu'en est-il du droit bancaire ?

1°. Le droit bancaire et l'architecture juridique OHADA

Il vient d'être démontré que les risques de concurrence de normes et de juridictions existent avec toutes les organisations régionales de l'espace OHADA dotées de compétences normatives ou juridictionnelles : l'OAPI élabore des normes en matière de propriété intellectuelle, la CIMA unifie les normes applicables au contrat d'assurance et aux professionnels de ce secteur, les institutions communautaires de la CEMAC et de l'UEMOA disposent de compétences normatives et de juridictions communautaires sous-régionales. Et on sait l'effort fait par l'UEMOA et l'UMAC, les deux institutions de l'UEMOA et de la CEMAC en matière d'œuvre normative, au titre des réformes bancaire, financière et monétaire.

Or un nouveau programme d'harmonisation de droits a été arrêté en 2001 à Bangui en République centrafricaine par le Conseil des Ministres de l'OHADA. Dans ce programme figure en bonne place la question des aspects du droit bancaire à harmoniser. Mais très vite, des difficultés apparaissent. En effet, cette matière spécifique relève déjà largement des organes de supervision sous-régionaux que sont la COBAC et la BEAC sous l'égide de la CEMAC pour ce qui est de l'Afrique Centrale. La prudence exigerait que l'on s'abstienne de légiférer sur les matières susceptibles de créer des risques de conflits, notamment le droit de la concurrence ainsi que le droit bancaire et financier. Il en résulterait un recentrage des activités de l'OHADA sur le droit commun des affaires. Ou bien l'on peut prévoir intégrer dans l'ensemble des actes uniformes, de dispositions analogues à celles de [546]l'article 916 de l'acte uniforme relatif au droit des sociétés commerciales et du groupement d'intérêt économique, ceci dans le but de consacrer la spécificité et le caractère

---

[546] . Selon cet article, l'acte uniforme relatif aux sociétés commerciales n'abroge pas les dispositions législatives auxquelles sont assujetties les sociétés soumises à un régime particulier.

dérogatoire des droits communautaires CEMAC et UEMOA dans le domaine bancaire, financier et de la concurrence au regard du droit commun de l'OHADA. Ces solutions permettraient à ces deux institutions communautaires d'intégration économique de continuer à légiférer dans les matières qui leur ont été transférées en vertu de leurs traités constitutifs sans susciter des conflits avec les actes uniformes OHADA. Ainsi se trouverait préservée la flexibilité indispensable aux institutions sous-régionales d'intégration économique pour adapter en permanence leurs textes juridiques aux mutations qui affectent l'environnement économique et aux standards et normes internationaux.

La refonte de l'article 2 du Traité relatif à l'harmonisation du droit des affaires en Afrique, signé le 17 octobre 1993 à l'Ile Maurice, tel que révisé le 17 octobre 2008 au Québec redevient d'actualité. Depuis la réunion du Conseil des Ministres tenue à Bangui en République Centrafricaine les 22 et 23 mars 2001 qui a adopté le programme d'harmonisation du droit des affaires en Afrique, aucun projet d'acte uniforme relatif au droit bancaire n'a été initié par les organes de l'OHADA. En effet, compte tenu des risques de conflits de normes ci-haut exposés, le Secrétariat Permanent avait engagé des concertations avec les Banques Centrales et les organismes de surveillance des marchés financiers qui partagent son espace et qui sont investis de missions normatives. Ces concertations ont dégagé la nécessité de produire un rapport qui recense toutes les situations de conflits de normes, à charge pour l'OHADA d'en tenir compte dans le processus d'élaboration et de révision des actes uniformes. Un rapport sur les domaines des conflits de normes réels ou potentiels dans l'espace OHADA est alors produit par les organes et institutions communautaires de la CEMAC et de l'UEMOA. Ce rapport qui date du 17 octobre 2010 conclut à la nécessité de retirer du programme d'harmonisation de l'OHADA les matières relatives au droit bancaire et à celui de la concurrence.

Ainsi sur recommandations des ministres chargés des finances et de la justice de la CEMAC et de l'UEMOA, le Conseil des Ministres de l'OHADA, par Règlement n° 01/2010/CM du 15 décembre 2010, adopte un nouveau programme d'harmonisation du droit des affaires. Selon l'article 1er de ce Règlement, le droit bancaire et le droit de la concurrence sont retirés du domaine d'harmonisation du droit des affaires. Et l'article 2 du texte de préciser qu'« entrent dans le domaine du droit des affaires, outre les matières expressément prévues à l'article 2 du Traité, les matières ci-après :

-Le droit de la propriété intellectuelle,
-Le droit des sociétés civiles,
-Le droit des sociétés coopératives,

-Le droit des contrats,
-Le droit de la preuve.

Or, l'on sait les difficultés et la lenteur avec lesquelles les autorités nationales et communautaires (CEMAC) réglementent en matière bancaire. En effet, depuis l'indépendance, le Tchad n'a réglementé que par décret l'organisation de la profession bancaire en 1965 et a légiféré une seule fois en 1995 sur le secret bancaire. Au niveau de la CEMAC, il est vrai, d'importants efforts ont été réalisés à partir de 1990. A la suite de la création de la COBAC le 16 octobre 1990, les six Etats ont adopté en 1992 une convention portant harmonisation de la réglementation bancaire, laquelle instaure un cadre commun pour l'activité bancaire dans la zone. Cette convention supplante donc le décret n°20/PR-ET du 4 février 1965 portant réglementation de la profession bancaire au Tchad et création des organismes destinés à assurer le contrôle de cette profession.

Justement au niveau des instances communautaires et à compter des années 2000, des efforts décisifs ont été accomplis dans le domaine de la réglementation des activités bancaires. La réglementation des changes de 1972 a été harmonisée en 2000. En 2003, fut adopté le Règlement relatif aux systèmes, moyens et incidents de paiement. Ce texte édicte de nouvelles dispositions régissant les moyens de paiement (chèque, lettre de change, billet à ordre, virement, prélèvement, carte de paiement, monnaie électronique). Il fixe également les mesures relatives à la prévention, la centralisation et la répression des incidents de paiement. La CEMAC a également adopté en 2003 le Règlement relatif à la lutte contre le blanchiment des capitaux et le financement du terrorisme, en 2002 le Règlement portant homologation du comité régional de normalisation bancaire et en 2004 elle a institué un agrément unique des établissements de crédit. La réglementation de la microfinance et des activités boursières avec la création d'un marché financier ont suivi respectivement en 2003 et 2006. De nombreuses autres réformes ont été entreprises depuis quelques années, lesquelles marquent les évolutions du paysage bancaire de la sous-région. Il s'agit notamment de l'uniformisation et du relèvement du niveau du capital social minimum des banques[547], de l'institution d'un fonds de garantie des dépôts en Afrique Centrale[548], de la fixation des catégories des établissements de crédit, de leur forme juridique et des activités autorisées[549], de la réglementation du gouvernement d'entreprise dans les établissements de crédit[550], de l'obligation d'élaboration par les

[547] Règlement COBAC/R-2009/1.
[548] Règlement n°01/09/CEMAC/UMAC/COBAC du 20 avril 2009.
[549] Règlement COBAC/R-2009/2.
[550] Règlement n° 04/08/CEMAC/UMAC/COBAC.

établissements de crédit d'un plan de continuité de leurs activités[551]. Ce tableau est complété par le projet d'instauration dans la zone du taux effectif global (TEG) et d'un taux d'usure, le projet de Règlement relatif au traitement des banques en difficulté et le projet de cadre réglementaire de la monnaie électronique.

2°. La persistance de l'insécurité juridique en matière bancaire

Comme l'ont reconnu en 1992 les promoteurs du droit OHADA, il n'est pas exagéré de conclure que l'insécurité juridique existe et va même perdurer en matière bancaire. Il ne suffit pas d'édicter des règles d'organisation de la profession bancaire et quelques législations éparses relatives à l'activité des banques. En effet, le droit de la banque est un droit professionnel : il est à la fois le droit des opérations de banque et celui des professionnels du commerce de banque. Et comme tout droit professionnel, il ne peut constituer une branche de droit autonome. Il emprunte ses sources aux différentes branches du droit. L'activité et la profession bancaires sont régies notamment par le droit commercial, le droit civil, le droit administratif. Le droit bancaire fait partie du droit privé et est considéré comme une branche du droit commercial. Les opérations bancaires sont des actes de commerce et les personnes physiques ou morales qui les accomplissent à titre professionnel ont la qualité de commerçant. Le droit civil s'applique à la profession, entre autres, le droit des obligations et le droit des sûretés, lesquels constituent la base du droit privé. Etant un droit professionnel soumis à une organisation professionnelle, le droit bancaire subit l'influence du droit public. Les banques sont soumises à l'autorité du Conseil National du Crédit et de la Commission Bancaire lesquels sont des véritables services de l'Etat et dont les décisions sont des décisions administratives de caractère général ou individuel.

Si en matière d'organisation de l'activité bancaire, des efforts significatifs ont été accomplis d'abord et surtout par la CEMAC, en matière de réglementation des prestations et des droits des clients, de vides juridiques subsistent. Les droits des sûretés, des sociétés et le droit commercial général adoptés dans le cadre de l'OHADA s'appliquent aux banques et constituent un pas important en avant. Mais le droit civil dont les obligations ne s'appliquent qu'avec beaucoup de parcimonie car selon le principe de la spécialité législative, seul le Code civil dans sa rédaction d'avant le 11 août 1960 est applicable au Tchad.

---

[551] Règlement COBAC/R-2008/01.

Et aucun effort n'est fait depuis lors pour l'adoption d'un Code civil tchadien. Il faut donc, à l'exemple de la France, élaborer un véritable droit bancaire. Même s'il est pour l'instant très osé d'élaborer un Code monétaire et financier, il faut procéder comme l'a fait la France en 1984 en instituant un texte fondamental à l'instar de la loi du 24 janvier 1984, laquelle a été complétée par deux décrets du 24 juillet la même année. Et comme ces législations ne comportaient que quelques dispositions concernant les relations avec la clientèle, il faut les compléter par les législations relatives au droit de la consommation.

En effet les règles applicables aux relations contractuelles entre les banques et les consommateurs se sont développées en France dès les années 1980 : les lois sur le crédit à la consommation et sur le crédit immobilier ont eu lieu respectivement le 10 janvier 1978 et le 13 juillet 1979. Beaucoup de dispositions relatives au droit bancaire figurent dans le Code de la consommation. Un véritable droit à certains services bancaires dont le droit au compte avec le service minimum qu'il comporte est né avec la loi du 29 juillet 1998 sur la lutte contre les exclusions. Il ne faut pas non plus perdre de vue certaines législations telles que celle sur le taux d'intérêt conventionnel[552], la loi du 2 janvier 1981 sur la transmission des créances et la loi MURCEF du 11 décembre 2001 qui a apporté de nouvelles restrictions à la liberté contractuelle en la matière afin de mieux assurer la protection des utilisateurs des services bancaires. Le consumérisme devient plus important sur les opérations bancaires et la tendance est à la généralisation et au développement des obligations d'information et de conseil. Le vendeur professionnel de biens ou prestataire de services doit, avant la conclusion du contrat, mettre le consommateur en mesure de connaître les caractéristiques du bien ou du service[553]. De nombreuses obligations légales ont été mises à la charge des établissements de crédit. Ils sont tenus d'informer leur clientèle et le public sur les conditions générales et tarifaires applicables aux opérations relatives à la gestion d'un compte de dépôt[554]. Avec la réforme du crédit à la consommation par la loi du 1er juillet 2010, une autre obligation de mise en garde et d'explication est mise à la charge du prêteur professionnel, dont le but est de vérifier si le crédit est adapté aux besoins et à la situation financière de l'emprunteur.

En attendant, le pays peut déjà adhérer à des conventions internationales qui sont consacrées à des opérations internationales de banque comme il l'a fait sous l'empire de la colonisation pour les Conventions de Genève de 1930 et

---

552 Loi française du 28 décembre 1966.
553 Art. L.111-1 du Code de la Consommation.
554 Art. L.312-1-1 du Code Monétaire et Financier.

1931 sur la lettre de change, le billet à ordre et le chèque. Les conventions suivantes sont importantes dans cette dynamique de la mondialisation de l'économie et il est temps que le Tchad y adhère très rapidement :

-La Convention d'Ottawa du 28 mai 1988 sur le leasing international et le factoring international préparée par UNIDROIT[555];
-La Convention sur les garanties indépendantes et les lettres de crédit stand-by élaborée par la CNUDCI ;
-La Convention sur les cessions de créances dans le commerce international ;
-La Convention du Cap sur les biens d'équipements mobiles.

Il faut également mentionner, et ce pour pallier le vide juridique dans le contexte international, les pratiques internationales unifiées. La Chambre de Commerce Internationale (CCI) de Paris par exemple élabore des règles uniformes sur différents points de l'activité bancaire internationale. Il en est ainsi des « Règles et usances uniformes en matière de crédits documentaires » ou encore des « Règles relatives aux garanties sur demande ».

On sait que la CCI, par le biais de sa Commission de techniques et pratiques bancaires, s'évertue à veiller à la normalisation des pratiques bancaires dans le cadre de l'Union Européenne et son activité est renforcée par celle de la Fédération bancaire de la CEE et par celles de « comités » et « conférences » interbancaires. Ces pratiques internationales unifiées ne sont pas à proprement parler des sources de droit. Leur force obligatoire est celle des contrats entre particuliers et elles ne s'appliquent qu'à une opération déterminée et dans la mesure où le client et la banque en décident ainsi.

De même le Comité de Bâle qui est constitué des gouverneurs des Banques Centrales du groupe des Dix et qui siège auprès de la Banque des Règlements Internationaux (BRI) élabore des normes auxquelles le pays peut se référer. Il faut noter que dans le cadre des financements internationaux auxquels ont recours les entreprises tchadiennes, les contrats de financement font régulièrement référence aux pratiques internationales unifiées élaborées par la CCI.

A défaut de stabilité politique, des normes pouvant régir l'activité économique dont l'activité bancaire ne peuvent être initiées car les organes dotés de pouvoirs normatifs à savoir le Gouvernement et le Parlement sont impuissants. Puis les phénomènes de l'insuffisance de ressources humaines et de la mauvaise gouvernance amplifient le problème.

---

[555] C'est l'Institut international pour l'unification en matière de droit privé créé en 1926 et dont le siège est à Rome.

3. Les carences normatives locales et les tentatives de solutions

Indépendant depuis 1960, le Tchad est toujours à la recherche de son unité et de sa stabilité politique. L'évolution politique du pays a été marquée notamment par des insurrections, des dictatures implacables, rébellions, coups d'Etat militaires, guerres civiles. Dans cette instabilité chronique, il est d'abord question de survie ; par conséquent l'activité normative des organes institutionnels est insignifiante. Or un effort normatif dont l'élaboration des règles afférentes à la normalisation économique et l'édiction d'un Code monétaire et financier est le gage d'un bon fonctionnement de l'industrie bancaire.

a. Les difficultés institutionnelles et normatives

Les gouvernements successifs face au défi sécuritaire ne pouvaient que gérer le provisoire[556]. Il leur était difficile de réguler la vie économique dont l'activité bancaire. Quant à l'activité parlementaire elle est quasi nulle compte tenu de l'instabilité politique en cause.

1°. Les difficultés institutionnelles

Le 22 avril 1900 et suite à la victoire du Commandant Lamy sur le sultan Rabah un autre conquérant d'origine soudanaise, naît le Tchad colonial. M. Rabah contrôlait les anciens Etats du Tchad dont le Bornou et le Baguirmi. La conquête française durera 17 ans et sera poursuivie avec le Colonel Largeau[557]. En 1920, la colonie du Tchad sera directement rattachée au gouvernement de l'Afrique Equatoriale Française (A.E.F[558].). Une vie politique locale apparaîtra progressivement à partir de 1945. Le 28 novembre 1958, le Tchad

---

556 Depuis l'indépendance du pays en 1960, il y a eu en tout 5 gouvernements provisoires dont 2 de transition.

557 Cet Officier français a donné son nom à une des plus importantes villes du Nord du Tchad « Faya Largeau ».

558 En Afrique occidentale c'est l'AOF ayant pour capitale Dakar au Sénégal.

sera proclamé République avant d'accéder à la souveraineté nationale et internationale le 11 août 1960. M. François TOMBALBAYE, Premier Ministre deux ans plus tôt devient le Chef de l'Etat. Les membres du Gouvernement sont issus de différents partis politiques à l'instar de la métropole. Le multipartisme presqu'intégral après la deuxième guerre mondiale sera mis à mal deux ans seulement après l'indépendance. Tous les partis politiques seront dissous, à l'exception du PPT-RDA[559], le parti du Président de la République[560]. Le pays vivra sous le régime du parti unique. Mais déjà dès le départ des cadres français avec l'indépendance, le manque des administrateurs nationaux pèsera lourdement sur l'administration du pays et la capacité de l'Etat à exercer son autorité. Une révolte éclate en 1965 à Mangalmé dans le Ouaddai chez les paysans Moubi qui se sentent écrasés par l'administration réclamant de très lourds impôts. La répression fut brutale en retour entraînant un exode massif des populations de la région à l'est au Soudan voisin. L'opposition politique en profitera pour créer le FROLINAT en juin 1966[561]. L'instabilité gagne donc la vie politique tchadienne. Ces balbutiements politiques sur fonds d'intrigues et d'inamovibilité traduisent un certain noviciat politique qui va engendrer de graves querelles entre les frères tchadiens.

Depuis ces événements, le Tchad sera synonyme de guerres fratricides, guerres civiles, rébellions armées, coups d'Etat jusqu'à 1990, date qui marque le début d'une nouvelle ère démocratique.

Mais cette ouverture démocratique n'épargnera pas le pays, d'autres rébellions et surtout de graves problèmes sécuritaires surgiront. Dans ces conditions, il est vain d'évoquer une vie normative pouvant doter le pays de règles juridiques pour un fonctionnement harmonieux de la vie économique dont l'activité bancaire.

2°. Les difficultés normatives

L'activité normative n'est pas seulement l'apanage du Gouvernement. Elle est aussi l'œuvre du Parlement. Or compte tenu de l'instabilité sus-évoquée, celui-ci ne peut convenablement exercer son rôle. La vie parlementaire timide au début est devenue quasi nulle pendant les périodes de crise. Nonobstant la paix relative de ces dernières années, le Parlement n'arrive pas à asseoir des

---

[559] Parti progressiste tchadien – Rassemblement démocratique africain.
[560] Le 28 janvier 1962.
[561] Front de libération nationale du Tchad

normes pour réguler la vie économique, préférant le politique aux questions juridiques et économiques. C'est pourquoi pour l'essentiel, le dispositif juridique n'a pas du tout évolué.

Après l'adoption de la Constitution du 4 octobre 1958 qui a institué la Communauté[562], le territoire du Tchad, par l'entremise de son Assemblée territoriale, s'est proclamé « République autonome », membre de la Communauté. Au lendemain de ce choix, une constitution provisoire, en 8 articles, dénommée « Acte constitutionnel n°1 », a été adoptée le 4 décembre par l'Assemblée et promulguée le 6 par un arrêté du chef du territoire René Troadec. Ce texte organise les pouvoirs et détermine les conditions d'élaboration de la première véritable Constitution de la République. Aux termes de ces dispositions, l'Assemblée territoriale devient « Assemblée législative constituante » et exerce le pouvoir législatif, le Conseil de gouvernement devient le « gouvernement provisoire » et exerce le pouvoir exécutif. Enfin, l'Assemblée désigne en son sein une commission constitutionnelle.

La Constitution a été adoptée le 31 mars 1959. La Cour constitutionnelle et le Conseil Economique et Social ont été constitués le 10 avril. L'adoption de la Constitution a entraîné *de facto* la dissolution de l'Assemblée législative et la convocation de nouvelles élections législatives pour le 31 mai. Celles-ci ont été remportées par le PPT qui a raflé 57 sièges sur 85. L'Assemblée issue de ces élections confirme François Tombalbaye au poste de Premier ministre le 16 juin. Au lendemain de la victoire du PPT aux législatives de mai 1959, il est reconduit à son poste. C'est lui qui conduira le Tchad à l'indépendance le 11 août 1960. Il procédera le 28 janvier 1962 à la dissolution de l'Assemblée nationale puis instaurera en même temps le parti unique. Trois ans seulement après son accession à l'indépendance, le Tchad entre dans une longue période de crises politiques à dimensions régionale et confessionnelle. D'autre part, le Président de la République va entrer en conflit ouvert avec les militaires. Ce qui va déboucher sur le coup d'Etat du 13 avril 1975. Ce coup d'Etat marque un tournant majeur dans la vie politique du Tchad. En effet, il inaugure une irruption brutale des militaires puis des combattants ou tout simplement des hommes en armes sur la scène politique au détriment de l'élite politique civile. Ainsi, à défaut d'institutions stables, l'évolution normative du pays a connu un coup d'arrêt pour bon nombre d'années.

---

562 Mode d'aménagement des relations entre la France et ses colonies selon la Constitution du 4 octobre 1958. Ce terme n'a disparu de la Constitution française qu'en 1992.

b. Comblement du vide juridique

1°. Ediction d'un code monétaire et financier

On a vu que depuis l'indépendance, les autorités nationales n'ont pas fait d'effort notable en matière de réglementation de l'activité et de la profession bancaire comme par ailleurs dans les autres domaines de l'activité économique. Le décret du 4 février 1965 qui n'est que la copie des lois françaises des 13 et 14 juin 1941 n'est qu'un texte qui organise et réglemente la profession bancaire. Trente ans après et sous la houlette des banquiers, a été publiée la loi de 1995 pour réglementer le secret professionnel bancaire.

L'importance de la réglementation se situe au niveau sous-régional. Au titre de la Convention de Coopération du 22 novembre 1972 liant le Cameroun, le Centrafrique, le Congo, le Gabon, le Tchad et la Guinée Equatoriale, les organes existant en matière bancaire étaient la Banque des Etats de l'Afrique Centrale et les Comités Monétaires Nationaux. Le 16 octobre 1990, ces six pays ont créé, en plus des deux organes de surveillance, la Commission Bancaire de l'Afrique Centrale, dont le rôle est de veiller au respect par les établissements de crédit des dispositions législatives et réglementaires et de sanctionner les manquements constatés. L'œuvre décisive de la réglementation bancaire et financière a été entreprise après 1994 par la CEMAC. En effet, en 2000, intervient le Règlement portant harmonisation de la réglementation des changes. Dans la même année, les autorités monétaires de la sous-région ont initié et adopté deux Règlements portant respectivement normalisation bancaire et institution d'un agrément unique des établissements de crédit. En 2003, fut adopté le Règlement portant réforme des moyens de paiement et de règlements. La création du marché financier et la réglementation de la microfinance quant à elles ont vu le jour en 2006 et en 2008.

Il faut se rendre compte que tant au niveau national que sous-régional, la réglementation de l'activité bancaire est non seulement parcellaire mais fragmentaire. En effet, ces divers textes organisent et réglementent la profession mais restent muets sur les prestations tant en matière de crédit que de la tenue des comptes et les services connexes dont les locations de coffres-forts, les valeurs mobilières et les renseignements commerciaux.

Pourtant, l'importance de l'activité bancaire n'est pas à démontrer dans la vie économique d'une nation. Les crédits qu'octroient les établissements de crédit assurent l'expansion et même l'orientation de l'économie. Ceux-ci jouent également un rôle très important comme intermédiaires dans les règlements. En effet, la monnaie scripturale circule plus que la monnaie fiduciaire. L'importance de l'activité bancaire est telle que pour sauvegarder l'intérêt général, les autorités gouvernementales françaises, il n'y a pas longtemps, ont nationalisé les banques et prennent régulièrement des mesures pour assurer leur contrôle et leur direction.

Il faut en outre noter qu'avant la décision de privatisation des entreprises, la plupart des banques étaient nationalisées. Cette importance se vérifie aussi du point de vue des intérêts particuliers. A ce jour, tant les particuliers que les entreprises ont besoin des concours d'une banque, pour opérer des paiements ou pour obtenir des crédits.

En effet, tout commerçant doit se faire ouvrir un compte en banque ou dans un bureau de chèques postaux. Le paiement fait par un commerçant et qui excède la somme de 500 000 F CFA ou le paiement par fractions d'une dette supérieure à ce montant ainsi que tout paiement effectué par un particulier d'un montant supérieur à 15 000 000 de francs CFA doivent être faits par chèque barré, virement ou carte de paiement ou de crédit[563]. Il en est de même du paiement des traitements et salaires dont le montant excède 10 000 F CFA.

Certes, l'activité et la profession bancaire sont régies essentiellement par le droit commercial, le droit civil, le droit administratif notamment et les contrats bancaires tirent leur source du droit commun des obligations. Mais il faut suggérer qu'à l'instar de la France, le Tchad puisse adopter un Code Monétaire et Financier[564].

2°. Législation sur les autres matières de droit économique

Il est vrai qu'en matière d'édiction des normes, deux organisations régionales font des apports appréciables ces dernières années. Le Traité relatif à l'Organisation pour l'Harmonisation du droit des Affaires (OHADA) signé à Port Louis à l'Ile Maurice, tel que modifié en 2008 au Québec et aujourd'hui applicable dans 17 pays dont le Tchad, s'inscrit dans une logique d'intégration et d'uniformisation juridique, qui consiste en l'unification progressive du droit des affaires.

---

563 Art. 3 du Règlement CEMAC du 4 avril 2003 relatif aux systèmes, moyens et incidents de paiement.

564 Objet de l'Ordonnance n° 2000-1223 du 14 décembre 2000 remplaçant la loi française du 24 janvier 1984.

Cette unification est principalement réalisée par l'adoption d'actes uniformes et la création d'une juridiction supranationale, la Cour Commune de Justice et d'Arbitrage (CCJA) qui est seule compétente pour interpréter le droit et trancher au fond et en dernier ressort les litiges mettant en cause les règles uniformes donnant lieu à pourvoi en cassation. Quant au Traité CEMAC institué en 1994, il a pour objectif d'atteindre l'intégration économique et monétaire dans la zone géographique formée par les 6 Etats de l'Afrique Centrale. La réalisation de cet objectif implique surtout l'édiction des règles de droit applicables dans l'ordre juridique interne à cette Communauté dans les domaines économique et monétaire.

Nonobstant cet effort normatif au plan régional, le Tchad doit faire un effort afin de combler le vide juridique qui n'aura pour autre objectif que le renforcement de la sécurité juridique et judiciaire des investissements. En effet, l'essor économique n'est possible que si les hommes d'affaires se sentent en sécurité tant dans leur intégrité physique que dans leurs biens.

Et il appartient à la justice de créer un environnement propice à l'installation des entreprises par la mobilisation de l'épargne et la sécurisation des investissements qui sont à la base du développement. Il résulte des recommandations des Etats Généraux de la justice que la législation est désuète et inadaptée à la réalité sociologique tchadienne[565]. Par conséquent il est nécessaire de revoir le cadre normatif afin de l'adapter aux exigences de la vie moderne et de le rendre plus cohérent.

Sur le plan pénal, une révision du Code pénal et du Code de procédure pénale s'impose. En effet, ces textes adoptés dans les premières années de l'indépendance ne s'adaptent plus à l'évolution du temps. Aucune politique cohérente n'a été mise en place. De même qu'aucune mise en conformité avec les nombreuses conventions ratifiées par le pays n'a été réalisée.

L'introduction des peines alternatives à la prison comme les travaux d'intérêt général et l'instauration de la médiation pénale, la justice communautaire concourront à renforcer le Code pénal actuel dans la lutte contre la petite délinquance. Et puis pour rendre effective la présomption d'innocence, il faudra privilégier l'intervention de l'avocat dès l'enquête préliminaire à la demande du prévenu[566]. Le droit civil doit faire l'objet d'une attention particulière. L'absence d'un Code de la famille rend difficile la tâche des

[565] Recommandations des Etats Généraux de la Justice de juin 2003.

[566] Un projet de code pénal et un autre de procédure pénale viennent cependant d'être déposés par le Gouvernement au bureau de l'Assemblée Nationale.

juges[567]. La mise en place de cette législation contribuera à la stabilité, à la protection et à la promotion de la famille, entité importante dans la formation d'une Nation.

Ce code devra mettre en exergue les droits de la femme et de l'enfant. La disparité des coutumes au Tchad est source de conflits ; l'adoption d'un tel outil mettra un terme aux difficultés relatives au mariage, au divorce, à la tutelle et à la succession notamment. L'application du Code civil de 1958 engendre souvent des conflits de lois. Il est donc temps d'adopter une législation qui prendra en compte, non seulement les coutumes mais également le droit des obligations.

De même en matière procédurale, le traitement en temps réel des dossiers exige une révision du Code de procédure civile[568]. L'introduction de la procédure de mise en état des dossiers, la défense à exécution qui sont souvent sujettes à caution doivent être réglementées. Ce code de procédure civile devra corriger les insuffisances de la loi portant organisation et fonctionnement de Cour Suprême.

1. L'observation des règles d'un Etat de droit

a. Au niveau des autorités étatiques

1°. La promotion de la bonne gouvernance

Gérer les affaires économiques publiques et privées grâce à des institutions, des mécanismes et des procédures connus, dans l'efficience et l'équité en vue du bien-être des individus et des collectivités, telle peut être une tentative de définition de la bonne gouvernance économique. Cela fait appel à une capacité, laquelle dépend d'une volonté politique. Mais lorsqu'il y a déficit de cette capacité et/ou de cette volonté, on se retrouve en situation de mauvaise gouvernance économique. Les causes de ce mal récurrent au Tchad sont l'absence de transparence, le clientélisme, l'impunité, le culte de la médiocrité notamment.

Le Tchad brille par une absence de bonne gouvernance aussi bien dans la

---

567 Le projet de code des personnes et de la famille initié depuis 1999 n'est jusqu'à ce jour pas encore adoptée.

568 De même depuis 1998, un avant-projet de code de procédure civile adopté en conseil de cabinet reste non adopté jusqu'à ce jour.

gestion des ressources financières qu'humaines. La cause, l'homme est loin d'être au centre des préoccupations des gouvernants. La tendance est à favoriser la médiocrité au détriment de l'excellence. Les administrations publiques sont noyautées par des personnes extérieures aux différents corps. Ces personnes ne se croient pas redevables aux supérieurs hiérarchiques, mais se réfèrent à ceux qui les ont nommés à ce poste ou à des structures informelles de pouvoir. Elles réquisitionnent des fonds, tout simplement parce qu'elles sont à un poste de commandement, ou en mission pour le compte d'un parti politique. Cette appartenance au pouvoir leur confère toutes sortes de droits et d'impunité. Le train de vie de certains citoyens n'est pas proportionnel à leur niveau de revenus[569]. Les entreprises publiques et parapubliques sont mises à sac puis reprises par ceux-là même qui les ont rendues moribondes par le biais des privatisations. Lorsque les abus sont trop flagrants, on met fin aux fonctions de ces derniers, le temps que le peuple oublie. Puis quelques temps après ils reprennent du service à un poste encore plus juteux, comme s'il s'agissait de les récompenser pour les abus précédemment commis.

Des solutions existent cependant. Dans le domaine économique, il s'agit de limiter les détournements des fonds publics, les pots-de-vins versés pour l'obtention des contrats, les conflits d'intérêts, les trafics d'influence, l'amélioration de la capacité de l'Etat à mobiliser les impôts et taxes, la bonne utilisation des ressources publiques, etc. Dans le domaine social, il s'agit d'améliorer les conditions de vie et de travail de la population. Précisément, il faut un accès adéquat aux soins de santé, à l'éducation, au logement, à l'eau potable, à un environnement sain et protégé.

Dans le domaine politique, les populations doivent se sentir mieux protégées. Les cas d'injustice, d'escroqueries, d'arnaques et autres violences exercés par les autorités civiles et militaires sur les populations (surtout rurales) doivent être sanctionnés. Les modes de nomination, d'affectation et de promotion des ressources humaines devraient être basés sur les critères de mérite et de compétence.

Le système éducatif devrait jouer le rôle d'instruction des citoyens conscients, compétents, et capables de cohabiter et de construire une paix durable et le développement socio-économique intégral du pays. Et puis une bonne gouvernance implique également l'existence d'une seule institution judiciaire et un seul cadre de gestion de conflits pénaux pour tous.

[569] L'impuissance des autorités à juguler le mal est avérée car même le Président de la République à l'occasion de la fête du 1er décembre (2015) a déclaré « s'il vous plaît arrêtez de voler ».

2°. La formation et la nomination des magistrats

Pour une justice efficace et efficiente, il faut des magistrats compétents, impartiaux et intègres. En effet, la justice est un des piliers d'un Etat de droit. C'est autour d'elle que se construit le respect et la prospérité des droits fondamentaux de l'homme assurant ainsi la protection de la propriété privée, la sécurité des investissements et une économie libérale.

Selon l'ordonnance de 1991, les magistrats sont recrutés parmi les titulaires d'une licence en droit. Ceux-ci suivent deux ans de formation professionnelle à l'ENAM. Les juges de paix quant à eux sont recrutés parmi les titulaires du DEUG[570] en droit et doivent suivre une année de formation professionnelle. Le recrutement à la magistrature tend aujourd'hui à obéir à aucun critère de compétence. On se fonde sur des connotations politiques, du clientélisme, du favoritisme et du régionalisme dont les conséquences fâcheuses affectent non seulement la carrière mais toute la machine judiciaire. Face à cette situation, l'on doit comprendre que quand on responsabilise des magistrats d'une moralité douteuse et d'une incompétence caractérisée en lieu et place des plus expérimentés.

Pourtant, la formation initiale était bien assurée aux lendemains des indépendances. Les magistrats recrutés étaient des diplômés de licence en droit des universités africaines ou européennes puis formés à l'Institut des Hautes Etudes d'Outre-Mer. Puis certains ont eu le privilège d'être admis et formés à l'ENM[571] de Paris et même de Bordeaux. Mais alors qu'une structure de formation existe déjà sur place, de jeunes magistrats sont recrutés pour être formés au Maroc et au Togo pendant qu'un nombre important sont formés au Soudan, en Algérie, en Irak, en Libye ou au Liban. Cette formation à l'extérieur pose de sérieux problèmes de sélection des auditeurs de justice et un suivi de la formation. La formation dans les pays arabes n'est pas sans poser des problèmes d'application et d'interprétation de la loi quand on sait que le Tchad bien qu'ayant adopté l'arabe comme deuxième langue officielle est de culture francophone. De plus, il n'y a pas de critères objectifs de sélection de ces auditeurs de justice[572]. Quant à la formation continue, elle est quasi inexistante hormis quelques privilégiés qui ont la possibilité de bénéficier des stages à l'ENM de Paris ou dans d'autres pays.

---

[570] Diplôme d'études universitaires générales obtenu en deux ans de formation universitaire.

[571] Ecole nationale de la magistrature.

[572] Le phénomène inquiète car la nouvelle création de l'Ecole nationale de formation judiciaire, certains candidats sélectionnés n'ont jamais franchi la porte d'une faculté de droit (géographes, historiens, professeur d'éducation physique, etc.).

Afin d'atteindre un meilleur niveau de formation qui se ressentira à travers les décisions rendues et le fonctionnement de la justice tout entière, il faut uniformiser les formations et initier des modules de formation tant pour les magistrats que pour les juges de paix. Ces formations doivent s'accompagner de la formation des formateurs.

En effet, ceux qui forment les auditeurs de justice ne sont jamais évalués pour connaître le niveau de dispensation des connaissances. De même que le programme dispensé n'a jamais fait l'objet d'études diagnostiques et donc ne correspond pas souvent au besoin pédagogique. L'ENAM doit être à même d'organiser la formation continue des magistrats à l'instar des autres corps judiciaires.

Pour permettre à la direction des ressources humaines de planifier les formations continues, des fiches d'inscription doivent être mises à la disposition des magistrats et juges de paix. Ces fiches indiqueront les différents modules de formation, lesquels seront en rapport avec les activités juridictionnelles de ces derniers.

b. Au niveau des établissements bancaires

1°. Les ressources humaines

Le personnel des banques au Tchad est composé de trois catégories : les fonctionnaires en position de détachement, les agents de la société-mère affectés comme assistants techniques et les agents locaux recrutés directement par la banque. Le texte de base qui s'applique aux relations de travail est la loi n°038/PR/96 du 11 décembre 1996 portant Code du travail. Il régit les relations entre employeurs et travailleurs résultant des contrats de travail conclus pour être exécutés sur le territoire de la République du Tchad et ce quels que soient leur lieu de conclusion, la résidence et la nationalité des parties. Il régit également l'exécution occasionnelle au Tchad d'un contrat de travail conclu pour être exécuté dans un autre Etat.

Le deuxième texte et non le moins important est la Convention Collective Générale du 12 décembre 2002. Selon l'article 338 du Code du travail, les conventions collectives sont des accords écrits conclus entre d'une part, soit un employeur, soit un ou plusieurs groupements patronaux et, d'autre part, une ou plusieurs organisations syndicales représentatives des salariés. Elles ont surtout pour objet de déterminer les conditions d'emploi et de travail ainsi que d'organiser les relations collectives entre l'employeur et les travailleurs. A l'instar du Code du travail, cette convention s'applique aux personnes physiques employées tant par une physique que morale sauf aux magistrats de l'ordre judiciaire, aux membres des forces armées, aux personnes nommées dans un emploi permanent d'un cadre d'une administration publique, aux agents et auxiliaires administratifs de l'Etat et des collectivités publiques, sauf dispositions contraires d'un statut particulier.

Plus spécifiquement et consécutivement à cette convention collective générale, les banquiers et les représentations syndicales significatives ont adopté le 8 décembre 2005, une convention collective générale des banques, dénommée « Annexe à la convention générale relative aux conditions d'emploi dans les banques ». Les points saillants de cette convention spécifique se résument à la mise en place d'une commission paritaire des banques, à la définition des principes déontologiques, à l'adoption d'une grille salariale fondamentalement différente de celle de la plupart des entreprises du secteur privé et surtout de l'importance apportée à la formation.

La commission paritaire est constituée, d'une part, de deux membres titulaires de chaque organisation syndicale de salariés représentative au niveau des banques et, d'autre part, des représentants de l'Association Professionnelle des Etablissements de Crédits (APEC) en nombre au plus égal à celui des membres désignés par les organisations syndicales des salariés signataires de la convention. Elle est présidée par la Direction du Travail du Ministère de la Fonction Publique.

Quant au secrétariat, il est assuré par les services de l'APEC. La commission paritaire a pour mission d'émettre un avis sur les problèmes d'interprétation de la convention et de négocier les points relevant d'une négociation collective des banques. Quant à la déontologie, l'annexe à la convention la définit comme un ensemble de règles, de devoirs et d'obligations imposées dans l'exercice de la profession. Ladite annexe précise que les activités bancaires et financières exigent de porter une attention toute particulière à la définition et au respect d'une stricte déontologie. Elle ajoute que les banques définissent les modalités d'application de ces principes qui constituent des règles générales et qu'elles ont la faculté de les aménager en fonction de leur situation propre, variable d'une banque à une autre, compte tenu de leurs activités et de leur organisation[573].

---

[573] Certaines banques établissent un « règlement intérieur » ou un « code de bonne conduite ».

Ces principes généraux sont :

-Le respect des intérêts de la clientèle impliquant de la servir avec loyauté, neutralité et discrétion ;
-Le respect absolu du secret professionnel ;
-La transparence à l'égard de l'employeur en ce qui concerne les opérations effectuées à titre personnel sur des instruments financiers via son ou ses comptes ou sur ceux pour lesquels le salarié bénéficie d'un pouvoir de gestion ou de décision. Cette obligation de transparence doit s'apprécier en fonction des activités et responsabilités exercées par le salarié ;
-Le respect absolu de ne pas exercer, même en dehors des heures de travail, une activité de caractère professionnel susceptible de concurrencer l'entreprise ou de nuire à la bonne exécution des services convenus.

Concernant la formation, l'annexe à la convention articule que l'évolution continue de la profession bancaire fait de la formation professionnelle un outil stratégique important au service de la performance, du développement du potentiel d'adaptation professionnelle des salariés et de leur évolution de carrière et de la compétitivité.

Pour l'entreprise comme pour le salarié, la formation constitue un investissement. Elle demande un réel engagement des deux parties qui peut entraîner l'élaboration d'un contrat de formation. La formation professionnelle est assurée essentiellement pendant le travail. Elle peut concrètement prendre des formes complémentaires telles que la formation en stage, la formation sur le poste de travail, la formation à distance ou toutes formes de formations jugées utiles par l'employeur.

Elle a principalement pour objet :

-L'acquisition et le maintien des compétences nécessaires à l'exercice des métiers de la banque et à l'adaptation de leurs évolutions ;
-La maîtrise des nouveaux outils et des nouvelles procédures ;
-L'accompagnement de la polyvalence et de la mobilité professionnelle ;
-L'évolution des qualifications professionnelles, notamment dans le cadre des formations pouvant aboutir aux diplômes de l'Institut Technique de Banque[574].
Quant à la grille salariale, les minimas adoptés sont plus qu'alléchants car ils vont de 50 000 F CFA à 1 000 000 de francs CFA car ceux appliqués au plan national sont 60 000 F CFA à 500 000 F CFA.

---

[574] En abrégé ITB, un institut de formation professionnelle bancaire à Paris.

Comme le prévoit l'annexe à la Convention, certaines banques adoptent en rapport avec l'inspection du travail et les délégués du personnel un règlement intérieur et un code de bonne conduite. Ce texte est destiné à porter à la connaissance des agents de la banque les règles de bonne conduite en vigueur dans l'établissement, sur les conditions d'engagement et d'emploi du personnel, sur les procédures auxquelles tout employé est tenu, les règles à fixer en matière d'hygiène et de sécurité et d'organisation du travail.

Il est applicable tant au personnel déjà en fonction qu'à celui pouvant être engagé dans l'avenir, et ce, sans distinction de grade tant dans les agences, bureaux que dans les services du siège. Tout salarié à quelque catégorie qu'il appartienne, à contrat à durée déterminée ou indéterminée, doit accepter ce règlement et se conformer à ses prescriptions.

L'étude de ces divers textes amène à penser que tout est mis en œuvre pour le fonctionnement harmonieux et efficace du service des ressources humaines. Mais rien n'y fait. Le constat est unanime tant du côté des gouvernementaux, des promoteurs économiques et des délégués du personnel qu'il se pose au Tchad un problème de ressources humaines. Les formations universitaires et post-universitaires laissent à désirer. Les instituts de formations sont créés par dizaines sans qu'on ne se soucie des structures d'encadrement et d'accueil.

L'Etat multiplie la création des universités et des instituts d'enseignement supérieur sans pour autant se préoccuper du recrutement et de la formation des professeurs. Au niveau des banques même, les recrutements, les notations et les promotions n'obéissent pas aux critères définis dans les textes précités. Prédominent alors le clientélisme, le favoritisme, le népotisme, le familialisme et l'impunité. Comme conséquence, les dossiers sont mal montés, très mal gérés. Ce qui expose certaines banques à d'importants contentieux, tant en matière de recouvrement que de licenciements abusifs[575] sans compter les procès en responsabilité.

2°. La gestion du contentieux bancaire

Le contentieux bancaire comprend non seulement les actions judiciaires défensives mais également les instances de recouvrement de créances et celles liées aux actions engagées par les employées devant les juridictions prud'homales.

---

[575] Les instances prud'homales sont très redoutées par les banques car celles-ci sont systématiquement condamnées et se disent victimes de leur « délit de solvabilité ».

Les instances devant les juridictions prud'homales sont celles qui comportent beaucoup de risques pour les banques. Il vient d'être exposé que les recrutements, promotions et sanctions n'obéissent pas aux critères définis dans les divers textes régissant les relations de travail. Le plus souvent ils n'obéissent à aucune orthodoxie administrative. Les licenciements sont prononcés généralement sans respect des textes et surtout de la procédure. Or le code du travail est très protecteur des employés[576]. C'est pourquoi les entreprises et en particulier les banquiers subissent de lourdes condamnations tant en droits sociaux qu'en dommages et intérêts. Et l'employeur qui est condamné en première instance à des sommes importantes doit payer une provision nonobstant toutes voies de recours en des mains peu sûres. Compte tenu de l'insolvabilité notoire des bénéficiaires de ces condamnations, ces provisions encaissées n'ont jamais été restituées si le jugement frappé d'appel est infirmé par la cour d'appel. Certaines condamnations sont d'ailleurs sans proportion avec le salaire qu'aurait perçu l'employé même s'il restait en service jusqu'à sa retraite normale.

Dans le chapitre des contentieux bancaires, une place doit être réservée aux recouvrements des créances. En effet, les ressources collectées par les banques au niveau du public, sont vouées le plus souvent, alors même qu'elles sont prêtées, à être restituées à tout moment aux déposants, avec comme risques, la défaillance des clients ayant bénéficié de ces concours[577], et par ricochet une éventuelle défaillance du banquier au regard de son obligation de restitution[578]. Le recouvrement des créances, lequel est inhérent à l'activité de crédit, apparaît non seulement comme un moyen de prévention de ce risque « d'illiquidité », mais devient parfois un moyen de rentabilité, pour les « reprises de provisions » qu'il peut permettre de réaliser. C'est pourquoi le contentieux de recouvrement doit faire l'objet d'une prévision, le plus souvent par une bonne analyse du risque de crédit, laquelle comporte des aspects juridiques souvent mal compris en amont et qui est source de difficultés en aval. Mais malgré tout, et à défaut d'éviter la survenance dudit risque, ce contentieux, s'il est bien préparé, pourra être engagé dans des conditions propres à garantir une issue heureuse, résultat qui ne serait pas atteint si en amont, certaines diligences ne sont pas observées. C'est pourquoi il importe de le préparer dès l'ouverture du compte et tout au long de la vie dudit compte, au moment des relations normales avec le client. La négligence et le manque de rigueur dans la gestion des dossiers de prêt sont souvent source de difficulté pour l'issue favorable des actions en recouvrement engagées par les banques

---

[576] En effet, les syndicats largement représentés lors des travaux d'élaboration du code du travail ont fait prévaloir leurs intérêts au détriment des observations du patronat.

[577] Ce qu'on appelle risque de crédit.

[578] Ce qu'on appelle risque d'illiquidité.

devant les juridictions. Dans un passé très récent, des découverts et même des prêts étaient accordés sans garantie et surtout sans la moindre pièce justificative. S'il est facile pour la banque de faire la preuve du prêt par la production du relevé du compte, elle ne peut, à défaut d'accord formel, réclamer les intérêts au nom du principe de l'anatocisme des intérêts[579]. Certaines banques n'arrivent même pas à identifier leurs clients et donc à les localiser, si bien que beaucoup de jugements rendus le sont par défaut. A défaut de garanties et de l'identification de son propre débiteur, la banque se voit contrainte d'intégrer le montant de ces condamnations dans son passif. Pourtant, des précautions nécessitant peu d'efforts, si elles sont prises aussi bien lors de la mise en place du crédit que lors de son exécution et des éventuels incidents ou contentieux permettent de recouvrer efficacement les créances.

Ainsi lors de la mise en place d'un découvert ou d'un prêt, il faut exiger une demande écrite du client. Et à cette demande seront jointes les pièces permettant son identification. Le client s'il est une personne physique doit produire les pièces essentielles dont la carte nationale d'identité ou le passeport, les domiciles professionnel et privé, l'acte de mariage et le contrat de mariage. Le client personne morale doit fournir, notamment, les statuts de la société, les derniers procès-verbaux du conseil d'administration et de l'assemblée générale ainsi que le document établissant son pouvoir. Le contrat de prêt proprement dit sera établi, paraphé et signé. Il précisera les taux appliqués. Le tableau d'amortissement du prêt sera remis au client avant la mise en place effective du prêt[580]. Les constitutions des garanties respecteront les formes prescrites par la loi. Lors de l'exécution du contrat de prêt, tout incident de remboursement doit faire l'objet d'un rappel au client avec copie à son avaliste le cas échéant. Si l'incident persiste, deux lettres de rappel en recommandé avec accusé de réception seront adressées concomitamment au client et à son avaliste. Avant toute saisine judiciaire, il faut envoyer une lettre de mise en demeure aux deux co-obligés. Cette mise en demeure peut être faite par lettre recommandée avec accusé de réception ou par exploit d'huissier. L'envoi d'une mise en demeure faisant courir les intérêts de droit, il faut arrêter de décompter les intérêts conventionnels si on envisage de saisir les tribunaux à compter des dates de son envoi. En général, la mise en demeure sera faite dès lors que deux ou trois lettres de rappel ne sont pas suivies d'effet. En phase du contentieux et compte tenu des exigences du droit OHADA[581], les pièces suivantes sont à transmettre à l'avocat en original : contrat de prêt, pièces d'état-civil du client, tableau d'amortissement, les dernières

[579] Art. 1154 du Code civil.
[580] Cette formalité très souvent n'est pas respectée par les banques.
[581] Surtout d'acte uniforme relatif aux voies d'exécution.

correspondances du client, lettres de rappel et de mise en demeure adressées au client et à son avaliste, le décompte des agios et les modalités de leurs calculs, les relevés de compte et les pièces justificatives des garanties. C'est donc au vu de l'ensemble de ces pièces que le conseil saisi aura le choix entre plusieurs procédures tant d'urgence qu'au titre des mesures conservatoires et des actions au fond : injonction de payer, saisie conservatoire, saisie immobilière, action en paiement de créances, d'intérêts de droit et de dommages-intérêts avec transformation de l'hypothèque conventionnelle en hypothèque judiciaire. Parmi les instances judiciaires impliquant les banques, les actions en responsabilité tant délictuelles que contractuelles sont celles qu'elles redoutent le plus en raison de la lourdeur des condamnations.

Si la question du financement des frais de fonctionnement de l'institution ne se pose pas avec acuité, il n'en est pas de même de celui des programmes d'activités. L'OHADA est à la recherche de sa visibilité et de son effectivité et donc le manque de ressources adéquates et pérennes va encore handicaper ses actions. En effet, les sessions de formation doivent se multiplier pour atteindre un très grand nombre d'utilisateurs. Un effort important doit être fait à l'endroit des consommateurs du droit OHADA que sont les enseignants, magistrats, auxiliaires de justice et les opérateurs économiques. La vulgarisation de ce droit nouveau doit être accrue. En outre, un effort normatif et d'harmonisation est à entreprendre. En effet, compte tenu de la prolifération d'autres juridictions spécialisées et de l'existence d'organes à vocation normative, il faut définir et harmoniser les normes communautaires et les différents systèmes juridictionnels. Certes le Traité de 1993 a été révisé et certains actes uniformes relus mais le souci demeure quant au défaut de législation devant régir l'activité bancaire. Et l'Etat tchadien qui éprouve des difficultés tant en matière institutionnelle que normative n'est pas prêt pour suppléer à ce vide juridique, lequel est préjudiciable pour la bonne marche de l'activité bancaire.

A l'heure où les droits de l'Homme s'internationalisent tandis que le commerce se globalise, l'idée de transformer les Etats africains en Etats de droit fait également son chemin. Certes, la base de départ était bien modeste : un droit hérité du colonisateur français, britannique, espagnol ou portugais auquel s'ajoutent quelques emprunts à des textes plus récents, mais souvent mal recopiés et en tout cas mal adaptés et surtout une profonde désaffection pour l'institution judiciaire laissée à l'abandon, tant sur le plan financier que moral.

Le Traité OHADA et les différents actes uniformes qui s'y rattachent offrent aux opérateurs économiques désireux d'exercer leur activité commerciale en Afrique un large éventail de structures qui va de la plus simple (entreprise individuelle, société unipersonnelle) à la plus élaborée (société anonyme faisant appel public à l'épargne). Ces nouvelles dispositions qui présentent l'avantage majeur de constituer un ensemble cohérent, moderne, facile à consulter et applicable de façon uniforme dans l'ensemble des Etats-Parties sont aussi des réponses adéquates aux reproches faits au système judiciaire, au caractère instable des lois et l'impartialité des juges et de ceux qui sont chargés de faire respecter les lois et règlements en vigueur dans ces pays.

L'harmonisation devrait se révéler bénéfique pour tout le monde des affaires et des entreprises à un double plan. Au plan sous-régional parce qu'elle va décloisonner les marchés ; en effet, la plupart des obstacles que l'on rencontre lorsque l'on franchit les frontières nationales sont d'ordre juridique. Au plan national ou interne, parce que chaque Etat va être doté de règles simples, modernes et adaptées, de manière rapide et à un moindre coût. Néanmoins elle entraîne une perte de souveraineté même si elle peut sembler limitée puisque le Parlement et la juridiction de cassation perdent leurs compétences relativement aux matières faisant l'objet de l'harmonisation. Mais s'agissant spécialement du Parlement, il ne s'agit pas d'une grande perte puisque depuis l'indépendance, très peu de législateurs africains sont intervenus de façon profonde dans ces matières.

Au total, le processus d'harmonisation du droit des affaires, tel qu'entrepris, est un instrument efficace et peu onéreux du développement économique des Etats concernés. Mais ce processus ne semble pas pour le moment avoir pris toute la place qui lui revient dans les Etats parties, si bien qu'il demeure une certaine incertitude, même si celle-ci paraît limitée, quant au devenir des actes uniformes qui en découlent. En outre, l'existence d'autres systèmes juridictionnels, lesquels appliquent d'autres normes dans la même sphère OHADA, méritent également une harmonisation. Malgré l'ampleur de la réforme suivie de la révision de certains actes uniformes, l'activité économique est loin de bénéficier d'une législation adéquate et *a fortiori* l'activité bancaire. Un défi est donc lancé à l'OHADA qui peut par le biais de l'acte uniforme relatif au droit de la consommation légiférer en matière bancaire ou aux autorités nationales qui peuvent élaborer un droit bancaire en s'inspirant des législations tant africaines, européennes qu'internationales. Le Ministre en charge de la monnaie, le Conseil national du crédit et l'Association professionnelle des établissements de crédit sont, on l'a vu, les acteurs locaux de première importance, mais dont la mission a été presque diluée dans celle des institutions sous-régionales. Il en est de même du droit appliqué à l'activité bancaire depuis les réformes de 1990 et de 1992. Le système juridique instauré par ces réformes permet aujourd'hui de sécréter une norme en matière bancaire et financière harmonisée, en concertation avec tous les acteurs de ce secteur économique ayant vocation à protéger l'épargne publique et le bon fonctionnement du système bancaire. Néanmoins, le pouvoir législatif de ces instituions ne doit pas entraver indûment l'activité des établissements de crédit mais permettre une bonne régulation du secteur bancaire pour prévenir la survenance d'une situation de crise. Le contrôle judiciaire qui s'exerce sur les décisions disciplinaires et administratives de la COBAC est déterminant pour évaluer son respect des procédures établies quand elle prend des décisions touchant les individus ou les banques. Mais tant la législation sécrétée par celles-ci que leurs propres interventions en matière juridique et judiciaire ne sont pas suffisantes et le banquier doit recourir à une législation sécrétée par une institution régionale, l'Organisation pour l'harmonisation du droit des affaires en Afrique.

A partir du constat selon lequel la caducité des règles juridiques héritées de la colonisation, la précarité de l'appareil judiciaire et l'imprévisibilité des tribunaux sont source d'insécurité judiciaire, quinze Etats africains de la zone franc devaient se réunir, sous l'impulsion des plus motivés d'entre eux, pour convenir de la nécessité d'un droit des affaires commun et signer ainsi ensemble en 1993 le Traité de l'OHADA. Ce Traité et les institutions qui en découlaient étaient essentiellement l'œuvre de ses fondateurs et le fruit de leur opiniâtreté à vouloir apporter à l'Afrique une plus grande sécurité juridique et judiciaire. Il était complété par l'élaboration et la mise en vigueur de neuf actes uniformes, lesquels constituent aujourd'hui le droit positif de 17 Etats membres de l'OHADA dans les domaines du droit commercial général, du droit des sociétés, du droit des procédures collectives, des sûretés, du recouvrement des créances, du droit de l'arbitrage, des transports, du droit comptable et des sociétés coopératives.

Avant l'avènement du droit OHADA, le droit des affaires dans la zone était d'une qualité technique vieillissante qui se dégradait sans cesse au fil du temps, dans un environnement économique qui se modernise et évolue. Il était donc grand temps d'abroger ces règles vétustes qui n'étaient plus nécessaires et efficaces pour faire place à des règles plus modernes pouvant répondre aux préoccupations actuelle des entrepreneurs, industriels et commerçants, de telle sorte que leur interprétation et leur adaptation soient utiles sans pour autant qu'elles entravent la liberté de commerce et de l'industrie ou qu'elles deviennent un obstacle à l'exercice de l'activité économique.

L'importance du droit OHADA n'est plus à démontrer. Des règles juridiques simples, modernes et souples adaptées aux économies des Etats concernés sont mises en place. La création d'une Cour commune de justice et d'arbitrage permet l'interprétation et l'application uniforme du droit harmonisé et réduit les risques d'insécurité judiciaire. Mais le risque demeure quant à la non-lisibilité et l'imprécision des matières à harmoniser. Inscrit lors du séminaire de Bangui en 2001 dans la liste des matières à harmoniser, le droit bancaire fut retranché de cette liste en 2010, laissant subsister en la matière un vide juridique que ni les autorités communautaires et moins encore celles nationales sont prêtes à combler. Il ne fait de doute que l'exploitant de banque tchadien continuera à être victime de l'insécurité juridique et judiciaire.

CONCLUSION GENERALE

Le constat qui s'impose à l'issue de cette étude est que l'exploitant de banque est victime de l'insécurité judiciaire causée mais pas essentiellement par le vide juridique. En effet, le déficit de l'arsenal juridique qui s'observe non seulement à l'échelle locale, mais aussi sous-régionale et régionale combiné à la mauvaise gouvernance exposent la banque à une insécurité judiciaire, laquelle ne cesse de s'accentuer. Et le retour à un fonctionnement harmonieux de l'activité bancaire au Tchad est fonction de l'effort au niveau national à fournir par les autorités pour le comblement du vide juridique et la bonne gouvernance. En définitive, deux observations principales s'imposent à l'issue de notre étude : le dilemme du vide juridique et la problématique de la gouvernance.

Nous l'avons déjà souligné, le vide juridique se situe au niveau local, sous-régional et régional. Au niveau local, même si l'on reconnaît que les droits traditionnels constitués de la coutume et du droit musulman peuvent régir l'activité économique dont l'activité bancaire, c'est incontestablement le droit moderne légué par la colonisation qu'applique l'exploitant de banque. Ce droit reçu par le nouvel Etat, selon le principe de la continuité législative suivi par celui de la permanence législative s'avère insuffisant et même fragmentaire. De plus, il est écorné par l'autre principe, celui de la spécialité législative. Ainsi, tant en matière civile que pénale, le vide juridique est patent. En effet, depuis 1960, de nouvelles infractions sont nées. Ainsi, en plus des délits généraux reconnus par les premiers Codes comme le vol, l'escroquerie, l'abus de confiance, le faux et l'usage de faux, la corruption, le faux monnayage, l'usure, de nouvelles infractions relatives à la vie des affaires et des entreprises naissent : blanchiment, trafic d'influence, prise illégale d'intérêt, les infractions liées à l'informatique, le délit boursier et les infractions propres à la vie des entreprises depuis les opérations de constitution à leur liquidation en passant par leur administration et leur gestion. Le droit de la consommation pénalise une multitude d'infractions : la tromperie, les falsifications, les publicités mensongères, l'abus de faiblesse ou d'ignorance ainsi que les infractions liées au crédit à la consommation, au crédit immobilier, au démarchage et aux contrats à distance. Bon nombre d'infractions spécifiques à l'exploitant de banque voient le jour : les infractions relatives au chèque malgré la dépénalisation de l'émission de chèque sans provision, le délit d'exercice illégal de la profession de banquier, le délit relatif au taux de crédit, à la provision du chèque, au blanchiment des capitaux, le délit d'atteinte au secret professionnel ainsi que les infractions relatives aux démarchages bancaire ou financier notamment. En matière civile et commerciale, et en vertu des principes de la continuité et de la permanence législatifs sus-évoqués, le texte applicable était le Code civil français dans sa rédaction de 1958. Il en est de même du Code de commerce dont le texte applicable est celui datant d'avant l'indépendance. Or, depuis l'indépendance, tant les matières civile que commerciale ont rapidement évolué en France : le droit des affaires, surtout des contrats spéciaux a subi des modifications profondes. Des organes modernes de gestion des sociétés commerciales apparaissent. A côté des sûretés traditionnelles telles que le cautionnement, le nantissement, le gage, les privilèges et les hypothèques, de nouvelles formes de sûretés personnelles et mobilières naissent : garanties et contre-garanties autonomes, réserves de propriétés, cession de créance, propriété retenue ou cédée à titre de garantie, nantissements de créance, de compte bancaire, de titres financiers, de droits d'associés, de propriété intellectuelle, etc... Le droit de la responsabilité lui aussi a évolué, notamment la responsabilité du fait des choses dont la responsabilité du fait des produits défectueux.

Quant à la réglementation spécifique de l'activité bancaire, celle-ci se limite seulement à deux textes pris en 1965 et en 1995 en plus de celle dérivant des lois françaises sur le chèque, le billet à ordre, la lettre de change et l'organisation de la profession bancaire.

Au niveau sous-régional, la CEMAC succédant à l'UDEAC dont l'objectif principal est de créer un marché commun aux six pays a par le biais de ses organes et institutions que sont l'UMAC, l'UEAC, la BEAC et la COBAC, adopté plusieurs textes censés régir l'activité bancaire : création d'un marché financier et boursier, règlementation des changes, règlement sur les instruments de paiement et de crédit, les blanchiments, l'usure, le gouvernement d'entreprise, les procédures collectives, etc.

Ainsi, aussi bien au niveau local que sous-régional, l'activité bancaire est partiellement et fragmentairement règlementée : absence de règles protectrices du crédit et de règles propres aux opérations bancaires. Et la plupart des règles qu'utilisent les banques à titre de droit comparé ou de « raison écrite » ne sont pas bien appliquées par les juges à défaut d'avoir reçu une consécration législative. Ainsi donc, tant au niveau national que sous-régional, il existe un vide juridique, source d'insécurité judiciaire pour l'exploitant de banque. Il en sera de même au niveau régional malgré la création de l'Organisation pour l'harmonisation du droit des affaires en Afrique (OHADA).

En effet, préoccupés par la dégradation des affaires qui se traduisait par un ralentissement du processus de développement, les Ministres des Finances de la zone franc réunis en avril 1991 à Ouagadougou au Burkina-Faso ont décidé « *d'organiser une réflexion sur la faisabilité d'un projet de mise en place progressive d'un droit harmonisé des affaires afin de rationnaliser et d'améliorer l'environnement juridique et judiciaire des entreprises* ». Cette initiative a été suivie des concertations qui ont finalement abouti à la création de l'Organisation pour l'Harmonisation du Droit des Affaires en Afrique, en abrégé OHADA, le 17 octobre 1993. Le Traité créant cette organisation révisée en 2008 couvrait 17 Etats dont le Tchad. L'OHADA est un modèle d'intégration juridique et institutionnel unique. Elle est conçue comme un moyen de doter les Etats membres des règles formellement et substantiellement identiques en matière de droit des affaires. Ces règles se substituent aux lois nationales aussi bien pour les rapports juridiques internes que pour certaines situations juridiques internationales. Elles sont renforcées par l'existence d'un Juge commun de cassation, la Cour Commune de Justice et d'Arbitrage (CCJA). L'uniformisation législative est ainsi complétée par l'uniformisation de la jurisprudence. Cependant, le droit sécrété par cette organisation s'avère lui aussi insuffisant pour régir l'activité économique dont l'activité bancaire.

En effet, malgré l'adoption des législations relatives au droit commercial général, aux sociétés, aux sûretés, aux voies d'exécution, lesquelles peuvent régir la vie économique, la législation spécifique à l'exploitant de banque fait défaut. Puis, il a été décidé lors de l'adoption du programme d'harmonisation en 2001 le retrait du droit bancaire de cette organisation.

Ce déficit législatif ajouté aux difficultés de financement de l'organisation et aux problèmes de fonctionnement de la CCJA sont sources d'insécurité juridique et judiciaire que vient aggraver le phénomène de la mauvaise gouvernance.

La gouvernance peut être définie comme le mode d'exercice du pouvoir pour gérer les affaires d'une nation, d'une entreprise ou d'une association. Et la bonne gouvernance est celle dont l'exercice du pouvoir conduit à des résultats jugés positifs par l'ensemble des acteurs ou une partie significative de celui-ci. Elle suppose l'obligation de rendre compte, la capacité des gouvernants à formuler et à appliquer des politiques saines, une gestion responsable, efficace, transparente et participative et l'accès des citoyens aux services publics et à l'information. Au niveau de l'entreprise, la gouvernance repose sur la recherche pragmatique et permanente des bonnes pratiques de direction et de gestion des sociétés commerciales. La mauvaise gouvernance qui est aussi la cause de l'insécurité juridique et judiciaire dans la profession de l'exploitant de banque s'observe non seulement au sein des institutions étatiques mais également au niveau des institutions judiciaires et de l'exploitant de banque lui-même. La gouvernance au niveau étatique est fragilisée notamment par des lacunes et carences constatées en termes de capacité à identifier, définir, formuler et mettre en œuvre des politiques, stratégies et programmes. Le manque de volonté politique, l'absence de transparence dans la gestion des fonds publics, les détournements massifs, le népotisme, le favoritisme, l'impunité, la corruption, l'insécurité, les violations des droits humains et l'incapacité de la justice à faire respecter la loi caractérisent la mauvaise gouvernance au Tchad. Or les caractéristiques d'un Etat qui fonctionne selon les principes de la bonne gouvernance tiennent compte des valeurs que prônent la « démocratie consensuelle et participative ». L'Etat qui veut promouvoir la gouvernance doit d'abord maintenir le pays dans la paix, faire respecter la loi et l'ordre. Puis, il faut garantir et protéger les libertés individuelles et assurer l'égalité des droits, créer la transparence dans l'arbitrage des différends.

Enfin l'Etat doit aussi disposer d'un système pratique de poids et de contrepoids pour se défendre d'un exercice arbitraire du pouvoir, de faire en sorte que le processus de prise de décision soit transparent et prévisible et adopter une attitude responsable dans l'utilisation des ressources publiques afin de répondre aux attentes et aspirations de la population. Cela suppose qu'il faut des institutions fortes mais responsables vis-à-vis des citoyens. Ce qui n'est pas encore le cas au Tchad où les hommes sont plus forts que les institutions, où les ressources subissent des détournements sans merci, où la corruption, le clientélisme, le népotisme et l'impunité prennent chaque jour de l'ampleur, où les Droits de l'Homme sont violés et l'insécurité devient permanente. Ces divers maux gangrènent l'administration, laquelle est truffée d'agents incompétents et véreux. Quant au Parlement, il ne joue pas vraiment son rôle, se contentant toujours de voter les projets de lois. Les propositions de lois sont rares et le contrôle gouvernemental quasi-inexistant. Or, une administration efficiente et un parlement responsable auraient accompli des efforts louables en matière législative et réglementaire pour régir la vie économique et partant l'activité bancaire. Ces crises de gouvernance engendrées par la mal gouvernance influent également sur le fonctionnement des institutions judiciaires.

En théorie, le pouvoir judiciaire est indépendant du pouvoir exécutif et du pouvoir législatif. Ce pouvoir est exercé par la Cour Suprême, les Cour d'Appel, les Tribunaux et les Justices de Paix. Des avancées significatives sont intervenues dans ce secteur avec l'adoption de la Constitution qui consacre l'indépendance du pouvoir judiciaire, la création du Barreau, celle d'une Cour Suprême, organe supérieur de cassation, la mise en place d'un conseil supérieur de la magistrature qui reconnaît l'inamovibilité des magistrats du siège ainsi que la création de nouvelles cours d'appel. Malgré ces réformes institutionnelles, le système judiciaire tchadien souffre d'un certain nombre de problèmes qui continuent d'affecter son efficacité et sa crédibilité. C'est conscient des multiples dysfonctionnements du système judiciaire que les hautes autorités ont décidé d'organiser les Etats Généraux de la Justice en juin 2003 en vue d'identifier les maux qui minent cette institution et de proposer des solutions. L'objectif recherché était d'assurer les droits fondamentaux des citoyens. Il s'agissait en particulier de garantir le respect de la loi comme principe constitutionnel, le droit à un système de justice efficace et à une tutelle judiciaire effective, l'égalité de tous les citoyens devant la loi et l'éradication de l'impunité. Il s'agissait également d'assurer le renforcement d'un environnement juridique stable et propice aux affaires et à la sécurité économique dont le Tchad et tous ses opérateurs économiques nationaux et étrangers ont besoin pour continuer leurs efforts de développement et leur stratégie d'investissement. Mais plusieurs années après la tenue de ces Etats Généraux et malgré l'adoption d'un « projet de réforme de la Justice » par le Gouvernement, les maux diagnostiqués n'ont toujours pas trouvé de solution. La situation n'a pas beaucoup évolué, si elle ne s'est pas aggravée par endroits. Les nominations à la Cour Suprême sont complaisantes si bien qu'au niveau de la Chambre judiciaire même on trouve des Juges n'ayant eu aucune formation en droit et certains quasi-analphabètes. Les Juges qui reçoivent le plus de promotion sont ceux formés au rabais dans les écoles étrangères et dans l'actuelle école dénommée Centre National de Formation Judiciaire qui a supplanté l'ENAM. La relecture des anciens Codes de procédures ainsi que l'adoption de nouvelles législations propres à un Etat de droit économique préconisées par lesdits Généraux battent de l'aile si bien que le vide juridique est loin d'être comblé.

Ainsi, face à une Justice inefficace et à un droit fragmentaire et obsolète, l'exploitant de banque tchadien ne peut durablement et rentablement exercer son activité. Mais il se trouve également que la mal gouvernance existe aussi au sein de la profession bancaire, même si cela s'observe à un moindre degré. Au niveau de la profession, le dispositif nécessaire à la bonne gouvernance de la banque existe tant à l'échelle nationale que sous-régionale. Le ministère en charge de la monnaie appelé autorité monétaire s'occupe de l'organisation structurelle, matérielle et fonctionnelle des banques. Il accorde les agréments et dispose du pouvoir d'autorisation de certaines opérations. Le Conseil National du Crédit intervient dans la définition des politiques nationales en matière bancaire et émet des avis sur les demandes d'agrément. L'association professionnelle des établissements de crédit s'occupe de la représentation des intérêts collectifs de ses membres ainsi que de l'organisation de la gestion des services d'intérêt commun. Au niveau sous-régional, la COBAC, outre son pouvoir nominatif exerce le contrôle et la surveillance des établissements de crédit. La BEAC a le privilège exclusif de l'émission monétaire et assure la stabilité des prix pour consolider la valeur de la monnaie. Cependant les immunités de juridiction et d'exécution dont jouit la BEAC ne permettent pas la coopération avec les opérateurs économiques et les administrations judiciaires en cas de différend. Quant à la COBAC, une institution administrative et judiciaire, elle exerce parfois avec zèle certaines de ses missions.

Au niveau des banques elles-mêmes, si grâce aux actions conjuguées de la BEAC et de la COBAC, les règles d'administration et de contrôle sont respectées (agrément des dirigeants et des commissaires aux comptes), il n'en est pas de même de la gestion interne de la banque. La médiocrité et l'incompétence règnent car beaucoup d'agents formés dans des instituts locaux sans référence sont recrutés par complaisance. Les règles déontologiques sont foulées aux pieds. Les détournements des fonds de la clientèle sont nombreux et beaucoup demeurent impunis. Il en résulte de nombreux contentieux dont les issues sont toujours fatales pour les banques.
Tout compte fait et pour l'essentiel, l'effort à accomplir pour sortir l'exploitant de banque de l'ornière se situe à deux niveaux : au niveau normatif et au niveau judiciaire. En un mot, c'est la question de la réforme des Codes usuels pour la modernisation de la Justice comme l'avait initié en 2009 le Congo-Brazzaville avec l'aide du PNUD[582].

---

[582] Déclaration du Ministre de la justice du Congo-Brazzaville le 29 septembre 2009 à Brazzaville à l'ouverture du séminaire de formation organisé par l'association « Avocats Sans Frontière France ».

BIBLIOGRAPHIE

OUVRAGES GENERAUX

A- DICTIONNAIRES ET ENCYCLOPEDIES

1- Alland (D.) et Rials (S.)
- Dictionnaire de la culture juridique, PUF et Lamy, Paris, 2003.
2- Associations H. Capitant
- Vocabulaire juridique, G.Cornu, 8e éd. PUF, Paris 2007.
- Dictionnaire du vocabulaire juridique, Litec, 2e édi, Paris 2004, s.dir R. Cabrillac
3- Boyer (L) et Roland (H.)
- Adages du droit français, Litec, 3ème éd., 1992
4- CHAMPEIL-DESPLATS (Véronique), Méthodologies du Droit et des sciences du droit, Dalloz, Paris, 2014.
5- Gatsi (Jean)
- Nouveau Dictionnaire Juridique, 2ème édition, PUL (Presses Universitaires Libres), Douala (Cameroun), 2009
6- Guillen (R.) et Vincent (J.)
- Lexique des termes juridiques, Dalloz, 14e éd. Paris 2003, De S. Guinchard et G. Montagnier
7- Roland (H.) et Boyer (L.)
- Locutions latines du droit français, 4e éd., Litec, Paris 1998,
- Adage du droit français, 4e éd. Lite, Paris 1999
8- Roland (H.)
- Lexique juridique-expressions latines, Coll. Carré droit, Litec, Paris 1999
9- Vincent (J.),
- Guide juridique, Dalloz, Paris 1984

B- TRAITES ET MANUELS

1- Abdel Kader BOYE, Droit des contrats et de la responsabilité, Encyclopédie Juridique de l'Afrique, Nouvelles Editions Africaines, Dakar, 1982.

2- ALFANDARY (Elie), Droit des Affaires, Litec, Paris, 1993

3- AKUETE (Pedro Santos) et YADO TOE (Jean), OHADA : Droit commercial général, coll- Droit uniforme Africain, Bruylant, Bruxelles, 2002
4- ANDIT (Bernard), Droit International Privé, Economica, 3ème édition ; Collection droit civil, Paris, 2000
5- ANOUKAHA (Francois), CISSE-NIANG (Aminata), MESSANVI (Foli), ISSA SAYEGH (Joseph), YANKHOBA NDIAYE (Issac) et SAMB (Moussa), OHADA : sûretés, collection Droit uniforme africain, Bruylant, Bruxelles, 2002
6- ANOUKAHA (Francois), ABDOULLAH (Cissé), NDIAW (Diouf), NGUEBOU TOUKAM (Josette), POUGOUE (Paul-Gerard) et SAMB (Moussa), OHADA : sociétés commerciales et GIE, collection Droit Uniforme Africain, Bruylant, Bruxelles, 2002.
7- ANTONMATTEE (Paul-Henri) et RAYNARD (Jacques), Droit civil : contrats spéciaux, 16ème édition, Litec, Paris, 2000
8- ASSI-ESSO (Anne-Marie) et NDIAW (Diouf), OHADA : recouvrement des créances, collections Droit Uniforme Africain, Bruylant, Bruxelles, 2002
9- ASSI-ESSO (Anne-Marie), ISSA-SAYEGH (Joseph) et LOHOUES-OBLE (Jacqueline), CIMA : Droit des assurances, coll. Droit Uniforme Africain, Bruylant, Bruxelles, 2002
10- BEIGNIER (Bernard), Droit du Contrat d'Assurance, Puf, Collection droit fondamental, Paris, 1999
11- BENABENT (Alain), Les Contrats Commerciaux, 4ème édition, Montchrestien, Collection Domat, Droit privé, Paris, 1999.
12- BERGEL (Jean-Louis), BRUSCHI (Marc) et CIMAMOUTI (Sylvie), Traité de droit civil : les biens, LGDJ, Paris, 2000.
13- BLAISE (Jean-Bernard), Droit des Affaires : Commerçants, Concurrence, Distribution, 6ème édition, LGDJ, Paris, 2009.
14- BRANLARD (Jean-Paul), L'essentiel du droit des effets de commerce, Gualino éditeur, Collection Les Carrés, Paris, 2000.
15- BUSSY (Jack), Droit des Affaires, Presses des Sciences Politiques et Dalloz, Paris, 1998.
16- CABRILLAC (Michel) et MOULY (Christian), Droit des Sûretés, 5ème édition, Litec, Paris, 1999.
17- CALAIS-AULOY (Jean) et STREINMETZ (Frank), Droit de la Consommation, Précis Dalloz, 5ème édition, Paris, 2000.
18- CARBONNIER (Jean), Droit Civil : les obligations, Tome 4, 22ème édition PUF, refondue, Collection Thémis Droit privé, Paris, 2000.
19- CLAVIER (Jean-Pierre) et LUCAS (François-Xavier), Droit Commercial, Flammarion, Paris, 2003.
20- CONAC (Gérard), les cours suprêmes en Afrique : Organisation, Finalités, Procédure, Tome I, Economica, Paris, 1988.

21- CONAC (Gérard) et GAUDUSSON (Jean du Bois de), les cours suprêmes en Afrique : la Jurisprudence administrative, Tome III, Economica, Paris, 1988.
22- CONAC (Gérard), les cours suprêmes en Afrique : Droit de la terre et de la famille, Droit commercial, Droit pénal, Droit musulman, Tome IV, Economica, Paris, 1990.
23- DARBON (Dominique) et GAUDUSSON (Jean du Bois de), la création du droit en Afrique, Karthala, Paris, 1997.
24- DARESTE (Pierre), Traité de droit colonial, Paris, 1931, pp. 243 et ss. In Editions de l'Union Française, Paris 1953.
25- DARMON (Karine) et VIGUY (Auriane), les métiers du droit : domaine judiciaire, bancaire, immobilier, Paris, 2007.
26- DE JUGLART (Michel) et IPPOLITO (Benjamin), Cours de droit commercial : Actes de commerce, commerçants, fonds de commerce et effets de commerce, 1ère volume, 3ème édition, Montchrestien, Paris, 1968.
27- DE JUGLART (Michel) et IPPOLITO (Benjamin), Cours de droit commercial : les sociétés commerciales depuis les réformes de 1966, 1967 et 1968, 2ème volume, 3ère édition, Montchrestien, Paris, 1968.
28- DELMAS-MARTY (Michelle) et GINDICELLI-DELAGE (Geneviève) (eds), Droit pénal des affaires, 4ème édition refondue, Puf , Collection Thémis Droit privé, Paris, 2000.
29- DUTILLEUL (François Collant) et DELEBECQUE (Philippe), contrats civils et commerciaux, 8ème édition, Dalloz, Paris, 2007.
30- GAUDUSSON (Jean du Bois de) et CONAC (Gérard), Afrique Contemporaine : la justice en Afrique, GAUTHIER-VILLARS, Paris, 1990.
31- GERMAIN (Michel) et MAGNIER (Véronique), Traité de droit : les sociétés commerciales, 19ème édition, LGDJ, Paris, Tome 1, vol 2, 2009.
32- GUERY (Gabriel), Droit des Affaires, 8ème édition, Montchrestien, Collection Business, Paris, 1999.
33- GUYON (Yves), Droit des Affaires : Droit commercial général et sociétés, Tome 1, 10ème édition, Collection Droit des affaires et de l'entreprise, Paris, 1998.
34- JACQUET (Jean –Michel) et DELEBECQUE (Philippe), Droit du Commerce International, Dalloz, Paris, 2000.
35- Jobert-Bachelier (M.-N) et Bachelier (X.)
- La technique de cassation, pourvois et arrêts en matière civile, Dalloz, 3e éd. Paris, 1994.
36- JOURDAIN (Patrice), Les principes de la responsabilité civile, 8ème édition, Dalloz, Paris, 2010.
37- Keba (Mbaye) et Ndiaye (Youssoupha)

Encyclopédie Juridique de l'Afrique, Organisation judiciaire, Procédures et voies d'exécution, Les Nouvelles Editions Africaines, Dakar, 1982.

38- Kouassigan (Guy Adjete)
Encyclopédie Juridique de l'Afrique, Droit des biens, Les Nouvelles Editions Africaines, Dakar, 1982.

39- KWEMO (Stéphanie), l'OHADA et le secteur informel : l'exemple du Cameroun, Larcier, Bruxelles.

40- LARGUIER (Jean) et CONTE (Philippe), Droit Pénal des Affaires, Armand Colin, 9eme Edition, Collection U, Paris, 1998.

41- LAROUMET (Christian), Droit civil : les obligations, le contrat, 4ème édition, Tome 3, Economica, Collection Droit civil, Paris, 1998.

42- LEFEBVRE (Francis) :
- Recouvrements des impayés : recouvrement amiable-actions judicaires-voies d'exécution, Editions F-L, Paris, 1998.

43- LEPAGE (Agathe), MAISTRE DU CHANBON (Patrick) et RENAUD (Salomon), Droit pénal des affaires, 2ème édition, Litec, Paris, 2010.

44- LEGEAIS (Dominique), Droit Commercial, 12ème édition, Sirey, Paris, 1998.

45- LE TOURNEAU (Philippe) et CADIET (Loïc), Droit de la responsabilité, Dalloz, Collection Dalloz Action, Paris, 1998.

46- LOUSSOUARN (Yvon) et BOUREL (Pierre), Droit international privé, 5ème édition, Dalloz, Paris, 1996.

47- MALAURIE (Philippe), AYNES (Laurent) et STOFFEL- MUNCK (Philippe), Droit Civil : les obligations, 7ème édition, LGDJ, Paris, 2015.

48- MAYER (Pierre), Droit International Privé, 6ème édition, Montchrestien, Collection Domat droit privé, Paris, 1998.

49- MAZEAU (Henri et Léon), MAZEAU (Jean) et CHABAS (François),
- Leçons de droit civil : sûretés-publicité foncière 7ème édition, Tome 3, 1ère volume, Montchrestien, par Yves Picod, Paris, 1999.
- Leçons de droit civil : introduction à l'étude du droit, 12ème édition, Tome 1, 1ère volume, Montchrestien, Paris, 2000.
- Leçons de droit civil : Obligations : théorie générale, 9ème édition, Tome 2, 1ère volume, Montchrestien, Paris, 1998.

- Meissonnier (Georges) et Gautron (Jean-Claude)
Encyclopédie Juridique de l'Afrique, Droit des Entreprises, Les Nouvelles Editions Africaines, Dakar, 1982.

50- MERCADAL (Barthélémy) et MACQUERON (Patrice), Droit des Affaires en France, Francis Lefebvre, Levallois-Perret, 1999.

51- MERLE (Philippe), Droit Commercial : sociétés commerciales, 7ème édition, Précis Dalloz, Paris, 2000.

52- MESTRE (Jacques), PUTMAN (Emmanuel) et BILLIAN (Marc), GHESTIN (Jacques), Traité de droit civil : droit spécial des sûretés réelles, LGDJ, Paris, 1996.
53- MOUSSERON (Jean-Marc), Droit du Commerce International : droit international de l'Entreprise, 3ème édition, Litec, Paris, 2003.
54- NGOUMTSA ANOU (Gérard), Droit OHADA et conflits de lois, LGDJ, Paris, 2013.
55- ONANA ETOUNDI (Felix), OHADA : jurisprudence thématique commentée et annotée de la CCJA, 2ème édition, PUA, Yaoundé, 2009.
56- PICOD (Yves) et DAVO (Hélène), Droit de la Consommation, Dalloz, Paris, 2005.
57- PORTALIS (Jean), Discours préliminaire au premier projet du Code Civil, Edition Confluences, Collection « Voie de la Cité », Paris, 1998.
58- PUTMAN (Emmanuel), Contentieux économique, PUF, Collection Thémis Droit Privé, Paris, 1998.
59- ROBLOT (René), Traité élémentaire de droit commercial, LGDJ, Paris, 1986.
60- ROUHETTE (Georges), Principes du droit européen du contrat, Vol 2, Editions société de législation comparé, Paris, 203.
61- Sikhe (Camara) et Owona (Joseph)
Encyclopédie Juridique de l'Afrique), Droit International et relations internationales, Les Nouvelles Editions Africaines, Dakar, 1982.
62- SOW SIDIBE (Amsatou), le pluralisme juridique en Afrique : l'exemple du droit successoral sénégalais (s. dir.) GONIDEC (P.F) et BOURGI (A), Tome I, LGDJ, Paris, 1991.
63- STARCK (B), Droit Civil : obligation, Responsabilité délictuelle, 3ème édition par ROLAND (H) et BOYER (L) Litec, Paris, 1988
64- TIGER (Philippe), Le droit des affaires en Afrique, Puf, Collection Que sais-je ? Paris, 2001.
65- VERON (Michel), Droit Pénal des Affaires, 3ème édition, Armand Colin, Collection Cursus, Paris, 1999.
66- VINEY (Geneviève), GHESTIN (Jacques) (eds), Traité de droit civil : Introduction à la responsabilité, 2ème édition, LGDJ, Paris, 1995.
67- VINEY (Geneviève) et JOURDAIN (Patrice), GHESTIN (Jacques) (eds), Traité de droit civil : les conditions de la responsabilité, 2ème édition, LGDJ, Paris, 1998.

I- OUVRAGES SPECIAUX

1. ANCEL (Pascal), Manuel de Droit du Crédit, Litec, Paris, 1997.
2. BONHOMME (Régine), Instruments de crédit et de paiement : Introduction au Droit Bancaire, 11ème édition LGDJ, Paris.
3. BONNEAU (Thierry), Droit Bancaire, 4ème édition, Montchrestien, Collection Domat, droit privé, Paris, 2001.
4. BOUCARD (François), les obligations d'information et de conseil du banquier, Presses Universitaires d'Aix- Marseille, Marseille, 2002.
5. BOUTEILIER (Patrice) et RIBAY (François), l'Exploitant de Banque et le Droit : réponses à 280 questions pratiques, 3ème édition, Banques Editeur, Paris, 2000.
6. BURGARD (J-J) : la banque en France, 3ème édition, PFNSP et Dalloz, 1991.
7. BURGARD (Jean-Jacques), CORNUT (Charles) et DE MASSY (Olivier Robert), La banque en France, Presses de Sciences Po et Dalloz, 1995, Paris.
8. BUTHURIEUX (André), Responsabilité du banquier : Entreprises en difficultés- Crédit fautif- Expertise, Litec, Collection Responsabilités, Paris, 1999.
9. CASSOU (Pierre-Henri), La réglementation bancaire, Edition SEEFI, Collection Banque et Stratégie, Boulogne, 1997.
10. CHAPUT (Yves) et SCHÖDERMEIER (Marie-Danielle), Effets de commerce, Chèques, 2ème édition, Puf, mise à jour, Paris, 1998.
11. CHIN-SE (Chung), Responsabilité civile du banquier dispensateur de crédit à une entreprise en difficulté, Paris II, 1959 p.
12. D'HOIR-LAUPRETRE (Catherine), Droit du crédit, ellipses, Paris, 1999.
13. DE JUGLART (Michel) et IPPOLITO (Benjamin), Droit Commercial, 2ème édition, Montchrestien, 4ème volume (Banques et Bourses) Paris, 1979.
14. DE JUGLART (Michel) et IPPOLITO (Benjamin),
    - Cours de droit commercial : réforme de la faillite- banques et bourses- contrats commerciaux, Montchrestien, 1ère édition, Paris, 1967.
    - Traité de droit commercial : banques et bourses, 3ème édition Montchrestien, par Lucien M. Martin, Tome 7, Paris, 1991.
15. DEKEUWER-DEFOSSEZ (Françoise), Droit Bancaire, 6ème édition, Dalloz, Mémentos Droit Privé, Paris, 1999.
16. DELEBECQUE (Philippe) et Germain (Michel), Traité de droit commercial : effets de commerce-banque et bourse-contrats commerciaux-procédures collectives, 16ème édition, Tome 3, LGDJ, Paris, 2000.

17. DESCHANEL (Jean-Pierre), Droit Bancaire : L'activité bancaire, Dalloz, Collection Connaissance du Droit, Paris, 1997.
18. DEVEZE (Jean) et PETEL (Philippe), Droit Commercial : instruments de paiement et de crédit, Montchrestien, Paris, 1992.
19. DIDIER (Paul), Droit Commercial : la monnaie- les valeurs mobilières- les effets de commerce, PUF, Collection Thémis Droit Privé, Paris, 1999.
20. DUPICHOT (Jacques) et GUEVEL (Didier), Michel DE JUGLART et Benjamin IPPOLITO, Traité de droit commercial : lettre de change-billet à ordre, les effets de commerce). 3ème édition, Tome 2, Montchrestien, Paris, 1996.
21. GAMADJI (Mohamadou), La sécurité du chèque : Prévention et répression de l'émission des chèques irréguliers, L'Harmattan, Collection Logiques Juridiques, Paris, 1998.
22. GAUVIN (Alain), La nouvelle gestion du risque financier, LGDJ, Paris, 2000.
23. GAVALDA (Christian) et STOUFFLET (Jean), Effets de commerce : chèques-cartes de paiement et de crédit, 3èmeédition, Litec, Paris, 1998.
24. GAVALDA (Christian) et STOUFFLET (Jean), Droit Bancaire : institutions-comptes-opérations-services, 4ème édition, Litec, Paris, 1999.
25. GERSAULT (P) et PRIAMI (S) : Les opérations bancaires à l'international, banque éditeur, Collection banque, ITB, 2001
26. GRUA (François), Les contrats de base de la pratique bancaire, Collection Litec Affaires-Fiances, Paris, 2000
27. KEUFFI (Daniel), la régulation des marchés financiers dans l'espace OHADA, L'Harmattan, Paris, 2011.
28. KLEIN-CORNEDE (Joanne), La pratique des garanties bancaires dans les contrats internationaux, AFB Diffusion, Collection Techniques de la banque, Paris, 1999.
29. JEANTIN (Michel), Droit commercial : instruments de paiement et de crédit- Entreprises en difficulté, 4ème édition, Dalloz, Paris, 1995.
30. LASSERRE CAPDEVILLE (Jérôme), le secret bancaire : Etude de droit comparé, Tome II ; PUAM (Presses Universitaires d'Aix-Marseille), Marseille, 2006.
31. LASSERRE CAPDEVILLE (Jérôme), le secret bancaire : Etude de droit comparé, Tome I, PUAM, Marseille, 206.
32. MATTOUT (Jean- Pierre), Droit Bancaire International, 3ème édition, Revue Banque édition, Paris, 2004.
33. MINKOA SHE (Adolphe), Droit des sûretés et des garanties du crédit dans l'espace OHADA : les garanties personnelles, Tome 1, PUF, Paris, 2010.

34. NEAU LEDUC (Philipe), Droit bancaire, 5e édition, Dalloz, Paris, 2015.
35. NEUVILLE (Sébastien), Droit de la Banque et des Marchés Financiers, 1ere édition, PUF, Paris, 2005.
36. NYAMA (Jean-Marie), Droit Bancaire en zone CEMAC, 2ème édition, Presses de l'UCAC, Yaoundé, 2015.
37. PELTIER (F), Introduction au Droit du Crédit, édition banque, 1990.
38. PEROCHON (Françoise) et BONHOMME (Régine), Entreprises en difficulté : instruments de crédit et de paiement, 3ème édition, LGDJ, Paris, 1997.
39. PIEDELIEVRE (Stéphane), Instruments de crédit et de paiement, Dalloz, Collection Droit privé, Paris, 1999.
40. RIVES-LANGUE (Jean-Louis) et CONTAMINE-RAYNAUD (Monique), Droit Bancaire, 6ème édition, Dalloz, Paris, 1995.
41. SAYAG (A) et JEANTIN (M) (eds), L'endettement : mode de financement des entreprise, Litec, Etudes du Centre de Recherches sur le Droit des Affaires, Paris, 1997.
42. TCHEUMALIEU FANSI (Roland), Droit et pratique bancaire dans l'espace OHADA, L'Harmattan, Paris, 2013.
43. TEISSIER (Anne),
    - Le secret professionnel du banquier, Tome 1, Presses Universitaires, d'Aix –Marseille, Marseille, 1999.
    - Le secret professionnel du Banquier, Tome II, PUAM (Presses Universitaires d'Aix-Marseille), Marseille, 1999.
44. VASSEUR (M), Droit et économie bancaire, les opérations des banques, les cours de droit, 4ème édition, 1989.
45. WOOG (Jean-Claude), La stratégie du créancier, Dalloz, Paris, 1998.
46. ZEIN (Youmna), Les pools bancaires : aspects juridiques, Economica, Collection droit civil, Paris, 1998.

II- <u>THESES ET MEMOIRES</u>

1- ADOUMBAYE MAN ALBAYE, le crédit bancaire : cas de la BDT, Mémoire de Licence, Université de N'Djamena, 1996, 58 p
2- ARISTIDE CHACGOM FOKAM, La responsabilité du banquier dispensateur de crédit, Mémoire de Master 2 Droit des affaires et de l'Entreprise, Université de Dschang, 2011, 161 p

3- BONGNI (Jean pierre), La banque de développement des Etats de l'Afrique Centrale, Thèse de Doctorat/Ph.D en droit privé, Université de Douala, 2009, 416 p
4- DEOULENGAR NOUDJIMADJI (Alain), le statut du commerçant au Tchad, Thèse de Doctorat en droit, Université Catholique de Louvain, 2001, 244 p.
5- DJERABE MIANGOTAR, surveillance prudentielle des établissements de crédit de la CEMAC, Mémoire Maitrise en science techniques comptables et financières, Université catholique d'Afrique Centrale, 2005, 101 p
6- GUEPELBE KEBKIBA, Etude comparative du cautionnement bancaire et de la garantie autonome, Mémoire de Maitrise en droit des affaires, Université de Bangui, 1999, 68 p
7- KEUFFI (Daniel Ebénézer), la régulation des marchés financiers dans l'espace OHADA, Thèse en cotutelle pour l'obtention du doctorat en droit de l'Université de Strasbourg et du doctorat en droit/ ph.D de l'Université de Dschang, 2010, 481 p
8- KOFFI MAWUNYO AGBENOTO, le cautionnement à l'épreuve des procédures collectives, Thèse de Doctorat en droit privé, en cotutelle Université de Lomé et Université de Maine, 2007, 457 p
9- LHERIAU (Laurent), Le droit des systèmes financiers décentralisés dans l'union Economique et Monétaire Ouest Africaine, Thèse de Doctorat en droit privé, Université de Picardie Jules Verne, 2010, 214 p
10- MACRA TADIN, Les cadres juridiques de l'intervention économique publique au Tchad, Thèse de Doctorat en droit, Université des Sciences Sociales de Toulouse I, 1990, 386 p
11- MAGUEV KAMDEM (JD) Les banques et les entreprises en difficultés, mémoire DEA, Université de Dschang, 2005, 137 p
12- MBOTAINGAR ABDOULAYE, Le statut des baux commerciaux et concurrence, Thèse de Doctorat, Université de Paris Dauphine, 2007 ; 534 p
13- MIRAMBAYE (Bernard), Les enjeux de la convention de Douala du 17 janvier 1992 portant harmonisation de la réglementation bancaire dans les Etats de l'Afrique Centrale, Mémoire de Maitrise en droit des affaires, Université de Bangui, 2003, 56p.
14- MOUNA JEMALI, Les établissements de paiement : un nouvel acteur bancaire, Thèse de Doctorat en droit, Université de Nice, 2014, 535 p
15- MUOGO (Jean-Paul), Les Politiques de développement financier en Afrique subsaharienne : Définition, Enjeux-Réalités et Propositions, Thèse de Doctorat en Science Economique, Université de Paris Dauphine, 2010, 349 p

16- NDODINGUEM BEASSOUM (Casimir), Le sauvetage de l'entreprise en difficulté dans le droit OHADA des procédures collectives, Thèses de Doctorat, Université de Poitiers, 2012, 696 p
17- NEMADEU DJUITCHOKO (Eric Bertrand), le traitement du contentieux bancaire, Thèse de doctorat en droit, Université Jean-Monnet de Saint-Etienne, 2011, 377 p
18- NJUTAPVOUI (Zakari), La saisie-attribution de créances bancaires dans la réforme de l'OHADA, Thèse de Doctorat/Ph.D en droit privé, Université de Douala, 2011, 459 p.
19- SUNKAM KAMDEM (Achille), la transparence des opérations bancaires et financières dans la zone CEMAC, Thèse de doctorat en droit, Université de Douala, 2012, 435 p
20- YMELE KEMBOU (B), les garanties de crédit bancaire au Cameroun, Université de Douala, DEA en droit des affaires, 2011, 105 p

IV. COLLOQUES ET SEMINAIRES

1- ATEBA OMBALA, Nature et étendue du contrôle des comptes communautaires CEMAC- UEMOA, séminaire sous-régional de sensibilisation au droit communautaire CEMAC, tenu à N'Djamena du 07 au 12 février 2011. 22 p
2- EMMESSIENE (Roger), Le contentieux des instruments de paiement bancaire dans les relations commerciales, Séminaires de formation des formateurs aux Actes Uniformes révisés, Porto-Novo, ERSUMA, 2011, 200 p.
3- FEUDJO (Jules Roger), Les Etats membres de la zone CEMAC-CEEAC à l'épreuve de la crise financière internationale : dégâts et leçons, séminaire sous-régional de sensibilisation au droit communautaire CEMAC, tenu à N'Djamena du 07 au 12 février 2011. 31 p
4- GRESS (Benoit), Réforme des moyens de paiement et de règlement : les principales problématiques juridiques en matière de système de paiement et de règlement, séminaire tenu à Douala du 19 mai au 25 mars 2011, 7 p.
5- LOUKAKOU (Didier), La règlementation du marché financier en zone CEMAC, Séminaire sous-régional de sensibilisation au droit communautaire CEMAC, tenu à N'Djamena du 07 au 12 février 2011. 45 p

6- MILOGA (R), Responsabilité du banquier dispensateur de crédit », Séminaire de l'Association Africaine des Juristes de Banques et Etablissements Financiers organisé à Douala du 05 au 09 novembre 2001. 19 p
7- MPAGA (Lucien), La problématique du contrôle à caractère juridictionnel des comptes et de la gestion des organismes de la CEMAC, séminaire sous-régional de sensibilisation au droit communautaire CEMAC, tenu à N'Djamena du 07 au 12 février 2011. 18 p
8- MODI KOKO BEBEY (Henri Désiré), Droit bancaire : contentieux des sûretés et du crédit, séminaire de Formation de Juristes Béninois en droit OHADA, tenu à l'ERSUMA au Benin du 14 au 18 avril 2008. 69 p
9- NENDIGUI (Jean-Paul), Les comptabilités publiques communautaires dans les espaces CEMAC, UEMOA et le système comptable OHADA, séminaire sous-régional de sensibilisation au droit communautaire CEMAC, tenu à N'Djamena du 07 au 12 février 2011. 37 p
10- NETTER (E) et de RAVEL d'ESCALPON (T), Responsabilité du banquier de crédit, Séminaire de droit bancaire, université Robert Schuman, 2005/2006. 355 p
11- SOW (Ousseynou), la gestion bancaire des incidents de compte, séminaire de formation qualifiante, Cotonou du 09 au 13 octobre 2006, in siré OHADA, 169 p
12- SOW (Ousseynou) et E. MENSAH-BOCCOVI (Arlette), La fraude sur les moyens de paiement, in sire OHADA, 76 p

V. ARTICLES ET CHRONIQUES

1- ARSAC (Antoine) et ROUSSILLE (Myriam), Blocage d'un compte bancaire nanti : Réflexions sur la tenue de compte, Revue de droit bancaire et financier n° 3, Mai-Juin 2014, p.112.
2- BIAKA TEDANG DJORET « A quoi servent les banques dans les économies africaines ? » in N'DJAMENA BI-HEBDO n° 632, novembre 2002, p.5
3- BONNEAU (Thierry), le renouvellement des principes fondamentaux du droit bancaire : conclusion, Revue de droit bancaire et financier n° 5, 2013, p.109

4- BOURDALLE (N) et CAPDEVILLA (J-L), « Le développement jurisprudentiel de l'obligation de mise en garde », in cahier de recherche ESC PAU n° 5, décembre 2005, p.100

5- CREDOT (Francis-J) et SAMIN (Thierry),
- Droit bancaire : Droit des comptes, Revue de droit bancaire et financier n° 2, Mars-Avril 2014, p.127
- Droit des moyens de paiement et des transports de fonds, Revue de droit bancaire et financier n° 3, Mai-Juin 2014, p.112
- Droit commun des techniques de crédit, Revue de droit bancaire et financier n° 3 ? Mai-Juin 2014, p.112
- Des droits des moyens de paiement et des transferts de fonds, Revue de droit bancaire et financier, n° 4, Juillet-Août 2014, p.100

6- DECCORNOY (Jacques), « l'exemplaire faillite des caisses d'épargne américaines », in Manière de voir, n° 119 Octobre-Novembre 2011, p. 98

7- Dr. SAKHO (M) « Le domaine du traité d'harmonisation », revue internationale du droit africain, EDJA, n° 22, trimestriel Juillet- Août-Septembre 1994, pp. 25-35.

8- GAVALDA (Christian) et STOUFFLET (Jean), Manuel de droit bancaire : institution, comptes, opérations, services, Lexis Nexis, Paris, 2010, p.742

9- GOUDERTS (J-L) et MIGEOT (P), « Appréciation par l'expert du comportement du banquier dans la distribution du crédit », in petites Affiches, n° 53, 03 mai 1993,

10- ISSA-SAYEGH (Joseph), « Présentation de l'acte uniforme de L'OHADA portant organisation des procédures simplifiés de recouvrement et des voies d'exécution, du droit des sûretés et des procédures collectives d'apurement du passif », in Revue Penant, 1998, p. 240.

11- KIRSCH (Martin), « historique de l'organisation pour l'harmonisation du droit des affaires en Afrique (OHADA) » in Revue Penant, 1998, p.240

12- KLEINER (Caroline), les droits de l'homme et le secret bancaire : opposition ou subsomption ? journal du droit international, n° 4, 2014, p.1194

13- LASSERRE CAPDEVILLE (Jérôme) Nikel : le compte sans banque, Revue de droit bancaire et financier, n° 4, Juillet-Août 2014, p.100

14- LASSERRE CAPDEVILLE (Jérôme), « Existe-il un droit de payer par compte bancaire ou par chèque ? » la semaine juridique, édition Entreprise et Affaires, n° 22, 2010/06/03, p.192

15- LEBARON (Frédéric), « les banquiers centraux, pompiers pyromanes », Revue Manière de voir, n° 119 Octobre-Novembre 20011, p. 98

16- LEGEAIS (Dominique) et CERLES (Alain), Garanties du crédit, Revue de droit bancaire et financiers n° 3, Mai-Juin 2014, p.112
17- LEGEAIS (Dominique), Apport du crédit à la consommation au droit bancaire, Revue de droit bancaire et financier n° 5, 2013, p. 105
18- LEGEAIS (Dominique), « Le renouvellement des principes fondamentaux du droit bancaire : propos introductifs », Revue de droit bancaire et financier n°5, 2013, 166 p
19- LHERIAN (Laurent), Précis de règlement de la microfinance, Revue Agence Française de Développement (AFD), 2009, p.360
20- LHOSPICE (A) et MEISSONNIER (M), « La responsabilité du banquier fondée sur l'octroi de crédit excessif » in cahier de recherche ESC PAU n° 3 ; décembre 2004. 42p.
21- LOHOUES-OBLE (Jacqueline) « L'apparition d'un droit international des affaires en Afriques » in RTDC, 1999, p.591
22- LORDON (Fréderic), « Pour un système socialisé du crédit », in Manière de voir, n° 119 Octobre-Novembre 20011, 98 p.
23- MALHERBE (Nicolas), contrat de crédit : quand le fond l'emporte sur la forme, Revue de droit bancaire et financier n° 3 Mai-Juin 2014, 112 p.
24- MARTIN (Julien), crédit aux personnes publiques, Revue de droit bancaire et financiers n° 3, Mai-Juin 2014, p.112
25- MARTY (R) « Recours cambiaire et responsabilité du banquier dispensateur de crédit », in RFC, novembre 1997. 27 p
26- MBARGA (Arnaud), « La pérennité du contrat à l'épreuve de la dévaluation du Franc CFA : réflexion sur l'introduction de l'imprévision en droit des contrats OHADA », Penant, n° 885, 2013. p.500
27- MBOTAINGAR ABDOULAYE « Devoirs professionnels et responsabilités des banquiers », in Centre d'Etude et de formation pour le développement, Janvier 2003, p.15
28- Me NDOYE (D) « le traité relatif à l'harmonisation en Afrique du Droit des Affaires, La Constitution Sénégalaise et les principes du Droit processuel », revue internationale du droit africain, EDJA n° 22, trimestriel Juillet- Août- Septembre 1994, pp.15-24
29- MOREL MARAGER (Juliette), Droit pénal bancaire, Gazette du Palais, n° 153-154, 2012, p.44
30- MOREL MARAGER (Juliette), Droit bancaire international, Gazette du Palais n° 57, p.141
31- NYAMA (J-M), « Réflexions sur la responsabilité du banquier », in Juridis-info n° 9, janvier-février-mars, 1992. 55 p
32- PACLOT (Yann), « la régularisation des activités bancaires et le respect du droit » la semaine juridique, Edition générale, n° 41, 1849 p

33- PAILLUSSEAU (Jean), « le droit de l'OHADA : un droit très important et original », in semaine juridique (entreprise et affaires), n° 5, JCP cahiers de droit de l'Entreprise, Paris, 2004, p.35
34- PIEDELIEVRE (Stéphane) et HOUIN-BRESSAND (Caroline), « Recouvrement des créances bancaires –surendettement-entreprises en difficulté », Revue de Droit bancaire et financier n° 2, Mars-Avril 2014, p.127
35- PILLARD (Hervé), « Monnaies locales complémentaires et droit bancaire », Revue de Droit bancaire et financier n° 3, 2015, p.212
36- ROUAD (Anne-Claire), « l'intégrité morale du banquier à l'égard de son droit », Revue de droit bancaire et financier, n° 3, Mai-Juin 2014, p.112
37- SANTI (Michel), « Les banques ont elles une responsabilité morale dans le déclenchement de la crise ? » Revue de droit bancaire et financier, n° 3, Mai-Juin 2014, p.112
38- STOUFFLET (Jean), « Retour sur la responsabilité du banquier donneur de crédit » in Mélanges M. Cabrillac, D, 1999, le service bancaire de base, Revue de droit bancaire et financier, n° 2, 2001, p.118
39- STOUFFLET (Jean) et MARTY (Nicolas), Droit bancaire : chronique, la semaine juridique, Entreprise et affaire n° 49, 2011, p. 245
40- TIANI (P) « les entreprises face aux banques dans le contexte actuel du Cameroun », in Juridis-info n° 6, avril-mai-juin, 1991

VI. JURISPRUDENCES

1- CCJA, 03-07-2008, OKA KOKOBE Felix Contre Banque Internationale pour le commerce et l'industrie en Côte d'Ivoire (BICICI), Société Générale de Banques en Côte d'Ivoire (SGBCI), Société ivoirienne de banque de Côte d'Ivoire (SIB), crédit de Côte d'Ivoire (CCI) et Banque Ivoirienne pour le développement Industriel (BIDI), Recueil de jurisprudence semestriel, n° 12, Juillet-Décembre 2008. pp.38-44.
2- CCJA, 07-07-2005, Société KINDY-MALI SARL contre Banque Internationale pour le Mali dite BIM SA, Recueil de jurisprudence semestriel n°6, Juillet-Décembre 2005, pp.38-44
3- CCJA, 22-12-2005, Etablissements Soulés et Cie contre Continental Bank Benin (Ex crédit Lyonnais- Benin) et Banque Centrale des Etats

de l'Afrique de l'Ouest (BCEAO), Recueil de Jurisprudence semestriel, n° 6, Juillet –Décembre, 2005, pp.11-14

4- CCJA ,15-12-2005, Société SODICARO SARL contre Standard Chartered Bank Côte d'Ivoire, Recueil de jurisprudence, n° 6, Juillet-Décembre 2005, pp.77-82

5- CCJA, 18-04-2013, Société Tropical des Allumettes dite SOTROPAL contre Banque Internationale pour le Commerce et l'Industrie de la Côte d'Ivoire dite BICICI et DRAMA KOFFI Jean Pierre et Autres, Recueil de jurisprudence semestriel OHADA, n° 20, Janvier-Décembre 2013, pp.11-14

6- CCJA, 18 avril 2013, Société HANN et Compagnie El Hadj Boubacar Hann contre Société Générale de Banque de Guinée dite SGBG, Recueil de jurisprudence semestriel OHADA n° 20, Janvier-Décembre 2013, pp.15

7- CCJA, 02-05-2013, Anour John WOFAKYEI contre ECOBANK BURKINA, Recueil de jurisprudence OHADA, n° 20, Janvier-Décembre 2013, pp.62-65

8- CCJA 02-05-2013, Banque Internationale du Burkina dite BIB contre Compagnie AXA Côte d'Ivoire dite AXA-Ci, Société CITIBANK, Banque Internationale pour le Commerce et l'Industrie de la Côte d'Ivoire et Société Générale de Banque en Côte d'Ivoire, Recueil de jurisprudence semestriel OHADA, n° 20, Janvier-Décembre 2013, pp.105-111

9- CCJA, 30-12-2013, Jacques NZOGHE NDONG contre Banque Internationale pour le Commerce et l'Industrie du Gabon et Banque Centrale des Etats de l'Afrique Centrale, Recueil de jurisprudence semestriel OHADA n° 20, Janvier-Décembre 2013, pp.137-140

10- CCJA, 27/02/2014, TANG Emmanuel contre Banque Internationale du Cameroun pour l'Epargne et le crédit dite BICEC et Caisse Autonome d'Amortissement, Recueil de jurisprudence OHADA, n° 21, Janvier-Juin 2014, Vol 2, pp.08-11

11- CCJA, 25 avril 2014, Madame KONE née OUEDRAOGO Azéta contre la Banque Internationale pour le Commerce, l'Industrie et l'Agriculture du Burkina Faso dite BICIA-B, la Société MADOUA Sarl et Monsieur OUEDRAOGO Joseph, Recueil de jurisprudence OHADA, n° 21, Janvier-Juin 2014, Vol 2, pp.102-107

12- CCJA, 25 avril 2014, Monsieur MANDONOU OSWALD ATTIN contre Bank of Africa (BOA-Benin), Rec de jurisprudence OHADA, n° 21, Janvier-Juin 2014, Vol 2, pp.108-114

13- CCJA, 24 avril 2014, la Société de Patrimoine des Eaux du Niger (SPEN) contre la Banque Atlantique du Niger dite BAN, Rec de jurisprudence n° 21, Janvier- Juin 2014, Vol 2, pp.115-120

14- CCJA, 23 avril 2014, Monsieur DIATOUROU BOUREÏMA contre SONIBANK SA, Rec de jurisprudence OHADA n° 21, Janvier- Juin 2014 ; Vol 1, pp.148-150
15- CCJA, 30 janvier 2014, Société Générale d'Informatique et de Télécommunications dite SOGITEL contre la banque Commerciale du Chari dite BCC, Rec de jurisprudence OHADA n° 21, Janvier-Juin 2014, Vol 1, pp.195-197
16- CCJA n° 028 du 13 mars 2014, Port Autonome d'Abidjan dite PAA contre la Banque Atlantique de Côte d'Ivoire dite BACI, Rec de jurisprudence OHADA, n° 21, Janvier- Juin 2014, Vol 1, 267 p
17- CCJA, 03 avril 2014, Monsieur Jacques DONG contre Union Gabonaise de Banque dite UGBSA et Banque des Etats de l'Afrique Centrale, Rec de jurisprudence OHADA n° 21 ? Janvier-Juin 2014, Vol 1, pp.217-219
18- CCJA, 23 avril 2014, Maître Galolo SOEDJEDE contre Monsieur AKOUETE Koffi Antoine et la Banque Internationale pour l'Afrique au Togo (BIA-TOGO) SA, Rec de jurisprudence OHADA, n° 21, Janvier- Juin 2014, Vol 1, pp.226-234
19- CCJA, 22 mai 2014, Banque Atlantique Côte d'Ivoire dite BACI, Banque Nationale d'Investissement dite BNI et Banque pour le Financement de l4Agriculture dite BFA contre KONAN YAO Augustin et ECOBANK Côte d'Ivoire, Rec de jurisprudence OHADA, n° 021, Janvier-Juin 2014, Vol 1, pp.261-264
20- CCJA, 04 novembre 2014, Ayants droit TCHINOU Philippe et Veuve TCHINOU Marie Madeleine contre NGAPANOUN Michel et la Banque Internationale du Cameroun pour l'Epargne et le Crédit (BICEC SA), Rec de jurisprudence OHADA, n° 22, Juillet-Décembre 2014, pp.19-22
21- CCJA, 11-11-2014, Monsieur Henri Flavien LOE EYIKE contre la Banque Internationale du Cameroun pour l'Epargne et le Crédit dite BICEC, Rec de jurisprudence OHADA, n° 22, Juillet-Décembre 2014, pp.38-44
22- CCJA, 11-11-2014, MONSI Nestor contre Société Générale de Banques au Cameroun SA (SGBC SA), Rec de jurisprudence OHADA, n° 22, Juillet-Décembre 2014, pp.97-102
23- CCJA, 22 décembre 2014, Francis DESCLERCS contre la Banque Internationale pour le Commerce et l'Industrie de la Côte d'Ivoire dite BICICI, Rec de jurisprudence OHADA, n° 22, Juillet-Décembre 2014, pp.104-106
24- CCJA, 04 novembre 2014, Monsieur MFONKEU OUSMANOU et MADAME MFONKEU née NFOUNDIKOU SALAMATOU contre la Banque Internationale pour le Crédit et l'Epargne du Cameroun dite

BICEC, Rec de jurisprudence OHADA, n° 22, Juillet-Décembre 2014, pp.143-146
25- Cass.com, 14 janvier 2014, n° 12-29.682, Société de banque française commerciale Océan indien contre Société Tirand et autres, jurisData, n° 2014-000200, pp.52-54
26- Cass.com, 5 novembre 2013, n° 11-27.400, M.W.Dahan c/ Société Allianz Banque et Société Allianz vie, jurisData n° 2013-024832, p.37
27- Civ, 1ere, 08.06.1994, JCP, Ed.E.II. 652, note Legeais.
28- Civ, 2ème, 2.07.1997, Syndicat Résidence La Ferme du Temple contre Midland Bank, RTD Com, 50 (4), octobre-décembre 1997, pp.37-40
29- Civ, 18 juin 1999, n° 182/1999, SGCE/PP contre Financial Bank, Revue juridique tchadienne n° 1, Mai-Juin-Juillet 2001, p.60
30- Com, 30.01.1996, Leygue contre BBQA, RTD Com.49 (2), avril-juin 1996, Sirey, pp.302-304.
31- Com, 18.06.1996, BNP contre Béry es qualité, RTD Com, 49 (4), octobre-décembre 1996, p.701
32- Com, 12.11.1996, Epoux Massaï contre BNP, RTD Com. n° 1, janvier-mars 1997, pp.127-128.
33- Com, 10.06.1997, Piccian contre CE Lorraine, RTD Com, 50 (4), octobre-décembre 1997, p.62
34- Com, 7.10.1997, RTD Com, 1998.188
35- Cour de Justice CEMAC n° 017/2011 du 23 juin 2011, Afriland First Bank, Afriland First Group S.A c/ Décision COBAC D 2009/233 du 03/12/2009, Revue de Droit et de Jurisprudence CEMAC (RDJ-CEMAC), N° 03/seconde semestre 2013, pp 41-52.
36- Cour de Justice CEMAC n° 003 du 16 mai 2002, COBAC c/ TASHA L.LAWRENCE, prenant, n° 854, janvier-mars 2006, p.125 et suivant.
37- Cour de Justice CEMAC, n° 010/CJ/CEMAC/CJ/09 du 13 novembre 2009, SIELIENOU Christophe et autres c/ décision COBAC, AMITY Bank PLC, Autorité Monétaire du Cameroun, Juridis périodique, n° 83, juillet-août-septembre 2010, pp.34-36, note KALIEU ELONGO (Y).
38- Cour de Justice CEMAC, n° 001/CJ/CEMAC/CJ/05 du 07/04/2015, TASHA LOWETH LAWRENCE c/ CEMAC
39- Cour de Justice CEMAC, n° 009/2011-12 du 28/06/2012, NSATOU BRUNO CLELESTIN c/ BDEAC.
40- Cour de Justice CEMAC, n° 002/2011 du 24/11/2011, TOUKAM ZUKO Paulin Landry et autres c/ décisions COBAC D-2010/101 et COBAC D-2010/123, Autorité Monétaire du Cameroun et liquidation COFINEST.
41- Cour de Justice CEMAC, n° 009/CJ/CEMAC/CJ/10-11 du 10/03/2011, NANDA Paul-Gilles c/ BDEAC.

42- Cour de Justice CEMAC, n° 01/CJ/CEMAC/CJ/11 du 10/11/2011, ECOBANK CENTRAFRIQUE c/ Arrêt n° 011/CJ/CEMAC/CJ/09 du 09/12/2009.
43- Cour de Justice CEMAC, n° 05/CJ/CEMAC/CJ/10 du 08/04/2010, ECOBANK CENTRAFRIQUE c/ ABEL KOMENGUE MALENZAPA.
44- Cour de Justice CEMAC, n° 004/ADD/CJ/CEMAC/CJ/02 du 16/05/2002, TASHA L-LAWRENCE c/ AMITY BANK Cameroun S.A.
45- Cour de Justice CEMAC, n ° 005/ADD/CJ/CEMAC/CJ/02 du 06/06/2002, Amity Bank Cameroun S.A c/ TASHA L-LAWRENCE.
46- Cour de justice CEMAC, n° 003/ADD/CJ/CEMAC/CJ/02 du 16/05/2002, COBAC c/TASHA L-LAWRENCE.
47- Cour de Justice CEMAC n° 003/CJ/CEMAC/CJ/07 du 01/02/2007, Société PRICE WATERHOUSE c/ Décision COBAC n° D-2006/133
48- Cour Suprême de N'Djamena, n° 068/CS/CJ/SC/2012 du 08 novembre 2012, FINANCIAL BANK TCHAD c/ AUBAINE GRAPHIC, Revue Juridique Tchadienne, n° 27, mars 2016, pp.19-20.
49- Cour d'Appel de N'Djamena (Chambre Civile et Commerciale), n° 182/199 du 18 juin 1999, SGCE/PP c/ FINANCIAL BANK TCHAD, Revue Juridique Tchadienne, n° 1, mai-juin-juillet, 2001, pp.44-46.
50- Cour Suprême de N'Djamena, n° 013/CS/CJ/SC/12 du 12 avril 2012, Etat Tchadien et la Banque Commerciale du Chari (BCC) c/ MADIRI KODI OUMAR, Revue Juridique Tchadienne, n° 27, mars 2016, pp. 17-18.
51- Cour d'Appel de N'Djamena (Chambre Civile et Commerciale) n° 1999-10-25, ST c/ TQ, bulletin des arrêts de la Cour d'Appel, n° 6, mai 2000, pp.36-41.
52- Cour d'Appel de N'Djamena (Chambre Civile) n° 00157 DU 12-04-1999, BIAT et BTC C/ Entreprise « Travaux 2000 », bulletin des arrêts de la Cour d'Appel, n° 7, septembre 2000, pp.40-43.
53- Cour d'Appel de N'Djamena (Chambre Correctionnelle), n° 00092 du 11/04/2000, 3ème substitut du Procureur Général et le Comité de Gestion du « casier B de Bongor » c/ SAMSO Pierre et consorts, bulletin des arrêts de la Cour d'Appel, n° 7, septembre 2000, pp.56-57.
54- Cour d'Appel de N'Djamena, Chambre Civile n° 281/2000 du 05 mai 2000, SDV Cameroun, SDV Tchad c/ Star Nationale, Revue Juridique Tchadienne, n° 1, mai-juin-juillet, 2001, pp.21-26.
55- Cour d'Appel de N'Djamena, Chambre Civile et Commerciale, n° 1999-08-26, SC c/ ST, bulletin des arrêts de la Cour d'Appel, n° 6, mai 2000, pp.21-23.

56- Cour d'Appel de N'Djamena, Chambre Sociale, n° 01 du 01-05-2000, NADJI Christ c/Star Nationale, bulletin des arrêts de la Cour d'Appel, n° 7, septembre 2000, pp.40-43.

57- Com, 11.05.1999, BNP contre Epoux Meneteau, RTD Com, n° 3, juillet-septembre 1999, 733-734.

58- Haute Cour de Justice, 11. O8. 1987, R.B.D. n° 24, Décembre 1993, p.256

59- Tribunal de Grande Instance Paris, 28 janvier 2014, n° 10/03746, communauté urbaine de Lille (Lille Métropole c/ Royal Banque of Scotland (RBS), Revue de droit bancaire et financier, n° 2, Mars-Avril 2014, p.126

TABLE DES MATIERES

Le Tchad
aux éditions L'Harmattan

Dernières parutions

ABÉCHÉ, HIER ET AUJOURD'HUI
Une ville tchadienne cosmopolite
Saleh Yacoub Mahamat
Préface d'Ali Abdel Rhamane Haggar – Postface de Mahamat Saleh Ahmat Adam
Abéché est devenue, depuis longtemps, une ville cosmopolite. Beaucoup de populations sont venues, de près ou de loin, s'ajouter aux autochtones et, avec le brassage et les mariages interethniques fréquents, une assimilation et une identité abéchoises sont nées - et tout le monde s'identifie comme « abéchois ».
(18.00 euros, 168 p.)
ISBN : 978-2-343-11812-3, ISBN EBOOK : 978-2-14-004445-8

LA SÉCURITÉ ALIMENTAIRE AU TCHAD
Dalal Ali Moustapha
De 1973 à 2013, le Tchad a connu de multiples crises alimentaires à des fréquences plus ou moins régulières. Pour rompre ce cycle, les acteurs de la sécurité alimentaire ont eu à expérimenter successivement plusieurs approches d'intervention dont l'assistance alimentaire, l'approche participative puis la résilience. L'approche résilience, caractérisée par la création des dispositifs de prévention de crises, le renforcement des capacités d'adaptation des ménages et l'intensification, la diversification et la valorisation des productions locales, semble convenir le mieux au contexte tchadien.
(Coll. Écrire l'Afrique, 19.00 euros, 174 p.)
ISBN : 978-2-343-10269-6, ISBN EBOOK : 978-2-14-004610-0

FORCED TO FLEE
Stories of asylum seekers from Darfur, Sudan
Tubiana Marie-José – Translated from the french by Philip O'Prey
I only met those who managed to get through. Those who witnessed the attacks on their villages, the burning down of their homes. Those who buried their dead. Those who were caputured, imprisoned or tortured. Those who crossed the Sahara. Those who worked illegally in Libya to pay for the crossing of the Mediterranean. Those who do not speak the language of the country whre they arrive. Who are these men and sometimes women who ask for asylum in France ?
(10.00 euros, 114 p.)
ISBN : 978-2-343-12413-1, ISBN EBOOK : 978-2-14-004123-5

QUAND LES HOMMES EN ARMES S'IMPOSENT AUX POLITIQUES
Tchad (1975-1982)
Haggar Bichara Idriss
À partir de 1975, les hommes en armes s'imposent aux politiques sur la scène tchadienne, plongeant le peuple dans le désarroi. Les militaires tout comme les rebelles issus du Frolinat sont à l'origine d'un chaos qui va durer des décennies, mettant à mal l'unité nationale. Cette situation génère dans le pays des guerres civiles, l'ingérence des puissances étrangères et une instabilité

politique chronique sur lesquelles des conférences nationales et internationales n'auront que très peu de prise.
(Coll. Pour mieux connaître le Tchad, 22.50 euros, 208 p.)
ISBN : 978-2-343-12283-0, ISBN EBOOK : 978-2-14-004069-6

LE TCHAD DE NOS RÊVES
La saveur de l'espoir
Ndiaye Yousra A., Ndiaye Bouchra A.
Ce livre constitue la vision de deux jeunes Tchadiennes nées au milieu des années 1980 et qui, sur la base des expériences qu'elles ont vécues au Tchad et ailleurs, veulent apporter leur pierre à l'édification d'une société tchadienne plus juste et débarrassée des nombreux maux qui la minent et la divisent.
(12.50 euros, 128 p.)
ISBN : 978-2-343-11621-1, ISBN EBOOK : 978-2-14-003451-0

PARTIS, POUVOIR ET OPPOSITION AU TCHAD : LA DÉMOCRATIE À L'ÉPREUVE
Une analyse de l'antagonisme partisan dans le système politique
Ramadji Alfred - Préface de Michel Hastings
Comme toute question politique, celle des partis, du pouvoir et de l'opposition passionne autant l'opinion publique que les praticiens de la politique eux-mêmes. Il est ainsi fréquent de les voir s'offusquer, s'indigner et s'interroger : « Y a-t-il une opposition dans ce pays ? », « À quoi sert-elle ? », « À quoi servent ces multiples partis politiques ? », etc. Voici un regard global sur la dynamique politique du Tchad, il apporte un éclairage stimulant sur ses vraies logiques de fonctionnement. Comment parvenir à une meilleure mobilisation idéologique ? L'affrontement partisan au Tchad offre-t-il une alternative claire, un espace de choix aux électeurs tchadiens ?
(Coll. Études africaines, 28.00 euros, 268 p.)
ISBN : 978-2-343-10968-8, ISBN EBOOK : 978-2-14-003189-2

LES NGAM
Histoire et culture
Ramsès Nanalmadine
Cette étude présente les Ngam, une communauté ethnique se trouvant dans deux pays à cause des frontières nationales héritées de la colonisation. Il s'agit de la République centrafricaine et du Tchad. Cet ouvrage est présenté sous forme de chapitres qui regroupent des sujets autour de thématiques homogènes : la question de l'origine de cette communauté, les mythes et légendes, les pratiques sociales, les rites, l'organisation politico-administrative sociale et économique, les pratiques artistiques et les grandes figures Ngam.
(Coédition Al Mouna, 19.50 euros, 180 p., Illustré en noir et blanc)
ISBN : 978-2-343-05744-6, ISBN EBOOK : 978-2-14-001422-2

TURBULENCES D'UNE VIE D'ENFANT DANS LA SOCIÉTÉ TCHADIENNE
Bechir Mahamat Mahamat Nour - Préface de Khayar Oumar Defallah
Ce livre est le témoignage d'un monde qui, peut-être, n'existe plus. On y découvre le courage, la solidarité, et la résistance contre ce qui n'est pas juste. C'est également un témoignage d'amour aux parents qui ont su rester dans la dignité et le respect des valeurs positives qui fondent les relations entre les membres d'une famille et d'une société humaine à la tchadienne ! Il peut, par ailleurs, aider les jeunes et les adultes à y déceler cette recherche éternelle du temps qui passe, afin de défricher l'avenir qu'ils laisseront en héritage à leurs descendants.
(Coédition Al Mouna, 27.00 euros, 266 p.)
ISBN : 978-2-343-08197-7, ISBN EBOOK : 978-2-14-001418-5

POUR LE TCHAD
Récit au cœur de la révolution
Medella Youssouf Moussa - Préface de Hassan Mahamat Abbas
Ce livre porte un jugement sans complaisance sur certains événements de la révolution tchadienne. L'auteur, actuellement chef de canton de Médéléa (Kanem), et coordinateur adjoint des autorités

traditionnelles du Tchad, ancien membre du Front de Libération Nationale, a été ministre, conseiller chargé de mission à la présidence, ambassadeur au Soudan, puis promu général de brigade en 2006. Il dévoile ici des informations historiques inédites et des secrets qui éclairent les zones obscures de cette période dite « de révolution ».
(Coédition Al Mouna, 19.00 euros, 190 p.)
ISBN : 978-2-343-03025-8, ISBN EBOOK : 978-2-336-38095-7

LES NGAMBAYES
Une société de la savane arborée du Tchad
Maikoubou Dingamtoudji
Les Ngambayes forment l'une des populations de la savane arborée à l'extrême sud du Tchad. Ce livre parle de tout ce qui les entoure, de la terre et du fleuve, des différents types de végétation et du climat. On y découvre aussi leurs coutumes, leurs traditions, leur langue, leurs croyances et leurs pratiques magiques ainsi qu'un grand nombre de renseignements sur le territoire ngambaye, son organisation politique, sa monnaie, son artisanat, sa richesse naturelle et beaucoup d'autres détails surprenants.
(Coll. Études africaines, 24.00 euros, 254 p.)
ISBN : 978-2-343-03837-7, ISBN EBOOK : 978-2-336-37346-1

DICTIONNAIRE PRATIQUE DU FRANÇAIS DU TCHAD
Djarangar Djita Issa
Ce dictionnaire est conçu pour permettre à l'utilisateur de s'exprimer en français tout en continuant à regarder le monde et à penser dans les langues tchadiennes : avec lui, le français devient langue tchadienne. Pour le touriste de passage comme pour l'étranger qui vit au Tchad, posséder cet ouvrage c'est déjà mettre un grand pays en poche pour un tourisme linguistique et culturel. Pour l'enseignant et l'apprenant, il est un outil pédagogique qui leur donne les moyens de se comprendre.
(Coll. Études africaines, 39.50 euros, 416 p.)
ISBN : 978-2-343-04070-7, ISBN EBOOK : 978-2-336-35476-7

TCHAD LES PARTIS POLITIQUES ET LES MOUVEMENTS D'OPPOSITION ARMÉS DE 1990 À 2012
Haggar Hissein Idriss
Le multipartisme intégral, tel qu'il existe au Tchad, ne rime pas forcément avec démocratie et a donné naissance à plus de 150 partis n'ayant aucune influence sur la vie politique. Afin d'éviter que le pays ne sombre dans un chaos généralisé et incontrôlable, l'auteur propose une démocratie éducative et constructive en limitant le nombre des partis politiques. Une fois la démocratie bien enracinée auprès des populations par la formation, l'éducation et le civisme et rendue possible l'alternance politique par les urnes, la limitation se fera d'elle-même.
(Coll. Pour mieux connaître le Tchad, 31.00 euros, 302 p.)
ISBN : 978-2-343-04796-6, ISBN EBOOK : 978-2-336-36481-9

L'AFFAIRE HISSÈNE HABRÉ
Aspects judiciaires nationaux et internationaux
Sall Alioune - Préface de Abdoul Gourmo Lô
Cet ouvrage est celui d'un décryptage ordonné, méthodique d'une instance judiciaire en déploiement hégélien... L'auteur nous invite à un presque récit philosophique d'un droit en perpétuelle réinvention, du fait des nécessités de notre temps dont l'Affaire Habré est une belle illustration.
(12.00 euros, 96 p.)
ISBN : 978-2-296-99549-9, ISBN EBOOK : 978-2-296-52994-6

LA BATAILLE DE N'DJAMENA – 2 FÉVRIER 2008
Récit
Koulamallah Abderaman
Abderaman Koulamallah raconte ici la folle chevauchée motorisée de plus de 1000 kilomètres, qui a permis la prise de N'Djamena, le 2 février 2008, à laquelle il a participé au cœur d'une

coalition rebelle déterminée à renverser Idriss Déby, ainsi que les événements qui ont suivi, et le repli de l'expédition. La victoire de N'Djamena, fait d'armes exceptionnel, a surpris tout le monde, mais l'expédition a fini en repli. Que s'est-il passé ? Comment expliquer ce gâchis ?
(18.00 euros, 282 p.)
ISBN : 978-2-343-05077-5, ISBN EBOOK : 978-2-336-36771-2

CONFLITS (LES) SOCIAUX AUX RIVAGES DU LAC TCHAD DUS À LA RÉGRESSION DU NIVEAU DES EAUX
Le cas des populations du canton de Bol (nouvelle édition)
Ndadoum Nadmian
Le lac Tchad, quatrième en Afrique et septième dans le monde, a connu une régression rapide dans les quarante dernières années. La raréfaction des ressources en terres cultivables et en eau ainsi que le manque de coopération entre les acteurs impliqués dans la gestion des ressources en eau du lac expliquent la recrudescence des conflits entre cultivateurs, éleveurs et pêcheurs. Qui sont ces acteurs ? Quels rôles jouent-ils ? Comment communiquent-ils les uns avec les autres ?
(Coédition Al Mouna, 12.00 euros, 106 p.)
ISBN : 978-2-336-30973-6, ISBN EBOOK : 978-2-336-36510-7

RELATIONS (LES) ENTRE FRONTALIERS
Cameroun-Tchad
Domo Joseph
Les frontières nées de la colonisation séparent des groupes sociaux qui ont toujours partagé un environnement commun. Désormais, les peuples se reconnaissent comme appartenant à des réalités différentes. La tendance est à la poursuite d'une coopération soutenue et au renforcement des liens à travers la densification et la modernisation des moyens de communication. La mobilité des populations, rendue plus fluide, autorise une meilleure approche des rapports interindividuels dans le cadre formel de la CEMAC.
(Coll. Études africaines, 21.00 euros, 210 p.)
ISBN : 978-2-296-99781-3, ISBN EBOOK : 978-2-296-53172-7

DES GROTTES DU DARFOUR À L'EXIL
Chronique d'une lutte inachevée
Haggar Hissein Idriss - Préface d'Acheikh Ibn-Oumar
De juin 1992 à 1995, une guérilla oppose l'armée tchadienne, épaulée par les Soudanais, aux combattants du Conseil national de redressement du Tchad, dirigé par le colonel Abbas Koty Yacoub. Ce petit groupe armé, retranché dans les grottes du Darfour, mena une résistance acharnée et courageuse contre le régime dictatorial et clanique du président Idriss Déby, avec des moyens dérisoires. Ce sont les mouvements de ces combattants, leur vie quotidienne jalonnée d'attentes, d'emprisonnements et de combats, que décrit cette chronique.
(Coll. Pour mieux connaître le Tchad, 31.00 euros, 302 p.)
ISBN : 978-2-336-29162-8, ISBN EBOOK : 978-2-296-51599-4

LES NOMS DE PERSONNES CHEZ LES NGAMBAYES DU TCHAD
Maikoubou Dingamtoudji
Cet ouvrage dresse un répertoire des noms propres de personnes chez les Ngambayes du Tchad. Chaque nom peut être considéré comme un message qui nous renseigne, soit sur les circonstances qui ont présidé à la naissance de l'enfant, soit sur des expériences vécues par les parents ou le clan au moment de la naissance. Les noms ngambayes parlent. Voici mis en valeur ces joyaux du génie de la langue ngambaye.
(Coll. Etudes africaines, 13.50 euros, 126 p.)
ISBN : 978-2-336-00506-5, ISBN EBOOK : 978-2-296-51186-6

Structures éditoriales du groupe L'Harmattan

L'Harmattan Italie
Via degli Artisti, 15
10124 Torino
harmattan.italia@gmail.com

L'Harmattan Hongrie
Kossuth l. u. 14-16.
1053 Budapest
harmattan@harmattan.hu

L'Harmattan Sénégal
10 VDN en face Mermoz
BP 45034 Dakar-Fann
senharmattan@gmail.com

L'Harmattan Cameroun
TSINGA/FECAFOOT
BP 11486 Yaoundé
inkoukam@gmail.com

L'Harmattan Burkina Faso
Achille Somé – tengnule@hotmail.fr

L'Harmattan Guinée
Almamya, rue KA 028 OKB Agency
BP 3470 Conakry
harmattanguinee@yahoo.fr

L'Harmattan RDC
185, avenue Nyangwe
Commune de Lingwala – Kinshasa
matangilamusadila@yahoo.fr

L'Harmattan Congo
67, boulevard Denis-Sassou-N'Guesso
BP 2874 Brazzaville
harmattan.congo@yahoo.fr

L'Harmattan Mali
Sirakoro-Meguetana V31
Bamako
syllaka@yahoo.fr

L'Harmattan Togo
Djidjole – Lomé
Maison Amela
face EPP BATOME
ddamela@aol.com

L'Harmattan Côte d'Ivoire
Résidence Karl – Cité des Arts
Abidjan-Cocody
03 BP 1588 Abidjan
espace_harmattan.ci@hotmail.fr

L'Harmattan Algérie
22, rue Moulay-Mohamed
31000 Oran
info2@harmattan-algerie.com

L'Harmattan Maroc
5, rue Ferrane-Kouicha, Talaâ-Elkbira
Chrableyine, Fès-Médine
30000 Fès
harmattan.maroc@gmail.com

Nos librairies en France

Librairie internationale
16, rue des Écoles – 75005 Paris
librairie.internationale@harmattan.fr
01 40 46 79 11
www.librairieharmattan.com

Lib. sciences humaines & histoire
21, rue des Écoles – 75005 Paris
librairie.sh@harmattan.fr
01 46 34 13 71
www.librairieharmattansh.com

Librairie l'Espace Harmattan
21 bis, rue des Écoles – 75005 Paris
librairie.espace@harmattan.fr
01 43 29 49 42

Lib. Méditerranée & Moyen-Orient
7, rue des Carmes – 75005 Paris
librairie.mediterranee@harmattan.fr
01 43 29 71 15

Librairie Le Lucernaire
53, rue Notre-Dame-des-Champs – 75006 Paris
librairie@lucernaire.fr
01 42 22 67 13

www.ingramcontent.com/pod-product-compliance
Lightning Source LLC
LaVergne TN
LVHW011217061026
849535LV00001BA/62
* 9 7 8 2 3 4 3 1 6 0 3 4 4 *